JN457632

[2판]

최신 사회복지실천론

이윤로 저

Modern Social Work Practice

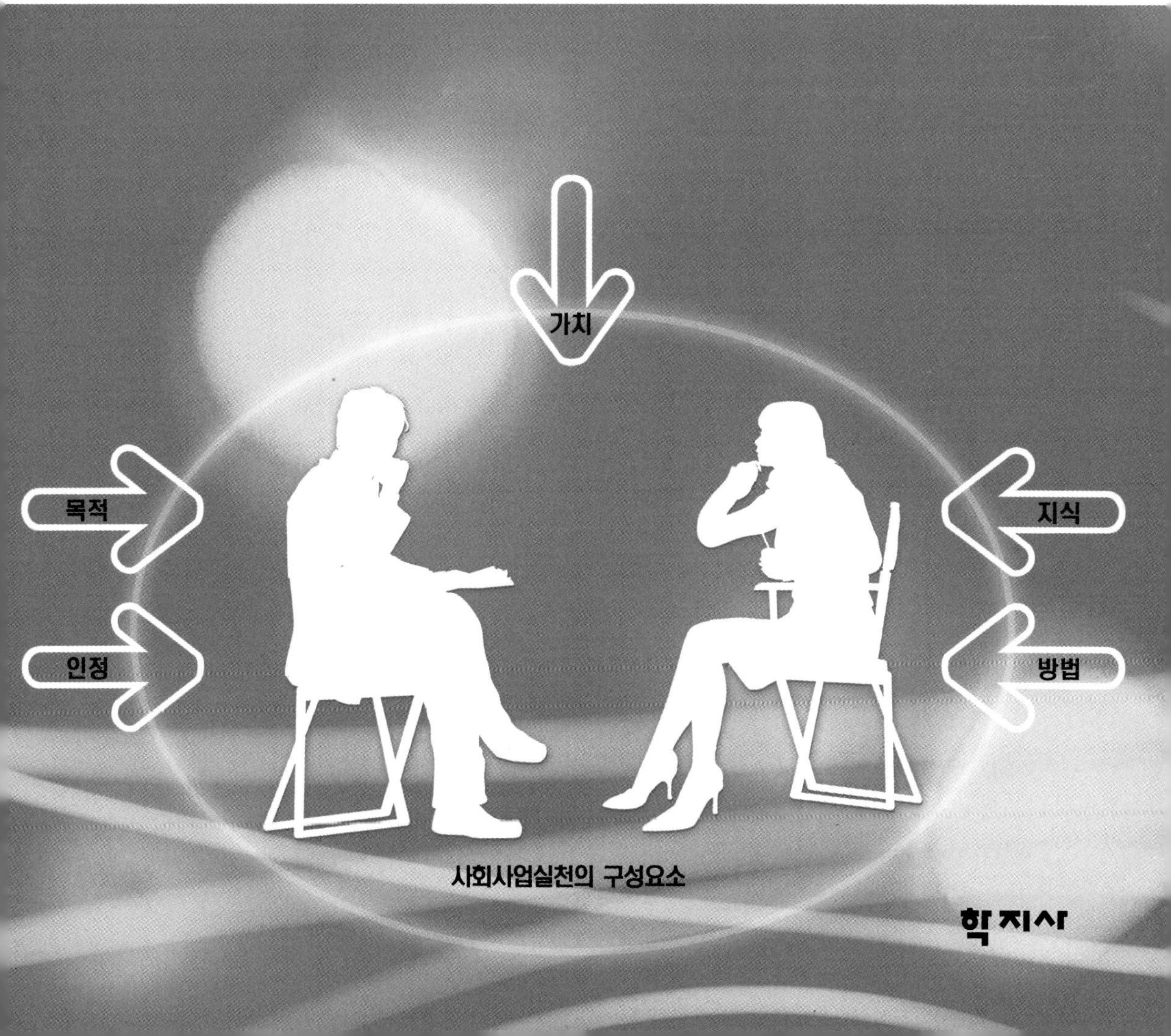

학지사

2판을 내면서

우리가 살고 있는 사회는 급격한 전환과 변화, 불확실성으로 특징지어진다. 이 특징은 기술 발달이 밑바탕된 것으로 기술적 혁명은 생활방식의 변화, 인구이동 그리고 가치와 변화를 초래했다. 새로운 상품을 창출하는 환경이 조성되면서 직업시장도 새로운 기술과 좀 더 적응력이 뛰어난 고용인들을 요구하고 있다. 개인 간의 인간관계는 가볍고 일시적인 것이 되었고, 그 결과 지역사회 내 근린의식은 점점 더 찾아보기 힘들어졌다. 가족생활은 사회적, 직업적 압박감의 영향을 받게 되었고, 가족성원들의 사회적 성공에 대한 추구는 전통적으로 소중히 여겨 오던 가족의 통합이라는 가치와 갈등을 일으키곤 한다. 산업화나 도시화와 함께 시작된 이러한 변화는 개인주의의 만연화와 가족의 분열과 사회문제를 불러일으켰다. 정서적으로 불안정한 청소년들, 불법약물 사용의 증가, 증가하는 노인부양 부담, 맞벌이부부의 증가는 개인과 가족들을 분열시키고 혼란스럽게 하며 긴장과 좌절감을 맛보게 한다. 이 외에도 빠르게 변하는 사회현상으로 인한 많은 사회적 압박들이 있다. 이러한 맥락에서 자신과 가족의 스트레스 및 역기능적 결과를 줄이기 위해 전문적 도움을 구하는 일은 더 이상 특이한 것이 아니며, 자신의 나약함을 뜻하는 것은 더욱 아니다. 우리 모두는 때때로 전문적인 조력자가 필요하다. 문제가 심각하게 스트레스를 주고 해결방법을 찾는 데 어려움이 있다면 전문적인 원조가 필요한 것이다.

사회사업실천(social work practice)은 그러한 전문적 원조를 제공하는 방법에 관한 것이다. 우리는 다양한 클라이언트를 만나고 이들을 원조하는 데에 있어 많은 지식과 기술이 필요함을 알게 되며 도전받게 된다. 효과적인 사회사업실천에 필요한 기본 가치와 이론 및 기술을 제시하는 것이 이 책의 목적이다. 사회사업실천이라는 용어는 1970년 이전에는 사용되지 않았다. 예전에는 방법론이나 실천 분야에 따른 용어를 사용하여 사회사업가들이 케이스워커, 집단지도자, 지역사회조직사업가, 아동복지사, 정신의료사회사업가, 학교사회사업가, 의료사회사업가 등으로 다양하게 불렸다. 그러나 사회사업가들의 치료중심 그리고 좁은 시야의 활동이 소외계층이나 억압받는 계층의 관심사나 사회문제를 제대로 해결할 수 없기 때문에, 좀 더 광범위한 사회사업실천 견지를 가질 수 있도록 하기 위해 사회사업실천이란 일반용어가 사용되고 있다.

이 책은 다양한 클라이언트 그룹을 대상으로 다양한 세팅에서 그리고 미시적 및 거시적 수준에서 공통적으로 적용될 수 있는 기술과 지식을 활용하는 일반실천(generalist practice)에 대한 내용을 포함하고 있다. 특히, 제14장에서 제시되는 사례연구를 통해 학생들의 실천능력이 크게 향상될 것으로 기대한다.

여러분은 왜 사회복지사가 되기로 결정하였는가? 많은 사람들에게 자신이 남을 돕는 능력이 있다고 인정받아서든, 개인적인 삶의 경험 때문이든 간에 욕구가 있는 사람들에게 유용하고 지지적인 사람이 되고 싶은 열망이 있는 사람들은 사회사업 서비스 분야에 매력을 느끼게 된다. 그러나 그 이유가 어떤 것이든 좋은 의도만으로는 충분치 않다. 남을 돕겠다는 순수한 바람과 남을 돌보는 진실함이 절대적으로 필요한 것은 사실이지만, 전문적으로 남을 돕기 위해서는 원조를 위한 도구, 기술, 기법이 보충되어야 한다. 마치 하나의 발레 작품이 완성되어 무대에 오르기까지 발레리나의 예술에 대한 사랑과 더불어 기술숙달을 위한 고된 훈련도 함께 필요한 것과 같다.

훌륭한 사회복지사는 다양한 어려움을 겪고 있는 사람들을 위해 유용하게 사용될 머리와 뜨거운 가슴이 필요하다. 이 책을 통해 이러한 여러분의 욕구가 충족되길 기대한다. 저자는 이 책과 더불어 2007년도에 『사회복지실천기술론』(2판, 학지사)을 출간한 바 있다. 이 두 권의 책을 동시에 참고한다면 사회복지 실천방법에 대한 청사진을 그리는 데 문제가 없을 것이라 확신한다. 부록에 수록한 사회복지사 1급 국가고시 예상문제를 출제해 준 김예랑 박사에게 고마움을 전하며, 또한 출판을 맡아 주신 학지사 김진환 사장님께 감사를 드린다.

2008년 5월

이윤로

차 례 *Contents*

2판을 내면서 • 3

제1부 사회사업실천의 도구 11

제1장 사회사업실천의 구성요소 • 13

1. 사회사업실천의 개념 • 14
2. 사회사업실천의 요소 • 16
3. 사회사업실천 개입의 초점 • 28
4. 사회사업가의 역할 • 32
5. 사회복지현장의 분류 • 34

제2장 사회복지사의 가치와 윤리 • 37

1. 가치와 윤리 • 37
2. 자기인식 • 49
3. 사회복지사의 신념과 태도 • 47
4. 윤리적 지침 • 55
5. 윤리적 딜레마 • 59

제3장 **사회사업 실천방법과 발달배경** • 63
1. 사회사업 실천방법 • 63
2. 실천방법의 역사 • 66

제4장 **사회사업실천의 통합적 모델: 문제해결과정** • 77
1. 통합적 방법의 배경 • 77
2. 체계이론과 통합적 방법 • 79
3. 문제해결과정 개관 • 101

제2부 사회사업 실천과정: 계획된 변화과정 113

제5장 **면접의 기술** • 115
1. 원조면접의 특성 • 115
2. 면접의 과정 • 117
3. 면접의 기법 • 120
4. 면접 시 고려사항 • 131
5. 면접의 형태와 환경 • 134

제6장 **관계 형성 및 사정** • 139
1. 접수 및 관계 형성 • 139
2. 사정 • 152

제7장 **목적 및 계획 수립** • 167
1. 목적설정 • 167
2. 개입계획의 수립 • 173
3. 계약서 작성 • 179
4. 사정 및 보호계획 연습 • 183

제8장 **수행 단계** • 187

1. 미시적 개입방안 • 188
2. 체계개입 • 234
3. 점검 • 261

제9장 **종결 단계** • 265

1. 종결의 유형 • 265
2. 종결에 대한 감정처리 • 267
3. 변화 유지하기 • 269
4. 미해결된 사안 파악 • 269
5. 새로운 서비스의 연결 • 270
6. 평가 • 271

제3부 응용과 실제 283

제10장 **사례관리론** • 285

1. 사례관리의 개념과 목적 • 285
2. 사례관리의 역사와 발달 • 288
3. 사례관리의 원칙 • 290
4. 사례관리자의 역할 • 292
5. 사례관리의 구성요소/기능 • 294
6. 사례관리의 실례 • 303
7. 사례관리의 모델 • 304
8. 사례관리의 장애 및 성공요인 • 305

제11장 **정신장애인을 위한 사례관리** • 311

1. 사정 • 313
2. 개별화된 서비스 계획의 수립 • 319
3. 연결 및 조정 • 320

4. 점검 • 321
5. 옹호 • 322

제12장 **치매가족을 위한 개입** • 325
1. 정서적 지원과 정신적 어려움을 극복하도록 돕는 방법 • 326
2. 정보의 제공 및 교육 • 327
3. 문제증상과 보호자의 반응 파악 및 대처전략의 교습 • 330
4. 보호자가 지원체계를 확보하도록 하는 방법 • 335
5. 사례관리의 활용 • 337
6. 결어 • 337

제13장 **약물남용 청소년과의 개별상담** • 339
1. 약물상담의 개요 • 339
2. 청소년 약물상담기법 • 341

제14장 **사례연구** • 363
1. 알코올중독 사례 • 363
2. 아동보호시설의 사례 • 370
3. 전문노인요양원의 사례 • 375
4. 자원봉사센터의 사례 • 382
5. 발달지체아동 학대의 사례 • 386
6. 아동보호시설의 사례 1 • 390
7. 아동보호시설의 사례 2 • 395
8. 신체장애인시설의 사례 • 398

부록 • 403
참고문헌 • 421
찾아보기 • 431

제1부 사회사업실천의 도구

제1장/사회사업실천의 구성요소

제2장/사회복지사의 가치와 윤리

제3장/사회사업 실천방법과 발달배경

제4장/사회사업실천의 통합적 모델: 문제해결과정

제1장

사회사업실천의 구성요소

현대의 개인, 가정, 집단, 지역사회는 다양한 이유로 외부로부터의 도움을 요청하게 된다. 때로는 신뢰할 수 있는 원조자의 투입 없이는 문제해결이 어려운 경우도 많다.

성폭력, 아동학대, 아내구타, 학교폭력 등은 최근 들어 많이 발생하는 사회문제다. 지역사회 내의 노인인구의 폭발적 증가와 함께 노인문제도 심각해지고 있다. 또한 지역사회에서 보호하는 정신장애인, 만성적 신체질환자 및 지체장애인이 늘고 있으며 빈곤, 범죄, 폭력조직, 와해된 가정의 문제도 매우 흔한 사회문제다. 이에 따라 사회사업 서비스를 통한 다양한 원조활동이 필요하게 되었다.

전통적으로, 문제를 가진 사람들은 첫 번째 해결방법으로 친구나 이웃, 가족의 도움을 찾고, 그것으로 충분하지 못할 때 전문적인 도움을 받기 위해 사회사업실천가를 찾게 된다. 따라서 사회복지사들은 그들에게 정서적이고 실질적인 도움을 주기 위하여 훈련을 받아야 하며, 인간에 대한 존경과 신뢰를 가지고 비심판적이고 친절하게 도움을 주어야 한다.

1. 사회사업실천의 개념

사회사업의 개념에 대한 학자들이 정의를 살펴보자(조휘일, 이윤로, 1999). Boehm에 따르면 "사회사업은 일련의 계획된 변화활동(planned change activities)을 통해 개인, 집단 및 지역사회의 사회적 기능을 향상시키는 도구적인 전문직이다. 이 활동은 전문적 지식과 기술을 강조하는 것으로서 인간과 환경 사이의 상호작용을 구성하고 있는 사회적 관계 형성에 초점을 두는데, 손상된 능력의 재활, 자원의 제공, 사회적 역기능의 예방을 포함한다(Boehm, 1958, p. 18)."

1973년에 미국의 사회사업가협회는 사회사업에 대해 다음과 같이 정의 내린 바 있다. "사회사업은 개인과 집단과 지역사회를 도와서 그들의 사회적 기능을 나타내는 데 필요한 능력을 회복시키고 강화시켜 주는 전문적인 활동이다. 동시에 개인과 집단과 지역사회가 그들이 바라는 목표에 합당한 사회적 조건들을 창조해 낼 수 있도록 돕는다. 사회사업실천은 사회사업의 가치관과 원칙과 기술을 다음의 목적을 위해서 적용한다. 즉, 사람들로 하여금 실질적인 서비스를 받도록 도와주고, 개인과 가족과 집단에게 그들이 필요로 하는 상담과 심리치료를 해 주는 데에 적용하며, 지역사회나 단체가 사회 및 보건 서비스를 제공하거나 증진시키는 데에 기여하고, 또한 합당한 법의 입법과정에 참여하도록 돕는 데에 적용된다."

West Virginia 대학교의 학사과정에 설치된 교과과정 발전 연구계획을 보면 사회사업실천을 다음과 같이 정의하고 있다. "사회사업은 인간과 사회제도 간의 상호작용에 관한 문제에 관심을 두고 이에 개입한다. 그 상호작용은 인간이 그들의 인생과업을 수행하는 능력에 영향을 주며, 그들의 포부와 가치관을 깨닫게 해 주고, 또한 곤경의 정도에 영향을 준다. 사회사업의 목적은 다음과 같이 세 가지로 지적할 수 있다. ① 인간의 문제해결능력과 문제에 대처하는 능력을 강화시켜 준다. ② 사회제도가 인간에게 자원과 서비스를 마련해 줄 수 있도록 효과적인 사회체계의 운영을 증진시킨다. ③ 인간에게 자원과 서비스 그리고 기회가 잘 제공될 수 있도록 인간과 사회체계 양자 간에 상호작용을 원활하게 해 준다”(Baer & Federico, 1978, p. 68; 조휘일, 이윤로, 1999, pp. 35-36).

결론적으로 위의 견해들을 바탕으로 사회사업실천의 정의를 정리해 보면 다음과 같다. 사회사업은 일련의 계획된 변화활동을 통해 개인, 집단 그리고 지역사회가 자원을 잘 활용하도록 도와 인간문제를 경감시킨다. 또한 클라이언트의 사회적 기능을 향상시킬 수 있도록 클라이언트의 능력과 장점을 개발한다. 물론 사회사업은 인간의 잠재력 발휘를 제한하는 사회적 가치나 정책이 있을 때 이를 변화시키는 노력도 한다. 한마디로 사회사업은 개인, 가족, 집단 또는 지역사회의 사회적 기능을 향상 또는 회복시키도록 돕고, 이러한 목적에 부합되게 사회적 조건을 창출하는 전문적인 활동이다. 사회사업실천은 이를 위해 사회사업의 가치, 원리, 기법을 전문적으로 응용하게 된다.

한편, 임상실천, 직접실천 또는 거시적 실천이라는 용어들이 등장하고 있는데, 이에 대한 개념을 알아보자. 사회사업실천가들은 클라이언트의 문제를 해결하기 위해 미시적(micro), 중시적(mezzo), 거시적(macro) 전략을 채택한다. 미시적 접근은 개인, 중시적 접근은 가족이나 집단에 초점을 두는 데 비해, 거시적 접근은 더 커다란 사회체계에 관심을 둔다. 거시적 실천에서는 대면접촉(face-to-face)을 통한 서비스 전달은 최소화되고, 사회계획이나 지역사회조직의 과정에 주로 관계한다. 그러나 효과적인 실천은 이러한 세 차원에 관련된 지식을 모두 요구한다. 이 세 가지 수준에 대한 균형 있는 준비를 하게 하는 일반실천방법은 학부 수준에서 주로 제공된다. 그러나 보통 사회사업대학원에서는 전공제도를 두어 대학원 2년차부터 미시적 또는 거시적 실천 또는 대상분야(예: 정신건강, 노인, 장애인 등)를 전공하게 한다.

직접실천(direct practice) 또는 임상실천이 바로 개인, 가족, 집단에게 서비스를 제공하는 미시적 실천방법이다. 직접실천이 다른 사회사업방법들과 구별되는 특징은 복잡한 문제에 대한 해결책을 찾도록 클라이언트를 돕는 데 있어서 개인, 가족, 소집단과 직접 대면하여(face-to-face) 관여한다는 점이다. 사회사업 실천가는 더 높은 수준의 사회적 기능을 이끌어 내는 데 초점을 맞추는 '변화과정(change process)'을 통해 클라이언트를 원조한다. 직접실천은 과정이며 방법이다. 과정으로서의 직접실천은 클라이언트를 치료적 목표의 성취를 증진시키는 활동과 행위에 참여시키는 데 있어 일련의 연속적인 단계를 거친다는 것을 의미한다. 방법으로서의 직접실천은 개입활동을 안내하는 기법과 지식의 창조적 사용을 의미한다. 또한 클라이언트로 하여금 지역사회의 자원과 대인관계기술을 개발할 수 있도록(클라이언트가 환경과 더 긍정적인 조화를 이루도록 하기 위해) 인간행동에 대한 과학적 지식과 관계 형성의 기법을 활용하는 하나의 기술이다. 직접실천은 클라이언트의 사회적 기능의 증진, 회복 또는 유지를 추구한다.

사회사업실천의 기초는 Marry Richmond, Gordon Hamilton, Helen Harris Perlman, Florence Hollis 등과 같은 초기 사회사업 선구자들의 철학과 지혜에 의해 확립되었으며, 그 후 많은 변화가 일어났다. 인간발달에 대한 더욱 진보된 지식과 더 효과적인 개입기술 등이 등장함에 따라 사회사업실천은 윤택해져 왔으며, 더욱 과학적으로 지지되는 개입모델들이 제시되었다. 민주적인 의사결정과 클라이언트 체계의 존엄과 가치에 대한 신념은 계속해서 사회사업실천의 철학으로서 유지·발전되고 있으며, 또한 클라이언트의 자기결정과 비밀보장은 원조과정에 있어 기본적인 실천가치다.

2. 사회사업실천의 요소

사회사업실천은 일련의 가치(value), 목적, 인정(sanction), 지식 그리고 방법론(methods) 등에 의해 수행된다. 전문사회사업실천을 구성하는 다섯 가지의 요소들을 구체화하면 다음과 같다.

1) 사회사업실천의 가치관

사회사업전문직의 기본적 가치는 인간의 존엄성과 사회정의 실현에 있다고 할 수 있다. 인간의 존엄성과 가치는 모든 사람들이 생래적인 가치와 존엄을 가지고 있다는 것이다. 사회정의는 공동선과 인간의 잠재적인 발달에 필요한 자원에 대한 권리로서, 사회가 가진 동일한 기본권리, 보호, 기회, 의무 그리고 사회적 이익을 모든 구성원들이 누릴 수 있는 이상적인 상태를 말한다. 인간의 존엄성과 가치 그리고 사회정의를 지지한다는 것이 어떤 것인지 좀 더 자세히 서술하면 다음과 같다(조휘일, 이윤로, 1999).

첫째, 개인은 사회의 기본적인 관심대상이 되어야 한다. 즉, 개인의 존엄성에 대한 철학으로서 사회사업실천은 어느 집단 내지 사회의 이익만을 위해서 개인을 소홀히 다뤄서는 안 된다는 신념이라고 볼 수 있다. 모든 사람은 위엄과 존경을 받을 가치가 있다. 때때로 서비스를 제공하는 역할을 수행하는 사람들은 도움을 찾는 사람들을 친절하게 대하고 존중해야 함을 잊을 때가 있다. 그러나 입장을 바꾸어 생각해 보라. 자신이 위기에 처해 도움이 필요할 때, 다른 사람으로부터 나쁜 사람이나 단순히 치료대상으로 취급받는 것을 원치는 않을 것이다. 비록 도움을 받지만 여전히 가치 있고 고귀한 사람으로 대접받기를 원할 것이다. 또한 사려 깊고, 동정심이 많고, 남의 입장을 배려하고, 관심을 보이며, 따뜻하고 비판적이지 않은 사람을 만나기 원할 것이다. 그러므로 사회사업실천가는 심지어 화를 내고 우유부단하고 동기가 없어 보이는 클라이언트를 만나더라도 끝까지 존중감을 가지고 그들을 대해야 한다.

둘째, 개인의 자주성 내지 독립성을 존중해야 한다. 타인을 돕겠다는 선의를 가진 사회사업가가 상대방의 자주성 내지 독립성을 존중하고 보호하기보다는 오히려 약화시키거나 손상시키는 결과를 초래하는 경우가 있다. 사회사업실천은 일방적이 아닌 상호 신중한 의사소통을 통한 동의, 협조 그리고 동등한 참여에 의해 이루어져야 한다. 그러므로 클라이언트의 자기결정을 증대하는 것이 중요하게 대두된다. 사회복지기관에 도움을 요청하는 사람들은 그들 나름대로의 욕구, 목표와 생활이 있다. 서비스를 제공하는 사람의 역할은 클라이언트가 자신의 해결방법을 발견하도록 지원하는 것이다. 그들에게 단순히 어떻게 해야 할지를 지시해 주는 것 이상의 기술을 필요로 한다. 실천가는 물론 권위를 소유하고 있긴 하지만, 다른 누구의 의사결정을 대신해 줄 권리는 없다. 우리들은 자신이 속한 법적 및 윤리적 범위 내에서 우리 스스로가 어떻게 살아갈지를 결정할 권리를 가지고 있다. 실천가는 각 개인이 자신의 욕구와 관점에 근거하여 스스로 선택할 권리가 있음을 깨달아야 한다.

셋째, 인간의 공통욕구를 충분히 인식하되, 이러한 욕구는 각 개인에 따라 독특하고 다르다는 것을 알아야 한다(개별화). 즉, 인간은 생리적 · 사회적인 기본욕구를 공통으로 가지고 있으나, 각 개인에 따라서 이러한 욕구의 양적 질적인 차이가 다양하다는 것을 분별해서 대처해야 한다. 개인들 사이의 공통적인 욕구나 유형을 파악하는 것은 실천가에게 유용한 정보를 주는 것이 사실이다. 그러나 보편성(commonalities)만 추구하는 것은 개인, 그룹 또는 문화를 고정관념화할 수 있고, 일반적 차원에 근거하여 이해하려는 한계를 가진다. 따라서 개인들 간의 다양성이 규명되고 이해되고 확인되어야 한다.

넷째, 인간은 상호 관심을 가지고 다른 사람을 보살펴야 할 사회적 책임을 가지고 있다. 즉, 인간은 기본적으로 사회적 존재로서 주위 사람들의 문제에 사회적 연대책임의식을 갖고 있다는 전제를 인식해야 한다.

다섯째, 각 개인은 자신의 문제에 대처할 수 있는 충분한 잠재력을 가지고 있으며, 이는 최대한 개발되고 동원되어야 한다. 즉, 아무리 외양으로는 무기력하게 보이는 사람을 대하더라도 인간이 지닌 기본적인 잠재력에 대한 신념을 갖고 이러한 잠재력을 이끌어 내도록 최대한 노력하고, 클라이언트를 문제해결과정에 동원하여 참여시켜야 한다는 원칙하에서 사회사업실천이 이루어져야 한다. 사회사업가는 클라이언트에게 어떤 일을 해 준다기보다는 오히려 클라이언트와 함께 활동해야 한다. 사회사업가의 기능은 사람들을 문제해결과정에 참여케 함으로써 그들이 스스로 문제를 해결하도록 하는 것이다. 이러한 의미에서 사회사업은 다른 전문직과 다를 수 있다.

여섯째, 사회는 각 개인의 자아실현에 방해가 되는 장해물들을 제거시켜 주어야 할 책임이 있다. 즉, 인간의 삶의 궁극적인 목표는 자신이 가진 잠재력을 최대한 실현하여 인간사회에서 자신의 위치를 확실히 하고 주위로부터 필요성을 인정받고 보람 있는 삶을 영위하는 것이라고 볼 때, 이러한 각 개인의 질적인 삶은 사회에 의해 보호받아야 한다. 따라서 이와 같은 삶의 목표를 추구하는 과정에서 개인이 당면하는 어려움 내지 장해물들은 사회의 책임하에 제거되어야 한다는 것이다.

이상과 같은 가치관들은 사회사업실천에 임하는 각자의 행동에 의식적으로 흡수되어 성공적인 사회사업실천이 이루어지게 하는 지침이 되어야 할 것이다(조휘일, 이윤로, 1999, pp. 38-39).

2) 사회사업실천의 목적

미국의 사회사업가협회(NASW, 1958)는 사회사업의 실천은 다음 세 가지에 목적을 둔다고 하였다. 개인과 환경 간의 부조화로 인한 문제의 해결과 예방 그리고 잠재력의 개발을 강조하고 있다.

첫째, 개인과 집단 그리고 환경 간에 불균형 상태가 일어났을 때 문제를 찾아내어 이의 심각성을 감축시키거나 해결할 수 있도록 도와준다.

둘째, 개인, 집단 그리고 환경 간에 불균형이 일어날 수 있는 잠재적인 문제가 도사리고 있다면, 이 부분을 찾아내어 불균형 상태가 일어나는 것을 사전에 예방한다.

셋째, 개인과 집단과 지역사회 내의 최대한의 잠재력을 찾아내고 확인하며 이를 강화시켜 준다.

NASW는 1982년에 좀 더 구체적으로 사회사업실천이 다음 네 가지 주요 목적을 갖는다고 개념화하였는데, 이는 Pincus와 Minahan(1976)이 제시한 사회사업의 목적이기도 하다. 인간과 사회환경 그리고 상호작용에 초점을 맞추고 있음을 볼 수 있다.

- 사람들의 문제해결능력과 대처능력을 향상시킨다.
- 사람들을 자원, 서비스 및 기회를 제공하는 체계들과 연결시킨다.
- 사람들에게 자원과 서비스를 제공하는 체계의 효과적이며 인간적인 운영을 증진시킨다.
- 사회정책을 개발하고 개선시킨다.

최근에 미국 CSWE(2001)가 제시한 사회사업의 목적은 다음과 같다. 위에서 제시한 목적과 일관된 것도 있지만, 사회불평등의 개선과 사회정의 그리고 실천의 발전을 위한 조사와 지식의 개발과 활용이 강조되고 있다.

- 빈곤, 억압 및 기타 사회적 불평등을 경감시키고 인간의 복지(well-being)를 증진시킨다.
- 개인, 가족, 집단, 조직, 지역사회가 목적을 성취하고, 자원을 개발하며, 고충(distress)을 경감시키고 예방하도록 도움으로써 그들의 사회적 기능과 상호작용을 증진시킨다.
- 기본적인 인간의 욕구를 충족시키고, 인간의 잠재력 개발을 지원하는 사회정책, 서비스, 프로그램을 계획하고 수행한다.
- 옹호 및 사회행동을 통해 사회 및 경제적 정의를 증진시키는 정책, 서비스, 자원을 추구한다.
- 사회사업실천을 발전시키는 조사, 지식, 기술을 개발하고 활용한다.

모든 사회사업실천은 위에 밝힌 목적에서 볼 때에 타당하거나 일치되는 성격의 활동이 되어야 하며, 이와 같은 목적에 부응하기 위해서는 나름대로의 인간에 관한 지식 그리고 인간과 관계하는 데 필요한 방법과 기술을 갖추어야 할 것이다.

3) 사회사업실천의 인정과 전문직으로서의 사회사업

모든 전문직은 사회에서 책임져야 할 할당된 기능을 가지고 있으며 국가, 지역사회, 기관, 클라이언트 그리고 전문직 자체로부터 공식적 · 비공식적 인정 내지 인가를 받아서 실천되어야 한다. 그러면 전문직으로서의 사회사업의 특성을 살펴보자.

과거에 사회사업이 전문직의 속성을 갖추고 있느냐는 논란이 있어 왔다. 결론적으로 사회사업은 전문직으로서의 갖추어야 할 조건을 충족시킬 수 있는 개념과 기준을 가지고 있다고 보아야 한다. Ernest Greenwood(1957)는 모든 전문직은 다음 사항을 갖추어야 한다고 했다. ① 체계적 이론, ② 권위, ③ 지역사회의 인가, ④ 윤리강령, ⑤ 전문적 문화(culture).

Bernard Barber(1965)는 전문직의 본질적 속성을 다음과 같이 규정했다.

- 수준 높은 경지에 올라 있는 일반화되고 체계적인 지식
- 자기이해 중심적이기보다 지역사회의 이익을 중시
- 전문적 협회와 윤리강령을 통한 행동통제
- 일의 성취에 대한 보상체계

다음과 같은 측면에서 사회사업이 전문직의 속성을 갖추고 있다고 볼 수 있다.

전문직과 비전문직을 구별하는 중요한 요인은 요구되는 기술을 일관성 있는 이론의 체계로 조직화할 수 있는 지식의 보고에 그 바탕을 두고 있다. 현

대 전문직들은 그들이 필요로 하는 지식의 양이 막대하게 요구될 뿐만 아니라 대부분의 지식이 불확실성을 띠고 있는 것이 많기 때문에, 모든 전문직들은 그러한 불안전한 지식을 바탕으로 인간생활의 긴급한 상황에 개입하게 되는 경우 끊임없는 불안과 도전을 받게 된다. 이러한 현실은 전문가들을 새로운 지식을 탐구하려는 노력으로 이끌게 된다. 사회사업도 과학적인 연구방법을 통해서 새로운 이론을 구성하려고 연구하고 있고, 현재 사회사업은 일반적으로 동의되고 있는 지식기반을 개발하고 있다. 그러나 사회사업지식의 핵심이 무엇인가에 대한 일반적인 동의가 있지만 아직 구체적으로 동의된 지식기반에 도달하지 못했다는 지적도 있다. 사실 현재까지는 사회사업이 실천의 방향에 많이 기울어지고 있고, 사회사업실무자들이 지식적인 방면의 추구보다는 인간의 실질적이고 정서적인 문제에 더 관심을 기울여 왔기 때문에 이론적인 측면에서 그 발달이 지연되었는지도 모른다.

한 사회의 발전을 위해서 중요한 일은 전문직이 지니는 권한을 인간의 안녕과 지역사회의 이익을 위해서만 발휘해야 하며, 전문직 자신들의 필요를 만족시키기 위한 것이거나 제공하는 서비스의 대가로 자신들이 발전하게 되는 것 위주로 사용되지 않아야 한다. 사회사업은 인간의 욕구와 사회적 관심사에 대한 반응으로서 개발되었기에 전문직의 핵심 속성을 갖추고 있다. 또한 전문가들은 클라이언트의 권리를 보호해 줄 의무를 지닌다. 사회사업전문직은 사회사업가의 행위에 대한 윤리적 통제를 할 수 있는 윤리강령을 가지고 있다.

전문직은 다음 몇 가지 요소들을 겸비하고 있는 사람들만이 전문지식을 실천할 수 있도록 실천자의 권리에 대해 제재조치를 마련하고 있다. ① 일정한 연한을 지닌 교육을 완수해야 한다. ② 시험제도가 있어 그 시험과정을 거쳐야 일정한 능력의 수준을 인정받는다. ③ 자격증, 등록증 또는 면허증과 같은 증명서에 의해서 실천행위를 규제한다. 사회사업교육협의회는 구체적 교육을 통해 자격을 얻도록 하고 있다. 우리나라의 경우 2003년부터 국가고시를 통해 국가에서 수여하는 사회복지사 1급 자격증이 있고, 미국의 여러 주정부에서도 허가사항(licensing and regulation)을 통해 사회사업이 사회적 기능 영역에서 전문성을 가지고 있음을 인정하고 있다.

모든 전문직들은 자체 조직한 전문기구가 있다. 이러한 조직은 전문조직에 가입된 개인성원들이 그들의 일을 잘 수행할 수 있도록 돕고, 전문가로서의 권리를 보호해 주며, 전문직업의 수준을 높이는 데 힘쓴다. 사회사업전문직에는 사회복지사협회라는 조직이 있어 다양한 활동과 서비스를 제공함으로써 전문적 문화개발에 힘쓰고 있다(Johnson, 1986).

4) 사회사업실천에 필요한 지식

한마디로 인간에 관한 지식이라고 할 수 있으나, 아직까지 인간에 관한 한 절대적인 지식이란 없다고 본다. 지금까지 인간을 연구하는 과학이 인간에 대한 일반화된 지식의 체계를 이룩해 놓았다 할지라도, 인간의 현상에는 항상 예외성이 강하기 때문에 인간의 행동은 자의적이며 예측할 수 없는 성격의 것이라는 점을 전제해야 할 것이다.

그러면 지식은 무엇인가? 지식은 광대하고 다양한 의미를 가진 용어다. Max Siporin은 지식은 우리가 사실로 간주하는(적절한 증거에 기초하여 확실하게 인지되는) 또는 진실일 가능성이 매우 높은 현실(reality)에 관한 인지적, 정신적 내용(아이디어, 신념)이라고 규정지었다. 사회사업실천도 강력한 지식기반 위에서 수행되는 것이 강조되고 있다. 사회사업실천을 위한 지식은 전통적으로 다른 학문, 특히 심리학이나 사회학에서 도출되어 왔다. 그러나 전문직으로서 성장함에 따라 사회사업가들은 사회사업실천 그 자체에서 도출되는 지식에 더 실천의 기반을 두기 시작했다. 한 가지 문제는 실천가들이 실천상의 관습적 경험에서 오는 상식적 지혜를 실험적으로 검증된 지식보다 더욱 많이 활용한다는 것이다. 전문사회사업의 목적을 성취하기 위해서는 사실(facts)이 필요하기 때문에 현재의 추세는 비확인된 아이디어보다는 과학적 지식에 점차 강조를 두고 있다. 과학이라는 실증적 특성을 갖는 지식기반을 개발하기 위한 시도가 진행되고 있는 것이다. 그러나 많은 사회사업가들은 사람들을 돕는 데 있어서 상식이면 충분하다고 주장하거나 그러한 과학적 시도를 회피하고 거부하는 태도도 있는데, 이는 과학적 방법인 조사연구가 사회사업의 중심인 인본주의 요소와 잘 조화되지 않는다는 생각과 관계가 있다. 또한 사회사업가가 다루는 문제의 성격은 너무 복합적인 것이라서 과학적 조사기법으로는 측정될 수 없다는 신념도 작용하기 때문이다.

그러나 사회사업은 계속해서 공통적으로 수용될 수 있는 개념과 준거틀을 찾고 있으며, 좀 더 과학적이 되기 위해 실천에 대한 가설을 검증하려 노력하고 있다. 사회사업전문직은 점차적으로 표준적 조사방법을 통해 실천을 평가하고 타당성을 확보하는 데 관심을 기울이고 있고, 조사가 우리에게 유용한 지식을 생성할 수 있다는 것을 발견하였다. 최근 증가하는 조사 결과는 사회사업 실천에 건설적으로 응용되는 것으로 보인다. 이런 추세는 지속될 것이기 때문에 사회사업가들은 실천하는 데 있어서 조사 결과를 활용하고 조사에 참여하는 것이 기대된다. 실천을 하면서 조사를 병행하는 것을 가능케 하는 조사방법의 출현은 사회사업지식의 증대를 가져올 것이다.

사회사업지식은 인간과 그들의 사회체계에 관해 알려진 것이라 할 수 있다. 상황 속의 인간현상을 묘사하고 개인과 그들의 사회체계의 기능을 설명한다. 상황 속의 인간에 대한 이해를 얻는 데 도움을 주고 사회사업가가 인간의 사회적 기능을 향상시키기 위한 방안을 안내해 준다. 인간발달, 인간의 다양성, 사회체계에 대한 지식을 포함하며 욕구, 측정, 관계 형성, 사회사업과정, 개입에 대한 지식도 포함한다. 아직 많은 문제가 사회사업 지식기반에 잔존하고 있지만, 사회사업은 상황 속의 인간이라는 광범위한 견지를 갖고 있기 때문에 실천에 적용할 수 있는 광대한 양의 지식이 있다는 유리한 입지를 갖추고 있다. 워커들이 자신의 삶의 경험으로부터 얻은 지식 그리고 다른 사람들의 삶의 경험에 대한 관찰 모두는 실천에 활용 가능한 것들이다. 사회사업가에 의해 활용되는 지식의 소스는 다양한 학문을 응용한 학문인 만큼 넓고도 다양하다. 문제는 사회사업실천을 위해 필요한 지식을 선정하고 조직하고 제한하는 방식이 필요한 것이다(Compton & Galaway, 1989, p. 97).

한편, 사회사업가들이 해결해야 할 인간의 문제는 과학적 지식 이외에 예술적 측면의 지식이 필요하다. 즉, 고도의 기술이 무엇보다 중요하다. 역사적으로 사회사업교육자들은 학생들의 전문적 능력(professional competency)을 증진시키고, 도움의 관계(helping relationship)를 강화시키는 데 필요한 도움의 기술(helping skills)을 개발하는 데 관심을 기울여 왔다. 사회사업의 많은 정의를 분석 · 검토해 보면 사회사업은 하나의 기술 내지 예술(art)인 동시에 과학(science)이라고 묘사하고 있다. 분명히 사회사업실무에는 기술적 · 예술적인 면이 중요하게 부각된다. 물론 이러한 대부분의 기술들은 이에 필요한 전문적인 인간에 대한 과학적인 지식의 바탕(knowledge base)을 요구하고 있으며, 이들은 훈련을 통하여 학습 내지 습득될 수 있다. 결국 효과적인 사회사업가가 되기 위해서는 광범위한 이론, 지식 내지 기법(techniques)들을 활용할 수 있는 능력이 필요하다(조휘일, 이윤로, 1999, p. 131).

사회사업의 예술적 요소(김혜란, 1998)

- 동정과 인간의 고통에 직면할 수 있는 용기
- 의미 있고 생산적인 원조관계를 수립할 수 있는 능력(전문적 관계-감정이입, 온화함, 진실성)
- 변화에 대한 장벽을 극복하는 창의성(상상력, 융통성)
- 건전한 판단력
- 변화과정에 에너지와 희망을 불어넣는 능력
- 적합한 개인적 가치들
- 효과적인 전문가 스타일 형성

그러면 어떠한 지식이 필요한지 개략적으로 정리해 보자.

- 인간발달과 행동에 대한 지식으로서, 특히 전인적인 인간관을 이해하며, 인간은 각자가 속한 사회적 · 경제적 · 문화적 환경과의 부단한 상호작용에 의해 행동을 결정한다는 사실을 강조해야 한다. 즉, 인간이 어떻게 신체와 정신이 발달하며, 주위 사회체계와 거래하는 사회적 기능이 어떻게 발달하는가에 대한 지식을 습득해야 한다.
- 의사소통의 다양한 방법들을 이해해야 한다. 즉, 인간은 의사소통에 있어서 언어적 · 비언어적 방법들을 동원하는데, 특히 이러한 외적인 표현의 기저에 깔린 내적 감정상태를 이해하는 것이 가장 중요하다.
- 집단의 과정을 이해해야 한다. 즉, 인간이 집단을 구성할 때에 일어나는 개인의 역할과 집단의 상호작용에 의해 발생하는 집단의 역할을 이해해야 한다.
- 개인, 집단 그리고 지역사회의 형태에 문화적 요인이 어떤 의미와 영향을 주는가를 이해해야 한다. 즉, 개인, 집단 그리고 지역사회는 그들이 가지고 있는 종교적 신념이나 영적인 가치관에 의해 많은 영향을 받으며, 또한 그들이 준수하는 법률 그리고 사회제도 내에서 행동이 결정되는 경우가 많기 때문에 이러한 문화적 요인들이 기본적으로 이해되어야 한다.
- 인간관계에 대한 이해가 있어야 한다. 즉, 인간들은 부단히 상호작용을 하면서 살고 있기 때문에 개인 상호간의 관계, 개입과 집단 간의 관계 그리고 집단과 집단이 어떤 형태로 상호 연결되는지를 확실히 이해해야 한다.
- 지역사회의 본질에 대한 이해가 있어야 한다. 즉, 특정 지역사회의 내적인 구조와 과정, 발달과 변화의 형태, 지역사회의 자원과 사회 서비스의 현황 등을 이해해야 한다.
- 자기 자신에 대한 지식이 있어야 한다. 즉, 사회사업실천은 결국 자신을 도구로 활용해서 남을 돕는 활동이기 때문에 자신이 지닌 성격상의 강점과

약점을 객관적으로 파악하려는 노력이 필요하다. 또한 다른 인간에 대한 이해도 우선 자신의 성격을 정확히 파악하려는 노력에 의해서 효과적으로 달성될 수 있다.

- 측정, 관계 형성, 개입방법 등 개입과정에 관한 지식이 필요하다. 구체적인 개입모델에 대한 지식은 물론 문제해결과정에 관한 지식도 필요하다.
- 조직행위와 기관의 행정적 과정에 대해 잘 알아 둘 필요가 있으며, 동시에 정부의 정치적 과정에 관해서 어느 정도 알아야 하고, 정치적 과정의 변화를 가져오기 위해서 어떻게 개입해야 하는가에 대해서도 알아야 한다.
- 일반적인 조사방법과 프로그램의 평가방법에 대해 알 필요가 있다.

이상과 같은 인간에 대한 지식은 어떤 유형의 사회사업실천에 참여하든지 기본적으로 요구되는 것들이다. 그러나 이들 지식들은 단순히 인지적으로 아는 데 그치지 않고 경험을 통해 감정적으로 느껴져야 하며, 또한 자신의 행동을 통해 표현되어야 완전해질 수 있는 것이다.

5) 사회사업실천의 기본적 방법론

사회사업실천에 있어서 방법론이란 앞에서 밝힌 가치관과 지식을 바탕으로 활동을 전개해 나가는 절차를 체계화시킨 것으로서, 개인의 문제를 다루는 개별사회사업, 집단의 문제를 다루는 집단사회사업 그리고 지역사회 전체의 문제와 통합을 다루는 지역사회개발 내지 지역사회조직사업, 장기적이고 포괄적인 서비스를 전달하기 위한 사례관리를 들 수 있다. 그러나 이들 방법들은 실제적인 사회사업 실천상황에 있어서 통합적으로 적용되어야 하는 것으로서, 사회사업가는 한 개인의 문제를 볼 때에도 그가 속한 집단과 지역사회의 맥락에서 파악하고, 치료 내지 변화를 시도할 때에도 개인은 물론 집단과 지역사회의 변화를 동시에 꾀하는 것이 이상적이다. 이와 같은 방법론은 기법(technique)과 기술(skill)의 양면을 지니며, 기법을 도구라고 한다면 기술은 이들 도구를 효과적으로 활용하는 숙련성이라고 할 수 있다.

3. 사회사업실천 개입의 초점

최근의 사회사업의 정의는 사회사업가들이 다루는 문제의 초점을 잘 지적해 주고 있다. Gitterman과 Germain(1976)은 개인들은 그들의 환경의 여러 양상과 상호작용하면서 계속적으로 적응해 가는데, 사회사업가는 환경과의 적응적 교류의 조화를 유지하도록 도와주어야 한다고 보았다. 사회사업가는 환경과의 교류가 깨어지는 요소를 세 가지 분야로 분리해서 생각한다. 첫째는 인생주기에 따르는 과업과 밀접히 관련이 되어 있는 인간의 문제와 욕구이고, 둘째는 인간이 처한 환경에서 오는 문제와 욕구들, 셋째는 가족이나 집단이 과도기적인 과제나 환경적인 과제에 부딪혔을 때 당면하는 대인관계상의 요소로 나누어 취급한다.

Bartlett(1970)도 사회사업의 초점을 사회적 기능에 두고 사회적 기능의 개념을 인간의 대처활동(coping)과 환경적 요구 간의 관계로 정의했다. 따라서 사회사업가들은 인간과 환경 간의 상호작용을 고려하여 그러한 상호작용이 사람들의 성장과 사회적 기능에 미칠 결과에 유의해야 한다. 즉, 환경으로부터의 요구가 과대하지 않은가? 사람들의 대처하는 능력이 부족하지 않은가? 만일 균형이 깨어졌다면 어떻게 그 균형을 회복할 수 있을까? 사회사업가가 이러한 상호작용의 특성을 이해하게 될 때, 사람들의 대처하는 노력과 환경으로부터의 요구 간의 균형을 개선하는 방향으로 나갈 수 있을 것이다.

Compton과 Galaway(1989)도 사회사업활동의 초점은 인간과 환경과의 상호작용에 관한 문제를 지향하고 있다고 지적한다. 다시 말해, 사회사업가는 인간이 대처하는 능력과 환경적인 요구 간의 균형을 잡아 준다고 지적하고 있다. 이들의 논점을 요약하면, 사회사업가는 때로는 개인에게 변화에 관한 전략방안을 지도하기도 하고, 환경을 변화시키려는 전략을 계획하기도 하고, 인간과 환경 모두를 변화시키려는 전략을 계획하기도 한다. 그러나 이러한 모든 경우에 있어서의 변화의 전략은 인간과 그가 처한 상황과의 상호작용의 성격을 변화시키려고 지향해야 된다는 것이다.

Pincus와 Minahan(1973)이 제시하는 사회사업가의 주요 기능은 이런 견해와 일치하고 있는데 개인, 사회적 환경 그리고 상호작용에 대한 개입을 제안하고 있다.

- 개인들로 하여금 자신의 문제해결 및 대처능력을 향상시키고 효과적으로 활용하도록 돕는다.
- 개인과 자원체계 간의 연결을 성립시킨다.
- 개인과 사회자원 체계 간의 상호작용을 촉진 및 수정시키고 새로운 관계 형성을 갖게 한다.
- 자원체계 내에 있는 개인들, 조직 및 기관 간의 상호작용을 촉진 및 수정시키고 새로운 관계 형성을 갖게 한다.
- 사회정책의 개발 및 수정에 기여한다.
- 물질적 자원을 제공한다.
- 사회통제의 대행자 역할을 한다.

그러므로 사회사업전문직이 주로 개인의 변화에 초점을 두어야 할 것인지 또는 환경의 변화에 두어야 할 것인지에 대한 논쟁은 사회사업 개입의 초점을 흐리게 하는 결과를 낳게 되며, 생태학적 관점을 이해하는 데에도 실패하게 된다.

사회사업의 사명

사회사업과 심리치료 사이에 차이가 있는가? 사회사업전문직이 심리치료와 구별될 수 있는 사회사업 자체의 사명이 있는가? 일반적으로 사회사업의 주된 기능은 발달적 사회화(developmental socialization)에 관심을 두고 있는 반면에, 심리치료는 회복(restoration)과 관계된다. 발달적 사회화에 대한 관심이란 정보와 지식, 사회적 지지, 사회적 기술 그리고 사회적 기회들을 제공함으로써 사람들이 그들의 적절한 사회적 역할들을 수행할 수 있게 도와주는 것이다. 또한 누군가로부터의 방해나 학대, 신체적 및 정신적 장애 그리고 개인이 맡고 있는 과도한 책임감을 다룰 수 있게 도와주는 것도 포함된다.

회복에 관심을 둔다는 것은 개인의 자아(self)와 직접 관련된 정서적 내지 인지적 기능들이 손상되거나 불충분하게 발달하여 사회적 역할을 적합하게 수행하지 못하게 되는 경우, 사회적 역할 수행을 방해하는 감정이나 사고를 처리할 수 있도록 돕는 것을 말한다. 물론 이 두 가지 사회적 기능들 사이에 밀접한 관계 내지 중복되는 기능이 있는 것은 사실이다. 그러나 사회사업이 다른 전문직(예를 들면, 법률가, 의료직, 교육자 그리고 심리치료가)의 활동이나 기능과 유사하거나 중복된다고 해서 이들 전문직과 동일하다고 말할 수는 없다. 사회사업가들이 독자적인 전문직의 방향을 설정하려 한다면 자신들과 다른 전문직 사이에 경계를 긋는 어려운 과제를 감당해야 한다. 이러한 경계를 긋는 작업은 매우 어렵고 고통스러울 수 있다. 그 이유는 이러한 작업과정은 어떤 기능이나 실천이 아무리 사회적으로 바람직하다고 할지라도 사회사업의 맡은 바 사명을 벗어나게 하거나 파괴시키는 성격을 지닌다면 이들을 미루어 놓거나 또는 제외시키는 노력을 해야 하기 때문이다.

여기에서 말하고자 하는 요지는 심리치료가 사회사업의 본래의 사명, 즉 '사회의 완전성(perfectability)' '아름다운 지역사회의 형성' '새로운 사회(new society)의 구축' 그리고 '새로운 개척자(frontier)의 역할' 로부터 벗어나게 했다는 것이다. 사회사업은 아직 구축해야 할 사명을 가지고 있다. 즉, 현재 우리 사회를 휘청거리게 하는 거대한 사회문제들을 처리하는 것이다. 노인들의 사회적 고립을 처리하는 것, 젊은이들이 경험하는 아노미 현상을 다루는 것, 아동들의 방임 내지 학대문제를 해결하는 것, 무주택 걸인들, 약물중독자 그리고 AIDS 환자들의 문제들을 처리하는 것 등이 그것이다.

물론 사회사업과 심리치료사들이 서로 나눌 수 있는 인간성장과 발달에 관한 중복되는 지식이 있다는 사실과 모두 대인적 관계들을 집중적으로 활용하며, 실천방법에 있어 어느 정도의 유사점이 있다는 사실은 분명하다. 모든 인간서비스 전문직들이 유사한 지식들을 상호 공유할 수 있으나, 이러한 지식들을 어떻게 활용하느냐 하는 것은 각자의 사명들에 의해 결정되는 것이다.

사회사업의 사명은 각 개인을 위해서뿐만 아니라 지역사회를 위한 의미, 목적 그리고 의무감을 형성하는 것이 되어야 한다. 사회사업가들의 책임감(사명감), 의무감 그리고 사회적 지지의 기반을 형성하는 것은 오직 지역사회를 창조함으로써 가능하다. 사회사업가들은 아동보호체계의 구축에 관심을 기울이고, 정신질환자와 병약한 노인들을 보호부양하는 데 기쁨을 느낄 수 있는 지역사회들을 형성해야 한다. 심리치료는 이러한 일을 가능하게 할 수 없으며, 우리가 심리치료의 노선을 따른다면 이런 분위기는 더욱더 감소할 것이다. 사람들을 진정으로 변화시킬 수 있는 지역사회, 사람들의 생활에 목적과 의미를 줄 수 있는 지역사회, 사람들이 서로 보살피고 사랑할 수 있게 하는 지역사회를 건설할 수 있는 모델들이 나와야 한다. 이러한 과업을 사회사업의 전문적 사명으로 택하기 위해서는 사회사업의 지금까지의 생각과 실천에 큰 변화를 가져와야 한다.

많은 사회사업가들이 아직까지 심리치료적 관점에서 실천을 생각하고 행동해 왔기에, 사회사업실천이 일대일의 개입을 중히 여기는 방향으로 사회화되어 왔다. 또한 학생들을 이런 틀 속에서 교육시켜 왔기에 그들이 심리치료적 역할을 중히 여기는 것도 놀라운 일이 아니다. 공적이건 사적이건 모든 사회적 서비스들은 개별화된 심리치료적 형태의 도움이 가장 의미 있는 것처럼 조직화되었다. 아동학대와 유기, 약물중독, 고독의 문제, 불안 또는 다른 신체적·정신적 장애를 다루는 데에 있어서도 심리치료 지향적으로 처리하는 것이 핵심처럼 되었다.

집단, 지역사회조직 그리고 자원봉사기관을 활용하는 것은 보통 변화를 위한 이차적 수단들로 간주되고 있다. 이들이 사회사업전문직에 의해 활용될 수 있는 변화를 위한 기본적이고 가장 바람직한 수단들로 지각되는 경우는 많지 않다. 대개의 경우 모든 비심리치료적(non psycho therapeutic) 개입들은 열등한 것으로 지각되고 있다.

이와 같은 시각을 갖게 되는 이유는 사람들이 변화를 위한 개인의 능력만이 중요하다는 신념을 갖고 있으며, 집단과 지역사회의 힘에 대한 신념이 약하기 때문이다. 그러나 실제 증거는 이와는 반대라는 사실을 간과하고 있다. 따라서 가장 중요한 것은 사회적 프로그램을 갖춘 지역사회가 사회적 문제들을 다루어야 한다는 사회사업 신념의 체계를 구축하는 것이다. 사회사업은 건강한 지역사회 창조를 향해서 모든 에너지를 집중할 수 있게 하는 새로운 사회사업의 전망(vision)을 가져야 한다. 이것이 바로 건강한 사람들을 만드는 방법이다(Specht, 1990).

4. 사회사업가의 역할

주어진 상황에서 사회사업가는 가장 효과적인 역할을 선정하여 수행해야 한다. 개인, 가족, 집단, 조직, 지역사회와 일하면서 사회사업가는 다음 역할들을 수행하게 된다(Zastrow, 2003).

(1) 가능케 하는 자(상담가)

계획된 변화과정이나 문제해결과정을 통해 클라이언트를 안내하고 돕는 역할을 한다. 클라이언트가 자신의 욕구와 문제를 분명히 알고 인식하도록 돕고, 해결책을 찾아 적용하도록 도와 개인의 문제해결능력을 개발하도록 돕는다. 개인이나 가족, 집단을 돕는 데 있어 가장 자주 활용되는 역할이다. Compton과 Galaway(1999)는 클라이언트가 자신 속에 있는 강점과 자원을 발견하도록 도와 변화를 일으키는 역할이라고 말한다. 가능케 하는 자는 표현을 고무하고, 감정의 분출을 촉진하며, 격려와 재확신을 제공하고 합리적 의사결정을 돕는다. 클라이언트의 감정과 아이디어 또는 신념을 정당화하는 것도 가능케 하는 역할의 한 양상이라고 볼 수 있다.

⑵ 교육자

정보를 제공하거나 기술을 가르친다. 효과적인 교육자가 되기 위해서는 지식을 많이 갖추어야 하고 의사소통을 명확히 할 수 있어야 한다. 교육자로서의 사회사업가는 자녀양육기술, 취업면접기술, 분노조절기법, 스트레스 관리기법 등을 교육하게 된다.

⑶ 중계자

개인이나 집단에게 지역사회 서비스와 자원을 연결시켜 준다. 예를 들어, 학대받아 온 아내를 쉼터에 연결시켜 준다.

⑷ 중재자

이해당사자들 간에 협상을 도와 타협점을 찾도록 한다. 예를 들어, 부부간의, 부모—자녀 간에, 기업주와 근로자 간의, 지역주민 간의 중재를 하게 된다. 중재자는 중립적인 입장을 취해야 하며, 누구의 편을 들어서는 안 된다. 중재자는 양 당사자의 입장을 분명히 이해해야 하고, 당사자들이 자신의 입장을 상대방에게 분명히 말하도록 하여 의사소통이 명확히 이루어지도록 한다.

⑸ 옹호자

클라이언트가 적합한 치료나 필요한 자원을 얻도록 대변한다. 예를 들어, 클라이언트의 이익을 위해 기관의 정책을 변경하도록 행정가를 만나 요청할 수 있다. 옹호가 계층(집단)옹호의 형태를 띠게 될 때 사회행동가/활동가로 역할을 구분하기도 한다. 사회행동가는 기본적인 제도 변화를 추구한다. 즉, 불이익을 당하는 집단이나 계층에게 권력과 자원의 재분배를 목적으로 한다. 사회정의, 불평등에 주요 관심을 갖는다. 활동가는 사회환경을 변화시키기 위해 주 로 사회행동 중심적인 방법을 사용한다. 예를 들어, 지역사회욕구의 분석, 정보의 배포, 주민의 조직화와 집회 등이 포함된다.

⑹ 사례관리자(조정자)

다양한 기관이나 조직에서 제공되는 서비스를 조정한다. 서비스의 중복을 피하기 위해서도 필요하고, 한 기관에 부족한 서비스를 보완하기 위해서도 필요하다.

⑺ 집단촉진자

집단을 지도하기 위한 리더역할을 한다.

⑻ 조사자

어떤 주제에 대한 문헌을 연구하고, 실천을 평가하고, 프로그램의 장단점을 사정하며, 지역사회욕구를 조사한다.

⑼ 능력강화자(empowerer)

사회사업실천의 핵심 목적은 능력강화다. 개인, 가족, 집단, 조직, 지역사회가 그들의 개인적 · 대인관계적 · 사회경제적 강점과 영향력을 증진시키도록 돕는 역할이다. 개인의 능력과 잠재력을 개발시키며, 옹호와 조직화를 통해 자원과 권한의 재분배를 추구하기도 한다.

5. 사회복지현장의 분류

사회복지현장은 다음의 분석틀을 활용하여 복합적으로 분류할 수 있다.

- 사회복지현장을 현장에서 활용되는 지식, 가치, 기술의 형태에 따라 분류할 수 있다. 즉, 어떠한 사회복지이론이나 모델 또는 접근방법이 활용되고 있는지에 따라 구분할 수 있다. 예를 들어, 사회복지현장 또는 기관이 일반주의 접근, 행동주의모델, 사회행동모델 또는 위기개입모델 등

여러 모델이나 접근방법 중에서 무엇을 기조로 하는지 구분할 수 있다.

- 관심문제 영역에 따라 현장을 분류할 수 있는데, 예를 들어 물질남용, 학대, 빈곤, 비행, 가족갈등 등 어느 영역에 관심이 있는지 구분할 수 있다.
- 서비스 전달체계에 따라 정책/프로그램, 공공/민간기관, 정부/비정부기관, 이용/생활시설 등으로 구분할 수 있다.
- 현장에서 대상으로 하고 있는 클라이언트 집단에 따라 분류할 수도 있는데 아동, 청소년, 노인, 여성, 장애인, 난민 등으로 구분할 수 있다.

제2장

사회복지사의 가치와 윤리

모든 전문직은 가치체계를 지니고 있다. 전문가가 지니는 가치관은 인간에 대한 믿음 그리고 인간을 위한 최선의 목표와 인간을 상대로 하는 데 필요한 최선의 방법에 대한 믿음이다. 이러한 가치관으로부터 전문직의 윤리강령이 발달한다. 윤리강령은 전문가로서 다른 사람의 생활에 개입할 때 책임감을 가지고 자신의 행위에서 지켜야 되는 것은 무엇인가를 문서화한 것으로, 전문가가 인간을 위해 짊어지고 있는 의무를 표현한 것이다. 이 장에서는 돕는 전문가가 중요시하는 가치와 윤리가 무엇인지 살펴보기로 한다.

1. 가치와 윤리

가치(value)란 사람들이 중요시하는(바람직하다고 생각하는) 삶의 방식이나 기준, 신념을 말한다. 윤리(ethics)란 선악의 속성이나 도덕적 의무를 결정하는 일련의 지침, 행동기준 또는 원칙이라고 할 수 있다(Barker, 1995). 윤리강령은 전문직의 가치를 기반으로 하여 구체화된다. 즉, 전문직의 가치가 구체화된 것으로서, 윤리강령은 전문가들의 행동원칙과 기준을 정한 것이라 할 수 있다. 우리나라의 사회복지사협회에서는 사회복지사들 사이에서 공유되는 가치와 윤리적 원칙을 문서화하여 윤리강령을 만들어 놓고, 그것을 기준으로 전문가로서의 클라이언트, 동료, 전문직 그리고 사회에 대한 책임과 원조관계를 점검하도록 하고 있다. 일반적으로 원조관계는 개인, 집단, 가족, 지역사회의 안녕을 보호하는 방향으로 진행되어야 되며, 관계를 악용하거나 착취하기 위해 사용되어서는 안 된다.

사회복지사의 역할을 수행하다 보면 가치와 관련하여 윤리적 의사결정이나 판단이 필요한 상황을 수없이 맞게 된다. 어떤 결정이나 판단을 한다는 것은 나름대로의 행동과 기준에 관한 확고한 의견이나 신념을 가진 사회복지사에게는 매우 힘든 일일 수 있다. 그 이유는 클라이언트가 스스로 결정할 수 있도록 사회복지사가 클라이언트에게 자율성과 자유를 허용해야 하기 때문이다. 다시 말해 비록 클라이언트가 사회복지사의 신념에 맞지 않는 선택을 하더라도 이를 허용해야 하기 때문이다. 효과적인 사회복지사의 특성에는 가치판단을 유보할 뿐만 아니라 그들 자신의 가치와 신념을 한편으로 제쳐 둘 수 있는 능력이 포함되어 있다.

실천현장에서 직면하게 되는 윤리적 결정에 관련된 몇몇 질문의 예를 보면 다음과 같다(Poindexter et al., 2003).

① 삶과 죽음에 있어 개인의 선택권은 어디까지 보장되어야 하나?

- 에이즈 또는 알츠하이머병을 가진 개인은 자신의 생사를 선택할 수 있는가? 친구, 전문가 또는 지인들은 그의 자살을 지원할 권리가 있는가?
- 태아에게 장애가 있음이 발견되었다는 이유로 임신중절을 한 여성은 도덕적인가?
- 태아에게 전염되는 치명적인 질병을 가진 사람이 임신한 경우, 아이를 낳으려는 결정을 할 권리가 있는가?

② 말기 질병을 앓는 사람에게 우리는 얼마만큼의 개입과 치료를 해야 하는가?

- 부모는 자녀에게 적용될 치료적 개입의 범위를 결정할 권리가 있는가?
- 생명의 연장 여부에 관한 윤리적 결정은 누가 해야 옳은가? 의사인가? 가족인가? 당사자인가? 성직자인가?
- 거의 회복될 가망이 없는 환자에게 끝도 없는 치료과정을 인내하라고 요구해도 되는가?
- 치료에 관한 결정을 할 때 재정적 문제도 고려되어야 하는가?

③ 만약 자원이 제한되어 있으면(예: 기증받은 신장 등) 이 자원은 누구를 위해 먼저 쓰여야 하는가? 어떻게 이것을 결정해야 하는가?

④ 특수한 욕구를 가진 개인에 대한 재정적, 정서적, 물리적 보호책임은 누구에게 있는가? 가족만의 책임인가? 지역사회와 정부가 책임을 져야 하는가?

생각해보기

01. 사회복지사로서 이미 경험했거나 직면할 수 있는 도덕적, 윤리적 딜레마에는 어떤 것이 있는가?

02. 사회복지사로서 직면하게 될 가장 어렵거나 문제가 될 만한 윤리적 상황은 무엇이라고 생각하는가? 이런 상황을 어떻게 해결해 나갈 수 있을 것인가?

2. 자기인식

인생의 어려움에 대한 워커의 가치는 클라이언트가 무엇을 결정할 것인지에 영향을 줄 수 있다. 인간에 대한 존중감으로 클라이언트를 다루고 진정으로 돕기를 원한다는 것을 전달하는 것 이외에 인간관계에 있어 더 본질적인 것이 있겠는가? 이를 위해 워커가 갖추어야 할 중요한 요소는 자신의 가치관, 윤리, 편견에 대한 자기인식(self-awareness)을 확실히 하는 것이다. 클라이언트, 동료, 자신이 속한 기관과의 상호작용을 무의식적으로 또는 의식적으로 이끌어 나가는 자신의 가치와 원리를 발견할 필요가 있다. 브래머(Brammer, 1979)는 자신의 가치를 깨닫는 것은 서비스 수행에 있어 필수적인 요소라고 했다. 이러한 인식은 사회복지사 자신을 정직하게 해 주고 비윤리적 행동을 피하도록 도와준다.

사회사업실천가는 자신의 가치관이나 과거의 경험, 관심사 등을 잘 인식하여 자신의 이러한 특성들이 클라이언트의 잠재력을 방해하지 않도록 해야 하고, 성공적인 원조관계를 유지할 수 있도록 해야 한다. 사회복지사가 다음과 같은 방식으로 클라이언트를 다루고 있다는 생각이 든다면 이는 원조관계에 방해가 되는데, 바로 가치갈등이 발생되기 때문이다.

① 설교하기(preaching)

우리가 지나치게 도덕적인 나머지 클라이언트에게 심판적인가? 클라이언트에게 자신 스스로 부끄러운 줄 알기를 원하고 있는가? 클라이언트에게 '~해야만 한다' 또는 '~해서는 안 된다' 라고 말하고 있는가?

② 가르치기(teaching)

우리는 단지 기계적으로 정보를 주거나, 사실만을 밝혀주려 하지 않는가? 즉, 감정적 교류를 회피하고 있지 않은가?

③ 처방하기(prescribing)

우리는 특정한 문제에 대해 단지 한 가지의 해결책만이 있다고 생각하는 자신을 발견할 때가 있는가? 너무 클라이언트를 설득하는 데 열을 올리고 있지는 않은가? 예를 들어, "세 가지 대안이 있습니다. 첫 번째 선택이 최고입니다. 왜냐하면……." 이라고 말하고 있지 않은가?

④ 구해 주기(saving)

우리는 다른 사람의 문제를 즉각 해결해 줄 수 있다고 생각하는가? 클라이언트가 저지른 실수로부터 그들을 구제할 수 있다고 느끼는가? 우리는 너무 자주 "제가 여러분을 위해 해 드리겠습니다."라고 말하고 있지 않은가?

⑤ 충고하기(advising)

우리는 잘 알지 못하는 상황에 대해서도 모든 해결책을 알고 있어야 한다고 느끼는가? 우리 자신이 "나는 여러분이 무엇을 해야 하는가를 분명히 알고 있습니다."라고 말할 때가 있는가?

우리가 위의 방법으로 클라이언트에게 반응한다면, 개인적인 갈등이 야기될 수 있는데, 바로 가치에 대한 갈등이다. 예를 들어 보자. 클라이언트는 가족성원들이 함께 모여 사는 것을 중요시 여겨서 가정 밖에서 노인을 모시는 것을 매우 싫어할 수 있다. 클라이언트가 이러한 가치를 가지고 있는 경우, 사회복지사가 공공기관이나 그룹홈에 노부모나 정신지체아동을 배치해야 한다고 클라이언트에게 주장한다면 이는 개인의 가치를 저버리는 것이다. 다른 예로는 사회복지사의 가치가 어떤 상황하에서든지 낙태에 대해서 반대의 입장에 있을 때, 낙태를 위한 도움을 받으러 온 클라이언트와 겪게 되는 갈등을 들 수 있다. 또 다른 예는 사회복지사가 독립성에 가치를 두고 있을 때, 클라이언트가 정부의 보조를 필요로 한다는 것을 알게 되었을 경우 겪게 되는 갈등이다. 만약 우리가 이러한 가치의 갈등에 직면하게 된다면 우리는 다른 사람들의 자기결정권을 방해하는 행동을 할지도 모른다. 그들을 심판하거나 설득하거나 혹은 충고하기 시작할 것이다. 개인의 가치가 타인의 행동을 위축시키거나 제한할 수 있고, 이러한 가치는 개인의 잠재력을 발휘하는 데 방해가 될 수 있다는 것을 인식해야 한다(흔히 우리는 고정관념을 통해 어떤 대상의 잠재력을 방해하게 되는 경우를 많이 보게 된다). 우리의 개인적 또는 전문적 가치가 클라이언트를 대하는 방식을 형성할지라도 또 다른 수준에서의 태도나 가치가 영향을 줄 수 있다. 한 예로 바로 우리가 일하는 기관의 가치와 철학, 목적이 그것이다. 우리가 생각하고 있는 개인적 또는 전문석 가치와 다를 수 있고, 우리의 역할에 영향을 줄 수 있다. 이처럼 사회사업실천가들이 당면하는 문제는 사회가 지닌 가치관과 전문직 가치관과의 갈등, 그가 소속되어 있는 관료적 조직이 지닌 가치관과 사회복지체계가 지닌 가치관과의 갈등, 그리고 이러한 갈등들이 기관 프로그램을 통해서 작동화될 때 일어나는 갈등문제다. 이러한 갈등적 상황에서 기억해야 할 것은 사회사업가는 우선적으로 모든 차원에서 인간의 존엄성, 복지, 자유와 권리의 존중 같은 사회사업의 기본 가치를 실현할 수 있도록 최대한 노력해야 한다는 것이다.

여기에 더해서 사회사업의 가치관 그 자체에도 갈등이 존재한다. 전문직의 가치관이라고 해서 반드시 내부적으로 일관성이 있다고는 말할 수 없다. 우리가 추상적으로 설명해 놓은 것을 구체적으로 인간의 상황에 적용하려고 그 가치관을 조작화할 때에 문제가 생길 수도 있다. 예를 들어, 우리는 사회사업의 가치관 가운데 하나인 클라이언트의 자기결정권에 대한 추상적인 원칙에 대해서는 쉽게 동의할 수 있다. 그러나 다음 상황을 보자. 어느 어머니가 자기 아이를 몹시 학대하고 때려 병원에 입원시켰다고 하자. 그때 그 어머니는 아이를 집에 데려가겠다고 고집한다. 이때 사회사업가는 클라이언트의 자기결정권의 원칙을 지키게 할 수 있는가? 이처럼 사회사업의 가치 내에서 갈등이 있는 상황에서 사회사업가가 기억해야 할 것은 법적인 측면 그리고 관계된 모든 사람들의 복지와 권리를 고려하여 책임 있는 선택을 해야 한다는 것이다. 또는 가치갈등적이지 않은 새로운 대안을 창출하는 것이다.

생각해보기

01. 과거에 가치갈등이나 대인 간의 갈등을 경험한 경우가 있다면 이야기해 보자.
02. 갈등이 발생하면 여러분은 어떻게 하겠는가?

다음에 나오는 사례는 두 명의 서비스 수혜자 간의 갈등에 대해 다루었다. 여러 입장에서 사례를 읽어 보자.

젊은 히로뽕 중독자인 한 양은 폭력피해여성을 위한 쉼터의 거주자다. 성 양은 자원봉사자로서 동료 상담원으로 일하고 있다. 한 양은 거리에서 윤락행위를 함으로써 히로뽕을 제공받아 왔다. 한 양은 남편에게 매우 심한 폭력을 당해 왔다. 그녀는 응급실을 통해 쉼터로 오게 되었고, 그곳에서 부러진 팔과 턱을 치료받았다. 다른 거주자인 박 양은 동료 상담가인 성 양에게 가서 화를 내고 눈물을 흘리며 한 양을 쉼터에서 내쫓기를 요구하였다. 박 양은 '그런 더러운 여자'와 같이 거주할 수 없다고 말했다. 박 양은 매우 종교적이다. 박 양은 수년 동안 남편에 의해 학대를 받아 왔다. 박 양은 쉼터에서 한 양을 추방하지 않는다면 자신을 학대하던 남편에게로 다시 돌아갈 것이라고 말했다.

생각해보기

01. 한 양에 관한 여러분의 느낌과 생각은 무엇인가?
02. 박 양에 관한 여러분의 느낌과 생각은 무엇인가?
03. 만약 여러분이 상담가였다면 여러분의 느낌과 생각이 여러분의 조치에 어떻게 영향을 미칠 것이라 생각하는가?

김 할머니는 78세로서 18개월 전에 발병한 뇌졸중으로 고생하고 있다. 건강이 좋지 못해 17년간 당뇨를 앓아 왔고, 결국 8년 전부터는 법적인 시각장애인이 되었다. 중풍이 걸릴 당시에는 이동이 전혀 불가능했지만, 지금은 회복되고 있는 중이고, 말을 조금씩 할 수 있으며, 오른팔과 손을 사용할 수 있는 상태다. 할머니는 지난 15년간 자신을 돌보아 온 45세 된 아들과 함께 살고 있다. 아들은 청소, 쇼핑, 요리를 맡아 해 왔다. 그는 32세 이후로는 직업이 없다. 처음에 그는 공사현장의 노동자로서 돈도 적당히 벌고 자신의 직업에 만족하며 매우 성공적이라 느꼈지만, 지금은 어머니의 생활비에 의존해 살고 있다. 한편, 6개월 전에 할머니의 39세 된 딸 박 씨가 집으로 돌아왔다. 박 씨는 경도의 지적 장애를 가지고 있다. 최근에 남편과

8년간의 결혼생활을 청산했다. 박 씨는 카페테리아에서 파트타임으로 허드렛일을 하며 지냈다. 김 할머니는 현재의 기초생활보장 수당으로는 세 식구가 살 수 없어 고민에 빠졌다. 할머니의 건강은 회복되지 않고, 아들과 딸은 계속 다툼이 있어 걱정이라고 했다.

생각해보기

01. 사례 가족의 삶의 결정방식 중 여러분의 가치와 갈등이 될 수 있는 부분이 있는가?

02. 여러분이 사례의 가족과 일을 하게 된다면 어떻게 해야 가치판단을 보류할 수 있을까(비심판적이 될 수 있을까)?

자기인식 연습

사회사업실천을 위한 가장 중요한 도구 중 하나는 바로 자기 자신의 가치에 대한 이해다. 이를 위해 다음의 질문에 답해 보라.

1. 당신은 어떤 가치관을 갖고 클라이언트를 다루는가? 자신이 중요하게 생각하는 태도나 가치를 생각해 보라.
2. 클라이언트에게 무엇을 하도록 권고하는 것은 용납되는 일인가? 용납된다면 왜? 그렇지 않다면 왜?
3. 남을 돕는 전문가로서 책임은 무엇이라고 생각하는가?
4. 클라이언트를 돕는 데 있어서 가장 중요한 가치는 무엇인가?

그러면 다음에 제시하는 태도나 가치와 자신의 그것을 비교해 보라. 다음은 일반적으로 helping 전문가들이 중요시 여기는 것들이다.

- 감정이입, 클라이언트의 강점 개발, 클라이언트의 지능과 능력에 대한 존경
- 클라이언트의 입장에서 시작, 다양성에 대한 존중, 클라이언트의 삶의 경험을 가치 있게 생각

- 예의, 존경 그리고 긍정적 관심
- 선택과 그 결과에 대한 교육
- 자기결정
- 비심판적 견지
- 자기인식
- 클라이언트가 말하는 것을 듣는 능력
- 워커, 시스템, 재원, 클라이언트의 한계를 인식
- 각 개인을 개별화하여 훈련
- 클라이언트의 권리

이러한 가치들은 결코 무시되어서는 안 되는 것들이다. 자신의 가치나 태도에 대한 인식은 매우 중요하다. 왜 우리가 클라이언트에게 특별한 반응을 보이고, 특별한 감정을 갖게 되고 생각을 하며, 왜 특별한 방법으로 클라이언트를 다루게 되는지를 알 수 있기 위해서다. 나의 과거의 경험에서 또는 내가 가지고 있는 선입견으로 클라이언트를 다루고 있지는 않은가? 우리가 가지고 있는 가치, 편견은 사람들에 대해 가정(assumption)하게 한다. 인간행동에 대한 가정은 우리가 사람들에 대해 생각하는 방식, 태도와 그들을 다루는 방식에 직접적으로 영향을 준다. 예를 들어, 고용문제를 토론하기 위해 한 가정을 방문했다고 하자. 오전 11시에 찾아갔지만 그때까지 클라이언트는 잠을 자고 있었다. 우리는 쉽게 '게으른 면이 있군.' 하고 가정한다. 이것이 바로 이 사회가 인식하는 방식이다. 그러나 집안으로 들어갔을 때 아기가 아프다는 것을 알게 되었고, 이 엄마는 밤새 아기를 간호했다는 것을 알게 되었다. 이 사실을 몰랐다면 무의식적으로나마 클라이언트를 비우호적으로 대했을지도 모른다. 또 한 예를 보자. 매우 영리하다고 생각되는 한 클라이언트가 있다. 그러나 학교로 돌아가기보다는 일거리를 찾기 원한다. 그리고 클라이언트는 식당일에 매우 만족을 느끼는 것으로 보인다. 우리는 쉽게 그에게 학교로 돌아가라고 말할 수 있다. 그러나 이것은 바로 워커의 가치다(우리의 가치가 클라이언트에게 영향력을 행사할 때 워커 자신이 클라이언트가 자신의 잠재력을 개발하는 데 방해가 될 수도 있다). 클라이언트에 대해 어떤 가정을 하게 될 때, 우리 자신에게 이런 가정이 어디로부터 왔는지 물어보자. 그리고 그 가정이 타당한 것인지 물어보자. 우리의 가정이 옳다는 증거가 있는가?

기초생활보호대상자에 대해 우리가 가지고 있는 가정을 세 가지만 한번 적어 보자.

- 그 가정들은 부정적인가 아니면 긍정적인가?
- 그 가정들은 워커가 클라이언트를 대하는 방식에 어떤 영향을 줄 것 같은가?
- 클라이언트는 워커에 대해 어떤 가정을 할 것이라고 생각하는가?

매우 민감한 이슈가 나올 때마다 자신에게 다음과 같은 질문을 던지면서 자기 자신에 대해 올바른 인식을 한 후, 그 이슈에 반응하는 것이 편견에 치우치지 않고 효과적으로 클라이언트를 다루게 되는 길이다.

- 이 특별한 주제에 대한 나의 입장은 무엇인가?
- 나의 견해는 어디로부터 나온 것인가?
- 나의 가치는 수정 가능한 것인가?
- 나의 가치관을 바꾸도록 도전해 보았는가?
- 세상은 나의 어린 시절과 다를 것이 없다고 내심 주장하고 있는가?
- 나의 클라이언트가 나의 가치관을 받아들이도록 재촉하고 있지는 않은가?
- 나의 가치를 클라이언트에게 강요하지 않으면서도 나의 가치를 전달할 수는 없는가?

  (위에서 제시한 예를 보자. 이 경우 다음과 같이 말할 수 있을 것이다. "나는 네가 매우 영리하다고 생각하고, 더 나은 직장을 잡을 수 있다고 생각한다. 너의 명석한 머리를 사용할 수 있는 곳에서 일을 하는 것이 네게 중요하다고 생각한다. 그렇지만 이것은 나의 가치다. 식당에서 일하는 것이 진실로 네가 원하는 것이라면 난 기꺼이 받아 주겠다." 그리고 워커는 클라이언트가 왜 그런 결정을 하게 되었는지 함께 토론해 본다.)
- 나의 가치관이나 신념이 클라이언트와 일하는 나의 방식에 어떻게 영향을 주고 있는가?

  (만약 정신장애인은 별 가치가 없다고 생각한다면 클라이언트와의 상호작용에 있어서 감정이입이나 존중감은 없을 것이다.)

사회복지사가 남을 도와주면서 그에게 자신의 종교적, 정치적 관점을 강요하는 것도 적절치 않다. 비록 사회복지사 자신이 이러한 가치를 확실히 소유하고 있더라도 원조과정에서 이를 클라이언트에게 주입시키려고 해서는 안 된다. 개인, 부부, 가족이 종교적 · 영적 지지를 원한다면 이들을 종교기관에 의뢰해야지, 사회복지사가 자신의 종교적 관점에서 영적 서비스를 제공하는 것은 비윤리적일 수 있다.

3. 사회복지사의 신념과 태도

다음의 내용은 효과적인 실천과 연결될 수 있는 사회복지사의 신념과 태도에 관한 설명이다(Poindexter et al., 2003).

1) 먼저 강점을 보라

사회복지사가 클라이언트에 대해 긍정적인 입장을 취하면 서비스는 보다 효과적으로 제공될 수 있다. 개인, 부부, 가족, 그룹 그리고 지역사회의 자원과 강점에 우선적으로 초점을 맞추는 것이 부족한 부분, 장애, 약점에 초점을 맞추는 것보다 문제해결과정을 보다 활기차게 한다. 사람들이 잘못한 것을 찾아내려고 노력하기보다는 뭔가 잘한 일을 찾아내려고 노력해야 한다. 사람들이 자신의 삶 속에서 일어나는 일들을 운영해 나갈 능력이 있다고 가정하는 사회복지사는 사람들이 결함 있고 병들었다고 낙인을 찍는 사회복지사보다 효과적이다(Dunst, Trivette, Davis, & Cornwall, 1988). 인간에 대한 능력과 강점을 깨닫는 것은 능력 있는 사회복지사의 기본 요소다. 고충 속에 있는 개인의 약점을 강조하는 것은 그들이 부적절하다는 것을 암시할 뿐이고, 그들의 자존감을 낮추는 일이며, 더 나아가 그들의 자신감과 개인능력에 대한 신뢰를 약탈하는 것과 같다. 사람은 자신의 강점을 깨달을수록 자신의 강점을 보다 잘 강화시킬 수 있다. 더욱이 강점이 규명되고 인정되면서 자신에 대해 좋은 느낌을 갖게 되고 장애와 약점을 극복할 수 있게 된다. 사회복지사는 사람들이 자신의 강점을 깨닫도록 도와주어야 하며, 내적 · 외적 자원을 규명하도록 노력해야 한다. 문제나 위기를 가진 사람들은 자신들의 장애나 실패를 깨닫는 데만 익숙해져 있다. 그런 사람들에게 성공과 강점에 대해 인지할 수 있도록 돕는 사람이 바로 사회복지사라 할 수 있다. 사회복지사는 사람들로 하여금 자신들이 가지고 있으리라고는 전혀 인지하지 못했던 강점을 규명해 내야 한다. 강점에 초점을 두는 것이 클라이언트가 만나는 어려움이나 도전을 무시한다는 것은 아니다. 그러나 Saleeby가 언급한 것처럼 문제를 부정하는 것만큼 가능성을 부정하는 것도 잘못된 것이다. 강점관점에 의거한 사회사업실천은 타인의 삶을 잘못된 것, 부족한 것, 비정상적인 것으로 보는 시도, 즉 부정적 측면에 초점을 두는 것을 수정하려는 시도라고 할 수 있다.

Saleeby는 강점관점에 대해 다섯 가지 주요 원칙을 제시하였다.

- 모든 개인, 가족, 집단, 지역사회는 강점을 가지고 있다.
- 외상, 학대, 질병은 개인을 황폐화시킬 수도 있지만 동시에 도전과 기회원천이 될 수 있다.
- 성장과 도전을 향한 개인, 집단, 지역사회의 잠재력은 끝이 없다고 가정하고 그들의 열망을 진지하게 받아들인다.
- 클라이언트와의 협력 속에서 가장 좋은 서비스가 제공된다.
- 모든 환경은 자원으로 가득 차 있다(Saleeby, 1997).

김 아주머니는 30세로서 의료급여를 통해 임산부 보호를 받고 있는 기혼여성이다. 김 아주머니는 6세 된 미리와 4세인 철수 등 유치원에 다니는 자녀가 있다. 김 아주머니는 감정의 조절이 어려운 조울증이라는 정신장애로 약을 복용해 왔다. 그러나 현재는 임신 중이므로 임신기간 동안 약물복용을 중지한 상태이고, 출산 후에도 아이에게 돌아올 영향을 알고 있으므로 모유수유를 할 동안은 계속 약물복용을 하지 않을 계획이다. 김 아주머니는 의사에게 약물중단으로 인해 명확한 사고가 어렵고 우울하고 기운이 없고 애들에게도 화를 낸다고 했다. 이러한 우울 때문에 김 아주머니는 마트에서 일하던 것을 그만두었다. 남편은 37세로 불법약물을 사용한 경력이 있으며, 현재 실직하여 쉬고 있다. 김 아주머니 가족은 결국 친정 곁으로 이사를 했는데, 자주 싸움을 하였다. 김 아주머니의 어머니는 장애연금을 받고 있고 일은 하지 않는다. 아버지는 조그만 자영업을 한다.

생각해보기

01. 김 아주머니가 소유하고 있는 또는 활용 가능한 자원과 강점은 무엇인가?
02. 김 아주머니 가족이 직면하고 있는 어려움과 도전은 무엇인가?
03. 김 아주머니에게 사회복지사로서 직접적으로 제공할 수 있는 도움은 무엇인가?

생각해보기

노트 한 면을 세 부분으로 나눈다. 윗부분에는 '나의 강점', 중간 부분에는 '나의 현재 가족의 강점', 마지막 부분에는 '나의 원가족의 강점'이라고 쓰고 각 부분에 대하여 몇 가지씩 강점을 기술하라.

2) 판단을 보류하라

사회복지사는 개인, 가족, 부부가 위기를 극복해 나가거나 어떤 결정을 수행하는 방식에 대해 부정적으로 판단하지 않는 것이 중요하다. 사람들은 서로 다른 방법을 사용하면서 살아간다. 효과적인 사회복지사는 클라이언트가 생각이나 느낌을 자유롭게 표현할 수 있도록 안전하고 비심판적인 공간을 제공해야 한다. 사회복지사가 판단도 없고, 의견도 가치도 신념도 없고, 생각도 없어야 한다는 것은 아니다. 단지 도움을 찾고 있는 사람과 접촉하는 동안만 그 사람의 입장에 서서 '보류'하라는 것이다. 예를 들어, 임신 중인 아기가 정신지체아임을 알게 된 한 엄마가 아기를 유산시키는 방법을 택했다. 또 다른 엄마는 유산을 선택하지 않고, 직장을 그만두고 장애아를 위한 교육정보, 음식, 약 등 태어날 아기에게 필요한 것을 구했다. 후자가 전자를 생각한다면 감정도 없고 냉정하고 느낌도 없는 사람이라고 비난할 것이다. 그러나 이것은 단지 자신의 삶의 위기에 대처하는 방법의 차이일 뿐이다.

사회복지사는 판단을 내리지 말고 스트레스에 대처해 가는 그들의 다양한 방법에 관심을 기울여야 한다. 심지어 받아들이기 힘든 경우라도 모든 느낌을 수용하고 존중하는 것이 중요하다.

생각해보기

여러분은 기존의 규범이나 기준 때문에 어떤 사람을 존경하지 못하거나 지지할 수 없게 된 경험이 있었는가? 그 사람의 입장을 공감할 수 있는 방법을 생각해 보라.

3) 클라이언트의 선택을 지지하라

사회사업실천 철학에 있어 가장 어려운 일 중 하나는 우리에게 조언을 요구하는 사람에게 스스로 선택할 수 있도록 정보를 주는 일이다. 스스로 선택하는 것을 자기결정권이라고 하는데, 인간은 누구나 자신의 인생을 살아가는 방법을 선택할 권리가 있다는 것을 의미한다.

사회복지사는 늘 다른 사람이 선택한 결정에 동의하라는 것은 아니다. 사회복지사는 선택의 순간에 앞서 모든 가능한 자원, 기회, 대안들을 설명하고, 그에 대한 결과를 설명해야 하며, 그들이 현명한 선택을 내리도록 지지해야 한다. 계속해서 술과 마약을 하거나, 낙태를 하거나, 어려운 상황에 처해지는 아이들을 지켜보는 일은 매우 고통스러운 일일 것이다. 그러나 궁극적으로 사회복지사는 비록 서비스를 요청하는 사람들에게 염려와 관심을 표할 수는 있을지라도 우리가 특정한 행동을 하도록 강제할 수 없다는 것을 기억해야 한다.

박 씨는 42세의 남성으로서 몇 차례의 조직검사와 두 번의 수술, 6개월간의 임파선 치료를 위한 약물요법을 받아 왔다. 의사는 그에게 또 다른 약물요법과정을 시작할 것을 제안했다. 박 씨는 건강가족지원센터의 가정방문담당 김 사회복지사에게 자신은 암과 싸우는 일이 너무 힘들고 지쳐 있으며, 더 이상의 치료를 받고 싶지 않다고 말했다. 그는 안식을 위해 한방에서 쓰는 요법을 원했으며, 더 이상 양약을 사용하고 싶지 않다고 하였다. 박 씨는 자신이 회복되지 못한다는 사실을 알고 있고, 이보다 더 지독한 치료를 받으며 삶을 연장하느니 더 이상의 변화 없이 죽음을 기다리는 편이 낫겠다고 했다. 박 씨는 그의 결정을 설명하며 조금씩 울고 있었다. 사회복지사는 "안 돼요. 그렇게 해선 안 돼요."라고 말하고 싶었지만, 그의 결정을 일단 존중하며 그런 결정을 내리게 된 배경과 향후 계획에 대해 논의해 보자고 말했다.

생각해보기

01. 클라이언트가 여러분이 동의할 수 없는 결정을 내린다면 어떤 느낌이겠는가? 여러분에게 이런 일이 일어난다면 어떻게 할 것인가?

02. 여러분은 인생에 의미 있는 누군가(예: 부모님)가 동의하지 않는 결정을 내려 본 적이 있는가? 그때 그들은 어떻게 반응했는가? 여러분은 어떤 반응을 원했는가?

4) 정직하고 신뢰받을 수 있게 대하라

사회복지사는 정직하고 신뢰받을 수 있게 행동해야 한다. 타인과의 관계에 있어서 정직과 신뢰를 가장 먼저 고려해야 하는 이유는, 진정한 관계는 기본적인 믿음 없이는 존재하지 못하기 때문이다. 사회복지사는 다음의 몇 가지 이유 때문에 관계 형성에 있어 정직과 신뢰를 가진 서비스를 제공해야 한다.

첫째, 도움을 구하는 사람들은 심각한 상처를 경험했기 때문이다. 사회복지사는 나쁜 소식은 전하지 않거나 긍정적인 것만을 과장함으로써, 클라이언트를 안심시키려 하거나 재확신을 주고자 하는 경우가 있다. 그러한 의도는 존중받을 만하다. 그러나 클라이언트에게 주는 그 정보는 정확하지 않은 것이다. 과도한 낙천주의자가 되는 것은 과도한 비관주의자가 되는 것만큼 부정직한 것이다. 사회복지사는 자신이 알고 있는 것과 경험한 바를 클라이언트와 공유할 필요가 있다. 또한 희망과 나쁜 소식 사이에서 현실적인 균형을 유지하는 것이 중요하다. 누군가 사회복지사가 정직하지 않았다는 것을 알게 된다면, 그들의 관계는 위태로운 상태에 놓이게 될 것이다.

생각했던 것보다 상황이 나쁘지 않다고 설득하는 것이 반드시 유용한 것은 아니다. 여러분이 슬프고 화나고 아플 때를 떠올려 보라. 그때 누군가가 여러분에게 밝고 희망적인 면을 보라고 이야기한다고 도움이 되었는가? 더 나쁠 수도 있었는데, 이 정도니 괜찮다고 이야기하는 것이 도움이 되었는가? 물론 위로가 되었을 수도 있었지만 보통은 그렇지 않다. 사회복지사는 민감하고 보호적인 태도로 그들의 고통의 느낌을 인정해 주는 것이 중요하다. 클라이언트가 자신의 느낌을 자유롭게 표현할 수 있도록 도와주는 것이 클라이언트를 안심하게 하며 상황에 직면할 수 있도록 돕는 것이다.

둘째, 개인, 부부 또는 가족들의 욕구가 현실적인 여건에 비해 너무 큰 경우, 사회복지사는 많은 시간을 보내고 과중한 업무에 시달리다 지쳐서 아쉽게도 클라이언트에게 했던 초기의 약속을 취소해야 하는 경우가 있다. 따라서 사회복지사는 자신의 능력과 한계를 평가하고, 처음부터 클라이언트의 요구들에 대해 솔직하고 정직하게 대화해야 한다. 사회복지사가 약속 지키는 것을 실패한다면 결과적으로 신뢰를 잃고 관계는 와해되고 말 것이다.

성 유리는 아동학대 예방기관에서 실습을 하고 있으며, '학대부모모임' 에서 부모들에게 서비스를 하고 있다. 유리의 역할은 지지집단 참여자의 자녀를 대상으로 여가활동 서비스를 제공하고 지지그룹을 운영하는 것이다. 8세인 지현이는 유리와 점점 밀착되어 갔다. 지현이는 유리에게 자신을 영원히 돌봐 줄 것을 요청했다. 유리는 지현이가 지난 3년 동안 5개의 위탁가정을 옮겨 다니면서 몇 번의 상실 경험이 있음을 알고 있었다. 유리는 지현이가 심리적 안정을 느끼면서 자신에게 의지할 수 있기를 원했다. 하지만 몇 달 안에 자신은 실습을 그만두어야 하고 더 이상 이곳에서 일할 수 없는 상황이었다. 고민 끝에 비록 지현이가 화를 내거나 슬퍼할지라도 솔직해지는 것이 중요하다고 생각했다. 유리는 "지현아, 난 네가 여기서 영원히 나와 함께 살고 싶어 하는 것을 안단다. 그러나 나는 곧 이곳을 떠나야 할 것 같구나. 우리는 지금부터 작별하는 방법과 서로를 오래 기억할 수 있는 방법에 관해 얘기를 나누어야 할 것 같아. 나는 너를 매우 좋아하고 나중에도 너를 그리워할 거야. 내가 곧 떠나야 한다는 이야기를 들으니 네 느낌은 어때?"

셋째, 위기에 처한 사람이 정보와 방향제시를 필요로 할지라도 사회복지사는 섣불리 만능 전문가로 자신을 나타내서는 안 된다. 적절한 훈련을 받지도 않고 적절한 자격증도 없는 분야에서 자신이 만능 전문가인 양 행동하는 것은 비윤리적이고 비합법적이다. 비록 클라이언트가 필사적으로 절박하게 답을 구하고 있다 해도 정보를 가지고 있는 척하기보다는 '나는 잘 모른다.'라고 대답하는 것이 훨씬 좋다. 모르는 내용이라면 우선 모른다고 답하고 정보를 구하기 위해 열심히 노력해야 할 것이며, 또는 클라이언트를 도울 수 있는 다른 전문가에게 의뢰해야 할 것이다.

생각해 보기

01. 정직하지 못한 행동을 하도록 유혹받는 상황이 있게 마련이다. 여러분을 곤란하게 만든 유사한 일들이 있었는지 생각해 보라.

02. 38세의 말기 암 여성 환자가 "나는 곧 죽게 되나요?" "우리 두 아이가 자라는 모습을 볼 수 있을까요?"라고 여러분에게 묻는다면 어떤 느낌이겠는가? 이런 질문에 대한 여러분의 첫 번째 반응은 어떻겠는가? 어떻게 해야 너무 가혹하지 않으면서도 정직함을 유지할 수 있겠는가?

우리가 인식해야 할 사항과 궁극적으로 지녀야 할 태도를 제시해 보고자 한다.

- 우리가 가지고 있는 가치는 종종 클라이언트를 다루는 방법을 결정한다.
- 우리가 클라이언트를 어떻게 보느냐에 따라 클라이언트를 대하는 방식이 달라진다.
- 사회사업가로서 각 클라이언트를 독특한 개인으로 보려고 노력하는 것이 중요하다.
- 많은 사람들이 도움을 찾는 클라이언트에 대해 부정적으로 보는 시각이 많다. 그러한 고정관념을 타파하려고 노력해야 한다.
- 우리 임무의 두 가지 주요 목적은 클라이언트를 이해하고, 그 이해를 바탕으로 그들이 자기충족적이 되도록 돕는 것이다.
- 클라이언트의 부정적 행동을 이해하거나, 또는 대응하려고 시도할 때 초점을 두어야 할 것은 심판적이지 않으면서 그리고 그들의 성격에 대해 이렇다 저렇다 부정적으로 코멘트하지 않으면서, 그들의 행동을 분명히 하기 위한 질문을 던지고 그 행동의 가능한 결과에 대한 피드백을 주는 것이다.
- 우리는 클라이언트에 대한 비심판적 견지를 가질 수 있도록 끊임없이 노력해야 한다. 그러나 클라이언트의 행동에 대해 판단을 하지 말라는 것은 아니다. 판단을 하지만 그 판단으로 인해 벌을 주거나 불친절해서는 안 된다.
- 클라이언트가 제시하는 정보에 대해 워커가 반응하는 방식은 매우 중요하다. 만일 우리가 비판적이기만 하고 지지적이지 않다면 클라이언트는 자신의 감정, 생각 또는 경험을 표현할 기회를 갖지 못하게 된다.
- 사회사업가로서 우리는 클라이언트가 자신의 문제를 파악하도록 돕고 그 문제를 해결할 수 있는 자원을 파악하는 데 도움을 주는 것이 주요 역할이다.
- 클라이언트는 자신의 문제를 해결하는 데 있어 우리가 능력이 있을 것이라고 생각했기 때문에 우리를 선택했다. 그리고 우리가 정말 보살펴 줄

것이라고 생각하기 때문에 우리에게 자신의 얘기를 한다.

4. 윤리적 지침

다음에 나오는 윤리적 가이드라인은 원조관계에 있어 핵심적인 것들이다.

비밀보장, 다양성의 존중, 이해의 상충을 인식하기, 경계를 유지하기, 동의 구하기에 대해 설명한다.

1) 비밀보장

클라이언트가 도움을 요청하는 동안 알게 된 비밀과 사적인 정보를 지켜주는 것은 매우 중요하다. 도움을 필요로 하는 사람들은 자신의 개인적인 사항을 이야기하면서 사회복지사에게 모든 비밀을 털어놓는다. 그들은 이러한 정보를 믿고 말할 수 있는 신뢰할 수 있는 사회복지사를 필요로 한다. 사회복지사는 클라이언트를 돕는 데 있어서 이러한 사적인 면을 항상 존중해야 하고, 모든 정보에 대한 비밀을 지켜야 한다. "정당하지 못한 비밀보장의 파기는 옳지 않으며, 누군가가 위임한 비밀을 절도하는 것과 같다" (Hepworth & Larsen, 1993). 엄격한 비밀보장은 강한 책임감을 요구하는데, 때때로 사람들이 고백하는 정보가 충격적이거나 기괴한 경우가 많기 때문이다. 비밀보장이라는 책임을 이행하기 위해서는 다음과 같은 부적절한 상황에서 정보를 노출시키는 것에 주의해야 한다. 예를 들면, 정보를 알 필요가 없는 친구나 동료 혹은 가족구성원에게 말한다든지, 현관 혹은 엘리베이터나 다른 사람들이 들을 수 있는 상황에서 슈퍼바이저나 동료 워커에게 말한다든지, 파티나 대중교통을 이용하면서 경솔하게 이야기하는 경우 등이 가장 흔한 상황이다.

그러나 다른 전문가나 조직에서 클라이언트에게 도움을 줄 수 있을 경우,

클라이언트의 동의를 얻어 다른 사람과 비밀을 공유하는 것이 적절할 수도 있다. 예를 들어, 어떻게 하면 더 적절한 도움을 줄 수 있는가를 궁리해야 하거나, 또 다른 조언이 필요하다고 느낀다면 슈퍼바이저, 다른 사회복지사 혹은 팀 리더와 정보를 나눌 필요가 있다.

김 씨와 이 씨는 3년 전 결혼하였다. 김 씨는 간호사이고 이 씨는 법률상담소의 변호사다. 6개월 전, 어린 딸인 유미가 자동차 사고로 사망하였다. 김 씨가 유미를 놀이방에 맡기기 위해 이동 중에 다른 차가 김 씨의 차를 들이받았다. 3일간의 고통 끝에 유미는 복합적인 장기손상과 뇌손상으로 죽고 말았다. 부부는 그 사고 후로 혼란스런 생활을 계속하였다. 부부는 최근에 아이들의 죽음을 경험한 부모들을 지원하는 그룹에 참석하기 시작했다. 부부는 딸의 죽음 이후로 상호 간에 기대하는 바가 많지 않았다. 김 씨는 자신이 죄를 지은 것 같다고 말하고, 유미의 죽음에 책임을 느낀다고 했다. 또한 유미가 앞자리가 아니라 뒷자리에 있었다면 심하게 다치지는 않았을 것이라고 믿었다. 김 씨는 최근 들어 마음의 고통을 없애기 위해 적어도 일주일에 세 번은 직장 동료로부터 마약을 구입한다고 그룹 워커에게 고백하였다.

생각해 보기

01. 김 씨의 마약 사용에 관한 정보를 다른 사람과 공유하는 것과 공유하지 않는 것 중 무엇이 여러분의 책임이라 생각하는가?

02. 공유한다면 누구와 그 사실을 공유하겠는가? 남편? 그녀의 직장상사? 왜 그렇게 하겠는가? 또는 왜 그렇게 하지 않겠는가?

비밀보장을 유지하는 원칙에 대해 몇 가지 예외가 있다. 사회복지사는 법률에 의거하여 다음의 몇 가지 상황에서 비밀을 공유할 것을 요구받는다. 예를 들어, 부모가 아동학대 혹은 방임에 대한 의심을 받을 때, 노인의 학대, 방임, 착취의 의심이 생길 때, 살인이나 자살이 발생할 것 같은 위기상황의 경우다. 이런 상황에서 사회복지사는 의심이나 걱정만 할 것이 아니라 슈퍼바이저에게 보고할 필요가 있다.

1974년의 캘리포니아 대학교에서 발생한 다음의 사례는 다른 사람들의 안전을 보호해야 하는 사회복지사의 책임을 말해 주고 있다. 한 학생이 대학의 정신과 의사에게 그의 애인에 대한 살인욕구를 얘기하였다. 그 얘기를 들은 정신과 의사는 그의 애인에게 살인의 위험을 경고하지 않았다. 그 젊은이는 실제로 그의 애인을 살해하였다. 살해당한 여성의 부모는 정신과 의사를 고소하여 승소하였다. 누군가가 잠정적으로 위험에 처해 있을 때, 사회복지사는 상부에 보고해야 할 뿐만 아니라 희생 가능성 있는 사람에게도 경고를 해야 하는 책임이 있다. 이 사례에서 보다시피 공공의 위험이 발생한다면 개인의 보호특권은 끝나게 된다.

2) 다양성에 대한 존중

효과적인 사회사업실천가들은 클라이언트의 생활방식이 다양하다는 사실을 인정한다. 즉, 성별, 인종, 연령, 능력, 종교, 성적 관념과 사회경제적인 지위에 따라 개인 간의 차이가 발생하게 마련이다. 또한 성장배경, 가치, 신념, 정치적인 견해 등에 따라 개인 간에 차이가 발생한다. 그러므로 사회복지사들은 클라이언트가 우리와 다른 결정을 하거나 법을 어겼다 해도 그들을 존중해야 한다.

3) 이해상충

사회복지사가 클라이언트와 일하면서 어떠한 형태로든 이익을 취한다면 이는 비윤리적이다. 사회복지사가 도움을 구하는 사람으로부터 어떤 식으로든 이익을 취하는 것은 결코 적절하지 못하다. 사회복지사의 이익이 도움을 찾는 사람의 이익과 상충될 때 이를 '이해상충(conflict of interest)'이라고 한다.

위기 혹은 문제가 있는 사람들을 이용하는 것은 취약한 사람을 부당하게 착취하는 것이고 신뢰를 저버리는 것이다. 이해상충의 예는 다음과 같다. 클라이언트와 애정관계로 발전하는 것, 기관에서 정한 비용 이외의 돈을 요구하거나 대가를 받는 것, 사회복지사의 권위나 권력을 사용하여 뭔가 해 주기를 강요하는 것 등이 그것이다.

사회복지사가 배관공에게 다음과 같이 말했다고 상상해 보자. "우리 집 싱크대가 물이 새는데, 이를 고쳐 준다면 댁의 아이를 어린이집 대기자 명단에 올려 주겠습니다." 지역사회 조직가가 다음과 같이 말하는 것을 상상해 보자. "물론이죠. 제가 이 공간의 쓰레기 치우는 것을 도와드리죠. 그러나 우리 매형과 계약을 해야 합니다." 청소년 보호시설에서 보호관찰사로 일하는 사회복지사를 상상해 보자. "그래, 너는 야간 통행금지를 지키지 않아도 된다. 하지만 너는 내 차를 일주일마다 닦아야 한다." 이 예들은 모두 비윤리적인 행동의 예라고 하겠다.

4) 경계를 유지하기

'경계를 유지하기'란 개인의 공과 사를 구별해야 한다는 것을 말한다. 이러한 경계를 지키는 것은 매우 어려운 일이라 하겠다. 때때로 사회복지사가 도움을 요청한 누군가를 진심으로 돕고자 할 때, 그 사람과 적절한 거리를 유지하는 것은 어려운 일이다. 물론 냉담해지거나 거리를 두는 것이 바람직하다고 말하는 것은 아니다. 진실함과 온화함이 반드시 필요하기 때문이다. 어찌되었든 사회복지사가 문제 해결을 위해 객관적인 입장에 서지 못할 정도로 개인의 사적인 상황에 깊게 관여하는 것은 유용하지도 적절하지도 않다. 특히, 클라이언트와 이성관계로 발전하는 것은 바람직하지 않다. 사회복지사가 클라이언트와 적절한 경계를 유지하기 위해서는 자기인식이 필요하다. 클라이언트와의 관계에서 어떻게 행동을 해야 할지 잘 모르겠으면 슈퍼바이저의 도움을 받아야 한다.

생각해보기

01. 사회복지사가 함 양과 적절한 경계를 유지하였다고 생각하는가?
02. 사회복지사의 반응이 함 양에게 어떤 영향을 준다고 생각하는가?

함 양이 아버지로부터의 학대에 대해 상담하는 동안 사회복지사인 김 양은 함 양의 이야기가 너무 슬픈 나머지 계속 훌쩍이고 눈물을 닦는다. 이때 함 양은 사회복지사의 팔을 붙잡고 말했다. "괜찮아요, 걱정 말아요. 모든 것은 다 잘될 거예요."

5) 고지의무와 동의 구하기

사회복지사는 클라이언트에게 서비스의 목적과 내용, 서비스의 한계, 클라이언트의 권리 등을 알리고 동의를 구해야 한다(providing informed consent). 사회복지사는 클라이언트에게 서비스에 대해 질문할 기회를 주어야 한다. 또한 실습생에 의해 서비스가 주어질 경우에는 그 사실을 알려야 한다.

5. 윤리적 딜레마

사회복지사들은 종종 어느 행동이 더 윤리적인지를 결정해야 하는 상황을 맞게 된다. 이때 윤리적 원칙들 사이에서 무게의 경중을 따져 우선순위를 선정할 필요가 있다.

어떤 상황이 삶과 죽음의 문제와 관련된다면 다른 윤리적 원칙보다 우선순위를 갖는다. 누군가 위험에 빠져 있을 때 이를 보고하거나 경고해야 하는 것은 법적인 책임이기도 하다. 클라이언트와의 관계가 중요하더라도 삶과 죽음의 문제를 해결하는 데 더 우선순위를 두어야 한다. 다음으로 학대나 폭력의 상황은 클라이언트의 안전과 안녕에 직결되기 때문에 두 번째 우선순위에 두어야 한다. 이것도 법적인 책임과 관련이 있다. 학대나 폭력의 이슈가 다른 이슈들과 함께 발생할 때 사회복지사는 학대의 이슈 해결에 우순순위를 두어야 한다. 예를 들어, 학대나 자살의 위험이 닥치는 경우, 비밀보장의 원칙을 어기는 것이 허용될 수 있다. 다음으로 클라이언트의 권리가 서비스기관의 권리에 우선하기에 클라이언트의 동의를 얻는 것이 중요하다(Ragg, 2001).

Reamer(1989)는 윤리적 딜레마 상황에서 결정을 내리는 데 도움이 될 만한 일반적 가이드라인을 제시하였다. 이 중 몇 가지를 살펴보면 다음과 같다.

- 삶, 보건, 행복 그리고 생활필수품에 대한 권리는 부, 교육, 여가와 같은 부수적인 재화에 대한 기회와 비밀보장에 대한 권리에 우선한다.
- 개인이 기본적 행복을 누릴 권리는 다른 사람의 사생활, 자유 또는 다른 사람의 자기결정권에 대한 권리에 우선한다. 예를 들어, 아동이 의료적 처치를 받을 권리는 부모가 종교적 신념으로 치료를 거부할 권리에 우선한다.
- 자기결정에 대한 권리는 그들의 기본 행복권에 우선한다. 다른 사람의 안녕을 침해하지 않는다면 자기결정권이 받아들여진다.
- 개인의 행복에 대한 권리가 조직의 정책이나 법에 우선할 수도 있다. 일반적으로 사회복지사는 기관의 정책에 순응해야 하는 의무가 있지만, 어떤 정책이나 절차가 클라이언트나 사회복지사의 안녕에 해를 주거나 부당하다면 법, 정책 또는 절차를 위반하는 것이 정당화될 수도 있다.
- 개인과 '협회나 단체'의 양자 간에 갈등이 발생할 경우, 단체의 규칙이나 정책보다는 개인의 행복권이 우선한다(약자의 입장을 지지).

윤리적 딜레마를 다루기 위한 조치

1. 갈등을 일으키는 문제와 딜레마를 파악하고 그 상황에 대해 가능한 한 다양한 입장에서 정보를 수집한다.
2. 관련된 잠재적 이슈들을 파악하고 경쟁적 이슈와 핵심 원칙을 결정한다.
3. 타당한 윤리강령을 검토한다.
4. 적용되는 법과 규정을 검토한다.
5. 동료, 수퍼바이저 또는 법률 전문가에게 자문을 구한다.
6. 가능한 행동대안을 고려한다.
7. 각 행동대안의 결과를 검토한다. 행동방침을 찬성 또는 반대하는 이유와 근거를 검토한다.
8. 의사결정을 한다. 의사결정과정의 증거서류를 첨부한다.

위의 순서대로 반드시 진행할 필요는 없다. 각각의 조치가 중요하다는 의미다(Corey, Corey, & Callanan, 1998)

제3장

사회사업 실천방법과 발달배경

1. 사회사업 실천방법

사회사업방법 또는 개입은 실천가들이 클라이언트와 지역사회를 다루는 구체적인 방법을 말한다. 사회사업실천은 ① 개인, ② 부부나 가족, ③ 집단, ④ 이웃과 지역사회와 함께 이루어진다. 이러한 개입방법은 전문직의 가치체계에 의해 영향을 받기도 하고 인간과 환경에 초점을 두는 관점에 의해서도 영향을 받는다. 앞에서 언급했듯이 사회사업의 개념은 환경 속의 개인을 다루는 것이고 개인이 효과적으로 환경과 상호작용하도록 돕는 것이다. 이러한 견지는 광범위한 사회사업방법, 즉 개인, 가족, 집단, 조직, 지역사회와의 개입방법을 낳게 하였다. 이 절에서는 먼저 각각의 실천 형태를 간략히 소개하고자 한다. 이를 통해 사회사업실천가들이 관여하는 영역을 보여 주고자 한다.

1) 개인을 대상으로 하는 실천

개인을 대상으로 하는 실천은 서비스를 필요로 하는 욕구가 있는 사람과의 일대일 관계에서 이루어진다. 사회복지사는 일대일 관계 속에서 들어 주기와 비심판적 태도 등 정서적 지지는 물론, 다양한 상담기법을 활용하여 대처능력과 문제해결능력을 키워 주기도 한다. 예를 들면, 호스피스센터에서 파트타임으로 일하는 사회복지사는 곧 사망할 환자의 집에 들러 손을 잡아 주고 환자의 지난 삶에 대한 이야기를 들어 주기도 한다. 또한 환자가 지금 어떻게 느끼는지, 하고 싶은 일은 무엇인지에 관해 진지하게 대화하고, 환자는 죽음에 임박한 자신의 감정에 대해 사회복지사에게 이야기한다. 또한 사회복지사들은 기관(병원, 주간보호센터, 여성쉼터, 정신지체인을 위한 시설, 발달장애 및 정신장애인을 위한 시설, 노인복지관, 아동보호시설, 청소년쉼터 등)을 통해 클라이언트에게 실질적 지원을 하게 된다. 예를 들면, 치매노인 주간보호센터의 사회복지사는 이용자의 개인적 욕구에 맞는 서비스의 제공 및 여가활동을 진행한다. 클라이언트들의 욕구와 흥미, 관심, 능력에 맞게 다양한 프로그램을 만들고 다양한 지원을 한다.

사회복지사의 또 다른 서비스 전달유형은 사례관리다. 사례관리를 맡은 사회복지사는 개인의 욕구를 알아내고, 그에 대해 어떤 서비스를 할 것인지를 고려하여 연결하고, 기관 간의 서비스를 조정하고, 서비스 전달상황을 모니터링한다. 예를 들면, 노인복지관에서 일하는 사례관리자는 노인의 보호를 위해 필요한 실질적 자원을 결정한 후에 자기 기관의 사회복지사와는 물론, 다른 기관과도 접촉을 시도한다. 사례관리자는 노인가정에 음식 배달을 연결하였고 가정방문 간호사, 교통편, 가정방문자, 집 지키는 도우미, 집안 수선, 전화방문, 목욕 돕기, 옷 입기, 화장실 가기 등을 도와줄 자원을 연결하였다. 그리고 한 달에 한 번씩 노인 또는 가족에게 전화를 걸어 모든 서비스가 잘 연결되고 진행되는지를 확인한다.

2) 부부 또는 가족을 위한 실천

사회사업실천가는 위기에 처한 부부나 가족으로부터 지원을 요청받게 된다. 부부인 경우는 그들 관계 속에서 경험하고 있는 스트레스 때문에, 부모인 경우는 자녀의 이상행동이나 발달로 인해 혼동되고 긴장되어 도움을 원할 수도 있다. 가족의 경우는 모든 구성원이 함께 어우러져 지내는 최선의 방법을 얻기 위해 워커를 찾게 된다. 때로 부부, 부모, 가족들은 실업, 폭력과 같이 엄청난 어려움을 경험하기도 한다. 이때 사회복지사나 기관의 도움이 필요하게 된다. 예를 들어, 아동학대 부모 원조기관에서 일하는 사회복지사는 아침, 저녁으로 주 2회씩 가정방문을 하고 학대 부모에게 스트레스 감소, 분노조절 등 다양한 훈련기법과 의사소통전략을 활용한다.

3) 집단을 대상으로 하는 실천

각종 지원과 서비스가 자조그룹, 지지그룹, 심리교육적 그룹과 같이 집단 세팅에서도 주어질 수 있다. 집단은 공통의 목적을 가진 3명 이상의 사람이 모여 형성된다. 모든 사람이 개인의 정보를 공유하는 것을 편안하게 느끼지는 않는다. 그러나 많은 사람에게 있어 집단은 비슷한 어려움을 경험하는 사람들로부터 지지와 격려를 얻어 내는 가장 좋은 방법이다. 집단성원들은 집단활동을 통해서 자신들의 문제유형이나 문제의 심각성, 문제가 진행된 기간, 그들의 문제에 관한 그들의 감정적 반응 등에 관해 서로 대화하면서 피드백을 주고 해결방안을 모색해 간다(Medvene, 1990).

집단은 알코올 의존문제, 자녀를 학대한 부모, 부모와 떨어진 아동, 암이나 에이즈를 앓고 있는 사람, 가까운 이의 죽음을 경험한 사람, 아내를 구타한 사람, 근친상간을 경험한 아동, 불임부부, 입양가족, 장애인, 노인, 특정 질병을 가진 가족을 돌보는 가족원 등 다양한 이유로 형성된다.

집단은 때로 전문가에 의해 운영되기보다는 위와 같은 문제를 경험하고 회복된 바 있는 예전의 클라이언트에 의해 조직, 운영되기도 한다. 예를 들면, 김 여사는 전남편에게 구타당한 경험이 있는 여성으로 현재는 가정폭력기관에 파트타임으로 취업하여 매 맞는 여성의 쉼터에서 지지그룹을 이끌고 있다.

4) 지역사회를 대상으로 하는 실천

사회사업실천가들은 지역사회, 이웃, 조직이 변화하도록 영향을 주는 역할을 한다. 때로 문제가 광범위하여 보다 큰 체계의 변화 없이는 개체의 변화가 충분치 않을 경우가 있는데, 이때 지역사회실천이 부각된다. 예를 들면, 지역사회복지관의 사회복지사는 지역사회 청소년들이 학교의 폭력조직에 연계될 위험과 지역 내의 폭력에 노출되어 있다는 것을 깨달았다. 그는 학생들의 안전을 위해 '부모 보호자 모임'을 조직했다. 이 모임은 지속적인 토론을 통해 '지역사회 감시 프로그램'을 시작했고, 맞벌이부모의 아동을 위해 '방과 후 활동 프로그램'을 만들게 되었다.

2. 실천방법의 역사

사회사업 실천방법이 어떻게 발전해 왔는지를 편의상 케이스워크와 집단지도, 가족치료, 지역사회실천, 통합방법으로 나누어 살펴보고자 한다(Dinitto & McNeece, 1997; Garvin & Tropman, 1992).

1) 케이스워크

케이스워크(casework)는 직접실천 중에서도 개인과의 일대일 관계를 기반으로 하는 가장 오래된 사회사업 실천방법이다. 일대일로 도움을 주는 것은 전통적으로 케이스워크로 불렸다. 물론 몇몇 케이스워커들은 그룹, 가족을 활용하는 것도 케이스워크라고 부르기도 했다.

이런 일대일의 원조유형은 19세기 말 빈민층을 원조하는 기관에서 종사하던 실천가들(자원봉사자들도 포함)의 활동에서 출발하였다. 이러한 기관들 중 가장 많은 영향을 미친 것은 많은 도시에 설립된 자선조직협회(Charity Organization Societies: COS)였다. 그 당시는 클라이언트에 대한 과학적 자선이 강조되던 때이고 전문가 훈련의 필요성이 강조되었다.

COS는 1869년 런던과 1877년 미국에서 시작되었다. 1900년대 초에 접어들면서 COS의 워커들은 자원봉사자라기보다는 고용인의 성격을 띠게 되었고, 그들의 임무가 더욱 분명히 구체화됨으로써 케이스워커로서 알려지게 되었다. 이들이 사용하는 방법은 병원, 아동복지기관, 정신과 프로그램, 학교, 교정시설에서 일하는 사람들과 공유되었다.

개별사회사업을 위한 개념적 기반을 이룬 개척자는 Mary Richmond다. 그녀는 1861년 일리노이 주 Belleville에서 태어나 1928년 사망했다. 1889년 발트모아 COS의 보조회계로 일하기 시작했고, 2년 뒤에는 그 조직의 총서기가 되었다. 그녀는 1897년 사회사업가 양성을 위한 전문적인 훈련학교를 세워야 한다는 의견을 제출하였다. 유명한 저서로는 *Social Diagnosis*(1917) 그리고 *What is Social Casework*(1922)가 있다. 이 책들은 수년 동안 사회사업실천의 주된 교재가 되어 왔다. 이후에 그녀는 뉴욕의 자선학교에서 가르치는 활동을 하였다.

Richmond와 같은 사회사업가들 외에 많은 사람들의 활동을 통해 케이스워크의 개념적 기초를 세우게 되었는데, 이들은 1920년대와 그 후 몇 십 년 동안 Freud를 추종하는 정신분석가들과 Otto Rank의 이론을 추종하는 몇 개의 학파들이었다. 전자의 개별사회사업가들은 '진단학파(diagnostic)', 후자는 '기능주의학파(functional)' 라고 자신들을 명명하였다. 진단학파는 진단을 모든 개입의 기초로 여긴다는 점에서 진단학파로 명명되었다.

클라이언트의 현재의 기능을 향상시키기 위해서는 밑에 깔려 있는 갈등의 해결이 필요하다는 정신역동의 관점을 채택하였다(there and then 강조). 즉, 클라이언트가 겪는 어려움의 차원을 환경적 요소보다는 성격적 차원과 아동기의 곤경에서 찾으려 하였다. 따라서 클라이언트가 자신의 성격에 대한 통찰력을 키우도록 하였으며, 이는 시간이 걸리므로 개입기간이 길어지게 되었다. 1930년대 펜실베이니아 대학교 사회사업대학원에서 시작된 기능주의학파는 클라이언트의 현재의 문제에 초점을 맞추었고(here and now 강조), 클라이언트의 기능적 또는 일상적 생활욕구에 기반을 둔 시간제한적이고 과제중심적인 개입으로 특징지어진다. 기능주의에서는 시간을 효율적으로 사용하고 제한된 시간 내에서의 종결의 중요성을 강조하였다. 이러한 시간에 대한 강조로 인해 현재에 더 많은 관심을 기울이게 되었고, 원조과정의 단계, 즉 시작, 중기, 종결 단계를 보다 의식적으로 사용하게 되었다. 강조점은 돕는 과정, 특히 클라이언트와 워커의 관계 형성과 시간의 역동적 활용에 주어졌다. 기관의 기능 또한 강조되었다. 이 학파는 목적성취를 향해 행동할 수 있는 클라이언트의 능력을 인정한다. 이 학파에서 훈련받은 사회사업가들은 지역사회자원에 대한 접근을 촉진시켰다.

기능주의 케이스워크

이 이론은 1930년대 미국에서 Freud의 이론을 근거로 발달한 진단학파와 경쟁하면서 태동하였다. '기능적(functional)'이란 용어는 실천을 안내하고 형성해 주는 사회사업기관의 기능을 강조한 데서 비롯되었다. 기능주의 사회사업은 그 기초가 Freud의 제자인 Otto Rank의 과업에서 시작되었다. 진단학파와 달리, 클라이언트의 성격적 어려움에 대한 심층적인 탐색을 하지 않는다. Rank는 인간이 능동적이며 스스로 자신과 환경을 변화시킬 수 있는 잠재력이 있다고 보았다. 질환을 진단하고 문제를 치료하기보다는 클라이언트의 성장을 돕는 것을 강조한다. 성장을 향상 능력은 케이스워크 관계 형성을 통해 증대된다. 심리사회적 케이스워크에 비교해 볼 때, 인간발달에 있어서의 사회적, 문화적 이슈에 커다란 강조를 둔다. 기능주의 사회사업은 클라이언트와 워커와의 상호작용과정을 강조한다. 기능주의 사회사업의 다섯 가지 기본 원칙은 다음과 같다(Smalley, 1970).

- 다루고 있는 문제의 진단에 클라이언트를 관여시키고 이해시킨다.
- 무의식보다는 의식적인 이해를 강조하고 진행 단계를 둔다(초기, 중기, 종결).
- 기관의 기능을 강조하여 실천방식을 안내받도록 하고, 책임감을 강조하며, 클라이언트가 이를 이해하도록 한다.
- 사회사업은 과정이라는 점을 강조한다.
- 클라이언트가 자기 스스로를 도울 수 있도록 관계 형성을 활용한다.

기능주의이론은 의료적 또는 문제에 기초한 모델을 피하고 긍정적으로 변화를 지향하는 점을 강조한다. 사회적 원인과 이슈를 더 중요시하고 내적 감정보다는 외부세계와의 상호작용을 강조한다. 기관의 기능과 과정을 중요시한다는 점에서 문제해결모델에 영향을 주기도 하였다.

사회사업에 정신분석이론을 결합시켜 사회사업실천에 대한 폭넓은 개념적 기초를 발전시킨 중요한 인물로 Gorden Hamilton이 있다. Hamilton은 1892년에 태어나 1967년에 사망하였다. 그녀는 1914년에 Bryn Mawr 대학을 졸업하였고, 그녀의 첫 근무지는 Denver에 있는 미국 적십자사였는데, 거기서 Richmond를 만나게 되었고, 그 계기로 뉴욕 COS에서 근무하게 되었다. 1923년에 그녀는 뉴욕 사회사업대학(후에 컬럼비아 대학교의 사회사업대학이 됨)의 교수가 되었다. 1940년에 *Theory and Practice of Social Casework*을 출판하였고, 이 책은 수년간 기본 교재로 사용되었다. 진단학파의 중요한 이론가인 Hamilton은 개인과 환경을 연결시키려고 노력하였고, 그녀의 심리사회적 진단은 '환경 속의 개인(the person-in-situation)'이라는 개념을 발전시켰다. 진단학파는 현재 '심리사회적 접근방식(psychosocial approach)'으로 불리는데, Florence Hollis(1964)가 이론의 발전에 많은 공헌을 했다.

1950년대에 이르러 사회과학자들이 정신건강 서비스에 많은 관심을 갖게 되면서 사회과학은 사회사업에 커다란 영향을 주었다. 대표적인 예로 Helen Perlman은 1957년 문제해결과정(problem-solving process)이라는 새로운 이론을 내놓고, 그동안의 진단학파와 기능학파의 접근을 혼합하였다. Perlman은 문제는 병리적인 것이 아니라 삶의 일부로 보았다. 클라이언트의 어려움은 구체적 상황과 관련해서 정상적 문제해결능력의 붕괴로부터 발생한다고 간주되었고 동기, 능력, 기회의 조화가 이루어지지 못해 발생한다고 보았다. Perlman의 접근에서 우리는 환경 속의 개인을 보는 양상이 나오고 있음을 감지할 수 있다.

개별사회사업은 1960년대에 들어서면서 많은 공격을 받기 시작하였는데, 그 이유는 심리적 접근 강조, 효과성 결여, 빈민과 억압된 계층의 욕구에 제대로 반응하지 못한다는 것이었다. 그래서 1960년대와 1970년대를 걸쳐 과학적 지지를 얻는 접근법, 즉 행동수정 같은 접근법을 도입하였고, 환경에 대한 더 많은 관심을 보이면서 체계 개념을 도입하였다. 인간문제는 사회적 조건으로부터 나온다는 점이 강조되었고, 사회계획과 사회변화에 대한 관심이 사회사업전문직 내에서 강조되었다.

1960년대부터 1970년대에 개발된 중요한 접근방식으로는 위기개입(crisis intervention)이나 과제중심 접근방법(task-centered approach), 행동수정기법을 응용한 사회행동적 사회사업(social-behavioral social work)을 들 수 있다. 기타 타학문으로부터 빌려온 개별사회사업모델로는 교류분석, 현실치료, 실존주의, 로저리안(Rogerian) 모델 등을 들 수 있다.

2) 집단사회사업

집단사회사업은 19세기 동안 종교 및 자선조직의 실천모델로서 개발되었다. 가장 초기에는 YMCA와 YWCA에서 집단 프로그램 및 활동을 제공하였다. 그 후 19세기 후반에 인보관운동이 시작되었고, 런던의 토인비 홀, Jane Addams의 Hull House에서는 집단 프로그램을 통해 소외계층을 도왔다. 이 기관들은 이민자들이나 공장노동자들에게 집단경험을 통해 도시의 환경을 극복하도록 도움을 주었다. 20세기 초에는 보이스카웃, 걸스카웃, 4H Clubs 등의 집단지도기관이 등장하였다. 이러한 기관들 중에서 인보관이 가장 영향력 있었다. 당시 집단은 주로 사회화, 기술훈련, 교육, 레크리에이션을 위해 활용되었다.

첫 번째로 집단지도훈련을 체계적으로 제공한 대학은 Western Reserve University의 School of Applied Social Sciences이다(1920년대). 이 과정은 Grace Coyle 박사에 의해 교수되었다.

1930년대 초에 케이스워크(social casework)와 구별하기 위한 목적으로 'social group work' 라는 용어가 사용되었다. 1935년에 National Conference on Social Work에 집단지도분과가 설립되었고, 1946년에 American Association of Group Workers에 의해 집단지도실천에 대한 공식적 정강정책이 채택되었다.

집단사회사업의 이론이 지속적으로 발전하면서 1950년대에는 집단사회사업이 사회사업 전 분야에서 실천되는 약진을 보였다. 1960년대까지 다양한 모델이 개발되었는데 사회적 목표모델, 치료모델, 성장 및 지지모델을 들 수 있다. 현재 집단사회사업실천가들은 *Social Work with Groups*라는 학술지나 Association for the Advancement of Social Work with Groups를 통해 집단사회사업의 지식과 기술을 발전시키고 있다.

3) 가족치료

사회사업가들이 가족이론 및 가족치료의 발전에 지대한 공헌을 한 것은 사실이다. 사회사업전문직은 초기부터 가족생활의 향상을 위해 노력해 왔다. 초기 사회사업가라고 볼 수 있는 우호방문자(friendly visitor)들은 가족문제를 자세히 이해하기 위해서 양 부모를 모두 동시에 면접하도록 교육받았다. 또한 사회사업의 선구자인 Mary Richmond는 가족구성원을 따로 떼어내어 보기보다는 가족 전체를 보아야 할 것을 자신의 저서 *Social Diagnosis*에서 밝힌 바 있다.

Mary Richmond를 비롯하여 많은 사회사업가들이 여러 명의 가족구성원들을 모두 관찰할 것을 강조한 반면에, 실제로 이런 유형은 사회사업에서 전형적인 것은 아니었다. 아직 가족의 형태에 대한 이해가 부족했고, 한 번에 여러 명의 가족구성원들을 동시에 다루는 기술이 개발되지 않았기 때문이다. 또한 1920년대의 정신분석이론의 강력한 영향으로 가족이 아닌 개인적 접근을 강조하게 되었다.

1950년대에 여러 분야의 전문가들은 가족이 전체로서 다루어진다면 많은 혜택이 있다는 사실을 발견하기 시작했다. 이 새로운 접근법에 공헌한 학자들로 John Bell, Nathan Ackerman, Theodore Lidz, Murray Bowen, Carl Whitaker, Gergory Bateson, Jay Haley, John Weakland, Don Jackson, Virginia Satir가 있다. 비록 사회사업가가 많은 영향을 주기는 했지만, 이들 대부분은 정신과 의사였다. Virginia Satir, Lynn Hoffman, Harry Aponte, Insoo Berg는 사회사업교육을 받은 가족치료사들이었다.

4) 지역사회실천

지역사회조직사업과 지역사회실천은 종종 상호교환적으로 사용된다. 지역사회조직사업은 그 기원을 자선조직협회(Charity Organization Society)에 두고 있다. 1873년의 경제적 공황 후에 산업화, 이민 그리고 농촌인구의 도시이동은 새로운 사회문제를 일으켰다. COS 운동은 서비스 전달과 계획에 있어서 효율성과 전문성을 강조하였다. 지역사회조직사업은 또한 인보관운동(settlement house movement)에도 그 기원을 두고 있다. COS 운동이 서비스 전달의 과오를 없애고 효율적 측면을 강조한 반면, 인보관운동은 변화를 성취하고 환경적 원인으로부터 나오는 문제를 제거하기 위한 입법화 운동을 벌이는 사회행동(social action)에 초점을 두었다. 아동보호나 정신장애인의 시설치료 향상, 노동자 보호에 관련된 법들은 부분적으로 인보관운동에 힘입었다고 할 수 있다.

제1차 세계 대전이 시작될 즈음에는 지역사회조직사업이란 용어가 일반화되었다. 지역사회기관들이 군인들과 그 가족들의 욕구를 충족시키기 위한 서비스를 계획하였고, 지역사회자원의 효율적 활용을 계획하였다. 제2차 세계대전이 시작되기 바로 전에 National Conference of Social Work에서는 지역사회조직사업이 사회사업실천의 한 방법으로 보고되었다. 이 무렵 Saul Alinsky는 지역사회조직사업의 기초를 다진 중요한 인물이다.

1962년에 지역사회조직사업은 대학원에서 하나의 전공영역으로서 사회사업교육위원회의 인정을 받았다. 1960년대 미국의 시민운동 동안에 이 과목은 매우 인기가 높아졌다. 그러나 1970년대 중반으로 들어서면서 지역사회조직사업에 대한 관심은 매우 줄어들어, 대부분의 대학이 거시적 실천(macro-practice)이라는 영역으로 지역사회조직사업과 행정을 묶는 경향을 보였다. 최근 들어 지역사회실천이라는 용어가 지역사회조직사업을 대신하여 자주 등장하는데, 거시적 실천으로서 지역사회실천은 지역사회조직사업, 지역사회개발, 사회계획, 사회행동, 사회행정과 관련된 기술을 포함한다.

5) 통합방법론

1970년대에는 사회체계이론이 사회사업의 지식에 급속도로 많이 활용되었고, 사회사업 실천방법(개별, 집단, 지역사회조직사업)의 공통적 요소를 찾으려는 노력이 활발히 전개되어 통합방법론(integrated methods) 또는 일반실천방법(generalist practice)이 소개되었다. 사회사업방법을 개별 집단, 지역사회조직처럼 개념화하는 것은 어떤 문제를 발생시키는데, 실천가가 어느 하나의 영역을 선정해야 한다는 아이디어를 부추긴다. 또한 사회변화는 거시적 측면에서 수행하는 것이고, 임상에서는 클라이언트를 사회에 적응시키는 데만 관여한다는 가정을 만들게 한다. 그래서 다양한 사회사업방법에는 사회사업가가 수행하는 어떤 공통적인 역할과 요소가 있다는 점에 착안하여 사회사업 통합방법이 나오게 되었다. 1960년대에 그런 공통적인 요소를 찾으려는 노력을 시도하고 있을 때, 문제해결(problem solving)은 케이스워크, 집단지도, 지역사회조직사업에서 공통적으로 발견되는 개념 중의 하나였고, 통합적이고 일반적 실천이론을 개발하는 데 중요한 개념이 되었다. 대표적인 학자로는 Pincus와 Minahan(저서: *Social Work Practice*), Compton과 Galaway(저서: *Social Work Process*)를 들 수 있다. 일반실천은 학부 수준의 사회사업가들이 시행하도록 기대된다. 대학원에서 고급 일반실천가를 양성하기도 한다.

6) 사례관리

1970년대 초에 출현하여 1980년대에 폭발적 관심을 받은 실천방법으로는 사례관리(case management)를 들 수 있다. 사례관리는 모든 전통적인 사회사업 실천방법들을 통합하고 체계이론에 기반하여 문제해결을 위한 개념적 단일체를 제공한다(장인협, 1995). 사례관리는 때로 보호관리(care management), 사례조정(case coordiantion), 자원조정(resource coordination)이라 불린다. 사례관리는 보건 및 사회 서비스 분야의 다양하고 복잡한 문제에 대한 해답으로 폭넓게 받아들여지고 있다. 보건 및 사회 서비스를 제공하는 데 있어서의 일반적인 문제는 질적인 서비스 확보, 접근성 확보, 비용절감으로 나누어 볼 수 있다. 사례관리는 이러한 문제를 해결하기 위해 제안되었다. 우리나라에서는 이윤로 교수가 성규탁 교수와 함께 1992년 사회복지신문과 1993년 사회복지협의회의 학술지 「계간 사회복지」 가을호에 사례관리를 소개하면서 본격적으로 사례관리가 논의되기 시작했다.

사례관리는 상대적으로 새로운 용어이지만, 사회사업에서는 뿌리 깊게 자리잡고 있다. 사회사업을 재창조(reinventing social work)한다고 명명될 정도로 사례관리는 사회사업실천에 막대한 영향을 미친 것이 사실이다(Austin, 1987). 사례관리는 기본적으로 전통적인 케이스워크와 다른 점이 있다. 케이스워커는 보통 클라이언트를 사무실에서 약속을 정하여 만난다. 또한 케이스워커는 클라이언트의 장애를 심화시키는 요인으로서 사회적 영향력을 별로 강조하지 않는 경향이 있다. 사례관리의 특징은 지역사회의 조직이나 기관 등 체계에 개입하는 것이다. 전통적으로 훈련받은 케이스워커들은 사무실에서 벗어나 클라이언트의 환경에 개입하는 도전적인 과제에 직면해야 한다. 사례관리자로서 사회사업가는 케이스워크, 집단지도, 가족치료, 지역사회조직을 통합하여 활용한다.

또한 사례관리는 심리치료에 깊이 관여하지 않는다. 실제적인 생활문제나 지역사회에서의 생존에 관련한 문제를 잘 다루도록 도와준다. 치료보다는 보호에 초점이 모아진다. 사례관리가 주로 만성적이고 복잡한 문제를 가진 환자에게 장기적인 서비스를 제공한다는 점도 차이점이라고 할 수 있다.

제4장

사회사업실천의 통합적 모델: 문제해결과정

1. 통합적 방법의 배경

사회사업방법을 묘사하고 범주화하는 것은 쉽지 않은 일이다. 처음에는 케이스워크와 집단지도가 있었고, 1930년대에 지역사회조직사업이 제3의 방법으로 수용되었다. 1950년대에는 행정과 사회사업조사가 추가되었다. 그 후 개인, 가족, 집단에 대한 사회치료를 한 범주로 묶어 명명하는 임상사회사업 또는 직접실천방법이 등장하였고 계획, 행정, 지역사회조직을 한 범주로 묶은 간접실천 또는 거시적 실천방법이라는 용어가 등장하였다. 사회사업방법을 이렇게 개념화하는 것은 어떤 문제를 발생시키는데, 문제규정의 범위를 모호하게 하고 실천가가 어느 하나의 영역을 선정해야 한다는 생각을 하게 한다. 또한 사회변화는 거시적 측면에서 수행하는 것이고, 임상에서는 클라이언트를 사회에 적응시키는 데만 관여한다는 가정을 만들게 한다. 그래서 다양한 사회사업방법에는 사회사업가가 수행하는 어떤 공통적인 역할과 요소가 있다는 점에 착안하여 사회사업 통합방법이 나오게 되었다. 1960년대에 그런 공통적인 요소를 찾으려는 노력을 하고 있을 때, 문제해결(problem solving)은 케이스워크, 집단지도, 지역사회조직사업에서 공통적으로 발견되는 개념 중의 하나였고, 통합적이고 일반적 실천이론을 개발하는 데 중요한 개념이 되었다. 문제해결은 사회사업가가 욕구와 관심사를 검토하고 욕구 충족에 장애가 되는 요인을 파악하는 과정이다. 이는 문제를 규정하고 해결책을 찾도록 이끈다. 사회사업의 지식과 기술 그리고 가치가 문제의 성격을 이해하고 해결책을 찾는 데 활용된다. 문제해결과정은 클라이언트와 '함께(with)' 진행된다. 강조점은 사고와 인지부분에 맞추어진다.

다음은 '과정(process)'이라는 개념에 대해 고찰해 볼 필요가 있다. Sal Hofstein(1964)은 "과정은 시간에 따른 그리고 특별한 방향으로 나타나는 일련의 변화의 반복되는 유형"이라고 말하고 있다. 과정은 반복되는 유형 또는 단계가 있고, 시간의 흐름에 따라 발생하며, 특별한 방향으로 진행된다는 속성이 있음을 알 수 있다. 여기에 한 가지 덧붙인다면 순환적 양상을 가지고 있다는 점을 들 수 있다. 즉, 앞 단계로 돌아갈 수도 있고, 어떤 때는 다양한 단계가 혼합되기도 한다는 것이다.

사회사업에서 사용되는 문제해결과정은 John Dewey(1933)의 과업에 그 기원을 가지고 있다. 그는 인간이 문제에 대응할 때 사용되는 사고과정을 서술한 바 있다. 그는 합리적 사고, 목표지향적 사고 또는 문제해결을 설명하는 데 관심이 있었다. 이 과정은 '논리적 사고(logical thinking)' 그리고 '반영적 사고의 단계(stages of reflective thinking)'라고 일컬어졌고, 과학적 과정의 기초가 되었다. 그는 5단계를 제시했는데, 이 단계는 어려움의 인식, 어려움의 규정 또는 구체화, 가능한 해결책의 제안, 최선의 해결책 선정, 수행으로 구성된다. 평가 단계가 빠져 있는 점이 현재의 문제해결과정과 다른 점이다. 이후 문제해결은 일련의 단계에 의해 어떤 욕구를 충족시키거나 어떤 목적 성취에 방해가 되는 장해물을 제거해 줄 수 있는 감정, 사고 그리고 행동의 방식을 찾는 방법으로 규정되어 왔다. 사회사업의 문제해결은 구체적으로 사회적 기능과 욕구라는 문제에 관심을 갖는다. 사람들이 스스로의 힘으로는 제거할 수 없는 장애물을 제거하고 욕구를 충족시킬 수 있도록 하는 감정, 사고, 행동의 방식을 찾는 것이다. 문제해결과정에 대해서는 뒤에서 자세히 설명한다.

2. 체계이론과 통합적 방법

다음은 통합적 방법인 문제해결과정에 체계이론이 기여한 점을 살펴보자. 과거에는 인간의 문제를 다루는 많은 전문가들은 문제를 단순한 원인과 결과(cause and effect) 측면에서 보는 경향이 있었다. 이러한 단선적 원인론은 사회복지문제를 검토하는 데 있어서 적절하지 않은 경우가 많다. 단선적 원인론은 X가 Y의 원인일 때 X를 제거하면 Y도 제거할 수 있다는 것이다. 예를 들어, 흡연을 폐암의 유일한 원인이라고 말할 때 흡연을 없앤다면 폐암은 발생하지 않을 것이라고 말할 수 있다. 그러나 이렇게 좁고 제한된 관점은 어떤 문제를 야기시킨다. 우리는 흡연이 항상 폐암을 유발시키는 것은 아니라는 사실을 알고 있고 또한 담배를 피우지 않는 사람들도 폐암에 걸리는 사실도 알고 있다. 단순한 원인-결과관계의 틀로는 이러한 현상을 설명하기 곤란하다. 다른 매개변인들, 즉 불결한 사회환경(스모그 현상이 심한 곳)에서 생활하는 것 등이 폐암발생 가능성을 증가시키기도 한다. 뒤에 나오는 실례(p. 110 참조)에서도 보듯이 김 군의 경우는 하나의 원인과 결과 측면에서 토론될 수 없다. 김 군의 문제는 어머니의 어릴 적 학대경험, 이혼, 아버지의 음주, 어머니의 돈 걱정, 김 군의 약물남용과 폭력조직 연계, 제한된 사회적 지지체계 등에 의해 복합적으로 영향을 받은 것이다. 이 요인들 중의 단지 어느 하나가 문제를 일으켰다고 볼 수 없다. 그러므로 사회복지문제에 관련된 요인을 볼 때는 어느 한 요인이 사회문제에 직접적으로 원인이 되었다고 말하기보다는 여러 가지 요인이 문제에 관련되어 있다고 보는 것이 더 적절하다. 즉, 순환적 원인론(circular causality)으로의 전환이 필요하다.

사회사업가들은 다른 전문가집단보다 개인과 환경 양자 모두에게 초점을 둔다. 사회사업은 개인의 사회적 기능 향상을 도우며, 이 목표의 실현에 필요한 사회적 조건을 창조하기 위한 전문적 활동이다. 사회사업에서는 개인과 환경 그리고 이들의 상호 의존과 상호작용을 다루는 데에 모든 강조점이 주어지므로, 사회사업가에게는 사회문제나 개인문제와 연관된 다양하고 복잡한 모든 요인들, 즉 생리심리사회적 요인들을 파악해 내고, 이 요인들이 어떻게 문제를 발생시키는 데 상호작용하는지를 이해하며, 개인에 대한 개입으로부터 전 사회 차원까지 이르는 개입전략의 결정을 가능케 하는 광범위한 이론적 틀이 필요하다. 여기에 적합한 이론이 바로 체계이론이다.

체계이론은 1970년대 이후 사회사업에 중대한 영향을 끼쳐 왔고, 많은 논쟁의 쟁점이 되어 왔다. 체계이론은 총체적인 견지로 클라이언트의 욕구를 측정할 수 있게 하는 기반을 제공하고, 사회사업가로 하여금 클라이언트와 사회지지체계 간의 연결에 초점을 맞출 수 있도록 해 준다. 이 이론은 전통적인 미시적·거시적 분리에 의존하지 않고 총체적인 관점에서 적절한 클라이언트 체계를 규정하고, 변화가 필요한 체계가 무엇인지 파악할 것을 강조한다. 여기서 사회사업가들은 모든 클라이언트 집단에게 환경적인 요인을 다룰 수 있는 기회를 주는 생태학적인 개입을 지속적으로 기울인다. 이 과정에서 사회사업가는 클라이언트를 가능케 하고(enabling), 중재(mediating), 옹호(advocating), 중계(brokering), 교육시키는 역할을 주로 하게 된다.

그러므로 사회사업 일반실천의 기반은 생태학적 견지를 포함하고 있는 체계이론에 기초를 두고 있다. 학부 수준의 사회사업교육은 다양한 수준의 클라이언트 체계에 직접 서비스를 제공할 수 있게 준비시키도록 미국 교육위원회에서 규정함에 따라, 일반실천모델은 사회사업전문직 내에서 새로운 의미를 갖게 되었다. 일반실천 접근은 사회사업실천의 기본 틀로서 인정되고 있는데, 일반실천은 모든 양상의 사회사업실천으로 전용될 수 있는 지식과 기술을 사회사업가가 갖추도록 요구한다. Kirst-Ashman과 Hull(1999)은 일반실천모델이 갖는 기본적인 네 가지 특성을 제시하면서 일반실천 개입모델의 패러다임을 제시하고 있다. ① 기본적 지식, 기술, 가치, ② 개인, 집단, 지역사회와의 문제해결, ③ 다양한 견지를 가지고 문제를 분석하고 행동을 취함, ④ 문제해결방법을 활용.

McMahon(1996)은 일반실천의 다섯 가지 특성을 제시하였다. 생태학적 견지, 문제 중심, 다차원의 접근, 이론과 개입의 선정에 있어 개방적 입장, 문제해결과정이 그것이다. 이에 대해 간략히 설명해 보자.

생태학적 접근은 개인과 환경 사이에서 발생하는 다양한 상호작용을 강조함으로써 환경 속의 인간을 보는 관점을 증대시킬 수 있기에, 일반실천의 핵심이 된다. 생태학적 접근은 유기체가 얼마나 환경과 조화를 이루는지를 검토하고 부조화가 문제에 어떻게 영향을 주는지를 보게 된다. 일반실천은 문제에 초점을 맞춘다. 문제란 욕구나 어려움을 말한다. 일단 문제가 분명하게 규정되면 사회사업가는 그 구체적 문제와 목적에 가장 효과적으로 적용되는 개입을 선정하게 된다. 다차원적 접근을 활용한다는 것은 워커가 다양한 문제를 가지고 있는 다양한 클라이언트를 다룰 수 있도록 준비되어야 한다는 것이다. 일반실천은 미시(개인), 중시(집단, 가족), 거시적 수준(지역사회, 조직, 제도)의 실천을 모두 하게 된다. 개방적으로 이론과 개입을 선정한다는 것은 어떠한 한 가지 이론이나 개입을 고수하는 것이 아니라 문제의 성격에 기초하여 개입을 결정한다는 것이다. 만일 워커가 초보적 수준에서 해결하기 어려운 문제를 만나게 된다면 전문적 기술을 가진 워커에게 의뢰하게 된다. McMahon의 문제해결과정은 6단계로 구성되는데 관계 형성, 자료수집(문제에 대한 자세한 정보를 얻는다), 사정(문제의 우선순위를 결정하고 계획을 수립한다), 개입, 평가, 종결로 구성된다.

그러면 개인 및 가족이 직면하는 사회문제와 이슈를 이해하는 데 사용될 수 있는 체계/생태학적 틀(systems/ecological framework)에 대해 검토하도록 한다. 이 틀은 일반사회사업실천가들(generalist social work practitioners)이 사용하는 개입전략인 문제해결접근(problem solving approach)의 기반을 제공하기도 한다.

사회사업에 있어서 체계이론은 일반체계이론(general systems theory)과 생태학적 체계이론(ecological systems theory)의 두 가지 형태로 구분된다. Hearn(1958, 1969)은 일반체계이론을 가장 먼저 사회사업에 적용한 대표적 인물이다. 또한 von Bertalanffy(1968)의 일반체계이론도 사회사업에 체계 아이디어를 응용하는 데 기반이 되었다. 이들의 영향으로 미국 위스콘신 대학의 Pincus와 Minahan(1973)은 체계 아이디어를 사회사업실천에 응용하는 방법을 출판하였고, Siporin(1975), Germain과 Gitterman(1980; Germain, 1979)에 의해 새로운 생태학적 체계이론이 개발되었다.

생태체계이론은 체계이론에 의제 제시된 개념에 덧붙여 기본적인 생태적 개념을 포함한다. 생태적 견지는 사람과 환경 그리고 그들의 상호작용을 이해하는 것을 강조한다. 두 체계이론 모두 사회복지사들이 세상을 보는 유용한 수단을 제공해 준다. 두 접근 모두 환경 내의 체계에 초점을 맞추고 있고, 이러한 체계들이 상호작용하는 방식과 사람들에게 영향을 주는 방식에 초점을 둔다.

체계이론은 생태적 접근보다 좀 더 광범위한 견지를 가지고 있다. 체계 개념은 조직이나 지역사회 같은 거시적 체계의 역동적 상호작용에 쉽게 적용된다. 생태적 접근은 세상에 대한 좀 더 구체적인 관점을 제공한다. 개인(가족)의 생활, 즉 개인(가족)의 환경과의 역동적 상호작용에 강조점을 두고 있다.

1) 체계이론의 기본 개념

일반체계이론은 모든 유기적 조직체가 체계, 즉 상부체계와 이의 부분들인 하부체계로 구성되어 있다는 것을 제안하는 생물학적 이론이다. 예를 들어, 인간이라는 체계는 사회의 일부분이고 순환체계와 세포로 구성되어 있다고 본다. 이 이론은 개인뿐만 아니라 집단, 가족 및 사회와 같은 여러 사회체계에 응용되고 있다.

중심이 되는 개념은 다음과 같다(Payne, 1997).

- 체계(system): 물질적 또는 정신적 에너지가 교환되는 경계(boundaries)를 가지고 있는 실재
- 닫힌 체계(closed system): 경계를 넘나들면서 에너지의 상호교환이 일어나지 않는 체계
- 열린 체계(open system): 에너지가 경계를 넘나들면서 상호교환되는 체계

체계는 그 경계가 너무 경직되고 두꺼워 외부의 영향력에 매우 저항적이면 어려움을 겪는다. 반면 그 경계가 너무 엷어 외부의 영향력에 너무 쉽게 영향을 받아 불안정하고 쉽게 파괴되는 것도 좋지 않다.

체계가 작용하는 방식과 어떻게 그것이 변화되는지는 투입(input), 전환(throughput), 결과(output), 피드백(feedback)이라는 일련의 과정과 엔트로피(entropy)라는 개념으로 설명될 수 있다. 쉬운 예를 들면, A가 B에게 어떤 것을 말하게 되면(B에 대한 투입), 이것은 B가 행동하는 방식에 영향을 주게 된다(전환). 그러면 A는 B의 행동변화(결과)를 볼 수 있게 된다. A는 이런 B의 행동변화를 보게 됨으로써 B가 A의 말한 것을 듣고 이해했기에 저런 행동을 한다는 피드백을 받는다. 이 예에서 체계는 전환이 일어나고 있는 B가 된다([그림 4-1] 참조). 우리는 투입과 결과는 볼 수 있지만 B라는 체계 내에서 무슨 일이 일어나고 있는지는 볼 수 없다. 피드백을 통해 우리는 체계 내에서 무슨 일이 일어났는지를 추론하게 된다. 엔트로피라는 개념은 자신을 유지하기 위해 자신의 에너지를 사용하려는 체계의 경향을 뜻한다. 이는 체계가 경계를 넘어 외부에서 투입을 받지 못하면 자신의 에너지를 소모하며 소멸한다는 것을 뜻한다.

어느 한 시점에서 체계의 상태는 다음의 특징을 갖는다.

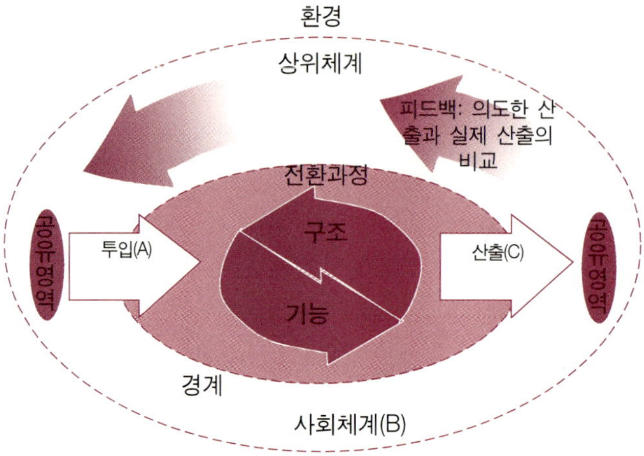

[그림 4-1] 체계의 구조적 개념

- 투입요소를 받아들이고 사용함으로써 자신의 안녕을 유지하는 방식-안정상태(steady state). 체계는 멈추어 있지 않고 꾸준히 움직인다. 에너지를 주고받으면서 그리고 일정한 질서와 안정성을 유지하면서 목표를 향해 꾸준히 적응해 나간다.
- 투입을 받고 전환하고 결과를 배출하면서 변화함에도 불구하고 자신의 기본적 성격을 유지하려는 능력-항상성(homeostasis or equilibrium).[1] 체계는 자신에게 주

1) 생존은 대부분의 체계의 주요 목적 중의 하나다. 체계가 그 목적을 성취하기 위해서는 체계의 구성요소들 사이에서 그리고 환경적 요인과의 균형이 유지되어야 된다. 항상성(homeostasis)의 개념이 바로 체계가 자신을 구성하는 다양한 요소들 사이에서 지속적인 안정성을 유지하는 체계의 속성을 말한다. 즉, 체계가 내적 · 외적 균형상태를 성취하기 위한 조절과정을 말한다. 항상성을 통한 균형을 유지하려는 노력이 긍정적 의미도 강하지만, 항상성에 대한 비판적 입장은 항상성이 현상 유지를 주요 목적으로 하는, 즉 현상유지가 체계의 주요 동기가 되어 버리는 보수적 개념이라는 것이다(Berger & Federico, 1985). 항상성을 통해 균형은 유지되지만 이것이 바람직한 것만은 아니다. 안정뿐만 아니라 변화와 새로운 경험을 찾도록 체계를 유도하는 목적도 중요하다. 생물체계를 보더라도 성장하면서 분화하는 것을 볼 수 있듯이, 현상유지만이 아닌 성장과 새로운 형태로의 진화가 생명체의 또 다른 특징이다.

어지는 외부자극이 있으면 이에 대에 반응함으로써 균형(equilibrium)을 유지하려는 경향을 가지고 있다. 항상성은 체계가 자신의 안녕을 위해 전향적으로(proactive) 균형을 유지하는 측면도 있지만 닫힌 체계에서는 외부자극에 대한 반응으로서 고정된 상태(fixed state)를 유지하려는 역동적 과정으로 볼 수 있다(reactive approach).

- 시간이 지남에 따라 더욱 복잡하고 다양한 구성요소를 갖도록 성장하는 성격–분화(differentiation)
- 전체는 부분의 합 이상이라는 아이디어–연합효과/상승작용(synergy). 전체는 부분의 합 이상이라는 아이디어를 예를 들어 간단히 설명해 보자. 인간은 결혼이나 집단에 소속됨으로써 유대감을 세워 나간다. 그러나 유대감이라는 것은 체계 내부에서의 상호작용이라는 어떤 새로운 속성이 없이는 성취될 수 없는 것이다. 그러므로 유대감은 집단멤버들 또는 결혼 당사자들 그리고 이들 간의 상호작용으로 인해 발생한다. 그러므로 다음의 공식이 성립한다.

전체 = 부분 1 + 부분 2 ———— 부분 N + α

이는 신생속성(emergent properties)이라고도 하는데, 어떤 체계를 구성하고 있는 하부체계들이 가지고 있지 못하는 전체체계만의 독특한 새로운 속성을 말한다. 그러므로 전체체계를 이해하기 위해서는 상위체계를 구성하고 있는 하위체계들 간의 관계를 잘 검토해 보아야만 한다. 이러한 특성은 사회체계를 따로 하나씩 떼어서 생각할 수 없고, 그 사회환경과의 관계 속에서만 이해될 수밖에 없다는 개념을 제공해 준다.

- 체계는 연결되어 있기에 체계의 한 부분이 변화하면 그 변화한 부분은 다른 부분들과 상호작용함으로써 다른 부분들도 변화시키는 특성–상호교류(reciprocity). 상호교류의 결과로서 체계는 동일귀결성(equifinality; 여러 다른 방식으로 같은 결과에 도달할 수 있다)과 다중귀결성(multifinality); 체계의 부분들은 서로 다른

방식으로 상호작용하기 때문에 유사한 상황이라도 다른 결과로 나타날 수 있다)을 모두 나타낼 수 있다. 체계이론은 인간행동을 포함한 모든 현상이 상호연결되어 있다는 가정에 기반을 둔다.

- 각 체계는 더 작은 부분의 하부체계로 구성되어 있고, 또한 더 커다란 상위체계의 일부가 됨-홀론(holon)
- 각 체계는 경계를 가지고 있어 다른 체계와 구별되게 되며 이를 통해 정체감을 갖게 됨-경계
- 둘 또는 그 이상의 체계가 만나거나 겹쳐지게 되는 부분-공유영역(interface). 예를 들어, 가족과 학교의 공유영역 또는 환자와 병원과의 공유영역을 그려 볼 수 있다. 사회복지사는 체계들의 공유영역에 개입하여 상호작용을 향상시키게 된다.

2) Pincus와 Minahan의 체계이론의 응용

위에서 체계이론의 기본 개념들을 살펴보았다. 다음은 Pincus와 Minahan(1973)이 체계이론을 사회사업의 실천에 응용한 접근방식을 살펴본다(Payne, 1997). 이들의 접근방식은 인간은 만족한 삶을 위해 그들의 주변환경 속에 있는 체계에 의존하기 때문에 사회사업은 그런 체계에 초점을 맞추어야 한다는 것이다. 그들은 다음의 세 가지 체계가 사람들을 도울 수 있다고 본다. 가족이나 친구, 동료 같은 비공식적 자연체계, 지역사회집단이나 협회 같은 공식적 체계, 병원이나 학교 같은 사회체계가 그것이다.

문제가 있는 사람들은 이러한 도움체계를 사용할 수 없게 된다. 왜냐하면 그런 도움체계가 그들에게 존재하지 않거나, 적절한 자원이 존재하지 않기 때문이다(예: 혼자 사는 노인은 친척이나 친구가 없을 수도 있다). 또한 그런 사람들은 도움체계에 대해 모르고 있거나, 사용하기를 원하지 않는다(예: 학대받는 아동들은 어디에 도움을 청할지 모르거나, 경찰서에 가는 것을 두려워한다). 한편,

도움체계의 정책이 사용자에게 새로운 문제를 안겨 줄 수 있다(예: 의존성, 이해관계). 도움체계 간에 갈등이 있을 수도 있다.

사회사업은 클라이언트와 그들의 환경 사이에서 어떠한 상호작용 요소가 문제를 일으키는지를 파악하는 것이다. 클라이언트나 환경이 반드시 문제를 가진 것으로 보지 않으며, 주로 상호작용이 문제를 일으키는 것으로 간주한다. 사회사업의 목적은 개인에게 중요하고 의미 있는 활동, 즉 삶의 과업(life task)을 잘 수행하도록 돕고, 곤경을 경감시키며, 클라이언트에게 중요한 목적과 가치를 성취하도록 돕는 것이다. 또한 사회복지사는 개인적인 고충과 이에 관련된 사회적 문제 사이의 관계에 관심을 갖는다. 많은 개인의 문제가 사회적 이슈와 연결되어 있고, 또한 사회적 문제가 개인에게 미치는 영향이 검토되어야 이런 문제가 해결될 수 있다.

사회사업의 과제를 요약하면 다음과 같다.

- 개인들로 하여금 문제해결능력을 향상시키도록 돕는다(예: 가족관계를 향상시키기 위해 새로운 아동양육법을 배운다).
- 개인과 자원 간의 상호작용 패턴을 수정하도록 돕는다(예: 기초생활보장을 요청하는 사람이 자신의 상황을 더욱 효과적으로 제시하도록 돕는다).
- 자원체계 내의 개인들 사이에서 상호작용을 향상시킨다(예: 가족 간에, 기관 내부에서).
- 사회정책을 변경하거나 개발하는 데 기여한다.

Pincus와 Minahan은 네 가지 사회사업 기본 체계를 규정하고 있는데,[2] 사회사업가는 자신이 다루어야 할 개인들이 어느 시점에서 어떤 체계에 속하게

2) Compton과 Galaway는 여기에 전문직 체계를 추가하였다. 사회사업가는 사회사업전문직의 가치와 문화를 활용하여 클라이언트의 변화를 추구하게 된다.

<표 4-1> Pincus와 Minahan의 기본 사회사업체계

체계	대상	비고
변화주도체계	사회사업가와 이들이 소속되어 일하는 조직이나 기관	때때로 목표체계가 되기도 한다.
클라이언트 체계	도움을 찾으면서 변화주도체계와 협력하는 개인, 집단, 가족 및 지역사회	실제적 클라이언트와 잠재적 클라이언트로 구분된다.
목표체계	변화주도체계가 목적을 성취하기 위해 변화시키고자 하는 개인이나 집단 및 조직	때때로 클라이언트와 목표체계가 같을 수도 있고 다를 수도 있다.
행동체계	변화주도체계가 목적을 위해 함께 일하는 개인, 집단 및 조직	클라이언트, 목표체계, 행동체계가 서로 같을 수도 있고 다를 수도 있다.

되는지를 분석하고, 체계 간 관계의 속성을 분석함으로써 개입전략에 대한 도움을 얻게 된다. 각 체계는 서로 연결되거나 중복되기도 하는데, 예를 통해 살펴보자(<표 4-1> 참조).

- 클라이언트가 목표체계가 되는 경우: 부부간 갈등으로 찾아온 클라이언트에게 부부간 의사소통을 배우도록 한다.
- 변화주도체계가 목표체계가 되는 경우: 워커가 자신이 속한 기관의 장에게 기관정책을 변경하도록 설득한다.
- 행동체계가 동시에 목표체계가 되는 경우: 아동의 행동문제를 개선하기 위해 부모의 양육방식을 변경(목표체계)하고, 동시에 부모가 아동의 행동을 점검하도록 한다(행동체계).

Pincus와 Minahan의 사회사업 실천기술을 요약해 보면 다음과 같다.

① 문제사정

- 문제의 규정과 서술: 각 문제는 문제의 사회적 상황, 그 상황이 문제라고 결정한 사람들, 그러한 결정의 이유나 근거라는 세 가지 요소를 갖는데, 각각 년들이 골목에서 서성거린다. 주변 가게 주인들은 청소년들의 행동이 손님들을 쫓아 버린다고 걱정한다. 그 청소년들의 부모들도 그런 모습이 나쁘다고 보고 문제로 규정한다. 경찰에서는 그러다가 범죄행동으로 이어질까 봐 걱정한다. 사회복지사는 청소년들이 자신들의 잠재력을 낭비하고 있다고 보며, 또한 다른 청소년들에게도 나쁜 예가 되기에 그런 행동을 문제라고 규정하였다.
- 사회적 상황의 역학분석: 다양한 요인과 체계들이 문제의 사회적 상황에 어떻게 영향을 주는지 분석해 본다. 여러 가지 이론적 개념을 활용하여 문제 상황의 역학을 이해하는 것도 좋다.
- 목표설정: 목적을 설정하고 그 목적을 이루기 위한 하부목표를 단계적으로 형성한다. 목표의 현실가능성을 확인하고 목표의 우선순위를 결정한다.
- 전략설정: 누가 클라이언트이고 목표체계와 행동체계는 누가 될 것인지를 결정한다. 각 체계와의 관계 형성을 어떻게 할 것이고, 문제해결을 위해 필요한 자원은 무엇인지와 예상되는 어려움을 파악한다. 누가 무엇을 어떤 순서로 언제 하는가를 구체화한다. 보통 사회사업가의 활동은 교육, 촉진(가능케 하는 자, 지지자, 중재자, 매개자), 대변으로 구분된다.
- 변화노력의 안정화: 클라이언트가 변화하는 데 따르는 문제를 체크하고 이를 예방하도록 노력한다.

② 자료 수집

질문과 관찰 또는 기록을 토대로 자료를 수집한다.

③ 초기 접촉

클라이언트 체계로 하여금 도움을 받는 데 대한 양가감정을 극복하도록 하여 저항을 제거한다. 클라이언트 체계에 도움이 되는 각 체계의 사람들을 만나서 클라이언트 체계가 목적을 이룰 수 있도록 도와주는 것의 가치를 말해주고 동기화시킨다.

④ 계약 협상

먼저 워커와 클라이언트 체계 사이에 계약을 협상하고, 워커와 기타 다른 체계 사이에 2차 협상을 진행한다. 각각의 목표와 수행과제 그리고 변화과정을 묘사한다.

계약의 목적을 설명하고, 용어를 분명히 하며, 의견이 불일치한 부분은 협상하여 해결한다. 저항이 발생하여 이를 다루어 주어야 할 경우도 있다. 다른 체계나 체계의 다른 성원들을 관여시켜 협력을 유도해야 한다. 저항을 수용하고 인정하며 새로운 정보를 제공하고 희망을 고취시킨다. 집단적 영향을 주기 위해 집단을 활용하기도 한다.

⑤ 행동체계의 형성

행동체계의 규모와 구성을 결정한다. 즉, 단지 클라이언트와 워커인지, 클라이언트와 가족과 워커인지, 다른 기관도 포함되는지를 결정한다. 접촉의 길이와 미팅 시간, 빈도, 장소, 행동지침 같은 절차를 정한다.

⑥ 행동체계의 유지와 조정

행동체계의 엔트로피(자기에너지 소비)를 피해야 한다. 관계 형성을 잘해야 하고, 역할분배와 권한분배를 분명히 한다. 행동체계와의 의사소통을 원활히 할 수 있는 방법을 마련한다. 어떤 가치와 목적을 가지고 일하는지를 분명히 한다. 행동체계에서 문제가 발생한다면 이를 해결하기 위해 워커는 역할을 바꾸거나, 절차를 바꾸거나, 체계의 성원이나 활동을 바꾸는 기법을 시도해 볼 수 있다. 여러 개의 행동체계가 관련된다면 클라이언트의 이익을 위해 체계를 조정하는 것이 필요하다.

⑦ 행동체계에 영향을 줌

체계의 한 부분에 영향을 주면 모든 다른 체계에 영향을 준다는 원리를 활용한다. 어떤 상황에 영향을 주기 위하여 워커가 활용할 수 있는 영향력의 기반으로는 지식과 전문성, 물질적 보상과 서비스, 합법적 권위, 관계 형성의 정도, 워커의 지위와 평판, 워커의 카리스마와 개인적 매력, 정보의 수집 및 통제능력 등이 있다.

⑧ 계획된 변화노력의 종결

평가를 시행하고 관계 형성을 분리한다.

3) 생태학적 체계이론: 생활모델

Germain과 Gitterman(1980)의 생활모델(ecological systems theory; the life model)은 생태학적 체계이론의 주요한 틀이다. 생활모델은 개인들은 그들의 환경의 여러 양상과 상호작용하면서 계속적으로 적응해 나간다는 것이다. 개인들은 환경에 의해 변화되고 또한 환경을 변화시킨다. 즉, 상호적응(reciprocal adaptation)이 존재하게 된다. 사회문제(예: 빈곤, 낙인, 차별)는 상호적응의 가능성을 희소시키면서 사회환경을 오염시킨다.

개인이나 집단 같은 생명체계는 환경과의 조화를 유지해 나가도록 힘써야 한다. 또한 우리 모두는 우리 자신을 유지하고 발달시키기 위한 적당한 투입(예: 정보, 음식, 자원)을 필요로 한다. 환경과의 적응적 교류(transactions)의 균형이 깨어지면 스트레스가 발생하게 되는데, 스트레스는 다음 상황으로부터 발생한다(Payne, 1997).

• 생활주기 변화(life transitions)나 외상적 사건(성장발달 면에서의 변화, 지위와 역할의 변화, 생활공간의 재구성, 다시 말해 결혼이나 아이의 출생, 자녀의 분가, 중년기에 접어듦 등). 뒤에 나오는 사례(p. 110 참조)에서 김 군의 가족의 경우 이혼이라는

변이와 김 군이 청소년기로 접어드는 변이를 경험하고 있다.

- 환경의 압력(기회의 불균등, 융통성 없는 조직들, 빈곤, 억압). 김 군 가족의 경우 어머니는 어린 둘째를 맡겨 둘 탁아소를 찾는 데 어려움을 겪고 있고, 김 군은 새로운 학교생활에 적응하는 데 어려움을 격고 있다. 김 군과 그 가족에게는 사회적 지원망이 제한되어 있고, 이에 대한 개입이 필요함을 암시한다.
- 가족이나 집단 내에서의 역기능적 대인관계의 과정(착취, 비일관적, 비합리적인 기대감). 김 군의 가족은 알코올중독 가정에서 전형적으로 나타나는 비생산적인 의사소통형태를 가지고 있다.

모든 스트레스적 사건이 실제적 스트레스를 유발하는 것은 아니다. 모든 것은 개인적·환경적 상황에 의해 좌우되는 것이고, 특별히 사건에 대한 인지방식에 의해 좌우된다고 볼 수 있다(이런 의미에서 생활모델은 외부세계를 통제할 수 있는 인지능력을 강조한다).

사회사업의 목적은 환경과 개인의 상호교류가 더욱 적응적이도록 하기 위해 개인의 적응능력을 강화하고 그들의 환경에 영향을 주는 것이다. 적응능력을 강조하기 때문에 급진적 사회변화는 다소 경시하는 편이다.

개인의 문제는 개인의 생활공간에서의 상호교류가 비적응적일 때 일어나는 것이므로 클라이언트가 가지고 있는 문제에 대한 견해와 그의 상호교류 형태를 고려해야 한다. 감정이입(empathy)은 클라이언트의 세계를 이해하는 데 매우 중요하다. 위의 스트레스 조건을 동시에 다룰 수도 있겠지만 우선순위를 결정하는 것이 좋다.

생태학적 모델에서는 사회사업가들이 지역사회, 조직, 제도가 사람들의 생활스트레스에 어떻게 영향을 주는지에 민감해야 한다고 주장한다. 이 모델에서는 사회개혁운동과 임상실천이 연합하여 개인 및 지역사회의 욕구를 충족하도록 도와주게 된다.

(1) 핵심 개념

Germain과 Gitterman(1996)은 다음과 같은 일곱 가지 중요한 개념을 제시하였다. 클라이언트 상황을 분석할 때 아래의 개념을 고려해 보아야 한다.

① 인간과 환경의 교환

사람들(그들의 성격, 행동, 기능 수준, 목적)과 환경의 요구 사이에서의 유동적이고 다방향적인 상호작용을 묘사한다. '인간: 환경 적합도'는 개인 또는 집단의 욕구, 권리, 목적이 환경의 능력과 조화를 이루어 그러한 욕구를 충족시켜주는 정도를 말한다(Germain & Gitterman, 1995). 이러한 조화가 매우 잘 이루어지는 경우도 있지만, 과도하게 부조화가 나타나는 경우도 있다. 예를 들어, 휠체어를 타는 장애인이 엘리베이터가 없는 아파트에 산다면 조화가 잘 이루어지지 않는 것이다. 인간과 환경 사이의 높은 적합도는 사람들과 지역사회의 긍정적인 성장과 잠재력 개발을 초래하게 되고, 결과적으로 활력 있는 환경을 만들어 가게 된다. 낮은 적합도는 손상된 기능과 손상된 환경을 초래하게 되어 성장을 지원하지 못하게 된다.

② 다양한 수준의 적합도(fit)

생태학적 접근의 목적은 개인이 환경에 잘 적응하도록 돕는 과정을 통해 적합도의 수준을 증진시키는 것이다. 적응성(adaptedness)은 환경이 개인의 생물심리사회적 기능을 증진시키는 데 필요한 자원이나 기회를 제공할 때 발생하게 된다. 적응(adaptation)이란 개인이 환경과의 적합도 수준을 높이기 위해 겪는 변화지향적 과정을 말한다. 인간은 효과적으로 기능하기 위해 새로운 조건과 상황에 적응해야 한다. 예를 들어, 가장이 실직하게 되면 가족성원은 생활스타일을 바꾸어 생활비용을 줄여야 한다.

③ 적합도와 대처능력을 위협하는 생활 스트레스 요인

생활 스트레스 요인은 인간과 환경 간에 부정적인 교환을 창출한다. 외부의 생활 스트레스 요인은 스트레스적 반응을 일으키는데, 보통 불안이 그 유형이다. 사람들은 불안해하지 않고 스트레스 요인에 적응할 수 있는 법을 배울 수 있다. 새로운 직장, 결혼 그리고 다양한 생활주기 변화가 종종 어려움을 일으킨다. 죽음이나 사고, 재난 등은 심각한 스트레스를 유발시킨다. 개인이 어떻게 스트레스 요인을 바라보고 어떤 의미를 두는가에 따라 개인과 환경의 적합도와 대처전략이 달라진다. 개인은 1차 평가를 통해 스트레스 요인이 유익한가, 해로운가, 중요하지 않은가를 사정한다. 이런 평가는 개인의 이전의 경험이나 생활배경에 따라 상당히 다양하다.

도전(challenge) 또는 유스트레스(eustress)는 상당한 에너지가 소모될지라도 개인이 극복할 수 있다고 느끼는 생활사건이다. 스트레스 요인 또는 디스트레스(distress)는 개인의 대처능력을 압도하는 사건이고 효과적으로 적응하지 못할 것으로 느껴지는 사건이다.

tip

Germain과 Gitterman(1996)의 수정된 모델에서는 '생활 속의 문제(problems in living)'라는 개념을 '생활 스트레스 요인-스트레스-대처(life stressor-stress-coping)' 패러다임으로 대치했다. 즉, 클라이언트가 결핍되어 있다는 의미를 피하고 강점견지를 취하기 위해서다.

④ 관계 형성, 유능성, 자존감, 자기방향감

이러한 요소들은 인간이 자신의 환경 속에서 과거와 현재에 경험한 것들의 결과이며 상호 연결되어 있다. 관계 형성(relatedness)이란 친구, 사회적 망, 친족, 기타 긍정적 관계 속에서 다른 사람들과 연관되는 상태를 말한다. 관계 형성은 애착이론에 기반을 두는데, 애착행동은 기본적으로 선천적이며 생존을 위해 필요한 것이다. 유아는 성장하고 생존하기 위해 애착을 활용하는데, 애착이 부족하게 되면 사회적으로 쇠약하게 될 뿐만 아니라 신체적으로도 위험하게 된다. 기본적으로 인간은 어딘가에 소속되고 싶고, 다른 사람들로부터 지지를 받기 원한다.

여러분이 신입생으로 대학수업에 왔던 첫날을 상기해 보라. 대학환경에 잘 관계되었다고 느꼈는가? 지금은 어느 정도나 관계 형성 면에서 변화가 있는가? 지금은 대학에서 얼마나 많은 사람들을 더 알게 되었고, 어느 정도나 대학과 관계되었다고 느끼고 있는가? 지역사회 주민들도 마찬가지로 지역사회와 다양한 정도의 관계 형성을 경험한다. 이웃을 잘 알고, 각종 단체의 회원이기도 하고, 지역사회 행사에 정규적으로 참여할 수도 있다. 반면 이웃을 전혀 모르고, 지역사회활동에 대한 관여가 부족하고 소외될 수도 있다. 중요한 것은 '인간: 환경 적합도'를 이루기 위해서는 개인이 긍정적인 관계 형성을 이루어야 한다는 것이다. 개인과 그의 환경과의 관계를 사정하게 되면 클라이언트의 욕구를 충족시킬 수 있는 중요한 실마리를 찾게 된다. 클라이언트의 관계 형성에 대한 사정은 문제를 해결할 때 어느 강점을 도출시켜야 할지를 제시해 준다. 만일 지지체계가 부족하다면 이를 향상시키도록 노력해야 한다.

유능성(competence)은 인간은 생존하기 위해 자신의 환경에 영향을 주도록 선천적으로 동기화된다는 가정을 말한다. 즉, 개인이 환경과 효과적으로 상호작용할 수 있는 능력을 말한다. 인간은 일생 동안 자신의 환경 속에서 번영하고 발전할 기회를 가져야 한다. 사회복지사들은 사람들이 자신의 환경 속에서 일하고 성공하고자 하는 선천적 성향을 일깨우고 성장시켜 주어야 할 것이다. 예를 들어, 빈곤에 처한 사람들은 그들의 생활조건을 향상시킬 기회를 필요로 한다. 이를 위해서는 재정적 지원과 교육을 제공하여 재기의 기회를 주어야 한다.

자존감(self-esteem)은 자신이 능력 있고 존중받으며 가치 있다고 느끼는 정도를 말한다. 각 개인은 자신이 중요하다고 느껴야 한다. 개인이 열악한 직장이나 낮은 연봉을 받을지라도 사회가 유지되기 위해서는 그들이 반드시 필요하다. 누구나 자존감과 중요하게 느낄 가치가 있는 것이다.

자기방향감(self-direction)은 자신의 삶에 대한 통제력을 갖고 책임 있는 결정을 할 수 있는 능력을 말한다(다른 사람의 권리는 존중하면서). 인간은 자신의 삶에서 스스로 결정하고 자신의 행동을 통제할 수 있는 권리가 있다. 그러므로 실천가는 집단이나 조직 및 지역사회가 개인의 자기방향감을 나타내는 것을 허용하는 정도를 면밀하게 사정해야만 한다.

⑤ 억압, 학대, 사회적 오염/공해에 대한 취약성

많은 집단이 제도적으로 억압받고 있고 희생자가 되고 있다. 사회사업가들은 취약한 집단의 권한이 강화되고 억압을 극복하도록 도와야 한다.

⑥ 건강 및 불건강한 거주환경과 적소

거주환경(habitat)이란 개인이 생활하는 물리적 환경을 말하고, 적소(niche)란 개인이 그 환경 속에서 갖는 사회적 지위나 수준을 말한다.

물리적 거주환경은 개인의 생활양식을 지원할 수 있는 건강한 환경이어야 한다. 한편, 개인이 가지고 있는 사회적 지위(특히 낙인)에 대한 평가는 바로 그 개인의 관점에서 검토되어야 한다. 그 이유는 사회적 차별 속에서 얻어진 지위의 가치와 의미는 개인마다 중대한 차이가 있기 때문이다. 우리가 인식해야 할 것은 지배집단은 개인이 가지고 있는 성별이나 사회경제적 지위, 종교, 장애, 성적 기호 등의 특성에 기반하여 차별을 하는 경우가 있기 때문에 많은 사람들이 그들의 지위나 권리, 열망을 제한하는 적소(사회적 지위)를 차지하도록 강요받는다는 것이다. 지배집단은 취약집단을 억압하기 위해 사회적 오염(예: 빈곤, 성차별, 장애인차별, 학력차별 등)을 창출하거나 유지시키면서 강압적으로 권력을 사용하는 경향이 있다. 그리고 차별적 경쟁에서 지는 개인이나 집단은 다른 적소(낮은 사회적 지위)로 이주하게 마련이다.

⑦ 인생경로(life course)

마지막 개념은 바로 사람들의 독특한 발달경로를 말한다. 사회사업가는 특정 시대의 개인들이 공통적으로 겪는 시대적 경험을 고려함은 물론, 개인이 사회적 · 정치적 · 경제적 변화를 어떻게 독특하게 경험하는지를 고려해야 한다.

(2) 개입과정

실천 단계는 초기, 중기, 종료 단계로 나누어진다(Payne, 1997). 초기 단계인 사정 단계는 객관적 및 주관적 사실을 파악하고 검사되어야 할 가설을 설정한다. 초기 단계에서 사회사업가는 문제를 이론적으로 이해할 수 있도록 노력하며, 클라이언트의 감정과 반응에 정서적으로 접촉하면서 문제해결을 준비한다. 역할극은 사회사업가가 문제를 클라이언트의 입장에서 이해할 수 있도록 돕고, 클라이언트의 견해를 파악할 수 있게 한다. 사회사업가는 자신의 유사한 경험을 되살리며, 클라이언트에 대한 자신의 감정과 반응은 무엇인지를 인식하는 것이 중요하다. 클라이언트의 문제를 객관적으로 측정함은 물론, 이러한 정서적 반응이 문제의 측정에 병행되어야 하는 것이다.

치료의 초기 단계는 공통분모를 찾는 데 초점을 맞춘다. 클라이언트와 워커와의 전문적 관계는 기관이 서비스를 제공하고, 클라이언트가 서비스를 수용하기로 동의하는 데서 비롯된다. 워커는 클라이언트를 환영하고, 지지적 분위기를 제공하며, 그들이 자신의 이야기를 솔직히 말하도록 격려하고, 서비스에 대해서도 자세히 설명해 주어야 한다. 이렇게 함으로써 워커와 클라이언트는 문제에 대해 일치된 견해에 도달하고 쌍방이 책임감을 공유하게 된다. 또한 양자가 함께 문제가 무엇인지 규정하고 우선적으로 해야 할 일을 결정하게 된다.

중기 단계는 위에서 언급된 스트레스를 유발하는 세 가지 조건을 변화시키는 데 초점을 맞춘다. 먼저 첫 번째 조건인 생활주기 변화는 신체발달과 사회적 기대감에 영향을 받으면서 모든 사람들이 경험하는 것이다. 이런 변이는 스트레스의 원인이기도 하지만, 내부 적응 메커니즘을 자극하고, 요구되는 것을 배울 수 있는 기회를 제공하는 긍정적인 면도 있다. 또한 인지발달은 단계적으로 지속되는데, 인지발달에 어떤 손상이 오거나 개인들의 인지방식 간의 갈등으로 인해 스트레스가 발생할 수 있다. 지위변화나 역할변화 또한 사람들 간의 서로 다른 기대감으로 인해 스트레스를 발생시킨다. 위기적 사건 역시 평상시의 극복 메커니즘이 운용해낼 수 없기 때문에 스트레스를 유발시킨다. 사회사업가는 클라이언트가 향상된 적응 메커니즘으로 이러한 변이(transitions)를 잘 통과하도록 돕는 것이다. 워커의 세 가지 역할은 다음과 같다.

- **가능케 함**(enabling): 클라이언트의 동기를 강화시키고, 클라이언트를 정당화시키고 지지하며, 감정을 잘 처리하도록 돕는다.
- **교수**(teaching): 문제해결기술을 가르친다. 적절한 정보의 제공과 행동의 표본을 보여 주며 명확한 인지를 하도록 돕는다.
- **촉진**(facilitating): 다루어야 할 과업을 정리해 주고 환경적 지원을 동원하며 타당치 않은 제약으로부터 클라이언트가 자유로울 수 있도록 돕는다.

두 번째로 환경적 문제와 욕구를 다룰 때는 정치적, 경제적 구조를 포함하는 사회적, 물리적 환경이 관심사가 된다. 관료주의 조직의 힘과 그들의 비협조적 태도 등은 클라이언트의 환경에 대한 적응을 방해할 수 있다. 깨끗하지 못한 지역사회나 의료시설이 없는 시골지역 등을 포함하는 물리적 환경 역시 우리의 삶에 영향을 미친다. 이 분야에서 워커의 역할은 다음과 같다.

- **중재**(mediating): 클라이언트와 체계가 합리적이며 상호 협력하는 방식으로 만나 문제를 해결하도록 돕는다.
- **옹호**(advocating): 다른 기관이나 개인들이 어떤 행동을 취하도록 압력을 넣는다.
- **조직화**(organizing): 클라이언트가 사회적 지원체계에 연결되도록 또는 지원체계를 창출하도록 돕는다.

세 번째로 워커는 가족 및 집단 내에서의 대인관계의 비적응적 형태를 변화시키는 데 주안점을 두게 되는데, 이 분야에서 워커는 주로 가족을 다루게 된다. 가족은 대화 메커니즘을 대내・외적으로 개발해야 한다. 핵가족의 구조와 역할은 많은 스트레스를 유발시키므로 부부간 또는 부모-자녀 간에 효과적인 의사소통유형을 만들어 나가야 한다. 여기에 대한 워커의 역할은 가족치료를 참고하기 바란다.

종료 단계에서 클라이언트와 워커는 헤어짐을 준비하고 성공적으로 치료를 마칠 수 있도록 준비해야 한다. 종료과정은 시간, 서비스 형태, 워커와 클라이언트의 관계, 이전의 경험 등 여러 요인에 의해 영향을 받게 된다. 워커는 클라이언트가 친한 사람들을 잃어버린 경험, 거부, 부정적 감정, 슬픔 또는 해방감, 진전했다는 느낌 등을 재검토함으로써 사례완료를 준비해야 한다. 치료의 평가 역시 종료 단계의 중요한 부분이다.

체계이론의 중요한 점은 사회적 지원체계망을 분석하는 데 있다. 공식적 지원체계와 비공식적 지원체계가 욕구를 가지고 있는 사람들을 돕도록 추진하는 것이다. Garbrino(1983)에 따르면, 이러한 지원 작업은 모두 클라이언트가 도움을 받는 동시에 또한 클라이언트가 다른 체계에 자원을 제공하도록 추진한다. 그러므로 전통적 사회사업에서는 클라이언트가 도움을 받고 도움체계에서 빠져나가지만, 체계이론에서는 클라이언트가 다른 체계를 돕기 위해 도움체계에 머무른다는 것이 특징이다. 그러므로 클라이언트와 다른 체계간의 상호 의존이 중요시된다.

4) 평가

체계이론과 생태학적 이론은 개인에 초점을 두고 심리학을 강조하는 전통적 사회사업실천으로부터 벗어나, 매우 다른 타입의 이론을 형성하고 있다. 체계접근방식의 이점은 다음과 같다(Payne, 1997).

• 심리학적 접근에 비해 환경변화를 더 많이 강조한다.

- 내부적 사고와 감정보다 개인과 다른 체계 간의 상호작용 결과에 초점을 둔다.
- 같은 목적을 성취하기 위한 여러 접근방식이 있음을 상기시킨다.
- 통합적이고 총체적이다. 개인, 집단, 지역사회와의 협력을 모두 포함하며, 어떤 특별한 개입방식을 강조하지 않고 모든 접근방식이 영향력 있는 체계로 이해된다. 사회사업이 개인의 변화에 초점을 두어야 하는지, 아니면 사회변화에 초점을 두어야 하는지에 대한 논쟁을 피하게 한다.
- 행동과 사회현상의 단편적, 원인–결과적 설명을 피하고 어떻게 여러 에너지가 서로 다른 방식으로 체계에 영향을 주는지를 보여 준다.

그러나 다음과 같은 문제점이 있다.

- 체계이론은 처방을 내리는 스타일이 아니기 때문에 체계에 영향을 주기 위해 무엇을 어디서 어떻게 해야 할지를 구체적으로 말해 주지 않고 있다(Mancoske, 1981).
- 체계이론, 특히 생태학적 체계이론은 통합과 유지를 강조하기 때문에 갈등과 급진적 변화를 덜 바람직한 것으로 가정하는 경향이 있다(Leighninger, 1978). 그러나 체계이론이 고정적이라는 비판은 사회사업에 있어 상당한 관심이 개인과 사회의 변화에 주어진다는 점에서 설득력이 약하다는 주장이 있다(Mancoske, 1981). Evans(1976)는 체계통합은 갈등적이며 변화지향적일 수 있는 서로 다른 사회구조들의 연결에 관계되는 것이기 때문에 체계이론은 고정적이지만은 않으며, 체계에는 닫힌 체계들이 있고 열린 체계들이 있기 때문에 열린 체계는 매우 유연성이 있다는 주장을 하고 있다.
- 체계이론은 매우 일반화된 이론이기 때문에 어떤 구체적 상황에 적용하기가 어렵고, 적용한다 해도 개인마다 상황을 해석하는 방식이 다를 수 있어 응용범위가 매우 다양하기 때문에 어느 것이 옳은지 판단하기 어렵다.
- 체계이론의 복잡하고 기계적인 용어는 사회사업 같은 인간활동에는 적합

하지 않다.

3. 문제해결과정 개관

사회사업실천에 있어 가장 폭넓게 사용되는 문제해결과정을 종합적으로 제시해 보자. 개인, 가족, 집단, 조직, 지역사회에 개입할 때 사회사업가는 문제해결접근을 활용한다.

사회사업학에서는 Perlman(1957)이 케이스워크의 과정으로서 처음 문제해결과정을 소개하였다. 그녀는 문제해결과정을 개별사회사업에서 활용하였지만 지금은 집단, 조직, 지역사회에까지 확장시켜 활용된다. 지금은 체계이론에 근거하여 문제해결과정이 활용되고 있기 때문에 현대의 문제해결과정은 사회체계들과의 상호 교류와 변화에 대한 강조가 특징적이고, 일반실천의 기본이 된다. 처음에 Perlman은 문제해결과정을 3단계로 보았다. ① 사실에 대한 조사/발견, ② 사실을 조직화하여 문제에 대한 원인과 나아갈 방향(목적)을 설정, ③ 문제해결을 위한 활동의 대안과 선택 및 결과에 대한 계속적 논의를 하고 결론적 조치를 수행한다. 그녀가 소개한 문제해결과정은 성공적인 개입은 변화를 향한 클라이언트 체계의 동기, 능력, 기회에 근거한다는 점을 강조한다. 클라이언트의 문제는 클라이언트를 움츠러들게 하고, 따라서 클라이언트의 능력이 비적절하게 발휘되고, 결국 문제해결을 위한 기회가 설정되지 않는 점을 인정하기 때문에 이 접근방법은 클라이언트가 문제를 해결해 나가는 데 있어, 클라이언트 체계에 자유롭게 운신할 폭을 줄 필요가 있음을 강조한다. 문제해결접근은 클라이언트가 단지 문제에 관해 이야기하고 파악하는 것 이상을 요구한다. 클라이언트는 문제로 인해 야기된 불편함을 경함시키기 위해 행동을 취하도록 움직여야 한다. 물론 이를 위해 기관이나 지역사회의 자원(기회)이 필요하게 된다.

개념적으로 문제해결접근은 변화하고자 하는 동기가 없이는 클라이언트에게 진전이 없을 것이라는 전제를 기초로 한다. 동기(motivation)는 종종 역기능적인 문제로 발행한 스트레스로 인해 저하되곤 한다. 사회사업가는 종종 다음과 같은 말을 하면서 의심하곤 한다. "노력해 봤자 별거 없을 거예요." "과거에도 해 봤는데 소용없어요." "뭐든 제게는 좋게 끝난 것이 없어요." 이런 경우 사회사업가는 클라이언트가 문제해결을 향한 조치를 기꺼이 취할 수 있는 자극을 제공해야 한다.

문제해결과정에서 사회사업가는 또한 클라이언트의 능력(capacity)을 고려해야 한다(신체적, 심리적 특성을 포함하는 능력). 예를 들어, 초등학교 졸업의 학력을 가진 클라이언트는 전기기술자가 되는 데 어려움이 있을지도 모른다. 그는 아마도 직업훈련 프로그램에 참여하여 기술을 배워야 할 것이다.

기회는 클라이언트가 상호작용하는 환경 내에서의 가능성과 관계된다. 클라이언트가 직업학교에 입학하기 위해서는 직업학교가 클라이언트가 운신할 수 있는 환경 내에 설립되어 있어야 한다. 만일 클라이언트가 2시간 이상 걸려 출퇴근해야 한다면 다니기 힘들 것이다. 적정한 문제해결이 성취되기 위해서는 동기, 능력, 기회가 갖추어져야 한다. 또한 Perlman은 모든 사례를 다룰 때마다 자신의 아이디어를 조직화는 데 도움이 될 수 있도록 하나의 기억장치로서 6P(과거에는 4P였으나 최근 2P를 추가)를 제시하였다. 문제(Problems)를 가진 개인(Person)이 도움을 요청하기 위해 기관(Place)에 오는데, 그 도움은 과정(Process)을 통해 제공된다. 전문가(Professional person)가 그 클라이언트의 욕구를 충족시키기 위해 필요한 기회 또는 자원(Provisons)을 개발해 준다. 이러한 6개의 P를 고려하면서 각 사례를 분석하고 계획하도록 하였다. 즉, 사례를 다룰 때마다 기관의 특성, 클라이언트의 특성, 문제의 규명, 상담진행과정, 전문가의 특성, 기회를 심사숙고하면 도움이 된다. 결과적으로 동기, 능력, 기회(자원)를 고려하고 또한 6P를 분석한다면 상담이 성공적으로 진행될 수 있을 것이다.

문제해결과정은 학자마다 다양하게 규정하고 있다. 학자들은 사회사업가의 활동을 연속적인 단계로 나누어 설명하고 있다. McMahon(1996)은 일반실천가가 활용하는 문제해결과정을 6단계로 제시하는데, 관계 형성, 자료수집(문제에 대한 자세한 정보를 얻는다), 사정(문제의 우선순위를 결정하고 계획을 수립한다), 개입, 평가, 종결로 구성된다. Kirst-Ashman과 Hull(1999)은 문제해결과정(계획된 변화과정)을 관계 형성, 사정, 계획, 수행, 평가, 종결, 사후지도의 7단계로 제시하고 있다. Sheafor, Horejsi 및 Horejsi(1997)은 5단계를 제시하고 있는데, 접수 및 관계 형성, 자료수집 및 사정, 계획 및 계약, 개입 및 점검, 평가 및 종결이다. Zastrow(2003)은 문제해결과정이 보통 다음 단계를 포함한다고 제시한다.

- 가능한 한 문제를 정확하게 규정한다.
- 문제해결을 위한 가능한 대안을 개발한다.
- 대안을 평가한다.
- 대안을 선정한다.
- 대안을 수행한다.
- 대안이 수행된 방법이나 결과를 평가한다.

요즈음은 문제해결보다 계획된 변화과정이라는 용어를 많이 사용하는 경향이 있다. 저자는 문제해결과정을 사회사업실천의 변화과정으로 개념화하여 다음처럼 제시하고자 한다. 변화과정상에서의 클라이언트는 개인, 집단, 가족, 조직, 지역사회를 포함한다. 이 책의 제2부에서 다음의 사항을 자세히 소개하였다.

- 클라이언트와 관계 형성
- 사정(문제나 이슈, 욕구를 파악)
- 계획수립(목표설정과 계약서 작성 포함)
- 수행

• 종결 및 평가

문제해결과정에 대한 주요 오해의 한 가지는 문제해결과정이 문제에 초점을 맞추고 있어 클라이언트의 강점을 희석시킨다는 것이다. 그러나 이러한 비판은 문제해결이 클라이언트의 욕구와 목적을 중시하는 목표지향적 활동이라는 것을 간과한 것이다. 개인과 환경 사이에서의 상호작용상의 문제해결을 목적으로 클라이언트와 관계를 맺게 되지만, 해결책의 계획과 수행은 클라이언트의 강점, 환경상의 강점, 워커의 강점을 활용한다. 사정을 통해 체계적으로 강점을 확인하고 강점을 끌어내는 계획을 수립한다. 강점의 파악과 활용은 항상 문제해결과정의 한 부분임을 명심해야 한다.

문제해결과정은 일반주의 사회사업의 실천과정으로서 폭넓은 의미로 사용되기도 하지만, 한편으로는 하나의 치료기법으로 클라이언트(주로 개인, 가족, 소집단)가 일상에서 만나게 되는 다양한 어려움을 효과적으로 다룰 수 있는 능력을 향상시키기 위한 인지행동적 전략이기도 하다. 문제해결기법/훈련은 행동주의적 심리학자인 D' Zurilla와 Goldfried(1971), Spivack, Platt과 Shure(1976)에 의해 토대를 다지게 되었다. 문제해결 치료기법은 분노조절, 의료문제를 갖고 있는 환자, 약물남용, 행동문제 아동, 가족갈등, 스트레스 관리에 효과적으로 사용되어 왔다(Cormier & Nurius, 2003).

문제해결기법은 두 가지 목적을 지니는데, 이 기법을 적용하여 현재의 문제를 해결하도록 돕는 목적도 있지만, 이 기법을 가르쳐 줌으로써 클라이언트가 미래에 직면하게 될 문제들도 효과적으로 대처할 수 있는 능력을 길러 주게 된다. 문제해결치료는 보통 문제해결기법에 대한 설명, 문제를 인식하고 정확하게 규정, 문제해결을 위한 가능한 대안을 개발하고 평가하고 선정, 대안을 수행하고 그 방법이나 결과를 평가하는 순서로 진행된다. 이 단계는 일반실천의 문제해결과정의 단계와 상당히 중복되는 것이 사실이다. 그렇기에 앞에서도 보았듯이 Zastrow가 제시하는 일반실천의 문제해결과정과 하나의 치료기법으로서의 문제해결기법의 단계가 거의 같다. 여기서는 Zastrow(2003)와 Hepworth, Rooney 및 Larsen(2002)의 문제해결모델을 응용하여 제시해 본다. 아래의 과정은 치료기법으로서의 문제해결과정으로 활용할 수도 있지만, 일반실천의 문제해결과정으로 일부 활용할 수도 있다고 사료된다.

1) 클라이언트를 준비시킴

클라이언트가 문제해결과정에 적극 참여할 수 있는 분위기를 만들어야 한다. 즉, 관계 형성을 잘해야 한다. 치료기법에 대한 목적과 이유, 과정을 잘 설명하여 클라이언트가 적극 협력하도록 동기화시킨다. 문제해결치료의 궁극적 목적은 스트레스를 초래하는 문제적 상황을 효과적으로 다룰 수 있도록 돕고, 또한 미래의 어려움에 직면했을 때 문제해결전략을 적용할 수 있는 능력을 증진시키는 것이다.

2) 문제의 분석과 욕구 파악

문제는 정확하게 규정할수록 해결하기가 쉽다. 성급하게 해결책부터 찾게 되면 해결방향이 잘못 잡힐 수 있어, 시간과 정력을 낭비하고 좌절을 초래할 수 있다. 먼저 문제는 구체적으로 묘사되어야 한다. 다음의 두 문장을 비교해 보자. '이 도시의 몇몇 학교의 몇몇 아동들은 자신의 삶의 방식에 대해 점점 냉담해지는 것으로 보인다. 무슨 조치가 취해져야 한다.' 이 문장은 구체적인 집단이나 증상이 나타나 있지 않기 때문에 해결방안을 결정하기가 어렵다. 다음의 예를 보자. '신월동의 57명의 학령 전 아동들은 부모가 맞벌이를 하기 때문에 낮시간 동안 데이케어를 필요로 한다.' 여기서는 문제가 구체적으로 규정되고 있다. 대상, 장소, 시간이 구체적이다.

문제를 정확하게 규정하기 위해서는 문제의 규모를 측정하고 분석해야 한다. 즉, 정보를 수집하고 분석해야 한다. 이를 위해 다음 질문을 던질 수 있다. 누가 영향을 주고받는가? 얼마나 많은 사람이 영향을 받는가? 얼마나 심각한가? 어떤 요인들이 클라이언트의 어려움을 생산하는가? 클라이언트와 환경에 대한 가능한 한 많은 정보를 얻고 문제를 해결하는 데 중요한 요인을 파악한다. 문제상황에 어떤 체계가 관련되어 있는지 그 중요한 체계를 파악하고, 문제에 대한 각 체계의 욕구를 파악하는 것이 필요한 정보를 얻는 데 중요한 지표가 된다. 정보에 대한 소스는 다양해야 하고 역사적, 사회심리학적, 생물학적, 경제적, 종교적 견지를 갖추어야 한다. 클라이언트의 어려움을 초래하는 요인을 찾는 데 있어 주의할 점이 있는데, 너무 깊이 심리적인 요인을 찾으려고 하는 것은 비생산적인 사색을 초래할 수 있다는 점이다. 수집된 정보가 이론과 연결되면 더욱 좋을 것이다. 워커의 지식과 가치가 정보를 수집하는 데 많은 영향을 주는 것이 사실이다. 워커는 자신의 편견을 인식하고 있어야 하고, 의사소통기술을 갖추어야 한다.

문제를 정확히 분석하고 규정하기 위한 한 가지 가이드라인은 문제상황과 관련된 다양한 클라이언트 체계의 욕구를 구체화해야 한다는 것이다. 어떤 해결책이 받아들여지지 위해서는 클라이언트의 욕구를 만족스럽게 충족해야 한다. 클라이언트의 욕구는 가능한 해결책을 사정하기 위한 기준으로서 활용될 수 있다. 관련된 여러 사람의 욕구를 각각 물어보고 토론하며 서로 이해시키는 것이 좋다. 전체적으로 서로에게 만족스러운 부분을 찾는 것이 분석의 중요한 양상이기도 하다.

얻어진 정보를 분석하는 데 있어서 몇 가지 고려사항이 있다. 얻어진 정보가 사실(facts)인가 아니면 의견인가? 정보의 소스는 얼마나 신뢰할 만한가? 서로 다른 소스로부터 얻은 정보들이 일치하는가 아니면 어긋나는가? 정보는 앞으로도 지속적으로 얻을 수 있으므로 결론은 일시적으로 내리는 것이 좋고, 과정이 진행됨에 따라 추가적인 정보를 분석하는 것이 중요하다.

문제의 분석이 끝나면 문제의 바람직한 상태는 무엇인지도 구체화하고 장

단기 목적을 세운다. 목표는 구체적인 방식으로 행동주의적 용어로 쓰이는 것이 바람직하며 성취 가능해야 한다.

3) 전략대안의 개발

이 단계는 문제를 해결하기 위한 대안을 개발하는 것이다. 문제해결을 위해 사용될 수 있는 가능한 자원(클라이언트의 장점을 포함하여)을 파악하고, 욕구성취를 방해하는 장애물을 제거할 수 있는 대안을 파악한다. 폭넓은 대안을 위해서는 클라이언트 혼자 의견을 내기보다 가족성원이나 친구들이 참여한 브레인스토밍을 통해 가능한 모든 대안을 자유롭게 내놓는 것이 좋다. 참여자들은 상대방의 아이디어를 열린 마음으로 받아들이고 수용하는 분위기를 형성해야 한다. 그러므로 어떤 제안에 대해 비웃거나 비판하는 행동을 삼가도록 요청할 필요가 있다. 거절당할지 모른다는 두려움이 없어야 주저하지 않고 의견을 내놓게 된다. 해결대안에 대한 평가는 보류하고 아이디어를 내놓도록 고무하며 긍정적인 피드백을 주는 것이 필요하다. D'Zurilla(1971)에 따르면, 대안의 양이 많을수록 선택 가능한 대안의 질도 좋아진다고 한다.

4) 각 대안에 대한 평가와 선택

이 단계는 의사결정의 핵심이 된다. 비용과 이익의 측면에서 각 대안에 대한 장점과 단점이 측정된다. 비용은 돈, 시간, 물질적 자원을 포함한다. 가능성의 문제를 고려해 보면, 다양한 관련 체계와 환경으로부터의 제약점이 따르게 마련이다. 기관의 정책이나 워커의 기술적 측면, 클라이언트의 동기나 에너지, 기대, 능력 측면에서 제약점이 고려되어야 한다. 각 대안을 수행하는 데는 어떠한 자원이 요구될 것이며, 그 결과는 어떨 것인지에 대한 주의 깊은 판단이 있어야 한다. 이를 바탕으로 찬성과 반대를 주의 깊게 내려 클라이언트의 욕구를 가장 잘 충족할 수 있는 대안을 선택한다. 가족성원이나 친구들의 지지를 많이 받는 전략이 성공적으로 수행될 가능성이 크다.

클라이언트는 자기결정권이 있다. 즉, 가능한 대안들 중에서 행동에 옮길 대안을 선택할 권리가 있다. 치료자의 역할은 각 대안의 가능한 결과에 대해 클라이언트가 확실히 이해하도록 도와주는 것이다. 대신 선택해 주거나 조언을 하는 것은 좋지 않다. 만일 치료자가 대안을 선택해 줄 경우 다음과 같은 결과를 초래할 수 있다. ① 그 대안이 바람직하지 않은 결과로 끝날 경우, 치료자가 비난을 받게 되며, 추후의 치료자와 클라이언트와의 관계 형성이 파행될 우려가 있다. ② 그 대안의 수행 결과가 바람직하게 끝나더라도 클라이언트는 치료자에게 과도하게 의존적이 될 수 있으며, 앞으로 있을 모든 결정에 치료자의 조언을 구하게 되어 궁극적으로 독립적 능력을 갖추기 어렵게 된다.

치료는 클라이언트와 함께(with)하며 수행되는 것이지 클라이언트를 위해(for) 수행되는 것이 아니다. 클라이언트는 상황을 향상시키기 위해 필요한 과업을 수행해야 할 책임을 맡아야 한다. 성공적인 과업성취는 개인적 성장은 물론, 미래를 준비할 수 있게 해 준다. 클라이언트의 자기결정권에 제한을 두는 것은 클라이언트의 선택이 자신이나 타인에게 심각히 해를 끼치게 될 가능성이 높을 경우로 한정된다. 그러나 대부분의 경우, 치료자의 생각에는 다른 대안이 더 좋을 것이라고 판단되더라도, 클라이언트는 자신이 스스로 행동대안을 결정할 권리를 가져야 한다. 비록 클라이언트가 선택한 결과가 좋지 않게 나오더라도 클라이언트는 그 결과를 통해 무엇인가 배울 수 있게 된다.

5) 수행

대안을 선택할 때 클라이언트는 목적이 무엇이고 무슨 과제를 수행해야 하는지, 어떻게 수행하는지, 누가 수행하는지를 분명히 이해해야 한다. 그러므로 선택이 끝난 후에는 계약서를 작성하는 것이 좋고, 과제수행에 대해 시간제한을 두는 것이 좋다.

클라이언트의 상황이 향상될지 여부를 결정해 주는 중요한 요인은 바로 클라이언트의 과제수행동기다. 대안을 선택했으면 다음 단계는 열정과 확신을 갖고 대안을 수행하는 것이라고 설명해 준다. 불확실성이나 주저함, 의심, 실수에 대한 두려움 때문에 전략의 수행이 실패하는 경우가 많다는 점을 강조하고 전심을 다해 노력할 것을 당부한다. 클라이언트의 동기를 고양시키는 한 방법은 과제를 수행함으로써 무엇을 얻게 될 수 있는지에 대해 분명히 알게 해 주는 것이다. 클라이언트가 확신이나 경험이 부족하다면, 역할극을 하도록 하여 모델링하는 것이 도움이 된다. 워커는 클라이언트에게 전략을 수행하는 기술과 자원 확보에 도움을 주어야 한다.

클라이언트가 계약서상의 내용을 충족시키지 못한 경우, 치료자는 클라이언트를 비난해서는 안 되지만 그렇다고 변명을 무조건 받아 주어서도 안 된다. 변명은 궁극적으로는 더 많은 실패를 초래할 수 있다. 차라리 클라이언트가 아직도 그 과제를 수행하길 원하는지를 묻고, 그렇게 하길 원한다면 다시 한 번 시간을 정해 주는 것이 좋다.

6) 평가

전략의 성공 여부를 평가할 때 다음 두 영역이 검사되어야 한다. 전략이 완전히 수행되었는가? 그 전략 수행의 효과는 무엇인가? 성공 여부의 주요 기준은 전략이 문제의 실제 상황과 바람직한 상태 사이의 차이를 줄인 정도일 것이다. 이런 이유 때문에 제1단계에서 문제의 정의를 정확하게 내리는 것이 중요하다. 전략이 완벽히 수행되지 못했다면 추가적인 노력이 필요하다. 그러나 전략이 완벽히 수행되었는데도 바람직한 상태에 도달하지 못했다면 새로운 전략이 필요하다.

평가 단계에서는 문제가 해결된 정도와 아직 남아 있는 문제, 새롭게 대두된 문제를 파악해야 한다. 문제의 재규정이 필요할 경우도 있다.

7) 문제해결과정의 실례

13세인 김 군은 노원구에 있는 중학교 2학년 학생이다. 그의 선생님은 학교사회사업가에게 김 군이 결석을 자주 한다는 점에 대해 상담을 부탁했다. 최근 김 군은 학교 주변의 불량소년들과 어울리기 시작했다. 김 군은 수업을 빼먹기 시작했고, 친구들과 싸움이 잦았으며 숙제도 해 오지 않고, 선생님들에게 대들곤 하였다. 지난 2주 동안 김 군은 담배를 피우다가 붙잡혔으며, 본드를 하기도 했다. 학교사회사업가는 김 군과 그의 어머니와 이야기를 시작했다. 김 군의 어머니는 김 군을 매우 걱정했지만, 그녀 자신도 상당한 스트레스 속에서 생활하고 있음을 알게 되었다. 김 군과 어머니는 사회사업가에게 도움을 요청하였다.

김 군은 단칸방에서 어머니와 여섯 살 된 동생과 함께 생활하고 있었다. 6개월 전에 부모는 이혼을 했고, 아버지는 다른 도시로 이사를 했다. 김 군은 부모와 꽤 좋은 관계를 유지해 왔다. 자신의 부모들이 자주 싸우고 아버지가 술을 많이 마시며 직장을 잃었다는 것을 알고 있었지만, 막상 이혼하게 되었을 때는 매우 놀랐다. 아버지가 떠난 이후 어머니는 생활비를 벌기 위해 많을 일을 해야 했고 이사도 해야 했다. 임금이 낮은 두 가지 일을 시작하였다. 김 군의 외가 친척들은 가톨릭 신자들인데, 이혼에 대해 매우 반대하였고 그래서 지원을 하고 있지 않았다. 김 군의 어머니는 많은 시간을 눈물로 보냈다. 처음에 김 군은 어머니를 위로하고, 식사를 거들고, 집안일을 돕고, 동생을 돌보면서 열심히 생활했다. 그러나 때때로 김 군이 제대로 집안일을 거들지 못할 때는 어머니가 소리를 지르기 시작했고 김 군에게 손찌검도 하게 되었다. 어머니는 김 군에게 화를 낼 때 죄책감을 갖기도 했지만 김 군이 왜 더 열심히 집안일을 돕지 못하는지 이해하지 못했다. 부모의 이혼 후 김 군은 모두에게 버림받았다는 느낌을 받았다. 어머니가 화를 잘 내고 이사를 했기 때문에 자신의 옛 친구들과도 잘 지낼 수 없었다. 옛 친구들과 놀려 해도 동생을 돌봐야 하고, 버스를 탈 돈도 없었기 때문이다. 새로운 학교생활을 처음에는 잘했었지만, 차츰 수업에 흥미도 잃었다. 학교친구를 새롭게 사귀기도 힘들었다. 그런데 김 군은 자신을 잘 수용해 주는 형들을 만나게 되었다. 김 군을 중요한 존재로 느끼게 해 주는 그 형들은 소위 불량소년들이었다. 김 군은 학교생활이 지루한 만큼 그 형들과 어울렸다. 심지어 가출하여 그들 중 한 명의 집에서 살 생각도 하였다.

학교사회사업가는 체계/생태학적 틀의 모든 개념을 활용하였다. 김 군 및 그의 어머니와의 초기 관계 형성을 잘하기 위해 학교사회사업가인 최 선생님은 13세 소년의 발달단계상의 욕구, 한부모의 상황과 욕구, 저소득층 가정의 문화와 학교 같은 조직에 대한 견해 등에 대한 사전지식을 미리 섭렵하였다.

학교사회사업가는 측정을 하면서 김 군에 대한 정보를 김 군은 물론 김 군의 어머니, 선생님, 친구, 그 외에 김 군의 상황에 대해 총체적인 그림을 이해하는 데 도움이 될 수 있는 사람들로부터 얻었다. 학교사회사업가는 김 군, 어머니, 선생님, 친구들의 특성뿐만 아니라 서로 간의 상호작용에 대해서도 관찰하였다. 또한 문제에만 초점을 맞추는 것이 아니라 장점에도 초점을 두었다. 학교사회사업가는 김 군과 그의 어머니가 변화하고자 하는 동기가 강하고, 김 군의 선생님도 매우 헌신적으로 김 군을 도우려 한다는 사실을 인지하였다. 학교사회사업가는 또한 김 군의 가족역동성과 지역사회와의 관계에 대한 정보도 파악하였다. 그는 한부모가정과 청소년에 대한 지역사회의 지지와 자원이 부족한 데 대하여 염려하고 있었다.

김 군의 상황에 대해 측정하면서 사회사업가는 누가 클라이언트 체계, 목표체계, 변화주도체계, 행동체계가 되는지를 검토하기 시작했다. 사회사업가가 김 군과 그의 어머니를 만났을 때 그들이 도움을 요청하였기에 클라이언트 체계는 김 군과 그의 어머니가 된다. 김 군과 그의 어머니는 동시에 목표체계도 된다. 김 군의 아버지도 목표체계로 간주할 수 있다. 변화주도체계는 학교사회사업가와 학교기관이 된다. 행동체계는 김 군과 어머니, 학교 선생님, 김 군의 친구들, 지역사회시설(모자복지시설)이 된다. 사회사업가는 문제에 대한 정의를 내리고 목적을 설정하기 위해 김 군과 어머니를 만나기로 하였다. 모임을 통해 김 군이 가지고 있는 세 개의 문제영역, 즉 김 군이 집에서 너무 많은 책임을 떠맡고 있는 것에 대한 노여움, 아버지가 떠난 것에 대한 상실감, 긍정적인 동료지지집단의 부족이 먼저 풀어야 할 문제라는 데 모두 동의하였다. 그리고 집에서 많은 일을 하도록 하는 어머니의 압력을 줄이는 것, 이혼에 대한 김 군의 감정을 다루는 것, 긍정적인 동료지지집단을 개발하는 것을 목적으로 설정하였다. 제시된 문제(presenting problem)는 김 군의 학교문제였지만, 위와 같은 깔려 있는 문제가 더 중요하고 이 문제들이 풀려야만 김 군의 학교

생활도 향상될 것이라는 데 모두 동의하였다.

이런 세 가지 목적이 설정된 후 사회사업가는 어떻게 이 목적이 충족될 수 있을지에 관해 가능한 대안을 고려하였다. 모든 가능한 잠재적 자원들을 열거해 보았다. 사회사업가는 김 군의 어머니를 모자복지시설에 의뢰하였고 수혜자격을 인정받았다. 거기서 당분간 직업훈련을 받아 임금이 높은 직업을 얻도록 하였다. 임금이 좀 더 높은 직업을 갖게 되어 일하는 시간을 줄이게 되면 앞으로 어머니가 김 군과 보다 많은 시간을 보낼 수 있을 것이다. 김 군이 집에서 해야 할 구체적 과제물도 김 군과 어머니가 협상을 벌이도록 하여 방과 후 2시간은 김 군이 친구들과 어울릴 수 있도록 해 주었다. 김 군이 이러한 약속을 잘 지키면 적당한 보상을 해 주는 데도 모두 동의하였다. 덧붙여 김 군은 부모의 이혼에 대한 감정처리를 위해 사회사업가와 상담을 받기로 하였다. 사회사업가는 아버지에게 전화를 걸어 김 군에게 무엇을 해 줄 수 있는지 알아보았다. 김 군은 한 달에 한 번 아버지를 방문하기로 하였다. 친구관계 향상을 위해서는 학교에 있는 동아리에 가입하기로 하였다. 사회사업가는 학교 선생님과 접촉하여 김 군이 학교에서 수용되는 느낌을 받을 수 있도록 많은 기회와 지지를 주도록 요청하였다. 김 군과 어머니는 아동상담소의 가족상담 세션에도 참석하기로 하였다.

3개월 후, 모든 면에서 긍정적인 결과가 나타났다. 김 군은 수업에 잘 참여했고, 불량배와도 어울리지 않게 되었다. 학교 동아리에서 좋은 친구도 사귀었다. 김 군은 아버지와도 가끔씩 만나고 있다. 김 군의 어머니는 컴퓨터 프로그램 훈련을 받고 있고, 모자복지시설에서 새로운 친구들과 지지체계를 확보할 수 있었다.

한 체계에서의 긍정적 변화는 다른 체계에도 긍정적인 영향을 주었다. 김 군의 어머니가 모자시설에서 김 군 동생을 맡길 수 있었으므로 어머니의 스트레스는 줄어들었고, 김 군과 좀 더 긍정적으로 상호작용할 수 있었다. 학교사회사업가가 김 군의 선생님에게 접촉하여 김 군의 수용감에 대한 욕구를 설명함으로써 김 군의 선생님은 김 군을 더 긍정적으로 보게 되었고, 이는 김 군의 자존감을 높여 주었으며, 더 나아가 이러한 자존감은 김 군이 새로운 친구를 사귀는 데도 확신을 줄 수 있었다.

제2부 사회사업 실천과정: 계획된 변화과정

제5장/면접의 기술

제6장/관계 형성 및 사정

제7장/목적 및 계획 수립

제8장/수행 단계

제9장/종결 단계

사회사업가들은 문제가 있는 개인을 돕는 방법에 있어서 모든 일들을 단계적으로 수행하게 된다. 제2부에서는 사회적 기능에 문제가 있는 개인을 돕는 사회사업 실천과정을 설명하고자 한다. 사회사업실천의 과정은 ① 초기 단계: 접수(intake) 및 관계 형성(engagement), 사정(assessment), 목적설정 및 계획 수립, ② 중간 단계: 개입 수행, ③ 종결 및 평가 단계로 구성된다. 이 과정에서 각각의 단계는 인간행동에 대한 이론과 지식을 적용하면서 실행된다. 물론 원조과정이 순서대로만 이루어지는 것은 아니다. 초기 개입 동안에 측정과 개입이 동시적으로 수행되기도 하며, 중간 단계에 다시 측정이 이루어지기도 한다.

시작 단계에서는 ① 도움을 받아야 할 개인과 사회사업가 사이에 관계가 성립된다. ② 워커는 클라이언트와 라포(rapport)를 형성하면서 클라이언트의 문제를 탐색하게 된다. 클라이언트에 의해 제시되는 즉각적인 관심사(the presenting problem)와 정서적 상태에 대한 검토로 시작하여 점차 관련 체계로 범위를 넓혀 나간다. ③ 클라이언트의 상황을 측정하면 적절한 목표설정을 하고, 그 목표의 성취를 위해 필요한 지원방법을 결정하며, 그 자원을 어떻게 성취 및 이용할 것인지에 대해 계획을 세운다. 이 목표와 자원들은 클라이언트와 사회사업가 간의 비공식적 또는 문서화된 상호 계약에 포함된다.

중간 단계에서 사회사업가와 클라이언트는 변화계획을 수행하게 된다. 클라이언트의 상황에 대한 새로운 정보가 있거나 상황이 변화하게 되면 계획을 변경할 수도 있다.

마지막 단계에서는 ① 클라이언트의 목표성취 정도를 평가하고, ② 워커와 클라이언트 사이에 관계의 종결과 관련된 사항을 정리해야 하며 ③ 앞으로 클라이언트에게 나타날 수 있는 문제에 대한 후속적 계획을 세워야 한다.

제5장
면접의 기술

1. 원조면접의 특성

원조면접(helping interview)은 일상적인 비공식적 대화와는 다르다. 면접은 클라이언트와의 대화 그 이상의 것이다. 면접은 어떤 목적을 가지고 있고, 참여하는 사람들은 모두 일정한 역할을 가지고 있다. 원조면접과 비공식적 대화의 차이점은 <표 5-1>과 같다.

면접은 문제가 있는 클라이언트를 돕기 위해 사용되는 목표지향적 활동이다. 면접은 몇 가지 목적을 가질 수 있는데 정보수집, 문제의 본질 사정, 정보의 전달이나 교육, 정서적 지지, 대안 제시와 문제해결에 대한 원조, 상담 등이다(Kadushin, 1983). 실천가에게는 클라이언트와 의사소통하는 동안 면접의 전문적인 목적을 유지시켜야 하는 책임이 있다.

Echterling과 Hartsough(1989)는 원조면접을 위한 유용한 모델을 제시했다. 이들은 원조면접을 네 가지 단계로 나누고, 그 단계별로 면접과정을 진행하는 것이 효과적이라고 제시하였다. <표 5-2>에 나타난 대로 단계 1과 3은 대체로 '감정'과 연관이 있고, 단계 2와 4는 '사고(인지)'와 연관이 있다.

<표 5-1> 대화와 원조면접의 특성 비교

대화	원조면접
일정한 체계가 없음	다소 체계가 있음
비공식적임	공식적임
특별한 역할이 없음	클라이언트와 원조자의 역할이 있음
특정한 목적이나 목표가 없음	클라이언트에게 이익을 주거나 그 사람의 목적을 이루는 것이 목적
대화양이 서로 비슷함	클라이언트가 더 많이 이야기함
즉흥적임, 비계획적임	계획적임
어떤 법칙이 없음	윤리적인 지침과 의사소통기술이 있음

면접과정은 다음의 순서대로 진행되어야 하는데, 그 이유는 어떤 특정 작업이 다른 작업 전에 완성되어야 하기 때문이다. 워커의 면담내용만큼 워커의 클라이언트에 대한 반응시점도 중요하다.

- 관계 형성(라포)은 면담 초기에 일어나야 한다.
- 사정은 면담의 마지막 단계에서 수행되는 것보다 초기 단계에서 수행되어야 더 유용하다.
- 적극적인 경청과 클라이언트의 감정을 반영하는 기술은 초기부터 지속적으로 이루어져야 하지만, 변화를 추구하는 면담의 중간 단계에서 적극적으로 이루어지는 것이 중요하다.
- 문제해결은 시작 단계보다는 오히려 마지막 단계에서 수행된다면 매우 유용하다(Echterling & Hartsough, 1989).

물론 이런 네 과정이 항상 단순히 단선적으로 진행되는 것은 아니다. 유능한 워커는 상황이 요구하는 대로 감정과 사고 차원을 앞뒤로 적절히 활용해야 할 것이다. 원조면접은 이 모든 과정을 신속히 거치면서 진행될 수도 있

<표 5-2> 면접 시 상호작용하는 차원들

단계 1: 정서적 차원: 라포 형성	단계 2: 인지적 차원: 사정
원조자는 편안한 환경과 도움이 되는 분위기를 조성하면서 초기 관계를 수립한다.	워커는 근본 위기나 문제 그리고 어떻게 클라이언트가 상황을 인식하고 있는지 조사한다. 정보를 모으고, 클라이언트가 왜 도움을 찾게 되었는지를 말하도록 하는 것이다.
단계 3: 정서적 차원: 감정	**단계 4: 인지적 차원: 문제해결**
원조의 핵심이라 할 수 있는 이 단계는 클라이언트가 가지고 있는 감정을 파악, 수용, 인정, 반영한다.	마지막 단계로서, 클라이언트와 함께 가능한 자원들을 상의하고, 행동계획을 세우며, 대안책을 제시한다.

출처: Echterling & Hartsough, 1989.

고, 한 단계에 오래 초점을 두고 진행될 수도 있다.

워커는 면담 도중에 스스로에게 다음과 같은 질문을 하면서 위의 단계를 검토한다.

- 나는 편안한 분위기를 조성했는가?
- 나는 클라이언트가 생각하는 문제에 대한 정의나 인식을 이해하고 있는가?
- 나는 클라이언트가 문제에 대해 어떻게 느끼고 있는지 이해하고 있는가?
- 나는 문제해결을 너무 일찍 서두르고 있는 것은 아닌가? 클라이언트는 대안 제시에 대해 이야기할 준비가 되어 있는가?

2. 면접의 과정

면접과정은 일반적으로 세 부분(도입, 중기, 종결)으로 나누어지는데, 각 과정에서 다루어져야 하는 내용을 알아보자. 면접은 융통성이 있어야 하고 유동적이라는 것을 기억하고, 워커는 클라이언트를 통제하려 해서는 안 되며,

부드럽게 면접과정을 진행해 나가야 한다. 가능한 한 온화하게 그 과정을 이끌어야 한다(Benjamin, 1969; Kadushin, 1983).

1) 도입

워커와 클라이언트가 만나서 인사하는 것은 실제로 면접준비과정의 마지막 부분이라고 할 수 있다. "면접은 시작되기 전에 이미 시작된다"(Kadushin, 1983, p. 106). 먼저 클라이언트는 자신이 원조나 지지를 필요로 한다는 것을 인식해야 하고, 앞으로 자신에게 개인적이고 사적인 정보를 묻게 될 낯선 사람에게 전화를 하거나 그를 만날 수 있는 용기를 갖추어야 한다. 둘째, 클라이언트의 첫 번째 전화에 기관이 반응한 방식, 기관의 사회복지사가 그 신청자를 맞이하는 태도 그리고 워커의 악수와 첫마디 모두 라포(rapport) 및 신뢰 형성에 중요한 요소로 작용한다.

클라이언트를 만날 때 첫 번째로 할 일은 우리를 믿고 기관까지 찾아온 것에 대해 고맙다는 말을 하는 것이다. 도움을 요청하는 것은 정말 용기 있는 결단이었다고 확신을 줄 수도 있다. 그러나 불행히도 많은 클라이언트들이 이러한 인사를 받지 못하는 경우가 많다. 종종 클라이언트들은 기관종사자로부터 무례하거나 무관심하게 다루어지기도 한다.

누군가 도움을 요청할 때는 그에게 문제에 대한 견해 및 전화나 방문의 목적을 이야기하도록 한다. 예를 들어, "어떤 계기로 전화를 하게 되었는지 말씀해 주시겠어요?" 혹은 "오늘 제가 어떻게 도와드릴까요?"라는 말로 설명을 부탁할 수 있다. 면접이 워커나 기관이 주도하여 시작된다면 사회복지사는 면접의 목적과 상황을 이야기해야 한다.

워커는 기관에 대한 그 사람의 기대가 무엇인지를 분명히 해야 하고, 기관이 할 수 있는 것과 그렇지 못한 것에 대해 명확히 설명해야 한다. 어떤 서비스가 가능한지와 의뢰 가능성도 설명해야 한다. 이에 대해서 클라이언트는 약간 혼동을 일으킬 수 있는데, 특히 클라이언트가 누군가의 소개에 의해서 찾아온 상황에서는 더 그렇다. 만일 클라이언트가 기관이 할 수 있는 것에 대하여 잘못 알고 있는 경우에는 가능한 한 빨리 올바른 정보를 제공해야 한다.

기관이 클라이언트가 필요로 하거나 요구하는 서비스를 제공하지 않는다면, 적절한 곳에 의뢰하도록 한다. 예를 들어, “지금 선생님은 우리가 거처를 제공할 수 있을 것이라고 생각하는 것처럼 들립니다. 기관사정상 그런 서비스는 제공할 수 없습니다. 그렇지만 그런 도움을 줄 수 있을 다른 기관에 연결시켜 드릴 수는 있습니다. 당분간은 우리 지지집단에 참여하는 것이 어떠신지요?”

워커와 클라이언트 모두가 문제의 일반적 특징을 이해한 후에, 워커는 다음에 하게 될 일을 제안하거나 설명해야 한다. 예를 들어, “우리는 선생님의 상황에 관해 잠시 이야기를 나눈 후, 무엇을 할 수 있을지 함께 브레인스토밍할 예정입니다.” 혹은 “선생님에 대한 몇 가지 정보를 얻기 위해 간단한 접수양식 작성이 필요합니다. 그러고 나서 선생님이 무엇을 하려고 생각하시는지에 대해 더 이야기를 나누겠습니다.”

2) 중기: 면접의 핵심

면접의 대부분은 문제를 탐색하고, 클라이언트가 현재 상황을 어떻게 느끼고 경험하고 있는지에 관하여 이야기를 나누고, 해결책을 위한 선택사항들을 정하는 데 할애되어야 한다. 이 시간 동안에 워커는 클라이언트가 자신의 감정과 생각들을 파악하도록 돕고, 상황에 대한 견해와 인식을 명확히 하며, 문제의 본질에 관한 진술에 귀를 기울여야 한다. 면접과정 동안 워커는 다음 사항을 수행하는 데 있어 세심한 균형을 유지해야 한다. ① 면담을 일방적으로 이끌어 나가는 데만 치중하지 말고, 클라이언트가 자신의 이야기를 하도록 한다. ② 정보의 도출뿐만 아니라 감정의 반영에도 신경을 쓴다. ③ 워커에 의한 행동계획의 형성에만 신경 쓰지 말고 클라이언트가 스스로 자신의 행동대안을 개발하도록 유도한다.

3) 종결

종결은 갑작스럽거나 불시에 일어나서는 안 된다. 워커와 클라이언트 모두 면접이 종결에 가까워지고 있다는 것을 알고 있어야 한다. 워커가 면접을 종료할 때 이번 면담을 통해 지금까지 수행했던 일들이나 결정했던 것들을 간단히 요약하여 말해 주고, 추가면접이나 전화일정을 잡고, 두 사람이 동의했던 행동을 다시 언급하는 것이 가장 생산적이다. 예를 들면, "우리는 선생님이 직장을 그만두고 장애인 수당을 신청한 것에 대해 많은 이야기를 나눴습니다. 그리고 선생님이 결정하기 전에 부인 및 사장님과 함께 의논하는 일이 필요하다고 말했습니다. 그리고 선생님은 제가 드린 자료를 읽을 것이라고 동의했고, 우리는 다음 주 수요일에 전화로 더 이야기할 것입니다."

3. 면접의 기법

직접실천을 위한 기본적인 기술 중의 하나가 바로 면접기술(interviewing skills)이다. 워커는 면접에 대한 준비를 해야 한다. 먼저 물리적 상황을 고려해야 한다. 면접이 사무실에서 시행된다면 워커는 클라이언트와의 대화가 잘 이루어지도록 의자와 책상의 배열에도 신경을 쓰고 산만한 물건들이 나열되지 않도록 해야 한다. 전화나 방문객이 방해하지 않도록 미리 준비해야 한다. 워커가 녹음기를 사용하거나 노트에 적을 계획이라면 클라이언트에게 미리 알리고 산만하지 않게 준비한다.

면접의 내용을 계획할 때 워커는 서비스의 목적을 염두에 두고 질문의 구조를 미리 계획한다. 워커는 또한 효과적인 의사소통을 방해할지도 모를 자신의 감정과 태도를 잘 인식하고 있어야 한다. 자기인식(self-awareness)이 있어야 객관적인 면접을 진행할 수 있다.

면접을 사전에 잘 준비해야 클라이언트가 중요한 존재라는 점과 함께 작업하는 것이 중요하다는 점을 클라이언트에게 전달할 수 있다. 면접을 시작할 때는 클라이언트를 편하게 맞이하여 긴장이 없도록 한다. 워커는 면접의 목적을 규정하고 지난 회합에서 있었던 논의사항을 회상시킨다. 면접을 종결할 때는 면접 동안 논의된 사항을 요약하고 다음 회합 때까지 수행해야 할 과제를 내준다.

면접이 효과적으로 되기 위해서는 의사소통기술이 필수적이다. 여기에는 관찰기술, 듣는 기술, 질문하는 기술, 해석하는 기술이 필요하다. 워커는 자기 나름대로의 면접기술을 개발시켜 나갈 수 있다. 면접기술에 대한 자세한 내용은 『사회복지실천기술론』(2판, 이윤로, 학지사, 2007)을 참고하기 바란다.

1) 관찰기술

클라이언트는 비언어적 방식으로 정보를 주고 감정을 표현한다. 이러한 비언어적 표현에 민감해야 클라이언트의 진술의 타당성을 체크할 수 있고 피드백을 주기가 용이하다. 능력 있는 워커는 클라이언트의 비언어적 몸짓으로부터 민감한 주제에 대한 신호를 알아낼 수 있다. 워커는 다음 사항을 관찰해야 한다.

- 신체언어: 클라이언트의 앉아 있는 모습, 얼굴표현(얼굴이 붉어진다거나 초조해한다), 목소리의 변화, 손가락으로 탁자를 치는 행동 등이 무엇을 전달하는가?
- 처음 꺼내는 말과 종결하는 말의 내용: 이 내용은 중요한 경우가 많은데, 클라이언트가 자신의 자아나 환경에 대해 어떤 태도를 가지고 있는지 암시를

준다.

- 화제의 이동: 대화 도중 어떤 주제가 나올 때 화제를 바꾸는 경우는 특별한 주제가 고통스럽거나 토론하기 싫다는 것을 의미하는데, 그 이유를 나중에라도 알아낼 필요가 있다.
- 반복적인 주제의 제시: 클라이언트가 계속해서 한 주제를 제시하는 경우, 이는 클라이언트에게 매우 중요한 문제이거나 도움을 받기 원하는 문제다.
- 불일치: 클라이언트의 진술 간에 차이가 나는 것은 면접내용이 클라이언트 자신에게 매우 위협적인 것이거나 공개하고 싶지 않다는 것을 시사한다.

2) 듣는 기술

면접상황에서 클라이언트가 말하는 것과 질문에 대한 응답을 듣는 것은 매우 중요하다. 경험이 없는 워커들은 질문하고 무엇을 말해야 할 것인가에만 강조를 둔다. 그러나 듣는 기술이 부족하면 면접의 완전한 가치가 실현되지 못한다. 클라이언트가 무엇을 전달하려고 하는지 이해하려고 노력해야 한다. 클라이언트의 감정이 어떻게 표현되는지 주목해야 하고, 열린 마음과 수용적 태도로 임해야 한다. 대화를 중단하고 성급히 조언(advice)을 해서도 안 된다. 조언은 클라이언트의 의존심을 길러 주고, 만일 조언의 결과가 나쁠 경우 워커의 신뢰도는 떨어지게 된다. 사실상 많은 클라이언트가 조언을 요구하지만, 그들이 필요로 하는 것은 그들의 상황을 분명히 이해하고 스스로 결정할 수 있도록 하는 정보인 것이다.

문제에 대한 정보를 잘 확보하려면 워커는 감정이입(empathy)을 전달해야 한다. 워커는 클라이언트의 진술과 감정에 대해 민감하게 반응해야 한다. 클라이언트를 편하게 만들고, 클라이언트가 자신의 경험을 워커와 공유하도록 질문을 던지고, 주의 깊게 듣는 기술은 면접의 생산성을 높여 준다. 감정이입은 상대의 감정을 이해하는 능력이다. 클라이언트의 감정에 민감하고 그러한 감정을 이해한다는 것을 언어적 또는 비언어적으로 전달할 때 관계 형성의 질이 높아진다. 이러한 감정이입, 즉 클라이언트의 입장에서 이해하는 능력이 바로 클라이언트로 하여금 워커가 정말로 그들의 문제를 이해하고 있다는 것을 느끼게 하는 것이며, 이때 클라이언트는 더욱 더 안정감을 얻고 해결점을 찾아낼 수 있다는 희망을 갖는다. 워커는 상대의 입장에서 그를 이해해야 하고, 그들의 가치는 치료자의 가치와는 다를 수 있다는 것을 알아야 한다.

단지 연민을 전달하는 동정(sympathy)과는 달리, 감정이입(empathy)은 문제해결을 고무하는 것이다. 연민은 상황을 개선시킬 행동을 취하도록 하기보다는 문제에만 집착하도록 고무한다. 예를 들어, 리더가 우울증을 가지고 있는 성원에게 동정을 전달한다면 그 사람은 자신의 슬픈 이야기만을 계속해서 할 것이다. 자신의 어려움에 대한 리더의 동정은 그런 행동을 더욱 강화시킨다. 그런 이야기를 지속해서 말하는 것은 과거의 상처를 다시 끄집어낼 뿐이고 우울증은 더욱 연장된다.

동정적 반응과 감정이입의 차이

상담을 하면서 감정이입적으로 반응하기보다는 동정적인 반응을 보이기 쉽다. 동정적 반응은 클라이언트의 감정이 옳다고 지지하거나 그 사람의 감정을 무조건 용서하는 식의 반응이다. 예를 들어, "내가 당신 입장이었다면 똑같이 그랬을 거예요." 또는 "당신이 옳아요." 같은 표현이다. 이에 비해 감정이입적 반응은 자신의 입장을 잃지 않고 상대방의 감정을 이해하는 것이며, 중립적인 반응을 한다. 예를 들어, "제 생각에 당신은 ~게 느끼는 것 같군요." 또는 "~라 말씀하시는 것 같습니다."라고 표현한다. 사회복지사가 클라이언트의 감정을 무조건적으로 지지하게 되면 클라이언트는 자신의 행동을 재검토할 필요성을 느끼지 못하며, 성장과 변화에 중요한 자기탐색의 과정에 참여하지 않으려 할 것이다. 오히려 다른 사람의 행동을 변화시켜 주길 기대하게 된다. 따라서 사회복지사가 중립적이며 객관성을 유지하는 것이 필요하나(허남순 외 공역, 2004, p. 72).

듣는 기술에는 명확화, 환언, 감정의 반영, 요약기술이 포함된다.

명확화(clarification)를 통해 인터뷰 중간 중간에 주기적으로 클라이언트가 하는 말의 의미를 분명히 하는 것이 클라이언트를 이해하는 데에 도움이 된다. 문제가 무엇인지 분명하지 않은데도 빨리 듣고 지나가는 것은 도움이 되지 않는다. 또한 어떤 해결책이 수용 가능한 것인지, 그리고 이슈가 진정 무엇인지를 잘못 이해하고 있으면서 해결책을 마련하는 것도 도움이 되지 않는다. 의사소통에서 혼란은 항상 존재하기 마련이다. 왜냐하면 한 사람이 다른 사람을 완전하게 이해하지 못하기 때문이다. 사회복지사는 잘못 이해하고 넘어갈 수 있는 점이 있다면 이를 분명하게 할 책임이 있다. "…가 무슨 뜻이지요?" 또는 "…라고 말씀하시는 것인지요."처럼 질문이나 진술을 통해 이를 분명히 해야 한다.

클라이언트의 감정을 구체화하는 것도 필요하다. 클라이언트가 '당황스럽다'고 했을 때, 그것이 화가 났다는 것인지, 낙담했다는 것인지 불편하다는 것인지를 분명히 해야 한다. 따라서 "당황스럽다는 것이 무슨 의미인가요?" 라고 지적하여 구체적인 감정을 알아내야 한다.

클라이언트의 진술을 개인화(개별화)하는 것도 문제를 명확히 하는 데 도움이 된다. 클라이언트가 자신의 진술을 '나'를 사용하여 진술하도록 하는 것이다. '다른 사람들'을 사용하거나 특정 내용만을 말하는 것은 문제를 일반화시키고, 상황을 구체적으로 파악하지 못하게 만든다. 예를 들어, "요즘 부부들은 서로 잘 못 지내는 것 같아요."처럼 문제를 일반화시키거나 "집안 상황이 나빠지고 있는 것 같아요."처럼 자신에게 초점을 맞추기보다는 내용에 초점을 맞추는 애매모호한 표현에는 클라이언트의 걱정이나 다른 사람과의 관계가 명확하게 구체적으로 나타나지 않고 있다. 이럴 때는 클라이언트가 자신에게 초점을 맞추어, '나는 ~해서 ~게 느낀다'로 표현하도록 요청해야 한다.

환언(paraphrasing)이란 다른 사람이 말한 것을 워커 자신의 언어로 바꾸어 다시 한 번 말해 주는 것이다. 들었던 내용을 다시 재반복해 주는 환언기술(paraphrasing)은 클라이언트가 이야기한 것을 분명하게 하는 데 도움을 주며, 클라이언트가 계속해서 자신의 의견을 표현하도록 고무하는 데 필요하다.

환언은 클라이언트의 감정적 상태보다는 클라이언트 메시지의 인지적 양상(상황이나 내용, 대상, 아이디어 등을 강조)에 초점을 두는 측면이 강하다. 클라이언트가 감정에 휩싸여 있는 경우 환언을 사용하는 것은 적절하지 않다. 그런 경우에는 클라이언트의 정서를 정확히 반영하는 감정이입적 반응을 통해 클라이언트가 자신의 감정을 정확히 이해하고 파악하도록 도와야 한다. 때때로 사회복지사는 치료적 목적으로 감정과는 좀 거리를 둔 논의를 진행하기 원한다. 예를 들어, 만성적으로 우울증을 앓고 있어 습관적으로 낙담과 절망을 표현하는 클라이언트에게는 감정에 초점을 덜 맞추고 고충을 경감시키기 위한 행위에 더 초점을 맞춤으로써 이득을 얻을 수 있다고 생각할 수 있다. 감정을 덜 강조하기를 원할 때는 내용을 반영하는 환언이 더 적절하고 도움이 된다.

반영(reflection)은 환언과 비슷하지만 반영에는 들은 내용을 환언하는 것뿐만 아니라 상대방의 감정이나 비언어적 의사소통을 다시 한 번 재음미해 주는 것을 포함한다. 반영은 말하고 있는 개인의 감정을 분명하게 파악하고 그것을 다시 그 사람에게 전달하는 것을 말한다. 반영은 말 속에 내포되어 있는 감정과 태도를 표면으로 이끌어 내서 마치 거울처럼 당사자에게 보여 주는 것이다. 반영의 예는 다음과 같다. "선생님이 저에게 장애인에 대한 특권을 거부당한 것에 대해서 말씀하실 때, 선생님은 매우 화가 나 보이고, 이 사회에 배신감을 느낀 것처럼 보였습니다. 내가 제대로 본 건가요?" 클라이언트가 표현한 감정에 대해 반응하는 기술(reflection)은 클라이언트가 자신의 감정을 더 표현하도록 고무시키며, 클라이언트가 자신의 감정에 대해 더 잘 알고 운용해 나가도록 돕는다.

반영기술을 적용할 때는 다음 문장을 활용하면 도움이 된다.

선생님은 마치 ~처럼 보인다.

마치 ~인 것 같다.

~라고 말하는 것 같다.

~하는 것은 꽤 어렵죠.

제가 느끼기에는 …

제가 듣기에는 …

저는 선생님이 … 느끼고 계신다고 생각합니다.

그래서 선생님 입장에서는 …

확실히 잘은 모르겠지만 …

요약하기(summarizing)란 인터뷰 중간 중간, 이야기된 내용을 요약하고 강조하는 것이다. 요약을 통해 면접 동안 진전된 사항을 파악할 수 있고, 중요 이슈나 요점을 다시 한 번 생각할 수 있는 기회를 가질 수 있다. 또한 면접내용이 정확한지를 확인하는 기회를 제공한다. 이 기술을 통해 워커는 클라이언트가 전달하는 메시지를 잘 이해하고 있다는 것을 보여주게 된다. 이 기술은 말이 너무 많은 클라이언트를 잠시 제지시키는 데도 효과가 있다.

한편, 클라이언트가 중요한 관심사를 이야기하기 시작할 때, 의사소통을 더욱 활발히 이끌어 내는 것이 필요하다. 눈을 마주치고, 앞쪽으로 몸이 다가서는 비언어적인 행동으로 관심을 표명해야 한다. 또한 간단히 고개를 끄덕이면서 수용한다는 반응을 보여야 한다. 클라이언트가 잠시 이야기를 멈춘다고 해서 서둘러서는 안 된다. 초보 워커들은 불안한 나머지 계속 말하도록 서두를 수 있다. 이럴 경우 클라이언트는 주제를 바꾸어버리는 경향이 있다. 말하는 도중이라도 클라이언트에게 생각할 기회를 주는 것이 필요하다. 때때로 워커는 클라이언트의 단점을 지적하여 고치도록 해야 한다. 그러나 단점을 지적할 때는 클라이언트의 장점 또한 지적해야 한다. 단점이 언급될 때 개인은 상실감을 갖게 된다. 그러므로 그 개인이 가지고 있는 장점을 칭찬해 줌으로써 무엇인가 돌려주어야 하는 것이다.

듣 기

작자 미상

당신에게 나의 말을 들어달라고 했을 때
당신은 나에게 조언을 주기 시작했고
내가 원하는 것을 들어 주지 못했다.
당신에게 나의 말을 들어 달라고 했을 때
당신은 내가 그런 식으로 느껴서는 안 되는 이유를 말하기 시작했고
내 감정을 무시하고 있었다.

당신에게 나의 말을 들어 달라고 했을 때
당신은 내 문제를 해결해 주려고 무엇인가를 하려고 했고
나를 실망시켰다.

들어라! 내가 원하는 것은 단지 내 말을 들어 주는 것이다.
무엇을 말하거나 하려 하지 말고 단지 들어 주라.
충고는 값싼 것이다. 좋은 말은 너무 많다.

나는 혼자서도 할 수 있다. 나는 무기력하지 않다.
아마 낙담할 수는 있겠지만 무기력하지는 않다.

당신이 나 혼자서 해야 하고 할 수 있는 어떤 것을 해 줄 때, 이는 단지 나의 두려움과 나약함을 배가시킬 뿐이다.
그러나 아무리 비이성적인 것일지라도
내가 느끼는 것을 그대로 받아들여 줄 때, 나는 더 이상 내가 옳다고 당신을 설득하려 할 필요가 없어지고, 나의 비이성적인 면을 스스로 되돌아볼 수 있게 될 것이다.
그렇다면 해답은 분명하다. 나는 조언이 필요하지 않다.

아마도 기도가 효력을 발휘하는 것은 신은 말없이, 들어 주기 때문이다.
어떤 충고나 해결방안을 주지 않는다. 그저 들어 주고 우리가 스스로 해결하게 한다.

그러므로 그저 들어 주어라. 그리고 말을 하고 싶거든
당신 차례가 올 때까지 기다려라. 그러면 내가 당신의 얘기를 들어 줄 것이다.

3) 질문기술

질문에는 개방형질문과 폐쇄형질문이 있다. 폐쇄형 질문은 구체적 대답을 구한다. 예를 들어, "나이가 어떻게 되지요?"와 같은 질문은 사실적, 구체적 정보를 얻기 위해 사용된다. 또한 토론의 주제를 좁혀 나가기 위해서도 사용한다. 또한 너무 말이 많은 클라이언트를 중단시키고 주제에 초점을 맞추기 위해서도 사용한다. 개방형 질문은 클라이언트가 자신의 생각대로 질문에 대답하도록 허용한다. 예로 "댁의 자녀가 학교에서 잘 지내지 못하는 이유는 무엇이라 생각하시죠?" 개방형 질문은 클라이언트가 감정의 표현을 할 기회를 주며, 주제에 대한 클라이언트의 인지상태를 알 수 있게 한다.

클라이언트의 감정을 탐색하기 위해 폐쇄형 질문을 던지는 것은 바람직하지 않다. 폐쇄형 질문은 자기노출을 최소화하고 감정표현을 제한시킨다. 폐쇄형 질문만을 지속적으로 던지게 되면 심문하는 것처럼 되고, 클라이언트와 워커 간에 지속적인 교환이 일어나지 못하며 단절된 분위기를 만들게 된다. 따라서 숙련된 사회복지사는 폐쇄형 질문은 최소한으로 사용하고, 개방형 질문을 통해 클라이언트가 자신의 이야기를 자발적으로 하게 함으로써 폭넓은 정보를 드러내도록 이끈다. 따라서 상담 초반부에는 폐쇄형 질문은 거의 사용하지 말고, 클라이언트가 빼놓은 정보, 예를 들어 아이의 이름이나 결혼날짜, 가족 수, 의료기록 등 구체적인 정보를 알아보기 위해 상담 후반부에 많이 사용하는 것이 좋다. 물론 상담 중간중간에 폐쇄형 질문을 끼워 가며 사실적인 구체적 정보를 얻어도 좋다. 폐쇄형 질문이 적절한 경우가 있는데, 클라이언트가 반응을 보이지 않으며 정보를 제공할 의향이 적거나, 클라이언트의 정신적 능력이 제한되어 있는 경우에는 폐쇄형 질문을 적극 활용하는 것도 필요하다. 또한 상담 초반부에 폐쇄형 질문을 사용하는 것이 일부 어린이들에게 적절한 경우도 있다. 그러나 관계가 발전해 나감에 따라 개방형 질문을 사용하는 것을 늘 고려해야 한다.

한 번에 하나의 질문만 하는 것이 좋고 '왜' 라고 묻기보다는 '무엇' 을 사용하는 것이 좋다. '왜' 라는 질문은 비난조로 들리며 클라이언트를 방어적으로 만든다. 질문을 한 후에는 클라이언트가 대답할 시간을 충분히 준다. 너무 서두르는 것은 위협적인 인상을 주며, 무조건 워커가 좋아하는 대답을 해 버리는 상황을 낳는다.

<표 5-3> 폐쇄형 질문과 개방형 질문의 예

폐쇄형 질문	개방형 질문
선생님은 아내구타 문제를 가지고 있다고 생각하십니까?	아내를 구타하는 것이 어떤 문제를 발생시킨다고 생각하시는지요?
선생님은 음주문제를 잘 치료하는 것이 중요한가요?	음주문제를 잘 치료하는 것이 어떤 의미에서 선생님께 중요한가요?
더 하실 말씀 있으세요?	그 외에 더 무엇을 말씀해 주시겠어요?

4) 해석하는 기술

Garrett의 면접기술론에서는 다음 사항을 지적하고 있다. 면접의 목적은 클라이언트의 문제를 가능한 한 완벽히 이해하는 것이다. 이를 위해 워커는 클라이언트의 행동과 대화를 통해 제시된 다양한 실마리를 가지고 해석을 해야 한다. 종종 클라이언트는 자신의 어려움에 대해 제대로 알지 못하거나 그 어려움의 요인에 대해 직접적인 정보를 주지 못하는 경우가 있다. 워커는 클라이언트의 문제의 근원을 발견하기 위해 지속적으로 다양한 가설을 구성하고 재구성해야 한다. 워커는 초기 가설은 될 수 있는 대로 자신만이 알고 있어야 한다. 성급하게 클라이언트에게 가설을 노출하는 것은 워커와 클라이언트의 관계에 매우 해롭다. 그러나 상당한 자료를 수집한 후에 워커가 클라이언트의 문제에 깔려 있는 요인들을 파악해 낸 후, 워커는 신중하게 질문과 코멘트를 통하여 클라이언트가 이를 깨닫게 도울 수 있다. 예를 들어 보자. 말하기를 두려워하는 클라이언트는 다음과 같은 해석적 질문을 통해 고무될 수 있다. "너의 엄마가 늘 그랬듯이 나도 너를 비난할까 봐 두렵니?" 이 질문이 클라이언트가 자신의 거절당했던 감정을 자유로이 표현한 후에 이루어진다면 매우 적절한 것이다. 일반적으로 해석은 신뢰관계가 돈독히 세워진 경우에 해야 한다. 중요한 것은 해석을 통해 클라이언트의 태도나 행동에 약간의 수정을 줄 수 있는 것만으로도 클라이언트가 자신 스스로 문제에 대해 결정할 수 있고 해결할 수 있도록 도울 수 있다는 것이다(Donner & Sessions, 1995).

동기화 면접(motivational interviewing: MI)

1980년대 음주습관을 변화시키기 위한 노력을 증대시키려는 전략으로 시작된 동기화 면접이 있다. 이 전략의 목적은 클라이언트로 하여금 자신의 행동에 문제가 있음을 인식하도록 돕고, 변화를 위한 결심을 하여 바람직한 생활로 나아가도록 돕는 것이다. 이 면담법은 저항이 많고, 변화에 대해 주저하거나 또는 변화를 생각하기 시작하는 초기 단계에 있는 클라이언트에게 변화의 동기를 형성해 주는 데 적합한 방법이다. 이 방법은 최근 정신장애인이나 보호관찰대상자 등 다양한 대상에게도 적용되고 있으며, 그 효과성이 인정되고 있다. 여기에는 5가지 원리가 있다. ① 감정이입을 표현한다. ② 자신의 현재 위치에 대한 인식과 자신이 원하는 위치에 대한 인식 사이의 불일치를 파악한다. ③ 논쟁은 피한다. ④ 저항은 유연성 있게 대처한다. ⑤ 클라이언트의 자기효능감(self-efficacy)을 지지하고 강화한다. 자기효능감은 어떤 과업을 성공적으로 해낼 수 있다는 신념을 말한다.

동기화 면접은 변화를 촉진시키기 위하여 감정이입과 비지시적 대화의 원리를 많이 활용한다. 클라이언트가 저항을 보이면 곧바로 직접적으로 대응하기보다는 반영, 환언(paraphrasing) 같은 기법으로 다루어 나간다. 클라이언트가 변화에 대해 생각할 때 혼란스러운 감정이 생기는 것은 당연하므로 논쟁을 벌일 필요는 없다. 상담가는 적극적으로 듣는 기술을 활용하여 클라이언트의 문제에 대해 많은 정보를 이끌어 내는 것이 좋다. 상담가는 인간은 자신이 선택한 행동과 자신이 성취할 수 있다고 믿는 행동을 계속하려는 경향이 있다는 점을 인식해야 한다. 따라서 변화가 필요한 자신 나름대로의 이유를 찾을 수 있도록 면담을 이끌어 나가는 것이 중요하다. 또한 개인의 강점이나 과거 성공한 경험들을 상기시키면서(인간은 모두 재능과 소질을 보유하고 있다고 본다) 변화를 향해 나아가도록 도와주어야 한다. 이러한 측면은 강점관점과도 일치한다. 상담가가 클라이언트에게 낙인이 붙지 않도록 노력하는 것도 중요하다. 많은 연구들이 이러한 동기화 면담기법이 매우 효과적임을 지적하고 있다(Miller et al., 1995).

4. 면접 시 고려사항

면접 시 고려해야 할 기록, 시간 지키기, 사후 점검(후속 계획의 이행), 의뢰, 방해물 차단에 대해 논의해 보도록 한다(Poindexter et al., 2003).

1) 서식 사용하기

면접 세팅과 목적에 따라 일정한 서식을 갖추거나 얻은 정보를 기록하는 것이 필요하다. 서식을 작성하는 것이 원조면접의 기본적인 목적이 아니라는 것을 인식해야 한다. 서식은 단순히 자료수집이나 서비스를 이용하기 위한 하나의 도구에 불과하다. 클라이언트에게 가능한 한 빨리 몇 가지 정보를 알아보아야 한다는 것과, 이를 위해 대략 얼마나 시간이 걸리는지 그리고 그 서식이나 정보가 무엇을 위해 사용될지 알려 준다. 할 수 있다면 서식에 의존하지 않고 면담을 수행하는 것이 좋다. 이를 위해서는 워커가 인테이크 서식이나 사정양식에 충분히 익숙해야 한다. 어떤 기관은 클라이언트에게 서식을 읽어 주고 응답을 기록하도록 요구하는 경우도 있다. 그러한 경우라면 그 과정이 너무 강압적이 되지 않도록 노력해야 한다.

2) 적어 두기와 기록하기

효과적인 면접기술은 열심히 들어 주고, 상대가 자신에게 말한 것을 기억하는 능력이다. 그러나 날짜나 약물, 이름 같이 쉽게 기억되지 않는 특정한 형태의 정보는 면접 도중에 적어 둔다. 핵심 단어와 문장도 마찬가지로 이따금씩 적어 둔다. 면접 전에 몇 가지 사항을 적을 것이며, 그 이유는 무엇인지도 설명해 둔다. 예를 들면, "저는 자세한 사항을 잘 기억하지 못하는 경우가 많아요. 그래서 우리가 이야기 나누는 중간중간에 노트에 무언가 적을 필요가 있는데, 괜찮지요?" 혹은 "기관에서 주소나 생일 등 몇 가지 정보를 필요로 합니다. 그래서 선생님에게 몇 가지 정보를 물어보고, 그걸 적을 겁니다." 또한 워커가 적는 것을 불쾌해한다면 그에게 워커가 적은 것을 볼 수 있도록 할 수도 있다. 또한 기관의 비밀보장정책을 다시 설명하여 안심시키는 것도 좋을 것이다.

워커는 면접이 끝난 후, 가능하면 빨리 면접의 요지(예: 행동계획이나 후속조치)를 기록하는 것이 중요하다. 면접 이후에는 기록을 위한 시간을 마련해 둔다. 가정방문을 했다면 그 집에서 한두 블록 떨어진 곳에서 면담의 요점을 적어 두거나 녹음기에 중요한 점을 녹음한다.

3) 시간 지키기

면접이 사무실, 전화 혹은 클라이언트의 집 어디에서 잡혀 있든 간에 가능한 한 시간을 지켜야 한다. 만일 시간이 늦어지거나 지킬 수 없는 상황이라면 전화를 한다. 안타깝게도 워커는 때때로 무의식적으로 자신의 시간이 클라이언트의 시간보다 더 가치 있는 것이라는 암시를 보낸다. 될 수 있는 한 약속시간을 지켜야 한다.

4) 후속 계획의 이행

면접은 종종 몇 가지 행동계획을 세우고 마치게 된다. "제가 내일 전화하겠습니다."와 같이 간단하거나, 또는 몇 주나 몇 달에 걸친 서비스 계획처럼 복잡할 수도 있다. 워커는 어떤 것을 하겠다고 약속했다면 반드시 이행해야 한다. 이행할 수 있다고 확신할 수 없는 것은 약속하지 말아야 한다. 만일 어떤 것에 대해서 알아보겠다고 말했다면 그렇게 해야 한다. 다음에 다시 들르거나 전화를 할 것이라고 말했다면 그렇게 해야 한다.

5) 의뢰하기

클라이언트가 워커나 기관이 제공할 수 있는 것보다 더 많은 것을 요구할 때는 다른 자원으로 연결시키는 것이 적절하다. 워커가 익숙하지 않거나 훈련받지 않은 문제를 다루는 것은 비윤리적인 것이다. 적절한 의뢰를 하는 것은 클라이언트가 요구하는 것을 얻을 수 있도록 도와주는 방법이다.

의뢰를 한 후에는 반드시 연결이 이루어졌는지 그리고 그 의뢰가 클라이언트의 욕구를 충족시킬 수 있을 것인지의 여부를 물어보아야 한다. 또는 그 기관에 전화해서 의뢰가 어떻게 진행되어 가는지 알아보아야 한다.

6) 방해물 차단

클라이언트에게 관심을 집중시키기 위해서는 가능하다면 전화통화나 동료직원 때문에 면접이 중단되지 않도록 면접일정을 잡아야 한다. 사무실에서 면접하고 있다면 전화연결을 잠시 보류해 놓고 문을 닫아 둔다. 이것이 가능하지 않은 경우도 있는데, 흔히 클라이언트가 많이 붐비거나 직원이 적은 기관에서는 더욱 그렇다. 어쩔 수 없이 면접의 중단이 필요하다면 클라이언트에게 양해를 구한다. 가정방문 중에도 방해물을 차단하는 것이 좋다. 가능하면 클라이언트에게 라디오나 텔레비전을 끄고 아이들은 잠깐 다른 방으로 보내는 것이 집중이 더 잘될 거라고 설명한다.

5. 면접의 형태와 환경

원조면접은 다양한 장소에서 이루어질 수 있다. 워커가 클라이언트와의 긍정적인 관계를 발전시킬 수 있는 한 가지 방법은 원조관계의 발전에 영향을 끼칠 수 있는 환경적 요소를 잘 인식하는 것이다. 예를 들면, 첫 번째 접촉은 워커가 시간 내기에 편안한 시간에 이루어져야 하고, 여유 시간이 있을 때 하는 것이 좋다. 서두르지 않아야 하고, 마음이 산란하지 않도록 조용한 곳에서 해야 한다. 첫 번째 접촉이 전화통화이건 가정방문이나 사무실에서의 면담이었건 간에 적어도 한 시간을 보낼 수 있도록 준비해야 한다. 첫 번째 면접을 위해 이런 시간을 특별히 준비해 두는 것이 좋다. 여기서는 면접을 위한 환경으로서 기관 사무실, 전화 그리고 클라이언트의 가정 등 가장 일반적인 세 가지 환경을 간단하게 살펴보고자 한다. 각각은 나름대로의 장점과 단점을 가지고 있다(Poindexter et al., 2003).

1) 기관 사무실

기관 사무실에서 클라이언트를 만난다면 다음의 장점들을 갖게 된다. ① 기관 사무실은 안전하고 깨끗하고 편리하고 면접을 위한 전문적인 환경을 제공한다. ② 각종 물품, 서식, 자원명단 등을 쉽게 제공할 수 있다. ③ 클라이언트가 앞으로 만나게 될 수도 있는 다른 워커를 소개할 수 있다.

면접을 할 때 단점은 클라이언트의 현재 환경 속에 있는 가족구성원이나 주변 사람들을 사정할 수 없기 때문에 어떠한 생활환경이 클라이언트의 문제에 영향을 주었는지에 관한 명확한 상황을 파악할 수 없다는 것이다. 사무실 면접의 또 다른 단점은 기관까지 오는 데에 대한 불편(특히, 교통수단이 불편하고 자녀들을 맡길 곳이 없다면), 사무적인 환경 및 많은 사람들과 부딪혀야 하는 두려움, 정신건강 혹은 사회 서비스 대상자가 되었다는 낙인 그리고 아픈 사람이나 돌보아야 할 가족구성원을 남겨 두고 와야 하는 어려움을 들 수 있다.

2) 전화

전화에 의한 면접과 개입은 모든 기관에서 일반적이다. 여성의 전화 같은 몇몇 기관들은 전화면접에 의한 위기개입만을 사용한다. 또한 많은 기관들은 모든 사후관리를 전화로 수행한다. 클라이언트를 이미 한 번 정도 만났다면 다음 접촉을 전화로 하는 것이 유용하고 편리하기도 하다.

전화면접의 주된 장점은 효율성이다. 어느 쪽도 이동할 필요가 없기 때문에 신속하게 수행될 수 있고, 시간이 절약될 수 있다. 그러나 전화통화의 단점은 비언어적인 단서를 거의 찾을 수 없다는 것이다. 상대방의 얼굴이나 모습을 볼 수 없기 때문에 때때로 무슨 일이 일어나는지 판단하기가 더 어렵다. 그러므로 기쁨, 긴장, 슬픔 혹은 분노 같은 감정을 파악하기 위해서는 클라이언트의 숨소리, 목소리 톤, 속도에 주목해야 한다.

전화면접에서는 또한 클라이언트도 워커의 비언어적 행동을 볼 수 없다. 예를 들어, 워커가 고개를 끄덕이는 것을 볼 수 없다. 그러므로 워커가 클라이언트에게 관심을 기울이고 있다는 것을 전달하기 위해 언어적인 표현을 더욱 많이 해야 한다. 모든 서비스 신청자가 전화상담이 가능한 것은 아니라는 점도 기억해야 한다.

3) 가정방문

기관의 정책에 따라 클라이언트의 집이나 그 가족의 집을 방문하게 될 수도 있다. 사회복지사는 클라이언트 가정의 초대손님임을 기억하는 것이 중요하다. 클라이언트나 그 가족이 자신의 집으로 초대할 때 그 초대를 관대한 선물로 여겨야 한다.

가정방문은 '리치아웃(reaching out)' 기술로서 몇 가지 장점을 가지고 있다. 예를 들면, 클라이언트가 자신의 집을 떠나는 불편이 없다. 집을 떠나는 것은 자녀를 맡겨 두는 문제나 교통수단을 마련해야 하는 것 같은 스트레스나 비용을 가중시킨다. 클라이언트나 가족은 자신의 환경에서 더 편안하게 느낄 것이고, 따라서 더 마음을 열고 자신의 상황과 관심사를 논의하게 될 것이다. 흔히 비공식적 성격의 가정방문은 워커와 클라이언트 사이의 관계를 증대시킨다. 가정방문은 워커에게 있어 클라이언트의 생활환경과 그 이웃에 대해 정확한 파악을 할 수 있고, 다른 가족성원이나 비공식적 망을 만날 수 있는 유일한 방법이다. Bloom(1973)은 "가족이 직면한 구체적인 상황을 직접적으로 보게 되면 그 가족과 어려움에 대한 공감이 증가된다."라고 제시하고 있다(p. 67).

가정방문은 물론 몇 가지 단점도 가지고 있다. 특히, 가정방문의 당사자에게는 불편이 있는데, 손님을 맞는 것은 불편한 일이다. 손님을 위하여 청소하고 정돈하는 것은 시간과 에너지 소비가 된다. 어떤 가족들은 자신들의 집이 어수선해서 당황하게 되고, 낯선 사람이 자신의 집이나 이웃을 방문하는 것을 불편하게 느낄 수도 있다. 클라이언트가 가정방문을 주저할 때 가정방문을 계속 주장하는 것은 부적절하고 원조관계에 손상을 줄 수도 있다.

가정방문의 또 다른 단점은 아이들, 이웃, 텔레비전 혹은 라디오, 전화통화 같은 것으로 인해 주의가 산만해질 가능성이 있다는 것이다. 이러한 방해물로 인해 워커가 집중하거나 개인의 민감한 문제를 이야기할 수 있는 능력이 분산될 수 있다. 이런 경우 워커는 다른 장소나 시간을 제안할 필요가 있다(예를 들어, "내일 아침에 아이들이 학교에 간 시간에 만나는 게 어떨까요?").

가정방문을 하는 동안 워커가 불편하게 느끼는 시간들도 있을 것이다. 예를 들어, 기대와는 달리 깨끗하지 않거나 깔끔하지 않은 환경일 수도 있다. 쓰레기나 불쾌한 냄새가 날 수도 있다. 이런 환경에서도 워커가 비심판적 태도로 지지적인 입장을 유지하는 것이 중요하다.

때때로 클라이언트들이 그들의 환경으로 인해 좌절감을 느끼거나 무기력감을 느끼고 있으며, 문제해결을 위한 도움을 원하고 있음을 발견할 것이다. 클라이언트가 도움을 요구하거나 받아들인다면 그들의 생활환경을 더 안전하고 위생적으로 만들 수 있는 방법을 찾아 도와줄 수 있다. 워커는 동사무소나 기타 여러 기관을 접촉할 수 있을 것이다.

가정방문 도중에 위생환경이 좋지 않아 면담에 집중할 수 없을 정도라면 클라이언트에게 부드럽게 다른 대안을 제시할 필요가 있을 것이다. 예를 들어, “아주머니, 저는 머리가 아파서 바람을 좀 쐬고 싶은데, 괜찮으시면 마당에 나가서 이야기 나누면 어떨까요?” 혹은 “김 선생님, 더워서 좀 불편하네요. 베란다에 나가서 앉아서 이야기 나누면 어떨까요?”

가정방문은 때때로 워커에게 위험할 수 있다. 혼자서 클라이언트의 집이나 그 이웃을 방문하는 것이 불편하거나 불안하다고 느낀다면 다른 만남 장소를 논의하는 것이 바람직하다. 가정구성원이 과거에 폭력적이었거나, 폭력이 흔히 벌어졌던 지역이라면 혼자서 가정방문을 하는 계획을 세우지 않는 것이 좋다.

제6장

관계 형성 및 사정

1. 접수 및 관계 형성

접수(intake) 단계에서는 지원자[1]의 문제가 무엇인지를 식별하고, 지원자가 서비스받을 자격이 있는가를 판단한다. 기관의 고객접수 담당자들은 고객의 성명, 연령, 가족상태, 소득, 기타 사항을 참고로 하여 지원자의 서비스 수혜 자격을 결정한다. 클라이언트와 가족에게 기관이 제공하는 서비스, 기관이 고객에게 요구하는 사항 그리고 기관이 갖는 제한점에 대하여 설명해 준다. 그 기관에서 개입하는 데 적절하다고 판단이 되지 않으면 그 사례를 다른 기

1) 사회사업가와 처음 접촉한 개인은 대부분 아직 클라이언트로 결정된 것이 아니기 때문에 일부의 사회사업가들은 첫 번째 접촉이 자발적이었는가의 여부에 상관없이 클라이언트 전 단계의 개인을 지원자(applicant)라고 한다. 가족의 경우와 같이 여러 사람들이 함께 사회사업가와 접촉을 하는 경우에 그들을 한 집단으로 보고, 클라이언트 체계라고 한다. 예를 들면, 가족들 사이의 의사소통이 원활히 될 수 있도록 도움을 얻기 위해 가족이 사회사업가에게 찾아오는 경우가 있다.

관에 의뢰한다. 사회사업가는 먼저 지원자가 도움을 바라는 문제에 관해 조사하고, 어떤 종류의 도움이 가능한지를 설명한다. 워커는 클라이언트에게 기관의 정책과 자원에 대해 이야기해야 한다. 또한 문제를 보는 클라이언트의 가치관에 대해 알아야 하고, 이에 대한 워커의 가치관에 대해서도 이야기 한다.

1) 기대를 명확히 하기

클라이언트가 사회복지사와 기관에 대하여 무슨 기대를 하고 있는지 분명히 하는 것이 중요하다. 기관 프로그램의 수혜자격을 오해하고 있는가? 기관이 수행하는 프로그램에 대해 잘못된 정보를 가지고 있는가? 상담을 통해 문제를 해결받기 원했는데, 오히려 더 악화되었다고 느끼는가?

기대를 명확히 하는 과정은 도움을 요청하는 사람과 제공하는 사람 모두에게 적용된다. 기대치에 대해 서로 혼동이 없어야 원조관계는 보다 더 원활히 발전된다. 사회복지사는 가능한 한 신속하게 기관이 제공할 수 있는 것과 없는 것, 수혜자격 요건 그리고 신청과정 등을 설명해야 한다. 클라이언트가 잘 모르는 상태에서 기다리는 시간이 길어질수록 실망은 더 커질 것이다. 이를 위해 사회복지사가 활용할 수 있는 간단한 사정질문이 있다. 예를 들어, "우리 기관에 대해 무엇이든 들으신 바가 있나요?" "일단 여기에 와 보니 기대했던 대로인가요?" "사람들이 우리 프로그램에 대해 무어라 말하던가요?" 등이다.

구체적인 서비스 지침이 명확해야 하는 것처럼, 일반적으로 무엇을 기대할 수 있는지도 한번 고려해 보는 것이 유용하다. 사회복지사의 입장을 생각해 보자. 사회복지사로서의 클라이언트에 대한 기대는 무엇인가? 모든 사람이 워커를 기뻐하리라고 기대하는가? 모든 클라이언트들이 감사를 표현하기를 기대하는가?

도움을 요청하는 사람과의 관계에서 사회복지사가 합당하게 기대할 수 있는 것은 무엇인가? 사회복지사는 클라이언트가 존중을 표해 주고 적절한 행동을 해 줄 것을 기대할 권리가 있다. 이것이 의미하는 바는 필요하다면 클라이언트에게 거절의사를 밝히거나 제한을 둘 준비가 되어 있어야 한다는 것이다. 그러나 사회복지사는 클라이언트로부터 감사를 기대할 권리는 없다. 또한 사회복지사는 모든 클라이언트를 좋아할 수도 없고, 도움을 요청하는 모든 사람이 사회복지사를 좋아하리라는 비현실적인 기대를 할 수도 없다.

클라이언트가 사회복지사로부터 합당하게 기대할 수 있는 것은 무엇인가? 그들은 비밀보장, 공정성, 존중, 적극적 경청, 비심판적 태도, 서비스에 대한 동등한 접근, 권리와 기회의 접근을 위한 옹호, 건설적이고 상호적인 문제해결, 편견 없는 실천, 인간으로서의 인정, 파트너십 그리고 전문가로서의 탁월성, 행동, 윤리와 품행을 기대할 수 있다. 그러나 도움을 요청하는 사람이 워커에게 규칙을 어기도록 기대할 수는 없는 것이며, 자신의 공격적 행동을 받아 줄 것을 기대할 수도 없다.

2) 관계 형성의 구성요소

사회사업실천의 핵심이 되는 워커와 클라이언트의 상호작용이 원활히 일어나기 위해서는 좋은 관계 형성의 개발이 필수적이다. 사회복지사는 다음 사항에 유념해야 한다.

- 클라이언트에 대하여 긍정적이고 확신 있는 태도를 유지한다.
- 클라이언트가 관심사와 가능성을 분명히 이야기하도록 적극적인 청취를 한다.
- 클라이언트에게 친숙한 환경, 예를 들어 가정이나 공원, 커피숍 같은 곳에서 미팅을 갖는다.
- 클라이언트의 행동이나 대인관계활동에 대해 솔직하게 이야기한다.

- 비심판적인 태도를 유지한다.
- 클라이언트를 돕겠다는 의지를 표현한다.
- 클라이언트가 희망하는 목표에 따라 행동계획을 수행한다.

좋은 관계 형성을 이루기 위해서는 위와 같은 사회복지사의 태도를 통해서 클라이언트가 다음처럼 느낄 수 있어야 한다.

- 클라이언트는 사회사업가가 자신의 입장을 이해하려고 노력한다고 느낀다. 이렇게 되기 위해서는 사회사업가 자신이 클라이언트의 생각과 느낌을 어떻게 인지하고 있는지에 대한 정보를 클라이언트에게 제공하고 이를 클라이언트와 함께 체크해 보아야 한다. 이것이 일종의 감정이입적 반응이라고 할 수 있다.
- 클라이언트는 자신의 사적인 문제에 대해 워커가 부당하게 침범하지 않고, 긍정적으로 자신에 대해 배려한다고 느낀다.
- 클라이언트는 사회사업가가 약속한 것은 지키고 또한 정직하고 솔직하다고 믿는다.

워커와 클라이언트가 함께 문제해결 단계에 들어갈 때, 이를 '치료적 동맹(therapeutic alliance)'이라고 한다. 클라이언트는 문제가 있는 자신의 부분과 환경을 변화시키기 위한 노력을 함에 있어, 워커의 파트너로 자신을 보게 된다(Garvin & Tropman, 1992).

tip

사회사업가는 클라이언트의 삶의 일부가 된다. 어떤 클라이언트에게 있어서 사회사업가는 그들의 삶을 변화시키는 중요한 촉매자가 되기도 한다. 우리는 그들을 믿고 존중하는 워커가 될 것인가? 아니면 단지 도움을 필요로 하는 클라이언트로 볼 것인가? 그들은 와서 우리 곁에 앉아 우리의 얼굴과 목소리와 우리의 움직임과 우리가 사용하는 단어를 통해 우리 자신을 본다. 우리는 인내로써 친절하게 클라이언트를 대하는가?

클라이언트를 이해하는가? 진정으로 그들을 돕기를 원하는가? 워커가 클라이언트를 단지 '측정'할 때, 클라이언트도 워커를 조사한다. 워커가 클라이언트의 문제, 직업경력, 교육 수준, 관심분야 등을 알아볼 때, 클라이언트도 워커가 진지하고 능력이 있는가를 마음속으로 테스트한다. 워커가 상호 신뢰와 존경을 보일 때, 클라이언트도 그렇게 한다.

Biestek(1957)이 제시한 개별사회사업 관계 형성의 구성요소는 지금까지도 여전히 직접적 실천관계 형성의 본질로 인정받고 있다. 이러한 구성요소들을 간단히 소개하면 다음과 같다.

- **자기결정주의**(self-determinism): 사회사업실천가는 어떤 결정을 하는 데 있어서 클라이언트의 권리를 존중한다. 때때로 클라이언트의 결정이 클라이언트에게 최선이 아닌 경우도 있을 것이다. 그러나 그런 경우 실천가의 역할은 그런 선택을 하게 될 때 발생하게 될 잠재적인 역기능적 양상을 지적해 주는 것이다. 클라이언트가 더 적절한 선택을 하도록 설득하기 위해 부당한 영향력을 행사하거나 클라이언트를 얕잡아 보는 것은 용납될 수 없는 행동이다. 사회사업은 민주적인 과정에 기초하고 있으며, 자기결정주의는 그 과정의 기초적인 부분이다.
- **비밀보장**(confidentiality): 클라이언트의 사생활이 보호받을 권리는 비밀보장의 원칙에 근거한다. 이는 클라이언트와 실천가가 주고받는 정보는 보호받을 권리가 있다는 것을 의미한다. 개입과정에서 드러난 정보의 내용은 법이 요구하지 않는 한 클라이언트의 동의 없이 공개되어서는 안 된다. 비밀보장의 원칙은 개입 중에 나타난 클라이언트의 느낌, 태도, 진술 등이 오용되지 않을 것이라는 확신을 클라이언트에게 준다. 실천가는 클라이언트의 정보를 오직 클라이언트를 위한 전문적인 목적으로만 사용해야

한다.

- 개별화(individualization): 클라이언트의 문제가 어떤 성격을 띠는가에 상관없이 각각의 클라이언트는 고유의 특별한 욕구, 열망, 장점과 약점을 가진 개인으로서 대우를 받을 권리를 가진다. 개인을 군중의 하나로 간주해서는 안 된다.
- 수용(acceptance): 모든 개인은 사회사업가가 원하는 대로가 아닌, 있는 그대로 받아들여질 권리가 있다. 사회사업가는 클라이언트가 있는 그 위치에서 클라이언트를 이해해야 하고, 거기서부터 개입을 시작해야 한다. 클라이언트의 복잡한 문제에도 불구하고, 모든 클라이언트는 인간으로서의 존엄성과 고유한 가치를 가지고 있다.
- 비심판적 태도(non-judgmental attitude): 모든 인간은 장점과 약점을 가지며, 어려운 문제에 부딪히기도 하고, 그릇된 선택을 할 수 있으며, 화가 날 수도 있고, 좌절할 수도 있으며, 가끔 부당한 행동을 할 수도 있다는 것을 인정하면서 실천가는 클라이언트의 행동에 대해 중립적인 태도를 유지해야 한다. 클라이언트를 심판하는 것은 클라이언트와의 의사소통을 방해하는 장벽을 세우는 것과 같다. 클라이언트의 관점에서 보면, 심판하는 워커는 자신에 대해 부정적으로 판단하는 일반인들과 다를 바가 없다. 비심판적 태도를 취한다는 것이 반드시 클라이언트의 부당한 행동에 대응하지 말라는 것은 아니다. 그런 행동 때문에 클라이언트를 비난해서는 안 된다는 것이다.
- 의도적 감정표현(purposeful expression of feelings)의 원리: 느낌과 감정을 표현하고픈 클라이언트의 욕구는 존중되어야 한다. 때때로 억압된 감정, 특히 부정적 감정은 클라이언트를 무력하게 하며, 더 큰 문제행동을 야기하기도 한다. 클라이언트는 자유로운 자기표현을 실천할 수 있도록 고무받아야 한다.
- 통제된 정서적 반응(controlled emotional response)의 원리: 워커는 클라이언트의 감정에 민감하고도 적절한 반응을 보여야 하고, 그 감정의 의미를 이해한

다는 것을 전달해야 한다. 그러나 클라이언트의 감정에 너무 심취해 워커 자신의 감정을 통제하지 못할 정도가 되어서는 안 된다.

3) 자발적 클라이언트와 비자발적 클라이언트

워커가 관심을 두어야 할 또 다른 중요한 사항은 지원자가 어떻게 기관과 접촉하게 되었는지를 탐색하는 것이다. 즉, 그것이 자발적이었는지 아니면 그렇지 않았는지 하는 것이다. 만약 자발적이었다면 그러한 결정에 다른 사람들이 관계했었는지에 대해서도 고려해야 한다. 그 정보는 그 시점에서 지원자의 기분을 설명해 줄 수 있고, 클라이언트가 어떤 목적을 어떻게 성취하려고 하는지에 대한 많은 취지를 말해 줄 것이다. 다시 말해 이 단계에서 사회사업가가 유의해야 할 사항은 클라이언트가 도움을 청하러 온 것에 대해 어떻게 느끼는가를 고려해야 한다는 것이다. 만일 클라이언트가 자발적으로 기관을 찾아온 경우라면 그들은 많은 긍정적인 감정을 가지고 있을 것이다. 즉, 자신의 어려움이 해결되기를 바라며, 워커가 유능하고 우호적이기를 원한다. 심지어 안도감과 함께 기쁨을 느낄 수도 있다. 물론 부정적인 생각도 갖고 있을 것이다. 자신의 문제가 해결되지 못할 것이라든가 사회사업가가 그들을 받아 주지 못할 것이라거나, 심지어 그들의 상황을 더욱 악화시킬 것이라는 생각을 할 수도 있다. 게다가 도움을 구하는 것에 대한 낙인을 두려워할 수도 있다. 다른 사람들이 그를 생활 면에서 무능한 사람으로 생각할 수도 있고, 클라이언트 자신도 그렇게 생각할 수 있다. 그러므로 사회사업가는 그러한 생각들과 느낌을 클라이언트에게서 끌어내어, 보다 긍정적인 방향으로 바꾸도록 노력해야 한다. 이러한 사항은 지원자들이 지속적으로 원조과정에 참여하도록 하는 데 있어서 매우 중요시된다.

비자발적 클라이언트들의 감정은 대체적으로 부정적이다. 이들은 이런 치료과정에 강제적으로 참가해야 한다는 데 화가 나 있을 수도 있고, 그 결과에 대해 두려워할 수도 있다. 사회사업가는 클라이언트가 그러한 감정들을 터놓을 수 있도록 여러모로 노력해야 한다. 부정적인 감정들이 줄어들지 않는다면 클라이언트가 변화되기를 기대하기 힘들기 때문이다(Garvin & Thompson, 1992).

(1) 저항의 이유

사회복지사가 만나는 모든 사람이 도움을 요청하거나 또는 함께 일하기에 용이한 것은 아니다. 사회복지사가 직면하는 어려움 중의 하나는 도움을 요청하는 것을 주저하거나 혹은 제공된 서비스를 받아들이려 하지 않는 사람들이다. 그런 저항의 이유에 대해 알아보자(Poindexter et al., 2003).

클라이언트가 사회복지사의 기대대로 행동하지 않을 때 그들을 다음처럼 표현하곤 한다. 예를 들어, 분노로 가득 찼다, 부정이 심하다, 게으르다, 저항한다, 고집이 세다, 공격적이다, 비협력적이다, 비자발적이다, 지나친 요구를 한다, 까다롭다 등이다. 이런 경우 사회복지사는 좌절하기보다는 그들 행동의 이면에 숨겨져 있는 저항의 이유를 알아내는 것이 바람직하다.

생각해보기

초등학교, 중학교, 고등학교 시절에 여러분이 만났던 선생님들에 대해 생각해 보자. 그 중 가장 나쁜 인상을 갖고 있는 분을 생각해 보라. 수업시간에 그 선생님과 있었던 일을 자세히 기억해 보라.

01. 그 수업시간에 여러분은 어떻게 행동했는가? 분노했는가? 선생님에게 대항했는가? 숙제를 안 해 오거나 시험을 망쳤는가? 수업시간을 빼먹고 도망쳤는가? 결석했는가?

02. 선생님이 여러분의 행동을 '저항적' '불순종한' '게으른' '까다로운'이라고 낙인 찍었다고 상상해 보라. 만약 여러분이 이러한 말을 우연히 들었다면 어떻게 느꼈을 것 같은가?

03. 수업시간에 혹은 선생님께 여러분이 행한 행동의 의미는 무엇이었는가?

도움을 제공하는 상황에서 '비협력적/까다로운' 이라는 말은 무슨 의미인가? 까다로운 서비스 신청자나 수혜자가 있는가? 까다로운 사회복지사가 있는가? 특히 어려운 상황이 있는가? 이 세 가지가 상호작용하고 있지는 않은가?

문제, 이슈, 상황이 어려운 것처럼 사람들도 까다로울 수 있다. 그러나 도움을 주는 것이 상호적 관계의 맥락에서 일어난다는 사실을 감안한다면 관계상의 어려움이 도움을 요청하는 사람의 잘못만은 아니다. 갈등이나 저항이 있는 상황에서는 사회복지사의 역할을 반성해 보는 것이 유용하다. 다음과 같은 질문을 던져 보는 것이 도움이 된다. 내가 클라이언트의 걱정과 근심을 잘못 이해했는가? 라포와 안도감을 충분히 설정하지 못하였는가? 클라이언트가 말하려고 했던 것을 무시하거나 무가치하다고 생각하였는가? 그 사람에게 특별한 행동절차나 과정을 적절하게 설명하지 못하였는가?

관계를 더욱 어렵게 하는 클라이언트의 특성과 행동의 예는 다음과 같다.

- 클라이언트가 알코올이나 약물을 사용할 때
- 클라이언트가 매우 분노할 때
- 클라이언트가 과업을 수행하려 하지 않을 때
- 클라이언트가 위험하거나 파괴적인 행동을 계속할 때
- 클라이언트가 문제의 심각성을 인식하지 못할 때
- 클라이언트가 문제상황에 관하여 다른 사람에게 이야기하기를 꺼릴 때
- 클라이언트가 의료적 치료를 원치 않거나 혹은 약 복용을 원치 않을 때
- 클라이언트가 정신장애인일 때

저항하는 클라이언트에 대해 인식해야 할 몇 가지 사항이 있다. 첫째, 도움을 요청하는 사람들은 자연히 수치감과 비난으로부터 자신을 보호하거나 방어하려 한다. 사회복지사의 임무는 클라이언트가 안심할 수 있도록 격려함으로써 그가 점차 변화할 수 있는 분위기를 마련하는 것이다. 둘째, 자신이 정상이라고 느꼈던 행동이나 인식 패턴을 변화시키거나 포기하는 것은 두려운

일이다. 이를 변화시키기 위해서는 시간이 걸리고 저항이 따르는 것이 당연하다. 셋째, 인간은 일반적으로 자신의 자율성을 유지하려 하기 때문에 낯선 사람의 도움을 받아들이는 것을 좋아하지 않을 수 있다.

이러한 여러 가지 이유로 인해 클라이언트와의 협력이 잘 진행되지 않을 수 있다. 감정이입을 사용하여 도움을 받아들이기 꺼리는 클라이언트에게 무엇이 일어나고 있는가를 상상하는 것이 중요하다. 왜 사람들은 낯선 사람이나 집단에게 도움을 받으러 가는 것을 주저하는가? 도움을 구하는 사람의 관점에서 보면 다음과 같은 이유들이 있다.

- 도움이 필요하다는 것은 나약함의 신호라고 생각한다.
- 내 가족에게 안 좋은 일이 일어났다는 것을 수용하기가 힘들다.
- 심판을 받거나 비웃음당하는 것이 두렵다.
- 나의 행동이나 상황에 대해 남들이 호기심을 갖는 것을 원치 않는다.
- 내 자신의 문제를 스스로 해결하기 원한다. 스스로 결정하고자 한다. 나는 독립심에 가치를 둔다.
- 변화에 직면하는 것이 두렵다.
- 나의 사적인 정보에 대해 비밀유지를 해 줄 것인지 알 수 없다.
- 나의 삶을 남이 좌지우지하도록 넘겨 주는 것이 두렵다.
- 나는 도움을 원치 않는다. 도움을 필요로 하게 된 데에 분노한다.
- 두려움을 느낀다(질병, 변화, 죽음, 불확실성이나 사생활과 존엄의 상실 등에 대해).
- 워커에게 정당함을 인정받았다고 느끼지 않는다.
- 나의 사적인 감정이나 취약성을 낯선 사람과 공유하는 것을 원치 않는다.
- 혼동, 수치, 무력감, 통제력 상실, 근심, 당혹감을 느낀다.
- 워커가 나를 거부하기 전에 내가 먼저 거부할 것이다.
- 실패자처럼 느껴진다.

- 바보처럼 느껴진다.
- 워커나 기관을 신뢰할 수 없다.
- 슬프고, 희망이 없고, 우울하다.
- 워커나 사회제도가 내게 비인간적이었다고 느낀다.
- 지쳤고, 진저리가 난다.
- 당분간은 단지 혼자 있고 싶다.

생각해보기

01. 위의 항목 중 어떤 항목이 가장 와 닿는가?

02. 여러분이 위기에 처해 마지못해 도움을 요청하게 되었던 때를 생각해 보자. 위의 항목 중 어떤 것을 느꼈는가?

다음은 클라이언트의 저항감을 파악하기 위한 지침이다.

- 저항적 행동이 현 상황의 어려움 때문인가 아니면 클라이언트 성격의 일부분인가를 확인한다.
- 클라이언트의 저항감이 무엇에 관한 것인가를 탐색한다. 다음처럼 이야기해 보는 것이 도움이 된다. "선생님은 저에게 매우 화가 난 것 같습니다. 무엇이 잘못되었는지 말씀해 주시겠어요?" "저는 여기서 너무 무력감을 느낍니다. 무엇을 해야 할지 모르겠어요. 저를 좀 도와주시겠어요?" "제가 무엇을 해도 선생님은 화를 내는 것 같습니다. 저는 선생님을 좌절시키려는 것이 아닌데, 저 역시 좌절감을 느낍니다. 제가 어떻게 해야 하는지 좀 알려 주실 수 있나요?" "저는 진정으로 선생님께 일어난 일들이 걱정됩니다. 그러나 저나 기관에 대한 분노감 같은 것 때문에 제가 좀 어렵습니다. 어떻게 하면 우리가 더 잘 협력할 수 있을까요?"

(2) 클라이언트의 저항 다루기

사회복지사는 왜 사람들이 쉽게 변화하지 않는가만 생각하지 말고 왜 자신이 난관에 빠져 있는가를 생각해야 한다. 때때로 사회복지사들은 가장 저항적인 집단 중의 하나다. 사회복지사들은 종종 도움을 요청하는 사람들이 순종해야 한다는 정당화로써 자신의 임무와 자격, 선한 의도, 경험 혹은 학위를 내세운다. 그러나 클라이언트로 하여금 자신의 취약함을 인식하게 하거나, 혼자서 모든 해답을 찾는 것이 가능하지 않다는 것을 인정하게 하거나, 궁극적으로 클라이언트 스스로 어떻게 삶을 살아갈 것인가를 결정하도록 하는 것이 어려운 일임을 사회복지사가 알아야 한다. 비협력적 상황에서 사회복지사는 다음을 유념해야 한다.

- 클라이언트의 주저함에 대한 가능한 원인을 사정하고 결정한다.
- 클라이언트의 주저함에 대한 워커 자신의 반응을 인식한다.
- 원조관계가 잘못되어 가는 이유에 대하여 워커 쪽의 이유는 무엇인지 사정한다.
- 사회복지사로서 무엇이 자신을 개방적으로 만들지 못하는가에 관해 보다 정직해진다.
- 클라이언트의 견해, 관점 그리고 경험에 관해 보다 많은 감정이입과 이해를 발전시킨다.

도움에 저항하는 클라이언트에게 가능한 반응은 무엇인가? 사회복지사는 상처, 슬픔, 분노, 방어, 좌절 혹은 당혹감을 겪을 수 있다. 사회복지사는 자신이 가치절하됨을 느끼고 클라이언트가 고마워하지 않는다고 생각할 수 있다. 사회복지사는 배신감을 느끼거나, 도움을 제공받는 사람들을 회피하고 비난하거나 혹은 전화나 가정방문을 지연할 수도 있다. 최악의 경우 사회복지사는 그들을 부적절한 다른 기관에 의뢰하거나, 서비스를 거절하거나, 자기의 좌절을 슈퍼바이저 이외의 사람에게 이야기함으로써 신뢰에 금이 가게 할 수도 있다. 사회복지사가 전문적인 원조관계에서 자기에게 의존하는 사람으로부터 좌절감을 느낄 때 더욱 신중할 필요가 있다.

다음의 원칙들은 사회복지사가 클라이언트의 저항을 받아 주고 이해해 주는 데 도움이 된다.

- 자기결정, 선택의 지지: 성인들은 자기 삶에 관해 의사결정을 내릴 권리가 있다. 따라서 클라이언트가 무엇을 필요로 하는가, 그들이 자기 상황을 어떻게 바라보는가를 찾아내는 것은 사회복지사의 몫이다.
- 원조관계의 역동성: 사회복지사도 의사소통의 문제에 일정 책임이 있다.
- 편견을 명확히 할 필요성: 사회복지사는 클라이언트에 대한 자신의 반응을 살피고, 문제가 있다면 건설적인 방법으로 변화시켜야 한다. 슈퍼비전이 필요할 수도 있다.
- 강점관점: 도움을 요청하는 사람도 그 시점에서 그가 할 수 있는 최선을 다하고 있음을 인정하고, 따라서 그에게도 무엇인가 공헌할 것이 있음을 인정해야 한다. 또한 그의 생존기술은 강하고 가치 있는 것임을 알아야 한다. 흔히 어떤 통제력을 유지하려고 노력하는 사람들은 보다 좋은 신체적 · 정신적 건강을 유지하는 사람들임을 기억해야 한다.
- 사회정의에의 접근: 흠이 없는 사람들만이 아니라 서비스에 대한 욕구가 있는 사람은 누구나 서비스를 받을 자격이 있다. 따라서 단지 원조관계에 어려움이 있거나, 주저함이 있거나, 적대감을 가진 사람이라는 이유에서 서비스를 거부하거나 지연시키는 것은 사회복지사로서 비윤리적이다.

위의 원조행동의 원칙들에 비추어 보면 사회복지사가 '까다로운' 혹은 '저항적' 이라는 낙인을 붙이고 도움을 거부하는 것은 부적절하다. 그보다는 사회복지사가 클라이언트의 감정과 행동에 대해 감정이입을 개발하고, 공정하고 편견 없이 서비스를 제공하도록 노력해야 한다. 그러나 최선을 다했음에도 여전히 효과가 없으면 사회복지사가 모든 사람을 다 효과적으로 다룰 수는 없으며, 무엇이든지 변화시킬 수 있는 것은 아니라는 점을 인식해야 한다. 어떤 클라이언트가 진정으로 협력하지 않고 다루기 힘든 사람이라면 원조관계를 철회하고, 그 이유를 그 사람에게 비심판적인 방법으로 설명한다. 그리고 다른 기관에 의뢰를 모색하는 것이 좋다.

2. 사정

라포의 형성과 함께 클라이언트가 자신의 문제에 대해 이야기할 준비가 되면 다차원적 측정을 통해 문제를 구체적으로 파악해야 한다. 클라이언트의 문제에 대한 인지상태가 무엇이고, 문제의 요인을 어떻게 보는지 알아보아야 한다. 또한 문제가 생활만족도와 일상수행에 영향을 미치는 정도, 클라이언트의 문제해결 노력에 대한 자료를 얻는다. 또한 실천가는 클라이언트의 다양한 역할기능에 대한 정보를 획득하고 문제해결에 도움이 되리라 판단되는 정보를 수집한다. 다시 말해 측정에서는 다음과 같은 질문에 대한 답을 얻는다. 클라이언트는 누구인가? 클라이언트가 보고 경험한 문제의 본질은 무엇인가? 문제가 얼마나 오랫동안 지속되어 왔는가? 클라이언트는 문제를 해결하기 위해 무엇을 했고 어떻게 대처했는가? 그런 노력은 효과가 있었는가? 어떤 사람들이 관련되어 있는가? 그 문제로 다른 개인들과 집단도 영향을 받는가? 클라이언트는 그들과 어떤 관계가 있는가? 클라이언트의 장점과 단점은 무엇인가? 클라이언트는 문제해결에 어떻게 동기화되어 있는가? 이러한 정보는 지원자와 사회사업가가 어떻게 그들의 문제를 풀어 갈 것인지, 누구를, 즉 가족구성원이나 친구, 선생님, 고용주를 이 과정에 관여시킬 것인지를 결정하는 데 도움을 줄 것이다.

Gibbs와 Gambrill(1999)은 사정할 때 다음 질문을 비판적으로 고려해 보아야 한다고 했다.

- 내가 수집하는 정보의 목적은 무엇인가?
- 내가 이해하려는 문제는 정확히 무엇인가?
- 나는 어떤 관점에서 정보를 수집하고 있는가?
- 클라이언트에 대한 나의 생각의 중심개념은 무엇인가?
- 내가 클라이언트의 문제에 대해 당연하리라고 가정하는 것은 무엇인가?
- 나는 어떤 종류의 정보(예: 이론, 조사결과, 클라이언트의 주장)를 활용하고 있는가?
- 나는 어떻게 정보를 해석하고 있는가?
- 나는 어떤 결론에 도달하고 있는가?
- 내가 이런 결론을 받아들인다면 그 함의는 무엇인가?

1) 사정의 차원

그러면 어떤 측면을 사정해야 하는지 좀 더 자세히 알아보자(Hepworth & Larsen, 1993). 개인체계에 대한 분석은 클라이언트의 욕구, 대처능력, 장점, 한계, 문제해결동기에 대한 측정을 포함한다. 실천가는 클라이언트의 판단력, 정서적 특성, 책임감, 스트레스에 대한 대처능력, 대인관계기술 등을 측정해야 한다. 특히, 개인의 발달단계적 이슈는 무엇이었고 해결되지 않은 문제가 어떻게 현재의 생활에 연결되는지 알아본다. 클라이언트가 가지고 있는 비합리적 신념이나 부정적 자기 개념을 파악한다. 또한 클라이언트가 자신은 물론, 다른 사람 그리고 환경을 어떻게 인지하는지도 파악해야 한다. 덧붙여 미래에 대한 클라이언트의 전망은 어떠한지도 알아보아야 한다. 문제적 행동이 일어나는 전후의 심리상태에 대한 정보를 얻는 것도 중요하다. 이러한 요인들은 목표를 적절하게 설정하는 데 중요하다. 한편, Cowger(1994)는 개인의 강점을 사정하는 틀을 제시하고 있는데, 각 차원에서 강점을 찾아 활용할 수 있어야 한다.

- 인지: 세상을 보는 방식과 환경으로부터의 정보를 받아들이는 방식이 적응적인가?
- 정서: 생산적인 방식으로 감정을 인정하고 용납하고 표현할 수 있는 능력이 있는가?
- 동기: 문제를 인정하고 해결하려는 동기가 있는가?
- 대처능력: 스트레스와 문제에 유연하고 계획성 있게 반응할 수 있는 능력이 있는가?
- 대인관계 형성: 협력적이고 지지적이며 안정적인 관계 형성을 할 수 있는 능력이 있는가?

우울증과 알코올의존 측정도구

이윤로 교수는 매우 간결하면서도 정확성이 높은 우울증 측정도구와 알코올의존 측정도구를 개발하였다. 이윤로 교수가 개발한 우울증 측정도구는 성인 및 중년을 위한 측정도구로, 아동이나 노인에게는 적합하지 않다. 다음 세 문항에서 모두 '예'라는 응답이 나오면 우울증으로 진단 내리게 된다. 알코올의존 측정도구도 마찬가지로 세 문항 모두에서 '예'라는 응답이 나오면 알코올중독으로 진단내리게 된다.

간결우울증척도(brief depression scale)
- 요즘 우울하다는 생각이 자주 드십니까?
- 요즘 음식섭취에 어려움(예: 메스꺼움, 구토, 체함)을 자주 경험하십니까?
- 요즘 관절로 인해 어려움(예: 관절염, 무릎통증)을 자주 경험하십니까?

알코올의존척도(alcohol dependency scale)
- 어제 과음을 했는데 오늘 오후가 되면 술 생각이 나십니까?

- 술을 먹을 때 술이 달다는 생각이 드십니까?
- 술을 먹고 나면 필름이 끊기는 경험을 자주 하십니까?

tip

강점사정(strengths assessment)은 파트너십을 강조하고 클라이언트의 욕구와 잠재력을 발견하고 분명히 하는 것을 강조한다. 강점과 욕구, 가용한 자원을 강조한다.

생태학적 요인에 대한 측정은 클라이언트의 문제를 압박하는 환경 속의 체계의 장점과 약점, 성공과 실패, 적합성 등을 고려하는 것이다. 클라이언트의 욕구를 충족시키기 위해 강화되고, 동원되고, 개발되어야 할 체계를 파악하는 것이 목적이다. 이러한 체계의 예를 들면 부부, 가족, 친족, 친구, 동료집단, 이웃, 고용체계, 제도 등을 들 수 있다. 이러한 체계들은 클라이언트에게 사회적 지지를 제공해 준다. 그러나 이들이 개인의 사회관계 형성에 중요한 부분을 차지할지라도 동시에 개인에게 문제를 일으키고 치료에 장애가 될 수 있다는 점도 염두에 둘 필요가 있다. 즉, 스트레스와 사회적 지지 모두를 지역사회의 집단이나 조직으로부터 동시에 받을 수 있는 것이다. 직장에서의 성차별, 술친구로부터의 압력, 연약한 노인이나 장애인에 대한 부양책임 등은 스트레스를 불러일으킨다. 또한 승진으로 인한 역할의 변화, 직장을 옮긴 데서 오는 환경의 변화나 결혼으로 인한 가족부양의 막중한 책임 등이 정신병리의 증상을 불러오기도 한다. 사정을 통해 개인의 삶에 스트레스 요인이 되는 것과 완충요인이 되는 것을 파악하고 그들의 영향을 묘사해야 한다.

클라이언트의 상황적 맥락에 대한 측정은 문제적 상호작용에 참여하고 있는 개인들의 행위와 반응, 상황도 고려해야 한다. 사건의 전과 후에 관련된 사람들의 구체적 행동, 감정, 사고는 어떠한가에 대한 지식은 역기능적 행동을 유지시키고 형성하는 요인을 이해하는 데 중요하다.

부부체계나 가족의 기능을 측정하는 것도 중요하다(아래 Box 참조). 이런 체계는 권력배분, 역할규정, 규범, 의사소통, 반복적인 상호작용 패턴 같은 독특한 속성을 가지고 있다. 또한 이런 체계는 구성원의 행동을 형성하고 영향을 주는데, 개인의 역기능은 그런 체계의 역기능의 산물일 가능성이 높다. 그러므로 개입은 개인뿐만 아니라 체계에도 관여해야 하는 것이다.

가족사정의 차원

- 가족의 상황(음식, 보건, 주택, 재정 등 기본 자원에 대한 접근성 정도)
- 가족의 강점
- 가족의 경계(경계가 너무 밀착되었거나 경직되어 있는가?)
- 가족의 권력 구조(한쪽 배우자가 너무 많은 권력을 가지고 있는가?)
- 가족의 의사결정과정(민주적인가? 독단적인가?)
- 가족의 목표(각 성원의 목표와 조화를 이루는가?)
- 가족의 신화(왜곡된 인지유형)
- 가족성원의 역할(희생자 역할을 하는 성원이 있는가?)
- 가족의 의사소통유형(간접적 메시지, 이중구속 메시지를 전달하는가?)
- 가족의 생활주기: 가족의 생활주기를 방해하는 예견치 못한 사건(갑작스러운 죽음, 장애아 출산, 이혼, 질병)
- 규범(명시적 규범과 암묵적 규범은 무엇이고 이것이 합리적인가?)

* 출처: Hepworth et al. (2002). *Direct Social Work Practice*, p. 272.

실천가는 순간순간 드러나는 정보와 함께 클라이언트의 행동, 사고, 감정의 중요성을 숙고하고 평가하며, 문제의 어떤 측면을 언제 좀 더 깊이 탐색해야 하는지를 결정한다. 측정은 개입 전반을 걸쳐 진행되는 과정이다. 문제에 관한 워커와 클라이언트의 인식이 시간이 흐름에 따라 변할 수 있기 때문이다.

사정 단계에서 생태도(eco-map)를 활용하는 것은 클라이언트의 생활공간을 이해하는 데 많은 도움이 된다([그림 6-1] 참조). 생태도는 클라이언트와 일상적으로 상호작용하는 요소들 그리고 클라이언트 생활에 어떤 일이 진행되고 있는지에 대한 이해를 돕기 위해 클라이언트의 가까운 주변환경을 지도처럼 그리는 것이다. 이를 통해 클라이언트가 환경과의 상호작용에서 갖게 되는 장점 및 장애물을 보여 준다. 상호작용 속의 갈등상황 및 우호적인 상황을 보여 주고 도구적인 도움의 존재 유무도 보여 준다. 생태도는 클라이언트와 워커에게 스트레스에 대한 설명 및 극복상의 어려움을 그림으로 제시해 주는 장점이 있다. 또한 클라이언트가 변화시킬 수 있는 가능한 부분도 제시해 주고, 워커에게 어떤 체계의 경계(boundary)를 어떻게 확대시켜

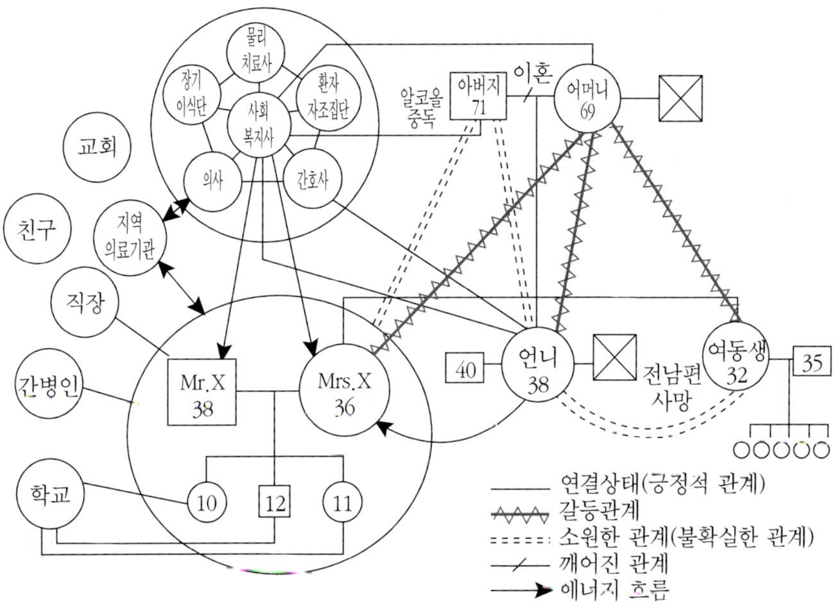

[그림 6-1] 생태도의 예

생태도를 통해 본 클라이언트의 문제상황 측정의 예([그림 6-1] 참조)

김 부인은 36세의 여성으로서 3명의 자녀를 두고 있다. 그녀는 18개월 전부터 백혈병을 앓고 있고, 현재 유일한 희망은 골수이식수술이다. 남편은 현재 아이들을 돌볼 가정부를 찾고 있으며, 김 부인의 친정어머니는 재혼하고 현재 사별한 상태다. 친정어머니는 딸을 매우 걱정하고 있지만, 딸들에게도 불만이 많은 상태다. 친정아버지는 알코올중독자였고 자녀들을 학대했다고 한다. 부모의 이혼 후 딸들은 아버지를 한 번도 본 적이 없었다.

환자의 언니가 골수를 기증하려고 한다. 하지만 진찰결과 여러 질병이 발견되었고, 몸 상태가 별로 좋지 않아 언니가 먼저 당분간 치료를 받아야 한다. 골수 기증이 불가능할 수도 있다. 가족으로부터의 수혈이 필요하므로 환자의 아버지를 찾게 되었다. 골수이식수술은 절차상 스트레스가 많으므로 사회복지사가 참여하여 환자와 가족을 돕고 있다.

① 환자의 남편과 친정어머니는 환자의 질환으로 인한 스트레스를 극복하는 문제뿐만 아니라 일상생활의 문제에 대해서도 도움을 필요로 한다. 이들은 또한 환자의 죽음의 가능성과 위험요소를 이해하는 데 도움이 필요하다.

② 골수기증자인 언니도 자신의 욕구가 있을 것이며, 심리적 스트레스를 가지고 있다. 언니에 대해 관심을 기울일 필요가 있다.

③ 환자의 아버지는 특이한 상황에 놓여 있다. 32년간 아버지로서, 남편으로서의 역할을 못해 오다가 이제는 딸의 생명을 구할 수 있는 유일한 희망자로 떠오르고 있다. 그러나 환자의 어머니 입장에서는 노여움을 불러일으킬 수도 있다.

④ 환자의 자녀들도 또한 사회복지사의 관심을 필요로 한다. 환자와 그 남편이 자녀들과 전화나 편지로 계속 접촉을 유지하도록 돕고, 자녀들의 두려움과 슬픔 그리고 외로움의 문제를 돕는다.

⑤ 환자는 원치 않는 결과가 나올까 봐 걱정이 많기 때문에 사회복지사의 관심이 필요하다.

⑥ 치료진이 환자의 심리사회적 욕구에 잘 반응하도록 치료진의 수용과 협조를 이끌어 내야 한다.

야 하는지도 분명하게 해 준다.

가계도(genogram)는 Bowen에 의해 개발된 것으로, 행동의 유형은 한 세대에서 다음 세대로 전달된다는 신념을 반영한 것이다([그림 6-2] 참조). 최소한 3세대의 가족역동성을 상징을 활용하여 그림으로 나타내게 된다. 가계도는 문제가 될 만한 정서적, 행동적 유형을 세대 간 맥락 속에서 찾아보는 데 도움을 준다. 그러한 문제유형은 세대를 걸쳐 반복되는 경향이 있다. 가계도는 가족으로 하여금 가족의 관계형성 유형을 파악하고 이해하도록 도와준다. 가

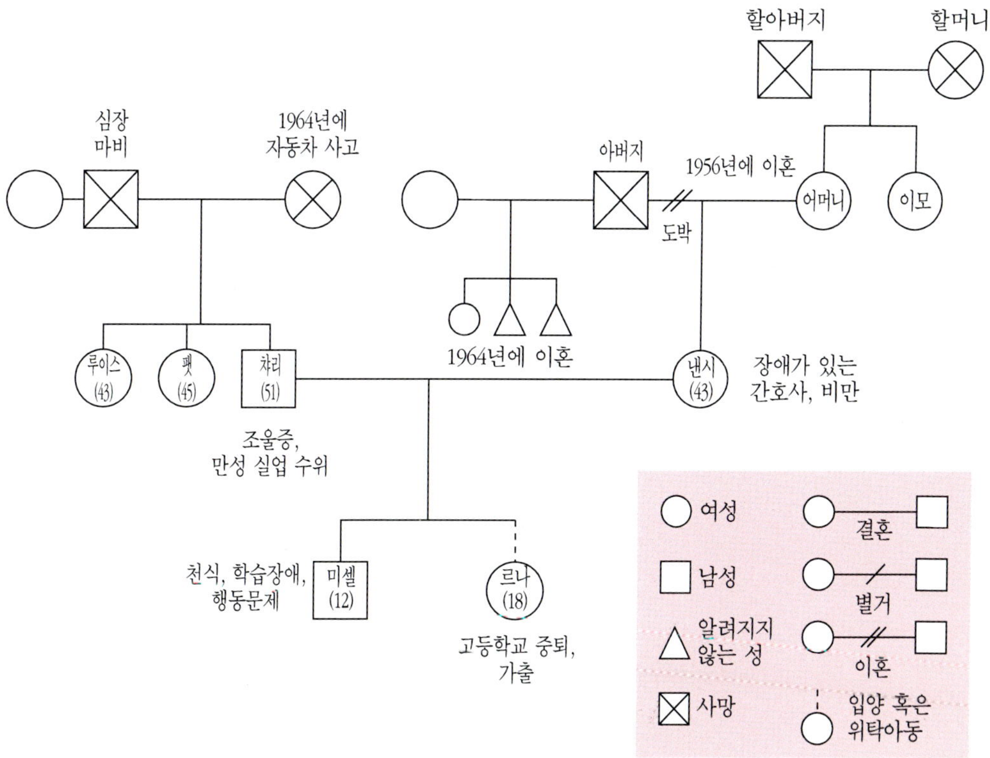

[그림 6-2] 가계도의 예

출처: 김혜련 외, 2004, p. 186.

계도에는 자주 활용되는 상징들이 나타나 있다. 각 상징을 통해 각 개인이 누구이고 이름, 연령, 성별, 형제서열, 결혼상태 등을 표현할 수 있다. 또한 각 상징 옆에 정서적 어려움, 행동문제, 종교, 직업, 중대한 사건 등 타당한 정보를 덧붙일 수 있다. 가계도는 생태도와 비슷한 점도 있지만, 생태도가 가족 외부의 체계와 상호작용하는 유형에 초점을 두는 데 비해, 가계도는 세대 간 가족의 역기능적 유형에 초점을 맞춘다.

2) 모델에 따른 사정요인

사정 시에 기본적으로 얻어야 하는 일반적인 정보가 있지만, 치료적 모델에 따라 특정한 정보를 얻어야 하는 경우도 있다. 모델별로 강조하는 사정내용을 간략히 알아보자.

(1) 정신역동적 사정

정신역동 중심의 사정에서는 다음 사항을 추가적으로 얻는다. 어린 시절의 발달상의 문제, 부모의 이혼, 유기, 어린 시절의 학교생활과 친구관계, 신체적·심리적 외상 또는 치료, 성의 발달이나 성적 경험 등에 대한 정보를 얻는다.

사회복지사는 기관에서 사용하는 일반 사정틀에 맞추어 사정을 실시한 후에 추가적으로 정신역동적 사정을 실시하여 몇 가지 자세한 사항을 알고자 하였다. 사회복지사는 클라이언트인 김 양에게 어린 시절의 경험, 특히 아버지에 대해 물었다. 김 양은 알코올중독이었던 아버지에 의해 비난받았던 과거 경험을 이야기했다. 김 양은 아버지가 자신을 사랑했기에 자신에게 비판적이었다고 믿고 있었다. 김 양은 두 번 남자와 동거한 경험이 있다. 둘 다 술을 많이 마시는 남자였다. 그중 한 남자는 김 양을 폭행하여 5일 동안 입원시킨 경력이 있다. 사회복지사는 김 양의 자존감, 성적 경험, 동료관계, 남자와의 관계유형, 방어기제 등에 대하여 자세히 알아보았다.

⑵ 행동주의적 사정

행동주의적 사정을 통해 클라이언트의 관찰할 만한 행동에 대한 자료를 얻는다. 행동은 먹는 빈도, 몸무게 감소 또는 증가, 수면시간, 흡연 및 음주량처럼 구체적으로 측정 가능해야 한다. 클라이언트의 표적문제는 문제의 존재 유무, 문제의 강도, 기간, 빈도의 네 가지 차원에서 측정될 수 있다. 예를 들어, 아동학대를 유무 차원에서 측정할 수 있다. 우울증의 강도를 5점 척도(1=전혀 그렇지 않다, 5=매우 심각하다)를 주고 선택하도록 한다. 기간은 문제가 얼마나 오랫동안 지속되는지를 측정하는 것이고, 빈도는 특정 기간에 발생한 행동의 횟수를 측정하는 것이다. 개입 이전에 표적행동의 빈도, 강도, 기간을 여러 날 또는 여러 주에 걸쳐 관찰하고 그래프로 나타냄으로써 기초선을 수립하고, 개입 후와 비교하여 표적문제에 어떤 변화가 일어났는지를 점검한다. 또한 문제행동이 발생하기 전의 선행적 사건(행동, 감정, 사고 차원 포함)이나 자극이 무엇인지 알아보고 문제행동 뒤에 따라오는 결과(행동, 감정, 사고 차원)는 무엇인지도 파악해 본다.

⑶ 인지적 사정

인지적 사정에서는 클라이언트의 핵심적 신념과 인지적 왜곡을 진술하도록 한다. 또한 문제상황에 대해 과거에는 어떻게 반응했는지 알아보고 건설적이고 대안적인 반응은 무엇인지를 파악한다. 인지적 사정에서는 문제상황을 묘사하고, 그 상황과 관련된 자동적 사고를 묘사하며, 결과적으로 그 사고로 인한 감정과 행동은 무엇인지를 파악한다.

상황: 친구가 나를 게으르고 추하다고 부른다.
자동적 사고: 친구 말이 맞아. 난 아무것도 할 수 없고 매력이 없어. 그래, 난 무능력하고 추해.
결과적인 감정: 무기력하고 슬프다.

결과적인 행동: 침대로 가서 운다.

위기상황의 사정 시 고려사항

위기 시에는 클라이언트 문제가 자신 및 타인에게 위험한 정도 그리고 기능손상의 심각성을 사정하는 것이 우선순위다. 약물남용문제, 거주지의 안정성, 가족이 음식이나 의복 같은 기본 욕구를 충족시킬 수 있는 능력이 있는지를 사정하는 것이 다른 문제들보다 우선이다.

위기사정(crisis or risk assessments)을 하는 경우, 워커는 초기 면접에서 가설개발을 필요로 한다. 중심이 되는 문제가 무엇이고 어느 요인이 문제를 창출하고 유지시키는지에 대한 가설을 개발하는 것은 시간이 많지 않은 긴급사례(예: 병원에 오는 사례)에 매우 도움이 되는 전략이고, 특히 위기사정에 중요하다. 가설은 워커가 무엇을 해야 할지에 대한 구조와 방향을 제시해 주므로, 클라이언트의 어려움을 이해하는 데 도움이 되지 않는 정보를 수집하면서 귀중한 시간을 소비하는 우를 범하지 않도록 해 준다. 가설에 기반한 면접을 하게 되면, 관계 형성의 필수요소인 워커의 전문적 신뢰성을 신속히 설정하는 데도 도움이 된다. 작업가설이 설정이 되면, 자세한 정보를 얻기 위해 후속질문을 무엇을 해야 하는지에 초점이 맞추어지고 클라이언트의 경험에 더욱 적합하고 반응적인 질문을 할 수 있다.

작업가설은 다양한 소스에 기반을 두고 개발될 수 있다. 예를 들어, 클라이언트의 초반부 이야기와 비언어적 표현들을 워커의 실천지혜와 지식 및 이론 등에 비추어 작업가설을 설정할 수 있다. 즉, 면접 초반부에 문제상황에 대한 클라이언트의 경험과 이야기를 들은 후, 클라이언트에게 가장 중요하거나 절박한 것이 무엇인지에 대한 잠정적 이해에 도달해야 한다. 그리고 이 자료를 워커의 지식과 실천지혜에 비추어 작업가설을 개발하고, 이를 바탕으로 면접 후반부에서 더욱 구조화된 방식으로 정보를 확대해 나가게 되는 것이다. 클라이언트가 가지고 있는 위기가 클라이언트에게 어떤 의미가 있는가(즉, 문제의 근원이 무엇인가)에 대한 가설을 개발함으로써 워커는 신속하고도 효과적으로 개입할 수 있게 된다. 이는 특히 위기상황에서

처럼 신속히 반응하여 고충을 줄여 주어야 하는 상황에서는 필수적이다.

위기사정에서 첫 번째 회합의 중요 목표는 위기적 사건의 성격, 클라이언트를 곤경으로 이끈 촉진요인, 그 사건의 의미와 중요성을 결정하는 것이다. 또한 치료를 받도록 동기화시킨 요인을 결정하는 것도 중요하다. 치료를 받는 것은 우연히 발생하지 않으며 대인관계적, 실존적, 발달상의 맥락에서 발생한다. 그러므로 지금 치료를 받도록 유도한 생활상황은 무엇인지 질문해 보아야 한다. 또한 그러한 문제를 과거에 잘 처리할 수 있도록 해 준 개인, 가족, 지역사회의 강점이 무엇인지도 질문해 보아야 한다. 왜 같은 문제가 존재했는데도 과거가 아닌 지금 도움을 요청하고 있는지를 묻게 되면 클라이언트가 자신의 생의 목적을 생각해 보도록 고무할 수 있고, 자신의 내적 감정이 무엇이고 자신의 가치가 무엇인지를 인식하게 된다. 이러한 요인이 바로 강력한 변화의 동기로 연결될 수 있다(Corwin, 2002).

3) 사례의 개념화

사정의 마지막 단계는 사례의 개념화[2]다. 즉, 문제에 대한 분석적 결론으로서 클라이언트의 고충의 성격을 구체화시키는 것이다(예를 들어, 적절한 자원이 부족하다든지, 자신의 삶의 중요사항에 대한 결정의 문제라든지, 대인관계의 역기능 등). 또한 클라이언트의 잠재적 대처능력과 상황을 고려할 때 문제의 심각성과 변화 가능성(예후)에 대한 판단도 하게 된다. 문제의 심각성과 성격을 판단할

2) 사례의 개념화(case conceptualization)는 사회사업가가 클라이언트의 어려움의 성격과 원인에 대한 이해를 어떻게 하고 있는지 보여 주는 것이다. 사례의 개념화에는 개입의 초점, 목적, 개입전략 선정에 대한 합리적 이유를 포함한다. 왜 클라이언트가 도움을 받으러 왔고, 무엇이 가장 긴급하며, 어떻게 클라이언트를 동기화시키고 도움이 될지에 대한 가설을 개발하는 것이다.

때는 그 문제를 다루는 데 있어서 워커의 능력과 기관이 제공하는 서비스가 적절한지도 판단해 보아야 한다. 워커는 또한 문제의 가능한 원인을 결정하기 위해 드러난 정보의 의미를 이론에 비추어 분석한다. 또한 클라이언트와 워커는 먼저 해결해야 할 문제에 대해 우선순위를 정할 필요가 있다. 그 기준으로서 현재 가장 불편한 영역, 문제해결과정에서 부딪힐 어려움의 수준, 논리적으로 볼 때 먼저 관심을 가져야 할 영역은 무엇인지를 고려하게 된다. 문제나 목표의 우선순위를 결정하는 지침은 다음과 같다(김융일 외, 1998).

- 클라이언트나 가족이 문제로서, 인식하고 해결되기를 바라는 모든 것을 기록한다.
- 사회복지사 차원에서 해결해야 할 문제로 인식된 것을 모두 기록한다.
- 상호 관련된 문제를 묶는다.
- 위의 세 개 중에서 환자나 가족이 2~3개의 중요한 문제를 선택하도록 한다.
- 문제의 우선순위에 대해 사회복지사의 의견을 제시한다.
- 클라이언트나 가족과 사회복지사가 다음 기준을 고려하여 합의점을 찾는다.
  - 클라이언트나 가족상황에 가장 크게 영향을 미치고 있는 문제는 무엇인가?
  - 가장 효율적으로 해결될 문제는 무엇인가?
  - 실현가능성이 있는 문제는 무엇인가?
  - 다른 문제를 해결하기 앞서 먼저 다루어져야 하는 것은 무엇인가?

워커는 사례에 대한 분석에 근거하여 성공적인 변화를 성취하기 위해 어떤 개입을 채택할지 결정한다.

마지막으로 문제 사정 시 고려해야 할 중요한 요소는 바로 클라이언트로부터 피드백을 이끌어 내는 것이다. 워커가 문제에 대해 사정하고 분석한 내용에 동의하는지, 클라이언트의 견해는 무엇인지를 묻는 것이다. 피드백을 요청함으로써 클라이언트는 자신의 견해가 존중되고 인정되는 경험을 가질 수 있으며, 결과적으로 클라이언트를 더욱 협력적으로 이끌 수 있다.

환경 속의 개인(person-in-environment: PIE) 문제분류체계

사회복지사는 사정 단계에서 클라이언트의 문제와 욕구를 파악하기 위하여 PIE 문제분류체계를 활용하는 것이 도움이 된다. PIE 분류체계는 성인 클라이언트의 사회적 기능 수행문제를 묘사하고 분류하고 기호화하기 위한 체계다(NASW, 1995). 미국 NASW의 지원하에 개발된 PIE 분류체계는 클라이언트의 대인관계적, 환경적, 정신건강적, 신체적 건강문제의 간결한 묘사체계를 제공하기 위한 조직적인 개념이다. 또한 PIE 분류체계는 모든 분야의 사회사업실천 및 다양한 이론적 성향을 가진 실천가들에 의해 사용되도록 계획되었다. Karls와 Wandrei(1994)가 제시한 PIE 분류체계는 클라이언트의 문제상황을 네 가지 축으로 분류한다. 축 I에서는 클라이언트의 사회적 기능 수행상의 문제를 파악하고 묘사한다. 문제의 유형과 심각성과 지속 정도 그리고 문제를 해결할 수 있는 클라이언트의 능력을 묘사한다. 축 II에서는 클라이언트의 문제에 영향을 주고 있는 환경상의 문제를 묘사한다. 축 III에서는 정신건강문제를, 축 IV에서는 신체적 건강문제를 파악한다. 축 III은 정신장애진단 매뉴얼인 DSM-4에서 사용되는 임상적 증후군과 성격적·발달적 장애의 개념들이 활용된다. 축 IV는 의사에 의해 진단되거나, 클라이언트나 다른 사람들에 의해서 보고된 질병이나 건강문제를 기록한다(이윤로, 홍영수, 2005).

여기서는 요인 I과 II를 요약하여 제시한다.

요인 I: 사회적 기능 수행상의 문제

1. 각 문제가 파악되고 있는 사회적 역할
   - 가족 내에서의 역할(부모, 배우자, 자녀, 형제, 기타 다른 가족성원)
   - 대인관계상의 역할(연인, 친구, 이웃 등)
   - 직장에서의 역할(피고용인, 지원봉사자, 학생)

- 특정 생활상황에서의 역할(예: 환자, 서비스 대상자, 보호관찰 대상자, 이민자 등)

2. 사회적 역할을 수행함에 있어 문제의 유형(9가지): 권한, 양가감정, 책임감, 의존성, 손실, 고립, 희생자(victimization) 등
3. 문제의 심각성을 6점 척도로 사정
4. 문제의 지속기간을 6개 범주로 사정
5. 문제대처능력을 6차원의 수준으로 사정

활용 예: 이름 김○○, 35세 여성

요인 1: 직장의 피고용인으로서의 문제, 희생자 유형, 중간 정도의 심각성, 1~6개월 지속됨, 부적합한 대처기술

요인 II: 환경상의 문제

1. 각 문제가 파악되고 있는 사회적 체계
   - 경제적/기본적 욕구체계상의 문제
   - 교육 및 훈련체계상의 문제
   - 사법적 체계상의 문제
   - 보건, 안전, 사회적 서비스상의 문제
   - 자발적 교제체계상의 문제
   - 정서적 지지체계상의 문제
2. 각 사회적 체계 내에서의 문제의 유형(71가지의 하부유형이 있다. 예를 들어, 규칙적인 음식 공급의 부족, 차별, 가정상황이 안전하지 못함, 사회서비스 이용상의 장애, 정서적 지원체계의 부족 등)
3. 문제의 심각성(6점 척도로 사정)
4. 문제의 지속기간(6개의 범주)

제7장

목적 및 계획 수립

계획수립 단계에서는 사정 단계에서 파악된 문제나 욕구를 다루기 위해 클라이언트의 능력에 기반하여 장기 및 단기목적을 현실적으로 세우고 프로그램 계획을 고안한다. 클라이언트에 대한 개입계획은 클라이언트가 동기화된 영역을 다루도록 계획하는 것이 바람직하다. 수행되어야 할 각 전략의 수행날짜와 수행책임이 있는 사람의 이름도 기록하여 모니터링을 수행하기에 용이하도록 한다. 계약서에 관련된 개인들이 사인하도록 하여 과제와 책임에 동의했다는 점을 이끌어 낸다. 이에 대해 좀 더 자세히 살펴본다.

1. 목적설정

목적이란 개입으로부터 얻게 될 바람직한 성과(outcomes)를 말한다. 추구하는 변화의 유형이나 목적의 종류는 보통 다음과 같이 구분할 수 있다(Johnson & Yanka, 2001).

- 관계 형성의 유지: 현 상황에서는 클라이언트에게 필요한 지지를 받을 수 있는 다른 소스가 부족한 경우
- 구체적 행동의 변화: 클라이언트가 구체적인 증상이나 행동문제로 고충을 받고 있는 경우
- 관계 형성의 변화: 체계 간의 관계가 갈등이 심한 경우
- 환경적 변화: 환경의 일부가 변화되어야 개인의 욕구가 충족될 경우
- 방향 잡기: 가치의 갈등이 있거나 클라이언트의 목적이 불분명한 경우

목적(goals)과 목표(objectives)를 구분하여 수립하기도 하는데, 목적은 광범위하고 다소 장기적이다. 목표는 목적을 이루어 나가는 단계적인 하부목적으로서, 단기적이고 구체적으로 작성하여 측정과 평가가 용이하도록 한다. 목적은 추상적으로 서술될 수도 있지만 목표는 측정 가능한 용어로 규정될 필요가 있다. 목표를 서술할 때는 누가, 무엇을, 어떤 상황에서, 언제, 어느 정도로 할 것인지를 구체화하는 것이 좋다. 다음의 예를 보자.

목적: 아동 후원자를 더 많이 확보하여 아동을 지원한다.
목표: 사회복지사는 9월 30일까지 새로운 후원자 20명을 더 확보하여 연결시킨다.

목적: 부모와 아동의 관계를 증진시킨다.
목표: 1월 20일까지 부모가 위탁가정에 맡겨진 아동을 최소한 일주일에 한 번 이상 방문한다.

표적문제: 청소년 자녀에게 화를 너무 자주 낸다.
목적: 아들의 문제를 이야기할 때 분노를 조절할 수 있다.
목표: 아버지는 아들과 이야기하면서 화가 나는 경우에는 최소한 10번 중 8번 이상은 10초간 기다리고 세 번 깊은 숨을 내쉰다(이를 7월 20일까지 지속한다).

표적문제: 지역주민이나 단체들이 지역사회문제를 해결하기 위해 연합할 의향이 없다.
목적: 지역사회문제를 해결하기 위해 지역주민과 단체가 연합한다.

목표: 1) A지역 대표자, B단체, C단체, D단체 대표가 일주일에 두 번 이상 만나 10월 5일까지 지역사회연합회를 형성할 가능성을 논의한다.

2) A지역 대표자, B단체, C단체, D단체 대표는 2월 15일까지 지역사회문제의 개선을 위한 노력을 조정하고 정보를 공유하는 모임을 한 달에 한 번 개최하는 지역사회연합회를 창설한다.

또한 목표를 작성할 때는 될 수 있는 한 긍정적 용어를 사용하는 것이 좋다. 즉, 클라이언트가 '무엇을 하지 않는다.' 라고 묘사하는 것보다는 '무엇을 한다.' 라고 묘사하는 것이 좋다. 무엇을 줄인다고 표현하는 것보다 성취한다는 식으로 표현하는 것이 낙인도 덜 붙고, 클라이언트가 원하는 것이 무엇이고, 무엇을 해야 하는지에 대해 초점을 명확히 할 수 있어, 자기확신을 더 가질 수 있다. 예를 들어, TV를 보고 있는 자신을 떠올리는 것은 매우 쉽지만, TV를 보지 않는 자신의 이미지를 떠올리는 것은 어렵다. TV를 보고 있지 않는 자신보다는 다른 활동, 즉 책을 읽거나 누군가와 이야기를 하는 자신을 목표로 한다면 무엇을 해야 할지에 대해 확신을 가질 수 있다.

목표는 또한 빈도나 기간, 강도 차원에서 서술하여 평가를 용이하게 하는 것이 좋으며, 목표가 이루어지는 시간도 기록하는 것이 좋다. 목표는 수 주 내에 성취 가능한 것이 좋으며, 몇 달이 걸리는 장기적 목표라면 더 작게 나누어 수립하는 것이 좋다. 클라이언트의 진전사항을 점검하기 쉽게 하기 위해서다. 또한 작은 목표가 하나하나 성취되면서 클라이언트는 더욱 희망적이 되고 동기화되기 때문이다.[1]

목표를 서술할 때는 목표가 클라이언트의 변화된 모습을 나타낼 수 있는 지표가 될 수 있도록 서술해야 한다. 바람직한 변화를 나타내는 용어가 아니

1) 목표가 잘 수립되었다는 기준의 하나는 개입의 결과를 평가하기가 용이하도록 구체적이고 측정 가능하게 작성되었는지의 여부다.

라 어떤 서비스를 받는다는 것으로만 목표를 서술하는 것은 곤란하다. 즉, '아버지가 분노조절상담을 받는다.'는 것을 목표로 할 경우, 상담을 받았어도 분노는 조절되지 않아 결국 목적이 이루어지지 않을 수도 있는 것이다. 어떤 서비스를 받는 것은 수단에 불과하므로 목적을 서술할 때는 '아버지가 분노조절상담을 받아 I-메시지로 의사소통할 수 있다.'로 서술하는 것이 바람직하다.

목적을 설정할 때는 클라이언트, 중요한 타자 그리고 워커의 기대를 고려해야 한다. 세 차원의 기대는 다를 수 있기 때문에 어느 정도 협의가 필요하다. 물론 클라이언트의 목적이 가장 우선시된다. 그러나 워커는 중요한 타자의 기대를 지적하면서 그 기대를 충족시키지 못하게 되는 경우 어떤 결과가 초래될지를 분명히 지적해야 한다.

마지막으로 목적을 작성할 때는 기관의 기능과 사명을 고려해야 한다. 목적은 기관의 기능과 일치해야 한다. 기관의 범위를 넘어서는 서비스가 필요한 목적이라면 클라이언트는 다른 기관으로 의뢰하는 것이 필요할 것이다.

목적설정 시 목적달성척도(goal attainment scale)를 활용하는 것도 좋다. 목적달성척도는 Kiresuk와 Sherman(1968)이 개발한 목적달성을 측정하는 도구로서 다양한 사회복지기관에서 폭넓게 활용된다. 사회복지사뿐만 아니라 심리사, 정신과의사, 상담가, 간호사들도 많이 활용하고 있다. 클라이언트의 문제를 파악한 후에 각 문제마다 클라이언트가 기대하는 목적을 사정하고 개입이 끝난 후에 점수를 매기게 된다. 개인이 여러 개의 문제를 가지고 있다면 각 문제마다 가중치를 줄 수도 있다. 예를 들어, 어느 개인이 3개의 문제를 가지고 있다면 1번 문제에 30, 2번 문제에 50, 3번 문제에 20의 가중치를 줄 수 있다(가중치의 총합은 100점이 된다). 모든 문제가 똑같이 중요하다면 가중치를 주지 않는다. 각 문제마다의 점수를 합쳐 평균을 내게 된다. 클라이언트가 여러 명이면 여러 명의 평균을 낸다. 점수를 내는 방법은 제9장에서 더 자세히 다루도록 한다.

목적달성척도는 클라이언트 중심의 목표달성을 측정하는 척도다. 물론 워커가 함께 목적달성척도를 작성하게 되지만, 일정부분 클라이언트에게 문제를 규정하고 목표를 정하고 진전을 점검하는 책임을 맡겨 줌으로써 클라이언트의 능력고취를 촉진시킨다(Poulin, 2005). 목적달성척도는 다음과 같이 5점으로 측정된다.

−2 = 가장 바람직하지 않은 결과
−1 = 기대한 수준보다 성취도가 낮음
0 = 기대한 수준을 성취함
+1 = 기대한 수준보다 높게 성취함
+2 = 가장 바람직한 결과

목적달성척도는 5단계로 목표를 세분화하고 있기 때문에 목표를 과도하게 높게 설정하는 것을 막을 수 있고, 개인의 욕구에 민감한 개별목표를 설정할 수 있다는 장점이 있다. 목적달성척도의 예가 <표 7-1>에 나타나 있다.

<표 7-1> 목적달성척도의 실례

위기개입센터(CIC) 목적달성 follow-up 지침			
클라이언트:	사회사업가:	guide 시작 날짜:	follow-up 날짜:
척도가 클라이언트와 센터(CIC) 간에 상호 협상되었는지 체크하시오.	항목		
	예(×) 아니요( ) 가중치=30	예( ) 아니요(×) 가중치=50	예(×) 아니요( ) 가중치=20
척도 달성 수준	도 1. 교육	척도 2. 자살	척도 3. 약물남용

(계속)

a. (-2) 결과가 기대에 매우 못 미침	클라이언트가 고등학교에 입학하려는 노력이 없음	클라이언트가 2회 이상 자살을 감행함	클라이언트가 1주일에 2회 이상 본드나 가스를 흡입함
b. (-1) 결과가 기대에 못 미침	클라이언트가 고등학교에 입학하였으나, follw-up 시간 때에 중퇴함	클라이언트가 센터(CIC)와 처음 접촉한 이후 자살충동에 따라 1회 시도하였으나, 성공하지 못함	클라이언트가 일주일에 1회 이상 본드, 가스를 사용함
c. (0) 결과가 기대 수준임	클라이언트가 입학하였고, follow-up 때까지 재학 중이었으나, 수업에 가끔 참석함(평균 매주 수업의 1/3 이상 결석함)	클라이언트가 센터(CIC)와 처음 접촉한 이후 4회 이상 자살충동을 느꼈다고 보고하였으나, 전혀 시행하지는 않음	클라이언트가 한 달에 1~3회 본드나 가스를 사용함
d. (+1) 결과가 기대 수준보다 성공적임	클라이언트가 입학하였고, follow-up 때까지 재학 중이었고, 수업도 지속적으로 출석하였으나 직업교육의 목표에 도달하지 못함	자살충동이 3회 이하이고 자살기도를 시행하지 않음	클라이언트가 한 달에 한 번 이하 환각제를 사용함
e. (+2) 결과가 기대 수준보다 매우 성공적임	클라이언트가 입학하였고, follow-up 때까지 재학하고 있었고, 지속적으로 수업에 출석하고, 직업교육의 목표에 도달함	센터(CIC)와 처음으로 접촉한 이후 한 번도 자살충동이 일어나지 않았다고 보고함	follow-up 기간에 클라이언트는 불법적인 약물을 사용하지 않음

출처: Hagedorn et al., 1976, p. 224.

2. 개입계획의 수립

목적설정 협상이 끝나면 계획을 수립한다. 계획의 목적은 클라이언트의 욕구를 분명히 기록하고 그 욕구를 현실화시키기 위한 전략을 기록하는 것이다. 프로그램 계획은 클라이언트와 실천가의 행동을 모니터하는 수단으로 활용된다. 계획과 수행은 클라이언트와 실천가의 공유된 활동이기에 목적달성을 위해 사회복지사, 클라이언트와 가족, 그 밖에 지원체계가 수행해야 할 역할과 책임에 대해 규정한다. 목적이 여러 개라면 각각의 목적달성을 위한 시간을 안배하여 계획을 수립하게 된다. 한 가지 명심해야 할 것은 각각의 목표와 관련된 소계획 수립 시마다 관심의 단위(초첨체계)를 구체화하는 것이다. 관심의 단위(unit of attention) 또는 초점체계(focal system)란 변화활동의 초점이 되어야 하는 체계를 말한다. 관심의 단위는 개인, 소집단, 부부, 기관, 지역사회가 될 수 있다. 또한 관심의 단위는 개인이나 사회체계 둘 사이의 상호교류일 수도 있다(Johnson & Yanka, 2001). 목적성취를 위해 적용할 수 있는 모델은 인지적, 행동적, 정신역동적, 체계중심적 개입이 모두 가능하며, 이 모델들을 절충하여 활용할 수도 있다.

Hepworth 등(2002)은 개입을 선정하는 데 있어서 다음 사항을 고려하였다. 효과적인 결과를 성취하기 위해서는 개입이 문제를 가지고 있는 체계에 적합해야 한다. 이를 위해 다양한 개입과 기법에 대해 지식을 갖추고 있어야 한다. 어떤 개입은 개인에게 적합하고, 어떤 개입은 가족 및 집단의 역기능을 교정하는 데 직합하며, 어떤 개입은 환경을 변화시키는 데 적합하다. 그러므로 변화를 초래하게 될 체계와 조화를 이룰 수 있는 개입을 선정하는 것이 중요하다. 조화가 이루어지지 않는다면 종종 클라이언트가 불만족하여 조기종결을 하게 된다. 예를 들어, 클라이언트의 우울이 물리적 환경으로 인한 사회적 고립에서 초래되었는데, 클라이언트의 자기성찰을 향상시키는 개입을 선정한다면 이는 부적합하다. 또한 아동을 학대하는 부모의 문제가 재정적인 부족과 과도한 책임감, 지지체계의 부족으로 인한 스트레스에 기인하고 있는데, 분노 통제기술만을 가르친다면 이 또한 부적절한 것이다. 클라이언트의 문제와 상태를 고려하여 개입을 선정하는 것이 중요하다.

클라이언트의 발달단계에 맞추어 개입을 선정하는 것도 중요하다. 어린 아동은 추상적으로 사고할 수 있는 능력이 부족하므로 놀이치료나 집단활동, 행동수정기법, 기술훈련 등이 보통 활용된다. 개입방법을 선정할 때 실증적 차원에서 효과적이라고 나타난 방법을 선정하는 것도 바람직하다.

한편, 개입모델의 선정은 클라이언트의 선호도에 좌우되곤 한다. 클라이언트가 개별치료를 원한다면, 문제가 대인관계적 맥락이나 가족치료에서 해결될 수 있을지라도 개별 클라이언트 위주로 개입이 진행되어야 한다.

개입계획을 수립하는 데 있어 다음 사항을 중시할 필요가 있다.

- 개인의 욕구에 기반을 두고 욕구에 따라 장 · 단기 목표를 세운다.
- 강점 견지에 기반을 둔 변화과정을 중시한다.
- 목표는 부정적 용어보다는 긍정적 용어로 서술한다.
- 욕구해결을 위한 대응전략을 고안한다. 목표성취를 위한 계획을 세우는 과정에 가족, 이웃 등 모든 관련된 사람들을 포함시킨다. 계획을 수립할 때마다 관심의 단위(초점체계)를 구체화한다. 또한 목표성취를 위해 동원되어야 할 행동체계가 속해 있는 지역사회의 기대나 가치, 규범, 자원을 인식하고 고려한다. 지역사회의 규범이나 가치, 자원을 크게 벗어나는 계획이라면 행동체계들이 쉽게 협력하지 않을 수 있기 때문이다. 또한 필요한 자원이 이용 가능한지를 고려한다. 개입전략을 선정하는 과정에서 반드시 고려해야 할 중요한 질문은 다음과 같다.
  - 개입이 표적문제나 목표체계와 조화를 이루는가?
  - 이 전략을 클라이언트 혼자서 수행할 수 있는가?

- 클라이언트의 지지체계의 요소들이 어떻게 이 전략을 도울 수 있을까?
- 실천가는 이 전략과 관련하여 얼마나 책임을 맡아야 하는가?

- 전략을 성취하는 데 있어 각 단계마다 책임을 맡은 사람을 구체화한다(워커나 클라이언트, 기타 다른 사람들의 역할을 기록한다).
- 전략 수행의 각 단계마다 수행이 완료되는 날짜를 기록한다.
- 계획과정에 관여한 모든 사람들로부터 사인을 받는다.
- 평가계획을 포함해야 한다.

치료계획의 예시

<예시 1>

문제: 우울증(잠을 못 이루고, 활력도 떨어지고, 식욕도 없다. 화가 난다.)

목적: 긍정적 사고와 활동량을 늘려 우울을 줄인다.

목표:

1) 우울증의 원인이 되는 왜곡된 신념을 2개 이상 파악하여 긍정적으로 재구조화한다.
2) 지지체계(친구)가 필요하다는 인식을 하고, 7월 20일까지 1개 이상의 지지체계를 개발한다.

개입계획:

1) 클라이언트의 과거 경험을 논의하기 위한 질문을 한다.
2) 왜곡된 신념을 파악하기 위해 인지치료기법 중 세칼럼기법(일지 쓰기)을 적용한다.
3) 네트워크 개발을 위해 자조집단에 참여한다.

<예시 2>

행동주의적 문제규정:

1) 몸무게의 심각한 감소를 초래하여 건강을 해치는 다이어트
2) 식욕의 손실

3) 사회활동에 대한 관심이나 재미가 줄어듦
4) 자존감이 약화됨
5) 어머니가 너무 바빠 청소년인 유리를 위해 지원이나 뒷바라지를 하지 못함

장기목적:

1) 몸무게를 늘리기 위한 노력을 확고히 하여 정상적인 섭식행동유형을 유지한다.
2) 우울한 기분과 증상을 장기적으로 관리하는 방법을 배우고 우울증상을 줄인다.
3) 사회적 네트워크를 개발하고 사회적 지지의 소스를 증대시킨다.

단기목표:

1) 8월 30일까지 몸무게와 식습관을 점검하기 위해 의사와 정신건강전문가와의 협력을 계속한다.
2) 8월 20일까지 우울증에 대한 교육을 받고 우울증에 대해 인식한다.
3) 8월 25일까지 자기 자신에 대해 가지고 있는 비합리적 신념을 2개 이상 파악한다.
4) 8월 25일까지 어머니의 지원을 하루에 1시간 이상 늘리거나 대신할 다양한 방법을 찾는다.
5) 8월 30일까지 사회적 활동을 2개 이상 늘린다.

개입계획:

1) 의료적 검진을 받도록 의뢰한다.
2) 자아에 대한 왜곡된 인지를 재구조화한다.
3) 우울과 우울의 영향을 교육시킨다.
4) 학교와 확대가족 내에서의 사회적 지원을 확대시킨다.
5) 과제를 내 주어 사회활동을 유도한다.
6) 섭식장애 자조집단에 참여시킨다.

<예시 3>

문제: 직장일과 가사의 과중함으로 인한 우울증과 스트레스

목적:

1) 우울한 기분을 줄이고 직장과 집안일을 잘 수행할 수 있다.

2) 대인관계적 스트레스를 다룰 수 있는 능력을 개발한다.

목표: 9월 30일까지 자신의 우울의 원인은 무엇인지를 1개 이상 파악한다. 스트레스를 다루는 방법을 1개 이상 배우고 매일 활용한다. 사회적 지지망을 1개 이상 확보한다.

개입계획: 의료적 진단을 받는다. 우울에 대한 교육을 제공한다. 스트레스 관리기술을 교수한다. 개인적인 욕구와 목적이 무엇인지 직접 작성해 본다. 자아 및 삶의 목적을 재평가하는 과제를 수행한다. 사회적 관계 형성과 관계망을 재설정하기 위한 과제를 수행한다.

<예시 4>

문제: 자살시도(무모한 운전이나 사고 등을 통한), 이성친구와의 관계에서 불안정성, 과도한 음주

목적: 충동적이고 파괴적인 행동의 빈도를 줄인다. 대인관계의 갈등을 다룰 수 있는 능력을 개발한다.

목표: 9월 5일까지 무모한 운전이나 과도한 음주 등 충동적 행동을 현재의 10% 수준으로 줄인다. 이성친구와 갈등이 일어날 때는 대화시간의 80% 이상 I-메시지를 통해 대화한다. 정서적 · 사회적 지지의 원천을 2개 개발한다.

개입계획: 스트레스 관리 및 충동통제기술을 가르친다. 대인관계상의 왜곡된 신념을 파악하도록 돕는다. 부모에게 아들의 문제를 극복하는 방법을 교육시킨다. 긍정적인 상호작용을 개발하기 위한 수단으로 봉사 및 취미활동을 하도록 고무한다.

<예시 5>

유리는 8세 된 여아로서 외할머니에 의해 아동복지기관에 도움을 받으러 왔다. 유리는 자꾸 말이 없어지고 사회적으로 위축되고 있다. 학교공부도 점점 더 못하고 있다. 이러한 문제는 두 달 전에 시작되었는데, 아빠가 교통사고로 돌아가신 이후다. 그 당시 유리의 부모는 이혼한 상태였지만, 주말이면 아빠와 시간을 보냈다. 아빠의 사고 이전에는 정상적이었고, 학교생

활도 잘하고 있었다. 현재 유리는 외할머니가 돌보고 있고, 엄마는 직장에 다닌다. 외할머니와 유리는 교회에 다닌다. 유리는 독서를 좋아하며, 혼자 놀기를 좋아한다.

문제: 유리는 아빠의 사고 후 스트레스로 인한 장애를 겪고 있다. 사회적으로 위축되어 있다.

목적: 아빠를 잃은 슬픔을 극복한다. 가족과 지역사회의 지원을 증진시킨다. 외부활동을 늘리고 학교과제를 잘 수행한다.

목표: 7월 5일까지 아빠 잃은 충격을 슬퍼할 기회를 갖는다. 외부 지원망을 하나 이상 확대한다. 학교에 2회 이상 결석하지 않고, 과제물의 90% 이상 빠짐없이 수행한다.

개입계획: 아빠의 죽음에 대한 생각과 감정을 표현하도록 돕는다. 할머니와 엄마에게 유리가 아빠의 죽음에 대해 어떻게 슬퍼하는지 교육시킨다. 유리를 학교사회사업가에게 연결시킨다. 학교과제물을 도와줄 지원자를 연결해 준다. 교회와 친구들의 유대를 강화시킨다.

<예시 6>

문제: A지역의 지역사회연합회가 A지역의 방과 후 아동보호 프로그램이 매우 부족함을 인식하고 이를 개선하기 위한 계획을 수립하는 경우

목적: A지역 저소득 주민들을 위한 방과 후 아동보호 서비스를 향상시킨다.

목표:

1) A지역 초등학교의 교장 및 임원을 만나 방과 후 서비스를 위한 공간을 내어 주도록 요청한다. 이를 5월 31일까지 마친다.
2) 지역사회연합회는 8월 31일까지 지역유지나 사업가들로부터 1,000만 원의 기부금을 모은다.
3) 방과 후 교실을 9월 30일까지 열고 직원을 1명 확보한다.

<예시 7>

문제: 김 군이 학교에 대한 불만을 제기하며 수업을 방해하는 문제행동을 한다.

목적: 학교와 김 군의 원활한 상호작용을 통해 성공적으로 한 학기 학업을

잘 마친다.

목표: 김 군이 남은 수업 두 달 동안 학교 규범을 90% 이상 준수한다.

개입계획:

1) 클라이언트의 과제: 김 군은 3월 15일까지 수업시간의 학생의 행동에 대한 기본적인 세 가지 규범을 암송한다.
2) 워커의 과제: 3월 10일까지 워커는 김 군의 선생님을 만나 김 군의 행동에 대해 매시간 문서로 피드백을 주도록 협의한다.
3) 부모의 과제: 부모는 문서로 된 피드백을 읽고 주말마다 긍정적 피드백의 수에 따라 보상을 준다.

3. 계약서 작성

계획수립이 완료되면 계약서를 작성하게 된다. 계약 단계에서는 실천가와 클라이언트가 세운 개입목표의 성취를 위해 노력한다는 것을 서약하게 된다. 계약서에는 문제의 정의, 목표, 클라이언트와 워커의 역할을 기록하고, 미팅의 시간, 장소, 빈도, 비용 같은 자세한 내용도 기록하게 된다. 사회사업실천에서 계약서는 점차 많이 사용된다. 그 이유는 양자 간에 무엇을 동의했고 동의하지 않았는지 명확히 할 수 있기 때문이다. 사회사업실천에서 계약이라는 단어가 법에서의 개념과 유사하게 사용됨에도 불구하고, 보통 법률적 속박의미를 뜻하지는 않는다. 그러나 어떤 경우는 법적 의미도 지닌다. 예를 들어, 계약서에 기록된 부모의 치료목표 성취 여부가 아동을 부모에게 돌려보내야 될지를 결정짓는 조건이 될 경우 그렇다.

계약에 의해 조성된 서약을 분명히 하고 촉진하기 위해서는 실천가의 역할과 클라이언트가 문제해결을 위해 할당받은 업무를 명확히 규정해야 한다. 계약은 양자가 도달한 합의를 가시화시키고, 그들이 정기적으로 개입과정을 점검하는 기본 틀을 제공한다. 계약은 개입과정에서 재교섭되거나 변경될 수 있다. 계약은 개입의 초점을 유지하는 데도 도움을 준다.

개입에 들어가기 전에 보통 클라이언트에게 치료에 대한 합당한 설명을 하고 동의를 구해야 한다는 윤리적 지침을 어기게 되는 경우가 많은데, 이를 방지하기 위해서도 계약서 작성이 필요하다. 실천가는 무슨 치료를 하든지 클라이언트의 알권리, 고지의 의무, 동의 구하기 같은 윤리적 원칙을 고려해야 한다. 다음은 계약서 작성의 예다.

계 약 서

클라이언트 이름	클라이언트 이름
클라이언트 이름	클라이언트 이름

I. 나(우리)는 ____________와(과) 나(우리)의 상황을 충분히 토의하였기에, 이 계약서를 통해 나(우리)의 상황을 호전시킬 수 있는 확고한 목표를 달성하는 데 협조할 것을 서약하는 바입니다. 이러한 목표를 달성하기 위해 나(우리)는 나(우리)의 경험과 생활사건들 그리고 이들에 대한 의견을 공유할 것을 동의합니다. 나(우리)는 이러한 목표들을 이루기 위해 필요로 되는 과제들을 상호 간에 계획하고 수행하는 데 열심히 참여할 것을 동의합니다.
우리의 초기 목표는

1. ____
2. ____
3. ____

나(우리)는 과제를 함께 수행하는 동안 이러한 목표들은 더 첨가될 수도 있고 바뀔 수도 있음을 이해합니다.

II. 나(우리)는 회합의 형식과 프로그램 내용은 아래와 같음을 동의합니다.
회합의 형식: 개인, 부부 또는 가족 연합, 집단

프로그램 내용이나 계획:

____

____

____

나(우리)는 각 회합은 _____년__월__일로 시작하여 _____년__월__일까지 총 ______회합으로 각 회합은 약 _______시간 동안 지속된다는 것을 이해합니다.

Ⅲ. 나(우리)는 ________________________을 통하여(측정방법을 기술) 각 ________회기마다(번호) 나(우리)의 발전에 대해 평가하는 데 참여할 것을 동의합니다. 나(우리)는 모든 치료가 끝난 후에 있게 될 추후평가에 참여할 것을 또한 동의합니다.

Ⅳ. 나(우리)는 전문적 서비스에 대한 비용에 대해 토의한 바, 각 회합의 비용은 _____원에 찬성합니다. 그리고 나(우리)는 이 비용을 ______________으로 지불할 것입니다. (협정한 것을 기술하시오.)

Ⅴ. 나(우리)는 동의한 내용을 검토하였으며, 오늘 _____년 ____월 ___일 이것을 지킬 것을 동의하는 바입니다.

클라이언트 서명	서명
서명	서명

Ⅵ. 나(우리)는 언제든지 동의한 내용을 다시 협상할 수 있음을 이해합니다.

Ⅶ. 나는 동의한 위의 내용을 읽었고, 위에서 기재된 목표들을 클라이언트들이 달성할 수 있도록 최선을 다해서 원조할 것을 서약합니다.

사회사업가 서명: ________________ ______년 ___월 ___일

____

단기적 접근의 특징

- 시간제한: 클라이언트와 워커는 회합의 수를 제한할 필요가 있다. 첫 번째 회합에서 8~12회 정도의 회합을 가질 것을 계약하게 된다.
- 표적문제 수의 제한: 개입해야 할 문제를 2~4개 정도로 제한한다. 추가적으로 다루어야 할 문제가 분명하게 나타날지라도 워커와 클라이언트는 처음에 규정된 문제에 초점을 맞추어야 한다.
- 문제를 행동주의적 용어로 규정: 제시된 문제를 행동주의적 용어로 규정한다. 즉, 측정 가능하고 양화할 수 있는 행동이나 이슈에 초점을 두어야 한다.
- 구체적 목적 설정: 목적은 행동주의적 용어로 분명하게 규정된다. 목적이 분명해야 개입의 초점을 유지할 수 있다.
- 계약서 작성: 워커와 클라이언트 상호 간에 기대하는 내용과 수행해야 하는 과업내용을 문서화하고 사인한다.

초기 단계에서 수행되어야 할 과제와 과정

- 라포(rapport)를 형성한다.
- 클라이언트 및 관련인물, 문제, 환경적 요인에 대한 포괄적인 정보를 이끌어 냄으로써 클라이언트의 문제를 탐색한다.
- 문제해결에 중요한 자원이 되거나 문제해결에 있어 어려움을 부추기는 역할을 하는 체계에 대해 다차원적 측정을 한다. 모든 자료를 종합한 후, 문제에 관한 성격을 규정하면서 그에 대한 클라이언트의 견해를 묻는 것이 측정의 타당성을 높이는 데 좋다.
- 클라이언트의 동기를 증진시킨다.
- 워커와 클라이언트가 문제해결을 위해 동의 하고, 목표를 설정하며, 개입계획을 수립하고, 계약서를 작성한다.

4. 사정 및 보호계획 연습

다음의 사례를 가지고 생태도(eco-map)를 그려 본다. 클라이언트가 자신의 주변환경 요소들과 어떤 관계를 형성하고 있는지 유형을 파악하라. 사회사업가로서 어떤 관계 형성에 초점을 두고 클라이언트와 일할 것인가? 아래 HJ 양의 체계의 한 부분에서의 변화가 그 체계의 다른 부분을 변화시키는 방법을 생각할 수 있는가?

HJ는 3명의 아이들이 있는 25세의 여성으로 아이들의 나이는 8세, 5세, 2세다. 그녀는 면접이 진행되는 동안 쾌활하고 사교적 · 협조적이었으며, 정서적으로 안정적이었다. 그녀는 장애인 고용 프로그램에 대해 듣자마자, 그 프로그램에 참가하기로 결정했다. 그녀는 약간 살이 쪘고 긴 머리를 머리핀으로 뒤로 묶은 깨끗한 옷차림을 하고 있었다. 그녀는 잘 웃었으며 농담도 잘하곤 했다.

HJ는 2년 전에 교통사고로 인한 장애 때문에 물건판매와 관련된 일을 그만두었다. 그녀는 사무를 위해서 컴퓨터를 배우는 것에 대해 매우 의욕이 넘쳐 있다. 그녀는 자신의 아이들에게 긍정적인 역할모델이 되고, 숙제를 도와주고, 아이들을 위해 더 좋은 생활환경을 마련해 주기를 원하기 때문에 자립하려고 한다. 그녀의 여덟 살짜리 아이는 책을 읽는 데에 장애가 있는데, 이것은 아마도 학습장애와 관련이 있는 것 같다. HJ는 이 문제에 대해서 아이의 선생님과 의논을 했고, 아이가 만약 1학년을 다시 다니게 된다면 올해 초에 검사를 받아 볼 예정이다. 그녀의 두 살짜리 아이는 건강하며 아무런 문제도 없다.

HJ는 긴장이 많았던 자신의 어린 시절에 대해서 이야기했다. 아버지는 정서적으로 가족들에게 소홀하였으며, 어머니를 신체적으로 학대했다. HJ의 어머니는 아버지에게서 떠났다가 다시 돌아오는 일을 반복했다. HJ가 열 살이 되었을 때, 그녀의 어머니는 아버지를 완전히 떠났다. HJ가 열여섯 살이 되었을 때 어머니와 다시 살게 되었는데, 아버지가 여전히 폭력적이었기 때문에 HJ와 그녀의 열여덟 살 된 언니는 집에서 도망을 쳐서 어머니와 함께 살게 된 것이다. 언니는 HJ와 어머니를 위해서 열심히 일을 했다.

언니와 함께 거처를 옮긴 지 얼마 안 되어서 HJ는 고등학교를 중퇴했는데, 그 이유는 질이 나쁜 친구들과 어울렸기 때문이었으며, 그 친구들의 대부분 또한 중퇴를 했다. 그녀의 남자친구 또한 그녀가 학교를 그만두고 자신과 어울리기를 권고하곤 하였다. HJ는 그때 자신은 술을 마시고 약물도 가끔 했으며, 학교에는 전혀 흥미가 없었다고 이야기했다. 그녀의 언니가 HJ에게 학교에 갈 것과 그 친구들과 어울리는 것을 그만두기를 강요했기 때문에, HJ는 남자친구의 집으로 이사를 하고 일을 하기 시작했다.

HJ는 남자친구와 동거를 시작한 지 2년이 지난 후에 결혼했다. 그러나 그녀의 남편은 점점 의처증이 심해져서 그녀를 신체적으로 학대하기 시작했다. HJ는 일을 했고 자신의 임금을 매월 남편에게 주어야만 했다. 남편의 폭력은 점점 더 심해져서 그녀는 사실상 집에 갇힌 죄수처럼 되었다. 그녀는 남편의 손아귀에서 벗어나지 못했고, 5년이 넘도록 자신이 받은 학대에 대해서 가족이나 친구들 혹은 어떠한 상담기관에도 이야기하지 않았다. 그녀는 다른 사람들이 자신의 문제에 대해서 아는 것이 부끄러웠고, 자신이 받는 학대가 어느 정도 자신의 탓이라고 느꼈다.

HJ는 오직 그녀의 아이를 위해서 살았다. 그러나 남편이 다른 여자와 살고 있다는 것을 알았을 때, 그녀는 남편을 떠났다. HJ는 새로운 남자를 만났고, 18개월 후에 그의 아이를 낳았지만, 그가 좋은 아버지가 될 것 같지 않았기 때문에 그와 결혼하지 않았다.

HJ는 최근에 자신의 기준에 미치지 못하는 남자의 아이를 가졌기 때문에 유산을 했다. 그녀는 그에게 더 이상 자신 주위에 있지 말라고 이야기를 했다. 아이를 유산하는 일은 그녀에게 갈등을 가져왔다. 왜냐하면 그녀는 아이를 사랑하지만 직업훈련을 받아야만 하고, 현재의 아이들을 돌보기 위해서 좋은 직업을 가져야만 하고, 또 다른 아이를 갖는다는 것은 한동안 이런 일들을 불가능하게 만들기 때문이다. 그녀는 불임수술을 받기를 원하지는 않았는데, 왜냐하면 좋은 남자를 만나면 그와 결혼하고 그의 아이를 낳고 싶기 때문이라고 했다. HJ는 적어도 10명의 남자친구들이 있는데, HJ는 그들이 자신에게 진실한 친구라고 생각한다. 또한 그녀는 정말로 가까운 두 명의 여자친구가 있다.

HJ는 아이들을 돌보는 일에는 관심이 많고 유능하다. 그녀는 아이들을 위해 모든 필요한 치료와 검사를 하고, 건강한 음식을 먹이며, 많은 시간 동안 아이들과 이야기를 나눈다. 그녀는 아이들에게 규칙적으로 책을 읽어 주고 그들의 숙제를 도와준다. 그녀의 훈육방법은 아이들에게 신체적인 체벌을 하기보다 그들과 이야기를 하는 것이다.

HJ의 아이들은 그녀에게 매우 솔직해서 집에 아버지가 없는 것에 대한 자신들의 느낌을 표현해 왔다. 다섯 살짜리 아이는 자신의 아버지와 규칙적으로 만날 기회가 없었는데, 아버지와 만날 때조차 아버지에게 자주 야단을 맞곤 했다.

그녀의 종교는 기독교다. 그녀는 자신의 아이들에게 좋은 생활을 제공하는 것에 중요한 가치를 두고 있으며, 그것이 그녀를 동기화시키고 격려하는 주요한 원천이다.

지적 측면에서 HJ는 사무능력, 수학적 개념, 손의 작업능력이 평균 이상이다. 그러나 언어학습능력과 구체적인 수학적 기술에 있어서는 평균 이하다. 그녀는 지금 5학년 수준의 책을 읽고 있지만. 고등학교 검정고시에 합격할 수 있을 것이라고 생각한다. 그녀는 '야한 소설' 을 읽는 것을 좋아한다. 그녀는 컴퓨터를 가지고 일하기를 좋아하고, 컴퓨터와 좀 더 친숙하게 되기를 원하기 때문에 컴퓨터를 쓸 수 있는 직업을 선택했다. 그녀는 항상 약속을 지키고, 아이들을 돌볼 준비가 되어 있고, 검정고시에 대한 준비도 되어 있다.

HJ의 아이들은 검정고시를 통과하려는 그녀의 노력을 지지해 준다. 아이들은 자신들이 얼마나 엄마를 자랑스럽게 생각하고 있는지를 그녀에게 이야기한다. 그녀는 급한 도움이 필요할 때나 잡일에 도움이 필요할 때 활용할 수 있는 남자형제들이 있으며, 그녀의 어머니는 그녀를 정서적으로 지지해 주고 그녀를 위해 기도한다. 그녀의 언니는 가족을 위해 하루 종일 일하지만, HJ가 검정고시를 위해 학원으로 돌아간 것에 대해 자랑스럽게 생각한다.

HJ는 때때로 우울해지는 경향이 있다. HJ는 미래에 대해서 낙관적이지만 자신은 다른 사람에게 줄 수 있는 것이 거의 없다고 생각하며, 자신이 바라는 일들을 성취하기 위해서 의지할 만한 사람도 거의 없다고 생각한다. 좋은 엄마와 좋은 친구라는 것을 제외하고는 자신이 좋은 사람이라고 생각하지 않는다. 여러 가지 일들이 그녀를 힘들게 할 때 그녀는 혼자서 운다. 자신의 두 명의 여자친구 중 한 명에게 가서 자신을 힘들게 하는 일들에 대해서 이야기한다.

위의 사례를 가지고 다음 질문에 응답해 보라.

- 당신이 이 사례의 주인공이라면 어떤 생각이 드는가?
- 이 사례를 돕는 것은 어떤 가치가 있다고 생각되는가?

- 이 사례의 주인공은 어떤 장점을 가지고 있는가?
- 클라이언트는 주변환경의 여러 요소들(가족, 친구, 학교 등)과 관계 형성을 어떻게 하고 있으며, 클라이언트가 자기충족적이 되도록 하기 위해 당신은 어떤 관계 형성의 개선에 초점을 둘 것인가? 왜?
- 이 사례의 클라이언트가 자기충족적 상태로 남아 있기 위해 필요한 조치는 무엇이라고 생각되는가? 보호계획을 세워 보라.

제8장

수행 단계

수행 단계에서 사회사업가와 클라이언트는 클라이언트의 목표 달성을 돕기 위한 활동을 수행한다. 실천개입방법의 선택은 측정결과에 기반을 두며, 실천가와 클라이언트의 계약에 의해 인가된다. 개입실행 단계에서는 문제에 초점을 맞추고 상담, 역할극, 지역사회자원 연계, 지지집단 형성, 자원개발, 가족연계 장려, 치료극, 기타 관련전략의 적용과 같은 활동을 할 수 있다. 실천가는 개입과정을 통해 클라이언트에게 정기적으로 환류와 지지를 제공하고, 클라이언트의 문제해결노력에 대한 솔직한 평가를 해야 한다. 그러나 과업을 수행해 나가면서 클라이언트와 사회사업가는 시작 단계에서 설정했던 어떤 목표들과 방법은 적절하지 못하다는 것을 알게 되고, 이들을 수정하게 될 수도 있다. 이럴 경우 시작 단계로 다시 돌아가 몇 가지 과제를 반복하고 중간 단계의 과제들을 다시 시작하게 된다.

개입이 성공적으로 수행되기 위해서는 클라이언트가 인식하도록 해야 할 부분이 있다. 즉, 상황의 개선을 위해 필요로 되는 과제의 상당부분은 클라이언트가 수행할 책임이 있다는 것이다. 자신이 수행할 능력이 있는 과제는 스스로 책임지도록 해야 하고, 그 능력을 넘어서는 과제에 대해서만 워커가 책임지도록 한다. 무엇이든 해 주는 것은 의존성을 키우게 한다. 클라이언트는 과제의 성취를 통해 개인적 성장을 이끌 수 있다.

개인이 자신의 목표를 달성하고자 할 때 자신은 물론, 가족 또는 보다 큰 환경체계의 변화가 요청되기도 한다. 어떤 개입대상을 선정하는가는 매우 복잡한 문제다. 왜냐하면 한 체계의 변화과정이 다른 체계의 변화를 가져올 수 있기 때문이다. 예를 들어, 엄마가 아이들과 좀 더 많은 시간을 보내기로 결정하자, 그녀의 이 같은 행동을 지켜본 남편도 아이들과 시간을 많이 보내기로 결심할 수 있다. 한 체계의 변화가 또 다른 방향으로 작용한 예를 하나 더 들어 보자. 한 클라이언트가 자녀가 받고 있는 열악한 교육에 대해 더 이상 가만히 보고만 있을 수 없어, 학교측이 보다 나은 서비스를 제공하도록 압력을 가하기로 결심했다. 이것을 실행하는 동안 그녀는 또한 다른 문제상황 속에서도 단호하게 의견을 표현할 수 있는 방법을 배울 수 있었다. 이러한 복합성 때문에 현실적으로 변화대상을 분리해서 볼 수는 없지만, 여기서는 클라이언트 개인의 변화를 통해 목표를 성취하는 방법에 대해 먼저 논하고, 체계개입을 통한 문제해결방안을 언급할 것이다.

1. 미시적 개입방안

개인의 변화는 행동, 사고, 감정의 변화를 통해 시작된다. 정신건강기관에서 사회사업가를 만나고 있는 한 실업자를 예로 들어 보자. 그는 감정적인 측면에서 직업을 구하는 것에 대해 불안해하고 있을지 모르며, 사고의 측면에서 직업을 구하는 것에 대해 쓸모없는 것이라는 역기능적인 생각을 갖고 있을지도 모른다. 또한 행동적 측면에서는 어떤 특별한 직업에 요구되는 기술이 부족할지도 모른다. 그러한 상황 속에서 사회사업가는 클라이언트가 생각하고 느끼고 행동하는 방식을 변화시키고자 접근할 것이다.

이러한 목적을 위해 사회사업가는 자신의 접근방식을 다양한 이론, 즉 자아심리학, 행동주의, 역할이론, 문제해결이론, 발달심리학 등으로부터 선택한다. 순수한 한 가지 이론만을 선택하여 사용하기보다는 조사와 경험을 통해 유용하다고 증명되어 온 다양한 이론을 선택하는 것도 좋다. 때로는 창조적으로 개입방법을 고안해 내기도 한다. 먼저 사회사업가가 보편적으로 많이 활용하고 있는 개별실천이론을 간략히 소개한다(Bentley, 2002). 이론에 대한 자세한 소개는 『사회복지실천기술론』(2판, 이윤로, 2007, 학지사)을 참고하기 바란다.

1) 임상사회사업이론

(1) 자아심리학과 대상관계이론

자아심리학(ego psychology)/심리사회적 접근은 자아의 활동에 초점을 둔다. 자아는 개인의 내적 욕구와 환경의 요구 사이를 중재하는 성격의 한 구조다. 개입은 자아지지(현 자아를 강화시킨다)와 자아수정(자아기능상의 결함을 수정한다)으로 구분된다. 자아심리학은 정신역동치료의 영향을 받고 있기에 행동에 대한 무의식적인 사고의 중요성을 인정하고 있으며, 클라이언트가 어떠한 방어기제를 사용하는지에 관심을 둔다. 대상관계이론(object relations theory)도 정신역동적 관점을 가지고 있으며, 성격과 사회적 기능의 질을 결정하는 주요 요인으로서 클라이언트가 다른 사람들과 지속적인 애착을 형성할 수 있는 능력이 있는지를 중시한다. 이러한 능력은 어린 시절 부모로부터의 분리경험이 어떠했는지에 기반을 둔다. 현재의 관계 형성에 대한 부정적 또는 긍정적 기대는 개인의 과거 관계 형성의 경험으로부터 유발된다고 본다. 개입은 다른 사람들을 신뢰하고 안정된 관계 형성을 할 수 있는 능력, 갈등이 있는 동안에도 긍정적인 관계 형성을 지속할 수 있는 능력을 향상시키는 데 초점을 두며, 주로 자아수정의 경향을 띤다.

자아심리학에서 자아지지적(ego-sustaining) 기법은 클라이언트가 자신의 동기나 행동을 좀 더 명확히 이해하도록 돕고 현재의 어려움을 해결하도록 촉진시킨다. 보통 다음의 기법을 포함한다. 지지기법(긍정적인 관계 형성을 개발하고 유지하도록 한다), 탐색－묘사－환기(클라이언트가 스트레스 해소를 위해 감정을 표현하도록 고무하고 문제에 대해 객관적인 이해를 하도록 한다), 개인－상황반영(클라이언트가 현재의 어려움에 대한 해결책을 찾아낼 수 있도록 자기탐색을 촉진, 즉 클라이언트가 자신의 상황과 행동과의 관계에 대해 더 잘 이해하고 성찰하도록 한다). 사회사업가는 또한 클라이언트를 교육하며(종종 환경적 자원에 대해) 조심스럽게 직접적 영향력(direct influence)을 행사하여 특별한 행동을 촉구하기도 한다. 이 기법은 특히 클라이언트가 위기에 있거나 자신의 보호능력이 매우 저하되어 있을 때 활용하게 된다.

주요 자아수정기법은 발달적 반영이다. 클라이언트가 무의식적인 과정에 대한 탐색을 요할 정도로 심각한 대인관계적 기능의 결핍이 있을 때(예: 성격장애) 활용된다. 사회사업가는 클라이언트의 관계형성 유형에 대한 새로운 해석을 제공하고, 부적응적인 방어기제는 대응하며, 새로운 대인관계적 경험을 제공함으로써 클라이언트의 자기탐색과 이해를 촉진시킨다. 이 기법은 특히 대상관계이론에서 많이 활용되는데, 어린 시절의 대인관계적 갈등을 해결하도록 돕는 데 초점을 맞추기 때문이다.

자아심리학/심리사회모델 사례

6명의 자녀를 둔 가정의 외동딸인 희진의 부모는 희진이가 성장하는 동안 늘 과보호하고, 활동을 제한하거나 통제하고, 종종 희진을 대신해 결정까지 해주었다. 희진이 결혼을 하고 세 명의 어린 자녀까지 두었지만, 부모와의 관계에는 크게 변함이 없었다. 희진의 부모는 계속해서 희진의 안부에 대한 걱정을 지나치게 하였고, '부족한 것이 하나도 없도록' 용돈과 선물을 주었다.

희진은 선물을 받는 것이 좋았고 용돈도 언제나 유용하게 썼지만, 부모가 자기에게 바라는 일들이 많아 그것을 감당하는 것은 부담스러웠다. 어머니는 몸이 아프거나 심부름 시킬 일이 있으면 늘 희진을 불렀으며, 희진이 당연히 매주 집에 들러 청소를 해 주어야 한다고 생각했다. 아버지는 자신이 운영하는 작은 사업의 회계업무를 희진이 맡아하기를 원했다. 부모는 자신들이 원하는 대로 희진이 해 줄 것을 요구했다.

사정: 부모에게 지나치게 의존하는 희진은 이러한 의존성을 원망했으며, 스스로 갇혀 있다고 느끼는 이러한 상황에서 벗어나기를 원했다. 희진은 자기 아이들의 의존성과 요구도 못마땅했다. 희진은 남편이 아이들을 잘 돌보지 않고 자신을 가볍게 여긴다고 느껴, 대부분 남편에게 화가 난 상태로 지내기도 했다. 남편이 모든 결정을 대신 내린다고 불평했다. 본인도 우유부단함과 스스로의 마음을 잘 결정하지 못한다는 사실을 인정했지만, 희진은 자신과 관련된 문제들을 스스로 결정하고 싶었다.

사회생활이나 자녀, 남편 그리고 때로는 이웃이나 친구들과의 관계에서 희진이 느끼는 무력감은 어린 시절에서 비롯된 것으로 보였다.

개입: 개입의 목표는 보다 자립적으로 변하고자 하는 희진의 노력을 지원하고 더 독립적이 되도록 돕는 것이었다. 희진이 자신의 삶에 영향을 미치는 결정을 스스로 하도록 격려했으며, 어머니와의 관계를 다시 한 번 바라보도록 도와주었다. 또한 자녀의 의존성이 못마땅하다고 느끼는 이유를 파악하고, 자녀의 자립성 장려를 통해 문제를 해결할 방법을 이해하도록 도왔다. 예를 들어, 희진은 다섯 살짜리 자녀의 신발끈을 계속 묶어 줄 필요가 없으며, 대신 끈을 묶는 방법을 아이에게 가르치면 된다는 사실을 알게 된 것이다.

사회복지사의 도움을 받아 희진은 자신의 의존성을 이해하고, 무력감이나 거부되었다는 느낌 없이 타인과의 관계를 만들어갈 방법을 알게 되었다. 사회복지사는 희진이 부모와의 관계에 대해 취해야 할 자세를 알려 주었다. 즉, 부모님이 용돈을 주는 대가로 요구하는 부탁을 거절하고, 필요하다면 선물도 거부하도록 한 것이다.

(2) 인지이론

인지이론은 의식적 사고활동에 따라 개인의 감정 및 행동이 영향을 받는다고 가정한다. 많은 문제가 인지적 왜곡이나 객관적인 증거에 기반을 두지 않은 어떤 신념이나 인식적 습관에 기인한다. 사회사업가는 클라이언트가 인지적 왜곡을 파악하고 더욱 현실적인 증거와 일치되는 사고로 대치하도록 돕는다.

인지이론의 기법은 클라이언트의 인지유형을 수정하는 데 초점을 둔다. 사회사업가는 클라이언트가 문제를 좀 더 유연하게 생각하고 명확히 분석하는 방법을 배우도록 돕는다. 두 가지 주요 전략이 있는데, 먼저 인지적 재구조화는 클라이언트가 좀 더 생산적인 새로운 사고방식을 시험해 보도록 도전하는 과정이다. 예로, 자기지시적 훈련을 통해 건설적인 자기독백을 하도록 훈련한다. 두 번째는 클라이언트에게 문제해결기법을 가르쳐 주는 것이다. 문제해결기법은 이미 앞에서 언급하였다.

(3) 행동주의 이론

행동주의 이론은 개인의 사회적 기능은 강화유형과 관찰학습의 결과에 따라 달라진다고 주장한다. 따라서 변화도 강화와 관찰학습을 통해 이루어진다. 개입의 초점은 클라이언트를 위해 새롭고, 더욱 기능적인 강화를 생산할 수 있는 환경적 과제를 상호 고안해 내는 것이다. 또한 자극에 대해 부적절한 반응을 보이게 된다면 이러한 반응을 변화시키는 기법을 활용하게 된다. 행동주의의 구체적 개입기법으로는 모델링(직접관찰을 통한 학습이나 간접적 경험을 통한 대리학습), 강화와 자극통제, 노출기법, 체계적 둔감화, 행동형성(shaping) 등이 있다. 행동주의 기법은 클라이언트에게 사회기술훈련, 스트레스 관리, 근육이완기법 등을 가르치는 데 폭넓게 활용된다. 위의 기법에 대한 자세한 소개는 『사회복지실천기술론』(2판, 이윤로, 2007, 학지사)을 참고하기 바란다.

행동주의 모델 사례

철희는 행동문제를 겪는 소년으로 가장 큰 문제점은 다른 아이들을 때리고, 교실의 물품을 발로 차고, 다른 아이들이 자신을 때리거나 교사가 그의 잘못을 지적하면 욕설을 하는 것이었다.

사정: 임상사회복지사는 철희의 행동에 대해 근본적 원인을 찾거나 그 이유를 해명하려 하지 않았다. 과거의 상황을 알아내는 것이 목적이 아니라 철희의 행동을 관찰해 그 빈도 및 심각도를 파악하는 것이 중요했다. 관찰 및 행동사정을 통해 교사와 학우들의 관심과 반응이 철희의 행동을 유지시키는 것으로 드러났다. 철희의 행동에 관심을 나타내는 것이 그 행동을 더욱 강화하고 있었다.

개입: 사회복지사는 철희의 행동을 변화하기 위한 노력을 다음과 같이 정리했다.

'관심을 보이지 않기'가 철희의 행동을 억제할 수 있는 가장 좋은 방법으로 보인다. '어떤 행동을 강화하지 말라.'는 말의 실질적 의미는 '행동을 무시하라.'는 것으로, 철희가 욕설을 하거나, 장난감을 발로 차거나, 기타 공격적인 행동을 취할 때 사회복지사는 그 행동을 무시하였다. 사회복지사는 철희의 행동을 수정하기 위해 사회적 강화가 매우 중요하다고 느꼈다. 어린이들은 행동에 대한 보상이 있을 때 행동을 반복하며, 벌을 받거나 무시되면 행동을 중지한다.

철희가 공격적 행동 대신 긍정적인 행동을 할 때마다 지속적인 사회적 강화를 부여했다. 일례로, 치료를 시작하기 전에 철희는 어질러진 장난감을 치우라는 말을 들으면 장난감을 발로 차거나 집어던졌다. 이에 대해 교사가 철희를 나무라고 또래아이들이 웃음을 터트리자, 이 행동은 강화되었다. 치료를 시작한 후 사회복지사는 철희의 공격적 행동을 무시했으며, 장난감을 치우는 다른 아동들에게 "잘 도와주어서 정말 고마워, 희선아, 네 장난감을 똑바로 정리해 놓으니 참 보기 좋구나."라고 이야기함으로써 사회적 강화를 했다. 곧 모든 아동들이 장난감을 치움으로써 칭찬을 받고자 했다. 시간이 지나자, 아무도 철희에게 관심을 보이지 않았으며, 철희는 장난감 정리에 참여하기 시작했다. 그러면 사회복지사는 다른 아이들처럼 철희에게도 언어적 강화를 해 주었다. 이처럼 긍정적 행동을 보이는 경우는 즉각적으로 하나 혹은 복수의 강화요인을 활용하는 것이 좋다.

(4) 해결중심치료

해결중심치료는 구성주의치료의 한 유형으로 일종의 변화이론이라 할 수 있다. 사정 이후에는 현재의 문제로부터 초점을 전환시키고, 해결과 예외상황에 초점을 둔다. 사회사업가는 클라이언트가 문제를 갖지 않았던 예외상황과 관련된 행동을 찾아내고 이 행동을 확대하도록 돕는다. 체계의 한 요소에서의 변화가 체계 전체를 통해 반영된다는 점을 강조한다.

이 치료에서는 다음 두 가지 질문이 중요하다. 첫째, '기적의 질문(miracle question)' 이다. "어느 날 밤잠을 자고 있는 동안 기적이 일어났고, 이 문제가 해결되었다고 상상해 보십시오. 문제가 해결되었다는 것을 어떻게 알 수 있을까요? 현재와 무엇이 다를까요?" 이 질문은 클라이언트로 하여금 목적이 무엇인지를 알 수 있게 함으로써 문제해결을 촉진시킨다. 또한 문제를 넘어 그들이 실제로 원하는 것이 단순히 문제의 제거가 아니라, 문제가 방해하고 있었던 어떤 것을 할 수 있기를 원한다는 것을 깨닫도록 해 준다.

둘째, '예외발견질문(exception question)' 이다. 이는 문제를 가지고 있지 않았던 과거의 시간으로 관심을 돌려 보게 하는 것이다. 문제가 없었던 그 당시에는 무엇이 달랐었는가를 탐색하게 함으로써 클라이언트가 무엇을 해야 할지 실마리를 찾게 한다. 한 예로 미리는 섭식장애를 가지고 있는데, 지난주에는 먹고 토하는 일이 거의 없었다. 미리는 그 당시 부모와 떨어져 여행을 하고 있었는데, 그때의 기분은 자신이 부모에 대해 염려할 것이 아무것도 없던 것처럼 느껴졌다. 미리는 이제 부모에게서 좀 더 독립적이 될 때라고 결심했다.

⑸ 과제중심모델

과제중심모델은 Reid와 Epstein(1972, 1977)에 의해 개발된 사회사업모델이다. Perman(1957)의 문제해결방법을 응용하였으며, 인지행동주의 및 생태체계적 요소를 갖추고 있다. 실험적으로 입증된 다양한 이론과 방법을 선택적으로 활용하여 만든 모델이다. 과제중심접근은 클라이언트가 주요 변화대행자이며, 클라이언트가 문제를 규정하고, 또한 변화를 초래하기 위한 과업을 규정해야 한다는 것을 주장한다. 이 모델의 적용대상은 가족문제, 대인관계문제, 사회적 역할수행상의 문제, 의사결정이나 자원을 확보하는 문제, 스트레스 상황을 다루는 문제 등을 포함한다. 이 모델에서는 문제의 발생을 대처전략의 일시적 붕괴라고 간주하고, 변화를 위한 동기가 될 수 있다고 본다. 과제중심모델은 단기치료인데, 단기치료가 지지를 받는 증거는 다음과 같다. ① 단기치료를 받은 클라이언트도 장기치료를 받은 클라이언트만큼 향상되고 있다. ② 장기치료의 긍정적 변화의 대부분은 초기 몇 회합 동안에 발생한다. ③ 대부분의 치료는 내용이 어떻든 간에 기간이 짧고, 12회 이상의 치료회합까지 남아 있는 클라이언트는 소수에 불과하다(Reid, 1996).

워커는 클라이언트와의 관계 형성을 통해 클라이언트에게 일련의 행위를 안내하면서 문제해결을 자극한다. 초기에 동의한 계약을 책임지고 이행하도록 한다. 클라이언트가 주도적으로 과제를 수행하는 것이 중시되며, 워커는 주로 클라이언트의 과제수행을 검토하고 장애물을 극복하기 위한 방안을 논의한다. 또한 워커가 클라이언트보다 쉽게 자원을 얻을 수 있는 상황일 때는 체계로부터 자원을 확보하는 과제를 수행한다.

사정 단계에서 클라이언트는 워커의 지도를 받으며 문제를 규정한다. 2회 회합까지 클라이언트가 몇 개의 문제를 구체적으로 규정할 수 있다면 과제중심모델을 적용해 볼 수 있다고 간주된다. 문제를 규정한 후에 워커와 클라이언트는 문제와 관련하여 목적을 서술하고 계약서를 작성한다. 계약서에는 보통 회합 수(일반적으로 주 1~2회로 8~12회합, 1~3개월 기간)를 명시한다.

과제계획에서는 클라이언트가 문제를 완화시키기 위해 무엇을 해야 하는지를 규정한다. 클라이언트가 수행할 과제에 동의해야 하며, 과제는 분명해야 하고 합리적인 이유가 있어야 한다. 클라이언트와 워커는 다양한 대안을 이끌어내기 위해 브레인스토밍을 한다. 사회사업가는 과제를 일방적으로 할당하기보다는 아이디어를 제시하면서 대안을 넓혀 주고, 좀 더 도전적인 대안을 내도록 고무하는 역할을 하기도 한다. 워커와 클라이언트가 수행해야 할 과제에 대해 합의한 후에, 워커는 다음 회합 때까지 계획을 수행하는 것이 기대된다는 메시지를 전달한다. 사회사업가는 클라이언트가 긍정적인 것을 기대할 수 있도록 과제수행에 대한 합리적 이유와 인센티브를 마련하는 것이 좋다. 사회사업가는 클라이언트가 과제수행에 있어 가능한 장애물을 탐색하도록 돕고 이를 극복할 수 있는 방안을 탐색한다.

과제의 유형

과제란 목표를 달성하기 위해 클라이언트와 사회복지사가 수행해야 하는 활동으로서, 과제는 사회복지사가 일방적으로 부과해서는 안 된다. 과제는 회기 동안 수행하는 과제와 회기 사이에 가정이나 지역사회에서 수행하는 과제가 있다. 또한 혼자 수행하는 과제(individual tasks)와 두 사람 이상이 교환하면서 수행하는 과제(reciporcal tasks), 두 사람 이상이 함께 수행하는 과제(shared tasks)로 나누어진다. 일반적 과제는 보다 상세한 세부과제로 나눌 수 있다. 즉, 일자리 구함 같은 일반적 과제는 이력서 작성, 구직담당자 만나기 같은 구체적 과제로 세분화될 수 있다. 과제는 행동적이거나 인지적인 활동(예: 명상, 분노의 징후 파악하기)으로 구성된다. 과제는 주어와 서술어를 사용하여 서술하고 구체적으로 서술해야 한다(김혜란 외, 2001, p. 113).

상황분석을 통해 사회사업가는 클라이언트가 과제성취를 위해 필요한 자원을 개발하고 장애물을 극복하도록 돕는다. 클라이언트의 비현실적 기대는 직면해야 하지만, 클라이언트의 강점과 자원은 강조한다.

(6) 현실치료

현실치료(reality therapy)는 1965년 William Glaser에 의해 소개되었다. 그는 정신분석방법을 훈련받은 정신과의사였다. 그의 저서 *Reality Therapy*에서 클라이언트가 자신의 행동에 더욱 책임질 수 있도록 하는 데 관심을 보였다. 즉, 정신질환이라는 고전적 개념을 거부하였다. 정신질환은 곧 개인들이 자신의 행동에 책임을 질 수 없다는 것을 가정하고 있기 때문이다. 현실치료는 의식적인 마음이야말로 치료에 접근할 수 있는 유일한 영역이라고 간주한다. 현실치료는 자기결정을 존중하고 클라이언트의 책임을 강조한다. 워커는 클라이언트가 자신의 문제를 극복할 능력이 있다는 확신을 갖는다. 개인의 변화는 무책임한 행동에 대한 대응과 자신의 행동에 대한 책임을 강조함으로써 이루어진다.

클라이언트 자신은 가치 있고 사랑받을 만하다고 느껴야 한다는 것이 또한 현실치료의 기반이다. 부적응적 행동은 정체감 결핍의 산물로 본다. 정체감은 사랑을 받은 경험과 자기가치감을 통해 형성된다. 사랑을 받지 못한 개인은 결과적으로 부정적인 자기개념을 형성한다. 현실치료에서는 워커의 역할이 매우 중요한데, 자기개념은 다른 사람들이 자신을 어떻게 보는가에 대한 인지상태에 따라 달라지기 때문에, 워커가 따뜻하고 우호적이며 수용적인 관계 형성을 하는 것이 중요하다. 워커는 클라이언트에게 많은 관심을 표하는데, 클라이언트로 하여금 워커가 자신을 돌보고 있다는 것을 깨닫게 한다. 그러나 클라이언트의 변명이나 합리화는 받아들이지 않는다.

(7) 구성주의치료

구성주의치료(constructivist therapies)/이야기치료(narrative therapies)는 현실에 대한 인식과 의미가 개인의 경험으로부터 창출되는 것이라고 가정한다. 그러므로 클라이언트가 자신의 삶과 경험에 대한 해석과 의미를 만드는 과정, 즉 그들의 삶에 대한 이야기(narratives)에 초점을 둔다. 어떤 개인이 누구인지와 자신의 경험을 의미 있게 만드는 것은 그 사람의 삶에 대한 객관적 사실보다는 자신의 삶에 대해 알고 있는 바를 말하는 이야기를 통해 규명된다. 그리고 그 이야기 속에 나타나는 개인의 핵심적 신념이나 의미가 행동과 감정에 영향을 주기에, 그 의미체계를 치료과정 동안에 탐색하게 된다. 경험이나 상황을 재해석하는 과정, 상황이나 경험에 대해 인식하지 못했던 새로운 정보를 주는 과정 그리고 자신의 목적을 분명히 말하는 과정을 통해 클라이언트에게 변화가 발생한다. 클라이언트는 과거에 문제가 무엇이었고, 발생한 이유가 무엇이며, 자신이 생존하기 위해 어떻게 자원과 강점을 활용했는지 등에 대한 새로운 차원의 치료적 이야기를 구성하게 된다. 결론적으로 사회복지사는 클라이언트가 자신의 생활경험으로부터 중요한 의미를 개발하도록 돕고, 클라이언트가 자존감과 성숙도를 향상시키는 새로운 이야기를 구성하도록 하는 과정을 통해 성장과 문제해결을 경험하도록 돕는다.

실천가는 제시된 문제로부터 초점을 전환시킬 수 있는 다양한 기법을 활용할 수 있다. 클라이언트가 자신의 자아와 경험에 대해 좀 더 잘 인식하도록 그들의 강점, 인식하지 못했던 생존전략, 무의식적인 자기신념 등을 인식시켜 준다. 또한 누구나 문제를 갖고 있는 것이 정상임을 알려 주고, 힘이 없는 상황에서는 어떤 좌절이나 실패를 갖는 것이 정상임을 말해 준다. 클라이언트의 경험의 독특성을 인정해 주며, 클라이언트의 능력을 칭찬해 준다. 문제의 원인이 클라이언트 내부에 있기보다는 외부에서 온 것임을 말해 주고, 동기를 강화시키고 클라이언트와 함께 목적을 설정하며, 긍정적 행동을 증진시키는 과업을 개발한다.

완장치료

이윤로 교수는 역할이론에 근거하여 완장치료를 개발하였다. 완장치료는 역할의 부재로 자신의 존재를 드러내지 못해 자존감이 낮아지고 우울을 경험하는 클라이언트에게 완장을 채워 줌으로써 자존감을 높이는 치료기법이다.

완장은 개인의 존재를 드러내는 상징이다. 완장은 개인에게 자신이 어떤 중요한 역할을 가지고 있다는 도식을 자극하여 자신에 대한 긍정적인 사고를 유도한다. 그러므로 단순히 역할을 맡기는 것보다 완장을 착용하게 하면 배가의 효과를 낼 수 있다.

완장치료 시행 시 주의할 점은 완장을 착용하는 개인의 역할과 한계를 분명히 제시해야 한다는 점이다. 자칫 자긍심이 너무 강하게 되어 다른 사람의 사생활이나 권리를 침해하는 경우도 발생하기 때문이다.

완장치료는 정신지체인이나 정신장애인, 비행청소년 그리고 노인에게 적합한 치료기법이다.

(8) 위기개입

'위기'란 곤경에 처한 사람이 성장 또는 더욱 악화될 가능성을 지닌 변환의 시기라고 정의된다. 이 말은 위기는 위험하지만 동시에 기회의 전환점이라는 뜻을 내포한다. 위기는 구체적이고 확인될 수 있는 사건에 의해 야기된다. 한 가지 사건에 의해 발생하기도 하고 사건이 누적되어 발생하기도 한다. 개인이 상황이나 사건을 지각하는 방법에 따라 그 사건을 위기로 경험하는지 안 하는지를 결정해 준다. 물론 어떤 사건들은 매우 외상적(예: 성폭력)이기 때문에 이와 같은 사건을 경험한 사람들은 대부분 위기를 겪는다. 반면 이혼, 새로운 곳으로의 이주, 자동차 사고 등의 사건이나 경험들은 개인이 상황을 어떻게 해석하느냐에 따라 위기의 반응을 야기하기도 하고 야기하지 않을 수도 있다.

대부분 위기는 일시적인 경험으로 간주된다. 감정적인 혼란을 일으키는 급성 위기의 상태는 보통 한두 달 정도 지속된다. 이 기간이 지나면 곧 일상으로 돌아가게 되는데, 사람들은 전보다 더욱 적응적이 되거나 더욱 비적응적이 된다. 그러므로 이 기간 동안 신속히 개입하는 것이 필요하다. 위기를 경험한 대부분의 사람들은 자신에게 익숙한 방법들을 통해 그들의 불안함을 진정시키고 문제를 해결하려고 시도한다. 종종 이러한 습관적인 수단들은 유용하게 작용하지 못하기 때문에 결과적으로 불안이 커지곤 한다.

위기를 겪고 있는 사람은 도움에 더 개방적인데, 그 이유는 내적인 고통이 너무 커서 다른 이에게 의지하려 하기 때문이다. 그러므로 위기 동안의 개입이 매우 유용한 경우가 많다. 사람들은 그들의 인생 속에서 외상(traumatic)의 시기 동안은 빠르게 반응하고 변화하는 경향이 있다. 이전의 사고방식이나 생활방식을 재고하게 되고 새로운 방식을 추구하게 된다. 이러한 이유로 위기개입 동안 클라이언트와 워커는 빠르게 긴밀한 관계 형성을 하게 되는 경향이 있다.

위기를 경험하는 사람들은 많은 순간 혼동과 혼란을 느낀다. 이러한 혼란은 직장, 가정, 사회활동과 각종 관계 형성에 있어서 개인의 기능에 영향을 미친다. 때때로 위기는 두통, 위통, 요통, 피로, 메스꺼움, 설사와 같은 신체적인 증상을 야기한다. 또한 위기를 경험하는 사람들은 불안, 공황, 슬픔, 혼돈, 무기력을 느낀다. 먹고 자는 데 있어서도 문제가 발생한다.

급성 위기상태가 지나감에 따라 적응적 또는 비적응적 반응이 개인의 일상적인 행동양식이 되는데, 전보다 더욱 기능적이 되는 사람도 있고 기능 수준이 더욱 떨어지는 사람도 있다. 훌륭한 위기개입은 클라이언트로 하여금 더 나은 대처기술과 더 깊은 통찰력의 개발을 용이하게 한다.

위기는 발달적 위기, 상황적 위기, 사회적 위기, 복합적 위기로 분류된다. 발달적 위기는 성숙과 발달단계(예: 졸업, 결혼, 첫 번째 취업, 조부모가 되는 것)에 따른 과업과 연관이 있다. 상황적인 위기는 특별한 외상을 일으키는 사건에 의해 야기된다(예: 실직, 친구의 죽음, 이혼, 성폭행, 천재지변). 사회적인 위기는 사회 혹은 문화와의 갈등(예: 차별, 낙인, 불공정)과 관련된다. 복합적 위기는 이전의 사건이나 손실의 기억에 의해 더욱 강화된 현재의 외상을 말한다(예: 말기 암 환자가 과거의 근친상간 경험에 의해 더욱 힘들어 함).

많은 사람들이 위기상황에 처해 있는 동안 사회사업기관과 접촉하기 때문에 위기개입의 원칙을 이해하는 것은 매우 중요하다고 할 수 있다. 위기와 내적인 불안을 겪을 때, 지지적인 사회복지사의 즉각적이고도 집중적이며 잦은 접촉은 매우 도움이 된다. 한 모델로서 위기개입은 장기간의 서비스와 달리, 집중적이고 잦은 접촉이 필요하다. 위기개입의 첫 번째 원칙은 즉각적으로 그리고 자주 활용할 수 있는 지지체계(예: 자원봉사자, 지지 그룹, 전화상담 서비스)를 만들어 주는 것이다.

위기개입 시 사회복지사는 무엇을 하는가?

- 경청: 적극적 경청기술은 위기개입에 있어서 매우 중요하다. 특히, 클라이언트의 감정을 파악하고 인정해 주는 데 있어 중요하다.
- 위기 강도의 사정: 위기가 너무 크고 통제하기 어렵다고 느낀다면 위기에 처한 사람을 더욱 전문적인 상담가에게 의뢰할 필요가 있다.
- 강점 확인: 위기개입과정 동안 사회복지사는 클라이언트가 역량이 있고, 다만 일시적으로 어려운 상황에 놓여 있는 것이며, 극도의 스트레스 때문에 압도되었을 뿐이라는 점을 클라이언트에게 전달해야 한다.
- 정상화: 사회복지사는 클라이언트에게 그들의 위기가 정신질환이나 병리의 징후가 아니라 누구나 경험할 수 있는 것이라는 점을 알게 해야 한다.
- 방향을 제시하기: 사회복지사들은 종종 위기개입의 관계형성 초기에 다소 지시적일 필요가 있다. 왜냐하면 위기에 처한 사람들은 통제감을 잃고 어찌할 줄을 모르기 때문이다. 그러나 클라이언트가 안정감과 자신감을 회복함에 따라 사회복지사는 한 걸음 물러나서 클라이언트 스스로 더 많은 문제를 해결할 수 있도록 격려해야 한다.
- 문제해결: 문제해결을 가르치는 것은 위기개입에 있어 매우 중요하다. 압도적인 문제를 운용해 나갈 만한 수준으로 나누는 법을 가르치는 것

은 매우 가치 있는 개입이다.

- 도움의 적절성을 결정: 때때로 원래의 이유와 상관없는 또 다른 위기가 개입 도중 동시에 발생하기도 한다. 사회복지사는 최초의 문제와는 관계가 없는 위기를 다루는 것이 적절한가를 사정해야 한다. 이 경우에 슈퍼바이저와 기관의 지침에 자문을 구하는 것이 도움이 될 것이다. 사회복지사가 어떤 특수한 위기에 처한 클라이언트를 도울 수 없다고 생각된다면 다른 워커나 기관에 위탁해야 한다.
- 사후 관리: 사회복지사가 직접 위기개입 서비스를 제공하든지, 다른 치료자나 기관에 위탁하든지 간에 몇 주간은 상황이 어떻게 진행되어 가는지 그 클라이언트와 자주 접촉을 시도하며 적절한 사후 관리를 제공해야 한다.

2) 이론의 응용

사회사업가는 위에서 제시한 이론을 응용하여 클라이언트의 사고, 감정, 행동을 변화시키게 된다. 사실상 사고, 감정, 행동은 따로따로 변화한다기보다는 전체적으로 변화한다고 보는 것이 적합하지만, 설명을 용이하게 하기 위해 이를 구분하여 설명하고자 한다(Garvin & Tropman, 1992).

(1) 감정의 변화에 대한 개입

사회사업가는 클라이언트가 감정을 환기시키도록 도와야 한다. 사회사업가는 클라이언트가 억압된 감정을 표현하게 도우며, 안정과 지지의 느낌을 경험하게 도와주어야 한다. 감정을 표출하게 함으로써 클라이언트가 다음 단계에 들어서는 것을 도울 수 있다.

클라이언트들은 죄책감, 두려움, 우울, 불안, 분노의 감정 등을 가지고 있는 경우가 많다. 그러나 클라이언트는 종종 자신이 가지고 있는 감정에 대해 단지 희미하게 인지할 뿐 잘 모르는 경우가 많다. 더욱이 다양한 감정이 교차

감정의 표출(ventilation)

김 여사는 그녀와 이혼하기를 원하는 남편에 대해 말하면서 복받치는 감정을 자제하려고 매우 애쓰고 있었다. 사회사업가는 김 여사에게 감정을 숨기지 말고 발산해 버리면 좀 기분이 좋아질 것이라고 제안했다. 그녀는 울기 시작했고, 그녀의 아이들을 위해 용감해지려고 노력했다고 말했다. 얼마간 울고 난 후, 그녀는 눈물을 닦으며 이제 자신이 무엇을 해야 할지 생각해 보아야겠다고 말했다.

하거나 공존할 때는 단지 표면적인 감정이나 주도적인 감정만을 경험한다고 느낀다. 어떤 클라이언트는 노여움 같은 단지 부정적 감정만을 경험하고 절망, 연민, 외로움, 두려움, 연민 같은 민감한 감정은 느끼지 못한다.

이러한 감정의 해결은 그 자체로서도 의미가 있지만, 다른 문제를 해결하는 기본 전제가 된다. 클라이언트는 감정이 발생하는 상황인데도 감정을 표현하지 않거나, 상황에 맞지 않는 감정을 표현하거나, 두려움 같은 감정을 부인하는 경우가 있다. 이때 클라이언트가 경험하고 있는 감정을 진술하도록 유도함으로써 그 감정에 도달하게 할 수 있다. 클라이언트의 비언어적 행동을 말로써 표현해 주거나(예: 우울해 보이시는군요), 클라이언트의 상황에서 빈번히 나타나는 감정을 지적해 줌으로써(예: 그런 사건은 사람을 매우 불안하게 만들죠) 또한 워커는 그런 상황에서 워커 자신이 느끼는 감정을 노출함으로써(예: 그 얘기를 들으니 긴장감을 느끼는데, 당신도 그렇게 느끼는지 궁금하군요) 클라이언트가 감정을 표현하도록 이끌 수 있다. 클라이언트가 감정을 표현하게 되면 그 감정을 정확히 반영해 줌으로써 워커가 이해하고 있음을 보여 주어야 한다(예: 고통스러운 일이군요, 기진맥진하겠군요). 여러 가지 복합적인 감정을 가지고 있는 경우에는 감정을 세분화하여 문제를 다루기 쉽게 하는 작업이 필요하며, 각각의 감정을 다루어 주어야 한다.

감정표현을 촉진하기 위해 풍부한 어휘력을 발휘하여 클라이언트의 감정을 정확히 반영하는 것이 중요하다. 실천가가 효과적으로 감정을 파악하기 위해서는 클라이언트가 감정을 묘사하는 용어들을 충분히 익혀 두어야 한다. 일반적으로 사회사업실천가들은 감정에 관련된 단어들 중 몇몇 단어들, 즉 노여움(anger), 슬픔(sorrow), 행복(happiness), 두려움(fear) 그리고 피곤(tiredness)과 같은 몇 개의 단어들만 활용할 뿐이다. 그러나 이 외에도 감정을 표현할 수 있는 단어들은 많다. 감정에 대한 부족한 어휘력은 클라이언트가 경험하는 감정의 범위와 강도를 개념화하고 반영하는 사회복지사의 능력을 제한시킨다. 감정 속에 숨어 있는 클라이언트의 다양한 메시지를 잃지 않도록 해야 한다. 사회사업실천가들은 감정을 표현할 수 있는 다양한 용어들을 정확히 인식하고 사용하는 기술이 요구된다. 세분화시켜 감정표현을 할 수 있는 어휘력을 갖추는 것이 감정이입과 진실한 관계 형성을 위해 필수적이다. 능력 있는 전문가가 되려면 상대방의 경험을 깊게 공유할 수 있어야 하며, 자신의 감정을 건설적으로 표현할 수 있어야 한다. <표 8-1>은 감정표현을 증가시킬 수 있는 용어를 나열한 것이다. 세분화하여 표현된 용어들을 활용하면서 어휘력을 넓혀 나가도록 한다(Poindexter et al., 2003).

생각해보기

다른 사람의 느낌과 감정의 이해를 명확하게 하기 위해서는 자신의 느낌들에 우선 친근해져야 한다. 그런 감정들을 파악하는 연습을 꾸준히 해 둠으로써 어떤 클라이언트의 감정과 접할 때도 편안한 마음으로 임할 수 있다. 우선 10가지 감정들을 나열해 보자. 10가지 감정들 하나하나를 여러분이 느끼게 되었을 때 어떤 일들이 있었는지 구체적으로 묘사해 보라. 예를 들어, 짜증이 났을 때 여러분의 몸은 어떻게 반응하였는가? 여러분의 내면에서는 어떤 일이 있었는가? 무엇을 하고 싶었는가? 예를 들어 보자. '나는 내 자신이 무력함을 느낄 때, 내 눈은 바닥을 향하고, 눈이 감기고, 내 몸은 에너지가 모두 고갈된 것 같고, 침대로 기어들어 가고 싶음을 느낀다. 무력감을 느낄 때 나는 너무 많이 먹는다.'

<표 8-1> 감정표현을 구체화한 예

즐거운	흥미진진한	대담한
	성적 매력이 있는	자극적인
	쾌활한	명랑한
	밝은	아주 기뻐하는
	정력적인	자극적인
	창조적인	엉뚱한
강력한	당당한	기운찬
	존경받는	만족해하는
	인정받는	귀중한
	희망 있는	가치 있는
	중요한	지적인
	충실한	확신 있는
평온한	흡족한	사색에 잠긴
	심사숙고하는	편안한
	친밀한	반응적인
	사랑하는	평화스러운
	신뢰하는	우수에 젖은
	감사하는	양육하는
슬픈	죄책감의	수줍어하는
	부끄러워하는	어리석은
	우울한	애처로운
	외로운	열등한
	지루한	부적절한
	졸린	불쌍한
노여운	비판적인	의심 많은
	미운	짜증스러운
	격분된	화가 치미는
	성난	좌절된
	적의에 찬	이기적인
	성처를 주는	질투심이 많은

(계속)

두려운	거절당하는	당황해하는
	혼란한	의기소침한
	무력한	무의미한
	순종적인	나약한
	불안전한	바보스러운
	불안한	당혹스러운

감정을 다루어 주는 기술 중 부가적 감정이입반응(의미론적 해석)이 있는데, 이것은 클라이언트가 자신의 메시지 저변에 깔려 있는 감정을 인식하도록 도와 그들의 감정을 더욱 깊고 충만하게 경험하고 이해하며, 그 의미를 탐색하도록 해 주고, 그들의 인간됨을 더욱 인식하도록 해 주며, 발생하는 감정이 그들의 삶의 총체적 경험에 통합되도록 해 준다. 다음의 예를 통해 실천가들이 어떻게 클라이언트로 하여금 감정의 인식을 확대하는지 살펴본다(Hepworth et al., 2002).

부가적 감정이입(additive empathy)의 예

1. 클라이언트의 언어적 메시지에서 함축되어 있는 감정을 파악한다.
- 클라이언트: (5회 회합 시에) 워커 선생님께서는 우리가 점차 좋아지고 있다고 보시는지 궁금합니다(클라이언트는 자주 숨겨진 감정을 함축하고 있는 질문을 한다).
- 실천가: 선생님은 지금 선생님의 진전 상황에 대해 만족스럽지 못하다고 말씀하시는 것처럼 들립니다. 지금 진행되는 것에 대해 실망스럽게 느끼시나요?

2. 표면적 감정 밑에 깔려 있는 감정을 파악한다.
- 클라이언트: 오늘 저녁은 너무 할 일이 없어 지루했어요. 볼링장에 가서 사람들이 볼링치는 걸 봤는데, 별로 재미는 없었어요. 삶이 지겨워요.

- 실천가: 전 선생님이 공허감을 느끼고, 꽤 우울해하는 것 같다는 느낌을 받고 있습니다. 외롭다고 느끼시는지 그리고 공허감을 채워 줄 친구를 갖고 싶으신지 궁금합니다.

3. 클라이언트가 축소하려는 감정을 깊이 있게 다루어 준다.

- 클라이언트: (30세 된 여성으로서 약간의 정신지체가 있고 사회적으로 고립된 여성) 어릴 적 친구가 못 오게 되어서 좀 실망했어요. 그 친구가 직장을 잃게 되서 약속을 취소했어요.
- 워커: 얼마나 실망했는지 알 것 같아요. 사실 아주머니는 지금 너무 우울해 보여요. 그 친구가 오길 기대했고, 많은 계획도 세워 두셨을 텐데. 정말 야속하네요.

4. 클라이언트가 애매하게만 표현하는 감정의 성격을 분명히 한다.

- 클라이언트: 제 남편이 이혼을 원하고 다른 여자와 결혼하겠다고 했을 때 저는 아찔했어요. 그 후 저는 멍하니 걷기만 했어요. 있을 수 없다는 말만 하면서.
- 실천가: 정말 충격이었겠네요. 전혀 준비도 안 되어 있었는데. 정말 너무 많은 상처를 주네요. 실제로 그렇게 된다면 받아들이기 어려운 것이죠.

5. 비언어적으로 표현되는 감정을 파악한다.

- 클라이언트: 여동생이 휴가기간 동안 자기네 애들을 봐 달래요. 물론 난 그렇게 하겠다고 했지요(한숨과 함께 이맛살을 찌푸린다).
- 워커: 그런데 한숨 쉬는 걸 보니 별로 기분 좋은 것 같지 않네요. 제가 보기엔 매우 부담이 되고 아주머니를 매우 화나게 하는 것 같네요.

사회사업가는 클라이언트가 불안해하고 긴장할 때 그들이 안정되도록 도와야 하는 상황을 자주 맞게 된다. 클라이언트가 안정된 상태에 있어야 클라이언트가 문제에 대해 더 발전적으로 생각할 수 있고, 워커로부터의 기술이나 정보를 더 잘 수용할 수 있다. 클라이언트를 안정시키기 위해 사회사업가가 사용하는 한 방법으로 근육이완기법을 들 수 있다. 가장 간단한 이완기법으로 사회사업가는 불안해하는 클라이언트에게 천천히 그리고 '하나' 하는 숫자를 세면서 숨을 내쉬라고 하고 이를 몇 분 동안 지속한다. 그다음 클라이언트에게 몇 분 동안 조용히 앉아 있으라고 하면 긴장이 완화된다. 이 모든 것이 끝난 후에 사회사업가는 클라이언트에게 질문을 시작할 수 있다.

(2) 사고의 변화에 대한 개입

클라이언트가 사고의 수정을 통해 문제를 해결하도록 돕는 데 가장 많이 사용되는 방법은 클라이언트가 문제해결을 위해 사용했던 방법을 바꾸도록 하는 것이다. 이러한 접근방법은 클라이언트가 다음의 문제해결 단계를 배우도록 하는 것이다. 먼저 문제가 무엇인지를 파악하게 하고, 그에 대한 목표를 설정한 후, 가능한 해결책들을 창출해 내고, 각 해결방안에 대한 평가를 한 후, 그 해결책 중에서 가장 적절한 대안을 선택하며, 선택한 대안을 어떻게 실행에 옮길 것인가를 계획하는 것이다. 이것이 바로 문제해결기법이다.

문제해결기법

부모 없이 홀로 독학하는 고 2인 김 군은 기말시험에서 좋은 성적을 받지 못할 것 같고, 이로 인해 계속 받아 오던 장학금을 못 받을 것 같다고 말했다. 사회사업가는 곤경에 빠지게 된 과정을 물었다. 김 군은 과제물을 제시간에 제출하지 못할 것 같다고 말했다. 사회사업가는 왜 그런 일이 일어났는지 그 원인을 물어보았다. 김 군은 주당 25시간의 아르바이트를 하고, 학교 동아리에서 회장일을 맡고 있다고 했다. 이러한 일들로 좀처럼 시험공부에 시간을 할애하는 데 여유가 없다고 말했다. 사회사업가는 그가 여유시간을 더 많이 확보하기 위해서 할 수 있는 일의 목록을 작성해 보도록 권유했다. 그는 동아리에서 회장직을 사임하고 부회장이 남은 임기를 인계하도록 요청할 수도 있고, 아르바이트하는 시간을 25시간에서 15시간으로 줄이고, 그가 하루 종일 일할 수 있는 여름방학까지 누군가에게 돈을 빌릴 수도 있을 것이며, 아르바이트 직장에서 2주간의 휴가를 신청할 수 있을 것이라고 말했다.

사회사업가는 김 군과 함께 각각의 대안에 대해서 의견을 나누었다. 요컨대 김 군은 동아리 회장직을 그만두면 자신이 매우 일관성이 없고 모순되어 보일 것이기 때문에 동아리 회장직을 그만둘 수 없다고 말했다. 그러나 그 동아리에서는 김 군의 성적이 매우 중요하다는 것을 이해해 줄 수 있을 것이고, 만일 부회장이 인계를 받는다 할지라도 김 군은 부회장이 그 직무를 해내도록 도와줄 수 있다는 것을 이해할 것이다. 아르바이트 일자리에 대해서는 자신이 만일 휴가를 신청한다면 계속해서 그 일을 할 수 없을 것이라고 생각했다. 그러나 그는 고용주가 그의 근무시간을 줄이도록 해 줄 수는 있을 것이라고 생각했다.

이 토론을 근거로 김 군은 임시적으로 동아리에서의 회장직을 사임할 것과 그의 아르바이트 시간을 줄이기로 결정했다. 또한 먼저 첫 번째의 선택으로 친척에게 돈을 빌리기로 결정하였다. 사회사업가는 이러한 결정을 잘 수행하도록 도와주기 위해 김 군이 어떻게 그의 고용주와 친척에게 접근해야 할지를 함께 의논하였다.

클라이언트의 사고를 변화시키기 위한 또 다른 방법은 합리적-정서적 치료를 통해 클라이언트가 자아개념을 높이도록 도와주는 것이다. Ellis와 Harper(1975)는 클라이언트가 좀 더 나은 자아개념을 형성하도록 돕는 방법을 설명해 주고 있다(인지치료의 한 방법). 그 방법은 간단히 말해 클라이언트 스스로가 자기 자신에 대해 긍정적으로 이야기하게 하는 것이다. 이를 일련의 연속적인 단계를 통해 설명하면 다음과 같다. 첫째, 그런 접근방법을 사용하는 이유를 클라이언트에게 설명한다. 둘째, 클라이언트에게 사람들이 사용하는 자기비하적인 진술의 종류를 교육시킨다. 셋째, 클라이언트로 하여금 자기 내부에 있는 자기비하적 진술들을 분석하도록 돕는다. 마지막으로 클라이언트의 자기비하적인 진술을 긍정적인 진술로 바꾸도록 돕는다.

긍정적 자아개념의 고양

박 양은 새로운 이웃들과 친하게 지내려고 노력했다는 말을 하면서 매우 슬픈 표정을 지었다. 그녀는 새로운 이웃과 친구가 되려던 노력은 거의 모두 포기했고, 너무 절망적인 상태에 있었다. 실제로 이웃의 한 사람은 박 양에게 그렇게 우울해한다면 박 양과 사귀길 원할 사람은 한 명도 없을 것이라고 충고하기도 했다. 사회사업가는 박 양의 노력에도 불구하고 친구가 없는 이유를 한 가지 지적해 주었다. 박 양이 다른 사람들에게 거부당할 것이라고 지레짐작하면서 사람들에게 접근하는 방식이 원인으로 작용했으리라는 것이다. 이것을 고치기 위한 방법은 박 양의 사고를 변화시키는 것이다.

사회사업가는 박 양에게 친구가 되길 원하는 사람들과 이야기할 때 어떤 생각을 하는지 물어보았다. 박 양은 다음 사항을 작성하였다. '자기 자신은 다른 사람만큼 지적이지 못하다. 다른 사람들은 나에게 별 관심이 없다. 만일 다른 사람이 나와 만나기를 거절한다면 그것은 내가 좋은 친구상대가 되지 않는다는 증거일 것이다.' 다음 단계로서 사회사업가는 박 양의 생각이 비합리적임을 깨닫도록 도와주었다. 박 양은 지적인 사람이고, 게다가 인간의 가치는 지적인 면만으로 평가하는 것이 아니라고 말해 주었다. 박 양은 사회사업가의 도움으로 다른 사람들이 그녀에 대해 흥미를 가질 수 있는 많은 부분이 있다는 것을 알 수 있게 되었다. 또한 사람들이 그녀에 대해 거절하는 태도를 보인다 해도 그 자체가 그녀가 친구로서 부적합하다는 표시가 아님을 이해할 수 있게 되었다. 아마도 그 당시 시기가 적절치 못했다든지, 아니면 상대방에게 다른 일이 있었을 것이다.

이어서 사회사업가는 박 양이 자신에 대해 비하하는 말 대신에 긍정적인 말을 사용하도록 제의했고, 그녀는 사회사업가의 도움으로 자신에 대한 긍정적인 표현을 할 수 있게 되었다. 박 양은 또한 행동연습과 긴장완화를 통해서 정상적인 대인관계에 대한 도움을 받았다.

한편, 클라이언트가 전에는 인식하지 못했던 생각, 느낌, 행동 간의 관계를 이해하게 되면 이전과의 사고방식과는 다른 사고의 전환을 가져올 수 있다.

이 점을 촉진시키는 사회사업가의 행위가 바로 '해석(interpretation)' 이다. 정신분석이론에서 '해석' 은 클라이언트가 그들의 무의식적 과정에서 인식하지 못했던 현상들을 이해하도록 돕는 것이다. 우리는 이런 제한된 의미로 해석이란 용어를 사용하지는 않지만, 클라이언트의 삶 속에서 일어나는 사건들 사이의 관계를 클라이언트가 이해하는 데에 유용하도록 해석을 사용한다.

행동주의자들이 해석을 사용하는 예를 들어 보자. 클라이언트가 자녀의 신경질을 멈추기 위해서 사탕을 주는 것이 오히려 아이가 전보다 실제로 더 신경질을 내도록 강화시킨다는 사실을 설명하는 경우다. 또한 사회사업가가 그 아동은 그 부모가 행동했던 방식과 유사한 방식으로 지금 행동하고 있다고 설명하는 경우도 해석의 한 예라고 할 수 있다.

해석(interpretation)

최 씨는 자신의 장애수당 신청이 마음에 내키지 않는다고 사회사업가에게 이야기했다. 사회사업가는 최 씨에게 신청서를 작성하는 것에 대한 느낌을 물어보았다. 그는 매우 불안하다고 말했다. 그는 자신의 신청서가 거부당할 것이 분명하다고 말했다. 사회사업가는 이번 장애수당 신청과 관련해 연관되는 다른 무슨 일이 있었는지 물어보았다. 최 씨는 과거에 직장 내 사고로 인해 노동자상해보험을 신청했는데, 고용주가 작성한 보고서만 참작하여 거부당한 적이 있다고 말했다. 최씨는 지금 그의 담당의사가 혹시 그가 장애수당을 받아야 할 적합한 대상자가 아니라는 서류를 낼까 봐 두려워하고 있었다. 워커는 최 씨가 위의 두 상황을 비슷하다고 보고 있으나, 지금은 그때와는 다르다는 것을 지적해 주었다. 그 당시 고용주는 자신의 사업장이 안전하지 못하다는 평판이 두려웠을 것이지만, 지금 담당의사는 전혀 다른 입장에 있다. 담당의사는 최 씨가 수당을 받길 원할 것이기 때문이다. 최 씨는 이러한 대화를 통해 많은 도움을 받았다고 말했다. 그는 지원서를 작성하기로 결정했다.

해석은 사회사업가가 일방적으로 한다기보다는 사회사업가와 클라이언트가 같이 참여해서 여러 사건 사이의 관련성을 클라이언트가 이해하게 되는 과정으로 인식하는 것이 중요하다. 사회사업가는 먼저 클라이언트가 각각의 사건을 인식하도록 돕고, 그 사건들 사이의 관련성을 이해하도록 돕는다. 다음 단계는 이러한 이해를 기초로 하여 앞으로 무엇을 할 것인지 결정하는 것이다.

(3) 행동의 변화에 대한 개입

사회사업가는 강화를 이용해서 클라이언트 행동의 변화를 돕는다. 강화는 사회사업가가 클라이언트의 어떤 행동이 다시 일어날 가능성이 높도록 만들 때 일어난다. 간단히 말하면, 사회사업가의 개입이 클라이언트의 행동을 보상하고 클라이언트에게 기쁨을 줄 때 클라이언트의 행동은 강화된다.

강화(reinforcement)

이 군은 숙제를 제출하지 못하곤 했다. 사회사업가는 선생님에게 이 군이 숙제를 제출하는지 매일 차트에 기록해 줄 것을 요청했다. 그리고 주말에 이 군은 사회사업가에게 차트를 가져오기로 했다. 만일 일주일에 네 번 이상 숙제를 하면 사회사업가는 이 군에게 점심을 사 주기로 했다. 3주 후 이 군은 매일 숙제를 하게 되었다. 이후에도 이 군은 3주 이상 사회사업가에게 그의 차트를 계속해서 가지고 왔다. 사회사업가는 이 군이 숙제를 잘 해내고 있는 것을 칭찬하여 숙제하는 습관이 지속하도록 했다. 여기서 강화의 요소로 작용한 세 가지의 반응은 선생님의 차트 표시, 사회사업가의 보상(점심) 그리고 사회사업가의 칭찬이다.

행동수정의 또 다른 유형은 벌이다. 처벌이라는 것은 클라이언트의 어떤 행동에 대한 사회사업가의 조치가 클라이언트가 그러한 행동을 다시 할 가능성을 감소시키는 것을 말한다. 사회사업가는 클라이언트에게 육체적 고통을 가할 수는 없지만 그들에게 비판을 제공할 수 있으며, 이것이 바로 기술적 의미에서 처벌의 기능을 한다.

클라이언트의 행동을 변화시킬 수 있는 또 다른 방법은 클라이언트가 모방할 수 있는 행동의 예를 제시하는 것이다. 이것이 모델링이다. 모델링은 클라이언트가 사회사업가의 행위를 관찰하게 하거나, 누군가의 행동을 관찰하도록 격려하는 작업이 수행된다. 또한 클라이언트가 실제적으로 다른 사람들의 행동을 반드시 관찰해야 하는 것은 아니며, 바람직한 행동에 관한 이야기를 듣거나 책을 통해서도 모델링할 수 있다. 사회사업 실천분야에서 모델링으로서 자주 사용되는 방법은 역할극이다. 워커와 클라이언트가 역할극을 수행할 때는 먼저 워커가 시범을 보인 후, 서로 역할을 바꾸어서 시행해야 한다.

클라이언트에게 의사소통기술을 가르쳐 주는 것도 행동수정의 한 방법이다. 다음 네 가지 영역을 연습시킬 필요가 있다(이윤로, 2005b).

- 적극적 청취
  - 상대를 본다.
  - 말하는 것을 듣는다.
  - 피드백을 준다(고개를 끄덕임, 음음, 어허).
  - 애매한 부분을 명확히 하는 질문을 한다.
  - 들은 것을 다시 체크한다.
- 부정적 감정을 표현하기
  - 상대를 본다.
  - 확고히 발한다.
  - 자신을 화나게 했던 상대방의 말을 정확히 말한다.

모델링(modeling)

지체장애인 손 양에게 사회사업가는 좀 더 의사표현을 적극적으로 하는 방법에 대해 도움을 주었다. 주제는 손 양과 그의 상사와의 관계에 관한 것이었다. 상사는 손 양이 받는 봉급에 비해 너무 과중한 업무를 요구했다. 손 양은 그 일을 끝내기 위해서 야근을 해야 했고, 매우 화가 나 있다. 그러나 손 양은 이 문제에 대해 상사에게 무어라고 말을 해야 할지 몰랐고, 어떻게 대화를 시작해야 할지조차도 몰랐다.

사회사업가는 손 양이 상사의 역할을 하고 사회사업가는 손 양의 역할을 맡는 역할극을 제의했다. 사회사업가는 상사에게 이야기하는 방법을 보여 주었다. 그는 상사의 눈을 쳐다보면서 "저는 진심으로 회사에 도움이 되길 바라고 있습니다. 그러나 저는 다른 책임도 맡고 있어서 야간작업까지 계속할 수 없습니다."라고 말했다. 이렇게 한 후에 사회사업가는 역할을 바꾸어서 자신이 상사가 되어 손 양이 직접 상사에게 말하는 연습을 하도록 했다. 그런데 손 양은 처음에 사회사업가가 보여 준 시범과는 좀 다르게 했다. 손 양은 상사에게 자신의 문제로 괴롭혀 드려서 죄송하다며, 고개를 수그리고 눈을 아래로 내리깔며 미안하다는 말로 시작했다. 사회사업가는 방금한 역할극에 대해 손 양과 토론하며, 이야기할 때 눈을 내리깔지 말 것과 미안하다는 말로 시작하지 말 것을 제안했다. 이 같은 장면을 반복하면서 손 양은 좀 더 자신 있게 의사표현을 할 수 있었다. 사회사업가는 손 양을 칭찬했고, 앞으로 실제 상황에서 이것을 할 때 어떤 어려움이 있을 것인지에 대해 의견을 나누었다.

- 앞으로 그런 일이 없게 하기 위한 제안을 한다.

• 긍정적 감정을 표현하기
  - 상대를 본다.
  - 자신을 기쁘게 했던 상대방의 말이나 행동을 정확하게 말한다.
  - 상대방을 말이나 행동이 자신을 어떻게 기쁘게 했는지 말한다.

- 요구하기
  - 상대를 본다.
  - 그들에게 바라는 바를 정확하게 말한다.

의사소통기술훈련의 하나가 바로 자기주장훈련 또는 단정적 행동훈련(assertiveness training)인데, 이를 통해 대인관계의 어려움을 극복하도록 도울 수 있다. 자기주장이란 다른 사람의 권리를 방해하지 않으면서 자신이 권리를 나타내는 능력이다. 단정적 행동의 유형은 요청을 거절하기, 특이한 의견을 표현하기, 자신의 단점을 인정하기, 칭찬을 받아들이기, 긍정적 감정을 표현하기, 상대방에게 행동변화를 요청하기, 대화를 주도하고 유지하기 등이 있다(Bucell, 1979). 이 중에서 필요한 부분을 먼저 파악하여 훈련을 하게 된다. 자기주장의 몇 가지 규정을 제시하면 다음과 같다.

- 말로써 자신의 감정을 표현한다. 즉, 슬프거나 행복하거나 화가 날 때 다른 사람이 이런 감정을 알도록 한다.
- 비언어적으로 자신의 감정을 표현할 수도 있다. 즉, 행복하면 웃고 화가 나면 찌푸린다.
- 누구 의견에 동의하지 않는다면 조용히 앉아 있지만 말고 의견을 표현한다.
- 가능한 한 '나-전달법(I-message)'을 활용한다. '나는'이란 말을 먼저 꺼내면서 말을 시작하고, 상대방을 비난하지 않으면서 나에게 미치는 상대방의 행동의 결과를 표현하는 것이다. 예를 들어, '나는 네가 ~해서 ~하게 느낀다.'라고 상대방의 행동의 결과를 표현하는 것이다. 이는 논쟁을 줄이고 건설적으로 상황을 다룰 수 있게 해 준다.

자기주장훈련은 문화적으로 적합하지 않을 수도 있다. 우리나라처럼 웃어른에 대한 예의를 존중하고, 직장상사에 대한 순종이 미덕으로 자리 잡혀 있는 문화에서는 오히려 어려움을 초래할 수 있다. 그럼에도 불구하고 클라이언트는 자신의 권리를 말하는 것을 배울 필요가 있다.

단정적인 행동을 방해하는 몇 가지 오해가 있는데, 이는 다음과 같다.

- 다른 사람에 대한 의무가 자신의 권리나 욕구보다 중요하다.
- 다른 사람을 기쁘게 하거나 좋은 인상을 주는 것이 매우 중요하다.
- 다른 사람에게 자신의 의견을 표현하면 그 결과가 매우 걱정된다.

이러한 신념을 가지고 있는 클라이언트는 '좋은 사람' 이 되어야 한다는 생각하에 다른 사람의 욕구에 매우 민감하게 반응하게 되어, 자기희생이 따르게 된다. 또한 다른 사람의 의견에 동조하지 않을 때는 죄책감을 느끼게 되

권리조항

1. 다른 사람의 요청을 거절할 권리가 있다.
2. 자신의 화난 감정을 표현할 권리가 있다.
3. 선의의 경쟁을 할 권리가 있다.
4. 자신의 욕구를 스스로 결정할 권리가 있다.
5. 실수할 권리가 있다.
6. 다른 사람과 다른 자신의 의견이나 아이디어를 가질 권리가 있다.
7. 다른 사람에게 도움이나 사랑을 요청할 권리가 있다.
8. 자신이 욕구가 무엇인지를 말할 권리가 있다.
9. 다른 사람에게 그들의 행동을 변화시킬 것을 요청할 권리가 있다.
10. 성숙한 성인으로 대우받을 권리가 있다.
11. 다른 사람들의 가치를 강요받지 않을 권리가 있다.
12. 자신이 항상 틀렸다고 인식되지 않을 권리가 있다.

출처: Patricia Jakubowski-Spector가 1974년 7월 매릴랜드 대학교에서 개최된 자기주장훈련 워크숍 자료에서 제시한 내용 중 발췌.

며, 거절당할 것에 대한 두려움을 갖는다. 결과적으로 자신의 욕구는 충족되지 못하고, 낮은 자존감과 우울 그리고 대인관계상의 불안감을 갖게 된다. 보통 어린 시절에 부모님이 양육방식이 엄격하여 부모님의 말씀에 순종하지 않아 심한 벌을 받은 경험이 있는 사람들은 거절당할 것에 대한 막연한 두려움을 갖게 된다. 위의 신념들은 인지적 재구조화를 통해 현실적인 신념으로 바뀌어야 한다. 우리가 가져야 하는 현실적인 신념은 아마도 '사람들은 단정적이고 자신을 가치 있게 여기는 사람을 존중한다.'는 신념일 것이다. 한편, 워커도 클라이언트에게 단정적 행동을 취할 필요가 있는데, 이에 대해서는 229쪽을 참고하기 바란다.

사회사업가는 또한 클라이언트에게 행동과제를 주거나, 그들이 이런 과제를 해낼 수 있도록 지원함으로써 클라이언트의 행동수정을 도울 수 있다. 보통 행동과제의 할당은 회합이 끝날 때 주어지고, 다음 회합이 있을 때까지 실생활 속에서 수행하도록 요구된다(Hepworth et al., 2002).

과제할당

손 양은 그녀의 상사에게 좀 더 단언적인 태도를 취할 준비가 되어 있었다. 워커가 언제 상사를 만날 것이냐고 묻자, 손 양은 다음 주 중에 만나겠다고 말했다. 워커는 상사를 만나 면담할 것을 과제로 내 주고, 다음 상담시간에 어떻게 진행되었는지를 묻기로 했다. 워커는 손 양에게 그 과제를 수행하는 데 있어 추가적인 도움을 필요로 하는지 물었다. 손 양은 그의 상사를 만날 때면 가끔 불안하다고 했고, 워커는 예전에 연습했던 긴장완화기법을 손 양과 함께 다시 연습했다. 손 양은 또한 상사가 요구안을 내놓은 자신에 대해 불쾌하게 생각하는 것 같다고 말했다. 워커는 비합리적 사고를 합리적 사고로 대치시키는 방법을 한 번 더 검토하였다.

그 다음 주에 워커는 손 양에게 상사를 만났던 일이 어떻게 되었는지를 물었다. 손 양은 그 일을 수행했다고 말했다. 손 양은 야간작업을 할 수 없다는 것을 상사에게 요청했다. 그러나 상사는 손 양에게 그 일이 얼마나 중요한지 설명했고, 손 양은 상황이 그렇다면 야간작업을 하겠다고 말했다. 손 양이 이렇게 쉽게 포기했기에, 워커는 손 양이 야간작업을 중단하기를 얼마나 진심으로 원하는지에 대해 다시 한 번 의논했다. 손 양이 앞으로 이 상황을 어떻게 다루어 나가야 할지 추가로 의논하고, 필요하다면 역할극을 다시 연습하기로 했다.

3) 단일회합치료

위기상황이나 병원 세팅에서는 클라이언트와 단 한 번의 접촉기회를 갖게 되는 경우가 많으므로 단일회합 사정기술이나 개입기술을 익혀 둘 필요가 있다. 단일회합은 많은 효과를 내고 있는 것으로 조사되었다. 한 예로, 1회의 치료적 면접이 추후 5년 동안 60% 정도의 의료 서비스 활용을 줄였는데, 그 이유는 정서적 스트레스를 해소시킨 결과라고 한다(Bloom, 1992, p. 255). 많은 경우 클라이언트는 워커와의 한 번의 만남을 통해 자신의 문제에 대한 통찰력을 얻고 스스로 문제를 해결하게 된다. 단일회합치료(single-session therapy: SST)는 기본적으로 필요에 따라 다양한 이론이나 모델을 활용하는 절충주의적 접근이고 실용적 접근이다. 단일회합치료의 특징은 다음과 같다(Hoyt, 1995).

- 회합을 통해 성취되어야 할 필요가 있는 활동이나 과업을 신속하고도 분명하게 인식한다. 즉, 회합을 통해 현실적으로 해결될 수 있는 핵심 문제를 파악한다.
- 클라이언트와의 긍정적인 관계 형성을 신속히 설립한다.
- 핵심 목적으로서 대처능력과 문제해결을 촉진한다.

- 과거보다는 현재의 문제적 상황을 중시한다.
- 클라이언트가 유용하게 느끼는 해결책과 클라이언트의 강점과 자원을 형성하는 해결책을 창출하는 것을 강조한다.
- 회합 동안에 클라이언트에게 필요한 기술을 획득하거나 강화할 수 있는 기회를 준다.
- 클라이언트의 작업능력을 증진시킬 수 있도록 교육하거나 피드백을 준다.
- 보통 45~50분 이상의 회합시간을 갖지만, 유연하게 늘리거나 줄일 수 있다.
- 상대적으로 클라이언트보다 치료자의 활동 수준이 더 높다.

회합 초반에 클라이언트의 즉각적인 욕구가 결정되고 클라이언트의 충격이나 두려움이 가라앉으면, 클라이언트의 기능이 어떠한지에 대해 사정할 필요가 있다. 위기에 대한 과거의 대처전략은 무엇이고 가족의 자원은 무엇인지를 사정하게 된다. 또한 클라이언트가 자신의 상황을 효과적으로 다루는 데 필요한 개인적, 환경적 자원이 무엇인지를 결정한다. 예를 들어, 구체적 원조, 인정, 재확신, 지지, 관점의 변화, 의미 재구성, 비생산적 행동유형을 중단하고자 하는 동기, 기술훈련 등 중에서 무엇이 필요한지를 파악해야 한다.

단일회합치료에서는 클라이언트보다 워커의 활동 수준이 높기 때문에 무엇보다 관심과 존중, 진실성 등을 통한 긍정적 관계 형성이 필수적이며, 그래야 클라이언트로 하여금 치료자가 제시하는 방향이나 안내사항을 활용할 수 있도록 할 수 있다. 워커와의 긍정적 관계 형성은 클라이언트에게 새로운 경험이며, 이러한 새로운 경험을 통해 클라이언트는 자신의 습관적이고 비생산적인 사고, 감정, 행동을 전환할 수 있는 계기를 갖고, 결과적으로 희망감을 고취하게 된다. 단일회합치료를 통해 클라이언트가 제시한 문제가 완전히 해결될 것을 기대할 수는 없다. 대신 클라이언트에게 도움이 될 만한 긍정적 경험을 제공하는 것이다. 하지만 잠재적으로 단일회합치료는 모든 것이 통제불

능이라고 느끼는 상황 속에서 자신의 삶에 대한 통제력을 다시 얻을 수 있도록 하는 중대사건이 될 수 있다. 치료자와의 긍정적 관계 형성의 경험, 자신의 상황에 대한 분명한 이해, 표출되지 못한 염려들이 무엇인지 정비하고, 자신의 대처기술과 자원을 확인할 수 있는 기회를 갖고, 즉각적인 심리사회적 도움을 받는 것은 클라이언트에게 매우 긍정적인 경험이 된다.

단일회합치료에서는 사정이 끝난 후 즉각적인 심리사회적 지원을 하는데, 여기에는 위기에 대한 현실적이고 정확한 이해를 하도록 돕고, 위기를 대처하는 데 필요한 것이 무엇인지 알려 주며, 감정표출을 지지하고, 현재의 상황을 다루기 위한 대안을 개발하고 선정하도록 도우며, 공식적·비공식적 지원체계를 동원하는 것을 도와주는 활동이 포함된다. 위기와 욕구의 정도에 따라 워커는 클라이언트의 안전을 위한 직접적이고 구체적인 지원(예: 쉼터, 의료적 처치, 음식이나 의복)을 통해 돕기도 한다(Corwin, 2002).

단일회합치료는 심각한 정신장애나 약물중독 등의 문제에는 적합하지 않을 수 있으나, 생활상의 문제를 가지고 있는 클라이언트에게는 효과적이다. 한 번 만남으로 끝나기에, 비자발적이고 저항하는 클라이언트에게 적합할 수도 있다.

아래의 사례를 통해 단일회합치료의 이해를 돕고자 한다.

김 씨는 종합병원의 내과의사로부터 사회사업실에 의뢰되었다. 김 씨는 직장에서의 과도한 스트레스로 휴가를 받았다. 직장 상사는 김 씨에게 휴가를 권고한 바 있는데, 김 씨가 자신의 상사를 의심하고 점차 불안정한 양상을 띠었기 때문이다. 김 씨는 어느 아동이 한 번 사고를 당한 후에 상사가 자신을 항상 감시하고 못살게 군다고 하였지만, 상사는 이를 부인하였다.

김 씨는 세 명의 자녀가 있는 47세의 아주머니로 철도 건널목 안내하는 일을 맡고 있다. 자신의 불안하고 혼돈된 감정상태에 대해 염려를 표하고 있다. 사정 결과 김 씨는 집중하는 데 문제가 있고, 수면과 음식섭취에 어려움을 겪고 있었다. 김 씨는 지난 20여 년 동안 일을 잘 해 왔고, 지역사회에서도 인정받고 있으며, 교회에서도 매우 활동적으로 일해 오고 있다.

김 씨는 불안증세를 보이기는 했지만, 사고장애는 없는 것으로 보였다. 김 씨는 상사의 행동에 대한 인식과 반응에 대해 변화가 필요한 것으로 보였다.

워 커: 당신의 상황을 제가 정확히 이해하고 있는지 모르겠습니다. 예전에 한 아이의 사고가 본인 책임이 아니라고 하셨는데, 그 이유는 퇴근 후에 일어났기 때문이라고 하셨습니다. 그러나 직장상사는 그렇게 믿지 않기에 아주머니를 계속 감시하고 있다고 믿는 것이지요? 좋아요. 다른 이유로 상사가 아주머니를 감시하고 있다는 생각은 안 드시는지요?

김 씨: 글쎄, 제 생각에 그는 자기 업무이니까 모든 사람을 감시해 왔다고 생각은 해요. 그 사건 전에도 지금처럼 감독을 했었다고 말하는데, 저는 그 사람이 제 잘못으로 인해 사고가 발생했다고 믿고 있다고 봐요.

워 커: 이번 상황이 어떻게 끝나야 기분이 좀 좋아지시겠어요?

김 씨: 그가 그 사건이 내 잘못이 아니었다는 것을 믿었으면 좋겠어요.

워 커: 어떻게 그것을 알 수 있을까요? 상사는 이미 아주머니의 책임이 아니라고 생각한다고 말했는데, 믿지 않으시잖아요.

김 씨: 전 그렇게 생각지 않아요. 그가 어떻게 생각하는지는 알 길이 없죠.

워 커: 알 수가 없다고요. 이번 상황을 볼 때 무엇을 변화시킬 수 있다고 생각하세요?

김 씨: 모르겠어요. 전 지속적으로 부엌에 앉아 그가 나를 비난하는 것이 얼마나 불공평한 일인지만 생각하고 있어요.

워 커: 부엌에 앉아서 그를 원망할 때는 무슨 감정이 드세요?

김 씨: (눈물을 흘리며) 비참해져요. 화가 나고요. 안절부절못해요. 남편과 애들은 외출이라도 하자고 하는데, 나갈 수도 없어요. 너무 화가 나요.

워 커: 상사에 대해 생각할 때는 즐기던 것도 할 수가 없고, 화가 나고, 긴장되고 슬프군요. 그 문제에 대해 생각할 여지를 주지 않는 어떤 것을 할 때는 좀 기분이 나아지던가요?

김 씨: 네, 그러나 지속되지는 않아요. 이 상황이 마음속에서 떠나지 않아요. 앉아서 그 생각만 하게 되요.

워 커: 예전에 즐기던 활동을 재개하는 것이 중요하다고 봅니다. 가만히 앉아 있지 말고 바쁘게 무엇을 한다면 기분이 좋아질 것이고, 잠도 잘 잘 것이고, 먹는 것도 좋아질 거예요. 잠시 이에 대해 논의해 봅시다. 먼저 궁

금한 것이 있습니다. 상사가 아주머니에 대해 어떻게 생각하는지가 왜 그리 중요한지 잘 이해가 되지 않습니다. 그가 생각하는 것이 아주머니의 삶을 비참하게 망가뜨리고 있는 것 같습니다. 왜 그리 중요한가요?

김 씨: 글쎄요. 선생님도 다른 사람들이 선생님을 나쁜 사람이라고 생각하길 원치 않으실 것입니다. 사람들이 좋아하고 존중하길 바라시지요.

워 커: 네. 사실입니다. 그런데 자신은 나쁜 짓을 하지 않았다고 생각하고 있지만, 누군가 달리 생각한다면 어떻게 해야 할까요?

김 씨: 그가 나에 대해 정확히 판단하도록 납득시켜야겠지요.

워 커: 아주머니와 저는 성장배경이 다르니, 관점도 좀 다른 것 같습니다. 저의 아버지는 어릴 적에 이렇게 말씀하시곤 하셨습니다. "살다 보면 어떤 사람들은 널 많이 좋아하고 어떤 사람들은 싫어한다. 어떤 특별한 이유가 있는 것이 아니란다. 그게 인생이야." 아주머니의 아버지는 어떤 말씀을 하셨는지요?

김 씨: (웃으면서) 잘 기억나지는 않아요. 그렇지만 아버지가 목사님이어서 착하게 행동하도록 기대되었던 것만은 확실해요. 사람들이 존경할 수 있는 모범생이 되어야 했어요. 지금까지 어느 누구도 저를 나쁘게 생각하지 않았어요.

워 커: 어느 누구도 그렇지 않다고요? 놀랍네요. 그것이 지금 이렇게 어려움을 겪는 이유의 하나가 될 것 같군요. 아주머니는 아주머니를 승인하지 않거나 좋아하지 않는 사람들을 겪어 본 경험이 없군요. 지금 이 시간부터는 이러한 상황을 다루는 방법에 무엇이 있는지 한번 알아봅시다. 상황은 이렇습니다. 아주머니는 잘못한 것이 없음을 알고 있습니다. 아주머니는 상사가 그렇게 믿고 있지 않다고 생각합니다. 하지만 상사가 생각하는 방식을 통제할 수는 없는 상황입니다. 그리고 상사에 대한 생각을 내내 하면서 비참해하고 있습니다. 그러므로 아주머니가 상사에 대해 생각하지 않도록 하는 무엇인가를 찾는 것이 중요하다고 봅니다.

김 씨: 그가 생각하는 것을 걱정하면서 시간을 낭비하고 있다는 것이 바보처럼 생각됩니다. 무엇인가 하는 것이 좋겠어요.

워 커: 무엇을 할 수 있을까요?

김 씨: 우리 아이들이 지난 3주 동안 외식을 못해 울상이었어요. 가족과 함께

외식을 다시 해 볼까 해요.

워 커: 좋은 결정이에요. 부엌에 앉아 기분 나쁘게 있는 것과 가족과 함께 기분 좋은 식사를 하는 것 중에 선택하는 것은 바로 아주머니에게 달려 있어요. 무엇을 드실 예정이세요? 가족은 무엇을 좋아하나요?

회합의 나머지 시간(총 1시간 30분 진행됨)은 외식에 대한 계획과 상사의 감독행위를 어떻게 다룰지에 대한 계획을 수립하는 데 사용하였다. 김 씨는 확실히 안도감을 갖고 불안해하지 않는 것으로 보였다. 상사의 행동에 대하여 새로운 관점과 긍정적인 해석을 하도록 하였다. 남편으로 하여금 김 씨가 상사의 일을 생각할 때면 다른 데 관심을 돌리도록 도와줄 것도 계획 속에 포함시켰다. 워커와 김 씨는 일주일간 이틀마다 전화를 하여 기분이 어떤지를 확인하기로 동의하고, 그 다음은 일주일마다 전화하기로 했다. 한 달 후에 추후조사를 시행하였다. 김 씨는 예전처럼 잘 생활하고 있었다.

4) 특별기법

개인을 변화시키는 데 있어 사회복지사가 유용하게 활용할 수 있는 특별기법을 몇 가지 소개하고자 한다(Poinlexter et al., 2003).

(1) 능력강화/역량강화

우리는 흔히 '돕는다는 것'을 클라이언트나 집단을 '위하여' 어떤 행동을 하는 것으로 생각하고, 의사결정이나 계획과정에 당사자인 클라이언트를 관여시키지 않곤 하였다. 이는 우리 사회에서 힘이 약한 사람들을 한층 더 무력하게 만든다. 낙인이나 차별로 고통받는 사람들은 다른 사람이(예: 전문가) 대신해서 자신들을 위한 의사결정을 내려 줌으로써 자신들의 삶을 스스로 이끌어갈 권리를 빼앗긴다.

다행히도 현재는 '능력강화(empowerment)'라는 철학이 보편화되었다(Saleeby, 1996). 능력강화의 철학은 우리 모두가 자신의 삶과 미래에 관한 의사결정을 할 능력이 있다는 것을 표방한다. 능력강화적 접근은 개인, 부부, 가족, 집단과 지역사회를 단지 수동적 수혜자가 아닌 문제해결의 중요한 참여자로 간주한다. 개인, 가족, 집단과 지역사회의 능력은 강화될 수 있다. 즉, 사회복지사는 클라이언트가 자신의 상황을 개선하는 데 필요한 개인적, 정치적 힘을 증진시키는 과정을 도와주게 된다(Gutierrez, 1990).

또한 능력강화는 사람들이 능력이 있고, 무엇인가를 할 수 있고, 귀중한 존재라는 신념을 함축하고 있다. 능력강화 견지에서 활동하는 사회복지사는 도움을 청하는 사람들에게 서비스 전달체계 내에서 파트너가 될 권리를 제공한다. 능력강화모델에서 사회복지사는 클라이언트가 제시하는 대로 문제를 규정한다. 사회복지사는 도움이 필요한 클라이언트가 자신의 고유한 강점을 파악하고 활용할 수 있도록 클라이언트를 돕는다. 또한 문제해결기술을 가르치고,힘없는 사람들의 이익을 위하여 옹호한다(Gutierrez, 1990).

우리는 사회체계 내에서 일하고 있다. 때때로 이러한 체계가 클라이언트의 자율권을 빼앗기도 한다. 사회복지사들은 때때로 바쁘고 업무가 과중한 상태가 되기 때문에, 클라이언트에게 의견 개진이나 자율적 참여를 요청하기보다는 클라이언트의 수동성과 의존성을 더 편하게 생각하는 경향이 있다. 그 정도가 어떻든 간에 사회복지사들은 이러한 가능성을 인식하고 서비스의 설계와 전달에 있어 그들의 의견이 적극 반영되도록 노력해야 할 것이다. 능력강화 역할을 하는 사회복지사는 클라이언트들이 권리를 행사하고, 또한 의사결정에 대해 책임지도록 도울 수 있다.

사회복지사 혼자서 최선의 의사결정을 내리는 것은 기대하기 힘들다. 대부분의 사람들은 자신의 미래를 전적으로 전문가에게만 맡기려 하지 않는다. 따라서 사회복지사의 역할 중 하나는 클라이언트가 자신의 능력을 강화하도록 지지하는 것이다.

① 능력강화를 유도하기

Dunst 등(1988)은 '효과적으로 돕는 것'을 "개인이나 집단이 자신의 발달에 대한 통제력을 가질 수 있는 능력을 습득하도록 촉진해 줌으로써, 그들이 더욱 문제를 잘 해결하거나 욕구를 충족하거나 열망을 성취할 수 있도록 하는 행위"(p. 1)라고 정의하고 있다. 특히, 능력강화와 관련하여 원조행위를 다음과 같이 규정하였다. 이를 바탕으로 클라이언트가 자기 자신과 가족성원을 보호하는 데 효과적으로 관여하도록 도울 수 있다.

- 서비스를 요청하는 사람이 자기 욕구를 명확히 하고 우선순위화하도록 돕는다.
- 도움이 요청되기를 수동적으로 기다리기보다는 제공한다.
- 클라이언트의 문제나 욕구에 부합하는 도움을 제공한다.
- 욕구를 충족시키고 능력을 강화하는 데 있어 파트너십을 활용한다.
- 의사결정은 전적으로 도움을 구하는 사람에게 맡긴다.

능력강화는 (도움에 힘입어) 각자가 선택한 자신의 삶의 과정을 자기가 책임지도록 강조한다.

② 능력강화를 조성하기

다음은 클라이언트가 자신의 삶에 통제력을 행사할 수 있는 길을 찾도록 도와주는 사회복지사의 활동이다.

- 클라이언트가 정보를 많이 얻어 자신의 관심사에 관해 가능한 한 많이 알도록 격려한다. 예를 들어, 파일을 만들어 놓고 클라이언트와 공유한다.
- 전문용어를 일상적이고도 이해할 수 있는 언어로 변환하여 놓는다. 예를 들어, 책상 위에 전문용어와 그 용어의 해석 리스트를 만들어 놓고 사용한다.
- 클라이언트에게 서비스와 정보 및 자원에 접근할 수 있는 권리에 대해 알

려 준다. 예를 들어, 법률과 정책에 관한 파일을 만들어 놓는다.

- 클라이언트가 자신의 의견을 단정적으로 표현하도록 고무한다. 예를 들어, 정신지체인이 각종 관련 위원회에 참석하려는 노력을 지지한다.
- 개인과 가족이 자신의 독특한 욕구에 기초하여 적극적인 의사결정을 내리도록 격려한다.
- 개인과 가족에게 그들이 능력 있고 건전한 의사결정을 내릴 수 있다는 메시지를 계속해서 보낸다. 예를 들어, 다음과 같은 칭찬과 격려의 말을 함으로써 개인과 가족을 안심시킨다. "당신은 어머니를 잘 돌보아 주고 있어요. 당신을 도와줄 자원봉사자를 구하는 결정은 바로 당신 가족에게 딱 맞는 결정입니다."

생각해보기

01. 서비스 제공자들이 클라이언트의 충분한 참여를 격려하기보다는 의존을 조장하는 경우에는 어떤 것들이 있는가?

02. 여러분이 능력강화되었던 경험이 있는가?

③ 정보에 근거한 자기결정을 지지하기

훌륭한 원조관계는 자율성과 선택권을 지지한다. 훌륭한 원조관계는 의존을 조장하지 않는다. 클라이언트의 의사결정권을 빼앗기보다는 클라이언트가 자세한 정보에 근거하여 선택하도록 지원해야 한다. 사회복지사는 클라이언트가 본인의 문제에 대해 어떻게 생각하는지 의견을 경청한 후, 그에게 필요한 정보를 제공하고 선택할 권리를 지지해야 한다(그 선택이 타인에게 해를 주지 않는 한). 이를 흔히 '자기결정(self-determination)'이라고 부른다.

개입의 목표, 계획 그리고 프로그램은 클라이언트가 자신의 삶 속에서 열망하는 것이 무엇인가에 기초하여 개발되어야 한다. 그렇다고 사회복지사가 수동적이거나 무관심하라는 것은 아니다. 오히려 중요 이슈에 대해 교육하고, 무엇이 선택 가능한지 광범위하게 토론하라는 것이다. 사회복지사는 자신이 클라이언트에게 바라는 것이 아닌, 클라이언트 당사자가 필요로 하고 원하는 것을 얻도록 도와주어야 한다.

때때로 클라이언트의 자기결정을 지지하는 것이 매우 어려운 경우가 있다. 예를 들어, 클라이언트가 암치료를 계속 받지 않겠다고 하거나, 클라이언트가 계속해서 알코올이나 약물을 사용하고, 계속해서 안전하지 못한 성관계를 갖거나, 학대적 관계에 머문다면 책임을 맡고 있는 사회복지사는 두려움과 실망을 느낄 것이다. 이때 명심할 것은 자신의 그런 감정에 대해 슈퍼바이저와 상의해야 하며, 또한 옳고 그름에 대한 판단을 일단 유보해야 한다는 것이다. 클라이언트의 선택과 행동이 사회복지사 자신에게 어떻게 영향을 주는가를 인식하는 것이 중요하며, 그렇게 해야 사회복지사의 감정과 판단으로 인해 원조과정이 궤도를 벗어나는 것을 막을 수 있다.

클라이언트의 선택권을 지지하면서도 한편으로 사회복지사의 의견을 비심판적으로 혹은 비공격적으로 표현할 수 있다. 때때로 사회복지사가 상황을 어떻게 보고 있는가를 분명하고도 비심판적으로 표현하는 것이 도움이 된다. 이러한 표현은 원조관계가 돈독하게 형성된 경우에 효과적이다. 예를 들면, 다음과 같다. “저는 선생님이 약물치료를 중단한다는 결정을 지지합니다. 그리고 선생님이 남은 생애 몇 개월을 편안하게 보내려는 것이 얼마나 중요한가를 이해합니다. 그러나 제가 선생님을 오랫동안 돌보아 왔기에 선생님의 결정을 받아들이는 것이 저에게는 힘든 결정이며, 선생님이 점차 쇠약해진다고 생각하니 괴롭기만 합니다.”라고 말할 수 있다. 또한 다음과 같이 표현할 수 있다. “선생님이 그토록 술을 많이 마시는 것을 보기가 힘듭니다. 왜냐하면 저는 선생님의 건강과 안전이 걱정되기 때문입니다. 제가 말씀드린 것에 대해 어떻게 느끼십니까?” 워커의 견해가 관심과 애정어린 방식으로 표현될 때 클라이언트는 이를 수용할 수도 있으며, 자신의 행동이 주변사람에게 어떻게 영향을 미치는가를 더 잘 이해할 수 있다.

(2) 강점을 발견하기

강점관점은 세계를 보는 하나의 방식으로서 개인, 부부, 가족 그리고 지역사회가 소유한 내적 및 외적 자원들을 보다 수월하게 발견하게 해 준다. 우리는 사람들의 결점, 실패 그리고 약점에 주목하고 언급하는 데 익숙해져 있다. 강점, 대처기제, 성공 그리고 긍정적 특성을 찾아내고 확인시켜 주는 사람을 만나기 어렵다. 반쯤 채워진 물 잔을 보고 어떤 사람은 반밖에 안 남았다고 하고, 어떤 사람은 반이나 남았다고 한다. 같은 현실을 놓고도 긍정적인 측면을 보는 것이 중요하다.

훌륭한 사회복지사는 사람들의 나쁜 측면보다는 긍정적 측면을 포착하는 관점을 취하며, 따라서 강점과 성공에 관해 언급한다. 강점관점은 문제나 사람들에 대하여 거짓된 확신을 주거나 비현실적으로 낙관적이 되라는 것은 아니다. 강점관점을 취한다는 것은 현실을 바라보는 또 다른 방법으로서 사람의 삶 속에 있는 기능적 특성과 성분들을 파악할 수 있는 또 다른 렌즈세트를 갖는 것이다(Saleeby, 1996).

성민이는 중학생인데, 읽고 쓰는 데에 어려움이 있어, 숙제나 과제물을 완성하는 데 급우들보다 많은 시간이 필요하다. 학교 선생님은 성민이가 공부하려는 동기가 강하다는 것을 알기에, 숙제를 위해 꾸준하게 노력하는 모습을 보여 줄 때는 숙제 제출기간을 늦추어 주었다. 성민이는 방과 후 프로그램에 참여하고 있다. 어느 날 방과 후 프로그램 선생님은 성민이가 학교성적으로 몹시 낙담하여 머리를 감싸쥐고 있는 것을 발견하였다. 성민이 이야기하는 것을 듣고 선생님은 글을 쓰는 데 애를 먹고 있으며, 보고서를 쓰는 데 상당히 많은 시간이 소요되는 것을 걱정하고 있음을 알 수 있었다. 그러나 성민이는 교육적 목표를 성취하는 데 있어서 자기가 가진 용기, 동기 그리고 성실성을 깨닫지 못하고 있었다. 선생님은 부드럽게 말했다. "성민아, 네가 학습 속도가 느린 데 대해 얼마나 좌절하는지 알게 되었고. 또한 네가 때때로 너무 지친다는 것도 알고 있다. 그러나 너는 네 장점을 보지 못하는 것 같구나. 내가 보는 너는 결심이 굳고 활기차고 똑똑한 젊은이다. 너는 정말 대단한 사람이야."

생각해보기

01. 여러분은 될 수 있는 한 강점에 초점을 맞추는가?

02. 도움을 요청하는 사람들의 강점을 파악하고 이것을 전달할 수 있는 능력을 향상시킬 수 있는 방법은 무엇인가?

다음은 워커가 클라이언트의 강점을 강조하기 위해 활용할 수 있는 예다.

- "지금까지 지침을 잘 준수하며 잘해 왔어요. 성취한 것이 많아요."
- "선생님은 잘못해 온 것만 강조하는군요. 그러나 잘해 온 것을 좀 보세요. 아내가 떠나 후로도 가족을 잘 지켜 왔고, 적은 수입으로도 애들을 잘 키우셨어요."
- "넌 참 머리가 좋고 이야기하기에도 편하구나."
- "선생님은 너무 잘 협력해 주셔서 일하기가 편해요."
- "아주머니의 웃는 모습은 다른 사람들까지 기쁘게 만들어요."
- "도움을 청할 수 있는 친구가 있다는 것은 정말 좋은 거예요."
- "가족이 매우 지지적이에요. 좋아요."
- 우리 기관에는 선생님에게 도움이 될 만한 몇 가지 자원이 있으니, 일단 시작이 좋아요."

(3) 단정적 행동 및 한계 설정하기

거부의사를 표현하는 것을 포함한 단정적인 행동(assertiveness)은 사회복지사가 자신을 보호하는 능력을 증진시킨다. 단정적 행동은 클라이언트의 욕구에 민감하게 반응하면서도 자신의 감정을 솔직하고 직접적으로 표현하는 것이다.

<표 8-2> 수동적-공격적 행동의 연속선

수동적	주장적	공격적
나보다 클라이언트가 더 중요하다. 내가 말하는 것과 느끼는 것은 가치가 없다.	클라이언트의 욕구와 감정 그리고 나 자신의 욕구와 감정은 동등하게 중요하다.	클라이언트보다 내가 더 중요하다. 내가 원하고 느끼는 것이 우선되어야 한다.

많은 사람들이 '단정적인 행동'을 '공격'과 혼동한다. 공격적 행동을 보이는 사람은 클라이언트의 감정이나 권리에 민감하지 않으며, 대부분 자신에게 초점을 맞추는 경향이 있다. 수동적 행동 역시 단정적 행동이 아니다. 수동적으로 행동하는 사람들은 자신의 권리와 감정을 무시하며, 자신에 대해 책임지지도 않는다. 단정적 행동은 자신을 포함하여 관련된 모든 사람의 감정과 권리를 고려하는 의사소통의 한 방법이다.

공격적, 수동적, 단정적 반응유형의 예

어느 은퇴한 부부가 교외로 소풍을 가기 위해 준비하고 있었는데, 아들내외로부터 부탁의 전화를 받았다. 아들은 부부에게 주말에 어린아이들 셋을 돌보아 줄 것을 부탁했으며, 자기들은 스키여행을 떠나겠다고 말했다. 아들내외는 친구들과 함께하는 이 여행에 매우 들떠 있었으며, 부모가 그들의 요청을 수락할 것으로 생각했다. 아들은 "아버지와 어머니가 계획이 있으신 건 알지만, 스케줄에 융통성이 있으니 계획을 변경하고 손자들을 돌보며 집에 계시는 것도 괜찮을 거라고 생각하는데요."라고 말했다.

공격적 반응: 아버지는 화가 나서 소리친다. "강심장이구나! 그렇게나 생각이 없니! 네가 엄마와 아빠를 그렇게 부려먹을 수가 있냐? 전에 네가 외출할 때도 도와주었지만 전혀 고마워하지 않았다. 알다시피 우리는 너희의 종이 아니다. 꿈도 꾸지 마!" 아버지는 화가 치솟고 감정이 상하여 전화를 끊었으며, 자신의 언사가 아들에게 미치는 영향을 생각하지 못했다.

수동적 반응: 아버지는 다음처럼 말한다. "그러렴, 문제없어. 괜찮을 거야. 애들을 데려오렴. 엄마에게는 내가 말하마." 아버지는 전화를 끊고 실망에 가득 찬 아내를 보았다. 그들은 아들이 지각이 없고 이기적인 것에 대해 비난했다. 그러나 아들이 손자들을 데리고 도착했을 때는 모든 것이 좋은 것처럼 행동했다.

단정적 반응: 아버지는 다음처럼 말한다. "얘야, 우리는 손자를 사랑하고 언제나 손자들과 함께 있는 것이 즐겁다. 또 우리가 할 수 있다면 네가 외출하도록 돕고 싶다. 그런데 지금은 어렵겠구나. 네 엄마와 내가 모처럼 여행을 계획했는데, 이를 취소한다면 실망이 클 게다. 네가 우리를 의지하는지는 알지만 미안하다. 계획이 없을 땐 언제든지 귀여운 손자들을 맡아 주마."

누구에게나 단정적으로 행동해야 하는 어려운 상황이 있게 마련이다. 예를 들어, 요구에 대해 거절할 때, 제한을 둘 때, 상한 감정을 표현할 때 혹은 자신을 방어할 때 등이다. 많은 사람들이 누군가의 요구에 대해 거절의사를 밝히는 것에 어려움을 갖는다. 그 이유는 다른 사람의 욕구에는 부응하고 자신의 욕구는 부인하는 것에 익숙해져 있기 때문이다. 때때로 우리는 클라이언트가 우리를 좋게 생각해 주기를 바라기 때문에 모든 요청을 승낙하는 경향이 있다. 더욱이 그 요청이 일반적으로 심각하게 제시되며 또 욕구가 실로 존재하기 때문에 요청을 거절하기가 어렵게 된다.

하루 24시간, 일주일 내내 사회복지사로서 일해야 된다면 누구라도 쉽게 지칠 것인데, 어떻게 자신을 보호할 것인가? 사회복지사로서의 과제는 클라이언트의 문제해결능력을 지원하는 것이지, 실제로 그들의 모든 문제를 해결하는 것이 아니다. 그러므로 단정적으로 의사표현하는 기법을 익히는 것이 중요한데, 그것은 우리 자신을 보호하기 위해서뿐만 아니라 클라이언트에게 모범을 보이기 위해서다. 다른 사람에게 상처를 주지 않으면서도 자신의 욕구에 책임을 지는 것을 보여 주어야 한다.

사회복지사로서 클라이언트의 요청을 거절해야 하는 상황에 직면했을 때 다음의 지침을 사용할 수 있다.

- 언어와 음색이 중요하다. 워커의 걱정과 염려를 표현하는 데는 '나'라는 말로 시작하라. 예를 들어, "저는 그것을 지금 당장 할 수가 없군요." 혹은 "저는 지금 그것을 받아들일 수가 없어요."라는 말로 시작한다. 요청에 대해 거절할 때는 단호하지만 정중한 목소리와 태도를 사용하며, 소리치거나 푸념하지 않는다.
- 거절당한 클라이언트의 생각이나 감정에도 민감해야 한다. 클라이언트의 감정, 상황, 동기를 알고 있다고 가정하지 말고, 그들이 어떻게 생각하고 있는지를 따뜻하고 관심어린 방법으로 물어본다. 예를 들어, "오늘 오후에 약간의 사적인 일을 처리할 필요가 있어요. 아주머니와 함께 가지 못해 미안합니다. 저에게 너무 실망하지 않기를 바라요. 어떻게 생각하세요?"
- 요청하는 사람을 비난하거나 화내지 않도록 한다. 요청을 거부할 권리가 있는 것과 마찬가지로, 요청할 권리도 있는 것이다. 워커가 거절의사를 표현할 때 요청을 해 온 사람을 책망하거나 비난하지 말고 오히려 그 사람과 그 요청에 관하여 진지하고 존중하는 태도로 의사소통해야 한다. 예를 들어, 워커가 다음과 같이 화를 내며 반응한다면 도움을 요청한 사람과의 관계는 손상되고 만다. "이런 것을 나에게 요구하다니, 믿을 수가 없어요. 내가 얼마나 바쁜지 보이지 않나요? 내가 얼마나 많은 사람을 돌보아야 하는지 알기나 하세요?" 이러기보다는 다음과 같이 말하는 것이 보다 생산적이다. "그것을 오늘 도와줄 수 있었으면 좋겠어요. 그러나 연속적으로 약속이 있어요."
- 요청에 대해 대안적 해결책을 제시할 수도 있다. 예들 들면, 다음과 같다. "오늘 병원으로 아주머니를 방문할 수 없을 것 같아요. 그러나 내일 밤은 아주머니를 보러 갈 수 있어요. 어떠세요?" 어떤 경우는 클라이언트

가 다른 기관이나 다른 기관의 누군가와 접촉하는 것이 더 적합할 수 있다. 실현 가능하다면 연결을 해 주는 것이 더 도움이 된다. 다음의 예를 보자.

"우리 기관은 아주머니와 함께 법원에 갈 수 있는 프로그램이 없어서 제가 그것을 할 수가 없어요. 그러나 가정폭력위기개입센터는 아주머니와 같은 상황에 있는 사람들을 위한 훌륭한 법정옹호 프로그램을 가지고 있습니다. 원한다면 그 기관과 연결되도록 도와드리겠습니다." "오늘 할머니를 병원에 모시고 갈 수가 없어요. 그러나 다른 자원봉사자가 그렇게 할 수 있을 거예요. 자원봉사자를 부를까요?"

생각해보기

여러분은 누군가의 요청을 거절해야 하는 상황에서 어떻게 행동했는가? 어떤 말을 사용하였는가?

한편, 사회복지사가 만나는 모든 사람 혹은 상황이 반드시 사회복지사에게 안전한 것은 아니다. 서비스 전달에 있어서 안전문제에 주목하고 위험요인을 사정하여 불의의 사고를 예비해야 한다. 이를 위해 다음의 지침을 제안한다.

- 만일 클라이언트가 지속적으로 혹은 고의적으로 공격적이거나, 만취한 상태로 오거나, 위험한 행동을 한다면 클라이언트를 제지하는 것이 좋다. 필요하면 경찰을 부른다. 가능한 한 빨리 슈퍼바이저나 기관장에게 알린다.
- 기관 차원의 안전계획을 세운다. 만약 누군가 위협을 느끼거나 위협을 당한다면 미리 안전경보장치와 행동계획을 준비하는 것이 필요하다.
- 가정방문이나 현장에서 일할 때 특히 조심한다. 방문하는 곳의 전화번호

와 주소를 반드시 기관에 남겨 둔다. 밤에는 될 수 있으면 방문하지 않는다.

• 사무실 밖에서 클라이언트를 만날 때는 안전한 장소에서 만난다.

2. 체계개입

워커는 변화의 목표가 개인일지라도 때로 가족, 그룹 또는 더 커다란 체계의 양상을 변화시키려는 노력을 하게 된다. 워커는 자신이 주로 훈련받은 접근방식을 고집하기보다는 클라이언트에게 유용한 방법으로 일을 해야 하기 때문에, 개인 이외의 더 커다란 체계에 대한 개입이 요구될 때는 클라이언트를 가족이나 집단과 같은 체계를 다루는 분야에서 훈련된 워커에게 소개할 필요가 있다.

개인을 일대일 기반 위에서 도울 것인가 아니면 더 광범위한 체계맥락에서 도울 것인가에 대한 결정은 클라이언트의 선호도와 선행경험 그리고 광범위한 체계의 변화가 개인의 변화를 쉽게 초래할 수 있는지 등을 고려해야 한다.

지금까지 우리는 워커가 일대일 원조를 통해 어떻게 클라이언트의 감정, 사고, 행동을 변화시키는지를 설명했다. 이제 더 나아가 집단, 가족, 광범위한 체계의 맥락에서 개인의 감정, 사고, 행동변화를 초래하는 방안에 대해 논의하겠다.

워커는 가족이나 집단이 그 성원의 감정을 변화시키는 데 도움을 주도록 할 수 있다. 그 한 가지 방법은 집단이나 가족성원들이 클라이언트가 표현한 감정에 대해 자신들이 받은 느낌을 클라이언트에게 피드백으로 제공하는 것이다. 예를 들어, 한 집단성원이 다른 성원들에 대해 호의적인 감정을 갖게 되었다. 워커는 그에게 자신의 그런 감정을 그들에게 직접 말할 것을 제안했다. 그 성원은 그의 감정을 말했고, 그때 집단은 '느낀 점을 솔직하게 말해 줘서 기분이 좋아요.' 와 같은 식으로 개인에 대한 피드백을 준다.

가족이나 집단성원들은 또한 감정을 변화시키는 데 있어 서로 도울 수 있다. 한 예로, 아버지가 아들을 위해 이완기법 프로그램에 대해 교육을 받고 아들의 감정을 강화하고 점검하는 것을 들 수 있다. 보통 워커들은 조직 수준의 개입을 통해 감정을 다루지는 않는다. 그러나 그런 경우가 때로 있는데, 예를 들면 클라이언트가 학교과제를 못함으로써 좌절감을 겪을 때 학교 선생님이 좀 더 클라이언트에게 감정이입적으로 반응하도록 학교 선생님을 돕는 경우를 들 수 있다.

개인들의 사고 또한 체계개입을 통해 변화될 수 있다. 역시 피드백 과정을 통해 이루어진다. 어떤 사건에 대해 클라이언트가 가지고 있는 생각과는 다른 생각을 성원들이 가지고 있다면, 그들의 생각을 클라이언트에게 설명한다. 그리고 이러한 설명은 클라이언트 생각의 변화를 이끌어 낼 수 있다. 예를 들어, 한 집단의 클라이언트가 다른 구성원들이 자기를 바보라고 여긴다고 생각하고 있다고 하자. 워커는 집단구성원들에게 그들이 어떻게 클라이언트를 생각하는지 직접 클라이언트에게 말해 줄 것을 제안했다. 집단의 몇몇 구성원들은 클라이언트에게 자신들은 그를 매우 지적이라고 생각한다고 말해 주었다. 클라이언트는 이 말을 듣고 매우 놀랐으며, 자신이 얼마나 오랫동안 잘못된 관념을 가졌는지를 생각하기 시작했다.

마지막으로 행동도 체계 안에서 다른 성원들의 행동을 통해 변화될 수 있다. 먼저 주변사람들이 개인을 강화시키는 방법을 바꾸어 주는 것을 들 수 있다. 예를 들어, 숙제를 제출하는 데 문제를 가진 학생을 위해 보상제도를 개발하도록 학교 선생님을 워커가 돕는 경우다. 다음은 성원들이 서로에게 모델이 되는 것이다. 예로, 구직준비를 하고 있는 성원들의 집단을 들 수 있다. 한 클라이언트는 어떻게 직장면접을 해야 하는지 잘 몰랐다. 이에 유사한 직장에서 성공적으로 면접을 치른 다른 성원이 어떻게 면접을 하는지 역할극을 통해서 도와주었다. 클라이언트는 이 역할극을 관찰하고 자신이 직접 연습해 보았다. 다른 성원들은 그에게 어떻게 실제 면접에서 행동할 것인지에 대해 깊이 있는 조언을 해 주었다.

여기서는 워커가 활용할 수 있는 가족개입과 집단개입에 대한 이론을 간략히 소개하겠다. 자세한 개입기술은 『사회복지실천기술론』(2판, 이윤로, 학지사, 2007)을 참고하기 바란다.

1) 가족치료

(1) 구조적 가족치료

구조적 가족치료의 가정은 다음과 같다. 만족스러운 가족기능은 성원이 적절한 권위를 행사하고, 가족성원의 상호작용방식을 조직화하는 분명한 구조가 있을 때 최대화된다는 것이다. 따라서 개입은 가족구조를 재편하여 성인에게 맞는 적합한 권한(power)을 세워 주고, 성원들과 하위체계가 적합한 권리와 역할 그리고 책임감을 개발하도록 하며, 하위체계 간의 경계(접촉의 양을 규제하는 역할을 한다)를 분명히 하도록 하는 데(경계가 너무 밀착되거나 엄격하게 분리되지 않도록) 초점을 둔다. 구조적 가족치료의 모든 전략은 성원들 간의 동맹(alliances)을 형성하거나 강화하고, 약화시키거나 분리하는 데 초점을 둔다. 이러한 전략은 구체적이고 활동지향적인 방식으로 수행된다. 치료자는 의사소통기술을 가르치고, 어떤 구체적 상호작용을 촉진하거나 방해하기 위한 여지를 만들어 나가며, 역할놀이와 총연습을 통해(단지 토론시간을 늘리기보다는) 직접 시현하도록 한다. 치료자는 새로운 가족교류의 방향을 만들어 가고, 가족성원의 역할을 바꾸며, 경계를 재조정한다. 치료자는 과제를 내 주고 치료시간에 배운 것을 직접 연습하도록 한다.

(2) 가족정서체계이론

Bowen의 가족정서체계이론(family emotional systems theory)은 유명한데, 개인의 정서적 행동유형은 원가족 속에서 형성된다고 가정한다. 또한 최적의 사회적 기능은 다른 사람들로부터의 자아분화로 나타나게 된다고 가정한다. 즉, 애착에 대한 욕구와 자기효능감 사이의 균형을 성취해야 한다. 정서적 문제는 원가족에서 시작된 정서적 단절이나 밀착의 경험으로부터 초래된다. 개입의 목적은 각 성원이 가족성원들로부터 자아를 분화시키도록 돕는 것이며, 성원들이 부정적인 삼각관계를 활용하지 않도록(삼각관계는 보통 불안정한 관계 형성을 고착화시키는 수단으로 활용된다) 하는 것이다. 주로 활용되는 기법은 다세대 간 가계도를 그려 삼각관계나 밀착의 근원 및 가족 내의 기능을 이해하도록 돕는다. 가족성원의 행동을 다세대 간에 걸쳐 나타난 가족의 주제나 사건에 비추어 검토해 본다. 가족성원이 다른 성원과 새롭게 기능적으로 애착관계를 형성하도록 이끌어 준다.

(3) 의사소통이론/전략적 접근

Satir의 성장지향적이고 인본주의적인 철학은 인간은 본래 착하며 자신의 잠재력을 발전시킬 수 있는 능력이 있다고 믿는다. 이러한 잠재력 개발이 방해를 받을 때에 병리가 발생한다고 본다. Satir의 중심 개념은 성숙으로서, 이러한 성숙을 개발하려면 자신을 가족으로부터 분리시켜 분화된 자아를 확립하는 것이 중요한 것으로 간주하는데, 이는 Bowen의 입장과 맥을 같이하는 것이다.

의사소통이론의 개척자로 볼 수 있는 Satir는 가족의 의사소통유형이 명확해야 한다는 것을 강조했다. 문제가 있는 가족은 의사소통유형이 모호하고 간접적인 경향이 있다고 지적한다. 자신의 욕구와 희망에 대해 서로에게 이야기하는 것을 피하거나, 자녀를 통해 이야기하여 결과적으로 자녀가 한쪽

부모와 연합하게 되는 결과를 초래하기도 한다. 보통 간접적인 의사소통을 하는 것은 낮은 자존감에 기인한다. 이러한 사람들은 자신이 가치 없다고 느끼지만 강한 것처럼 행동함으로써 무가치한 감정을 숨긴다. 자존감이 낮아 두려움을 가지고 있는 배우자는 자신과 상대방과의 의견이나 행동양식의 차이점을 나쁘게 또는 바람직하지 않은 것으로 인식하여 그 차이를 드러내지 않으려 하기에, 자신의 의견을 분명히 나타내기보다는 점차 간접적인 표현을 하게 된다.

기본적으로 Satir의 치료목표는 가족 내의 의사소통을 증진시키는 것인데, 각 성원이 자신 및 다른 사람들에 대해서 보고 듣고 느끼고 생각하는 것을 완벽하고 확실하게 말할 수 있게 하는 것이다. 또한 가족 내의 의사결정이 힘에 의해서보다는 각 개인의 독특성에 관련된 탐색과 타협에 의해 이루어지게 하는 것이며, 각 개인의 차이가 공개적으로 인식되고 성장을 위해 활용될 수 있도록 하는 것이다.

Satir가 활용하는 기법을 예를 들면, 'I-message'를 통해 자신의 의견을 말하도록 하고, 개인 간의 차이는 정상이며 성장을 위한 촉진제라는 것을 가르쳐 준다. 불일치한 메시지나 이중구속언어를 지적하고 분명한 메시지를 전달하도록 돕고, 가족조각(family sculpting)기법을 통해 가족관계 형성을 상징적으로 이해하는 방법 등을 활용한다.

Haley의 전략적 접근은 정신분열증 가족의 이중구속이론을 확대시키며 발전하였다. 그러한 메시지는 정신분열증에만 영향을 주는 것이 아니라 대부분의 가족장애에 영향을 미친다고 한다. 의사소통이론이나 전략적 접근에서는 치료자가 모순적 메시지를 찾아내어, 메시지를 전달하는 사람에게 그들이 무엇을 말하고 있고, 어떻게 그런 메시지가 상대방을 약화시키는지를 지적해 준다. 치료자는 가족성원을 자극하여 서로가 진정 느끼고 있는 것을 말하고, 또한 그들이 진정 어떤 종류의 관계 형성을 맺고 싶은지 전달하도록 설득한다.

Haley는 의사소통유형을 통해 부부간의 관계의 본질을 규명할 수 있다고 보았다. 모든 관계에 숨겨진 것은 힘 내지 권력으로서, 두 사람 간의 관계는 권력투쟁의 관계라고 본다. 배우자가 문제증상을 갖는 것은 부부간 대인관계에 문제가 있다는 것으로, 한쪽 배우자의 문제증상으로 인해 양자 간의 균형을 유지하게 된다고 본다. 보통 힘이 없는 배우자는 불안, 공포, 우울, 알코올 중독 등의 증상을 통해 힘의 관계를 재구성해 보려고 노력하게 된다. 예를 들어, 남편이 자주 바람을 피우는 경우 아내는 심각한 질병에 걸려 남편이 집에 일찍 귀가하여 자신을 보호하도록 이끈다. 이렇게 하여 아내는 부부간 관계에서 통제력을 회복하려 한다. Haley는 가족성원의 문제행동을 유지시키는 현재의 행동유형을 변화시키기 위한 구체적 계획을 세우고 이를 시행하기 위해 지시를 하거나 과제를 내 준다.

전략적 가족치료이론은 인간의 행동을 설명하거나 범주화하기보다는, 해결중심이론처럼 변화전략에 좀 더 관심을 갖는다. 가족은 보통 새로운 도전을 꺼리는 경향이 있다고 간주한다. 이 이론은 가족이 변화를 희망하지만 변화하는 데 대한 저항이 많은 상황에 매우 적합한 전략이다. 가족은 보통 무의식적으로 변화가 자신들에게 어떤 면에서는 좀 위협적이라고 느끼기에, 변화에 저항을 보이는 경향이 있다. 사회사업가는 가족문제를 해결하기 위해 새롭고 창조적인 방법을 고안하도록 돕는데, 대부분의 전략들은 가족이 새로운 행동을 하는 데 있어 예상되는 가족의 저항을 극복할 수 있도록 고안된다. 예를 들어, 종종 잘못된 의사소통체계를 깨기 위해 치료자는 역설적 기법을 활용한다. 치료자는 가족성원들에게 그들이 이미 행하고 있는 부적응적인 행동유형을 지속하라고 지시한다. 이러한 전략은 부적응적 유형을 뒤엎고 그들의 문제를 새로이 다룰 수 있는 유용한 방법을 찾도록 자극한다.

2) 집단사회사업

집단사회사업은 구조화된 집단상호작용을 통해 개인들로 하여금 좀 더 적응적인 사회적 기술과 기능을 수행하도록 지지하고 자극하는 활동이며 과정이다. Euster(1975)와 Konopka(1963)는 집단경험을 통해 성원들이 의사소통능력, 적응적 대처기술, 효과적인 문제해결기법을 개발하도록 하는 것을 집단사회사업의 목적이라 하였다. 효과적인 집단지도가 되기 위해서는 집단구성원들 사이에서 발생하는 상호작용의 역동성을 활용해야 한다. 집단성원들은 집단의 목적 성취를 위해 의사결정과정이나 경험의 공유, 상호 지지하는 데 적극 참여하도록 권고된다.

보통 치료집단은 지지(대처기술을 개발하고 향상시키도록 한다), 교육(자신과 환경에 대해 학습한다), 성장(성원들에게 자신의 사고와 감정 및 행동을 인식하거나 변화하도록 하기 위한 기회를 제공한다), 재활(어떤 외상 후에 재활이나 적응을 하도록 한다), 사회적 이슈(사회기술이나 새로운 행동유형을 개발하도록 한다)에 초첨을 둔다.

집단을 통한 개인의 변화는 시간과 비용의 절약이라는 이점만 있는 것은 아니다. 많은 심리적 어려움은 기본적으로 대인관계에서 나오고, 결과적으로 이러한 어려움은 다른 사람들과의 협력 속에서 다루어져야 한다는 신념 속에 집단지도의 당위성이 있다. 그러면 구체적으로 집단은 무엇을 제공하는가? Yalom(1985)은 11개의 치료적 요인을 제시했다.

- 희망: 집단치료는 클라이언트에게 그들이 변할 수 있다는 희망을 심어 주고, 이는 커다란 치료적 가치를 갖는다.
- 보편성: 클라이언트는 종종 자신의 불행한 측면은 남들과 달리 매우 독특하다고 믿으며 치료에 임한다. 즉, 그 어느 누구도 자신처럼 고통스럽고 두려운 감정을 갖고 있지 않을 것이라고 생각한다. 집단을 통해 자신의 문제가 보편적으로 일어나고 있다는 것을 발견하고 위로를 얻게 된다.
- 정보: 집단지도자로부터 클라이언트는 일반적 심리장애 및 자신들의 문제에 대한 정보를 얻을 수 있다. 또한 다른 클라이언트로부터 대처방안 등

각종 귀중한 정보를 얻게 된다.

- 사회적 지지: 집단성원은 조언과 격려 그리고 동정을 통해 서로를 돕는다. 도움을 주는 자는 자신이 누군가에게 도움을 제공할 수 있다는 것을 배우게 된다. 도움을 받는 자는 자신이 혼자가 아니라는 것을 배우게 된다.
- 가족집단으로의 재현: 집단은 마치 가족의 성격을 재현할 수 있다. 리더는 부모를 나타내고 다른 성원들은 형제가 되는 것이다. 이렇게 일종의 새로운 가족으로서의 집단은 클라이언트들이 원래 가족으로부터 받은 상처를 치료하는 데 도움이 된다.
- 사회기술의 개발: 집단성원들로부터 받는 피드백을 통해 대인관계적 행동에 있어서의 단점(예: 비웃는 듯한 목소리, 경멸적 행동)을 수정할 수 있다.
- 모방행동: 집단의 리더와 성원들은 새로운 행동을 배우는 데 있어서 유용한 모델이 될 수 있다.
- 대인관계학습: 집단과의 상호작용을 통해 클라이언트는 자신에 대한 통찰을 얻고, 자신이 가지길 원하는 관계 형성에 대한 아이디어를 찾을 수 있다. 더 나아가 집단은 클라이언트의 새로운 관계형성방식을 시험해 보는 장이 될 수 있다.
- 집단응집력: 집단 내에서 발달하는 소속감이나 친밀감은 클라이언트에게 위로와 용기를 제공한다.
- 카타르시스: 집단 내의 보호적 분위기 속에서 성원들은 자신의 행동에 장애까지 초래해 왔던 억눌려 있던 감정을 자유로이 표현할 수 있다.
- 실존적 요인: 클라이언트들은 자신들의 경험을 공유함으로써 인생은 종종 공정치 못하다는 것과, 비록 다른 사람들의 지지가 매우 도움이 될지라도 그들은 스스로 결정을 내려야 한다는 것을 배운다.

집난의 리더는 다음의 기술을 보유할 필요가 있다. ① 의사소통이 원활하도록 촉진(성원들이 동등한 권한과 지위를 갖도록 하고, 정서적 유대를 개발하며,

성원들이 받는 강화와 피드백을 점검한다), ② 집단응집력을 개발(집단을 통해 성원들이 무엇인가 얻고자 하는 기대를 높이고, 성원들의 소속감에 대한 욕구에 관심을 기울인다), ③ 집단통제력(규범과 경계를 설정하고, 책임감을 공유하도록 하며, 과제에 대한 오리엔테이션을 하고, 성원들이 긍정적 태도를 유지하도록 하고, 감정표현을 통제할 수 있도록 한다), ④ 하부집단관리(부정적 하위집단을 잘 관리하고, 관여가 적은 성원은 참여를 독려한다), ⑤ 공유된 리더십 구조를 개발(성원들이 모든 결정에 참여하도록 하고, 성원들 간에 교류를 고무하며, 개인마다 고유한 리더십을 개발하도록 지지한다), ⑥ 집단문화 개발(성원들의 특성을 바탕으로 집단이 공유하는 가치와 전통을 만든다)

집단발달 단계마다 사회사업가가 수행해야 할 리더십 전략이나 기술을 요약하면 다음과 같다(Hepworth et al., 2002). 친밀 전 단계(pre-affiliation)에서 치료자는 집단의 가이드라인과 목표를 설정하고, 기대사항을 분명히 하며, 성원의 불안과 양가감정을 논의하도록 고무하고, 신뢰 형성을 중시한다. 권한 및 통제 단계에서 사회사업가는 성원의 이탈을 최소화해야 하며, 규범을 창출하고, 성원들 간에 균형 잡힌 피드백(부정적 피드백만이 아니라 긍정적인 피드백도 많이 나오도록 한다)이 나오도록 고무한다. 친밀 및 분화 단계에서 치료자는 보편적으로 성원들이 많이 가지고 있는 주제를 다루어 주고, 집단성원의 분화를 지지하며, 각 성원에 할애하는 시간을 잘 조절하며, 집단의 목적과 과제가 성취되고 있는지에 초점을 맞춘다. 종결 단계에서 치료자는 성원들이 배운 새로운 기술을 다시 한 번 실행해 보도록 돕고, 집단을 통해 얻은 것을 강화하며, 종결 후 문제발생 시에 대한 계획을 하며, 남아 있는 문제를 어떻게 해결할지 논의한다.

3) 환경변화를 위한 개입방안

클라이언트의 사회적, 물리적 환경을 개선시키기 위한 좀 더 광범위한 체계개입방안에 대해 검토해 보자(Hepworth & Larsen, 1993). 때때로 클라이언트의 역기능을 해결하기 위해서는 클라이언트가 환경에 적응해야 하는 것만이 아니라 클라이언트의 욕구에 환경을 맞출 필요가 있다. 예를 들어, 시설 세팅(소년원, 정신병원)에서 클라이언트를 다루는 실천가들은 클라이언트를 치료한 후에 클라이언트의 역기능을 생산해냈던 똑같은 지역사회로 다시 되돌려 보내는 것이 무익하다는 것을 깨닫게 된다. 그 지역사회의 역기능적 요인이 고쳐지지 않는다면 다시 재발할 것이기 때문이다. 이러한 염려 때문에 옹호활동이나 프로그램 및 사회정책 개발 등을 통해 클라이언트의 환경을 향상시키는 방안이 중요하게 대두된다.

클라이언트와 환경과의 부조화는 두 가지 유형의 상황으로부터 나온다. 첫째, 다양한 발달단계에 있는 개인들에게 일반적으로 필요한 자원이 결핍되어 있는 상황이다. 이런 유형의 서비스 대상은 방임되거나 학대받고 부적합한 양육을 받는 유아나 아동, 빈곤한 환경에서 사는 아동이나 성인, 연령이나 성별 기타 이유로 기회나 자원을 거절당한 개인들, 본질적인 지지체계가 부족한 개인들을 포함한다. 둘째, 발달단계적 장애(예: 정신지체, 자폐증, 학습장애, 선천적 불구), 정신장애, 스트레스, 환경적 재난 등으로 인해 개인들에게 특별한 욕구가 있는 상황을 들 수 있다. 이러한 위험집단이 처한 환경을 개선시키기 위한 워커의 역할과 개입방안은 무엇이 있는지 알아보자.

(1) 워커의 역할

개인이 환경 속에서 욕구를 충족시키도록 돕기 위해 워커는 종종 다음과 같은 역할을 한다.

첫째, 중계(broker) 역할이다. 워커는 클라이언트가 지역사회의 자원을 찾아내어 활용하도록 돕는다. 중계자 역할을 잘 수행하기 위해서는 다음 사항을 숙지할 필요가 있다.

- 각 개인의 욕구를 충족시키기 위해 지역사회 내에 현존하고 있는 서비스에 관한 최신 자원목록을 만든다.
- 서비스에 대한 접근을 용이하게 하기 위해 다른 기관의 직원들과 관계를 잘 맺어 둔다.
- 각종 프로그램이나 서비스의 수혜자격요건을 숙지하여 적절한 의뢰가 용이하도록 준비해 둔다. 클라이언트가 보다 손쉽게 도움을 받을 수 있도록 다른 기관의 프로그램 신청서류들도 구비해 둔다. 그러한 양식을 작성하는 데 문제가 없을 정도로 그 양식에 대해 알아 둔다.
- 현재 제공될 수 있는 서비스의 틀 속에서만 판단하기보다는 먼저 클라이언트의 비충족욕구를 사정해 보는 습관을 기른다. 만약 활용 가능한 것이나 현재 알고 있는 것 그리고 기관이 제공할 수 있는 것에만 맞추어 서비스 계획을 세운다면, 그 계획은 클라이언트의 진정한 욕구에 의해서가 아니라 지역사회가 보유하고 있는 자원의 한계 내에서 끌려다니게 될 것이다(Rose, 1992). 현재 자원으로는 충족될 수 없어 반복적으로 제기되는 욕구나 요청사항은 문서화하여 새로운 서비스나 재원을 개발할 수 있는 능력을 가진 정책결정자 및 기관의 행정가들에게 자료로 제공한다.

둘째, 교육 및 훈련가로서의 역할이다. 이는 개인, 가족, 집단이 어떤 주제를 다루기 위한 새로운 개념과 기술을 배우도록 돕는 것이다. 많은 개인들은 주변환경으로부터 오는 요구나 기대를 충족시키는 데 필요한 기술을 가지고 있지 못하다(Garvin & Seabury, 1997). 사회사업가는 정보의 제공을 통해 클라이언트의 능력을 고양시킬 수 있다. 이러한 개입은 가장 보편적인 사회사업 개입 방법이다. 정보를 제공할 때 주의할 점은 클라이언트의 능력을 인정하면서 시작하는 것이다. 어떤 주제에 대해 클라이언트가 알고 있는 지식이나 정보를 먼저 공유하자고 제안하는 것이 좋다. 즉, 워커와 클라이언트가 서로 배우는 입장이 되는 학습 파트너십(a learning partnership)을 형성한다(DuBois

& Miley, 1999). 일방적인 정보를 전달하는 것보다는 교육적 대화방식이 선호된다. 교육적 개입은 부모교육이나 시간관리, 사회기술훈련 등 다양하다.

교육은 조직적 차원에서도 중요한데, 직원 재교육이나 서비스 질 향상을 위한 워크숍 등이 그 예다. 조직적 차원에서 교육 프로그램을 계획할 때는 욕구나 관심사를 사정하기 위해 기관의 의사결정자와 교육대상자들을 만나보는 것이 반드시 필요하다. 교육과 훈련은 지역사회 수준에서도 필요한데, 사회적 이슈나 지역사회문제에 대한 인식과 이해를 증진시키기 위해 활용된다. 각종 공청회나 세미나를 활용한다.

> 유리는 지역사회복지협의체 업무를 맡고 있는 사회복지사다. 경제적으로 취약한 주민들의 능력고취를 추구한다. 프로그램의 목표 중 하나는 지역사회의 사회문제에 대한 인식을 증진시키는 것이다. 교육을 통해 이 목적을 성취하려고 한다. 유리는 지역사회 내에 있는 모든 교회에서 발표하는 형식을 통해 교육을 시작하였다. 유리의 발표는 지역사회의 약물과 알코올문제의 실태와 약물의 장기적 해악에 초점을 맞추었다. 또한 문제의 변화 가능성과 지역사회가 어떻게 조치를 취할 수 있는지에 대해서도 언급하였다.

셋째, 옹호자로서의 워커의 역할이다. 워커는 클라이언트를 대신하여 체계의 변화를 이끌어 낸다. 한 예로, 클라이언트가 실업수당을 거절당했을 때 워커가 담당자를 만나 클라이언트가 수혜자격이 있다는 점을 옹호하는 경우다. 또는 클라이언트가 직업훈련 프로그램에 자격미달로 입학이 거절된 경우, 다양한 방법으로 프로그램 담당자에게 호소하고 항의하는 것이다. 옹호는 계층옹호(사회적 옹호)와 사례옹호로 크게 분류할 수 있다. 계층옹호는 특정 집단이나 계층을 대변해서 옹호하는 것을 말한다. 주로 정책이나 법의 변화를 초래하기 위해 활동한다. 사례옹호는 보통 개인이나 가족을 위한 활동이다.

옹호는 사회사업가의 기본적 역할이고 의무다. 사회사업가는 클라이언트의 권리와 자격을 점검하면서 클라이언트에게 우호적인 결정이 내려지도록 의사

결정자들에게 영향을 주는 활동을 한다(Gerhart, 1990). 의사결정자의 마음을 변화시킬 의도로 의사결정자들에게 정보를 제시한다.

옹호를 위한 6단계를 제시하면 다음과 같다(Bentley & Walsh, 2001).

- 옹호할 문제나 불공정사항을 파악한다. 그 이슈가 싸울 만한 가치가 있는지를 결정한다.
- 문제를 옹호하는 데 있어 위험요인을 파악하고 분석한다. 또한 우호적인 연합세력을 구축한다.
- 옹호 이슈에 대하여 책임이 있는 의사결정자를 파악한다.
- 자신의 입장을 지지해 줄 수 있는 근거자료를 확보하고, 합당한 논리를 구축해 둔다(반대논리에 대해 논박할 수 있도록 준비해 둔다).
- 의견 및 주장을 펴는 연습을 한다. 요점을 분명하게 제시하고, 안정되고 신뢰가 가는 방식으로 발표할 수 있을 때까지 연습한다.
- 의사결정자와 약속을 정하고, 연습한 대로 요청사항을 말한다. 협상과 타협기술을 활용한다.

옹호기법의 예를 몇 가지 제시하면 다음과 같다. 클라이언트 만족도 서베이 결과를 활용하여 기관이나 정부부서에 제시하는 방법을 사용할 수 있다. 서비스 기관 연합체를 형성하여 압력을 행사하거나, 클라이언트를 조직하여 압력을 행사하는 방법도 효과적이다. 당사자에게 직접 편지 쓰기나 전화를 지속적으로 하면서 요청하는 기법도 활용할 수 있다. 옹호기술에 대한 자세한 설명은 『사회복지실천기술론』(2판, 이윤로, 학지사, 2007)을 참고하기 바란다.

넷째, 워커가 중재자로서의 역할을 하는 것이다. 여기서 워커는 클라이언트와 다른 체계가 상호의 협상을 벌이도록 도와 상호 목적을 성취하게 한다. 예를 들면, 학부모와 학교 사이에 서로 불만이 있는 경우나, 지역주민과 장애인 그룹홈 간에 불만이 있는 경우 서로 타협하도록 중재하는 것이다.

중재의 기법을 간단히 소개한다(Corcoran & Dearborn, 2002).

- 1단계: 중재의 첫 단계는 소개다. 중재가 무엇인지에 대한 설명, 중재자의 역할은 무엇이고 중재과정 동안 양측 당사자들에게 기대되는 사항(비밀보장, 비난하지 않기, 대화 중 끼어들지 않기 등)을 소개한다. 이 첫 단계에서 양자가 중재과정에 성실하게 적극 참여하겠다는 계약서를 작성하는 것도 도움이 된다.
- 2단계: 중재의 두 번째 단계는 공개로서 양측이 각각 쟁점에 대하여 자신의 입장을 밝히는 것이다. 각각의 입장을 들어 본 후에는 환언을 통하여 그들의 입장을 재확인해 보는 것이 도움이 된다.
- 3단계: 환기 및 명확화 단계다. 환기란 양측이 자신의 견해를 충분히 표현하도록 하는 과정이다. 중재자는 표현을 촉진하고 이해를 돕는다. 내용뿐만 아니라 감정도 표현하도록 촉진한다. 상대방이 말한 것에 대해 어떻게 생각하고 느끼는지를 물어 서로를 이해하도록 한다. 그렇게 하는 것이 숨겨진 의제를 드러내도록 하는 데 도움이 된다. 명확화 단계에서는 갈등을 해결하는 데 있어 각자의 욕구가 무엇인지 묻는다. 자신의 욕구해결을 위해 가장 중요한 것은 무엇인지 묻는다. 자신이 필요로 하는 것을 다른 방법으로 얻을 수는 없는지를 물어본다.
- 4단계: 문제해결 단계다. 욕구가 무엇인지를 다시 한 번 분명히 하고, 그 욕구해결을 위해 필요한 것을 어떻게 얻을 수 있는지 묻는다(대안을 제시하도록 한다). 중재자의 의견도 제시한다. 각 당사자에게 협상이 타결되는 데 있어 최선의 대안과 최악의 대안을 내어 놓고 비교하도록 하고 균형점을 찾도록 도와준다. 중재자는 각 측이 각 대안의 장단점을 평가할 수 있도록 도와주며, 중재자는 토론에 필요한 법적 정보나 기타 정보를 제공해 준다. 그런 다음 각 당사자가 상대방을 위해 해야 할 것을 결정한다. ‘A측이 ~을 한다면 B측은 ~을 할 것이다. B측이 ~을 한다면 A측은 ~을 할 것이다’라는 형식을 활용한다. 대안을 제시할 때는 누가 무엇을 언제 어떻게 어디서 할 것인지를 분명히 한다.

- 5단계: 계약서 작성 단계다. 문서로 동의사항을 기록하고 사인한다. 각 측이 사인하는 것은 심리적으로 커다란 가치가 있다. 그러나 계약서를 작성하기 앞서 서로 동의된 내용이 현실적으로 가능한지를 체크하는 절차를 거치는 것이 좋다. 각 측에게 실제로 그 합의된 내용을 할 수 있는지 물어보아야 한다. 계약서를 작성할 때는 각 측이 해야 할 사항이 균형을 이루는 것이 좋다. 한쪽이 세 개를 해야 한다면 다른 쪽도 세 개를 하는 식으로 작성하는 것이 좋다. 따라서 4단계에서 제시했듯이, 'A측이 ~을 한다면 B측은 ~을 할 것이다. B측이 ~을 한다면 A측은 ~을 할 것이다.' 라는 형식이 좋다. 또한 각 측이 해야 할 내용을 구체적으로(누가 무엇을 언제 어떻게 어디서 할 것인지) 그리고 간략하게 적어야 한다. 문장은 부정적 문장보다는 긍정적인 문장이 바람직하다. 즉, '~을 하지 않는다' 보다는 '~을 한다' 로 하는 것이 좋다.

  이 계약이 당사자들을 위한 것이지 중재자를 위한 것이 아님을 명심시킨다. 1~2주 후에 합의된 사항이 잘 수행되고 있는지 전화할 것이라 말해 두는 것도 좋다.

(2) 환경변화를 위한 개입의 유형

클라이언트의 환경을 변화시키기 위한 개입방안은 다음과 같이 분류해 볼 수 있을 것이다.

- 가정환경 내 자원의 보충
- 지지체계의 개발 및 향상
- 클라이언트를 다른 환경으로 이동
- 사례관리의 활용
- 조직 및 기관 사이의 상호작용 증대
- 기관(시설)환경의 개선

• 새로운 자원의 개발
• 옹호 및 사회행동
• 사회계획 및 지역사회조직

이러한 전략 중 몇 가지에 대해 간략히 살펴보자. 한 가지 강조하고 싶은 것은 환경적 개입은 일반적으로 다른 개입방법과 함께 병행하여 수행된다는 것이다. 일반적으로 문제는 다차원적이고 체계 간의 상호작용에 관련되기 때문에, 환경에만 단독으로 초점을 두는 개입은 개인 내의 역기능을 무시하게 되고, 결과적으로 문제의 일부만을 다루는 격이 된다. 예를 들어, 부모로부터 방임되는 아동은 심리적 손상을 얻게 되고, 이는 사회적 환경의 개선만으로 해결되는 것은 아니다. 또 하나 중요하게 생각해야 할 것은 체계는 연결되어 있기 때문에 모든 행위자가 문제상황의 중심인물로서 다루어질 수 있고, 문제해결에 영향을 줄 수 있다는 것이다.

가정환경 내 부족한 자원을 보충해 줌으로써 클라이언트의 욕구를 적절히 충족시켜 줄 수 있다. 예를 들어, 방문간호사나 음식배달 서비스 등은 집에서 독거하는 연약한 노인들이 독립적으로 생활하는 것을 가능하게 해 준다. 아동의 데이케어 서비스는 일하는 어머니들에게는 매우 가치 있는 서비스다.

많은 사람들의 문제가 사회적 지지체계의 부재에서 초래되곤 한다. 클라이언트가 필요로 하는 자원이 사실상 가능하지 않는 경우가 많다. 예를 들어, 청소년들은 레크리에이션 프로그램이나 시설에 접근하지 못하는 경우가 있을 수 있다. 한부모들도 데이케어 프로그램을 활용하지 못하는 경우가 있다. 성인들도 레크리에이션의 기회를 갖지 못해 비건전한 성인문화에 빠질 수 있다. 이러한 결과로서 여성들이 우울증을 겪게 되거나, 가족와해를 불러오게 된다. 그러므로 사회복지사는 지지체계를 개발하는 데 역점을 두어야 한다.

최근에 사회사업가들은 비공식적 · 공식적 지원망을 창출하여 필요한 자원을 제공하는 개입방법을 많이 활용하고 있다. 지지체계의 향상과 개선을 위해 친척, 친구, 이웃, 교회조직, 각종 지역봉사클럽 등을 잘 활용해야 한다. 지지체계로부터 고립되는 요인으로는 스티그마를 가지고 있다든지, 사회적 기술이 부족하다든지, 장애인이나 연약한 노인처럼 이동능력이 없다든지 또는 외딴 지역에 사는 것 등을 들 수 있다. 교회는 클라이언트가 필요로 하는 많은 자원, 즉 오락, 가정방문, 사회활동, 영적 위로 등을 제공해 줄 수 있다.

자조집단도 지지체계로서 자주 활용된다. 또한 자원봉사자들은 클라이언트의 환경을 개선하는 데 있어서 중요한 자원으로서 자리매김해 왔다. 각종 지역사회복지관이나 쉼터, 재가복지봉사센터, 가정도우미 같은 공식적 기관들도 지지체계로 활용될 수 있다. 지역사회 주민이 지지체계를 동원하는 데 전문가일수 있다. 사실상 워커는 클라이언트와 제한된 시간만 보내지만, 지역사회 주민을 통한 지지체계는 클라이언트와 더 많은 시간을 보낼 수 있기에 더욱 가치가 있고 핵심적이다. 미용실 원장님, 주유소 사장님, 모범운전자회, 각종 향우회를 통해 지지체계 구축에 대한 협력을 구하는 것이 바람직하다.

클라이언트를 다른 환경으로 이동시키는 전략은 클라이언트의 건강과 안전이 위기에 처한 상황하에서 최후의 수단으로 활용될 수 있다. 다음과 같은 상황에서는 이 전략을 사용할 수 있다. 아동의 신체적 학대 및 방임, 성적 학대, 아내폭행, 노인학대, 재난으로 인한 집의 손실, 특별한 보호를 요하는 욕구가 있을 경우 등이다. 아동의 경우 친척집이나 위탁가정 또는 아동보호소나 쉼터에 일시적으로 보낼 수 있다. 또한 아동이 다시 집으로 돌아갈 수 있도록 하기 위해 다차원적인 서비스를 가족에게 제공해야 한다. 아내학대가 발생한 경우에는 쉼터에 피해자를 대피시킬 수 있다. 현재 가정폭력방지법에 따라 남편의 접근금지나 남편의 치료를 의무화할 수 있게 되었다.

클라이언트의 욕구를 효과적으로 충족시키기 위해서는 여러 개의 조직이 동시에 협력할 필요가 있다. 이때 역할의 분화, 연합계획, 지속적인 의사소통을 통해 갈등을 피하고 적절한 협력관계를 유지해야 한다. 조직 및 기관 사이의 상호작용의 증대가 필요한 예를 들어 보자. 클라이언트가 정신병원 또는 교정기관에서 출소하는 경우 후속적인 서비스와 지지가 필요하다. 지역사회에 적응하는 데 발생하는 스트레스를 잘 극복하기 위해서다. 그러므로 기관 간에 협동 퇴원계획이나 지속적인 연락 등이 필요하다.

한 기관이 모든 클라이언트의 욕구를 충족시킬 수는 없다. 그러나 기관이 연합한다면 시너지 효과를 기대할 수 있다. 인간이 가지고 있는 문제는 보통 특정 기관이 가지고 있는 영역을 넘어서는 서비스를 필요로 할 수 있다. 이때 다른 기관의 도움을 받게 되면 비용효과적이며 클라이언트의 욕구에 민감하게 반응해 주어 만족도를 증대시킬 수 있다. 이처럼 기관 간의 연합을 통하여 한 기관이 가지고 있는 구조적인 장애물을 제거할 수 있다. 기관 간에 정보를 공유하고 상호 의뢰하며, 공동으로 개입계획을 세우고, 연합하여 활동하기 위한 계약을 체결하는 것이 바람직하다. 이러한 협력은 사례관리가 잘 운용되기 위해서는 절대적으로 필요한 사안이다. 사례관리에 대해서는 제10장에서 설명할 것이다.

기관의 환경, 즉 직원, 프로그램, 물리적 시설을 개선하여 클라이언트의 삶의 질을 향상시킬 수 있다. 먼저 직원은 기관환경의 심장부라 할 수 있다. 직원이 헌신적이고 보호적이며 클라이언트의 욕구에 잘 반응을 보인다면, 기관 환경은 따뜻한 분위기일 것이며, 클라이언트의 성장과 안녕을 촉진할 것이다. 또한 기관의 프로그램이 통제지향적이라기보다는 자신의 삶의 방식을 스스로 선택하고 통제하는 건설적이고 성장지향적 성격을 가지고 있다면, 클라이언트의 기능을 향상시키는 데 도움이 될 것이다(Mercer & Kane, 1979). 자신이 일하는 기관을 변화시키는 것도 사회사업가의 중요한 역할이다. 기관 변화전략에 대해서는 『사회복지실천기술론』(2판, 이윤로, 학지사, 2007)을 참고하기 바란다.

권한강화/역량강화(empowerment)와 사회복지실천

<개념정의와 기본 가정>

Payne(1997)은 역량강화/권한강화는 클라이언트로 하여금 자신의 삶에 대한 결정을 하는 데 있어 권한을 가질 수 있도록 돕는 것이라 하였다. 사회사업의 전문용어로서 권한강화는 보통 특권을 빼앗긴 사람들에게 권리를 돌려주는 것을 의미한다. 권한(power)을 행사하는 데 있어서 방해가 되는 장해물의 영향을 감소시키고, 자신감을 증가시키며, 비우호적인 환경으로부터 개인에게 권한을 돌려줌으로써 개인의 역량을 강화시킬 수 있다.

Barker(1995)는 역량강화는 클라이언트가 자신의 개인적, 대인관계적, 사회경제적 그리고 정치적 강점을 증진시키도록 돕는 과정이며, 그들의 환경을 개선하는 데 대한 영향력을 발휘할 수 있도록 돕는 과정이라 규정하였다. 이러한 권한강화의 개념에는 두 가지 요소가 있다. 첫째는 권한강화의 심리적 상태로, 자신의 생활상황에 대하여 강력한 통제력을 갖는 것이다. 둘째로 행동적 상태의 권한강화는 개인이 권한(power)을 활용하여 다른 사람들이나 사회제도의 변화를 이끌어 내는 것이다. 결과적으로 권한강화의 과정은 개인, 대인관계, 제도적 수준 차원에서 발생한다(Tice & Perkins, 1996). 이러한 권한강화의 개념에는 세 가지 차원의 개발이 필요한데, 더욱 긍정적인 자아감의 개발, 자신의 사회적 및 정치적 실제 환경에 대한 비판적인 이해를 할 수 있는 지식과 능력의 개발, 개인 및 사회적 목적을 달성을 위한 자원, 전략, 및 능력의 개발이 필요하다.

권한강화적 접근은 사회경제적 정의와 인간의 고충 사이에 가교 역할을 한다. 이 접근은 억압된 계층의 욕구를 충족시키는 통합적이고 전체적인 접근이다. 억압받는 사람들은 환경과의 적합도가 떨어지고, 결과적으로 잠재력 또는 역량의 실현이 어렵게 된다. 잠재력의 성취를 위해서는 이러한 비우호적인 조건을 규명하고 이에 도전해 나가야 한다. 한마디로 권한강화적 접근은 사회복지사에게 억압(oppression)에 대해 도전할 수 있는 길을 제공해 준다(Lee, 1996).

권한강화적 접근의 기본 가정은 억압은 구조적으로 개인과 지역사회에 심각한 결과를 초래하는 현상이라는 것이다. 그 심각한 결과는 절망을 포함한 자아의 파괴에서 마약, 자살 등 죽음에 이르기까지 다양하다. 억압에 대항할 수 있는 두 제도는 바로 강한 가족유대와 지역사회다. 따라서 강력한 지지망 그리고 좋은 인간관계 형성은 긍정적 정체감과 자기방향감을 개발하는 데 필수적이다(Lee, 1996).

권한강화적 접근의 인간에 대한 가정은 인간이 문제해결의 능력이 있고, 제도화된 억압을 분석할 수 있다고 본다. 또한 그러한 억압적 조건에 도전하기 위해 내적 자원을 강화할 수 있고, 가족, 집단, 지역사회와 협력하여 일할 수 있다고 믿는다. 권한강화의 철학은 우리 모두가 자신의 삶과 미래에 관한 의사결정을 할 능력이 있다는 것을 표방한다. 권한강화적 접근은 개인, 부부, 가족, 집단 그리고 지역사회를 단지 수동적 수혜자가 아닌 문제해결의 중요한 참여자로 간주한다(Gutierrez, 1990). 권한강화 견지에서 활동하는 사회복지사는 도움을 청하는 사람들에게 서비스 전달체계 내에서 파트너가 될 권리를 제공한다. 권한강화모델에서 사회복지사는 클라이언트가 제시하는 대로 문제를 규정한다. 사회복지사는 도움이 필요한 클라이언트가 자신의 고유한 강점을 파악하고 활용할 수 있도록 돕는다. 또한 문제해결기술을 가르치고 힘없는 사람들의 이익을 옹호한다(Gutierrez, 1990).

<권한강화접근의 기술>

권한강화접근은 작업의 초점으로서 억압의 경험을 본다(물론 즉각적인 도움이 필요한 문제나 물질적 문제를 우선시한다). 이 접근은 빈곤한 사람들이나 기타 억압받는 집단이 이미 자신의 억압에 대한 이해를 하고 있고, 이를 제거하기 위한 도전과 행동을 취할 능력을 가지고 있다고 가정한다. 그러나 일부 사람들은 억압적 삶에 익숙해져서 희생과 차별에 대한 노여움이나 절망을 무의식적으로 억압해 왔다고 본다. 그러므로 의식고양이 필요하다. 권한강화를 돕기 위해 우리는 먼저 클라이언트와 함께 권한에 대해 공개적으로 말하는 법을 배우고, 권한이 어디서 나오는지를 검토해 나가야 한다.

권한강화 원조과정은 강점을 지지하고, 자아의 기능을 지원하며, 잘못된 신념에 도전하고, 외부의 장해물이나 불공정한 체계에 도전하고, 문제해결능력을 개발하고, 의식을 고양하고, 집단공동체를 형성하는 것을 포함한다. 이러한 과정은 일대일, 가족, 소집단, 지역사회 차원에서 수행된다. 특히, 권한강화를 위해 상호 연결과 집합적 행동이 필요하게 되므로 집단은 권한강화 접근의 핵심이 된다. 따라서 워커는 임상적, 정치적 지식과 전문성 모두를 필요로 한다. 워커는 상담가, 집단지도자, 지역사회실천가이면서 동시에 변화를 추구하기 위해 정치적 과정을 사용하는 방법을 알아야 한다.

개입의 기간은 다양하다. 그러나 즉각적인 문제에만 초점을 두는 단기치료는 권한강화접근의 목적이 아니다. 억압에 대해 도전할 수 있는 의식고양의 시간을 갖는 것이 중요하다. 문제가 해결되면서 개인이나 가족이 권한강화집단에 합류하고자 동기화되기도 한다. 때로는 권한강화집단으로 시작해서 개별적 개입이 추가되는 형식을 취하기도 한다. 이러한 집단은 또한 권한강화된 지역사회의 초석으로서의 역할을 하기도 한다. 더 커다란 변화를 위해 다른 집단과 연합할 수도 있다. 클라이언트가 워커 없이도 작업을 지속할 수 있을 정도로 권한강화된다면 워커는 빠져나오게 된다(Lee, 1996).

1) 표적문제

권한강화적 접근은 빈곤하고 억압받고 낙인찍힌 사람들과의 개입을 선호한다. 권한강화실천은 보통 권한 획득에 대한 직접적 · 간접적 장해물, 개인, 가족, 조직의 자원의 부족 문제(빈곤), 불공평한 교환이 발생하는 관계, 독단적인 사회기준이나 가치, 무기력의 문제를 표적으로 한다. 역량이 없는 것은 물질적 정서적 자원과 지식이 부족한 데서 발생한다고 본다(Staub-Bernasconi, 1991). 개입의 대상은 억압을 경험하고 있는 누구에게나 모두 적합하지만, 권강강화접근에서는 클라이언트가 약물중독이나 알코올중독인 경우에는 적합하지 않다. 먼저 회복 프로그램에 들어가 도움을 받아야 한다. 정신질환이나 신체적 문제를 가지고 있는 사람들은 이 접근으로부터 도움을 받을 수 있다(Lee, 1994).

2) 사정기술

사정을 통해 클라이언트가 왜 도움을 찾고 어떤 유형의 도움이 필요한지를 함께 규정함으로써, 사정을 클라이언트를 적극적으로 프로그램에 관여시키는 기회로 활용한다. 워커는 억압에 대한 자신의 경험을 인식해야 한다.

억압에 대한 의식고양이 되어 있어야 하며, 원조과정에서 적절한 자기노출을 통해 이러한 점을 공유할 수 있는 능력이 있어야 한다. 워커의 진정한 자아의 제시가 필요하다. 클라이언트와의 대화는 클라이언트의 잠재력과 성취에 초점을 맞춘다. 클라이언트의 의도와 지향하는 바가 비심판적으로 파악된다. 워커는 특히 클라이언트가 누구인지에 대한 이해가 필요하며, 억압이 클라이언트의 현재 및 과거의 안녕감에 어떠한 해를 끼쳤는지를 이해해야 한다. 이를 위해 클라이언트 스스로의 이야기에 기반한 사정이 도움이 된다. '클라이언트 자신의 이야기'는 주요하게 제시된 현재 문제로 시작해서 현 문제와 관련된 과거사에 대한 견해까지 모두 포함한다. 이는 과거로부터 현재까지 클라이언트와 주위사람들의 강점을 발견하기 위한 '이야기치료(narrative approach)' 식의 접근이다(Martin, 1995).

일반적 사정에 포함되는 내용을 사정하는 것은 유사하지만 차이가 있는데, 워커는 개방적으로 자신의 생각을 공유하면서 클라이언트가 상황에 어떤 의미를 두고 있는지를 이해하고자 하는 상호관계의 과정을 매우 중시하며, 계층이나 인종, 성별 및 기타 영역에서 억압이나 권한의 부족이 클라이언트에 의해 어떻게 경험되었는지를 분명히 파악한다. 그러므로 사정은 억압과 억압적 환경 속에서 클라이언트가 어떤 상호교류를 하고 있는지를 파악하는 것이다(Lee, 1996).

권한강화적 접근은 또한 개인과 환경 속에 있는 구체적 강점을 파악한다. 클라이언트의 강점을 강조하는 것은 여러 가지 면에서 가치가 있다. 강점은 긍정적 결과물을 도출시킬 수 있는 개입을 개발하는 토대를 형성하는 데 유용하다. 강점을 강화하는 것은 클라이언트에 대한 존경을 표시하는 것이고, 클라이언트와 워커 사이의 긍정적 피드백을 위한 의사소통 수단이 된다. 강점에 초점을 두면 낙인과 같은 고정관념에서 벗어나게 하며, 파트너로서 클라이언트를 인정하게 된다(Tice & Perkins, 1996).

3) 사회변화, 적응, 대처능력을 증진시키기 위한 기술

사회복지사는 '개인과 환경의 상호교류'에 대한 사고와 통찰 및 문제해결을 증진시킨다. 여기에는 클라이언트의 억압의 경험과 그 경험 속에서 클라이언트의 역할은 무엇이었는지에 대한 내용이 포함된다. 클라이언트 스스로 규정한 문제와 억압조건 그리고 해결책을 들어 본다. 지지기술, 감정이입, 듣기가 중요하다. 클라이언트의 강점을 형성하기 위해 자아의 기능을 사정하고, 자아지지적(ego-supportive) 개입을 제공한다. 클라이언트와 사회복지사가 함께 억압적 조건의 변화를 추구한다. 클라이언트는 동기, 문제해결기술, 정신적 안정, 자존감, 자기방향감 등의 자질을 개발해야 한다(Lee, 1996).

(1) 동기를 강화시키기 위한 권한강화기술

동기는 주거, 음식, 의복 그리고 재정적 · 정서적 지지가 충족될 때 유지될 수 있다. 현재의 문제를 해결하기 위해 자원과 기회를 확보하려는 노력을 기울일 때 이러한 욕구는 충족되고, 워커는 클라이언트가 희망을 유지시키도록 도울 수 있다.

클라이언트가 자신의 문제와 삶에 대해 자신의 말로 표현하도록 고무하고, 스스로 문제를 규정하도록 하는 것도 동기유발에 도움이 된다. 워커는 차별과 고립, 소외의 감정을 이해하고 있음을 전달해야 한다. 과도한 스트레스적 요구는 작게 나누고, 유사한 문제를 예전에는 어떻게 다루었는지 함께 이야기하는 것도 좋다. 비전을 제시하고 클라이언트가 이러한 생각에 동참하도록 하는 것은 억압적 체계에 변화를 가져올 수 있다는 희망을 제공해 준다. 워커의 경험을 공유하는 것도 변화에 대한 희망을 제공해 줄 수 있다.

(2) 정신적 안정과 자존감의 유지

클라이언트의 자기비난을 줄이고 자부심을 갖도록 하기 위해 워커는 억압의 원천을 외부로 돌리는 과업을 수행해야 한다. 또한 워커는 교육자로서 클라이언트가 자신의 성취해 온 것을 파악하고 인식하도록 돕는다. 집단지도를 통해 성원들이 서로 억압의 경험을 공유하고 상호 인정하는 것도 도움이 된다. 불평등에 맞서 싸워 얻는 성취감에 대해 교육하는 것도 자존감 형성에 필요하다. 필요한 정보를 제공하는 것은 클라이언트로 하여금 사회가 돌아가는 방식에 대해 익숙하게 하고, 두려움을 줄이고, 능력감을 갖게 하는 데 도움이 된다. 비공식적 원조망을 동원하여 사회의 불평등을 변화시키는 노력을 기울이는 것도 도움이 된다. 또한 사회적 지지망(자조집단 포함)에의 참여는 위기의 시기에 상호 지원을 제공할 수 있고 사회적 고립을 줄인다(Poindexter et al., 2003). Zimmerman

과 Rappaport(1988)는 지역사회에의 참여가 많을수록 심리적 권한강화가 크다고 결론 내리고 있다.

(3) 문제해결기법과 자기방향감의 향상

문제해결을 위해 예전과 다르게 생각하고 다르게 행동하도록 돕기 위해 문제해결기법을 교육해야 한다. 문제해결기법은 보통 문제의 구체적 규정, 대안의 제시, 각 대안에 대한 평가, 선택, 수행, 최종평가의 단계로 구성된다. 주의할 점은 문제해결과정에서 워커와 클라이언트의 동등성을 유지하는 것이다. 지시적이고 설교조의 워커는 권한강화를 위한 조건을 제공하지 못한다.

정보에 근거한 자기결정을 지지하는 것도 자기방향감의 향상에 도움이 된다. 훌륭한 원조관계는 사람의 자율성과 선택권을 지지한다. 훌륭한 원조관계는 의존을 조장하지 않는다. 클라이언트의 의사결정권을 빼앗기보다는 클라이언트가 자세한 정보에 근거하여 선택하도록 지원해야 한다. 사회복지사는 클라이언트가 본인의 문제에 대해 어떻게 생각하는지 의견을 경청한 후, 그 사람에게 필요한 정보를 제공하고 그 사람의 선택할 권리를 지지해야 한다(그 선택이 타인에게 해를 주지 않는 한). 이를 흔히 '자기결정(self-determination)' 이라고 한다.

개입의 목표, 계획 그리고 프로그램은 클라이언트들이 자신의 삶 속에서 열망하는 것이 무엇인가에 기초하여 개발되어야 한다. 그렇다고 사회복지사가 수동적이거나 무관심하라는 것을 의미하는 것은 아니다. 오히려 중요 이슈에 대해 교육하고, 무엇이 선택 가능한지 광범위하게 토론하라는 것이다. 사회복지사는 자신이 클라이언트에게 바라는 것이 아닌, 클라이언트가 필요로 하고 원하는 것을 얻도록 도와주어야 한다. 사회복지사의 감정과 판단으로 인해 원조과정이 궤도를 벗어나지 않도록 해야 한다.

(4) 문제해결을 위해 필요한 특별한 기술

특별기술에는 의식고양, 실습(praxis), 비판적 교육이 포함된다(Lee, 1996). 의식고양은 억압상황에 대한 인식과 지식을 고양시키고, 사회질서에 대한 새로운 사고방식으로 유도하는 것이다. 의식고양은 궁극적으로 생각과 행동에서의 변화를 의미한다.

세상을 다르게 바라보는 것은 처음에는 두려우면서도 해방된 경험일 수 있다. 워커는 클라이언트가 사회적 · 경제적으로 억압받고 희생당해 왔다는 것을 인식함으로써 갖게 되는 분노와 슬픔, 고통을 표현하도록 돕고 인정해 주어야 한다.

의식고양을 위해 정보의 공유는 중요한 기술이다. 지식은 힘이다. 지식을 얻지 못하게 하는 것이 억압이다. 인지적 재구조화가 억압받는 것에 대한 의식을 고양하기 위해 필요하다. 워커는 클라이언트의 사고유형을 파악하고, 잘못된 신념을 수정하며, 억압을 다룰 수 있는 더욱 적응적인 방법을 고안한다. 그리고 자신과 자신이 속한 집단, 자신의 상황에 대해 더욱 건강하게 생각하고 말하도록 돕는다. 그리고 자신의 말로 자신의 실제를 재창조하도록 고무한다.

실습과정에서는 안내기술이 극도로 중요하다. 실제로 행동으로 옮기는 것은 때때로 고통스러운 과정이다. 행동으로 옮길 수 있는 능력을 키우는 것이 중요하다. 배운 것을 행동으로 옮기는 데 있어서 발생하는 장애물들에 도전한 워커의 경험과 고충을 공유하는 것도 좋은 방법이다.

비판적 교육은 권한강화과정의 핵심이다. 비판적 교육은 사람들로 하여금 억압적 상황에 대해 새로운 방식으로 생각하도록 돕는 비판적 질문을 던지는 기술이 포함된다. 이 기술은 정보의 제공 기술과 연합된다. 비판적 교육의 과정은 다음과 같다(Freire, 1973). 먼저 감정적으로 혼란을 겪고 있는 관심사에 대해 서베이가 수행된다. 사람들이 무엇을 말하고 무슨 감정을 가지고 있는지 사정한다. 두 번째는 주제가 선정되고 질문형태로 문제를 제시한다(예: 아내학대가 주제인 경우, 여성에게 가정폭력의 영향은 무엇인가?). 셋째, 문제가 개인적, 제도적, 문화적 관점에서 분석되고, 각 관점에서 질문을 하게 된다. 넷째 해결해야 할 과업을 부호화(code)하여(일종의 제목을 붙임) 초점을 두어야 할 과업을 분명히 한다. 마지막으로 행동을 위한 대안이 세 가지 수준(개인적, 제도적, 문화적)에서 개발된다. 행동을 취하기 위해 실습과정이 활용된다.

(5) 사회변화를 증진시키는 기술

권한강화작업은 개인의 자아를 넘어 지역사회를 강화시키는 것이다. 집단 및 지역사회 중심의 기술이 필요하다. 먼저 네트워크 형성을 통해 지역사회의 권한을 강화시킬 수 있다(이윤로, 2007).

① 사회복지사는 특정 집단과 관련된 일을 하는 개인이나 조직, 서비스 단체를 파악한다. 어느 지역사회든지 특정 집단과 관련 사업에 대해 오랫동안 리더십을 발휘해 왔거나 신뢰를 쌓아 온 개인이나 조직이 있게 마련이다.
② 사회복지사는 특정 집단의 욕구를 해결하는 데 도움을 줄 수 있는 정치인이나 정치조직, 지방정부공무원을 파악한다. 어느 지역이든지 특정 집단에게 재정적으로 또는 법적으로 도움을 줄 수 있는 정치인이나 조직이 존재한다.
③ 사회복지사는 위의 ①과 ②에서 파악된 조직을 서로 연결시켜 주는 중계자 역할을 한다. 정치인들은 특정 집단의 지원을 필요로 하기에, 사회복지사의 중계 역할은 정치인들에게 매우 중요한 의미를 가진다.
④ 이러한 연결 역할을 일시적이나 일회적으로 하는 것이 아니라 일정기간에 걸쳐 집중적으로 노력을 기울인다.
⑤ 위의 각종 개인이나 조직을 모아 각종 위원회를 구성하는 노력을 기울이고, 이 위원회에 특정 집단의 대표자를 참여시킨다. 이 위원회가 때로는 형식적으로 끝날지라도, 장기적으로 이러한 위원회는 지역사회에서 중요한 위치를 차지하게 된다.
⑥ 위원회를 주축으로 지역사회의 이슈에 대한 각종 워크숍을 개최한다.

다음은 옹호활동을 하는 것이다. 사회사업전문직은 사회개혁을 위한 옹호와 사회행동에 대한 전통을 가지고 있다. 개인이나 집단의 욕구를 충족시키고, 힘이 없다고 느끼는 사람들을 조직하며, 조직과 지역사회에서 계획된 변화를 추구하는 활동들을 흔히 옹호라고 부른다. 옹호(advocacy)라는 것은 ① 클라이언트에게 필요한 서비스나 자원이 제공되지 않을 때, 클라이언트를 대신하여 (또는 클라이언트와 함께) 서비스나 자원이 제공될 수 있도록 변화를 추구하는 과정, ② 집단이나 지역사회에 부정적인 영향을 주는 정책이나 절차를 교정하는 과정, ③ 필요로 하는 서비스나 자원의 공급을 위해 입법이나 정책안을 진척시키는 과정이라 정의할 수 있다(Hepworth, 2002, p. 450).

사회변화를 목적으로 하는 거의 모든 활동은 옹호로 고려될 수 있다. 아래의 활동들은 사회복지사가 관여할 수 있는 계층옹호의 예다.

- 지역사회와 거주자들의 욕구를 지방정부에 제시하기
- 시의 조례나 법안의 개정을 위한 로비
- 사회변화에 영향을 주기 위해 형성된 연합체를 개발하거나 참여하기
- 기관의 서비스 수혜자들과 가족들의 힘을 모아 소위 '투표자명단'을 만들고 기관의 목소리를 높이기
- 법안 입법자들에게 자신의 견해와 관심사, 추천사항에 대해 편지 쓰기, 편지쓰기 캠페인 벌이기

<결론>

권한강화는 사회복지 실천문헌의 중요한 주제로 자리 잡고 있다. 사회복지사가 직면하는 많은 클라이언트들이 억압, 빈곤, 학대, 차별 등 다양한 고충 속에 있고, 또한 실패감과 거절감을 경험하는 것이 사실이다. 클라이언트가 자신의 삶에 대한 통제력을 얻고 필요한 자원을 확보할 수 있는 권한을 획득하도록 돕기 위한 권한강화적 접근은 앞으로 많은 사회복지사들이 지대한 관심을 갖게 될 것으로 전망된다. 권한강화적 접근은 사회경제적 정의와 인간의 고충 사이에 가교역할을 하며, 억압된 계층의 욕구를 충족시키는 통합적이고 전체적인 접근으로 사회복지사가 억압에 대해 도전할 수 있는 길을 제공해 준다.

사회복지사들은 원조과정에서 파트너십, 클라이언트의 욕구에 대한 초점, 클라이언트의 강점에 대한 강조를 중시하며, 잘못된 신념에 도전하고, 외부의 장해물이나 불공정한 체계에 도전하고, 문제해결능력을 개발하고, 의식을 고양하고, 집단공동체를 형성하려 노력한다. 이러한 과정은 일대일, 가족, 소집단, 지역사회 차원에서 수행된다. 특히, 권한강화를 위해 상호 연결과 집합적 행동이 필요하게 되므로 워커는 임상적·정치적 지식과 전문성 모두를 필요로 한다. 워커는 상담가, 집단지도자, 지역사회실천가이면서 동시에 변화를 추구하기 위한 정치적 과정을 사용하는 방법을 알아야 한다.

권한강화와 강점견지는 사회복지의 철학과 잘 조화를 이루면서 사회복지실천의 새로운 추세로서 자리 잡고 있다. 권한강화라는 요소는 사회복지의 모든 분야와 방법에 있어서 폭넓게 활용될 것으로 전망된다.

3. 점검

워커는 계획을 수행하는 동안 클라이언트의 진전상황을 점검하고, 문제가 있다면 대안을 개발하며, 성취한 것은 지지하고 강화하며, 장애물을 사정하고 극복하도록 도우며, 목적성취에 대한 초점을 유지하도록 해야 한다. 계획의 수행이 난관 없이 진행되는 일은 드물다. 어떤 과제는 클라이언트가 수행하기에 능력이 부족하거나 또는 두려워하고 의심하여 수행되지 못한다. 또는 자원이 부족하고 지식이 없어 수행되지 못하기도 한다.

겉으로 보기에는 쉬워 보이는 과제, 예를 들어 '어머니에게 전화 걸기' '의료급여 신청하기' '직장 수소문하기' 등이 클라이언트에게는 매우 어려울 수 있다. 의료급여신청서를 작성하는 경우를 보자. 클라이언트는 어디서 어떻게 신청서를 작성하는지 모를 수 있다. 심리적 장애물도 있는데 죄의식, 해결되지 않은 분노, 수치감 등이 단순한 과업을 어렵게 만들기도 한다. 어머니에게 전화를 거는 것이 쉬운 일일 수 있지만, 자신을 방임한 부모에게 전화를 하는 것은 매우 힘든 과제일 수 있다. 과제를 수행하는 데 주저함이나 저항이 있다면 그 원인을 찾아보아야 한다. 클라이언트가 정말로 힘들어한다면 다른 과제를 개발할 필요가 있다.

점검은 기관의 서비스가 제대로 제공되고 있는지를 확인하는 것도 포함한다. 약속된 서비스가 제대로 전달되고 있는지를 확인하고, 또한 클라이언트가 서비스를 사용하고 있는지도 관찰한다. 서비스에 대한 클라이언트의 불만을 들어 볼 필요도 있으며, 서비스 제공자에게 격려, 지지 및 상담을 제공하기도 한다. 한편, 점검을 하다 보면 변화에 진전이 없는 경우를 보게 된다. 변화에 대한 장애물이 늘 있게 마련인데, 이를 극복하는 방법을 알아보자.

변화에 저항이 따르는 것은 흔한 현상이다. 개인 클라이언트의 저항도 문제이지만, 클라이언트의 변화노력을 방해하는 외부요인들이 문제다. 클라이언트 환경 속에서 발생하는 스트레스와 갈등을 생태도를 통해 알아보고, 변화를 증진시키거나 방해하는 세력을 분석해 본다면 왜 클라이언트가 저항을 보이거나 부정적으로 반응하는지에 대한 실마리를 얻을 수 있다. 확대가족성원, 친구, 이웃, 지역사회 또는 종교지도자를 조언자 자격으로 초빙해서 이야기를 들어 보는 것은 매우 유용하다. 이들이 클라이언트가 시도하는 변화에 저항을 보이든 안 보이든 상관없다. 대부분의 사람들은 조언자의 역할을 즐기며 클라이언트의 상황에 대해 자신의 견해를 쉽게 말해 준다. 그리고 이들의 기여를 인정해 주면 이들은 문제해결 또는 문제가 되는 상호작용 유형을 수정하는 데 적극 참여하게 되는 경우가 많다. 또한 가족이나 지역사회성원을 1~2회 회합 동안 초청하여 이야기를 들어 보면 이들은 클라이언트의 상황에 대한 새로운 견해를 줄 수 있고, 클라이언트의 문제에 대해 다르게 생각할 수 있는 기회를 줄 수 있다.

외부요인이 치료의 진전을 방해하는 요인이 아니라면, 치료자는 진전의 부족이 클라이언트의 저항인지 또는 부적절한 목적 때문인지, 문제의 원인을 잘못 찾았는지, 개입방법의 선정이 잘못되었는지를 확인해야 한다. 만일 클라이언트가 저항하는 것이라면 저항을 받아 주어야 한다. 즉, 저항의 이유를 존중하며, 동시에 그 저항이 어떤 기능을 하는지 이해해야 한다. 일단 클라이언트의 동기가 이해된다면 그 저항을 긍정적인 목적으로 재명명하는 것이 가능하다. 예를 들어, 비행청소년의 부모가 청소년에게 비난하고 화를 내는 것을 일상적으로 하고 있다. 부모가 자신의 행동을 변화시키지 않으려 하는 것

(저항하는 것)은 자녀의 미래에 대한 두려움 때문이다. 즉, 부모가 지속적으로 그러한 행동을 하는 목적이 청소년 자녀의 안전한 미래를 확보하는 점이라는 것을 이해해야 한다. 그 목적을 이해한 후에는 부모의 목적을 성취하기 위한 모든 가능한 방법에 대해 논의하면서 비생산적인 비난과 논쟁을 피하도록 이끌 수 있다.

목적과 과업을 더 작게 나누는 조치를 취할 필요도 있다. 특히, 아동에게는 과제가 너무 부담이 되어서는 안 된다. 아동의 문제행동의 변화가 너무 느리거나 변화가 없을 때 부모들은 화를 내거나 좌절하고 치료에 저항을 보일 수도 있다. 이때는 치료 시작부터 부모에게 아동의 문제행동이 재발되거나, 아동이 과제를 수행하기를 원치 않는 시간이 있을 수 있다는 것을 미리 알려주는 것이 좋다. 또한 부모가 아동에 대해 현실적인 기대를 하도록 하고, 동시에 지지와 격려를 보내야 한다. 이러한 점은 치료상에 어려움이 있는 모든 클라이언트에게 중요하다(Corwin, 2002).

제9장

종결 단계

워커와 클라이언트가 원조관계를 무리 없이 종료하는 데에는 상당한 기술이 요구된다. 워커가 사용하는 기술은 여러 가지 요인들, 즉 클라이언트가 목표를 성취하여 종료하는 것인지 또는 목표를 성취하지 못하여 서비스에 대한 비판적인 생각을 가지고 있는 경우인지 또는 워커가 기관을 떠나게 되는 경우인지, 아니면 서비스의 예정된 시간이 끝나게 되는 경우인지 등에 따라 다를 수 있다. 일반적으로 종결 시 워커는 다음 과제를 수행해야 한다.

- 워커는 클라이언트가 원조과정에서의 경험을 평가하도록 돕는다.
- 종결에 대한 감정처리를 돕는다.
- 종결 후에도 유익한 변화를 계속 유지하도록 돕는다.
- 필요하다면 새로운 서비스를 모색하도록 돕는다.

1. 종결의 유형

종결은 크게 계획된 종결(planned endings)과 비계획된 종결(unanticipated

endings)로 구분할 수 있다. 처음부터 계획된 종결시간을 정하고 종결하는 경우와, 종결시간을 정하지 않았지만 목표가 이루어져 더 이상 서비스가 필요치 않다는 합의하에 종결하는 경우가 있는데, 이를 모두 계획된 종결이라고 한다(Poulin, 2005).

비계획된 종결을 하는 경우도 있는데, 그 이유는 다양하다. 가장 평범한 이유는 다른 사회사업가에게 의뢰하게 되는 경우다. 사회사업가가 이직을 하거나 다른 업무를 맡게 되면 어쩔 수 없이 클라이언트와 종결을 하게 된다. 이때 클라이언트는 어려움을 겪게 되는데, 새로운 워커와 관계 형성을 새로이 해야 하기 때문이다. 취약한 상태에서 워커에게 의존해 온 클라이언트는 당혹스러울 것이며, 자신이 어떤 것을 잘못하여 워커가 떠난다고 생각할 수도 있다. 클라이언트는 배신감을 느낄 수도 있다. 이런 경우 워커가 바뀌는 데 대한 클라이언트의 감정을 잘 처리하도록 돕고, 새로운 워커나 기관으로 옮기는 준비를 잘하도록 도와주어야 한다. 워커가 부득이하게 클라이언트를 떠날 때는 자신이 떠나게 되는 이유를 잘 설명하고, 워커로서 죄책감과 슬픔을 표현하면서 클라이언트가 자신의 감정을 표현하도록 고무할 필요가 있다. 떠나는 워커는 새로운 워커에게 클라이언트의 상황과 현재의 과제 및 어려운 점, 진전상황을 설명해 주어야 한다. 떠나는 워커는 클라이언트에게 새로운 워커를 직접 소개시켜 주어 자연스럽게 연계될 수 있도록 한다.

비계획된 종결의 또 다른 이유는 클라이언트가 일방적으로 서비스 이용을 중단하는 것이다. 클라이언트가 일방적으로 통보도 없이 기관에 오지 않는 경우가 많다. 클라이언트가 일방적으로 중도이탈하는 경우의 단점은 지금까지 성취해 온 것을 유지하기 위한 계획이나, 앞으로의 지속적인 성장에 대한 계획을 세울 기회를 갖지 못한다는 것이다. 서비스 이용을 중간에 그만두는 이유는 서비스에 대한 불만족이나 개인적인 상황이 좋지 않은 점 등 다양하다. 일방적으로 통보 없이 종결하는 경우 워커는 클라이언트를 접촉하여 오지 않는 이유를 알아보아야 하고, 가능하면 되돌아올 수 있도록 고무할 필요가 있다. 만일 집단 프로그램에서 한 성원이 이탈하고 돌아오지 않는 경우에는 그 성원이 이탈하게 된 이유와 집단에 그 성원이 공헌한 점을 성원들에게 알려 주는 것이 좋다.

한편, 사례의 약 40~60%가 개입 중간에 상황이 안 좋아 종결되는 것으로 나타나고 있다(Deberry & Baskin, 1989; Fortune, 1995). 그러므로 약 반 정도의 클라이언트가 바람직한 목표를 성취하지 못하거나, 종결에 대한 상호 동의 없이 서비스를 종결받게 된다. 이러한 클라이언트들은 보통 서비스의 중단에 대해 절망이나 좌절감 또는 분노를 가질 수 있다.

목표가 성취되지 못한 상태에서 종결되는 경우, 실패하게 된 이유는 물론 앞으로 목표를 성취하기 위한 대안을 논의하고(예: 새로운 개입기법의 적용, 다른 서비스 기관으로의 의뢰) 종결에 대한 감정을 다루어 주어야 한다.

2. 종결에 대한 감정처리

클라이언트는 종결에 대해 어떤 감정을 가질 수 있다. 이런 감정은 목적을 이루게 된 것에 대한 기쁨이나 워커와 헤어지게 되는 슬픔 또는 목적을 이루지 못하게 된 것에 대한 분노의 감정일 수도 있고, 앞으로 클라이언트 혼자서 해낼 수 없다는 두려움일 수도 있다. 워커는 클라이언트가 이런 감정들을 표현하고 그런 감정을 잘 처리하도록 도와야 한다. 이것이 클라이언트가 원조과정으로부터 배운 것을 잊지 않도록 도와주는 길이며, 또한 클라이언트의 일생을 통해 일어날 수 있는 부득이한 종료과정을 잘 처리할 수 있도록 도와주는 것이다.

종결에 대한 반작용의 예를 들면 다음과 같다(Garland, Jones, & Kolodny, 1965).

- **부정(denial)**: 성원들은 워커가 종결에 관해 이야기했었다는 것을 기억하지 못한다. 매우 놀란 듯이 행동하며, 언제 다시 집단이 시작되는지 묻는다.
- **퇴행**: 대인관계나 어떤 과업을 수행하는 능력 면에서 이전의 단계로 후퇴한다. 워커에 대한 의존욕구가 증대한다.
- **욕구의 표현**: 성원들은 자신들이 아직 서비스를 필요로 한다고 보여 준다면 워커가 계속 치료를 진행할 것이라고 느낀다.

Pincus와 Minahan(1973)은 몇 가지 종결에 대한 기술을 제시했다. 클라이언트가 종결을 준비하도록 돕기 위해 워커는 초반부터 종결날짜에 대해 명백히 해 두는 것이 좋고, 클라이언트의 진전사항에 대해 정규적 검토를 하는 것이 좋다. 또한 실제 종결 몇 주 전에 종결에 대해 인식시켜야 한다. Reid와 Shyne(1969)는 단기치료를 하는 경우 종결날짜를 미리 정해 놓은 경우에는 클라이언트들이 잘 적응하는 반면, 종결날짜를 정해 놓지 않은 경우에는 종결에 대해 부정적인 의사를 표현한 것을 발견했다. 종결이 가까울수록 만나는 빈도수나 회합의 길이를 짧게 하는 것도 때로는 유용하다. 간단한 파티 등을 계획하여 종결의식을 행함으로써 종결이 실제로 일어나고 있다는 현실감을 심어 주는 것도 좋은 방법이다.

워커 자신도 종결에 대해 어떤 감정을 가질 수 있다. 워커가 클라이언트의 진전에 대해 기쁜 감정을 갖는 것도 당연하지만, 또한 의미 있는 관계를 가지고 있던 사람들과 이별하는 데 대해 상실감을 가질 수도 있다. 최선을 다했는가 하는 죄의식을 갖기도 한다. 워커는 클라이언트의 진전을 의심하고 회합을 늘리려고 할 수도 있다. 그러므로 워커는 자신의 감정에 대해 검토해야 한다. 자기인식(self-awareness)이 필요한 것이다. 워커가 종결에 대한 자신의 감정에 대해 분명하지 않다면 클라이언트의 종결에 대한 반응에 쉽게 휩싸여 버리게 된다. 워커는 종결이 갖는 전문적 가치와 적절성을 인식해야 한다. 각 사례를 종결한다는 것은 워커가 전문적 지식을 형성하는 귀중한 노력을 기울이는 것이며, 자신의 강점 그리고 필요한 지식과 기술에 대한 정보를 얻을 수 있는 것이다(Germain & Gitterman, 1980).

3. 변화 유지하기

치료기간 동안 이루어진 변화가 지속될 것이라고 무조건 기대할 수는 없다. 클라이언트의 환경이 변화를 유지하도록 호락호락하지는 않기 때문이다. 워커는 클라이언트가 변화를 유지할 수 있도록 여러 방법으로 도울 수 있다. 일단 개입기간 동안 이루어 놓은 변화들을 명확히 확인하는 것이다. 클라이언트가 자신이 성취한 것에 대해 들어 보고 이를 인정하는 것이 중요하다. 이를 통해 클라이언트에게 변화를 유지할 수 있는 능력에 대한 확신을 줄 수 있다. 워커는 또한 서비스를 종결하기 전에 클라이언트가 새로이 얻은 유익한 기술을 한 번 더 연습해 보도록 고무할 수도 있다. 또 하나는 실제 환경 속에서 클라이언트가 여러 사람들과 부딪히면서 발생하는 문제를 어떻게 극복할 것인지 계획하는 것이다.

4. 미해결된 사안 파악

종결을 앞두고 미해결된 사안이나 문제를 파악하여 이에 대한 대처방안을 마련해야 한다. Golestein과 Noonan(1999)은 다음 사항을 논의할 것을 권고하고 있다.

- 남아 있는 문제가 기관이나 사회복지사의 상황에 비추어 볼 때 현실적으

로 해결 가능하다면 계약기간을 연장하여 개입한다.

- 남아 있는 면접의 날짜를 늦추어 클라이언트에게 목표를 이룰 수 있는 시간적 여유를 준다.
- 다른 서비스나 자원을 찾아보거나 의뢰한다.
- 추후에라도 다시 도움을 요청하도록 한다.

또한 클라이언트가 진전이 없었던 이유는 사회복지사의 경험과 능력이 부족한 것일 수도 있고, 사회복지사와 클라이언트의 부조화 때문일 수도 있고, 개입 시간이 부족한 것 등 다양할 수 있기 때문에 섣불리 결론을 내려 클라이언트의 변화동기를 좌절시키지 않도록 주의해야 할 것이다.

5. 새로운 서비스의 연결

클라이언트가 원조과정으로부터 많은 이익을 얻었지만, 계속하여 또 다른 서비스를 요구하거나 필요로 할 수도 있다. 워커는 클라이언트의 이런 욕구를 인지하고 서비스를 계속 받을 수 있도록 해야 한다.

종결의 기술

- 종결 알리기: 마지막 회합 얼마 전에 종결을 준비하는 조치를 취한다. 즉, 종결시간이 처음부터 정해져 있으면 그 날짜를 클라이언트에게 회상시킨다. 목표가 성취되었다면 워커와 클라이언트가 상호 합의하여 종결날짜를 결정한다. 클라이언트는 종결날짜를 잊어버리거나 무력감의 표현, 의존적 행동, 새로운 문제와 욕구의 제시, 주제를 회피하는 등의 반응을 보이기도 한다.
- 클라이언트의 간접적 표현(부정적 행동)에 직접적으로 반응하기: 종결이 거절의 형태로 받아들여질 때 클라이언트는 노여움 같은 부정적인 감정을

간접적으로 표시하여 적대적인 코멘트나 질문(예: 퇴출되셨나요?) 또는 부적절하고 파괴적인 행동, 약속을 어기거나 늦는 행동을 한다. 어떤 클라이언트는 자신이 무가치하다고 느낀다. 이런 경우 워커는 클라이언트의 노여움의 표현을 비방어적으로(즉, 당연히 그럴 수 있다고) 받아들이고, 간접적으로 표현된 감정을 직접적으로 표현하도록 고무해야 한다.

- 종결에 대한 감정을 함께 공유하기: 그동안의 관계의 의미를 서로 감사히 표현하고, 헤어져야 한다는 사실에 대한 아쉬운 감정을 공유한다. 워커가 종결에 대한 자신의 감정을 잘 파악하고 있어야 이러한 과정을 잘 통제할 수 있다.
- 클라이언트의 성취 인정과 평가 시행: 그동안 성취한 것을 식별하고 다음 단계를 계획한다. 초기에 합의한 목표와 과제를 회상시키고 성취한 것을 다시 한 번 인식시켜 클라이언트의 자존감과 능력을 확고히 한다. 또한 어떤 점이 효과적이지 못했는지 그리고 왜 그랬는지도 함께 살펴본다. 후속 조치의 필요 여부도 결정한다(Shulman, 1992).

6. 평가

평가는 클라이언트의 진전 상황과 목적성취 여부를 점검하는 것이다. 무엇이 변화되었고 변화하지 않았는가? 왜? 이 시점에서 클라이언트가 그 문제를 어떻게 보는가? 사회적 기능은 향상되었는가? 좀 더 역기능적으로 되지는 않았는가? 전반적으로 볼 때 진전 정도는 어떠한가? 다른 개입이 필요한가? 평가에 기초하여 개입이 지속되어야 하는지, 변경되어야 하는지를 결정한다.

클라이언트가 문제해결에 있어 어떤 확실한 변화를 느끼지 못한다면 개입과정에 머무르려고 하지 않을 것이다. 평가의 과정을 통해 클라이언트는 자신에게 유익한 변화가 있었는지를 확인할 수 있다. 이러한 과정을 통해 클라이언트가 성취한 것을 강화하고, 또한 클라이언트가 문제해결과정에 대해 의식할 수 있게 도울 수 있다. 또한 평가는 워커로 하여금 클라이언트에게 어떤 개입이 효과적 · 비효과적인지를 깨닫게 하여 미래에 더 나은 서비스를 제공할 수 있게 한다. 한마디로 평가는 실천가와 클라이언트가 개입방법을 검토하고, 개입이 클라이언트의 문제상황에 끼치는 영향을 측정하는 연속과정이다. 양자 모두 자신들의 행동을 집중적으로 점검하여 자신들의 행위가 개입목표에 미친 영향을 이해할 수 있어야 한다.

계획 단계에서 목적이 구체적으로 세워졌다면 매우 쉽게 성공 여부를 결정지을 수 있을 것이다. 그러나 평가에서는 목적이 이루어졌는가 또는 어떤 진전이 있었는가(성과평가)만을 검토하기보다는 어떤 행위가 있었는지도 검토해야 한다. 즉, 과정평가를 통해 개입의 성공과 실패에 어느 요인이 중요하게 작용하였고 그렇지 못했는지, 의도한 대로 개입이 진행되었는지, 장애물은 무엇이었는지 등도 확인해야 한다. 특히, 실패한 경우 왜 문제해결 시도가 실패했는지, 목표가 현실적이었는지, 다르게 할 수 있는 방법은 없었는지를 검토해야 한다. 실패로 끝난 경우, 클라이언트는 실망하고 자기비하감을 갖기 쉽다. 그런 감정을 워커가 같이 공유하고 클라이언트가 갖고 있는 강점에 대해 정서적 지지를 해 주어야 한다.

평가과정을 진행하다 보면 초기 계약 때 제시되지 않았던 문제가 대두되는 경우가 있다. 클라이언트가 초기 단계에 표현하고 싶지 않았던 문제가 대부분이다. 이런 경우 워커와 클라이언트 사이에 신뢰가 형성되었다면 다시 문제해결과정을 시작할 수 있다.

1) 목적달성척도

평가를 손쉽게 하기 위해 초기 단계에서 작성한 목적달성척도(goal

attainment scale)를 활용하게 된다. 목적달성척도는 개인의 치료목표에 대한 진전상태를 양화하는 방법으로서, 클라이언트와 치료자가 치료목표를 5단계로 나누어 각 단계마다 클라이언트가 성취해야 하는 목표를 서술하여 써 넣는다(<표 9-1> 참조). 점수를 할당하는 방법은 <표 9-1>에서처럼 −2~+2까지 주는 방법과, <표 9-2>에서처럼 0~4점을 주는 방법이 있다. 목적달성척도는 신뢰도 측면에서는 좋은 결과가 제시되어 있지만, 타당도 측면에서는 논란이 많다. 그러나 목적달성척도의 장점은 클라이언트의 개별욕구에 민감한 목적을 구체화할 수 있다는 점이다. 또한 바람직한 수준을 세분화하여 정하기 때문에 과도하게 높은 목표를 정하는 오류를 방지할 수 있다. 목적달성척도가 기타 다른 표준화된 척도와 함께 사용된다면 단점을 극복할 수 있을 것이다.

목적달성척도의 작성 절차는 다음과 같다(Sheafor & Horejsi, 2003).

첫째, 각 개인에 대하여 표적문제를 2~5개 선정한다.

둘째, 각 표적문제의 목적를 5단계로 세분화하여 서술한다. 보통 개입이 시

<표 9-1> 목적달성척도

목적: 과도한 감정표현(E.E.) 감소를 위한 의사소통기술	
결과	목적성취 기준
가장 최악의 결과 (-2)	부모가 의사소통기술을 완전히 무시해 버린다. 때때로 목표체계가 되기도 한다.
기대 이하의 결과 (-1)	부모가 새로운 의사소통기술에 관심을 기울이지만 열심히 배우려고 하지 않는다.
기대 수준 (0)	부모가 새로운 의사소통기술을 열심히 배운다.
기대 이상의 결과 (+1)	부모가 새로운 기술 한두 가지를 실제로 적용한다.
가장 최선의 결과 (+2)	부모가 새로운 기술 세 가지 이상을 실제로 적용한다.

<표 9-2> 목적달성척도를 활용한 평가

클라이언트: 워 커:					
(v)=초기상태 (x)=종결상태	척도 1: 표적문제척도상의 불안점수	척도 2: 자존감척도의 점수	척도 3: 보호관찰사와의 만남	척도 4: 자살	총점
성취 수준	가중치=15	가중치=35	가중치=35	가중치=15	100
(0) 최악의 결과	하루 평균 9점 중에 9점(v)	일주일 평균 100점 중에 30점 이하	전혀 만나지 않았다.	실제로 자살을 시도하였다(v).	
(1) 기대 이하의 결과	평균 7~8점	31~59점 (v)	예정된 계획의 50%이하로 만났다.	한 달 동안 5회 이상 자살충동을 느꼈다.	
(2) 최소한의 기대 수준	평균 5~6점	50~69점	예정된 계획의 50~74%로 만났다(v).	한 달 동안 3~4회 정도 자살충동을 느꼈다.	
(3) 기대 이상의 결과	평균 3~4점	70~79점 (x)	75~89%로 만났다.	한 달 동안 평균 1~2회 정도 자살충동을 느꼈다(x).	
(4) 최상의 결과	평균 1~2점(x)	80점 이상	90% 이상 만났다(x).	자살 충동을 느끼지 않았다.	
요약					
가중치	15	35	35	15	100
변화된 점수	4	2	2	3	

(계속)

가중치를 고려한 변화점수	60	70	70	45	
최대변화 가능점수	60	105	70	60	
목표달성률	100%	67%	100%	75%	

작되기 전 클라이언트의 상태에 따라 0점이나 1점을 할당할 수 있도록 서술한다(0점이나 1점을 얻는다는 것은 기대 이하의 결과다). 최소한의 기대 수준에 2점, 상당한 변화가 있는 상태에 3점, 가장 최선의 결과에 4점을 할당한다(<표 9-2> 참조).

셋째, 각 목적에 가중치를 준다. 중요한 목적에 가중치를 높게 줄 수 있다. 가충치의 합은 100점이 되도록 한다. 중요도가 같다면 가중치를 같게 준다. 만일 목표가 4개였다면 25점씩 주면 된다.

넷째, 개입이 시작되기 전 상태에 체크 표시를 한다.

다섯째, 개입이 종결되었을 때의 상태에 ×표시를 한다.

여섯째, 각 목적의 변화점수를 계산한다. 즉, 개입 후 점수에서 개입 전 점수를 빼고 가중치를 곱한다. <표 9-2>에서 보면 프로그램 출석에서 개입 전에 1점이었는데, 3점으로 증가했다. 그러므로 2점이 증가했고, 여기에 가중치 35를 곱하여 70점을 얻게 된다.

일곱째, 각 목적의 최대 변화가능점수를 계산한다. 클라이언트가 얻을 수 있는 최고의 점수를 먼저 계산한다. 그리고 이를 실제 변화된 점수로 나눈다. <표 9-2>에서 보면 프로그램 출석의 최대 변화가능점수는 3×35=105점이다. 실제로 얻은 변화점수는 70점이다. 그러므로 70/105=67%의 목적달성률이 계산된다.

여덟째, 전체적인 목적달성률을 계산한다. 여러 개의 척도에서 얻어진 점수를 합산한다. <표 9-2>에서 가능한 변화점수 총합은 295점이고, 실제 변화점수는 245점이다. 그러므로 245/295=83%의 목적이 달성되었음을 알 수 있다.

2) 단일사례설계

평가는 단일사례설계를 통해 수행하는 것이 바람직하다. 단일사례설계는 하나의 클라이언트나 가족 또는 집단을 대상으로 하는 것으로, 그들의 표적문제(target problem)—개입을 통해 변화시키려는 행동—를 설정하여 개입에 따라 표적문제가 변화되었는지를 그래프로 나타내어 알아보는 설계다. 단일사례설계는 개입 시간에 따른 표적문제의 변화를 점검하는 이점도 있다. 단일사례설계의 절차를 간단히 언급하면 다음과 같다.

① 목적을 구체화한다(표적문제의 설정).
② 적절한 측정도구를 선정한다(직접관찰을 통해 행동의 수를 세거나, 자기지적척도를 활용하거나, 표준화된 척도를 활용한다).
③ 기초선을 기록한다. 이는 개입 이전에 표적행동의 빈도, 강도, 기간을 여러 날 또는 여러 주에 걸쳐 관찰함으로써 수립된다. 개입 이전에 관찰할 수 있는 시간이 없다면, 과거 행동 패턴을 파악하는 데 클라이언트나 가족과의 면접이나, 그 외 중요한 타인들과의 면접 또는 기관, 경찰, 학교기록 등에서 얻은 정보를 가지고 소급해서 기초선을 수립할 수도 있다(이윤로, 홍영수, 2005).
④ 개입을 수행하고 모니터한다.
⑤ 시각적 분석이나 통계적 분석을 통해 변화를 사정한다.
⑥ 효과를 추론한다(내적타당도의 문제나 본질적 유의성을 따져 본다).

가장 전형적인 설계유형으로는 AB설계(A는 기초선, B는 개입)를 들 수 있다. 이 방법에 대한 자세한 소개는 『사회복지실천기술론』(2판, 이윤로, 학지사, 2007)

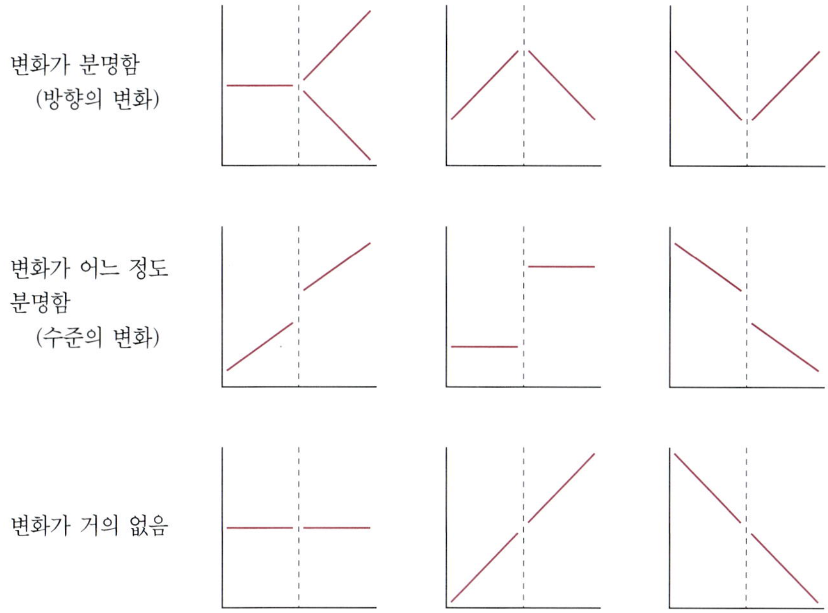

[그림 9-1] 그래프를 통한 기초선과 개입 단계의 변화 추정

출처: Berlin, S., & Marsh, J. (1993). *Informing practice decisions*. Allyn & Bacon.

을 참고하기 바란다. 또한 집단활동에 대한 효과성 평가나 과정평가, 만족도 등에 대한 평가방안은 『집단사회사업의 실천과 평가』(김동배, 이윤로, 2004)를 참고하기 바란다.

3) 과제성취척도

과제성취척도(task achievement scaling)를 활용하여 평가를 시행하기도 한다. 이 접근의 목적은 클라이언트가 과업을 완성한 정도를 측정하는 것이다. 과제는 클라이언트와의 동의하에 선정되고, 클라이언트는 자신의 목적에 도달하기 위한 구체적 과업을 할당받는다. 보통 과업수행기간이 정해진다. 과제성취척도는 보통 4점 척도로 구성되는데, 4=완벽히 수행, 3=상당수 완성, 일부 추가 조치 필요, 2=부분적 완성, 상당한 추가 조치 필요, 1=거의 미완성, 0=전혀 진전 없음을 나타낸다. 과제수행 정도의 평가에 덧붙여 기회, 노력, 동기, 의도 면에서 어떠했는지도 평가하는 것이 도움이 된다. 이 평가방법은 매우 간단하다는 이점이 있고, 다른 평가방법이 시간이 없거나 자료가 부족하여 가능하지 못할 때 흔히 사용된다. 이 방법의 단점은 클라이언트의 문제를 해결하는 데 별로 타당하지 않은 과업이 선정되었을 경우, 그 과업의 완성도가 높더라도 실제로 클라이언트의 문제를 해결하는 데는 별로 효과를 내지 못한다는 것이다.

다음은 거동할 수 없는 부상을 입은 노인에 대한 과제성취척도의 예다.

과제	성취 정도	평가
아들과 며느리와의 접촉	시도하였으나 가족이 여행 중이라 성취하지 못함	1
도시락 배달 서비스 확보	도시락 배달이 일정대로 이루어짐	4
자원봉사자의 확보	일단 가능한 명단만 확보됨	2

4=완벽히 수행, 3=상당수 완성, 일부 추가 조치 필요, 2=부분적 완성, 상당한 추가 조치 필요, 1=거의 미완성, 0=전혀 진전 없음

여기서는 과제가 3개이므로 얻을 수 있는 총 점수는 12점(3×4)이다. 실제로 얻은 점수는 7점(1+4+2)이므로 성취 정도는 7/12=58.3%이다.

4) 표적문제척도

클라이언트의 표적문제를 측정하여 그 변화 정도를 측정하는 방법으로, 표적문제척도(target-problem scaling)와 전반적 향상척도(global improvement rating)를 활용할 수 있다. 표적문제척도를 개입 시작 전과 후에 각각 작성하

여 비교할 수 있다.

개별화된 평정척도(rating scale)의 일환으로 볼 수 있는 이러한 척도는 클라이언트의 표적문제의 변화를 추적하는 수단으로 자주 활용된다. 특히, 실제로 마땅한 척도가 없어 클라이언트의 문제를 측정하기 어려울 때 유용하게 활용된다.

측정하기 힘든 심리적 내용이나 구체적인 문제를 한 문항으로 쉽게 측정할 수 있는 장점이 있다. 표적문제척도 또는 자기지적척도의 예는 다음과 같다.

한 클라이언트가 심각한 우울증을 경험하고 있다. 이런 경우 클라이언트가 정확하게 그런 우울증을 묘사하는 것이 어려울 수 있어 우울증을 점검해 나가는 것이 어렵게 된다. 이런 문제를 해결하기 위해 클라이언트가 기분이 매우 좋을 때는 0점, 기분이 아주 우울해 약을 먹어야 할 정도에 이를 때는 10점을 할당하도록 다음과 같은 표를 만들어 주었다.

0	1	2	3	4	5	6	7	8	9	10
아주 기분 좋음					보통					매우 우울함

이런 방법으로 클라이언트는 매일 아침, 점심, 저녁 자신의 우울증을 쉽게 점검할 수 있었다. 한 가지 예를 더 제시하면 다음과 같다. 직장에 늦지 않고 도착하기를 측정하는 척도의 예다.

1	2	3	4	5
전혀 문제없음	심각하지 않음	심각함	매우 심각함	극도로 심각함

표적문제가 실제로 얼마만큼 변화가 있었는지를 요약해 주는 전반적 향상척도의 예를 들면 다음과 같다.

표적문제: 자신의 감정을 표현하기 어려움

질문: 위의 표적문제가 어떻게 변화되었는지 아래 보기 중에서 선택하세요.

위의 문제가

1) 더욱 악화되었다
2) 변화가 없다
3) 아주 조금 향상되었다
4) 많이 향상되었다
5) 매우 많이 향상되었다

위의 척도를 클라이언트를 잘 알고 있는 제3자(예: 부모나 친구)가 응답하도록 하여 표적문제의 변화를 평가하도록 한다면 더욱 객관적인 결과를 얻을 수 있다.

5) 클라이언트 만족도

만족도 조사를 통해 서비스의 문제나 서비스가 불충분한 영역을 파악해 낼 수 있고, 비충족욕구를 알아낼 수 있다. 또한 어떤 프로그램 중간에 만족도 조사를 시행하여 서비스의 진행에 대해 점검할 수 있다. 만족도를 사정하는 설문은 상대적으로 간단하고 비용이 저렴하다.

만족도 조사도 단점이 있다. 설문에 대한 응답은 응답자의 기분에 의해 영향을 받는다. 덧붙여 우편으로 할 경우 불만족한 성원들은 만족한 성원들보다 설문을 돌려보내지 않는 경향이 있다.

기관에서 제공한 서비스나 직원에 대한 만족도를 평가하기 위해 다음 설문을 활용할 수 있다. 각 질문에 대해 다음 보기 중에서 선택한다(4=매우 그렇다, 3=그런 편이다, 2=그렇지 않은 편이다, 1=전혀 그렇지 않다).

<서비스 만족도에 대한 질문>

1. 기관으로부터 본인이 받기 원하는 서비스는 대부분 다 제공받았다.

2. 제공받은 서비스의 질이 매우 훌륭하다고 생각한다.
3. 기관의 서비스가 본인의 욕구를 충분히 충족시켰다고 생각한다.
4. 주위 사람들에게 기관의 서비스를 추천하겠다.
5. 서비스가 문제를 효과적으로 해결하는 데 도움이 되었다.
6. 서비스의 양이 충분하였다.
7. 전반적으로 서비스에 대해 만족한다.
8. 도움을 청할 일이 있으면 다시 오고 싶다.

<직원만족도에 대한 질문>

1. 기관에 도움을 요청하였을 때 담당자의 설명이나 도움에 만족한다.
2. 기관에 도착해서 담당자에게 도움을 요청할 때 오래 기다리지 않고 바로 도움을 받는다.
3. 담당자가 충분히 시간을 할애하여 상담해 준다.
4. 담당자가 나의 문제에 대해 깊은 관심을 표명해 준다.
5. 담당자의 도움에 만족한다.
6. 담당자에게 질문을 하면 질문에 대한 설명이 쉽고 분명하다.
7. 담당자는 나를 편하게 대해 준다.
8. 담당자는 나의 문제를 해결해 주기 위해 열심히 노력한다.
9. 지금까지의 경험으로 볼 때 담당자가 나를 진정으로 존중하면서 상대했다고 생각한다.

집단에 대한 만족도 측정 설문의 예는 다음과 같다. 각 질문에 대해 다음 보기 중에서 선택한다(1=매우 반대한다, 2=반대한다, 3=보통이다, 4=동의한다, 5=매우 동의한다).

<집단에 대한 만족도 설문>

1. 나는 이 집단이 목적을 성취했다고 생각한다.
2. 나는 지금까지 수행된 집단활동에 대해 매우 만족한다.
3. 이 집단을 통해 나의 개인적 목적이 성취되었다.
4. 나는 이 집단의 성원이 되어 매우 즐거웠다.
5. 리더는 집단을 매우 잘 이끌었다.
6. 이 집단에 참여함으로써 인격적으로 크게 성장했다.
7. 집단의 성원들에 대해 매우 만족한다.

진행 단계에 따른 워커의 과제

초기 단계에서 워커는 클라이언트와 관계 형성을 하며, 클라이언트의 사회적 상황이라는 맥락 속에서 클라이언트를 측정하고, 어떤 도움을 줄 수 있는지 계획하고 계약을 맺는다.

중기 단계에서 워커와 클라이언트는 클라이언트 자신 및 환경의 변화를 통해 클라이언트의 목표달성을 추구한다. 워커는 감정, 생각, 행동 측면에서 클라이언트의 변화를 이끌어 낸다. 가족, 집단 또는 더 광범위한 체계의 맥락에서 변화를 유도할 때 워커는 옹호자, 중개자, 중재자의 역할을 한다.

종결 단계에서 워커는 평가, 종결에 대한 감정처리, 유익한 변화의 유지 그리고 새로운 서비스를 확보한다.

제3부

응용과 실제

제10장/사례관리론

제11장/정신장애인을 위한 사례관리

제12장/치매가족을 위한 개입

제13장/약물남용 청소년과의 개별상담

제14장/사례연구

제10장

사례관리론

1. 사례관리의 개념과 목적

사례관리는 노인, 아동, 장애인 등을 포함하여 다양한 클라이언트에게 효과적인 서비스를 제공하려는 전략이며 방편이다(Rothman, 1991). 주요 대상은 정신지체인, 발달장애를 가진 사람들, 정신장애 및 신체장애인, 임종을 앞둔 사람들, 연약한 노인 등이다. 사례관리는 다차원적 욕구를 가진 개인의 기능과 안녕을 향상시키기 위하여 개발된 것으로, 공식적 · 비공식적 지원과 활동을 조직하고 조정하며 유지하는 사회사업적 방법이라고 할 수 있다(Moxley, 1989). 특히, 이 방법은 비용이 많이 드는 입원기관을 탈피하여, 가족과 이웃이 있는 지역사회세팅에서 연약하거나 만성적 손상을 입은 클라이언트들에게 광범위하고 지속적인 보호 및 훈련 서비스를 제공하여 자기충족성을 성취할 수 있도록 돕는 수단이다(Goodman, 1987; Steinberg & Carter, 1983).

사례관리는 때로 보호관리(care management), 사례조정(case coordination), 자원조정(resource coordination)이라 불린다. 사례관리는 보건 및 사회 서비스 분야의 다양하고 복잡한 문제에 대한 해답으로 폭넓게 받아들여지고 있다. 보건 및 사회 서비스를 제공하는 데 있어 일반적인 문제는 질적인 서비스 확보, 접근성 확보, 비용절감으로 나누어 볼 수 있다. 정신장애인이나 만성질환을 가진 노인과 그 가족은 다차원적이고 장기적인 서비스 욕구를 가지고 있는 반면, 이들에게 필요한 다양한 서비스에 대한 정보가 부족하고, 서비스 전달체계가 복잡하며, 다양하고 지속적인 서비스와 재원의 부재로 인해 결과적으로는 클라이언트와 서비스가 적절히 연결되지 못하는 문제가 흔히 발생한다. 이러한 문제를 해결하는 유용한 방법으로서 사례관리방안이 개발되었다.

사례관리는 비공식적 지원체계(가족, 친족, 친구 등)와 공식적 지원체계(국가 및 공공기관)가 보유하는 각종 자원을 통합하는 기능을 한다(Moore, 1987; Nelson, 1982). 구체적으로 사회사업적 사례관리의 기능은 ① 외부환경에 적응할 수 있는 클라이언트의 잠재력을 최대화하고, ② 클라이언트와 가족이 여러 서비스와 지원체계에 접근하여 이를 활용할 수 있는 방법을 습득하게 하고, ③ 가족, 이웃, 친구 등 비공식적 지원체계가 클라이언트를 보조할 수 있는 능력을 최대화하고, ④ 클라이언트와 가족의 욕구를 충족시키는 데 있어 공식적 도움체계의 능력을 최대화하는 역할을 수행한다(Moore, 1990).

사례관리의 첫 번째 목표는 일시적으로 취약한 상태에 놓여 있는 클라이언트에게 제공되는 서비스의 질(quality)을 보장하는 데 있다. 두 번째, 적절한 서비스나 기관 또는 자원에 대한 연결을 촉진하는 것이다. 세 번째, 가능한 한 가장 비용효과적인 방식으로 서비스를 제공하는 것이다(Kane, 1990). 그러나 이러한 목표들이 서로 모순되는 것처럼 보일 수 있어 사례관리의 개념이 모호하게 생각될 수도 있다. 보호의 질을 높임과 동시에 비용을 생각해야 하는 것은 상반되는 개념으로 들릴 수도 있겠지만, 사례관리는 이러한 두 가지 관심사를 균형 있게 비교하여 볼 수 있는 수단이다. 사례관리의 궁극적인 목표는 자원의 희소성이라는 현실적 문제에 맞서 클라이언트의 욕구를 충족시키는 것이다(Kane, 1988).

사회사업 분야에서의 사례관리와 다른 영역에서 이 용어를 사용하는 의미를 구분하는 것은 중요하다. 경우에 따라서 '사례관리' 라는 말은 보험회사나 보건의료조직이 '비용억제' 를 지칭하기 위하여 사용하기도 한다. 예를 들어, 보험 분야에서의 '사례관리자' 는 보험회사가 부담해야 하는 비용을 감소시키거나, 또는 보건 서비스에 불필요한 과도한 지출을 최소화하기 위해 특정 개인의 의료보호를 감시하고 비용지출을 제한하기 위해 사용된다. 이러한 의미로서 보통 '관리의료(managed care)' 라는 용어가 사용된다. 그러나 사회복지 차원에서 사례관리는 통제의 의미로서 관리의료를 뜻하지는 않는다. 사회복지사에 의해 제공되는 사례관리는 기관이나 조직의 욕구보다는 클라이언트의 욕구를 충족시키기 위해 사용되어야 한다. 진정한 사례관리는 체계 중심이 아닌 인간 중심이어야 한다.

때때로 사례관리는 병원에서 의사나 의료 관련 직원이 수행하기도 하는데, 이는 특별한 질병이나 증상을 관리하는 차원에서 의료적 조치들을 조정하기 위한 것이다. 사회복지 차원에서는 단지 의료적, 생물학적 차원에서만이 아니라 개인의 생활환경의 모든 양상을 고려해 관리한다. 때로 다른 전문직종의 서비스 제공자에게 사례관리를 설명해야 할 경우도 있다. 예를 들어, 병원의 고위직에 있는 사람이 '왜 우리 환자들에게 사례관리 담당 사회복지사가 필요한지 모르겠다.' 라고 하면서 의사들도 사례관리를 한다고 하면, 사회복지 분야에서 사례관리는 단지 의료적 보호뿐만 아니라 지역사회 자원을 동원하고 의뢰하는 역할도 한다고 설명해야 한다. 만일 자신도 그렇게 할 수 있다고 반응한다면, 사회복지 분야의 사례관리자는 병원의 욕구나 보험회사 그리고 의사의 욕구보다는 항상 환자의 입장에서 행동을 취하도록 훈련받았고, 또한 지역사회자원 발견과 동원을 위한 전문적인 훈련을 받았다는 점을 지적할 수 있을 것이다. 이렇게 사회복지 분야에서 사례관리는 좀 더 가치중심적이고 다른 견지를 가지고 있음을 부각시켜야 한다.

사례관리의 가장 기본적인 가치는 각 클라이언트는 존엄성을 가지고 있고 만족스러운 삶을 누리기 위한 자신의 노력에 대해 지지를 받을 자격이 있다는 것이다. 사례관리는 다음의 가치를 반영한다.

- 기본 권리에 대한 존중: 모든 사람은 자신의 삶의 목적을 성취하고, 문제를 해결하고, 인간으로서 잠재력을 실현하기 위해 도움이 될 수 있는 자원이나 서비스에 대한 동등한 접근기회를 갖는다.
- 사회적 책임감: 가족, 교육, 정부, 사회복지 같은 사회제도를 인본주의적으로 만들고 인간의 욕구에 반응하도록 만들어야 한다.
- 자기결정에 대한 지지: 인간의 다양성을 존중하고 개인들이 자신에 대해 내린 결정을 존중한다.

2. 사례관리의 역사와 발달

1970년대 중반까지만 해도 사례관리에 대해 별로 알려진 바가 없었다. 사례관리의 출현은 1960년대 인간봉사 프로그램의 성장과 연관이 있다. 그 당시 서비스에 대한 막대한 정부지원이 시행되었으나, 서비스들이 분파적이고 중복적이고 조정되지 못한 채 제공되는 결과를 낳았다. 서로 다른 많은 프로그램들이 클라이언트들의 문제를 좁게 규정하고 프로그램을 제공함에 따라 복잡한 문제와 욕구를 가진 개인들이 적절하게 서비스를 받지 못한다는 인식이 싹트게 되었다.

1970년대 초 보건, 교육 및 복지부에서는 연방 서비스 프로그램을 조정해서 제공하는 일련의 시범 프로젝트를 시행하였다. 이 서비스 통합 프로젝트는 클라이언트 추적체계, 정보 및 의뢰체계, one-stop 서비스센터, 상호 기관연계체계 구축과 같은 특징을 띠었다. 이런 프로젝트는 사례관리자를 두어 클라이언트에 대한 자원을 조정하도록 하고 서비스 전달에 대한 책임을 맡겼다.

또 하나 사례관리 성장에 기여한 요인은 정신보건 분야에서의 탈시설화 운동이다. 즉, 정신보건에서 사례관리의 발달은 1960년대 미국에서 정신장애인들을 입원기관에서 지역사회로 내보내는 데서부터 시작되었다. 지역사회 정신보건센터가 퇴원한 정신장애인들을 적절히 추후 지도하는 데 실패하였고 정신장애인들은 적절한 지원(주거, 수입, 직장, 정서적 지원)을 받지 못했다. 정신장애인을 위한 통합된 서비스 네트워크의 부재가 사례관리를 부상시키는 원인이 되었다. 이로 인해 사례관리는 미국 정신보건국립연구소(NIMH)의 지역사회지지 프로그램(Community Support Programs: CSP)의 핵심이 되었다.

현재 미국에서 사례관리는 1975년 제정된 발달장애법(Developmental Disability Act)(PL94-103)으로 인하여 발달장애 분야에서 의무적으로 시행되고 있다. 또한 1981년 제정된 Omnibus Budget Reconciliation Act는 지역사회 중심의 장기보호 서비스를 마련했고, 노인이나 장애인에 대한 장기적 보호가 그들의 가정에서 제공될 수 있게 되었다. 이러한 일련의 입법안이 통과된 이후, 가정에 기반을 둔 대부분의 보호 프로그램은 사례관리자를 활용하게 되었다(Kane, 1990).

사례관리는 이제 정신건강 및 보건 분야 그리고 기타 사회사업 분야에 있어서 일상적인 활동이 되고 있다. 우리나라에는 이윤로 교수가 성규탁 교수와 함께 1992년 사회복지신문과 1993년 사회복지협의회의 학술지 「계간 사회복지」 가을호에 사례관리를 소개하면서 본격적으로 논의되기 시작했다. 법적인 조항에 사례관리 개념이 등장한 것은 1995년 정신보건법이 통과되면서 시작되었다. 그러나 아직까지 우리나라에서는 사례관리가 노인이나 장애인에 대한 의무조항으로 자리 잡지는 못하고 있다.

사례관리는 상대적으로 새로운 용어지만, 사회사업이나 간호학에서는 뿌리 깊게 자리 잡고 있다. 사회사업을 재창조(reinventing social work)한다고 명명될 정도로 사례관리는 사회사업실천에 막대한 영향을 미친 것이 사실이다(Austin, 1987). 사례관리가 사회사업방법론으로 자리를 잡은 배경을 살펴보자.

사회사업가들은 전형적으로 '환경 속의 인간(the person-in-the environment)'에 초점을 두어 왔다. 클라이언트가 개인적 변화를 이룩하도록 돕는 심리치료나 상담에 덧붙여, 사회사업가들은 종종 물리적 또는 서비스 환경이 클라이언트에게 유리하게 바뀌도록 노력한다. 사회사업가들은 개인과 가족에 대해 포괄적인 견해를 취하기 때문에 자신이 속한 기관을 초월하여 다른 서비스에까지도 클라이언트를 의뢰한다. 예를 들어, 병원사회사업가는 퇴원 후의 계획을 세우고 그에 상응하는 서비스를 클라이언트를 대신하여 알아본다. 그러므로 사례관리는 사회사업의 개념에 매우 적합한 방법론이라고 할 수 있다.

그러나 사례관리는 기본적으로 전통적인 케이스워크와 다른 점이 있다. 케이스워커는 보통 클라이언트를 사무실에서 약속을 정하여 만난다. 또한 케이스워커는 클라이언트의 장애를 심화시키는 요인으로서 사회적 영향력을 별로 강조하지 않는 경향이 있다. 사례관리의 특징은 지역사회의 조직이나 기관 등 체계에 개입하는 것이다. 전통적으로 훈련받은 케이스워커는 사무실에서 벗어나 클라이언트의 환경에 개입하는 도전적인 과제에 직면해야 한다.

사례관리는 심리치료에 깊이 관여하지 않는다. 실제적인 생활문제나 지역사회에서의 생존에 관련한 문제를 잘 다루도록 도와준다. 치료보다는 보호에 초점이 모아진다. 사례관리자로서 사회사업가는 케이스워크, 집단지도, 가족, 지역사회조직을 통합하여 활용한다.

3. 사례관리의 원칙

다음과 같은 몇 가지 기본적인 원칙들이 사례관리의 기반이 되고 있다 (Poindexter et al., 2003).

(1) 참여, 임파워먼트 및 상호적 계획수립

이 원칙의 목표는 개인이나 가족 등 클라이언트가 자신에게 가장 잘 부합되는 목표와 보호계획을 세울 수 있도록 그 과정에 참여시키는 것이다. 언제든지 이들에게 서비스에 대한 선택의 권한을 부여하여 통제력을 회복시킨다. 사례관리자는 보호 서비스의 통제자가 아니라 파트너다. 더욱이 사례관리자는 원조제공과정 전반에 걸쳐 클라이언트에게 서비스 체계와 협상하는 방법에 대하여 교육해야 한다.

(2) 옹호

사례관리자의 목표는 무엇보다도 클라이언트의 욕구 및 선택을 옹호하는 것이다. 사회복지사는 개인 및 가족을 옹호해야 하며(사례옹호) 힘이 없는 집단을 옹호해야 한다(집단옹호).

(3) 적절하고도 높은 질의 보호

원조를 요청하는 클라이언트의 욕구를 잘 파악하고 수용하여 적절하고 효과적으로 반응해 주어야 한다.

(4) 보호의 연속성

클라이언트의 욕구는 지속적으로 변화하는데, 이에 따라 포괄적인 서비스를 제공함으로써 클라이언트가 한 기관에서 다른 기관으로 이동한다든지 또는 다른 힘든 상황에 빠지지 않도록 한다.

(5) 서비스에 대한 접근

서비스에 대한 접근은 가능한 한 쉽고 공정해야 한다. 가능하다면 언제든지 단일통합체계를 두어 개인이 불편하게 여러 기관이나 사회복지사와 접촉할 필요가 없도록 하는 것이 좋다. 또한 서비스를 요청한 개인은 평등한 처우를 받아야 하며, 어떠한 편파성이나 차별도 있어서는 안 된다.

(6) 서비스의 통합

개인들은 복잡한 욕구를 가지고 있기 때문에 다양한 자원이 필요하다. 서비스 통합의 목표는 서비스가 잘 조정되어 중복되지 않고 적절하고 높은 질을 갖도록 하는 것이다.

(7) 포괄적인 관점

사례관리의 목표는 개인의 사회적 관계, 경제적 상황, 문화, 직업, 영성 그리고 정신 · 신체적 건강을 포함하여 한 개인의 삶을 이루고 있는 모든 측면을 고려하는 데 있다. 이를 위한 한 가지 중요한 과업은 비공식적 지원망(가족, 친구 및 자원봉사자)을 증대시키는 것이다(많은 사회복지사들은 비공식적 지원망을 배제하고 공식적 서비스만 계획하는 오류를 범하는 경우가 많다).

(8) 평가 및 모니터링

사례관리자는 계획의 적절성, 서비스 전달체계가 계획대로 움직여 주는지, 클라이언트의 진전상황, 욕구의 변화 등을 정기적으로 재사정하고 평가하면서 지속적인 사후관리를 제공해야 한다. 클라이언트 및 서비스 기관과의 지속적인 접촉을 통하여 보호의 질 및 적절성을 모니터링해야 한다(Woodside & McClam, 1998).

4. 사례관리자의 역할

사례관리의 주요 기능을 수행하기 위해 몇 가지 역할 면에서 능숙할 필요가 있다. 가장 중요한 기능은 사무실에서 벗어나 실제 환경에서 클라이언트를 위한 광대한 범위의 지지망을 창출해야 한다. 사례관리는 직접적 서비스와 간접적 서비스 양 측면 모두를 가지고 있다. 개별 클라이언트와 대면접촉을 많이 하지만, 지역사회집단과도 많이 일하게 된다. 간접적 서비스의 예는 주거문제를 해결하기 위해 정신건강협회와 논의, 서비스 전달을 용이하게 하기 위해 여러 기관직원들과 함께 상호 기관협력조직위원회를 설립, 정신장애인의 욕구를 토론하고 잘못된 사회적 통념을 바로잡기 위해 지역사회 포럼을 개최, 지역사회 프로그램에 대한 재정지원과 각종 옹호법안의 통과를 위해 시의원이나 국회의원을 초대하는 것 등을 들 수 있다.

사회사업의 모든 방법을 활용하는 사례관리 접근은 워커에게 광범위한 지식기반을 갖출 것을 요구한다. 예를 들어, 정신건강 영역에서 사례관리자는 법, 정신병리, 약물, 집단치료, 위기개입, 사회체계이론, 옹호와 같은 주제에 대해 잘 알고 있어야 한다.

사례관리자는 다음과 같은 여러 가지 역할들을 맡을 수 있는데, 서비스 프로그램의 성질에 따라 이 중 한두 가지를 강조할 수 있다.

(1) 조정자

사례관리자는 개인이나 그의 가족에게 직접 서비스를 제공하지는 않으며, 주로 서비스 전달상황을 파악하고 조정한다. 서비스 세팅에 따라 서비스를 정리하는 권한을 가질 수 있고, 직접적으로 어떤 서비스를 통제할 수도 있다 (Steniberg & Carter, 1993).

(2) 옹호자

흔히 클라이언트를 위한 서비스 전달에 필요한 자원이 전혀 없거나 어떤 클라이언트에게는 이러한 자원이 제공되지 않는 경우가 있다. 사례관리자는 클라이언트에게 적절하고 질이 좋은 서비스가 전달되도록 힘써야 한다 (Ballew & Mink, 1986).

(3) 상담가

사례관리자는 클라이언트와 그의 가족이 자신들의 문제와 욕구를 스스로 파악하고 인식하도록 돕고, 서비스의 질과 적합성을 판단하는 방법을 교육시키며, 클라이언트의 문제해결에 대한 책임을 어느 정도 분담하도록 격려해 주어야 한다(Downing, 1985).

5. 사례관리의 구성요소/기능

사례관리는 일반적으로 다음과 같은 과정으로 이루어진다. 사례관리의 여덟 가지 작업 단계에 대하여 구체적으로 기술해 보고자 한다.

1) 클라이언트의 확인 또는 발견

사람들은 다양한 방법을 통해서 기관에 찾아온다. 기관에서 공익광고나 안내책자를 통하여 홍보를 하기도 하며 자원봉사자, 실습생들이 지역사회를 방문할 수도 있다(이러한 활동을 'outreach' 라고 한다). 여타의 사회사업 및 의료기관이 클라이언트를 의뢰하기도 한다. 또한 전화번호부, 안내전화나, 전화상담서비스를 통하거나, 사람들끼리 서로 소개하여 프로그램에 참여하기도 한다.

2) 심사, 접수상담 및 등록

클라이언트의 문제가 무엇인지를 식별하고, 클라이언트가 서비스를 받을 자격이 있는지를 판단한다. 아울러 클라이언트의 재정적 능력도 평가한다.

기관의 고객접수 담당자들은 고객의 성명, 연령, 가족상태, 소득, 기타 사항을 참고로 하여 클라이언트의 서비스 수혜자격을 결정한다. 클라이언트와 가족에게 기관이 제공하는 서비스, 기관이 고객에게 요구하는 사항 그리고 기관이 갖는 제한점에 대하여 설명해 준다. 기관에서 사례관리를 하는 데 적절하다고 판단되지 않으면 다른 기관에 의뢰한다.

3) 문제상황 사정

사정을 통해 개인, 부부 또는 가족으로부터 정보를 얻어 충족되지 않고 있는 현재의 시급한 욕구와 우선순위를 결정한다. 측정에서는 클라이언트와 그 가족이 제시한 문제 외에 신체적, 인지적, 사회적 및 정서적 욕구뿐만 아니라 재정적, 환경적 욕구를 파악해야 한다. 또한 공식적 서비스 제공자와 가족이나 친구와 같은 비공식적 서비스 제공자로부터 클라이언트가 받을 수 있는 지원에 대하여 자세한 검토를 한다. 클라이언트와 가족의 보호에 관련되었던 의사나 다른 전문가들로부터 정보를 얻는다. 이때 클라이언트는 문제를 어떻게 보고 있는지 또한 문제해결에 대해 어떤 생각을 가지고 있는지를 파악하는 것도 중요하다.

측정은 다음의 3차원으로 요약될 수 있다.

- 클라이언트 자신을 돌볼 수 있는 능력과 서비스에 대한 욕구
- 클라이언트의 사회적 지원망과 그 지원망이 클라이언트의 욕구를 충족할 수 있는 정도
- 공식적 서비스 제공자들과 그들이 클라이언트의 욕구를 충족할 수 있는 정도

이러한 측정은 고도의 기술을 가진 전문가팀에 의해 수행되는 것이 바람직하다. 표준화된 도구를 사용하는 것 역시 중요하다. 종합적 측정을 위해서는 다음 사항들을 포함해야 한다.

- 건강문제
- 일상생활활동(목욕, 쇼핑, 걷기 등)
- 인지적 기능(혼동, 기억장애, 방향감각 등)
- 현재 활용되는 서비스
- 수입과 재산
- 비공식적 지원체계
- 현재 거주상태(어디에 누구와 함께)
- 의료보험
- 재정적 운영능력
- 학대의 증거
- 의사들과의 접촉상황(환자의 순응, 빈도, 접촉방식 등)
- 전체적 위급함

4) 보호계획

측정을 통해서 얻은 자료를 바탕으로 사례관리자는 적절한 서비스의 유형, 보호에 필요한 시간 그리고 지역사회기관과 가족구성원이 취할 역할들을 구체화하는 계획을 수립한다. 적절한 보호를 위한 계획은 사례관리의 핵심이 되기 때문에 그 계획에 대하여 잘 알고 있어야 한다. 클라이언트를 위해서 장기간 서비스를 제공하는 사례를 관리하는 경우 일반적으로 다음과 같은 기본 원칙을 지켜야 한다(Schneider, 1988).

- 보호계획은 클라이언트의 기능을 포괄적으로 측정한 결과를 바탕으로 수립한다.
- 고객과 보호자를 계획과정에 참여시킨다.
- 구체적 보호기간을 정한다.

- 공식적 서비스와 비공식적 서비스를 모두 계획한다.
- 비용을 의식하고 있어야 한다.
- 보고서를 꼭 작성한다.

다음은 완벽한 보호계획을 세우는 과정이다.

- 포괄적으로 문제의 목록을 작성한다.
- 다루어야 할 문제 하나하나를 어떠한 상태로 변화시킬 것인지 목표를 정한다.
- 바람직한 결과를 성취하기 위해 필요한 도움의 형태를 파악한다.
- 도움의 제공자와 서비스의 목록을 정한다.
- 제공될 각 서비스의 양을 기록한다.
- 서비스 비용을 지불해 줄 기관이나 단체를 기록하고 구체적 기간 동안 서비스를 제공하는 데 소요되는 비용을 계산한다.
- 고객과 보호자가 합의한 바를 기록한다.

5) 서비스 조정/전달

서비스를 조정/전달하는 작업은 보호계획수립 단계에서 필요하다고 판단한 서비스들을 배열 · 정리하여, 서비스 제공자들로부터 서비스를(필요하다면 서비스 수수료 지불을 약속하여) 구입하고, 클라이언트와 보호자를 구입된 서비스와 연결시켜 주는 것이다.

만약 워커가 속해 있는 기관 외부의 프로그램이 필요하다면 클라이언트를 외부기관에 의뢰하고 안내하여 다른 서비스 체계와의 연계를 촉진한다. 서비스를 잘 조정하여 서비스 중복을 피하고, 클라이언트가 수혜 가능한 서비스 중 최상의 서비스를 받을 수 있도록 한다. 이 단계에서 사례관리자는 클라이언트의 욕구에 민감하게 반응하지 못하는 체계들을 변화시키기 위하여 옹호자의 역할을 수행하게 된다. 현재 지역사회 내에서 제공되지 않는 특정한 유형의 서비스가 필요하다면, 이러한 서비스를 창출하고 그에 대한 재원을 마련하기 위한 옹호자의 역할이 필요하다.

6) 옹호

옹호는 클라이언트를 대신해서 클라이언트의 권리를 보호하고 클라이언트에게 서비스에 대한 자격이 주어지도록 중재하는 과정이다. 사례관리자는 위기상태나 결핍상태에 놓여 있는 개인의 입장에 서서 그들의 우방이 되어 각종 관료기관과 협상을 벌이게 된다.

남편으로부터 구타를 당한 주부가 가정법원 출두에 대비하여 구금명령에 대한 법적 청구 준비를 원조하는 것, 한 노인이 자의와 상관없이 요양원에 비자발적으로 위탁되는 것을 항변하는 데 도움을 주는 것, 약물사용으로부터 회복된 한 여성이 아동복지기관에 대하여 자신의 아이들을 데려가겠다고 청구하는 데 도움을 주는 것 등이 그 예다.

7) 모니터링

모니터링(점검)의 목적은 서비스가 적절한가, 서비스의 질이 높은가, 클라이언트의 욕구를 충족하고 있는가를 평가하는 것이다. 클라이언트와 그 가족에게 전화로 서비스 전달상태를 점검하거나 직접 만나서 점검한다. 점검은 자주할수록 좋으나 처음 일주일 후에, 점검 후 1개월마다 하게 된다.

8) 재측정

사례관리자는 욕구의 변화를 판단하기 위해서 정기적인 재사정을 수행해야 한다. 사람들이 처해 있는 상황은 정태적인 것이 아니라 늘 변화가 예상되는 것이다.

재측정은 클라이언트의 상황과 기능이 처음에 세운 보호계획의 목적과 비교해서 서비스 전달 후 차이 또는 변화가 발생하였는지를 판정하기 위해 클라이언트의 조건과 상태를 다시 측정하는 것이다. 재측정은 보통 3개월 단위로 한다.

9) 종결

원조관계는 다양한 이유로 인하여 종결된다. 사례관리가 항상 마지막 단계까지 가지 않을 수도 있다. 클라이언트가 종결을 요청하거나, 클라이언트가 사망하거나, 이사를 가거나 또는 상태가 개선되어 더 이상 서비스를 필요로 하지 않을 때 종료될 수 있다. 어떤 사례는 서비스에 자금을 제공하는 기관에서 사례중단 지시로 인하여 종료되는 경우도 있다. 이러한 경우 클라이언트가 여전히 원조를 필요로 한다면 다른 여타의 서비스와 연계할 수 있도록 최선을 다해 원조해야 한다.

사례관리의 점검과 평가

세심하게 마련된 계획이라 할지라도 변화, 수정, 개선을 필요로 한다. 점검은 계획에서 정해진 서비스와 지원의 전달과정을 추적하는 방법이다. 점검은 클라이언트에게 제공되는 서비스의 적시성, 적절성 및 연속성을 보장하기 위해서 서비스 제공자를 포함한 클라이언트 지원체계의 서비스 전달과 실행을 추적하고 재사정을 실시하는 과정이다.[1] 계획한 내용의 진행상태에 대한 합리적이고 객관적인 모니터링을 통해 실제로 서비스가 어떻게 전달되고 있고 클라이언트에게 얼마나 도움이 되는지를 알아내야 한다. 점

1) 이근홍, 하트하트복지관의 사례관리와 케이스 매니지먼트, 하트하트재단, 1998.

검의 준거틀로 계획안과 계약서 내용을 정규적으로 검토하여 계약내용과 실제 간의 차이점을 표시해 나갈 수 있다.

1. 사례관리 점검의 목적

사례관리 점검의 목적은 다음과 같다.

① 서비스 계획이 적절하게 이행되고 있는지 그 정도를 검토한다.
클라이언트의 지원망에 속한 구성원들이 계획상에 정해진 실제적 서비스를 이행하도록 보장하기 위한 것이다.

② 클라이언트에 대한 지원계획의 목표가 성취되고 있는지를 검토한다.
사례관리자는 목표가 시간 안배에 맞춰 달성되고 있는지, 실패한 것은 없는지의 여부를 검토한다.

③ 기존 계획과 서비스의 수정이 필요한지를 검토한다.
서비스와 지원계획을 이행했는데도 클라이언트의 욕구가 충족되지 못하거나 불만이 많아진다면 그 계획을 수정하기 위한 조치를 강구하게 된다.

④ 서비스 계획의 변화를 요하는 클라이언트 새로운 욕구를 알아낸다.
새롭게 나타나는 클라이언트의 욕구를 알아내고 클라이언트 지원망의 구성원들이 이러한 욕구변화를 알 수 있도록 한다.[2)]

⑤ 클라이언트와 지원망의 구성원들에게 격려와 지지 및 상담을 제공한다.

2. 점검의 차원

사례관리자는 점검 시 다음과 같은 차원을 고려해야 한다(김만두, 2002).

① 노력: 클라이언트 지원망의 구성원들이 자신이 맡은 특정 활동을 책임 있게 실행하고 있는지를 살펴본다.

② 적정성 및 질: 클라이언트에게 제공되는 서비스와 지원이 클라이언트의 욕구를 충족시키기에 충분한가를 살펴본다. 특히, 클라이언트의 환경이나 욕구변화에 대해 신속하고 적절하게 반응할 수 있는 능력이 있는지 파악하는 것이 중요하다.

③ 과정: 서비스와 지원계획이 얼마나 잘 이행되고 있는지 그 정도를 살

2) 김만두, 사례관리실천론, 홍익제, 2000, pp. 227-229.

펴보아야 한다.

④ 결과: 사례관리의 계획이 성공적인지 아니면 역행적 결과를 가져오고 있는지를 살펴본다.

3. 점검의 도구와 방법

사정 이후 클라이언트의 상황은 일정기간마다 공식적으로 재검토된다. 이러한 점검은 클라이언트, 가족, 서비스 제공자에게 매월 또는 분기별로 전화나 가정방문을 통해 수행하게 된다. 점검활동을 위해 사례관리자는 클라이언트나 사회망의 구성원, 서비스 제공자와의 면담이나 비공식적 모임, 전화접촉 등을 활용한다. 구조화된 설문을 활용할 수도 있고, 클라이언트에 대한 기록을 검토할 수도 있다. 현장방문과 관찰을 활용할 수도 있다.

점검을 시행하기 전에 점검에 참여할 사람, 자료를 모으기 위해 이용할 도구나 접근방법, 점검활동, 시간계획을 마련해 두는 것이 좋다.

이러한 방법을 통해 사례관리자는 클라이언트의 상태에 변화가 있는지, 보호계획이 수정될 필요가 있는지를 결정한다. 처방된 서비스가 제대로 전달되고 있는지, 클라이언트와 가족이 만족하고 있는지를 파악한다.

4. 재사정

재사정은 보통 3개월이나 6개월 단위로 시행되는 공식적 점검의 일환으로 볼 수 있다. 초기 사정에서 수행된 내용을 바탕으로 클라이언트의 상태를 전과 비교하고 재평가하는 것이다.

보통 재사정에서는 초기 사정에서 다루어진 다음의 7차원을 검토하게 된다. 건강(예: 새로운 질병이 발병하였는지, 이전의 질병이 나아졌는지, 복용하고 있는 약의 종류와 양을 기록), 기능상태(일상활동과 도구적 일상활동을 검토하고 변화를 기록), 인지(인지능력과 그 변화를 기록), 행동/정서(클라이언트의 감정상태와 문제행동 여부를 평가), 지지체계, 환경, 재정상태.

5. 평가

클라이언트의 보호계획평가는 클라이언트에 대한 보호목적에 대한 효과성과 진전을 사정하는 것이다. 평가에는 과정평가와 성과평가 요소를 포함해야 한다.

① 서비스가 계획된 시간에 적당량으로 제공되고 있는가?

② 클라이언트의 상태에 대해 서비스 제공자는 분명하게 기록하여 보고하는가?
③ 서비스 제공자는 서비스 비용을 과도하지 않게 정확하게 요청하고 있는가?
④ 성과(outcomes)는 어떠한가?
⑤ 만족도는 어떠한가?

보호계획이 클라이언트의 성과에 좋은 영향을 미쳤는지는 반드시 평가되어야 한다. 클라이언트의 목적에 비추어 결과를 평가하고 피드백을 얻어야 한다. 예를 들어 보자. 클라이언트의 문제가 사회적인 접촉을 유지할 수 없는 것이었다면 보호계획은 규칙적으로 바람직한 사회적 접촉을 유지하는 것이다. 보호계획에는 친구방문, 파티참석, 교회활동, 주간보호 참여, 전화통화를 포함시킬 수 있다. 이때 사례관리자는 클라이언트가 실제로 사회적 접촉을 가져왔는지 그리고 욕구가 충족되었으며 만족했는지를 따져 보아야 한다. 사례관리자는 클라이언트, 가족, 서비스 제공자에게 피드백을 얻어야 할 것이다.

만일 클라이언트가 만족하지 못한다면 사례관리자는 그 이유를 파악하고 필요한 조치를 취해야 한다. 예를 들어, 클라이언트가 낯선 워커에게 서비스를 받는 것을 원치 않았는지도 모른다. Kane과 Kane(1991)에 따르면, 클라이언트는 친숙한 워커에게 적절한 보호를 받는 것이 낯선 워커에게 매우 뛰어난 보호를 받는 것보다 낫다고 지적한다.

사례관리자는 클라이언트의 욕구에 변화가 있는지의 여부를 평가해야 한다. 또한 비공식 보호자가 보호를 계속 제공할 수 있는지도 평가해야 한다. 평가에는 의료적 및 심리적 상태의 평가도 포함될 수 있다.

6. 사례관리의 실례

다음에는 사례관리의 한 실례를 소개한다.

올해 65세인 김 씨 부인은 중풍으로 인해 언어소통에 불편을 겪게 되었고, 가사를 돌볼 수 없게 되었다. 오른손은 부분적으로 마비되었다. 72세인 남편 역시 연로하여 병원에서 퇴원한 후 부인을 돌보는 것이 힘들게 되었다. 딸이 한 명 있었지만, 딸 역시 시부모와 시동생들과 함께 살고 있었으므로 딸에게 의존하기가 어려웠다. 그래서 부부는 퇴원 후에 가정에 남아 있기가 힘들게 되어, 노인을 위한 요양원에 입주할 계획을 하고 있었다. 그러다가 간호사의 의뢰로 사례관리자에게 연결되어, 가정에 머물 수 있도록 하는 서비스를 받게 된 것이다.

김 씨 부인은 오른손의 기능을 회복하도록 하는 물리치료를 계속 받았고, 대화능력을 높이기 위해 언어치료사와도 연결되었다. 김 씨 부인과 물리치료사 및 언어치료사와의 접촉은 일주일에 각 3회로 정해졌다. 김 씨가 음식을 만들 수 없었으므로 도시락 대리점과 가정부 서비스를 연결해 음식을 조달했다. 딸과 상담한 후, 딸이 일주일에 한 번씩 세탁과 쇼핑을 위해 방문하도록 했다.

사회적 고립을 피하기 위해 노인복지관의 자원봉사자와 노인친구들이 김 씨 부부의 말벗이 될 수 있도록 연결시켜, 그들의 방문날짜와 시간을 정해 주었다. 2개월 후, 딸이 서울에서 대전까지 잦은 왕복으로 인해 피로가 누적됨으로써 부부와 딸의 동의 하에 2주간의 휴가를 주었다. 대신 2주 동안 가정부 서비스를 추가했다. 사례관리자는 2주일에 한 번씩 김 씨 부부와 접촉하여 부인의 상태를 조사했다. 3개월 후, 김 씨 부인이 어느 정도 가사를 돌볼 수 있을 정도로 회복됨에 따라 식사 및 가정부 서비스의 빈도를 반으로 줄였고, 딸의 방문도 2주일에 한 번으로 줄였다. 치료사들과의 상담 후 물리치료와 언어치료의 빈도를 다시 조절했다.

1개월 후 김 씨 부인이 거의 회복됨에 따라 부인과 가족과의 동의하에 부인에 대한 사례관리를 종결했다. 비용은 의료보험과 노인의 연금 그리고 딸의 보조로 충당되있다. 종료 후 사례관리를 평가한 결과, 처음에는 부부가 사례관리를 매우 번거로운 것으로 인식했으나, 입원해 있는 경우보다 훨씬 만족스럽다고 결론지었고, 비용도 적게 들었음이 나타났다.

7. 사례관리의 모델

서비스 전달방법에 따라 여러 모델들이 있다. 여기서는 다섯 가지의 대표적 모델을 소개하고자 한다. 다음에 소개하는 중계모델, 판매모델, 통합된 중계판매모델은 사례관리 서비스가 기관이나 가족으로부터 제공될 수 있음을 가정하고 있으며 자원개발모델, 조직의 변화모델은 필요한 서비스가 존재하지 않는 상황을 가정한 것이다.

1) 중계모델

사례관리자는 클라이언트의 자기충족성을 성취하기 위해 필요한 여러 가지 서비스를 통합 · 조정하는 역할을 하지만, 직접 서비스를 제공하지는 않는다. 즉, 필요한 서비스를 중계만 해 주는 것이다. 여러 차례에 걸쳐 클라이언트의 상황이 측정(평가)되는데, 이 모든 측정이 클라이언트나 보호자와의 계약에 의해서 진행된다.

중계모델(broker care management system)의 대표적 예는 미국의 민간사례관리기관인데, 민간사례관리기관은 수수료를 받고 사례관리를 하는 기관을 말한다. 민간사례관리는 정부기관에서 제공하는 서비스 이외에 서비스를 찾는 클라이언트나, 정부자금으로 운영되는 프로그램의 혜택을 받을 자격이 없는 클라이언트를 위해서 주로 행해진다. 사례관리자는 클라이언트가 사용할 수 있는 공식적 서비스를 파악하여 정리해 주고 조정해 주며, 가족은 서비스에 대한 정보를 수집하고 서비스에 접근하는 방법을 배움으로써 이익을 얻게 된다.

2) 판매모델

중계모델에서는 사례관리자가 서비스를 정리하고 중계만 해 주는 반면, 판매모델(vendor care management system)은 사례관리기관이 고객에게 직접 서비스를 제공한다(고객에게 판매계약을 통해 자체기관의 서비스를 제공하거나 자체자금으로 다른 기관의 서비스를 구입하여 제공한다).

이 모델의 예는 미국의 경우 민간회사와 보험회사의 사례관리자들 그리고 Social and Health Maintenance Organizations(SHMO)와 Community Options Program(COP) 등이 포함된다. 사례관리자들은 주로 자신이 확보하고 있는 서비스를 제공해도 일정한 비용 내에서 타기관의 서비스를 추가적으로 구입할 수 있다.

3) 통합된 중계판매모델

사례관리기관은 제한된 수의 서비스를 제공하고 나머지는 외부기관과 협력해서 조정한다. 주로 급성치료에 중점을 둔다.

통합된 중계판매모델(integrated broker-vender model)의 대표적 예는 병원을 기반으로 하는 사례관리다. 미국에서는 병원들이 사례관리체계를 개발해 왔는데, 병원에서는 환자에게 급성치료만을 제공하고 퇴원시켜 가정과 지역사회에서 계속 보호를 받게 한다. 환자가 병원에 입원해 있을 경우 비용이 많이 들기 때문에, 물리치료나 기타 병원에서 제공하는 서비스는 계속 제공하고 의료보험으로 충당되지 않는 추가적 서비스, 즉 가정부 서비스나 지역사회기관 서비스는 병원에서 직접 제공하지 않고, 병원의 사례관리자가 지역사회기관들의 협력 하에 그들의 서비스를 조정하여 제공한다. 병원 외부의 서비스는 병원사례관리자가 단지 중계하여 주는 것이므로 병원에서 비용을 직접 관리하지는 않는다. 이 모델을 적용할 경우 환자들의 장기적 보호에 필요한 '포괄적 서비스'를 잘 조정하여 환자에게 제공해야 한다.

4) 자원개발모델

자원개발모델(resource development model)은 장기보호 서비스가 마련되어 있지 않아 개발되어야 하는 경우에 적용된다. 사례관리자는 서비스 전달을 위해 필요한 자원을 파악하고, 그 자원을 확보하는 데 도움이 될 요소와 장애가 될 요소를 가려내어 재원확보를 위한 계획을 세워야 한다. 그리고 유용한 비공식적 서비스 전달체계에 대하여 관심을 가져야 하며, 이에 대한 세밀한 분석을 할 필요가 있다.

이 모델의 한 예로서 의료전달체계가 미비한 농촌지역에서 장기보호 서비스를 개발하려고 하는 군이나 읍의 보건기관을 들 수 있다. 그동안 필요한 서비스가 존재하지 않는 이유로 문화적 신념이나 정치적 영향력의 부족 등의 원인이 있을 수 있다는 이해를 할 필요가 있다.

5) 조직의 변화모델

조직의 변화모델(organizational change model)은 흔히 자원개발모델과 중첩된다. 사례관리자는 장기보호 서비스가 현재는 가능하지 않지만, 현존하는 기관이 제공하고 있는 서비스들을 약간 변화시키거나 보충하여 장기적 서비스로 전환할 수 있다고 가정한다.

사례관리자는 ① 장기적 보호 서비스를 제공하는 데 필요한 서비스가 무엇인가를 조사한 다음, 이를 기반으로 현 기관을 어떻게 변화시킬지 목표를 정하고, ② 현 기관의 내부 강점과 약점을 파악한 다음, ③ 서비스 전달조직이 변화되어야 하는 이유와 목적을 설정하고, ④ 기관을 변화시킴으로써 얻게 된 이득을 나타낼 만한 자료를 확보하며, ⑤ 의도된 변화를 수행하기 위한 전략계획을 세운다. 이 모델은 특히 사례관리자가 새로운 서비스의 비용을 만회할 수 있다고 보장할 때 효과적이다.

이 모델의 한 예는 증가하는 AIDS 환자들에 관심을 갖는 호스피스(hospice) 프로그램이다. 기관의 사례관리자가 AIDS 환자들을 위해 새로운 서비스가 필요하고, 이러한 서비스를 시작하는 데에는 기관간부들의 태도변화(예: 환자의 생명연장 조치보다는 고통통제로의 전환, 보호자들의 훈련)가 요청된다는 것을 인정한다면 이 모델을 활용할 수 있다.

8. 사례관리의 장애 및 성공요인

사례관리가 성공적으로 진행되기 위해서는 몇 가지 장애요인을 극복해야 하며, 성공요인을 예비해 두어야 한다.

1) 장애요인

사례관리자들이 주의하지 않는다면 자칫 몇 가지 함정에 빠질 수 있는데, 다음에 제시되는 항목들에 주의를 기울여야 한다.

(1) 편견에 치우친 서비스 계획

사례관리자가 자신과 친숙한 서비스 또는 자신의 기관에서 제공하는 서비스와만 연계하려고 하는 것은 바람직하지 않다. 사례관리자는 가능한 한 모든 서비스 및 혜택을 제안하고, 클라이언트로 하여금 스스로 선택하도록 해야 한다. 사례관리자가 자신이 싫어하는 기관의 서비스는 배제한다든지, 접촉하기 어렵거나 친숙하지 않은 서비스를 배제하는 것은 바람직하지 않다.

(2) 서비스의 편파성

서비스의 편파성이란 서비스를 제공하는 데 있어 자신이 좋아하는 사람이나 가깝게 느껴지는 사람들에게는 더욱 많은 시간과 노력을 기울이고, 까다롭게 굴거나 대수롭지 않게 여겨지는 사람들에게는 그렇지 않게 행동하는 것이다. 접촉의 빈도에 대한 의사결정이 워커의 의사대로 이루어지는 것이 아니라 클라이언트의 실제적인 욕구에 기반을 두어야 한다는 것은 중요한 일이다. 훌륭한 사례관리자는 자신의 편의나 선호보다는 사람들의 욕구를 고려하면서 모든 사람들을 평등하게 대우한다.

(3) 기관이기주의

기관이기주의란 기관 간에 영역다툼 등의 문제로 인해 클라이언트에게 필요한 프로그램을 제공하지 못하는 상황에 이르게 되는 것이다. 타전문직이나 기관 간의 영역분쟁은 서비스의 조정에 장애를 일으킨다(Kane, 1985). 유능한 사례관리자는 클라이언트에게 최상의 서비스를 전달할 수 있도록 서비스 전달과 관련된 이러한 문제들을 잘 운용해 나가야 한다.

(4) 덤핑

클라이언트의 욕구를 더 적절하게 충족시킬 수 있는 다른 조직과 연계해 보려는 시도도 없이 클라이언트를 되돌려 보내거나, 단순히 특정 클라이언트와 함께 일하고 싶지 않다는 이유로 클라이언트를 다른 기관으로 의뢰하는 경우, 이러한 행위를 '덤핑'이라고 한다. 덤핑이 윤리적인 행위가 아니라는 것은 분명하다. 서비스 신청자나 전화상담을 원하는 사람들이 다른 기관의 원조를 얻을 때까지 그들을 돌보아야 한다. 또한 다른 기관이 실제적인 책임과 도움을 줄 수 있는 자원을 보유하고 있는데, 자신의 기관에 붙잡아 두는 것도 막아야 한다.

(5) 클라이언트의 참여를 유도하지 않음

사례관리자가 개인이나 가족의 참여를 촉구하지 않고 문제를 해결하려고 하거나 서비스를 실행하려는 것은 상황을 악화시킨다. 서비스 계획이 상호 호혜적인 방식으로 협상되거나 개발되지 않는다면 효과적으로 문제해결이 이루어지지 않으며, 가족의 불평이 발생할 수 있다. 가족이 참여하여 가족 스스로 서비스 제공상의 일부 역할을 맡아야 서비스의 질이 향상되며 비용을 절감할 수 있다.

2) 성공요인

다음에 제시된 지침들은 보다 나은 사례관리기술을 개발하는 데 도움이 된다.

- 개인의 욕구를 충족시키기 위해 지역사회 내에 현존하고 있는 서비스에 관한 최신 자원목록을 만든다.
- 서비스에 대한 접근을 용이하게 하기 위해 다른 기관의 직원들과 관계를 잘 맺어 둔다.
- 각종 프로그램이나 서비스의 수혜자격요건을 숙지하여 적절한 의뢰가 용이하도록 준비해 둔다. 클라이언트가 보다 손쉽게 도움을 받을 수 있도록 다른 기관의 프로그램 신청서류들도 구비해 둔다. 그러한 양식을 작성하는 데 문제가 없을 정도로 그 양식에 대해 알아 둔다.
- 현재 제공될 수 있는 서비스의 틀 속에서만 판단하기보다는 먼저 클라이언트의 비충족욕구를 사정해 보는 습관을 기른다. 만약 활용 가능한 것이나 현재 알고 있는 것 그리고 기관이 제공할 수 있는 것에만 맞추어 서비스 계획을 세운다면, 그 계획은 클라이언트의 진정한 욕구에 의해서가 아니라 지역사회가 보유하고 있는 자원의 한계 내에서 끌려 다니게 될 것이

다(Rose, 1992). 현재 자원으로는 충족될 수 없어 반복적으로 제기되는 욕구나 요청사항은 문서화하여 새로운 서비스나 재원을 개발할 수 있는 능력을 가진 정책결정자 및 기관의 행정가들에게 자료로 제공한다.

생각해보기

다음의 점 9개를 직선 4개를 이용하여 연결하라. 단 한 번도 떼지 않고 연속적으로 이어서 연결해야 한다.

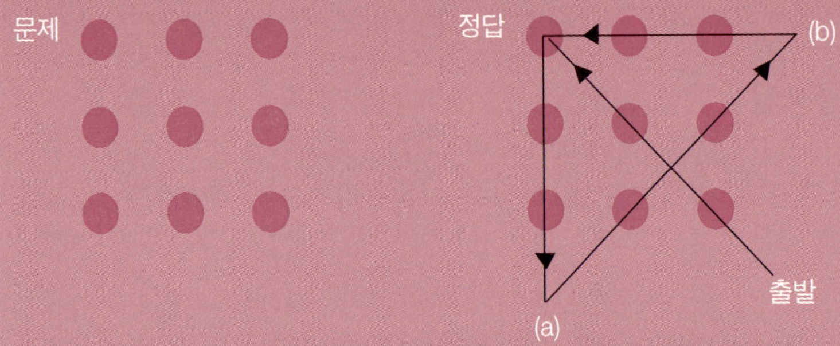

해설: 사실상 점이 a와 b에도 있던 것인데, 문제에서는 생략된 것이다. 처음부터 a와 b에도 점을 그렸다면 연결이 어렵지 않았을 것이다. 우리는 보이는 틀에서만 문제를 해결하려 하기에 문제가 해결되지 않는 경우가 많다. 다시 말해, 자원이 없어서 문제가 해결되지 않는다고 한다. 위에서 점이 있지만 보이지 않았던 것처럼, 자원은 있는데 우리가 보지 못하고 있는 것은 아닌지 반문해 보아야 한다. 창조적인 사회복지사는 보이지 않는 자원을 볼 수 있는 시각을 키워야 한다. 자원은 없는 것이 아니라 보이지 않을 뿐이다.

제11장

정신장애인을 위한 사례관리

정신질환은 재발위험성이 높고 만성화되는 경향이 있어 장기적이고 지속적인 관리가 요청된다. 그러므로 최근 정신보건 분야에서는 퇴원 후 사후관리와 지역사회를 중심으로 하는 서비스 체계의 정립을 강조하면서 사례관리 개념의 도입을 서두르고 있다(이윤로, 2005b). 사례관리는 여러 실천 분야, 특히 정신건강 분야에 적용되어 활용되어 왔다. 비용이 많이 드는 입원기관을 탈피하여 가족과 이웃이 있는 지역사회 세팅에서 연약한 또는 만성적 손상을 입은 클라이언트에게 광범위하고 지속적인 보호 및 훈련 서비스를 제공하여 자기충족성을 성취하도록 하는 방법이라고 볼 수 있다(이윤로, 성규탁, 1993).

현재 낮병원이나 재활센터, 정신보건센터에서 사례관리의 수행이 일부 이루어지고 있지만, 정신장애인 사례관리에 대한 역사가 일천하여 아직까지 정신의료기관에서는 사례관리에 대한 과정 수행이나 방법, 사례관리자의 역할 등에 혼란이 있는 것으로 보인다. 따라서 정신장애인의 욕구를 충족시키는 효과적인 사례관리 서비스의 전달을 위해서는 사례관리의 실천틀을 갖추고, 사례관리자의 역할을 명백히 하는 작업이 필요하다. 이 장에서는 정신장애인을 위한 사례관리의 실례를 들어 사례관리실천의 틀을 제공하고자 한다.

월요일 오전 7시 15분, 올해 30세인 김 군은 한 주가 일로 가득하기를 기대한다. 시간당 3천 원 하는 파트타임 직장을 얻은 것은 최근의 일이었다. 그리고 그 일자리를 얻어 중고차를 살 수 있게 되었다. 그의 힘으로 한 첫 번째 일이었다. 김 군은 현재 독립적으로 살아가고 있다. 자신의 차가 있고, 직업이 있으며, 월세집도 친구와 함께 공동부담하고 있다. 이러한 김 군의 이야기는 별로 놀라운 것이 아닐 수도 있다. 그렇지만 불과 18주 전만 하더라도 자신의 전 생애를 정신병원에서 보낼 줄 알았던 김 군의 과거를 들어 본다면 이는 마치 기적과도 같다고 해야 할 것이다.

김 군에게 있어서 현재의 독립적인 생활은 정말 놀라운 변화다. 김 군의 삶이 바뀌게 된 것은 그의 단호한 결심 외에 주위의 도움이 있었기 때문이다. 그것은 그의 노력을 지지해 주는 보호자들, 정신적으로 약간 취약하지만 이들을 기꺼이 고용하고자 하는 융통성 있는 고용주, 지역사회 정신보건센터의 치료진들, 지역사회의 자조재활 프로그램들의 도움이었다.

김 군은 12년 동안을 정신병원에서 살아왔다. 김 군의 삶의 배경을 보면 그의 미래에 대해 비관적 생각이 드는 것은 너무 당연하였다. 김 군은 모 지역에서 가장 최고라는 정신과의사들의 노력을 좌절시켰다. 그는 중요한 케이스 컨퍼런스의 대상이 되곤 했다. 그는 수차례에 걸쳐 자폐증, 소아정신분열 그리고 만성적 정신분열로 진단되었다. 그는 또한 여러 번에 걸쳐 자살을 시도했었다. 그동안 약을 너무 많이 복용해 온 부작용으로 김 군의 안면근육은 조금 일그러졌으며 말을 좀 더듬게 되었다.

김 군의 여동생 미영은 김 군이 시설에 입소해 있던 오랜 시간 동안 꾸준히 김 군을 돌보아 왔다. 그의 부모님들은 건강이 악화되어, 급기야 아버지는 4년 전에 돌아가셨다. 어머니는 작은 읍내에서 재봉일을 하지만, 대부분 남편의 생명보험수당으로 생계를 꾸리고 있다.

미영은 친구로부터 5년간 국립정신병원에 있다가 퇴원하여 지역사회에 있는 지역사회 정신보건센터에서 성공적인 생활을 하고 있는 어떤 사람에 대한 이야기를 듣게 되었다. 오래전부터 오빠가 지역사회에서 거주하며 생활할 수 있는 기회가 오기를 바라던 차였기에 너무 기뻤다. 정신병원에서는 약으로만 환자를 통제하려 했고 직업훈련도 없었지만, 지역사회 정신보건센터에서는 사례관리라는 방식을 통해 환자가 자기충족성을 성취할 수 있도록 주거와 직장, 사회성 훈련 등을 제공하는 포괄적인 접근을 하고 있었다.

김 군이 국립정신병원에서 퇴원하기 전 지역사회 정신보건센터의 사회사업가는 김 군과 병원의 직원을 만나 김 군의 욕구와 상태, 장점, 단점 등을 조사하였다. 쉬운 케이스라고 생각되지는 않았지만, 김 군의 동기와 여동생의 지지를 모른 척할 수 없었다. 사회사업가는 김 군이 스트레스 조절에 어려움을 겪고 있음을 알 수 있었다. 그는 좌절감을 느낄 때면 머리를 벽에 박는 경향이 있었고, 사람들이 그와 가까워지려고 시도할 때는 위축되곤 하였다. 그리고 그는 강박적 행동을 하였다(계속 손톱을 물어뜯고, 샤워를 하고, 담배를 피운다). 사회사업가는 김 군의 6세 때 IQ가 128이었다는 것과, 김 군이 항상 무엇인가를 세고 있으며, 그가 야구선수들의 평균 타율을 알고 있다는 것도 알게 되었다. 김 군의 퇴원 후 그의 흥미, 장점, 욕구들에 대한 좀 더 포괄적인 측정을 시행했고, 마침내 김 군은 지역사회 정신보건센터의 한 성원이 될 수 있었다.

만성적 정신질환이 있는 사람들의 사후지도의 욕구는 매우 크며, 흔히 공식적·비공식적인 지지망의 확충이 요구된다. 세팅에 따라 다르겠지만, 미국의 Joint Commission on Accredition Hospitals(JCAH)는 사례관리의 주요한 다섯 가지 기능을 수립하였다. 이러한 기능들은 NIMH 지역사회 지지 프로그램에 의해 승인되었으며 사정, 개별화된 서비스 계획의 수립, 연결 및 조정, 점검, 옹호를 포함하고 있다.

1. 사정

사정의 과정은 클라이언트, 가족구성원과 친구들, 각종 지역사회 및 보건기관들로부터 정보를 수집하는 것과 관계된다. 이 정보는 다음과 같은 여섯 가지 영역으로 구분된다.

1) 관심사와 능력

김 군의 관심사와 능력에 대한 정보를 얻기 위해 다음과 같은 질문을 할 수 있다.

- 그는 정말로 병원을 떠나 지역사회로 복귀하기를 원하는가?
- 병원에 입원해 있는 동안 그에게 혐오스러웠던 것은 무엇이고 좋았던 것은 무엇인가?
- 그는 현재 무엇을 원한다고 말하고 있는가? 그는 어디서 누구와 살기를 원하며 무엇을 하길 원하는가?
- 그는 어떤 취미를 가지고 있는가?
- 그의 직업경력은 어떠한가?
- 특별한 기술을 가지고 있거나 훈련받은 경험이 있는가?
- 그는 특별한 능력이나 제약점이 있는가?
- 그에게 특별한 감독이나 보호가 필요한가?(대소변을 혼자서 해결할 수 있는가? 의료적 문제나 신체적 장애가 있는가?)
- 그가 예전에 복용했던 약물은 무엇인가? 복잡한 약물치료나 식이요법 또는 간호가 필요한가?

김 군은 직업 구하기, 살 곳 찾기, 자신의 차 소유, 영화 보기 등에 관심이 많았다. 정신력이 손상된 상태에서 이러한 목표들은 매우 야심적이라고 할 수 있었다. 크리스마스 때 지역사회 정신건강연합회는 그에게 계산기를 선물해 주었고, 그는 계산기 이용법을 스스로 공부했다. 그 후 계산기는 그의 손에서 떠나지 않았다. 김 군의 또 다른 장점으로는 질문을 받을 때 응답이 빠르고 꼼꼼함과 신뢰성, 신체적 건강함 등의 능력을 가지고 있다는 점이다. 한편, 중요한 단점들도 있었다. 그는 영양섭취에 대해 아는 지식이 없었다. 자기 멋대로 하는데, 그 예로 사탕을 제외하고는 아무것도 먹지 않곤 했다. 그

리고 단정적으로 자신의 의견을 표현하지 못했다. 스스로 결정을 내리지 못하고 어머니에게 의존하곤 한다. 이따금씩(1년에 한두 번) 그는 아기 같은 태도로 퇴행하거나 움직이길 거부함으로써 현실을 거부하곤 했다. 그는 직업을 갖거나 자신의 집세를 스스로 내는 따위의 책임을 맡아 본 경험이 없다.

2) 물질적 자원

김 군이 지역사회로 복귀할 때 김 군에게 활용 가능한 물질적 자원의 정도를 평가해 놓는 작업이 필요하다. 이런 정보는 다음과 같은 질문을 함으로써 얻을 수 있다.

- 김 군이 수입을 얻을 수 있는 소스는 무엇인가?(예: 복지급여, 개인보험, 저축, 가족지지, 연금)
- 김 군이 거처할 곳은 있는가?(예: 가족이나 친구의 집, 그룹홈 또는 정부제공)

김 군은 아버지의 사망 후에 생명보험사로부터 천만 원을 받았고, 그는 생활보호대상자 자격을 얻기를 원했다. 그 외에 그의 자원은 극히 제안되어 있는 것으로 평가되었다. 여동생은 그에게 단기간의 거주지를 마련해 줄 수는 있으나, 그녀 역시 결혼한 상태이고 어린 자녀들, 직장으로 인해 그를 지원하는 데는 한계가 있었다.

3) 사회적 지지

사회사업가는 다음과 같은 주제들을 조사함으로써 김 군의 사회적 지지체계의 정도를 측정했다.

- 김 군을 돌볼 만한 믿을 수 있는 가족 또는 친구들이 있는가?

- 지지체계의 멤버들이 김 군의 행동에 대해 인내심을 잃은 적이 있는가? 어떤 행동을 가장 수용하기 힘들어했는가?
- 김 군을 움츠러들게 하거나 괴이한 행동을 유발하게 하는 특별한 환경이 있는가?
- 김 군은 누군가와 새로운 관계를 형성하는 데 있어 방해가 되는 행동을 보이는가?
- 김 군에게 위협적인 사람들의 유형이 있는가? 김 군이 좀 더 편안하게 느끼는 사람들의 유형이 있는가?

여동생은 제한된 기간 동안만 김 군에게 도움을 제공할 수 있었다. 그녀의 환경은 김 군을 잠시 돌볼 수는 있지만 지속적으로는 돌볼 수 없었다. 김 군의 어머니는 돕고 싶었지만 자신의 고향에서 계속 살기를 원했다. 김 군은 그 마을에서 사는 동안 사람들로부터 제정신이 아니라고 낙인찍혀 왔기 때문에, 김 군이 고향에서 엄마와 같이 사는 것은 지역사회의 삶 속에 통합하는 데에 별로 도움이 되리라고 보이지 않는다. 또한 김 군도 고향을 매우 싫어했다. 그러한 이유로 인해 김 군은 퇴원 이후에 적절한 지지체계를 갖고 있지 못했다.

4) 대인관계기술

- 클라이언트는 어떻게 자기 의사를 다른 사람들에게 표현하는가?
- 클라이언트는 어떻게 자신을 소개하는가?
- 클라이언트는 눈을 마주치며 사람들과 대화할 수 있는가?
- 클라이언트의 대화방식이 보통 사람들과 비슷한가?

김 군은 처음 만나는 사람들에게 자신을 소개할 때는 밝은 표정으로 하지만 다소 딱딱하고 형식적이다. 그는 미소를 띠지만 로봇처럼 딱딱한 경향이 있다. 그는 상대방을 아주 잠시만 바라보고는 먼 산을 응시하곤 한다.

김 군은 다른 사람들의 코멘트에 매우 민감하게 반응하며, 약속시간이나 항상 해 오던 일상적인 일이 바뀌는 것에 대해 참지 못하는 경향이 있다. 예를 들어, 병원 간호사가 약을 15분 늦게 가져올 때나 배구를 수요일에 하기로 했는데 화요일에 할 때 그는 매우 화를 내며 비판했다.

그러나 김 군은 장점도 가지고 있다. 그는 매우 진실하다는 평가를 받는다. 그는 자신이 만난 사람들의 특징이나 그들이 했던 말들을 신비스러울 정도로 잘 기억한다.

5) 자아의 기능

김 군의 자아가 어떤 상태인지는 다음과 같은 질문을 통해 평가할 수 있다.

- 자신의 욕구를 충족하지 못하거나, 기다려야 할 때 좌절하지 않고 참을 만한 능력이 있는가?
- 사람들이나 상황에 대한 인지가 정확한가?
- 판단력이 있는가?
- 충동조절능력이 강한가?
- 자신에 대한 자아이미지(self-image)가 강하고 적절한가?
- 상대방의 사생활을 존중할 줄 아는 대인관계를 형성할 수 있는가?
- 어떤 방어기제를 사용하는가? 자기 자신이나 다른 사람을 과도하게 비난하는가?
- 정신적 또는 육체적 노동을 요구하는 과업을 집중하여 수행할 수 있는가?

김 군의 주요한 방어기제는 강박성이다. 그는 다른 사람을 비난하지는 않지만 자신을 비난한다. 모두 자기의 탓으로 돌리는 경향이 크다. 또한 수년 동안 김 군은 자신의 두렵고 고통스러운 감정을 제지하는 못하는 어려움을 겪고 있다. 그러나 최근에는 약물 및 집단치료를 통해 많이 좋아졌다. 김 군의 자존감은 차츰 좋아지고 있고 현실적인 자아상도 갖게 되었다. 그는 자신이 또래의 다른 젊은이들과 좀 다르다는 것을 깨달았고, 자신이 아프며 자신의 상황도 좋지 않다는 것을 알고 있다. 그러나 김 군은 정상인처럼 되려는 열망이 강하다.

김 군의 또 다른 문제는 어떤 계획이 변경될 때나 다른 사람이 무엇을 충고할 때 또는 자신을 어린애처럼 다루는 어머니의 방문 시 그런 상황을 잘 다루어 나가지 못한다는 것이다. 이럴 때 그는 입을 삐죽거리거나 머리를 벽에 부딪치곤 한다. 김 군은 또한 추상적인 감정개념, 예를 들어 양가감정 같은 것을 잘 이해하지 못하며, 친한 사람끼리라도 어느 정도의 거리를 유지할 필요가 있다는 점을 이해하지 못한다. 김 군은 구체적인 것을 좋아한다.

6) 지역사회에서의 생활에 대한 동기화와 관심

어떤 클라이언트에게는 시설이 더욱 안전하고 덜 규제적일 수 있다. 지역사회가 클라이언트의 안녕을 향상시키지 못하는 경우가 있을 수 있다. 그러므로 다음과 같은 질문을 해 보아야 한다.

- 지역사회에서 생활하고자 하는 욕구와 관심이 있는가?
- 클라이언트의 욕구와 관심을 충족시킬 만한 지역사회시설이나 프로그램은 무엇인가?

보통사람들과 같이 생활하고자 하는 김 군의 열망은 매우 강했다. 그러나 비합리적인 기대는 실패를 초래한다. 김 군이 지역사회에서 생활한다 해도 완전히 자유로운 것은 아니라는 점을 확실히 이해시키며, 자신이 상처받을 가능성도 받아들이도록 해야 한다.

7) 요약

사례관리의 기능으로서 측정은 많은 주제를 다루고 다양한 기술을 요한다. 클라이언트의 강점과 약점이 유일한 초점은 아니다. 가족과 사회적 지원망에 대한 측정이 잘 수행되어야 한다. 정신장애의 원인을 탐지해 내는 데는 많은 관심을 기울이지 않는다. 사례관리자는 원인을 끄집어 내기보다는 클라이언트의 적응을 방해하거나 촉진하는 현재의 상황을 파악하려고 노력한다.

덧붙여, 클라이언트를 둘러싸고 있는 다른 사람들의 권리도 고려해야 한다. 사례관리자는 다른 사람들에게 해를 주거나 공격하는 클라이언트의 행동을 간과해서는 안 된다. 예를 들어, 환자를 수년 동안 돌본 나머지 가족의 인내심과 자원이 다 고갈되어 버린 현실을 무시해서도 안 될 것이다. 정신적으로 장애가 있는 개인을 지역사회로 돌려보내는 것이 적합한지에 대한 평가는 충분하고도 심층적으로 얻어진 정보를 필요로 한다. 클라이언트의 동기와 강점, 관심사 그리고 제약점에 대해 현실적인 평가를 할 필요가 있으며, 클라이언트의 가족과 지역사회의 자원과 한계에 대해 민감하고도 철저한 평가를 해야 한다.

2. 개별화된 서비스 계획의 수립

클라이언트에게 서비스를 제공하기 위한 개별화된 계획은 측정에서 얻은 정보를 바탕으로 수립된다. 계획은 워커의 선호사항에 따라 수정되거나 좌우되는 것은 아니다. 클라이언트의 기능 수준, 서비스 욕구, 역할수행능력에 따라 생활반경, 즉 독립적인 생활 정도를 어떻게 허용할 것인지를 계획해야 한다.

클라이언트가 계획수립과정에 참여하도록 해야 하며, 서비스 계획의 수행에 관여하는 사람들, 즉 가족성원, 친구, 공식적 지지체계의 위원들도 그 과정에 참여시킨다. 또한 장기적 목표, 즉 다른 사람들처럼 독립적인 생활을 할 수 있는 상태로의 회복이라는 궁극의 목표를 배경으로 하여 단기목적을 설정해야 한다. 보통 3개월을 기준으로 하여 단기목표를 세우는 것이 상례다. 목표는 사회적 기능의 모든 분야에 대해 세워야 하며, 구체적이고 자세하게 기록되어야 한다. 또한 목표는 클라이언트의 관심사, 동기, 목표성취 정도에 따라 점진적으로 상향조정된다.

김 군에 대한 측정이 정신보건센터에서 완료되었을 때 앞으로 3개월 동안의 보호계획이 수립되었다. 서비스 계획에는 거주장소의 확보(그룹홈), 일상활동, 지지적 관계 형성, 약물복용 등이 주로 담겨 있었다. 장기적 계획에는 직업을 찾는 것도 잡혀 있었는데, 김 군이 숫자에 능숙하므로 그러한 장점을 살릴 수 있는 직종들이 적혀 있었다.

3. 연결 및 조정

서비스의 연결과정은 사례가 종결될 때까지 계속된다. 연결이란 개인을 모든 서비스, 즉 공식적 및 비공식적 체계에 의뢰하거나 연결시키는 것이다. 가능한 서비스로서 무엇이 있는지 알고 있는 것에 덧붙여, 사례관리자는 서비스 기관이 클라이언트에게 반응할 수 있도록 만들어야 하며, 지지적 도움망을 찾고 만드는 데에 있어 대행자 역할을 해야 한다. 또한 사례관리자는 서비스 제공자들끼리도 연결시켜 서비스 제공상의 실제적 문제를 조정하도록 하는 역할도 한다.

연결 및 조정의 역할을 효과적으로 수행하기 위해 사례관리자에게는 다음과 같은 지식과 기술이 필요하다.

- 사회복지기관, 보건기관, 법률자문기관 및 직업훈련기관에 대한 정보와

그런 기관에서 활용 가능한 서비스를 알고 있어야 한다.

- 공식적 지원체계 외에 지지를 제공해 줄 수 있는 사람들이나 집단을 파악해야 한다.
- 공식적 지원체계의 자원을 동원할 수 있어야 한다.
- 잠재적인 비공식적 원조자들을 설득하거나 격려하여 클라이언트를 돕는데 관여하도록 해야 한다.
- 클라이언트가 자신이 선호하는 서비스나 요구사항을 표현하고 이를 확보하도록 돕기 위해 클라이언트와 가족 그리고 클라이언트와 전문가 및 프로그램 사이에서 연락자 역할을 해야 한다.
- 정보의 흐름이 원활하고 갈등을 최소화하기 위해 프로그램 간에 연락자 역할을 해야 한다.
- 현재의 클라이언트뿐만 아니라 미래의 클라이언트를 위한 지역사회자원을 동원하기 위해 효과적인 홍보를 해야 하며 신뢰를 쌓아 가야 한다.

사례관리자는 김 군을 다른 프로그램에 있는 어떤 클라이언트와 연결시켰다. 그는 낮병원이 문을 닫는 토요일에는 김 군의 친구가 될 수 있었다. 일요일에는 김 군의 여동생이 김 군을 데리고 자신의 가족을 방문하도록 하였다. 김 군이 일시적이나마 직업을 갖도록 하기 위해 여러 고용자들을 설득하였다. 또한 지역사회 자원봉사자들이나 각종 사회기관과 김 군을 연결시켰다.

4. 점검

점검은 클라이언트의 진전에 대한 계속적인 평가이며, 이를 통해 목표의 재수립과 새로운 서비스의 계획 및 연결로 이어진다. 점검은 서비스가 제대로 제공되고 있는지를 추적(follow up)하는 것이며, 구체적으로 다음과 같은 사항을 포함한다.

- 약속된 서비스가 전달되고 있는지 확인한다.
- 클라이언트가 서비스를 사용하고 있는지 관찰한다.
- 클라이언트의 불만을 들어 준다.
- 클라이언트나 가족 및 각종 원조자에게 격려, 지지 및 상담을 제공한다.

점검은 김 군의 욕구를 충족시키기 위해 형성된 지지체계를 성공적으로 유지해 가는 데 필수적이다. 다시 말해 점검은 비공식 원조자나 자원봉사자에게 지지를 보내고 김 군에게는 격려와 조언, 금기사항을 제공하면서 김 군을 둘러싸고 있는 원조체계가 붕괴되지 않도록 지켜보는 것을 뜻한다.

5. 옹호

옹호는 클라이언트를 대신해서 클라이언트의 권리를 보호하고 클라이언트에게 자격이 주어지도록 중재하는 과정이다. 사례관리자는 자신의 욕구를 단정적으로 표현하지 못하는 클라이언트에게 이익을 주기 위해 각종 관료기관과 협상을 벌이게 된다.

김 군의 경우 사례관리자는 김 군이 생활보호대상자 지정을 받을 수 있도록 신청서를 냈다. 처음에 김 군이 신청했을 때는 거절되었으나, 사례관리자가 개입하여 자격을 얻을 수 있게 되었다. 또한 지역주민들이 그룹홈 유치를 제지하려 할 때 센터의 직원들은 지역의 영향력 있는 유지들을 동원하고 공청회를 열어 그룹홈의 유치를 이끌어 낼 수 있었다.

지금까지 NIMH 지역사회지지 프로그램에 의해 승인된 사례관리의 기능, 즉 사정, 개별화된 서비스 계획의 수립, 연결 및 조정, 점검, 옹호에 대해 알아보았다. 사례관리는 미국에서는 벌써 20여 년 전부터 노인이나 장애인에게 장기적 서비스를 효과적으로 전달하는 데 중요한 역할을 해 왔다. 아직까지 우리나라는 정신질환자에 대한 서비스가 병원이나 수용시설을 중심으로 제공되는 의료적 모델이 지배적이다. 그동안 몇몇 낮병원에서 정신질환자에 대한 치료와 서비스가 주어졌지만, 환자들의 다차원적 욕구에 기초한 서비스라기보다는 공급자 중심의 서비스였고, 지역사회 지지체계의 형성은 제대로 이루어지지 못했다고 볼 수 있다(유명이, 1994). 또한 미국의 사회복지계에서는 정신장애인에 대한 접근에 있어서 사례관리를 명문화하고 있고 연방정부, 주정부, 지방정부 등의 재원이 확보되어 있으나, 우리나라에서는 실현되지 않고 있다. 앞으로 지역사회 정신보건센터 등이 본격적으로 활성화되어 사례관리가 더욱 활발히 진행될 것으로 전망되므로 사례관리에 대한 본격적인 연구가 이루어져야 한다. 아직은 전체적으로 통합된 서비스 전달체계를 이룩하는 것이 어려울지라도, 우리나라에 맞는 정신장애인 사례관리의 기준과 질 높은 서비스 확보방안이 개발되어야 할 것이다.

제12장

치매가족을 위한 개입

치매는 일반적으로 기억 및 행동장애가 심하고, 치료가 거의 불가능하기 때문에 치매질환을 가진 노인을 보호부양하는 일은 가장 힘들고 어려운 과제라고 알려져 있다. 치매노인 보호부양에 관한 연구들은 치매노인을 보호부양하는 사람들이 사회적으로 고립되고 우울증, 신체적 및 경제적 어려움 등으로 인한 심각한 스트레스를 경험한다고 보고하고 있다.[1] 대부분의 보호자들은 치매노인의 가족으로서 이러한 스트레스를 잘 참아 내고 있지만, 치매노인을 장기간 보살피는 과정에서 누적된 스트레스로 인해 흔히 부양을 지속할 능력을 상실하며, 자칫 노인에게도 바람직하지 못한 결과를 가져오기도 한다. 그러므로 보호자들의 스트레스를 낮추어 주고 지속적으로 치매노인을 보호부양하도록 도움을 줄 수 있는 전문가의 개입이 필요하다.

치매는 치료가 불가능하지만 보호자들에게 스트레스를 극복할 능력과 사회

1) George, L. K., & Gwyther, L. P. (1986). Caregiver well-being: A multidimensional examination of family caregivers of demented adults. *The Gerontologist, 26*, 253-259.
북부노인종합복지관(1993). 치매노인과 가족의 생활실태 및 복지욕구.

적 지원을 제공해 줌으로써 보호부양의 부담을 줄일 수 있다. 보호자들이 부담을 느끼는 정도에는 개인차가 있는데, 예를 들어 어느 보호자는 치매노인의 보호부양에 잘 적응하는 반면, 다른 보호자는 잘 적응하지 못한다. 이는 개개 부양자의 스트레스를 중재해 주고 완화시켜 줌으로써 부담을 덜 느끼도록 도울 수 있음을 시사한다. 이러한 사실을 감안하여 이 장에서는 사회복지사로서 치매노인 보호자들의 부담을 완화시켜 줄 수 있는 개입방법에 대해서 살펴보기로 한다.

1. 정서적 지원과 정신적 어려움을 극복하도록 돕는 방법

사회복지사는 보호자들이 노여움이나 슬픔, 좌절감 및 죄의식 등의 감정을 표현할 수 있는 기회를 제공해야 한다. 보호자들은 주변사람들로부터 노인을 항상 나무란다고 비난을 받기도 하며, 과도한 스트레스로 인해 좌절하고 상처를 받기도 한다. 또한 보호자들은 노인에 대한 부끄러움이나 반감을 갖기도 하고, 노인 곁을 떠나고 싶어 한다. 사회복지사는 보호자들이 이러한 감정을 분출하도록 돕고 정서적 지원을 해 주어야 한다.

정서적 지원을 해 주는 데 있어 다음 사항들을 염두에 두는 것이 좋다. 사람들은 자신의 보호 역할에 의미를 부여하는 데 있어 차이가 있다. 과거에 노인과 보호자와의 관계는 어떠했는지, 자신의 역할이 무엇이라고 기대하는지, 보호부양하는 데 있어 좌절감을 갖는지, 아니면 부부간의 또는 부모 자녀간의 의미 있는 관계를 지속하는 것으로 생각하는지 등을 파악해야 한다. 또한 노인의 수발을 드는 일과 보호자가 맡고 있는 다른 일 사이에 갈등이 있는지에 대해 이야기하는 것이 중요하다.

사회복지사는 보호자들이 지금까지 노인을 위해 해 온 일들을 인정해 주고, 그들이 할 수 있는 것을 다했음을 인정해 주어야 한다. 그들의 감정을 수용해 주고 비판적이지 말아야 함은 물론, 다른 사람들도 치매노인을 부양한다면 마찬가지로 느낄 것이라고 말해 줌으로써 보호자들이 죄의식과 고립감으로부터 벗어날 수 있도록 한다.

뿐만 아니라 사회복지사는 보호자에게 어떠한 역할을 어떤 자세로 임해야 하는지를 인식시켜야 한다. 보호부양자가 겪는 커다란 문제는 정신적인 어려움과 관련된 경우가 많다. 노인의 문제를 이해하고 긍정적인 면을 보도록 노력하며 해낼 수 있다는 자신감을 갖는 보호자들이, 수동적이고 회피적이며 감정을 폭발시키는 보호자들보다 잘 적응해 나간다. 사회복지사는 보호자들이 문제해결에 대한 확신을 갖도록 지지해 주고, 스트레스를 갖게 하는 상황을 이해할 수 있도록 정보를 제공해 주어야 한다. 노여움보다는 애정으로 노인의 문제를 다루도록 격려해 주며, 보호부양의 부정적 측면보다는 긍정적 태도를 갖고 어떤 의미를 찾으려는 자세를 가짐으로써 좌절감에서 벗어날 수 있음을 인식시켜 주어야 한다.

보호자는 노인에게만 전적으로 매달려 예전에 즐기던 취미나 일들을 제쳐두기 때문에 더욱 힘들게 느끼는 경향이 있다. 사회복지사는 이들이 얼마간의 휴식을 취하고, 짧은 시간이라도 산책을 하며, 친구들을 만나는 것이 노인에 대한 노여움을 예방하고, 더욱 노인을 잘 돌볼 수 있게 함을 분명히 해 주어야 한다.

2. 정보의 제공 및 교육

대부분의 치매환자 보호자들은 치매의 원인과 치료 그리고 앞으로의 전망에 관해 자세히 알고 싶어 한다. 사회복지사는 보호부양을 하는 가족에게 될 수 있는 한 자세한 설명을 해 주어 가족들이 질환에 관해 익숙해지도록 도와주어야 한다. 가족들은 질환에 대해 잘 모르기 때문에 문제가 더욱 많다. 노인의 비정상적 행동을 이해할 수 있을 때 가족들은 안정감을 얻을 수 있고, 어려움을 극복해 나갈 수 있다.

가족들은 치료할 수 있는 방안을 찾으려고 노력하는데, 치매는 직접적인 치료가 불가능하며 간접적으로 보호자로부터 도움을 받을 수 있다는 점을 알려주는 것이 좋다. 이런 정보를 줌으로써 보호자의 비현실적 기대감을 없애 주고, 치료방안을 찾기 위해 시간과 돈을 필요 이상으로 지출하지 않도록 할 수 있다. 그렇다고 전혀 희망이 없다는 인상을 주어서는 안 되며, 언젠가는 치료방안이 개발될 수 있다고 말해 준다. 또한 어떤 특별한 증상의 완화를 위해 의사의 지시대로 일종의 약물을 사용하는 것은 가능하다고 알려 준다. 그러나 약물이 노인의 증상을 더욱 악화시킬 수 있다는 점을(예를 들어, 환상, 흥분상태가 약을 중단할 경우 더 심해진다) 분명히 한다. 신경안정제는 치매노인에게 좋지 않은 결과를 가져오는 경우가 많다. 다발성 뇌경색 치매의 경우엔 더 이상의 뇌졸중이 일어나지 않도록 혈압이나 당뇨질환을 조심하도록 주의시키고, 의사와 정규적으로 만나 진단을 받고 약물을 복용하도록 권고해야 한다.

또한 노인의 병적인 문제행동이 고의적이거나 의도적인 것이 아님을 분명히 하고, 뇌의 기질적 변화를 그림이나 사진과 함께 설명해 주는 것이 바람직하다. 질환이 악화되어 감에 따라 발생하는 증상을 알려 주고, 질환의 악화상태에 따라 장단기 보호계획을 세우도록 고무함으로써 가족이 부딪힐 문제를 사전에 대비할 수 있도록 돕는 것이 중요하다.

보호자들은 자신들이나 후손들이 치매에 걸리지 않을까 걱정하는 경우가 많다. 치매환자의 친척은 치매에 걸릴 확률이 일반사람들에 비해 네 배나 높다는 보고가 있다.[2] 또는 치매의 약 30~50%는 유전이라는 견해도 있다. 그

2) American Psychiatric Association (1980). *Diagnostic and Statistical Manual of Mental Disorders* (3th ed.). Washington, D.C.

러나 치매는 여러 요인에 의해 발명하며, 유전적 요인은 여러 요인들 중의 하나일 수 있지만, 치매가 반드시 유전적으로 발생한다는 명백한 증거는 없다고 말해 주는 것이 좋다.

사회복지사는 보호자들이 노인을 어떻게 도와주어야 하는지 그 방법을 설명해 주어야 한다. 대체로 치매의 중기 단계에 접어들면 노인은 종전에 하던 습관을 잊어버리거나(예로, 외모에 신경을 쓰지 않거나), 무엇을 하는 모습이 매우 서투른 것을 볼 수 있다. 보호자들은 노인이 서툴게 하는 것을 보고 대신해 주려는 경향이 있는데, 될 수 있으면 노인이 스스로 예전 습관을 계속하도록 자극할 필요가 있다. 노인이 해 오던 습관을 스스로 하도록 자극하지 않으면 노인은 더 이상 그 행동을 할 수 없게 되어 버리기 때문이다. 예를 들어, 보호자가 옷을 입혀 주면 노인은 옷 입는 법을 잊어버리게 된다. 그러므로 보호자들은 노인 스스로 어떤 것을 하도록 격려해 주는 것이 바람직하다. 다만 위험한 도구를 다루는 등의 어려운 상황에서는 보호자가 개입해야 한다.

또한 일상생활에서 일어나는 일과 사건에 대해 자주 얘기해 줌으로써 노인이 정신력을 유지하도록 할 수 있다. 중요한 시간과 일을 기억하도록 하기 위해 목록이나 달력, 알람시계 등을 사용하는 것도 좋은 방법이다. 대부분의 보호자들은 노인을 집에만 가두어 두려 하는데, 예전처럼 집 바깥에서의 활동을 하도록 격려해 주는 것이 치매의 악화를 늦출 수 있는 한 방안이다.

마지막으로, 보호자들에게 지역사회에서 입수해서 활용할 수 있는 여러 가지 자원을 소개해 준다. 사회복지사는 가정부 서비스, 약물의 확보방안, 자원봉사자, 주간 노인보호 서비스, 치매가족모임 등에 대한 정보를 확보해 두어야 한다.

3. 문제증상과 보호자의 반응 파악 및 대처전략의 교습

치매에 관한 일반적 사항을 알려 준 다음, 사회복지사는 노인의 문제행동을 보호자와 함께 파악하고, 보호자가 참아 내기 힘들어하는 문제행동을 식별하는 것이 필요하다. 보호자들의 행동목표를 결정하고 어떤 도움이 필요한가를 파악하기 위한 것이다. 대체로 보호자들이 가장 참기 어려워하는 문제는 노인의 공격적 · 망상적 행동과 실금증 등이다. 그러나 개인에 따라 치매증상이 다양하기 때문에 어느 보호자에게는 별로 스트레스가 되지 않는 증상이 다른 보호자에게는 참아 내기 어려운 문제가 될 수 있으므로 이러한 개인차에 유의해야 한다.[3)]

치매의 증상과 보호자가 어떻게 느끼고 있는지를 파악하기 위해 가장 유용하게 사용되는 도구는 Zarit과 그의 동료들(1980)이 개발한 기억 및 행동장애 목록(The Memory and Behavior Problems Checklist)이다. 이 목록은 28개의 항목으로 이루어졌고, 각 항목이 나타내고 있는 문제적 행동을 5점 척도로 지적하도록 구성되어 있다.

사회복지사는 치매노인의 문제적 행동과 보호자의 참아 내기 어려운 증상을 파악해 내면 그 증상을 어떻게 다루어 나갈지 보호자와 함께 토론한다. 보호자가 수행해야 할 과제를 잘 정리해 주고(예: 증상의 정규적 체크, 약물의 사용, 치매노인이 반복적 질문을 계속하는 경우 화제를 노인이 좋아하는 내용으로 바꿈, 노인이 혼자서 무엇을 하도록 고무함), 앞으로 일어날 문제적 행동에 대해

3) Zarit, S. H., & Zarit, J. M. (1982). Families under stress: Interventions for caregivers of senile dementia patients. *Psychotherapy: Theory, Research and Practice, 19*, 461–471.

기억 및 행동장애목록

아래의 항목들은 치매노인이 갖는 일반적인 문제들을 나타낸 것입니다. 문제들이 지난 일주일 동안에 일어났는지 아닌지 지적해 주십시오. 그런 문제들이 일어났다면 얼마나 자주 일어났는지 보기에서 선택하여 주십시오. 또한 얼마나 그 문제가 힘들었는지 표시하여 주십시오.

발생빈도

0=전혀 일어나지 않았다
1=지난주에는 아니지만 일어난 적이 있다
2=지난주에 한두 번 일어났다
3=지난주에 3~6번 일어났다
4=매일 또는 더 자주 일어난다
8=예전에도 그런 일은 하지 않았다

어려움의 정도

0=어렵지 않다
1=조금 힘든 편이다
2=많이 힘든 편이다
3=매우 힘들다

- 길거리를 배회하거나 길을 잃었다. (0 1 2 3 4) (0 1 2 3)
- 같은 질문을 계속 반복했다. (0 1 2 3 4) (0 1 2 3)
- 돈이나 보석 같은 물건을 숨겼다. (0 1 2 3 4) (0 1 2 3)
- 의심하거나 비난했다. (0 1 2 3 4) (0 1 2 3)
- 물건을 잃어버리거나 올바른 장소에 놓지 않았다. (0 1 2 3 4) (0 1 2 3)
- 친한 사람들을 알아보지 못했다. (0 1 2 3 4) (0 1 2 3)
- 무슨 요일인지를 잊어버렸다. (0 1 2 3 4) (0 1 2 3)
- 일을 시작하고 끝맺지 않았다. (0 1 2 3 4) (0 1 2 3)
- 물건을 부셨다. (0 1 2 3 4) (0 1 2 3)
- 집안 식구를 당황하게 하는 일을 했다. (0 1 2 3 4) (0 1 2 3)
- 밤에 집안 식구를 깨웠다. (0 1 2 3 4) (0 1 2 3)
- 항상 안절부절못한다. (0 1 2 3 4) (0 1 2 3)
- 항상 말을 많이 한다. (0 1 2 3 4) (0 1 2 3)
- 자신이나 사람들에게 위험한 행동을 했다. (0 1 2 3 4) (0 1 2 3)
- 거의 또는 전혀 말을 하지 않았다. (0 1 2 3 4) (0 1 2 3)
- 과거에 있었던 일을 되새겨 행했다. (0 1 2 3 4) (0 1 2 3)
- 환상을 보거나 환청을 들었다. (0 1 2 3 4) (0 1 2 3)
- 혼자서 옷을 입지 못했거나 입지 않으려고 했다. (0 1 2 3 4) (0 1 2 3)
- 혼자서 음식을 먹을 수 없거나 먹으려 하지 않았다. (0 1 2 3 4) (0 1 2 3)
- 혼자서 세수나 샤워를 하지 못하거나 하려 하지 않았다. (0 1 2 3 4) (0 1 2 3)

- 혼자서 면도하거나 화장하지 못했다. (0 1 2 3 4) (0 1 2 3)
- 소변이나 배변을 참지 못했다. (0 1 2 3 4) (0 1 2 3)
- 식사를 준비하지 못했다. (0 1 2 3 4 8) (0 1 2 3)
- 전화를 받거나 걸지 못했다. (0 1 2 3 4) (0 1 2 3)
- 가게 같은 곳에서 돈을 제대로 사용하지 못했다. (0 1 2 3 4) (0 1 2 3)
- 집안을 청소하지 못했다. (0 1 2 3 4 8) (0 1 2 3)
- 제대로 시장을 보지 못했다.
  (예: 시장에서 적당한 물건을 고르지 못했다) (0 1 2 3 4 8) (0 1 2 3)
- 예전에 하던 간단한 일을 하지 못했다.
  (예: 쓰레기 버리기) (0 1 2 3 4) (0 1 2 3)

사전에 알려 주며, 환자에 대한 기대를 바꾸도록 도와줌으로써 보호자들이 노인의 문제적 행동에 대해 민감하게 반응하는 것을 막을 수 있다. 치매노인의 문제적 행동을 효과적으로 극복하기 위한 기법은 다음과 같다.

① 길거리를 배회하거나 길을 잃는 경우

- 노인의 하루 일과에 대한 규칙적인 시간표를 작성한다.
- 노인이 항상 주소와 전화번호가 적힌 카드를 가지고 있게 한다.
- 대문에 종을 매달아 노인이 밖으로 나가는 것을 식구들이 알 수 있게 한다.
- 이웃에게 노인이 혼자 있는 것을 보면 전화해 달라고 부탁한다.
- 노인을 집에 가두어 두려고만 하지 말고 바깥에서 보낼 수 있는 시간을 배려한다.
- 노인의 관심을 집안 잡일을 하는 방향으로 이끈다.

② 소변이나 배변을 실금하는 경우

- 화장실이라고 크게 쓴 글자를 화장실 입구에 달아 준다.
- 화장실 가는 시간표를 작성한다. 노인이 요구하든 안 하든 가급적 두 시

간마다 화장실로 데려간다.

- 아주 간단한 옷을 입힌다.
- 커피, 차, 콜라, 주스 등 소변을 자주 보게 하는 음식을 피한다.
- 저녁식사 후 한 컵의 음료만 허락하고 취침시간에는 음료를 삼간다.
- 플라스틱 팬티나 고무종이를 착용한다.

③ 음식섭취가 어려운 경우

- 식사시간에는 조용한 분위기를 만들어 준다.
- 될 수 있는 대로 한 번에 한 가지 음식을 준다.
- 손으로 가볍게 집어먹을 수 있는 음식을 준다.
- 식사하는 동안 기분 나빠하거나 화를 내면 다른 곳으로 데려가서 다른 활동을 하게 한다.
- 노인의 식사습관에 대해 비난하지 않는다.

④ 기억장애가 있는 경우

- 시간 표시가 큰 글자로 되어 있는 시계를 마련한다.
- 큰 글자로 된 달력을 마련한다.
- 하루 일과를 적어 두는 게시판을 마련한다.
- 열쇠나 안경 같이 자주 쓰는 물건을 두는 장소를 정해 둔다.

⑤ 불면증이 있는 경우

- 낮잠 자는 시간을 제한한다.
- 낮 동안에 적당한 운동을 시킨다.
- 잠자는 시간을 일관성 있게 정한다.
- 의사나 약사와 상담한다.

⑥ 대화가 어려울 경우

- 노인의 행동을 이해할 수 없다면 그 행동 속에 숨어 있는 의미가 무엇인

지 이해하도록 노력한다.

- 노인에게 차분히 천천히 말하도록 요청한다.
- 말을 더듬는 것을 비난하지 않는다.
- 차분히 기운을 복돋아 준다.
- 짧고 간단한 말로 말해 준다.
- 큰 소리로 말하지 않는다.
- 노인의 몸을 다독거려 준다.

⑦ 공격적이고 화를 낼 경우

- 침착히 조용한 소리로 말해 준다.
- 다른 활동을 하도록 하거나 다른 방으로 데리고 간다.
- 이런 반응을 유발시키는 유사한 사건이나 상황을 피한다.
- 이런 반응을 제지하려는 행위는 상황을 더욱 악화시킨다는 것을 명심한다.
- 이런 반응은 시간이 좀 지나면 사라진다는 것을 명심한다.

⑧ 밤에 나타나는 문제행동의 경우

- 불을 켜 둔다.
- 낮시간을 잘 계획하여 노인이 저녁에 해야 할 일이 별로 없도록 한다.
- 조용한 환경을 만든다.
- 낮에 충분히 휴식을 취하게 한다.
- 노인에게 지금 어디에 있고 무슨 일이 일어나고 있는지 말해 준다.

⑨ 안절부절못하는 경우

- 조용히 부드럽게 대한다.
- 안절부절못하는 원인이 무엇인지 체크한다. 예로, 통증이나 화장실이 가고 싶은지 여부를 알아본다.
- 노인을 산책시키거나 할 일을 정해 준다.

- 카페인이 있는 음식을 삼가도록 한다.
- 약물의 사용을 의사와 상담한다.
- 노인의 주변에서 일어나고 있는 일이나 상황을 단순하게 한다.

⑩ 의심을 하는 경우

- 무엇을 훔쳤다는 의심은 매우 흔한 일이라는 것을 명심한다.
- 노인과 이 문제로 논쟁하지 않는다.
- 잃어버린 물건을 찾도록 도와준다.
- 함께 물건이 어디 있는지 목록을 만든다.

4. 보호자가 지원체계를 확보하도록 하는 방법

사회복지사는 가족들이 도움을 받을 수 있는 가능한 모든 재원을 확보하도록 도와주어야 한다. 가족들의 잦은 방문과 부양책임을 분담하는 것이 성공적으로 노인을 부양하는 데 필요조건임을 강조한다. 일반적으로 가족이나 친구의 지원이 부족한 보호자들이 심한 부담을 느낀다.[4] 가족이나 친족의 도움을 요청할 때 주의할 점은 주부양자가 무슨 도움이 필요한지를 분명히 밝히는 것이다. 보통 다른 사람들은 돕고 싶어도 어떻게 도와야 할지를 모르기 때문이다.

이러한 보호자들을 위해 지원체계를 갖추어 주어야 하는데, 가족들이 어떤 문제로 갈등을 느끼고 있는지, 필요한 도움을 얻는 데 있어 장애가 되는 요소가 무엇인지를 파악한다. 가족이나 친척으로부터의 지원이 부족한 보호자를

4) Zarit et al. (1980). Relatives of the impaired elderly: Corelates of feelings of burden. *The Gerontologist, 20*, 649–655.

위해 가족이나 친지의 모임을 주선하는 것도 좋다. 친척이나 친구들이 모임에 초대되고, 이 모임에서 보호부양의 문제점을 토론함으로써 치매노인의 보호가 얼마나 힘든 것인가를 알 수 있게 하고, 이 과정에서 자발적 지원을 제공해 줄 지원자를 발견할 수도 있다. 노인의 외모를 늘 깨끗하고 단정하게 하도록 하는 것은 방문자가 기분 좋게 방문하도록 하는 방법이 된다.

보호자들이 도와줄 사람을 확보하지 못할 경우는 많은 행동제약이 따르고 일을 많이 하게 마련인데, 한 연구에 의하면 하루에 10시간 이상 보호를 제공하는 사람들이 특별히 스트레스를 받게 된다.[5] 이들에게는 잠시의 휴식을 줄 수 있는 방안을 마련해야 한다. 하루에 두세 시간 교대로 노인을 지켜 줄 자원봉사자들과 연결시켜 주거나, 노인복지기관의 승인을 얻고 기관에 하루 동안 잠시 의탁하는 방안을 마련할 수 있다. 이런 서비스는 일시적으로 하기보다는 정규적으로 시간표를 작성해서 진행시키는 것이 좋다. 예로, 노인을 낮 동안 보호하는 주간보호 프로그램의 개발은 치매노인 보호자들에게 가장 필요한 서비스다.

마지막으로, 보호자들로 구성된 상호 지원그룹을 구성하는 것이 바람직하다. 특별히 치매노인 보호를 처음 경험하는 보호자들은 경험이 많은 보호자들로 부터 정보와 지원을 얻고 싶어 한다. 이 그룹 속에서 보호자들은 정보를 교환하고, 서로를 지지해 주며, 다른 사람들은 어떤 경험을 하고 있고, 어떻게 문제를 다루고 있는지를 배울 수 있다. 이 집단에서 구성원들은 각자의 문제를 내놓고 토론하며, 성공담을 발표하고, 역할놀이를 통해 새로운 극복방법을 습득하게 된다. 그런데 이 집단을 보호자들에게만 맡겨 놓아서는 안 되며, 반드시 사회복지사가 지도해야 한다. 집단을 지도할 리더가 없을 경우에

5) Pratt et al. (1985). Burden and coping strategies of caregivers to Alzheimer's patients. *Family Relations, 34*, 27–33.

는 주제가 다른 방향으로 흐를 경우가 많고, 구성원들 간의 갈등이 심화되는 경우가 있다. 구성원들이 상호 지원을 하도록 자극하는 것도 바람직하다.

5. 사례관리의 활용

치매와 같은 만성적 질환을 가진 노인을 돌보는 보호자의 욕구를 충족시키는 데 가장 효과적인 방안은 사례관리기법이다. 이 기법으로 일정기간 동안 계약을 맺어 정기적으로 노인의 증상과 보호자들의 욕구를 측정하고, 지속적으로 서비스를 연결해 주고 점검하는 방안을 택하는 것이 바람직하다.

6. 결어

치매는 뇌의 기질적 요인에서 오는 질환으로, 보호자에게 극심한 부담을 안겨 준다. 치매노인의 가족들이 어려운 상황을 잘 다루어 나갈 수 있도록 지원하는 효과적인 방법을 개발하는 것이 사회복지사들의 과제다. 치매는 의학적으로 치료가 불가능하지만, 보호자는 적절한 방법을 통해서 보호부양에서 오는 스트레스를 극복할 수 있다.

지금까지 선행연구들이 보고한 자료를 기초로 하여 치매노인 보호자들을 위한 사회사업적 방법을 제시해 보았다. 이런 사회사업적 개입방법은 보호자의 정신적 능력을 강화하는 것과 보호자의 일상생활의 어려움을 덜도록 각종 자원을 연결시키는 두 가지 형태로 나눌 수 있는데, 치매증상과 보호자들의 반응을 파악하고, 정보를 제공하는 등 교육을 시키며, 정서적 지원과 극복기술을 제시하고, 지원체계를 확고히 설정하는 방법이 있다. 특별히 보호자들이 잠시 동안이라도 휴식을 취하도록 할 수 있는 주간보호 프로그램을 개발할 필요가 있다. 이러한 모든 서비스를 일시적으로 제공하기보다는 사례관리 기법을 활용하여 정기적으로 포괄적인 서비스를 제공하는 것이 바람직하다. 우리나라의 급격한 인구고령화 현상을 고려할 때 치매노인의 수는 점차 늘어날 것으로 추정된다. 치매에 대한 대책이 아직 미진하고, 가족제도가 점차 핵가족화되어 가는 상황이므로 치매노인을 부양하는 문제는 점차 그 심각성이 더해 가고 있다. 따라서 치매노인을 보호부양하는 가족을 위한 개입방안은 앞으로 사회복지사가 지속적으로 개발해 나가야 할 과제다.

제13장

약물남용 청소년과의 개별상담

1. 약물상담의 개요

개인이 문제가 있다는 것을 인정하고 도움을 찾는 것은 매우 두려운 일이다. 클라이언트는 '제시된 문제(presenting problems)'를 가지고 상담에 임한다. 그러나 이것은 빙산의 일각이거나 숨겨진 문제의 한 증상인 경우가 많다. 이들 대부분의 문제는 약물남용과 관련된 경우가 많고, 약물남용 클라이언트가 아닌 경우에는 종종 약물의존으로 고충을 갖고 있는 부모에게서 자라난 결과로 발생한 문제를 가지고 있다. 물론 약물사용이 주요 문제로 제시되고 그 밑에 깔려 있는 문제를 숨기는 경우도 있다. 어찌되었건 청소년이 문제를 해결하거나 극복하려고 또는 자신의 감정을 다스려 보려고 약물을 사용했다면 전문적 개입 없이는 그의 정서적 이슈나 문제의 심각성은 시간이 지날수록 더욱 악화될 것이다. 성장하기 위해서는 청소년들이 자신의 감정과 문제에 대항해 싸워 나가야 하는데, 약물사용은 이러한 과정을 막아버린다. 개별상담을 통해 청소년은 약물사용 속에서 자신이 형성해 왔던 관계들을 상담가와의 관계로 대치시켜, 의미 있고 지속적인 방법으로 문제를 풀어 나가게 된다.

개별상담은 포괄적인 청소년 약물의존 치료의 필수적 요소이며, 효과적인 개입전략이다(Polcin, 1992). 약물남용자를 상담하는 것은 심리적인 어려움 외에도 가족, 직업, 교육, 성, 영적인 문제들을 포함하는 많은 영역을 다루게 된다. 이 중 몇몇 영역들은 집단상담을 통해 다룰 수 없는 개인적 관심이 필요한 것이기 때문에 개인상담은 치료과정에 반드시 필요한 요소다. 개별적 약물상담은 정신역동적이라기보다는 좀 더 과제지향적이고 문제중심적이며 행동주의적인 경향이 있다(Cook & Peterson, 1989). 실제로 일련의 연구들은(Friedman & Glickman, 1986, 1987; Friedman et al., 1989) 정신분석적 또는 대응적 치료보다는 실용적인 문제중심접근을 하는 치료진들로 구성된 프로그램이 효과적이라는 것을 보고하였다.

클라이언트에게 지지를 제공하면서도 약물상담의 초기에 상담자가 의도하는 것은 클라이언트를 기분 좋게 만들기보다는 그들의 삶의 고통과 문제를 일으키는 것이 바로 약물사용 때문임을 알아차리도록 하는 것이다. 클라이언트는 자신의 행동에는 책임이 따른다는 것을 이해할 필요가 있다. 약물사용과 클라이언트의 문제와의 연결성을 서서히 탐색해 나가면서, 약물사용행동의 부정적 결과를 클라이언트가 느끼고 인식하도록 하는 동시에, 지지적 관계 형성을 이루어 나가는 것이 일반 클라이언트와의 상담과 다른 점이라 할 수 있다. 그러나 약물남용자에게 직접적으로 너무 빨리, 너무 집중적으로 대응하는 것은 좋지 않다. 이는 클라이언트가 위협적으로 느끼거나 상담자를 권위적으로 인지하게 만듦으로써 지지적이고 지속적인 관계 형성에 좋지 않다.

약물치료 성공의 가장 기본적인 요소는 치료자의 신념이다. 약물의존은 치료할 수 있는 질병이며, 약물을 끊고 더 좋아질 수 있다는 신념을 가져야 한다. 이러한 믿음 없이는 클라이언트에게 희망을 줄 수 없다. 약물중독자가 그들의 삶 속에서 가장 필요로 하는 것은 바로 강력한 희망이며, 상황이 좋아질 것이라는 믿음이다.

2. 청소년 약물상담기법

다음에 제시되는 개별상담기법은 구조적 접근을 하는 데 중요한 요소들이다. 각 기법들의 사용 여부와 시기는 클라이언트의 개별적 욕구에 따라 다르다.

1) 개입준비: 관계 형성

관계 형성(engagement)은 클라이언트와 상담가 사이의 모든 중요한 관계가 성립되는 과정이다. 상담가의 따스하고 진지하며, 정직한 모습과 수용하는 자세가 중요하다. 이러한 특성들이 청소년 클라이언트의 치료에 대한 불안과 두려움을 줄이는 데 도움이 된다. 격려는 개입준비의 필수적 요소다. 상담을 지속적으로 받게 하는 요인에 관한 한 연구에 의하면, 낮은 동기를 가진 클라이언트라고 하더라도 인테이크 과정부터 격려를 받은 클라이언트는 서비스를 계속적으로 받았다는 결과를 보고하였다(Ripple, 1964).

청소년을 준비시킨다는 것은 다소 도전적인 과제일 수 있다. 특히, 자발적이 아니라 법원으로부터 명령을 받아 치료를 받는 청소년에게는 더욱 그렇다. 종종 청소년들은 방어적이고 저항적인 경우가 있다. 그러나 그들의 태도에 상관없이 청소년들을 준비시키는 방법은 간단하다. 그들의 문제에 관해서 그들이 말하고 느끼고 인지하는 것을 존중하면서 들어 주는 것이다. 다음의 사례는 존중을 표하면서 진지하게 들어 주는 것이 얼마나 중요한지를 보여 준다.

김 군은 15세로서 폭력 및 강간혐의로 구속되었다. 몇 차례에 걸친 상담 후 나는 김 군에게 가장 친한 친구가 누구냐고 물었다. 그는 "선생님이요."라고 대답했다. 나는 어째서 내가 가장 친한 친구가 될 수 있었는지 물었다. 우린 고작 세 번밖에 안 만났는데……. 그는 대답하기를, 자기와 얘기하기 위해 시간을 내 주고 자기가 얘기하는 것을 진지하게 들어 준 사람은 내가 처음이었다고 하였다.

청소년이 약물을 사용할 때 그들의 자존감은 낮아 있고, 인지 및 사고방식은 왜곡되어 있다. 그들의 문제와 관심 및 행동에 대한 설명을 들어주기가 힘들 수도 있다. 하지만 신뢰관계가 형성되기 전에 현실을 직시하도록 사실만을 말하게 하는 것은 청소년의 입을 다물게 하는 결과가 된다. 청소년의 상황에 대한 전반적 그림을 빨리 알고 싶다면 청소년의 인지 스타일, 사고방식, 문제에 대한 설명을 진지하게 들을 필요가 있다. 그러면 곧 전반적 상황을 알게 된다.

치료장면에서 청소년이 침묵을 지킨다면 어떻게 할 것인가? 몇 분간은 침묵을 허락해도 좋다. 그러나 너무 시간이 흘러가게 할 수는 없다. 이를 위한 한 가지 방법이 있다. 부모가 바깥에서 기다리고 있다고 가정하자. 다음과 같이 말하는 것이다. "자 얘기할 것이 더 이상 없다면 엄마와 같이 얘기하도록 하자. 엄마가 무언가 얘기하고 싶으신 것이 있을 거야." 이럴 경우 청소년은 자신의 얘기를 시작하겠다고 한다. 부모와 같이 얘기하는 것은 다소 부담스럽기 때문이다.

2) 문제의 성격 규정

청소년이 상당기간 약물을 사용해 왔다면 그들은 기분을 좋게 하기 위해서뿐만 아니라 하나의 생활양식으로도 약물을 사용한다고 보아야 한다. 약물중독자는 자신의 약물사용행위를 방어하려고 거짓말을 하곤 한다. 즉, 약물문제가 없다고 주장한다. 상담가는 약물청소년이 거짓정보를 줄 수도 있다는 것을 알아야 한다. 약물상담은 처음에는 탐색전을 펴야 한다. 첫 번째 몇 회합은 정보를 얻고 문제에 대한 클라이언트의 관점을 측정해야 한다. 이러한 정보는 약물사용이 큰 문제가 되는지, 된다면 어떤 측면이 문제가 되는지 등을 결정하는 데 유용하다. 많은 정보를 얻을수록 클라이언트가 말하는 것들 사이에서 불일치를 발견할 수 있다. 그러면서 클라이언트의 욕구를 명확히 알 수 있게 된다.

상담가는 클라이언트가 제공하기를 원치 않는 정보를 얻어 내는 것을 도전적인 과제로 생각해야 한다. 클라이언트는 어떤 사실이나 행동 또는 문제를 부정하거나 축소하고 숨기는 경향이 있다. 덧붙여 약물의존 청소년은 자신의 약물사용행동을 방어하기 위해 여러 가지 저항기법을 사용하는데, 이에 대해서도 민감하게 대응해야 한다. 전형적인 저항의 예를 들어 보면 다음과 같다 (Marks, Daroff, & Granick, 1989).

- 약속시간을 잊거나 늦게 온다.
- 상담 회합 전에 약물이나 알코올을 사용한다.
- 상담가의 제안을 따르지 않는다.
- 자신의 행동이 문제라고 보지 않는다.
- 지난 시간에 충분히 설명했고 토론된 이슈나 문제를 잊어버린다.
- 클라이언트의 행동의 의미를 분명하고 정확하게 설명했지만 받아들이지 않는다.
- 어려움에 직면하면 할 수 없다는 식으로 행동한다.

정보를 얻기 위한 좋은 방법으로 '콜롬보 형사' 기법이 있다. 상담가는 마치 형사 콜롬보가 질문하는 방식으로 질문하는 것이다. 상담가는 중립적으로 그러나 관심을 표하며 명확히 하는 질문을 던진다. 예를 들어, "너는 약물사용이 부모를 화나게 한다는 것을 알고 있다. 그러나 너는 약물사용이 문제가 안 된다고 얘기한다. 이 부분이 이해가 안 가는데, 설명을 좀 해 보렴." 약물에 관계했던 다른 청소년들에 대한 이야기를 꺼내는 것도 대화를 트는 좋은 방법이다. 예를 들어, "이게 네게는 해당 안 될 수도 있지만, 내가 아는 어떤 애들은……" 이렇게 비심판적으로 존중을 표하며 정보를 얻으려 노력한다.

3) 청소년이 치료를 받도록 동기화시키기

청소년은 종종 어른들보다 치료를 받으려는 동기가 약하다. 청소년 중독자에게 명확히 던져야 할 질문은 바로 이것이다. '약물을 포기한다면 무엇을 잃을 것인가?' 청소년들은 약물을 그만둔다면 잃을 것이 많다고 느끼는 것 같다. 예를 들어, 자신의 이미지, 친구, 스릴을 즐기는 생활, 쾌감 같은 것이다. 그러나 약물을 그만두지 않는다면 그들의 삶과 미래를 잃는 게 자명하다. 이러한 통찰력을 약물 청소년에게 주는 것은 매우 어려운 일이다.

청소년 약물중독자들은 자신들이 약물에 대한 통제력을 잃었고, 도움이 필요하다는 것을 종종 인정한다. 그러나 공개적으로 인정하려 하지는 안는다. 체면을 잃고 싶지 않은 것이다. 이때 강제적인 치료의뢰가 효과적인 경우가 많다. 흥미롭게도 부모가 치료를 강력히 강요하거나, 법원에서 치료를 명령하면 쉽게 받아들인다는 것이다(Bastien & Adelman, 1984). 체면을 어느 정도 세웠다고 느끼는 것이다. 치료 프로그램에 들어가는 많은 청소년들은 법원이나 부모가 치료를 강요했다고 주장하며, 겉으로는 저항을 하고 화가 난 것처럼 행동한다. 그러나 내심 안도의 한숨을 쉰다. 누군가 통제할 수 없는 자신의 상황에 대해 조치를 취한다는 안도감이다. 많은 청소년들이 치료를 강요받을 때 이러한 안도감을 느낀다고 고백한다. 분명한 것은 청소년들이 심각한 비행을 보일수록 그들은 더 강력하게 도움을 갈망한다는 것이다.

때때로 자발적으로 치료를 받으러 오는 청소년들도 있다. 이들에게는 치료를 받는 동안 어떤 일들이 진행되는지를 알려 줄 필요가 있다. 치료 프로그램은 무엇이고 자신들의 일상은 어떻게 되는지에 대한 사실적 내용을 알려주어야 한다. 치료과정에 대한 신뢰를 보여 주고 격려해 주어야 한다. 이를 위해 프로그램을 끝낸 청소년과 이야기할 기회를 주는 것도 좋다. 물론 치료 프로그램에 들어갈 때 발생하는 두려움을 전부 해소시킬 수는 없다. 그러나 이러한 두려움을 완화시키는 것이 회복과정을 촉진하는 데 도움이 된다.

4) 수용

대부분의 약물 청소년은 그들이 약물의 사용으로 인해 고충을 겪고 있는 사실을 인정하려 하지 않는다. 그러나 그들의 삶은 통제할 수 없게 되었고, 그들은 왜 그렇게 되었는지 이해하지 못한다. 그들은 막대한 정신적 고통을 느끼며 두려워한다. 마치 손가락 끝으로 벼랑에 매달려 있는 것처럼 말이다. 그들이 자신의 비참한 현실에 압도되지 않기 위해 사용하는 방어기제가 바로 부정(denial)이다. 그러므로 부정은 목적을 가지고 있다. 중독이 심할수록 부정을 능수능란하게 사용한다.

청소년 중독자들도 어른들과 비슷하게 부정을 사용한다. 또한 이들은 자신의 문제에 대해 다른 사람이나 그 외에 모든 것을 비난하는 경향이 있다.

- "나는 약물중독이 아니에요. 단지 가끔 했을 뿐이에요."
- "어른들은 내가 술 마시는 것이 뭐 꽤 대단한 것이라고 생각해요. 별것도 아닌데요."
- "내 인생을 내가 개척할 수 있도록 이 사회가 허락했다면 약물을 안 했을 거예요."

약물치료를 시작하기 위해 약물 청소년은 자신의 약물사용이 문제라는 점을 인정해야 한다. 비록 잠시 동안만이라도 그렇게 해야 한다. 이러한 현실 인식은 어려운 과제다. 왜냐하면 약물로 인한 고통이 클수록 부정도 강해지기 때문이다. 이 단계에서 주의할 점은 직접적 대응은 클라이언트를 두렵게 할 뿐이라는 것이다. 덧붙여 그들의 부정이 너무 빨리 제거되면 자존심을 유지하고 있던 마지막 기둥이 무너지는 결과를 낳아 치료를 위한 준비에 어려움을 가져올 수 있다. Wallace(1987)는 알코올중독자들의 방어기제에 너무 일찍 너무 심각하게 대응하는 것은 음주를 줄이기보다는 늘릴 가능성이 높다고 지적한 바 있다. 그들은 인내심 있고, 수용해 줄 수 있는 그리고 자신들을 안내하고 동기화시키고 치료를 위한 준비를 시켜 주는 상담가를 필요로 한다. 상담가의 역할은 클라이언트가 자신의 약물사용에 대해 스스로 질문을 던질 수 있도록 가르치는 것이다.

5) 은유의 사용

약물 청소년이 사용하는 강력한 부정(denial)은 결국 수정되어야 하는 것이다. 클라이언트가 방어기제를 활용하고 있을 때 은유의 사용이라는 간접적인 대화를 통해 문제를 해결해 나갈 수 있다. 대화의 간접적인 형태로서 은유는 받아들이기 어려운 교훈을 점잖게 전달하는 방법이다. 은유를 통해 독특한 아이디어가 제시되고 클라이언트의 문제에 대한 이해와 인식이 확대될 수 있다(Marlatt & Fromme, 1987). 일화, 직유, 비유, 이야기를 포함하는 은유법(use of metaphors)은 부정을 줄이는 효과적인 방법이다.

동화 같은 이야기 들려주기는 행동문제를 보이는 6~15세 아동을 상담할 때 유용한 기법으로 알려져 있다. 이야기는 아동이 자신과 자신의 행동을 돌아보게 하며, 자신의 현실을 대응하는 데 필요한 이미지를 제공해 준다(Guggenbuhl, 1991). 단주동맹(alcoholics anonymous)에서 사용하고 있는 교재는 이야기들로 가득 차 있다. 약물의존 청소년들은 자신의 추구해야 할 행동변화를 묘사하는 데 이 이야기들을 즐겨 사용한다. 어떤 회복기에 있는 학생이 약물문제가 있는 어느 학생과 얘기하고 있었다. 약물 학생은 자신에게 필요한 것은 점점 약물을 덜 사용하는 것이라고 했다. 회복기에 있는 학생은 단주동맹에서 들었던 이야기를 해 주었다. 한 운전사가 거리를 운선하나 신호에서 멈추게 되었다. 완전히 멈추기보다는 천천히 횡단보도를 지나치고 있었다. 그때 경찰이 와서 딱지를 떼었다. 운전사는 말하기를 "아저씨, 아무도 없어서 천천히 지나갔어요. 그걸 가지고 뭘 그러세요." 경찰은 그때 그 기사의 머리를 경찰봉으로 계속 두드리기 시작했다. 그리고는 말했다. "내가 천천히 두드리기를 원해요. 아니면 멈추기를 원해요?" 이 이야기가 의미하는 것은 차츰 약물의 빈도를 줄이는 것은 어려운 일이고 단번에 끊어야 한다는 것이다.

그리스의 유명한 신화 Daedalus와 Icarus 이야기는 약물사용의 위험성을 전달하는 데 효과적으로 사용되어 왔다(Barker, 1985).

Daedalus라는 아테네의 왕자는 숙련된 장인으로 건축가요 조각가인데, 배를 건조하였다. 어느 날 자신의 아들 Icarus와 크레테 섬을 방문하게 되었는데, 거기서 Theseus라는 자신의 조카를 구하게 되었다. 크레테의 왕 Minos가 Minotaur이라는 괴물에게 자신의 조카를 제물로 바치기로 결정했기 때문이다. 크레테의 왕은 이 소식을 듣고 분노하여 Daedalus를 체포하라고 명령했다. 왕은 모든 배를 철저히 수색해 그들이 섬을 빠져나가지 못하도록 했다.

Daedalus는 생각하기를, 빠져나갈 길은 하늘밖에 없다고 결론 내렸다. 그는 새와 새의 날개를 연구했다. 그는 아들을 시켜 갈매기를 잡아 깃털을 뜯어 모으도록 했다. 충분한 깃털이 모아졌을 때, Daedalus는 능숙한 솜씨로 깃털을 엮어 새의 날개와 비슷한 모양으로 4개의 날개를 만들었다. 나무로 만든 틀에 아교를 칠하여 날개를 붙였다. 그리고는 자신의 양팔에 하나씩 그리고 아들의 양팔에 하나씩 얽어매었다. 매일매일 아버지와 아들은 나는 연습을 했다. 아들은 참을성이 없어 빨리 날아서 도망하자고 재촉했지만, Daedalus는 세심하고 영리한 사람이었으므로 날아가는 데 충분히 익숙지 않으면 바다를 건널 수 없다고 믿었기에 근육도 키우고 열심히 연습했다. 마침내 두 사람은 새처럼 날 수 있게 되었다. 이제 탈출을 시도할 때가 온 것이다. Daedalus는 아들에게 지시했다. "너무 높이 날아서는 안 된다. 태양이 뜨거워서 아교를 녹이므로 깃털이 다 떨어져 나갈 거야. 또 너무 낮게 날아서도 안 된다. 바다의 안개가 깃털로 스며들어 너무 무거워질 거야. 그러니까 중간 정도로만 날아야 한다. 내가 먼저 갈 테니까 내 뒤를 바짝 따라오너라." 그러고는 공중으로 날아올랐다. 처음에 아들 Icarus는 천천히 아버지의 뒤를 따랐다. 하지만 나는 데 자신이 생긴 나머지 더 높이 날았다. 아들이 태양에 점점 가까워질수록 태양광선은 깃털과 날개틀 사이의 아교를 녹였다. 깃털이 떨어져 나가면서 아들은 아래로 떨어지기 시작했다. 날갯짓을 빨리 했으나, 소용없었다. 아들은 아버지에게 구해 달라고 했다. 그러나 아버지가 할 수 있는 것은 아무것도 없었다. 단지 아들이 바다에 빠져 죽는 것을 바라볼 뿐이었다. 가슴이 찢어지는 아버지는 시실리에 도착해 다시는 날지 않겠다고 맹세했다.

이 이야기는 예방에도 유용한 수단이 된다. 미국 인디언의 전설을 들어 보자.

오래전 인디언 젊은이들은 남성다움을 키우기 위해 홀로 길을 떠났다. 한 젊은이는 나무와 꽃이 많은 계곡으로 들어가 그곳에서 금식했다. 셋째 날 산꼭대기를 보니, 바위로 된 큰 절벽을 볼 수 있었다. 꼭대기는 눈으로 덮여 있었다. 저 산과 한번 겨뤄 보자 생각하고, 젊은이는 담요를 어깨에 두르고 절벽을 올랐다. 정상에 올랐을 때 그는 세상을 둘러보며 자부심을 느꼈다. 그때 아래서 뱀 한 마리가 소리를 지르고 있었다. "난 죽을 것 같아. 여긴 너무 추워서 얼어 죽겠어. 먹을 것도 없고 배가 고파. 나를 담요에 싸서 계곡으로 돌려보내 줘." 젊은이는 "안 돼, 난 이미 경고를 받았는데, 나는 너 같은 종족을 잘 알고 있어. 사기꾼 같은 것. 내가 너를 살려 주면 날 물어버리겠지." 뱀은 말했다. "아냐, 그렇지 않아. 난 절대 물지 않을 거야. 날 구해 준다면 넌 정말 특별해질 거야." 젊은이는 한동안 거절했지만, 뱀은 간교하게 젊은이를 설득했다. 마침내 젊은이는 뱀을 담요에 싸서 계곡으로 데려갔다. 풀 위에 놓아 주자, 뱀은 갑자기 젊은이의 다리를 물었다. "너, 약속해 놓고 이러기야?" 젊은이는 소리쳤다. 뱀은 "나의 속성을 잘 알고 있었으면서 뭘 그래."라고 말하고는 사라졌다.

6) 행동계약

행동계약은 청소년들의 저항이나 부정을 다루는 유용한 방법이다. 행동계약은 청소년에게 부정(denial)에 대한 통찰을 제공할 뿐만 아니라 청소년을 개입으로 이끌어 나가는 조치로 사용될 수 있다. 행동계약은 청소년이 약물에 대한 통제력을 잃지 않았다는 것을 보여 주는 하나의 시범, 실험 또는 내기 게임으로 사용될 수 있다. 예를 들어, 상담가는 약물 청소년에게 "너, 내기 게임 할 줄 아니? 좋아, 난 네가 3주 동안 약물을 사용하지 않고 지낼 수 없다는 데 걸겠어. 네가 해낸다면 내가 점심을 사겠어. 네가 해내지 못한다면 우리는 부모님이나 보호관찰사와 함께 약물검사에 대해 얘기할 필요가 있겠지."

계약내용은 간단히 '약물 절대 금지'처럼 쓸 수도 있고, 특별한 행동마다 점수를 부과할 수도 있다. 계약의 중요성은 계약은 강요적이고 계약이 깨진다면 취하기로 했던 조치를 취한다는 데 있다(Schaefer, 1987). 행동계약이 성공하려면 계약을 작성할 때 청소년이 순응하지 않은 결과에 대해 명확히 설명해야 하며, 그 계약내용대로 시행해야 한다. 청소년이 계약기간 동안 잘 따르고 행동변화 면에서 향상이 있었다면 재계약을 시행하게 된다. 계약서는 명확히 작성되어야 하고 청소년과 상담가 모두 서명을 해야 한다.

상담가는 청소년이 계약내용을 잘 이행하는지를 알 수 있는 방법을 강구해야 한다. 다음과 같은 질문을 던질 수 있다. "네가 잘 해 나가고 있는지를 내가 어떻게 알 수 있을까?" 그러면 청소년은 체크할 만한 구체적 행동을 말해 줄 것이다. 때때로 부모를 계약과정에 포함시켜 청소년의 행동을 체크하도록 할 수 있다. 수시로 소변검사를 하는 것도 좋은 방법이다.

7) 교육

교육은 치료의 기초가 되며 중요한 구성요소다. 알코올 및 약물에 대한 정확한 정보를 주는 교육은 치료를 위한 동기를 형성하고, 심각한 죄의식을 경감시키며, 동시에 청소년이 절제를 준비하는 데 도움을 준다.

엉망이 되어 버린 삶을 경험해 온 중독자는 자신의 인생에 도대체 무슨 일이 일어난 것인가를 이해할 필요가 있다. 이를 위해 약물의존을 당뇨병이나 간질환 같은 어떤 질병으로 간주해 설명하는 것이 유용하다. 질병이라는 개념은 중독자가 이해할 수 없었던 것을 설명하는 데 도움을 준다. 질병 개념은 왜 절망감이 생기고 통제력이 상실되는지에 대한 통찰을 제공할 수 있으며, 완전히 회복될 수 있다는 희망을 준다. 약물중독자는 자신이 미친 것이 아니라 치료할 만한 질병에 걸렸다고 인식하게 된다. 또한 질병 개념은 클라이언트가 주위의 사람들에게 상처를 주었다는 죄의식을 경감하는 데도 도움을 준다. 피할 수 없는 어떤 질병처럼, 약물중독도 그런 질병이었다고 생각한다면 위안이 될 것이다.

클라이언트의 약물절제(abstinence)를 위한 준비가 잘될수록 성공의 가능성은 높아진다. 교육을 통해 약물절제를 함으로써 얻을 수 있는 것에 대한 정보를 클라이언트에게 줄 수 있다. 우리가 기억해야 할 것은 약물중독자에게 있어 약물을 포기하는 것은 가장 좋은 친구를 잃는 것과 같다는 점이다. 약물은 언제나 그들과 함께 있었다. 약물은 그들이 우울할 때 기분을 변화시켜 주었다. 중독자가 약물을 포기하겠다고 결정했을 때 처음에는 자기의 인생을 책임질 결심을 하게 되어 흥미로울 수도 있겠으나, 약물포기는 친밀한 관계의 상실을 의미하기 때문에 절제에 대해 양가감정을 갖게 된다. 약물을 그만둔 후 처음에는 문제가 없다고 부정하지만, 상실감과 우울한 감정이 일어나고 다음과 같은 말을 하곤 한다. "나는 최상의 친구를 잃어버린 것 같다." "내 인생의 무엇인가 빠져나간 느낌이다." 클라이언트는 이러한 상실과 슬픔에 대해 준비해야 한다.

클라이언트에게 약물절제가 어떤 상황을 초래할지 상담가가 잘 예견할수록 클라이언트는 자신에게 어떤 일이 일어나는지를 잘 인식할 수 있게 된다. 클라이언트에게 금단증상을 가르쳐 주는 것은 매우 중요하다. 또한 클라이언트는 약물을 사용하고픈 충동이나 약물을 사용하는 꿈 등에 대해서도 준비가 필요하다. 다음과 같이 말하면서 클라이언트를 준비시킬 수 있다. "너에게는 어떨지 모르겠는데, 내가 겪어 본 다른 애들의 경우 약물사용을 중단하면……" 약물의 중단으로 인한 금단증상은 매우 심각해서 비현실적인 것을 현실로 보기도 한다. 다음의 예를 보자.

> 조 군은 몇 달 동안 약물을 사용하지 않았다. 어느 날 아침 그는 매우 당황한 상태로 학교에 왔다. 그는 지난밤 본드를 마시는 꿈을 꾸었다고 말했다. 그는 마치 진짜 본드를 마시는 것같이 숨을 들이마셨고, 기침을 하면서 잠을 깼다고 했다. 꿈은 너무 현실적이어서 자신이 진짜 본드를 했나 하는 생각도 했다. 그는 꿈인지를 확인하기 위해 자신을 꼬집어 보고 냄새도 맡아 보았다.

8) 긍정적 재구조화

약물상담은 청소년이 맑은 정신으로 삶을 살아가도록 재사회화시키는 과정이다. 그들의 약물사용은 현실에 대한 인식을 왜곡시켰고, 그들의 감정과 생각과 행동을 움직이는 힘이 되었다. 그리고 그 힘은 청소년이 자신의 가치체계를 무너뜨리는 방식으로 행동하도록 이끌었고, 이는 결국 정서적 갈등과 고통의 원인이 되었다. 이제 클라이언트는 왜곡된 사고방식과 생활방식, 중독 이미지를 벗어 버리고 자존감을 다시 세워야 한다. 청소년이라면 미루어진 청소년기의 중요한 발달과업을 시작해야 한다. 청소년은 지금까지 어떤 일들이 일어났는지를 정리해 볼 필요가 있고, 그들의 삶을 재건설하기 위해 무슨 조치가 필요한지 따져 볼 필요가 있다.

상담은 먼저 예전의 사고 및 행동양식을 변화시키기 위한 조치에 초점을 맞출 필요가 있다. 이를 위해 긍정적 재구조화 기법을 활용할 수 있는데, 긍정적 재구조화 기법은 클라이언트의 삶을 재규정하고 희망을 고취시키는 데 도움을 준다. 이 기법은 개인의 행위에 대해 긍정적 의미와 동기를 줌으로써, 상황을 재규정하여 비난을 줄이고 개인적 성장을 북돋아 주는 것이다. 긍정적 재구조화의 개념 속에는 누구나 긍정적 태도변화를 만드는 데 필요한 내부적 또는 외부적 자원을 가지고 있다는 믿음을 함축하고 있다. 다음의 예를 보자.

> 최 군은 요즘 기분이 좋지 않다며 나의 사무실에 왔다. 자기반 친구들은 주말에 모임을 갖고 술을 먹고 약물을 한다고 들떠 있었기 때문이다. 최 군은 약물의 회복기에 있는 청소년이었기 때문에 친구들의 약물얘기는 외로움과 약물에 대한 갈망을 일으켰다. 최 군은 과거에는 그들과 함께 약물을 했고, 모든 모임에 초대되곤 했다. 최 군은 자신의 회복에 의문을 던지기 시작했다. 그러나 최 군은 요즘을 '기분 나쁜 날' 이라기보다는 '연습하는 날' 로 이름 붙이기로 했다. 이번 경험을 통해 그는 자신이 얼마나 회복기로 성장해 왔는지 알 수 있었다. 최 군은 학교에 가서도 친구들의 약물사용 이야기를 무시할 수 있었고, 자신의 회복에 감사할 수 있었다. 그는 혼자이지만 외롭다고 느끼지 않았다.

종종 약물 청소년들은 자신이나 가족의 문제에 관심을 끌기 위해 어떤 극적인 행동을 하곤 한다. 현재 회복기에 있는 한 여학생의 아버지는 과거에 그의 딸이 손에 칼을 들고 화가 나서 자신에게 달려왔다고 얘기한 적이 있다. 아버지는 딸이 자기를 증오하는 것이 틀림없다고 말했다. 나중에 아버지는 회고하기를, 딸의 행동은 자신의 약물중독의 심각성을 아버지가 인식하도록 하기 위한 극적인 노력이었다고 인정했다. 비행적인 행동을 '도움을 요청하는 울부짖음' 으로 재구조화하는 것은 클라이언트를 회복으로 이끌 수 있다. 부정적인 측면에 초점을 맞추고 감정적인 분규를 보이는 것은 절대 청소년을 성장시킬 수 없다.

긍정적 재구조화는 상담가와 클라이언트 모두 긍정적인 측면에 초점을 맞추도록 돕는다. 중독자가 회복의 방향으로 눈을 돌리도록 하는 것은 절대적이다. 긍정적으로 보는 힘이 마련되어야 변화를 촉진할 수 있다. 이러한 힘을 증진시키기 위해서는 긍정적 확신을 갖도록 노력해야 하는데, 한 방법은 하루에도 수차례 '매일매일 모든 면에서 나는 좋아지고 있어.' 라고 외치는 것이다. 마음속에서 부정적인 생각과 부정적인 혼잣말을 제거하는 것이 새로운 행동을 위한 출발점이다. 상담가가 긍정적인 재구조화를 사용함으로써 클라이언트도 그 기법을 생활 속에서 따라하게 될 것이다.

한 가지 주의할 점은 긍정적 재구조화가 자칫 부정(denial)을 심화시킬 수 있다는 것이다. 예를 들어, 정치가가 자신의 대의를 주장하기 위해 테러주의자들을 자유투사로 명명할 수 있다. 청소년들의 부정을 합리화시키지 않도록 주의해야 한다.

9) 새로운 언어, 새로운 행동

새로운 언어와 새로운 행동은 단주동맹에서 시행하는 12단계 프로그램을 통해 학습할 수 있다. 단주동맹에서는 회복을 시작하는 중독자들을 돕기 위해 의미심장하면서도 간단한 슬로건을 사용한다. 예를 들어, 생활방식을 고치기 위해 많은 것을 요구하면 중독자들은 압도될 뿐이다. 회복으로 가는 길이 복잡하고 어렵게 보인다면, 간단히 '하루에 한 번' '단순화하자' '해낼 때까지 따라하자' 라고 외친다. 중독자들이 새로운 언어와 행동을 연습함에 따라 그들은 성공을 경험하기 시작하며, 왜곡된 사고와 감정은 분명해지기 시작한다. 물론 여기서 말하는 단주동맹(AA)는 약물 청소년들로 구성된 단주동맹을 말한다. 우리나라에는 청소년 AA가 거의 없는 실정인데, 하루속히 보급될 필요가 있다.

새로운 행동은 친구와 환경도 바꾼다는 것을 의미한다. 친구를 바꾸는 것은 학생들에게 매우 어려운 과제다. 수년 동안 같이 지내 온 친구를 포기한다는 것은 커다란 상실이다. 한편, AA는 회복하는 약물 청소년들에게 그들과 비슷한 친구들을 만날 수 있는 장소를 제공한다. 이곳에서 회복기의 사람들을 모델링하며 새로운 학습을 하게 된다.

10) 시간의 구조화

회복기의 청소년에게 시간을 구조화시키는 것은 절대적이다. 특히, 외래환자들에게는 하루의 일과를 분명히 정해 주어야 한다. 중독자들은 예전에는 약물을 사용하며 여가시간을 즐겼기 때문에 여가시간을 즐기는 것의 의미를 개발하고 배울 필요가 있다. 영화를 보고, 산책하고, 친구들과 모여 얘기를 하는 것 등을 실행해 나가야 한다. 운동과 자원봉사활동을 하며 시간을 보내는 것도 약물을 하던 생활방식을 대치해 나가는 데 유용하다.

11) 외적 이미지의 변화

행동이 변화함에 따라 청소년은 긍정적 경험에 대한 강화를 받고 자존감을 향상시킨다. 따라서 중독 이미지는 씻어 버린다. 그러나 어떤 복장이나 언어는 중독 이미지를 연상시키고, 약물사용 청소년들과 휩쓸리게 할 가능성을 높인다. 질질 끌리는 통바지, 염색을 한 머리, 거친 언어 등은 비행 이미지를 갖게 만든다. 청소년 중독자들이 자신의 생활방식, 친구, 행동을 바꾸려면 외적 이미지도 바꾸어야 한다. 치료센터에서는 이 점에 관심을 가져야 한다.

12) 과거 관계의 정리

치료를 받는 동안 청소년들은 과거의 낭만적 관계(특히, 여자친구)를 포기하도록 요구받는다. 회복 프로그램에서 성공하려면 극도의 자기집중이 필요하다. 그런데 약물중독 청소년이 새로운 행동을 배워 나감에 따라 과거의 친구와의 관계 형성이 깨어지면, 청소년은 치료보다는 그 희미해진 관계를 재형성하기 위해 자신의 에너지를 소비한다. 또한 청소년기의 관계는 영구적이라기보다는 동요석이다. 이들의 관계는 불안을 일으키기 쉽고 걱정과 스트레스를 주기 때문에, 치료받는 동안은 여자친구와의 낭만적 관계를 정리할 필요가 있다.

그러나 '이성친구와의 관계정리' 라는 규정은 강요하기 어려운 것이 사실이다. 청소년들은 회복보다는 차라리 이성친구를 선택한다. 반드시 둘 중 하나를 선택하게 할 필요는 없다. 행동변화와 생활 스타일이 바뀜에 따라 이성친구와의 관계에 어떤 문제가 발생할지 미리 알려 주고 준비시킨다면 충분히 새로운 생활기술을 배울 수 있다.

13) 집단상담과의 연계

집단은 개인중독자들이 고립감을 깰 수 있고, 다른 사람들의 경험을 공유함으로써 수치심도 줄일 수 있으며, 새로운 행동과 언어를 연습하고, 효과적인 문제해결 기술을 배울 수 있는 장이다. 집단은 또한 새로이 회복기에 들어선 청소년이 자신의 회복과정에 대한 느낌을 이야기하고, 또한 다른 완치된 청소년으로부터 피드백을 받는 장이기도 하다.

개인상담을 통해 클라이언트가 집단상담을 받을 준비를 하게 한다. 많은 비밀과 수치를 숨겨 왔던 약물 청소년에게는 집단의 여러 사람들에게 자신의 이야기를 한다는 것이 매우 두려운 일이다. 이러한 감정을 미리 경험하는 연습을 하는 것도 좋은 방법이다.

> "눈을 감고 편안히 마음을 가라앉혀 봐. 자, 네가 부끄럽게 여겼기 때문에 비밀에 붙 였던 일들을 생각해 봐. 죄책감, 부끄러움, 후회의 감정들을 느껴봐. 자, 이제 그런 행동이나 사건을 낯선 사람들이 모여 있는 곳에서 얘기하는 것을 상상해 봐. 어떤 생각이 들지? 느낌이 어때?"

집단상담과 개별상담을 연계시킨다면 집단상담에서 발생하는 개인의 변화를 지지하고 강화해 줄 수 있다.

14) 가족상담과의 연계

가족의 문제는 초기에 다루어져야 한다. 가족의 문제가 미루어지는 주요 이유는 종종 가족문제를 다룰 때 발생하는 고통스런 기억과 이로 인한 불안 때문이다. 이런 불안에서 오는 스트레스는 재발의 위험을 증가시킨다. 그러나 청소년이 치료를 받고 돌아가는 곳은 가정이기 때문에 가족의 문제는 초기에 다루어져야 한다.

15) 재발 방지

재발은 중독이라는 질환의 일부분이다. 그러므로 재발에 대한 교육은 치료를 시작하자마자 동시에 진행되어야 한다. 한 가지 분명히 지적하고 싶은 것은 클라이언트가 자신은 약물에 의존적이지 않다고 믿고 있다면 이는 바로 부정(denial)이라는 방어기제를 사용하고 있는 것이기 때문에 실로 회복기에 들어섰다고 볼 수 없다는 것이다. 절제를 시작했지만 자신은 중독되었다고 믿지 않으면 언제든지 약물사용을 하게 되는데, 이는 재발이라고 보지 않는다. 왜냐하면 진정한 의미에서의 회복이 시작되지 않았기 때문이다. 재발은 약물의존을 인정하고 일정기간 약물을 절제하는 회복기에 들어선 이후 약물을 다시 사용하게 되는 과정을 말한다. 재발은 맑을 정신을 위협하고 회복의 질을 낮추는 행동 및 사고방식이 표면화되는 과정이다. 이 과정은 몇 시간, 며칠, 몇 주 또는 몇 달에 걸쳐 진행된다. 반드시 약물사용을 초래해야만 재발이 아니다. 재발은 회복을 방해하는 행위이며, 신체적 · 정신적 질환이나 자살을 초래하기도 한다.

중독자들은 AA나 집단 구성원으로부터 재발에 대한 체험을 듣고 재발에 대한 이해를 하게 된다. 중독자들이 알아 두어야 할 것은 회복을 어렵게 하는 행동증상과 그때의 행동, 사고, 감정을 운용하는 방법이다.

청소년과 가족이 가장 두려워하는 것이 바로 재발이다. 그러나 사후지도를 철저히 할수록 재발은 줄어든다. AA에의 지속적 참가와 사후지도 그룹에 참여하는 것이 중요하다. 사실 새롭게 회복된 많은 클라이언트들이 90일/90번 모임작전이라는 계획을 세워 어려운 시기 동안 스스로 자조해 나가곤 한다.

Terrance Gorski(1986)는 재발경고신호를 제시한 바 있다. 그러면 청소년들에게서 가장 현저히 나타나는 재발 사인을 검토해 보도록 하자. 여기에는 부정, 회피, 우울, 노여움 조절의 어려움, 변화의지 부족이 포함된다.

사라졌던 부정이 은밀하게 되돌아온다. 청소년은 맑은 정신으로 유지해 나갈 수 없게 될까 두려워하지만 이러한 감정은 부정된다. 청소년은 그러한 두려움을 다른 사람들에게 고백하면 좋겠지만, 자신의 생각과 감정을 다른 사람들과 얘기하는 데 어려움을 갖는다. 부정은 또한 불안전한 행동으로 표현된다. 전형적인 예는 약물 청소년들이 모이는 장소에 가는 것이다. 청소년은 이 행위가 문제라는 것을 부정하며 완고하게 말한다. "나도 친구들 모임에 갈 수 있어. 약물만 안 하면 되지 왜 그래." 회복이 빠른 청소년이 이런 행동을 보일수록 재발의 위험은 크다.

또 하나의 신호는 회피다. 약물 청소년이 치료 프로그램을 권유한 사람들을 피하기 시작하는 것은 문제가 발생했다는 신호다. 또한 회복기에 있는 청소년들의 모임에도 나오지 않는다. 치료 후 사후지도 프로그램을 너무 일찍 떠난다는 것이다. 이들은 다음과 같이 말하곤 한다. "난 다른 모임에 참가하고 있기 때문에 이 모임은 필요 없어." 특히, AA 미팅에 참석하지 않는다면 이때는 재발 가능성이 확실히 높다. 회피는 청소년이 혼자 시간을 보내는 시간이 많고 고립되는 형태로도 나타난다. 때때로 청소년은 다른 사람의 회복에 과도한 관심을 보이고 자신에게 초점을 맞추지는 못하는데, 이것도 회피의 한 형태다.

변화의지 부족은 청소년이 자신의 삶에 책임을 지지 못하게 될 때 발생한다. 실패감이 충만하고 상황을 진전시킬 의지가 없다. 회복에 대한 불만족이 다음처럼 표현되기도 한다. "맑은 정신으로 산다는 것이 고작 이거야?" 친구들이나 상담가가 아무리 의견을 제시해도 자신이 왜 그렇게 안 하는지 변명만 늘어놓는다. 청소년이 의지부족상태를 극복하지 못하면 재발의 길에 들어선다.

우울은 변화의지 부족에 동반되는 경고 사인이다. 약물사용이나 자살생각이 들면서 우울이 심각해지고 지속적일 때는 긴급히 조치를 취해야 한다. 청소년 약물중독자는 자주 정동장애를 동반하기 때문에 정신장애 진단을 받아 볼 필요가 있다. 우울이 해결되지 않으면 청소년은 다시 약물을 선택하게 된다.

노여움 조절의 어려움도 중요한 경고 사인이다. 회복기에 있는 학생들에게 학교에서 경험하는 스트레스, 두려움, 압력은 상당한 노여움을 불러일으킨다. 문제는 이들 청소년들의 예전의 노여움 해결방식이 위협적이고 비난조였다는 것이다. 자신의 감정을 적절히 표현하지 못하게 됨에 따라 재발의 위험이 높아진다. 즉, 비적절한 감정표현은 무시되기 쉽고, 따라서 자신의 노여움의 표현이 학교나 부모, 친구들에게 먹혀들지 않으면 자신이 의도한 관심을 얻기 위해 극적인 행동을 하게 되는데, 하나의 방법으로 약물을 사용한다. 그러므로 상담가는 학생이 노여움을 인정하고 운용하는 데 도움을 주어야 한다. 청소년이 외적으로 비열하고 허풍스럽고 나쁘게 행동하는 것은 보통 그들이 내적으로는 두렵고 힘이 없고 미약하게 느끼기 때문이다. 노여움의 뒤에 스며있는 것은 두려움과 고통이다. 노엽지 않다고 부정하면 두려움과 고통이 떠오르고, 이는 우울로 이끌려진다.

상담을 통해 청소년들은 자신의 노여움을 잘 표현할 수 있는 방법을 배워야 한다. 청소년으로 하여금 노여움 밑에 깔려 있는 감정을 느껴 보도록 돕는 것이 유용하다. 그 깔려 있는 감정이 두려움과 고통이라면, 그 감정들을 노여움과 연결시키는 것은 청소년이 자신의 노여움을 타당화시키는 데 도움을 준다. 만일 어떤 감정이든 타당하지 못하다고 느끼면, 그것은 수치심과 고립감을 증가시킬 것이다. 자신의 노여움이 타당하다고 느낀다면, 그 노여움을 적절히 다룰 수 있는 방법을 찾을 수 있다. 다음의 문장을 클라이언트가 완성하도록 함으로써 생산적인 방식으로 노여움을 전달할 수 있는 길을 알아볼 수 있다.

- 나는 네가 ______ 할 때 ______하게 느낀다. 왜냐하면 ______.

  또는
- 나는 ____________ 가 화가 난다.
- 나는 ____________ 면 좋겠다.

16) 종결

효과적인 프로그램은 반드시 치료 종결 후 클라이언트가 학교나 가정으로 돌아갔을 때에 필요한 사후지도 요소를 갖추고 있다. 치료장면에서 지역사회로의 전이를 돕기 위해 보통 청소년과 부모와 치료자가 가정에서의 할 일에 대해 계약을 맺는다.

특히, 외래와 달리 환자가 입원해 있던 경우 가정에 돌아가는 것은 특별한 관심이 필요하다. 청소년이 집으로 돌아간다는 것은 청소년과 부모 모두에게 두려운 일이다. 이 두려움은 두 가지 방법으로 완화될 수 있다. 첫째, 퇴원 후에 다중가족치료를 사후지도 프로그램으로 마련한다. 새롭게 퇴원한 청소년의 가족은 이 다중가족치료 프로그램에 참가하여 자녀의 퇴원 후 갖게 되는 새로운 경험을 말하며, 기존의 가족들로부터 격려를 받을 수 있다. 둘째, 갑자기 퇴원시키지 말고 주말이나 단기간 동안 청소년이 집을 방문하도록 하여 서서히 적응하게 한다.

학교에 다시 다니게 됨으로써 겪는 어려움도 많다. 아마 무인도에 떨어진 기분이 들 것이다. 더 이상 예전의 약물사용 친구들과 어울릴 수 없고 소속감을 가질 수 없다. 새로운 행동과 정체감을 형성해 나가는 동시에, 예전의 약물친구들을 잘 다루어 나가야 한다. 더욱이 선생님들이 갖고 있던 청소년에 대한 선입견은 말할 것도 없고, 그동안 뒤떨어졌던 학습을 보충하는 것은 매우 어려운 일이다. 청소년은 학업뿐만 아니라 신용 면에서도 뒤져 있다는 것을 깨닫게 된다. 이 모든 것은 청소년에게 있어서는 역경이다. 덧붙여 사후지도 프로그램에 참여하면 숙제나 보충수업을 할 시간을 더욱 빼앗기게 된다.

이러한 청소년을 돕기 위한 한 가지 기법이 바로 '동지체계 구축(buddy system)' 이다. 이는 마치 AA의 각 구성원이 스폰서를 갖는 것과 비슷하다. 회복기에 있는 학생에게 일정기간 동안 지지와 오리엔테이션과 각종 도움을 제공해 줄 학생을 붙여 주는 것이다.

많은 청소년들이 경험하는 시행착오는 바로 완벽히 회복 프로그램을 끝내겠다는 열망에서 나온다. 인간은 실수를 하게 마련이다. 회복기의 학생들은 프로그램뿐만 아니라 자신의 삶 속에서 실수를 하는 것이 당연하다는 것을 이해할 필요가 있다. 특히, 이런 중요한 삶의 변화를 만드는 과정 속에서 문제가 발생하는 것은 당연하다.

또 하나의 실수는 회복기의 청소년들이 너무 많은 책임을 떠맡으려 한다는 것이다. 청소년은 수년 동안을 무책임하게 살아왔기에 이제 잃어버린 시간을 보충하길 원한다. 그들은 과중한 공부시간을 계획하고 아르바이트도 한다. 재미나 여가를 즐길 시간은 전혀 고려하지 않는다. 이렇게 되면 곧 심각한 스트레스를 받게 되고, 약물에 대한 갈망이 발생하며, 심각한 혼돈에 빠지게 된다. AA는 구성원들에게 너무 배고플 때까지 있거나(hungry), 화를 내거나(anger), 외롭게 있거나(lonely), 피곤해지지(tired) 말 것(HALT)을 경고한다. 이러한 규정은 청소년들에게도 잘 적용된다.

청소년은 사후지도 프로그램을 완성해 나가면서 삶의 질을 이룩해 나가게 된다. 자신의 자아를 찾아 나가고, 사람들과의 관계 형성과 상호작용을 확대해 나가며, 자신의 과거와 화해해야 할 것이다.

17) 학교상담가의 역할

학교상담가는 재발예방을 위한 중요한 역할과 활동을 계획할 수 있다. 한 가지 방법은 학교에 돌아온 청소년과 재발에 대해 토론하는 것이다. 학생은 자신이 생각하기에 재발신호가 무엇인지를 묘사하고 그런 행동이 자신에게 나타내게 되면 어떻게 해야 하는지 적어 보도록 한다. 그런 다음, 학생은 그러한 정보를 동료, 선생님 그리고 그 외 자신이 편하게 느끼는 사람들과 함께 나눈다. 이렇게 하여 정보를 공유한 사람들은 학생을 지지하는 하나의 팀이 된다.

때때로 청소년에게 약물을 하고 싶은 생각이 강렬해지도록 이끄는 일들이 발생한다. 예를 들어, 책을 읽는 도중 책 속의 주인공이 약물을 사용한다거나, 친구들이 술 마실 계획을 세울 때다. 또 어떤 때는 특별한 일이 없이도 약물 생각이 난다. 그럴 때는 자신의 그러한 감정을 다룰 장소가 필요하다. 즉각적으로 얘기할 상담가가 필요하다. 성공적인 회복을 위한 기본적인 태도는 바로 '언제든지 자신의 문제를 얘기하는 것은 좋은 일이다.' 라는 전제를 받아들이는 것이며, 이것은 회복의 일부 과정이기도 한 약물에 대한 갈망을 해결하는 열쇠다. 이렇게 해 나갈 때 약물에 대한 갈망은 점차 줄어든다.

제14장
사례연구

1. 알코올중독 사례

제14장은 실제 사례[1]를 고찰하고 연습과제에 대한 토론을 통해 실천능력을 강화하는 목적을 갖는다. 총 8개의 사례를 통해 제시된 연습과제는 실천가의 전문적인 기능을 향상시키고 자기이해를 돕기 위한 것이다. 연습과제에 들어가기 전에 사례의 개요를 확실히 읽어 두어야 한다. 사례에 대한 정확한 이해가 없으면 연습과제를 해결해 가는 것이 불가능하다. 그렇기 때문에 사례를 묵독(默讀)뿐만 아니라, 음독(音讀)하는 것을 강조한다. 묵독을 하고 있을 때 간과한 내용이 음독을 함으로써 명확해지는 경우가 많기 때문이다. 연습과제를 개인적으로 고찰하여 학습해 가는 것도 중요하지만, 5~6명이 팀을 이루어 고찰해 간다면 다음과 같은 이득을 얻을 수 있다.

1) 본 사례는 이윤로 외 공역(2006). 『사례연구로 배우는 사회복지실천』에서 발췌한 것이다.

- 혼자서는 미처 생각지 못했던 관점에 눈을 뜨게 된다(다각적으로 보는 관점을 발견한다).
- 집단구성원이 서로 대화를 함으로써 문제점과 해결책이 한층 명확해진다.
- 집단구성원에게 자신의 생각을 전달하고 다른 사람의 의견을 경청함으로써 커뮤니케이션 기술을 습득할 수 있다.
- 집단이 가지고 있는 잠재력을 인식하게 되며, 팀워크의 중요함을 실감하게 된다.

최근 사회복지사 국가시험에서도 암기 중심의 시험문제뿐만 아니라, 사례를 기초로 한 응용문제가 도입되고 있다. 이는 사례에 대한 사회복지사로서의 실천력과 문제해결능력을 검증하기 위한 것이다. 이 책에서 제시되는 사례연구를 통해 실천능력이 더욱 배가되기를 기대한다.

1) 사례의 개요

A씨: 38세, 남성, 무직

A씨에게는 네 살 연상의 누나가 있다. 어머니는 어릴 적 병사하여 아버지 손에 의해 자랐으며, 현재 아버지는 사망한 상태다. 늦둥이 독자인 관계로 상당히 귀하게 자랐다고 볼 수 있다. 고등학교를 졸업한 뒤 건설 하청업체에서 견습 후 정규 채용되었다. 그러나 3년 전 근무하던 회사가 불경기로 도산한 후 2년 반 정도 실업수당을 받고 있다. 아내의 아르바이트 수입에 의존해 근근이 살아가고 있다. 실직한 후에는 조건 등이 맞지 않아 취직이 되지 않았고, 차츰 음주량만 늘어 취중에 누나에게 무례한 행동을 하기도 했다. 이를 계기로 누나와의 관계가 악화되었고 현재는 연락을 끊고 살고 있다. 지금까지 음주에 의한 싸움으로 알코올 전문병원 신세를 진 것도 수차례다. 현재 간염으로 입원해 있는데, 입원비가 없어 곤란한 상태다.

A씨의 아내는 37세로 무남독녀다. 부모는 사망하였으며, 고등학교 졸업 후 중소기업의 사무원으로 취직하였지만, 22세에 A씨와 만나 결혼을 하면서 직장을 그만두었다. 그녀는 A씨가 실업자가 된 3년 전부터 근처 슈퍼마켓에서 아르바이트를 하고 있다. 남을 도와주는 것을 좋아하는 그녀와 A씨 사이에는 초등학교 6학년의 이란성 쌍둥이가 있다.

2) 사례의 경과

(1) 초기 원조계획

알코올상담센터의 사회복지사는 의사로부터 A씨가 즉시 치료가 필요한 상태이나, 치료를 받으면서 단주를 하면 차츰 회복될 것이고, 가벼운 작업을 할 수 있는 상태라는 이야기를 듣고, 초기 원조계획은 알코올로 인한 신체적 문제를 우선 집중적으로 다루고, 상황을 봐 가며 취업지원을 하기로 했다.

(2) 원조 경과 1

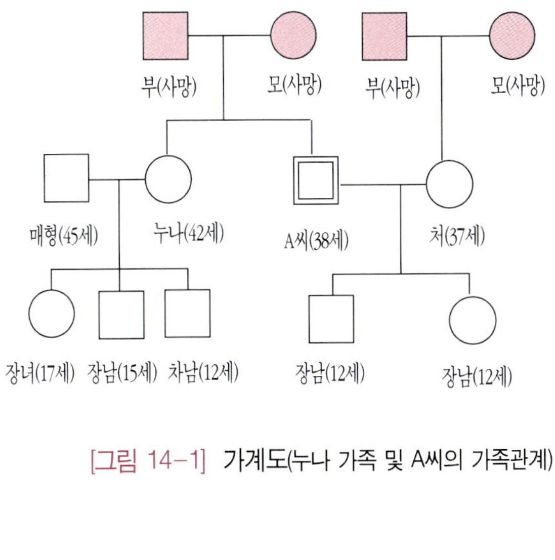

[그림 14-1] 가계도(누나 가족 및 A씨의 가족관계)

A씨에게 3개월 입원 후 퇴원하면 지역사회에 있는 단주모임에 참가할 것을 권고했다. 처음 지역단주모임에 참가한 후, A씨는 '사람들이 전부 그럴싸한 말만 되풀이하여 어울릴 수가 없다.' 며 단주모임에 대한 위화감을 나타냈다. 사회복지사는 누구나 처음에는 불안감을 가지게 되니, 너무 걱정하지 말고 참가를 계속하는 것이 중요한 일이라고 전했다.

그 후 1개월 동안 단주모임에 참가하면서 몸상태도 호전되었고, 어떠한 직종에 취직할 것인가라는 향후 진로에 대한 동기의식도 갖게 되었다. 퇴원 후 1개월 반 정도가 지났을 때 A씨의 아내로부터 'A씨가 음주한 후에 폭력을 휘두르고 있으니 빨리 와 주길 바란다.' 는 연락을 받고 A씨의 집으로 향했다. 사회복지사가 도착할 무렵 A씨는 화를 가라앉히고 있었지만, 아직 취한 상태였다. A씨의 아내는 '몸 상태도 호전되고 있는데, 취직은 안 할 것이냐?' 고 물었는데, A씨가 갑자기 술을 마시기에 '음주를 하지 말라고 만류했더니 폭력을 휘둘렀다. 아이들이 나가고 없기에 천만다행이다.' 라고 말했다. A씨는 '사회복지사도 아내도 입만 열면 술 마시지 말고 일을 하라고 말한다. 물론 알고 있다. 그리고 사실은 지역단주모임에서는 병원에 있는 단주모임에 나가라고 하고, 병원 내 단주모임에서는 지역사회에 있는 단주모임에 나가라고 해 양쪽 모두 참가하지 않고 있다.' 라고 말했다. 아내에게 A씨의 단주모임 출석상황에 대해 물었더니, '출석하지 않은 것 같은 느낌은 들었지만, 쉽게 물어볼 수가 없었다. 사실은 때때로 음주상태로 귀가하는 일이 있었지만, 무직상태가 본인의 책임도 아니고 좀처럼 취직이 되지 않아 괴로울 것이라고 생각하니, 술을 마시고 싶은 기분도 이해가 갔다. 그래도 술을 마시지 않을 때에는 빨리 취직을 하라고 재촉한다.' 고 답변하였다.

사회복지사는 지금까지 나름대로 A씨와 아내를 격려한 것은 향후 취직을 의식하면서 원조를 해 온 것인데, 단주모임에 나가지도 않고 술을 먹는다는 얘기를 들으니 순간 너무 화가 나 '단주가 불가능하다면 원조를 취소하겠다.' 라고 말하고 사무실로 돌아와 버렸다.

사무실에 돌아왔을 때, 슈퍼바이저가 가정방문은 어떠했는지를 묻기에, 사회복지사는 부부의 행동과 자신이 생각 없이 말한 발언에 대해 있는 그대로 말하였다. 슈퍼바이저는 "단지 취업 지원을 위해서 원조하는 것이 아닙니다. 술을 마실 수밖에 없었던 상대방의 기분을 이해하며 단주모임에 참가하도록 권유하는 것이 중요합니다. 아울러 가족들을 위해서라도 단주를 해야 함을 자각시키는 방향으로 원조해 보세요. 그리고 사회복지사 자신도 단주모임과 네트워크를 구축하여 정보를 교환해 보는 것이 어떨까요?"라며 조언해 주었다.

(3) 새로운 원조계획의 설정

이튿날 부부가 같이 방문하여 '단주를 위해 노력하겠으니, 원조를 계속해 주길 바란다. 아이들도 내년에는 중학교에 입학하기 때문에 가능하다면 성심껏 뒷바라지해 주고 싶다.' 고 부탁하였다. 사회복지사도 어제의 발언을 사과하고, 지금과 같은 상태로 음주를 계속한다면 일찍 사망할 위험성이 있다는 점과, A씨의 아내도 취직보다는 단주모임에 함께 참가하는 것이 우선이라는 점을 언급하였다. 사회복지사는 병원 내 단주모임 및 지역단주모임에 미리 연락을 하여 단주가 지속되도록 지원하고, 단주가 가능하다면 취업을 적극적으로 지원하겠다는 점을 부부와 합의했다. 먼저 치료에 전념하여 단주를 지속할 것을 목표로 정했다. 부부는 감사의 표시를 전하고 귀가하였다.

(4) 원조 경과 2

다시 단주를 시작하여 3개월이 경과하였다. 단주모임의 참여상태, 지금까지의 생활 및 그때그때의 기분 등에 대해 직접 본인의 연락을 받으면서 단주지원을 지속하고 있다. 또한 단주모임과의 연락도 지속적으로 하고, A씨 아내와는 일상생활 및 자녀교육에 대해 대화를 지속하고 있다. A씨는 '주 2회 정도 음주를 하고 싶은 생각이 들기 때문에 가능한 한 매일 단주모임에 나간다. 취직도 이전의 경험을 살려 건설 쪽을 알아보고 있는데, 신체조건을 고려하여 심사숙고하겠다.' 고 말했다.

단주모임의 회장으로부터는 '최근에 A씨가 스스로 발언하는 기회가 증가하고 있다. 다시 음주를 하게 된 동료 회원에게 대화를 통해 도움을 주는 것 같다.' 는 연락을 받았다. 현재 사회복지사는 단주에 대한 지속적인 지원과 함께 취직 지원을 병행하는 목표를 설정할 예정이다.

3) 연습과제

① 클라이언트가 다시 음주를 하게 된 데에는 어떠한 원인이 있었는가?
② 사회복지사가 이후 같은 과오를 범하지 않기 위해서는 어떠한 것이 필요할까?
③ 클라이언트의 네트워크를 확대하기 위한 구체적인 방안을 생각해 보자.
④ 클라이언트를 돕는 데 있어 사회복지사의 역할과 한계는 무엇인가?
⑤ 본 사례는 향후 어떠한 원조를 전개할 필요가 있는가?

4) 고찰

고령, 질병, 장애는 우리의 신체기능을 저하시킴은 물론, 수입의 감소 및 사회와 가정 내의 역할에 피해를 끼칠 수 있다. 또한 가족을 둘러싼 생활 전체에 여러 가지 문제 및 과제를 발생시킨다. 특히, 경제적 측면에서 볼 때 수입의 손실은 물론 임대료, 전기, 가스, 수도 및 의료비 지불 등의 부담이 증가한다. 클라이언트는 이러한 지불을 감수하며 치료를 받아야 하고, 수입의 감소로 인해 외출 등의 지출을 억제하게 되고, 사회와의 접촉이 줄어들어 사회적으로 고립되고 폐쇄적인 생활을 하는 경우가 많다.

한편 보건, 의료, 복지, 노동, 교육, 가정 안팎의 인간관계 등 여러 문제와 과제로 둘러싸인 클라이언트에 대해 한 사람의 전문가가 대응하기에는 한계가 있다. 클라이언트의 생활문제나 과제의 해결을 꾀함과 더불어, 관계기관이나 조직과의 연계, 즉 네트워크 형성이 중요하다. 클라이언트의 생활을 지탱하기 위해서는 복지 서비스 등의 사회자원의 활용은 물론, 인적 네트워크로서의 자원을 폭넓게 활용하는 것이 요구된다. 이를 위해서는 보건, 의료, 노동, 교육 등의 각 전문직과의 관계가 중요하다. 또한 공적 서비스 외에 비공식적 원조도 중요하다. 친·인척, 인근 주민 등의 인적 자원 및 경찰, 소방요원 등과의 연계도 검토해 볼 필요가 있다.

원조 목표를 설정할 때에는 클라이언트의 생활상황에서 발생하는 문제와 과제를 정리하면서 우선순위를 설정하고, 의료적 원조나 취업지도 등의 경우 어디에 초점을 두고 원조를 전개할 것인가의 검토가 필요하다. 구체적으로는 질병 및 장애의 이해, 생활문제를 발생시킨 구체적인 내용, 향후 전망, 취업 적합 여부, 본인의 의사, 가족의 상황 등을 포함한 검토가 필요하다.

원조를 전개해 가는 과정에 있어서 클라이언트는 물론, 가족의 반응도 중요하다. 클라이언트의 생애주기에 따른 원조와 동시에, 동거가족 개개인의 생애주기를 의식한 원조계획이 필요하다. 클라이언트 자신이 어떠한 상황에 놓여 있는가에 따라 가족의 지원도 제각기 다르기 때문에, 사회복지사는 클라이언트 및 가족이 놓인 상황을 충분히 이해할 필요가 있다(예: 공동의존이 있지는 않은가? 관계가 파탄될 정도로 가족의 부담이 증대하고 있지는 않은가?). 친·인척과의 관계도 파악해 둘 필요가 있다. 당초 관계가 원만치 않은 경우에도 연락, 조정을 해 가면서 조금씩 설득하여 친·인척이 지원자로서 자리매김할 수 있도록 한다.

사회복지사는 클라이언트가 문제해결을 위해 어떠한 대안을 선택해야 하는 경우, 각각의 대안에 대해 어떠한 결과가 발생할 수 있는지를 구체적으로 설명해 주어야 한다. 정보를 충분히 받아야 클라이언트가 자기결정을 용이하게 할 수 있다.

원조를 진행하는 동안 사회복지사는 클라이언트 및 가족이 어떠한 상황에 처해 있는가에 대한 충분한 대화를 나누는 것이 문제를 해결할 수 있는 열쇠임을 명심해야 한다.

또한 사회복지사는 자신의 역량을 향상시키기 위한 노력을 계속해야 한다. 사회복지사는 '책임이 막중하다.' '어디까지 관여해야 좋을지 판단하기 어렵다.' '이상과 현실의 괴리감을 느낀다.' '스트레스가 많다.' 등의 생각을 하면서 자신의 가치관 및 윤리관이 흔들리는 경험을 할 수 있다. 앞서 말한 바와 같이 클라이언트의 문제가 복잡하고 한 사람의 사회복지사가 감당할 수 있는 범위를 넘는 경우가 많다. 그렇기 때문에 사회복지사는 자신이 속한 기관의 사회복지사로서의 업무의 한계를 명확히 해 둘 필요성이 있다. 상사 및 동료 사회복지사와 상담하고 조언을 구한다든가, 타전문직과의 사례검토 기회를 가져 보는 것도 좋다. 자신의 실천사례를 기록하고 다른 사람이 알 수 있도록 사례를 발표하는 작업은 자신의 개입을 객관화할 수 있는 기회가 되며, 슈퍼비전을 받는 데에도 용이하게 활용될 것이다.

2. 아동보호시설의 사례

1) 사례의 개요

본 사례는 아동보호시설에서 15년간 생활해 온 아동의 사례다. 고등학교 3학년 1학기까지는 시설 및 학교생활에 잘 적응하여 순조롭게 졸업을 할 것으로 예상하였으나, 여름방학 때 돌변하여 여러 문제를 일으켰다. 현재 시설 직원을 필두로 하여 학교, 아동상담소, 지역원조기관 등이 관여하게 되었다.

입소 이유

아버지가 이혼 후 A군을 양육해 왔지만, 신용불량 및 알코올문제 등의 이유로 노숙자 상황에 직면해 A군을 아동보호시설에 맡기게 되었다. A군 나이 만 3세 때의 일이다.

부: 32세, 건설 인부
모: 28세, 무직, 이혼 후 행방불명
A군: 3세

문제행동 발생 시점까지의 경과

입소할 때 A군은 부모로부터 제대로 양육을 받지 못해 또래의 아이들에 비해 기본적 생활습관에 대한 학습이 뒤떨어져 있었고, 특히 언어 이해는 가능하였지만 소리를 내지 못하였다. A군의 담당보육사와 물론 다른 직원들이 보살핀 결과, 입소 3개월 만에 처음으로 배설 의사를 내비칠 수 있게 되었다. 그 후에 한 단어 두 단어씩 차츰 발음을 할 수 있었다.

아버지는 입소 후 1개월에 한 번 정도 면회를 왔지만, 차츰 면회 횟수가 부정확해지더니, A군이 초등학교 3학년이 된 무렵에는 행방이 묘연해졌다. 그럼에도 불구하고 A군은 직원 및 또래 아이들에 의해 보살핌을 받아 별다른 문제없이 성장할 수 있었다. 또한 지망한 고등학교에도 무사히 합격하여 고교생활뿐 아니라 서클 활동에도 적극적이었으며, 성적도 꾸준히 올라 고등학교 2학년 때에는 상위권을 유지하였다. 그래서 고등학교 3학년 때에는 희망하는 업체에 취직하고자 준비를 하게 되었다.

그런데 시설 생활 15년째를 맞이한 이 시기에 문제를 일으킨 것이다. A군이 문제행동을 일으키게 된 계기는 고등학교 3학년 5월경 친어머니와의 17년 만의 재회라고 판단된다. A군은 중학교 3학년 때 담당지도원에게 생이별하게 된 부모의 행방을 찾고 싶다고 했고, 이에 담당지도원은 적절한 시기에 아동상담소를 통해 부모의 소재를 의뢰한 바 있다. 그 결과 친부는 소재가 불명했지만, 어린 시절 헤어진 친모의 행방은 찾을 수 있었다.

신속히 담당지도원은 친모와 연락을 취하여 사진에 면담을 하였다. 이혼 후 아이가 걱정되었지만, 친권이 아버지에게 있었기 때문에 친모로서는 수수방관만 할 수밖에 없었고, 현재는 다른 남자를 만나 동거생활을 하고 있었다. 현재는 남자의 도움을 받고 있는 처지라 아이를 데려오는 것은 불가능하지만, 친부가 행방불명이므로 면회를 통해 A군에게 조금이나마 도움을 주겠다는 결론을 내리게 되었다. 그래서 5월경에 17년 만의 재회의 시간을 가지게 되었다. 17년이라는 긴 세월이 흘러서인지 A군, 친모 모두 서먹서먹한 분위기였다. 그러나 A군에게 있어서 친모와의 재회는 혈육의 존재를 확인하는 계기가 되었으므로 커다란 의미로 다가왔을 것이다.

2) 사례의 경과

6월 말 학교로부터 A군이 무단결석을 하고 있다는 연락이 있었고, 바로 다음 날부터는 시설에서도 무단외박을 하였다. 무단외박의 이유는 금년 봄에 중학교를 졸업하고 취직한 후배가 시설에 내원하여 같이 놀러다녔기 때문이다. 귀원 후에는 직원이 주의를 주었고, A군은 반성하는 모습을 보였다. 그러나 7월 말에도 어김없이 무단외박을 하고 이튿날 아침에 귀가를 하였다. 그러더니 8월에는 시설을 나가 자립생활을 하고 싶다고 담당보육사에게 말하는 것이었다. 그 후에는 취직한 후배 그리고 고교를 중퇴한 동급생과 친분관계를 맺더니, 결국 동급생의 취직활동을 돕겠다는 이유로 시설 내 자신의 방에 동급생을 무단으로 숙박시켰다. 담당지도원의 주의에도 "어차피 나도 시설을 나갈 텐데……."라며 말을 듣지 않았다. 시설 퇴소는 보호자 및 아동상담소의 양해를 얻어야 하며, 자립에 관해서는 주거 및 수입의 확보 등 여러 가지 사전 준비를 거치지 않으면 불가능하다는 것을 설명해도 신경쓰지 않는 눈치였다. 여름방학 동안에도 마음대로 생활을 지속하였다. 무단외박을 할 때마다 이유를 물어봐도 대답하려고 하지 않으면서 "상관하지 마세요. 어차피 나갈 거니까!"라며 반항했다. A군은 친구와 자금을 모아 공동생활을 하겠다고 마음먹고 신원보증인도 확보하여 9월에는 시설을 나가려고 하였다.

신학기인 9월에 들어서 A군의 행동은 거칠 것이 없었다. 동년배로 보이는 남녀를 심야에 자기 숙소로 초대하는 것을 직원이 발견하여 주의를 주면 그대로 무단외박해 버리는 행동을 계속했다. 그러는 동안 인근 경찰서로부터 연락이 왔다. A군 명의의 오토바이로 다른 소년이 사고를 일으켰다는 것이다. 무단으로 오토바이를 구입한 사실이 발각되었다.

A군의 행동에 관해 고등학교의 담임교사와 담당진로지도사가 대화를 하게 되었다. 2학기에 들어와 무단결석 및 지각이 눈에 띄게 늘어 더 이상 지속되면 졸업도 불가능한 상태이며, 목표로 하고 있는 희망업체에 취직도 불가능한 상태였다. A군의 상황에 대해 설명을 들은 담임교사는 본인이 자립 생활을 고집한다면 현실적인 면을 경험시키기 위해 한 번 정도 해 보라고 권유하는 것도 괜찮지 않겠냐는 제안을 하였다.

사례회의에서는 향후의 방침으로 무단 외박 후 귀원할 때 친구와 같이 오면 들어오지 못하게 하고, 혼자서 귀원하면 들어올 수 있게 한다는 점, 다시 한 번 A군이 퇴소 및 친구와의 공동생활을 주장한다면 한 번 정도 시켜 보기로 아동상담소와 협의하기로 했다. 또한 A군의 친모에게도 협조를 요청하기로 하였다.

10월에 들어서 A군의 행동은 오히려 격화되어 타인 명의의 오토바이를 운전해 사고를 일으키는 등 문제를 가중시키고 있었다. 그동안 아동상담소의 아동복지사와의 면접에서 고등학교 졸업이 얼마 남지 않은 상태이기 때문에 졸업까지 시설 생활을 지속하고 취직할 것과 오토바이 승차 등 위험한 행동을 그만둘 것을 제안하였지만 아무 소용이 없었다. 친모도 5월의 첫 면담 이후로는 몇 번의 전화연락만 하고, 계속 시설에 불편을 주면 내보내라는 말만 할 뿐 협력을 기대할 수 없었다.

A군은 무단외박을 반복하고 친구네 집에서 기거하면서 학교에 통학하다가, 숙박할 곳이 없으면 시설로 돌아와 기거하며 다시 외박을 하는 불량한

태도를 보였다. 결국 시설 인근에서 친구들과 음주를 하고 있는 모습이 발각되어 주의를 받다, 오히려 술에 취해 난동을 부려 경찰에 집단으로 체포되는 사건이 일어났다.

이 사건 이후로는 A군도 더 이상 사건을 일으키면 자신에게 좋을 것이 없다는 판단을 하였는지, 무단외박은 부정기적으로 하고 있다. A군의 지금까지의 행동은 다른 원생들에게도 영향을 미치게 되었고, 특히 고교생인 여학생 일부가 A군과 같은 행동을 취해 무단외박 및 등교 거부, 물건을 훔치는 등 여러 가지 문제를 일으켰다.

3) 연습과제

① 본 사례와 같이 생활시설 보호아동에 대한 원조방법에 관해 검토해 보자.
② 고교 3학년 1학기까지 특별히 문제가 없던 A군이 왜 문제행동을 일으켰는지 원인을 검토하여 보자.
③ A군의 문제행동에 대한 아동보호시설의 원조계획에 대해 평가하고, 남아 있는 과제를 검토하여 보자.
④ 본 사례를 해결하기 위해 연계해야 할 기관을 알아보고, 그 기관의 역할에 관해 검토하여 보자.
⑤ 본 사례를 통해 아동보호시설의 자립 지원은 어떠해야 하는지 검토해 보자.

4) 고찰

본 사례로 아동보호시설의 현 상태를 볼 수 있다. 즉, 아이들이 수행해야 하는 과업에 대해 아동지도원, · 보육사 등 직원이 열심히 아이들을 보살피는 모습을 볼 수 있다. 그러나 안타깝게도 그러한 뜨거운 열정이 항상 아이들의 마음에 와 닿는 것은 아니다.

현재의 아동보호시설의 어려움은 고학년 아동의 문제행동에 대한 대처다. 본 사례는 시설에서 장기간 생활하던 아동이 급변했다는 점이 특징이다. 일반적으로 고학년 아동이 입소할 경우, 가정의 문제로 인해 아동도 많은 문제를 가지고 있는 사례를 볼 수 있다. 입소 후에 그 문제행동을 중심으로 많은 원조를 하게 된다. 그러나 A군의 경우는 세 살 때 입소하여 15년 동안 순조롭게 성장하였고, 문제행동도 거의 없었다. 그런 아동이 왜 자학행위라 할 수 있는 행동을 취한 것일까? 부모로부터 버림받은 데 대한 자괴감과 원망, 불량친구들과의 교류 등 다양한 원인이 있을 수 있으므로 이에 대한 사정과 개입이 먼저 있어야 할 것이다. 또한 무단외박이 반복되었지만, 결국은 완전히 행방불명이 된 것이 아니라 연락을 하고 귀원하는 것을 볼 때, 이른바 '자립과 의존'의 갈등상태가 항상 상존해 있다는 측면도 고려할 필요가 있다.

끝으로 아동복지법에는 아동보호시설의 목적으로 '자립 지원' 항목이 있다. 입소 시점부터 자립 지원 계획의 작성 및 가정환경의 조정, 관계 기관과의 연계 등 자립 지원을 위한 노력을 추진해야 한다. 자립 지원은 아동보호시설이 감당해야 할 과제다. 복지현장에서는 자립 지원 방법을 항상 염두에 두고 이를 증진시키는 노력을 지속해 나가야 할 것이다.

3. 전문노인요양원의 사례

1) 사례의 개요

S씨: 82세, 여성

가정주부인 S씨는 10년 전 남편과 사별한 후, 오랫 동안 독신생활을 유지해 왔다. 최근 자주 사물을 잊어버리는 등 혼자 생활하는 것이 불안할 정도로 치매 증세를 보여 장남의 집에서 같이 살게 되었다. 신장은 150cm, 체중은 38kg이다.

50세를 즈음하여 당뇨병에 걸렸고, 나이가 들면서 서서히 악화되어 시력장애 및 눈의 초점이 맞지 않는 증세를 보였다. 보행능력도 불안하여 걸을 때 상당히 불안한 태도를 보였다. 치매의 정도가 상당히 중증인 상태라 대화가 곤란하며, 기억력에도 장애를 보이고 있다. 인지능력, 사물인식능력에도 장애 증상이 있어 항상 불안해하며, 배회할 가능성을 내포하고 있다. 또한 발음도 불명확하고, 말하고 있는 의미를 이해하지 못하고 있으나, 가끔 '고맙습니다' 등의 단어는 명료하게 말할 수 있다. 젊어서부터 신앙심이 강해 자주 불경을 암송하며, 일상적인 혼잣말은 할 수 있는 상태다.

2) 사례의 경과

(1) 입소에 이르기까지의 경과

1년 전부터 장남의 집에서 함께 살았으나, 그때부터 치매 증세가 서서히 진행되었고, 결국 장남의 집으로 S씨를 모셔왔다. 그러나 환경변화 때문인지 우울 증세를 보였고, 장남은 가까운 주간보호서비스센터의 이용을 신청하게 되었다.

그 결과, 일주일에 몇 번 주간보호서비스센터를 이용하게 되었지만, 장남이 근무하던 회사가 도산을 하여 실업자가 되고 말았다. 그 때문에 장남의 아내가 아르바이트를 하여 가계를 꾸려 나가게 되었다. 아내에게 어머니의 케어(care)를 맡기려고 했지만 경제적으로 어려움이 심해져 아내가 일을 할 수밖에 없었다. 장남도 재취직을 해야 했기 때문에 더 이상 집에서 어머니를 보살핀다는 것은 불가능하였다. 그 때문에 장기적으로 입소가 가능한 전문노인요양원에 입소를 신청하게 되었다.

전문노인요양원의 생활상담원, 사회복지사, 간호사와 장남부부 그리고 S씨가 첫 만남을 가졌다. 면접 시의 상황은 치매의 정도가 중증으로 의사소통이 상당히 불가능한 상태였다. 보행은 불가능하였지만, 서 있을 수 있는 정도였다. 식욕이 있어 혼자서도 먹을 수 있으나, 치아가 없고 의치도 사용하지 않고 있다. 예전에 의치를 사용했으나 곧잘 잊어버리는 바람에, 그 후 사용하고 있지 않았다. 배설은 요실금을 우려해 기저귀를 차고 있었고, 대소변의 감각이 없고, 변비로 인해 배변이 4~5일 정도 나오지 않아 변비약을 사용하고 있었다. 당뇨병은 있었지만 혈당치는 안정상태로 식사제한 등은 특별히 하고 있지 않았다. 아침, 저녁으로 당뇨병약을 복용하고 있었다. 입욕에는 상당한 케어가 필요한 상태로, 기분이 내키지 않을 때는 거부감을 나타냈다.

(2) 입소 후의 경과

4월 1일에 입소 조치를 하였는데, 장남부부와 함께 입소한 날은 흥분된 모습을 보여 식사 자체를 거부하였다. 배회행위는 없었지만 혼자서 중얼거리는 모습이 계속되었으며, 야간에는 충분히 수면을 취하는 모습이었다.

4월 2일부터는 아침 식사도 거부하지 않고 식욕도 양호한 상태였다. 그 후 자리에 앉았다 일어나기를 반복하는 불안증세를 보이며 배회행위도 간혹 보였다. 배설할 의사가 있는지 물으면 '화장실에 가고 싶다.' 라고 확실히 답변하므로 입소 당시에 사용하고 있던 기저귀의 사용은 하지 않았다.

'집에 가겠다.' 라고 말하며 어딘가 나가려는 행위가 있고, '여기는 우리 집이 아니다.' 라고 말하여 확실히 의식은 있어 보였다. 오전 중에 물수건 정리를 의뢰하면 정돈을 해 주는 등 상당히 안정된 상태였다.

4월 3일에는 장남부부가 면회를 왔다. 다른 클라이언트에게도 말을 거는 등 변화의 모습을 보였다. 담당자는 일반적으로 클라이언트의 입소 당시의 원조목표를 시설 생활에의 적응, 기분의 안정에 두고 있는데, S씨의 경우도 시설 생활에의 적응에 목표를 두었다. 야간에는 집에 가서 자고 싶다는 의사를 보이고 있는데, S씨가 말하는 집이란 사별한 남편과 지낸 집을 이야기하는 것으로, 집으로 돌아가겠다는 강한 욕구를 보인다.

S씨의 입소 후의 행동을 보고 느낀 점은 많은 기능이 아직 남아 있다는 것이다. 대화도 '화장실에 가고 싶다.' '집에 가서 자겠다.' 그리고 그 밖에 의미가 통하는 행위를 보이는 등 신체기능의 유지, 언어능력, 의식활동도 좋아지고 있었다. 짧은 기간 입소해 있지만, 잔존 기능이 상당히 좋은 상태를 보여 주고 있다.

4월 5일에는 담당자가 세면대에서 양치용 컵을 씻고 있는데, 옆으로 다가와 같이 거들어 주었다. 오후에는 서예교실에 참가시켜 보았지만, 글자를 익히는 것은 서투르다며 가만히 보고 있을 뿐 붓과 종이에 손도 대지 않았다.

4월 8일에는 차녀와 손자의 면회가 있었다. 상당히 온화한 분위기에서 대화를 하였다. S씨도 차녀와 손자를 알아보는 모양이었다. 담당자가 후에 차녀에게 물어보았더니 '예전에는 자신이 누군지도 몰랐으며 대화 자체가 불가능하였으나, 오늘은 눈도 초롱초롱하고 대화도 가능하고 손자를 알아보는 것 같다.' 며 기뻐서 눈물을 흘렸다.

전문노인요양원은 입소시설로서 노인이 입소할 때 가족 간에 의견이 언제나 일치한다고 볼 수 없고 죄책감을 갖는 가족이 적지 않다. 가족들이 여러 가지 생각을 가질 수 있으며, 가정에서 케어가 불가능하여 어쩔 수 없음에도 불구하고 스스로 죄책감을 갖는 분위기가 강하다. 이러한 가족에 대한 배려가 사회복지사에게 있어 중요한 일이며, 가족과 함께 케어를 한다는 기관방침이 필요하다.

사회복지사가 가족 대신에 모든 케어를 하고 있다는 인식을 갖게 되면 가족들에게 죄책감만 증가시키는 결과를 가져온다. 적어도 이러한 죄책감을 느끼지 않게 하는 노력이 사회복지사에게 요구된다.

4월 15일부터 같은 층의 입소 노인인 남성 R씨와 같이 보내는 시간이 많아졌다. 사별한 남편과 닮아서인지, 차를 마시는 친구로서 친근감을 느껴서인지는 알 수 없으나, 서로 어깨를 두드려 주는 모습은 흐뭇해 보였다. R씨가 목욕하러 가서 모습이 보이지 않으면 불안정한 모습을 보이다가, R씨가 보이면 옆에 앉았다. 말을 걸 상대가 없으면 혼자서 중얼거리고 불안정한 모습으로 배회를 시작했다. 밤에는 무엇인가 마음에 걸리는지 자지 못하고 혼자 중얼거리다 일어나 의자에 앉아 있는 일이 많아졌다.

4월 28일에는 목욕실 탈의실의 의자에서 넘어지고, 의자의 모서리에 얼굴을 부딪쳐 눈가에 상처가 났다. 전날 밤에 잠을 이루지 못하고 혼자 중얼거린 것이 원인이 아닌가 생각되었다. 때문에 S씨에 대한 회의를 열게 되었다.

4월 30일에 S씨에 대한 회의가 이루어졌다. 의료·간호 측면에서는 입소 전부터 투여되고 있는 당뇨약과 불안정 시에 투여되는 약의 복용이 지속되고 있다는 보고가 있었다. 케어 측면에서는 잔존기능에 관해 상세한 보고가 이루어졌다. 또한 최근 배회하는 모습을 보이는 이유로 전날 밤의 불면과 같은 층의 남성 R씨와의 관계 등이 보고되었고, 배회로 인한 낙상사고의 위험성에 관한 문제가 제기되었다. 생활상담원은 입소 후의 장남, 차녀의 면회 시의 대화 등으로 보아 S씨의 상태가 상당히 호전되고 잔존능력을 살리는 케어가 이루어진 것이 아닌가라고 지적하였다. 그러나 사고에 관해서는 한결같이 불면, 불안, 배회와 결부시켜 인식하고 있었기 때문에, 우선 R씨와 떨어져 있는 시간을 만들어 R씨 모습이 보이지 않을 때 나타나는 불안감을 없애자는 데에 모두 동의했다. R씨가 너무 친근한 존재가 되어 버렸기 때문에 오히려 불면, 불안을 가져왔다고 생각했다. 그러나 의도적으로 두 사람을 떨어뜨리는 것이 과연 좋은 일인가라는 윤리적인 문제도 대두되었다.

5월 18일에는 의도적으로 R씨를 별도의 장소로 데리고 가는 등 의도적으로 두 사람을 떨어뜨리는 일을 지속하였다. 그 결과 2~3일 후에는 S씨는 근처에 R씨가 있어도 신경쓰지 않게 되었다. 효과가 있다고 볼 수 있었다. 그러나 넘어지고 비틀거리는 모습 등 새로운 문제가 일어났다.

5월 21일에는 오전에 차녀와 손자가 면회를 왔다. 그날 밤 불면에 불안정한 상태가 지속되었고, 화장실에 가기 위해서 그랬는지 넘어져서 오른쪽 어깨를 다쳤다. 그 후 계속 비틀거리고 넘어지는 것을 반복하며 야간의 불면, 불안정이 지속되었다.

6월 3일에는 눈을 감은 채 앉았다 일어서기를 반복해 휠체어로 대응을 하였다. 입욕 시에도 계속 비틀거려 휠체어에 앉혔으나, 눈을 뗄 수가 없는 상태라 안전벨트를 착용하였다.

6월 7일에는 수면제를 추가하였다.

6월 8일에는 하루 종일 수면을 취하면서 악몽을 꾸는지 계속 불안정한 모습이었다.

6월 11일에는 넘어져서 머리에 부상을 입는 사고가 있었다. 그 후 빈번하게 넘어져 머리를 다치는 일이 많아 헤드기어를 구입하여 보호하도록 하였다. 또한 넘어지는 것을 예방하기 위해 휠체어를 이용할 때에는 안전벨트를 착용하도록 하였다.

6월 19일에는 안정제를 처방하였다.

(3) 입소 반년 후의 경과

입소 후 반년이 지나 상당한 변화가 일어났다. 10월 1일에는 수면 상태가 길어졌는데, 깨어 있을 때도 휠체어에서 일어나기를 반복하였다. 야간 불면 및 주간 취침 등 악순환이 반복되었다. 이러한 문제에 대한 문제의식과 적절한 원조 없이 단지 일상적 케어만 이루어지고 있다. 점심식사 시간에는 수면 상태로 인해 식사를 거르는 일도 있었다.

10월 12일에는 식사 시간에 손으로 밥을 먹었다.

10월 18일에는 야간의 불면 때문에 야근직원이 곁에서 같이 잤더니 안정된 기분으로 잠을 청하였다. 예전에 가능했던 수작업은 거의 할 수 없는 상태가 되었다. 치매가 점점 진행되고 있었고, 배설의 문제도 자주 발견되었다.

3) 연습과제

① 전문노인요양원을 비롯해 노인시설 입소는 본인의 의사 확인과 동의가 전제조건이지만, 와상 노인 및 치매성 노인의 경우는 의사 확인이 곤란하며, 허약한 노인의 경우에도 케어를 바라는 명확한 의사 표명이 곤란한 경우가 있다. 본인의 의사 확인 및 동의를 얻을 수 없는 입소에 관해 생각해 보자.

② 노인의 일상생활동작은 매일 저하되고 있는데, 부적절한 케어가 잔존능력을 상실시키는 경우가 있다. 신체 구속을 포함한 여러 가지 형태의 억제가 그 예인데, 이러한 부적절한 케어에 대해 생각해 보자.

③ 치매노인의 케어는 전문노인요양원에서 받아들여지고 있는 경우가 많으나, 치매노인의 의료적인 측면에서는 좋은 환경이라고 볼 수 없다. 이 점에 대해 생각해 보자.

④ 입소시설에 가족이 참여하도록 유도하는 방안을 생각해 보자.

4) 고찰

전문노인요양원 입소자의 약 70% 이상이 치매성 노인이나 중풍노인이다. 치매노인의 경우처럼 명확한 의사 표명이 곤란한 경우에는 본인을 대신하여 누군가가 일상행위의 판단을 해 주어야 한다. 또한 생활원조 측면에서 치매성 노인은 단지 물건을 잊어버리는 것과 같은 정신적 면에서의 기능 저하뿐만 아니라 신체적인 건강에도 문제가 있는 경우가 잦아, 서로 상호작용에 의해 악화될 수도 있다. 억제 및 신체 구속은 잔존능력을 빼앗는 가장 위험한 요소로서 신체기능적인 면에서는 하지근력을 중심으로 보행능력을 빼앗는 경우가 많다. 그뿐 아니라 억제는 불안한 행동을 불러오고 정신적 면에서의 불안정성을 증폭시킨다. 그 결과 억제에 의한 중대한 사고를 빚을 위험성이 높아진다.

또한 윤리적인 문제를 충분히 검토할 필요성이 제기된다. 특히, 노인의 성(性)문제에 대한 복지현장의 가치관은 종래의 관습에서 아직 벗어나지 못하고 있는 것이 현실이다. 젊은 사회복지사는 고령자의 성(性)에 대해 잘 알지 못하는 문제가 있다. S씨를 R씨로부터 떨어뜨린 것은 S씨에게 있어서는 커다란 전환점이 되었다고 볼 수 있다.

4. 자원봉사센터의 사례

1) 사례의 개요

A씨: 36세, 여성, J시 거주

J시의 자원봉사자센터로 다음과 같은 상담이 들어왔다.

"저는 40세가 된 남편 B씨와 S구에서 살고 있습니다. 우리에게는 C라는 여섯 살 된 남자 아이가 있습니다. C는 다운증후군이란 장애가 있어, 금년 봄부터 근처의 특수학교로 스쿨버스를 이용하여 통학하고 있습니다. 10일 전에 저는 여자아이(D)를 출산하였습니다. 현재는 친정어머니께서 이곳에 오셔서 집안일과 C의 스쿨버스 통학을 돕고 있습니다. 그러나 친정어머니께서도 K동에 일자리를 두고 있어, 1주일 후에는 다시 가셔야 합니다. 남편 또한 회사원으로 아침 일찍 출근하여 밤늦게 퇴근하기 때문에 충분한 휴식을 취하지 못하고 있습니다.

이러한 상황에서 가장 곤란한 것이 C의 스쿨버스 통학을 돕는 것입니다. 친정어머니께서 가시고 나면 누구도 통학을 도와줄 수가 없습니다. 집에서 스쿨버스 정류장까지는 걸어서 10분 정도의 시간이 걸리고, C와 같이 동행하면 15분 정도가 걸립니다. 손을 붙잡지 않아도 자신이 직접 걸어서 버스 정류장에서 집까지 옵니다. 제가 아기를 데리고 외출할 수 있을 때까지, 즉

산후조리를 할 2~3개월 동안만 C의 버스 통학을 도와줄 자원봉사자가 없을까요?

2~3개월 동안 학교를 쉬게 할까도 생각해 보았지만, C는 4월 입학하여 이제 3개월도 되지 않았고, 학교의 선생님과 친구들과도 얼굴을 익힐 즈음이라 학교를 쉬게 할 수는 없다고 생각하는데……."

이 상담을 받은 자원봉사자 코디네이터[1]가 좀 더 자세히 들은 바로는 A씨의 남편인 B씨의 친척이 같은 S구에 사는데, 친척이 상을 당했을 때나 만나는 정도였고, A씨는 얼마 전 상경한 처지라 가까운 곳에 친척도 없고, 친구도 없는 처지라 하였다.

C군의 특수학교 스쿨버스 시간은 아침에는 8시 20분이며, 귀가 시간은 수요일만 12시 50분이고, 다른 요일인 월요일에서 금요일까지는 13시 30분, 토요일은 12시 20분이다(2, 4주 토요일은 휴교).

1) 자원봉사자 코디네이터(coordinator)는 자원봉사자 활동을 희망하는 사람에게 활동처를 소개하고 자원봉사자를 요청하는 사람과의 가교 역할을 하는 자원봉사자 알선을 주로 행하는 사람을 말한다. 지역 자원봉사자센터(volunteer center)에서는 ① 자원봉사자 알선, ② 자원봉사자 활동에 관한 상담정보 제공, ③ 자원봉사자 강좌연구회의 개최 등을 수행하고 있다.

2) 사례의 경과

상담을 받은 자원봉사자 코디네이터인 E는 상당히 곤란한 상태로 생각했다. 왜냐하면 C군은 다운증후군이란 장애로 특수학교에 다니고 있어 통학을 도와주어야 하는데, 2~3개월이란 기한을 두고 있지만 일요일을 제외하고는 1일 2회를 도와줌으로써 거의 매일 C군의 통학을 도와주어야 하기 때문이다. 교통사고가 날 수 있는 상황까지 생각한다면 책임이 막중한 활동인 것이다.

J시의 자원봉사센터에는 약 800명의 자원봉사자가 등록되어 있다. 그러나 이른 아침 또는 오후 1시 전후에 활동이 가능한 자원봉사자는 한정되어 있어, 매일 도와주어야 된다면 많은 인원으로 조를 편성해야 하는 어려운 경우

다. 그러나 모처럼 즐겁게 통학을 시작한 C군을 출산 때문에 쉬게 하고 싶지 않은 A씨의 기분을 이해하기에 A씨와 같이 대책을 마련하기로 했다.

먼저 자원봉사자센터에 등록되어 있는 회원들 중 협력해 줄 사람을 찾기로 했다. 통학을 도와주는 것은 1회 활동 편도가 약 15분, 왕복 30분의 시간이 걸린다. 그것을 감안하면 A씨의 집에서부터 멀리 사는 사람보다는 가까운 거리에 사는 사람을 선호할 수밖에 없다. 여러 사람에게 협력을 의뢰한 결과, 세 명의 협력자를 얻을 수 있었다. 그러나 세 명 모두 하루 2회, 거의 매일 활동하기는 곤란한 형편이었다.

다음으로 가정봉사원파견 사업에 의뢰할 수 없을까 하여 봉사원 코디네이터에게 상담했지만, 가정봉사원파견은 노인 및 장애인의 통원이라면 파견할 수 있지만, 장애아동의 통학 도움은 어렵다는 회답만 할 뿐이었다. 또한 장애인 교통지원사업 담당자에게 의뢰한 결과, 특수학교의 통학 보장은 복지보다는 교육범위 내의 일로 통근, 통학 등은 파견대상 외의 일이란 회답만 올 뿐이었다.

다음으로 E가 생각한 것은 자원봉사자센터 등록자 약 800명 중에서 협력자를 더 이상 찾을 수 없다면 지역신문에 기재하여 시민 중에서 협력자를 모집하는 방법이었다. 이 경우 C군의 스쿨버스 정류장 위치, 장애 정도를 기재할 필요성이 있었다. 가능하다면 A씨가 장애가 있는 자녀 C군을 특수학교에 보내고자 하는 마음을 시민에게 호소하여 공감을 얻기 위해 A씨가 직접 협력자 모집기사에 등장하는 방법을 제안했다. 그러나 이 제안은 최종적으로 A씨의 동의를 얻지 못하여 실현되지 못했다. A씨의 남편이 생각하기를 기사를 읽은 사람이 C에 대한 이상한 소문을 만들지 않겠느냐는 우려가 있었기 때문이다.

좋은 대응책이 발견되지 않자, 코디네이터는 그 지역의 시의원, 지역사회복지협의체 직원, 부녀회와 모범운전자회, 해병대 전우회, 대학 자원봉사 동아리 등에 연락을 취하여 도움을 요청하고 회의를 소집하였다. 이틀 후 회의석상에서 A씨의 남편인 B씨가 당시의 심정을 토로하게끔 하였다.

결과적으로 총 21명의 참여를 이끌어 내었고, 조를 편성하여 돕기로 하였다. 토요일은 남편인 B씨가 담당하기로 하고, 월요일에서 금요일까지 21명의 자원봉사자가 분담하여 돕기로 한 것이다. 그리하여 A씨 혼자서 통학을 도와줄 수 있을 때까지인 38일 동안 사고 없이 마칠 수 있었다.

3) 연습과제

① 모처럼 즐겁게 통학을 시작한 C군을 출산 때문에 쉬게 하고 싶지 않아 통학을 도와줄 자원봉사자 코디네이터를 찾은 어머니의 욕구에 대해 어떻게 생각하는가?

② 당신이 이 상담을 접수받은 자원봉사자 코디네이터의 입장이라면 본 사례의 자원봉사자 코디네이터의 대응은 어떠했다고 생각하는가? 또한 다른 대응방법이 있는지를 생각해 보자.

③ C군의 통학을 돕는 38일 동안 코디네이터는 구체적으로 어떠한 원조 활동을 해야 할 것인지 생각해 보자.

4) 고찰

본 사례에서의 초점은 A씨가 모처럼 즐겁게 통학을 시작한 C군을 출산 때문에 쉬게 하고 싶지 않아, 통학을 시키고 싶다는 의뢰에 대해 A씨와 같은 지역에 사는 부녀회나 운전자회, 시의원이나 지역복지협의체 직원 등이 공감했다는 데에 있다.

또한 A씨의 욕구를 지역사회 실천과제로 다루었다는 점이다. '남의 문제'라는 의식에서 보면 이 사례는 '안타깝다' 는 동정심밖에 생기지 않아 구체적인 원조활동으로 연결될 수 없었을 것이다.

지역사회에서 원조를 담당하는 사회복지사들에게는, 클라이언트의 의뢰 및 욕구에 대해 지역주민들이 공감을 형성하도록 하여 지역주민들 스스로가 주체적으로 활동에 참여할 수 있도록 하는 지역사회 실천기술이 필요하다.

이번 A씨에 대한 개별원조를 계기로, 자원봉사에 참여한 사람들이 J시의 복지추진위원회를 결성하고 활동하는 것으로 발전할 수도 있으므로 이번 코디네이터의 노력은 꼭 필요한 업무였다고 사료된다.

5. 발달지체아동 학대의 사례

1) 사례의 개요

A군: 5세 남아, 경증의 지적 발달장애, B특수교육기관 통학

부: 35세, 엄마를 대신하여 가사 · 육아를 전담, 구직활동 중
모: 30세, 식당 근무
남동생: 4세
여동생: 3세

A군은 현재 5세다. 3세 때부터 언어발달이 미진하다. 금년 5월경에 교육기관에서 A군이 학대를 받고 있을지도 모른다는 통보가 아동상담소로 접수되어 왔다. 아동상담소의 직접적인 개입이 필요하다는 판단 아래, 특수교육기관을 설득하여 A군의 부모와 접촉하기로 하였다.

2) 사례의 경과

기관에 A군을 데리러 온 엄마에게 말을 걸었다.

사회복지사: 오랜만입니다. 건강하시지요? 근처에 올 일이 있어 들러 보았는데, A군과 어머님을 만나게 되어 반갑습니다.

엄　　　마: 예.

사회복지사: 세 살 때 말이 좀 느렸는데 지금은 어떻습니까?

엄　　　마: …….

사회복지사: A군을 키우면서 힘들다고 생각해 본 적은 없으세요?

엄　　　마: 예. 있지요. 전혀 말을 알아듣지 못해서…….

사회복지사: 그럴 때 어머님께서는 어떻게 하세요?

엄　　　마: 화를 내기도 하고, 무시하기도 하고……. 그러나 A는 계속 한 시간이고두 시간이고 말도 하지 않았어요. 그리고 막 짜증을 내요.

사회복지사: 그래요.

엄　　　마: 어떻게 하면 좋을지 모르겠어요.

사회복지사: 그렇다면 어떻게 하는 것이 좋을지 아동상담소에 오셔서 함께 의논해 보시면 어떨까요?

엄　　　마: …….

사회복지사: …….

엄　　　마: 그래 주실 건가요?

사회복지사: 물론이지요. 그럼 남편분과 함께 방문해 주세요.

약속한 대로 며칠 후 부모가 A군과 함께 내방하였다. 발달상태검사를 받은 결과 A군의 지능지수는 50으로 경증의 지적 발달장애를 보였다. A군의 부모는 A군에게 예의범절을 가르치려고 몇 가지의 규칙을 정하게 되었는데, 규칙이 지켜지지 않으면 A군에게 상당히 엄하게 대한 편이었다고 한다. 때리기도 하고, 계속 서 있게 한다든가, 최근에는 식사도 주지 않으면서 교육기관의 제복이나 가방 등을 A군의 눈앞에서 버리기도 하였다. 발달지체로 인하여 이러한 부모의 행동에 대한 의미조차 이해하지 못하는 A군은 위축되어 멍하니 서 있을 수밖에 없는 상황이 반복되었던 것이다. 그래서 사회복지사는 A군의 발달지체를 부모가 인식하고, 장애 수용 및 학대의 의미를 고찰할 수 있도록 원조 계획을 세웠다.

사회복지사: 부모님께서는 A군이 꾸지람을 들을 때 경직된 행동을 보이는 이유가 어디에 있다고 보십니까?

아 빠: 성격 때문이라고 생각합니다. 고집쟁이라…….

사회복지사: 성격의 탓도 조금은 있겠지요. 그러나 부모님이 말씀하시는 의미를 이해할 수 없는 거라면 어떻게 하시겠어요?

아 빠: 내가 말한 의미를 이해하지 못한다고요? 이해를 하지 못했다는 말인가요?

엄 마: 아니, 그럼 A가 바보란 말인가요? 그런 일은 있을 수 없어요. A는 무엇이든 다 이해하고 있어요! 일부러 우리를 골탕먹이고 있단 말이에요!

사회복지사: A군이 부모님께서 말씀하신 것의 의미를 잘 이해하고 있다면, 꾸지람을 들은 후에도 같은 행동을 그렇게 반복할까요?

엄 마: 아니, 그럼 우리가 A를 이해하지도 못하고 심하게 꾸짖고 괴롭히기만 하고 있다는 말씀이세요?

사회복지사: 아니요. A군은 꾸중을 들어도 왜 꾸중을 들어야 하는지 이해할 능력이 없으며, 어떻게 하면 좋을지도 모른 채 그냥 잠자코 있을 수밖에 없는 어린아이라는 것을 이해해 주기 바란다는 겁니다. A군의 발달지체를 이해하지 못한다면 이러한 행동은 A군의 고집에서 일으킨 행동으로밖에 생각하지 못한다는 거죠.

아 빠: A가 정말 발달지체아란 말입니까? 우리들의 교육방법이 나빠서 그런 건가요?

사회복지사: 아닙니다. 태어날 때부터 발달이 더디었다고 생각합니다. 부모님 탓이 아니에요.

아 빠: 그것도 모르고 아무것도 모르는 우리 A를 꾸짖기만 했었다니…….

부모는 A군의 장애를 인식하게 되었고, 엄하게 교육시킨다는 것이 학대로 연결된 것에 대해 인식하기 시작했다. 부모 모두 A군의 육아에 대한 실패의 책임을 느끼게 되었으며, A군의 교육에 대해 다시 생각해 보게 되었다.

그 후 몇 번의 면접을 거친 후, A군의 부모는 아이를 객관적으로 보기 시작했으며, 부모-자녀 관계의 회복을 목표로 상담을 지속하기로 결정했다.

3) 연습과제

① A군의 부모가 사회복지사의 말에 수긍하는 데에는 어떠한 면접기술이 사용되었는지를 정리해 보자.
② 장애 판정을 받았을 때 A군 부모의 기분은 어떠했을지에 대해 생각해 보자.
③ 그룹별로 각각의 역할을 맡아 역할극을 해 보고 클라이언트, 사회복지사 각각의 역할에 대해 느낀 점을 이야기해 보자. 그리고 개선해야 할 점에 대해서도 이야기해 보자.

4) 고찰

원조관계는 클라이언트 자신이 원조를 원한다는 점에서부터 출발하는 이미지를 가질 수 있는데, '클라이언트가 원조가 필요한 상황' 인 경우와 '클라이언트 자신이 원조를 스스로 요구' 한다는 것은 언제나 일치할 수는 없다. 원조가 필요한 상황에 있으면서도 원조를 원하지 않거나, 원조를 필요로 하고 있는 자기 자신을 부정하는 경우가 많다. 이런 경우 클라이언트와 원조관계를 구축해 가는 것이 매우 어렵다. 그런 전형적인 예의 하나가 본 사례와 같이 아동학대 및 장애를 부모에게 알려야 하는 경우다. 원조기관의 개입을 원하지 않는 클라이언트에게 사회복지사가 적극적으로 개입하여 '개입' 의 의미를 이해시키고, 클라이언트 자신에게 문제가 있다는 인식을 갖게 해야 한다. 그렇게 되어야만 클라이언트가 문제해결의 '파트너' 로서 활동할 수 있게 되고, 문제해결을 위한 첫발을 잘 디딜 수 있게 된다.

이를 위해서는 클라이언트를 있는 그대로 수용하고, 감정이입과 관심을 표현해야 한다. 이와 같은 클라이언트 중심의 수용이 원조를 원하지 않는 클라이언트와의 거리를 좁힐 수 있다.

6. 아동보호시설의 사례 1

1) 사례의 개요

A군(중학교 1학년)은 밤중에 무단외출을 하는 일이 잦아졌다. 편의점에서 봉지를 들고 귀가하는 모습을 보고 W지도원이 A군에게 물어보니, B군(고등학교 1학년생)의 강요로 자주 그렇게 하였다는데, B군의 보복이 두려워 비밀로 하고 싶다고 하였다.

A군과 B군은 가족과의 인연이 깊지 못해 유아기 때부터 아동보호시설에서 생활하고 있다. B군은 4월부터 고등학교에 입학하여 공부와 일을 병행하는 성실한 태도를 보인다고 평가받고 있었는데…….

2) 사례의 경과

상황 1

W지도원: A군, 이 시간에 무얼 하고 있나? 자야 할 시간인데?

A 군: 갈증이 나서 주스를 사러 갔다 왔습니다. 말없이 갔다 와서 죄송합니다.

W지도원: 어쨌든 안으로 들어가도록 해.

A 군: 죄송합니다.

W지도원: A군, 자네가 거짓말을 하지 않았다면 내가 화낼 필요는 없다고 생각하네. 최근 자네는 밤늦게 물건을 사러 가는 일이 잦은데, 어디서 돈이 생겨 그러는지…….

A 군: 저…… 말하지요.

W지도원: 음…….

A 군: 오늘은 11시경, 침대에서 자고 있는데 B군이 와서는 주스를 사러

갔다 오라며, 한턱 내겠다고 해서 그랬습니다. 사실은 가고 싶지 않았지만, 저도 주스를 마시고 싶었고, 싫다고 하면 맞을지도 모른다고 생각했습니다.

W지도원: 자네는 B군을 어떻게 생각하지?

A 군: 주스를 사 주기도 하고 멋있어 보이기도 하지만, 그래도 무섭습니다. 그리고 저에게 강요하는 것이 싫습니다. 그리고 매번 저에게 심부름을 시키고 있어요. 지금까지 5~6번이나 심부름을 한 걸요.

W지도원: 그런데 자네는 왜 이제까지 가만히 있었지?

A 군: 심부름하기는 싫었지만, 선생님이 이 사실을 알게 되면 보복을 당할까 두려웠습니다. 그래서 그냥…… 시키는 대로 했습니다.

W지도원: 그래?

W지도원은 좋은 방법이 생각이 나지 않아 시간만 보내고 있었다. 변함없이 A군은 B군의 심부름을 하고 있는 모양이었다. W지도원은 Y주임지도원과 상담하기로 하였다.

상황 2

Y 주 임: A군과 B군의 관계는 어떻습니까?

W지도원: A군은 B군을 무서워하고 있어요. B군이 A군을 나쁘게 생각하지는 않지만……. 그런데 왜 A군만 심부름시키는지는 모르겠네요.

Y 주 임: 지금까지 B군과 이야기해 본 적이 있습니까?

W지도원: A군이 비밀로 하고 싶어 해서 아직 이야기해 본 적은 없습니다.

Y 주 임: 저는 오늘 B군과 이야기해 볼까 생각합니다. 화낼 일이 아니라고 생각하지만, 혹시나 A군이 보복을 당할 수 있으므로 이 점을 의식해 둘 필요가 있겠습니다.

W지도원: 물론입니다. 그래도 이것은 고학년 그룹 전체의 문제이기도 하기에 저도 대화를 해 볼 생각입니다. 향후 그룹원 전체에게 대화를 시켜 볼 생각입니다. 어떻겠습니까?

Y 주 임: 그렇게 해 보지요.

상황 3

그날 밤 Y주임지도원, W지도원, B군이 대화를 가졌다.

Y 주 임: 오늘은 자네와 A군의 일에 대해 얘기해 보려고 하네.

B 군: 알고 있습니다. A에게는 나쁜 짓을 했다고 생각합니다. 다시는 그러지 않겠습니다.

Y 주 임: 그래? 난 너를 화내게 하려고 하는 것은 아니야. 그러나 네가 A군에게 한 것 중 고쳐야 할 점이 있다고 생각해. 무엇이 옳고 무엇이 나쁜 것인지 함께 생각해 보자.

B 군: 예.

W지도원: 나도 이곳에서 같이 대화를 하고 싶은데, 괜찮겠지? 심부름의 문제는 이전에 있었던 일 뿐만 아니라 여러 번 있었다고 생각하는데, 오늘의 대화는 그룹 전체의 문제로서 생각해 주기를 바라네. B군이 싫다면 그만두겠지만.

B 군: 괜찮습니다. 사실은 Y선생님과 단둘이라 생각하니 상당히 긴장했는데. W선생님이 있어 준다면 저도 좋다고 생각합니다.

Y 주 임: 자, 그럼 셋이 같이 얘기해 봅시다. 먼저 B군은 심부름시킨다는 것에 대해 어떻게 생각하지?

B 군: 지금은 제가 시키는 쪽이지만, 제가 중학생 때는 선배들로부터 심부름당한 일이 있었죠.

Y 주 임: 그때 B군의 기분은 어땠지?

B 군: 음, 그다지 중요하게 생각한 것은 없었고, 시설이라 어쩔 수 없다고 생각했죠. 그래도 심부름시킨다는 것이 어느 때는 기분 나쁘지 몰라도 그렇지 않을 때도 있다고 생각했어요.

Y 주 임: 그렇지 않을 때란 어떤 때를 말하지?

B 군: 자신이 좋아하는 사람, 존경하는 사람이 시킨다면 오히려 기쁠 거라고 생각해요.

Y 주 임: 그래! 그렇다면 기분 나쁠 때는 어느 때지?

B 군: 뭔가 다른 일을 하고 있을 때 시키면 기분이 나빴고, 자고 있을 때 깨운 것도 A군에게는 기분 나빴을 것이라고 생각합니다. 게다가

'자신을 좋게 생각하고 있겠지.' 하고 건네는 말은 정말 싫죠. 더군다나 싫어하는 사람이라면 어떤 말을 걸어와도 싫고요.

W지도원: 나도 곧잘 주스 좀 사 오라고 부탁하는데, 그것은 어떻게 생각하지?

B 군: 내가 A군에게 부탁할 때는 W선생님처럼 되고 싶은 마음에 시킬 때도 있어요. 그러나 지금 생각해 보니 좀 나빴다고 생각합니다.

Y 주 임: 어떠한 점이 나빴다고 생각하지?

B 군: 표현이 어색할지 몰라도 W선생님은 '누구 주스 마시고 싶은 사람 있나?' 라고 물으면 가겠다고 대답한 아이가 심부름을 하죠. 나는 A군이 가고 싶은지 어떤지 관계없이 무조건 갔다 오라고 시킨 점입니다.

Y 주 임: B군은 정말 솔직하게 말해 주고 있네! 사람에게 부탁할 때는 상대방의 기분을 고려해야 한다는 것을 심부름뿐만 아니라, 생활의 모든 면에서 고려하지 않으면 안 되지. 마지막으로 듣고 싶은 것이 있는데, 왜 자네는 A군만 심부름을 시켰지? 자네는 학교에 다니고 있으니 귀가길에 편의점에 들러 사 올 수도 있고, 굳이 A군을 시킬 필요는 없다고 생각하는데?

B 군: 좀 말하기는 어려운데, 꼭 말해야 됩니까?

Y지도원: 아니, 꼭 말하라는 것은 아니네. 자! 오늘은 이 정도에서 끝내도록 하지.

그 다음주 W지도원으로부터 그룹 전체가 대화를 가져 사람이 무엇을 부탁할 때 지켜야 될 규칙을 결정했다는 보고가 있었다. 그것은 ① 싫은 일은 싫다고 말하는 것, ② 상대방이 무엇인가를 하고 있을 때는 그 형편을 살필 것, ③ 명령적인 말은 하지 말 것, ④ 생활규칙을 어기는 일은 부탁하지 말 것 등이다.

W지도원: 실은 고 3의 C군한테 들은 얘기입니다만, B군은 A군이 다른 아이들과 달리 보호자의 면회도 없고, 용돈도 받을 수 없는 형편을 불쌍히 여겼다고 합니다. B군도 부모로부터 용돈을 받을 수 없는

형편인지라 A군에게 왠지 용돈이라도 주고 싶어서 그랬는지……
모르겠네요.

3) 연습과제

① 상황 1에서 A군은 W지도원이 B군과 대화하는 것을 원치 않았다. 그러나 문제해결을 위해서 B군과의 대화는 꼭 필요한 것이었다. A군의 심정을 이해하면서 W지도원은 어떻게 대화하는 것이 좋을지 생각해 보자.
② 3인 1조가 되어 A군, B군, 지도원의 역할을 맡아 각각의 입장이 되어 그들의 심정이 어떠했는지를 생각해 보자.
③ 상황 3에서 Y주임의 면담기술이 어떠한지 논의해 보자.

4) 고찰

'심부름' 이란 문제는 아동보호시설과 같이 집단생활시설에서는 곧잘 일어나는 일이다. 사람이 사람을 다스리는 경우는 여러 정황이 될 수 있다. 예를 들면, 시키는 사람 입장에서 보면 '도움을 부탁하는 것부터 무리하게 일을 시키기' 까지 있을 수 있고, 당하는 사람 입장에서 보면 '자진해서 도와주는 것부터 억지로 시킴을 당하는 것' 까지 있을 수 있다. 이것은 시키는 사람과 당하는 사람 측의 관계성에 의한 형태로 볼 수 있다. 따라서 사회복지사는 아동들의 관계성에 주목해야 한다. 집단사회사업(group work)을 통한 토론은 이러한 의미에서 유효한 해결방법이라고 할 수 있다. 또한 아이들이 잘못된 행동을 취할 경우, 그 행동을 개선시키기 위해 타이르기가 필요하다. 자신의 감정을 폭발하는 '분노하기' 가 아닌 상대방의 입장을 고려한 타이르기' 가 필요한 것이다. 타이르기 위해서는 다음의 5가지 과정이 필요하다.

<표 14-1> 타이르기의 과정

단계 1	잘못된 부분만 중점적으로 처리하지 말고, 전체적 맥락에서 그 문제를 취급해야 한다.
단계 2	듣는 자세가 중요하다. 흥분상태에서는 아무리 말을 하여도 들으려 하지 않을 것이다. 안정된 상태에서 말을 하는 것이 선결 과제다.
단계 3	답답하거나 불명확하거나 억눌린 감정을 언어화한다. 언어화하는 과정에서 무엇이 옳고 무엇이 나쁜 것인가를 명확하게 한다.
단계 4	그 당시의 행동과 그렇게 하여 어떻게 될 것인가에 대한 상태를 구체적으로 묘사한다. 상황에 따라서는 직접 시뮬레이션(simulation)하는 것도 효과가 있다.
단계 5	아이들이 행동을 어떻게 개선하겠다고 말하면 그것을 평가해 준다. 물론 대상아동의 연령을 고려하고 전체적인 관계성도 고려한다. '꾸짖기' 라는 것은 아이들이 상처받는 것이 아닌 신뢰관계를 북돋우는 행위다.

효과적으로 아동을 다루기 위해서 직원 간의 팀워크는 필수 불가결하다. 각각의 역할 분담과 매일 직원 간의 대화가 중요하다. 또한 아동이 스스로 잘못을 뉘우쳐 자신감을 갖게 하는 지원이 중요하다.

7. 아동보호시설의 사례 2

1) 사례의 개요

A군은 중학교 3학년생으로 고등학교 2학년생인 누나가 있다. 부모님이 이혼을 한 후, A군의 양육은 부친이 맡아 왔지만 갑작스러운 병으로 인해 부친은 입원 중이다. 따라서 아동보호시설에 입소하게 되었다.

A군은 평소 성미가 급하여 말보다는 손이 먼저 나가는 일이 잦았다. 타인을 리드하는 자질은 가지고 있으나, 이를 충분히 발휘하지 못하고 있다.

2) 사례의 경과

저녁 식사 후 삼삼오오 짝을 지어 거실로 돌아가는 아이들과 식당 앞에서 담소를 나누는 아이들이 있었다. 이 시설은 비교적 규모가 커서 유아를 제외한 전원이 식당에서 식사를 할 수 있으며, 식당 앞에는 담소를 나눌 수 있는 작은 소파가 놓여 있어 고학년은 식사 후에 소파에 앉아 제각기 즐거운 시간을 보내고 있었다.

그때 근무를 끝낸 B보육사가 신발장 옆을 지나다가 우연히 신발장 위에 어떤 외투가 하나 놓인 것을 발견했다. 자세히 보니 자신이 예전에 잃어버린 외투였다. 신발장은 높아서 지지대가 없으면 잡을 수 없기 때문에 근처에 있는 청소용 막대자루를 사용하여 외투를 꺼내려 했다. 식당에서 친구와 잡담을 하고 있던 A군이 이 광경을 보고 B보육사에게 다가왔다. A군은 "그렇게 하면 가방이 밑으로 떨어지잖아요."라고 했다. A군은 통학용 가방을 본인의 방에 두지 않고 그대로 식당으로 직행하는 바람에 신발장 위에 올려놓았던 것이다. B보육사는 "이렇게 하지 않으면 내 외투를 잡을 수가 없어서……."라고 하였다. 그렇게 말하는 사이 B보육사의 외투와 A군의 가방이 같이 바닥으로 떨어지고 말았다. 이에 화가 난 A군은 B보육사를 밀쳤다. B보육사는 "지금 뭐하는 거야?"라며 갑작스런 행동에 당황해했다. A군은 "그만두라고 했는데도 그만두지 않으니까……."라고 하였다.

근처에 있던 중학생들이 달려와 갑자기 소란스러웠다. B보육사는 지금까지 두 번 정도 구두 등을 분실한 경험이 있어 A군을 포함한 중학생들에게 생각지도 않게 그만 "너희들이 내 외투를 감췄지?"라고 소리를 지르고 말았다. 중학생들은 "우린 아니에요."라며 모두 한결같이 손을 가로저었다. B보육사는 "A군, 네가 한 짓이지?"라고 하였다. A군은 "그만두라고 했는데, 그만두지 않아 내 가방이 떨어진 것 아니에요? 그만두라고 하면 그만두었어야지. 외투가 없어진 걸 남의 탓으로 돌리지 마세요."라며 대들었다. B보육사는 "A군, 차분히 이야기해 보자. 선생님의 말을 들어 봐."라며 열심히 A군과 얘기하려 해 봤지만, A군은 오히려 트집만 잡고 주위에 있던 중학생들도 "함부로 얘기해도 되요? 거짓말만 늘어놓다니."라며 A군을 동조하고 있었다.

이 소란을 들은 아동지도원이 현관에서 달려와 웅성거리고 있던 양측 사이를 비집고 들어왔다. B보육사로부터 사정을 듣는 사이에도 A군은 욕설에 가까운 비난을 하며 금방이라도 폭력을 휘두를 것 같은 흥분상태를 지속하고 있었다. 이대로는 문제가 해결되지 않을 것 같아 아동지도원은 두 사람을 각각 다른 방으로 보내고 사정을 들어 보기로 했다.

3) 연습과제

① A군과 B보육사의 심정을 이해하기 위해 Role Play를 해 보자.
② A군과 B보육사의 말과 행동을 파악하고 문제점을 정리해 보자.
③ 양자 사이에 아동지도원이 개입했는데, 이후의 문제해결방법에 관해 검토해 보자.
④ A군과 같이 '말보다 손이 먼저 나가는' 아동에 대한 원조방침을 생각해 보자.

4) 고찰

아동보호시설의 한 가지 과제는 문제행동을 일삼는 아이들에 대한 개입방안을 고안하는 것이다. 입소 전에 생활의 어려움을 겪은 아이들은 입소 후에도 집단생활에 적응하지 못하고 반사회적 행위로 발전하는 사례가 있는데, 시설 현장의 보육사 및 아동지도원들은 그 대응에 미온적인 상황이다.

본 사례의 A군의 경우는 시설에서뿐만 아니라 학교에서도 동급생에 대한 폭력행위 및 교사에 대한 폭언 등의 문제행위가 이전부터 일어났다고 한다. 그 때마다 학교측과 시설측이 대응하여 문제의 해결을 꾀하여 보았지만, 연령이 늘어남에 따라 행동도 과격해져 갈 뿐이었다.

A군의 가족은 같은 시설에 입소 중인 누나(고등학교 2학년)와 집에 기거하는 병약한 아버지 등 세 명이다. 부모의 이혼 전후로 가정이 붕괴되기 시작하고, A군의 과격한 행동은 그 때부터 시작되었다고 기록되어 있다. 시설 입소 후 친부는 병상에 있어 정기적인 만남(면회, 외출)이 빈약했고, 누나도 동생의 행동에 거부감을 느끼고 있는 상황이었다.

A군은 평상시에는 얌전한 편이다. 클럽활동으로 야구부에 소속되어 정규멤버로 활약하고, 팀의 동료로부터도 신뢰가 두터워 일부 후배가 잘 따른다고 한다. 또한 중학교 3학년이 되어 고등학교 진학을 희망하고 있으며, 지금까지 학교성적은 신경쓰지 않았으나, 최근에는 다소 의식을 하고 있는 듯 보였다. 이러한 강점을 문제해결로 연결시켜 볼 수 있을 것이다.

8. 신체장애인시설의 사례

1) 사례의 개요

A씨: 37세, 여성

A씨는 3년 전에 교통사고로 양다리를 잃어 신체장애 1급 판정을 받았다. 이미 양친은 타계하고, 언니 O씨(여성, 49세)는 결혼하여 다른 지방에 살고

있다. A씨는 고등학교 졸업 후, 도회지에서 혼자 생활하고 있다. 특별히 가족 간의 교류도 없고 친한 친구도 없는 편이다. 그러나 장애가 있기 전 A씨는 직장에서 중요한 위치에 있었다.

A씨는 장애인 자전거대회에 참가하는 것이 유일한 취미이기도 하다. 독신인 A씨는 자립생활이 가능해질 때까지 신체장애인시설에 입소하여 생활하고 있다. 그러나 A씨는 입소한 지 2년이 지난 후까지도 시설에 적응하지 못했고, 최근에는 경기 연습도 게을리 하기 시작했다.

2) 사례의 경과

클라이언트 1: 사회복지사님, 예전에 이야기했던 사람 말이에요. 지금 또 홀에서 뭔가를 하고 있어요. 빨리 가 보세요.

사회복지사(남성, 36세): "알겠습니다."
클라이언트 2: 이봐! 당신 도대체 뭘 할 작정이야? 진짜 참는 데도 한계가 있지.
클라이언트 3: 그래 맞아.

(곁에 있던 클라이언트4, 5도 A씨를 몰아붙이고 있었다.)

A 씨: 시끄러워. 난 너희들과 다르다고.
클라이언트 2: 뭐가 다르다는 거야. 당신이야말로 밖에서 살기 어렵기 때문에 여기에 들어온 것 아냐. 옛날엔 정상적으로 일했는지 몰라도 지금은 우리와 같은 장애인이잖아?

(A씨는 마루에 엎드려서 큰 소리로 울기 시작했다.)

클라이언트 2: 사회복지사님, 정말 참는 것도 한계가 있어요. 불쌍하다 생각하여 참아 왔는데, 이렇게 우리들을 바보 취급하는 사람과는 같이 실 수 없어요. 이 사람이 나가지 않는다면 우리 모두 여기서 나가겠어요.

(그러자 주변의 클라이언트들도 이에 동조를 하였다.)

사회복지사: (허둥지둥하면서) 그렇게 화내지 마세요. 같이 사이좋게 대화를 해 보지요. 서로 인연이 있어서 여기 들어온 사이잖아요.

(순간 모두 침묵하였지만, 누구도 A씨에게 말을 거는 사람 없이 각각 자리에서 일어서고 있었다. 클라이언트 한 사람은 체념한 듯 긴 한숨을 내쉬었다. 사회복지사도 이에 영향을 받아 긴 한숨을 쉬며 "또 시작이네." 하며 투덜거렸다.)

A 씨: (얼굴이 빨개지며) 모두 죽여 버리겠어. 모두 죽이고 나도 죽겠어. 나라고 좋아서 여기에 들어온 줄 알아? 좋아서 휠체어를 타는 게 아니라고!

사회복지사: 죽인다는 그런 무서운 말은 하지 말고 침착하세요.

A 씨: 당신이 뭘 알아? 정상인으로 생활하고 있는 당신이 말할 권리가 있어?

(사회복지사는 무의식중에 고개를 숙이고 말았다.)

과장(여성, 52세): A씨, 우선 방으로 들어가시죠. 깨끗했던 얼굴이 엉망이 되었어요. 오늘은 부탁받았던 잡지와 립스틱을 사왔어요. 또한 뜨개질하는 법도 가르쳐 주고 싶고, 아무튼 A씨에게 가르쳐 주고 싶은 게 무척 많아요. 자! 같이 갑시다.

(과장의 재촉에 A씨는 자신의 방으로 되돌아갔다.)

(그날 오후 사례회의에서)

사회복지사: 과장님, 오늘은 참으로 고맙습니다. 저와 A씨는 나이가 비슷해서 동정하는 것은 아니지만, 이성이어서 그런지 신경이 쓰이네요.

과 장: A씨는 아직 자신의 장애를 인정하고 싶지 않은 거예요. 지금까지 혼자 열심히 직장여성으로서 자신감을 갖고 생활했기에 그렇게 생각하는 게 무리도 아니죠. A씨는 제가 여러 가지를 가르쳐 달라고 하면 그것을 열심히 가르쳐 주거든요.

재활치료사(남성, 32세): 그것은 저도 느끼고 있어요. 처음 입소했을 때는 정말로 열심히 무엇이든 적극적으로 들어 주었고 기억도 빨랐는데, 다른 클라이언트들과 마찰이 끊이지 않고, 훈련도 게을러졌지요. 뭔가 열중할 수 있는 것이 있다면 좀 더 여유롭게 마음을 쓸 수 있을 텐데…….

사 회 복 지 사: 그렇긴 하죠. 하지만 열중할 수 있는 일을 발견해도 A씨의 말습관은 고쳐지지 않겠죠. 주변사람들을 불쾌하게 하는 말을 아무렇지도 않게 하니 말이죠. 가족이라도 있으면 좀 나을 텐데.

3) 연습과제

① 흥분한 A씨 같은 클라이언트에게 사회복지사는 어떻게 대응하여야 할지 생각해 보자.

② A씨에게 있어서 정상인의 생활이란 무엇을 가리키는 말일까?

③ 중도장애인이 장애를 인정할 수 있게 하려면 어떠한 것이 필요한지 생각해 보자.

4) 고찰

본 사례의 무대는 신체장애인 치료시설이다. 장애인복지에서는 정상화(normalization)를 실현하는 것을 목표로 한다. 장애를 입은 자와 입지 않은 자가 함께 같은 지역에서 사는 것은 정상화의 시점에서 볼 때 당연한 일이며, 앞으로 재가복지 서비스의 정비가 시급한 과제다.

여기서는 신체장애인을 어떻게 이해할 것인가가 중요한데, 신체장애인의 입장을 이해하는 것은 그리 쉬운 일이 아니다. 실제로 다음과 같은 것을 일정 기간(적어도 5일간) 체험한다면, 장애인을 이해하는 데 조금이나마 도움이 될 것이다.

- 이불 속에서 누운 채로 있는다.
- 휠체어에 탄 채 가만히 있는다.
- 눈가리개를 쓴다.
- 귀마개를 한다.
- 기저귀를 찬 채 있는다.
- 절대 말하지 않는다.
- 타인에게 용변을 받게 한다.
- 목욕을 하지 않는다.
- 타인에게 음식을 받아먹는다.
- 세수하지 않고 화장도 하지 않는다.
- 독서 및 TV 시청 금지
- 쇼핑 및 데이트 금지
- 섹스 금지

특히 A씨와 같이 중도장애인이 장애를 인정하지 않을 경우, 사회복지사의 대응이 개입의 성공을 상당히 좌우한다. 중도장애인은 지금까지의 인생이 변하여 단절되었다는 좌절, 슬픔, 불안, 초조 등 다양한 감정을 안고 있다. 때문에 장애를 인정하기 위한 효과적인 방법으로서, Peer Counselling을 거론할 수 있다. Peer는 동료라는 의미로, Peer Counselling이란 같은 배경을 가진 사람이 같은 시간을 공유함으로써 대등한 입장에서 대화를 하고 듣는 것을 말한다.

또한 클라이언트들이 서로 대립하고 있는 경우 사회복지사는 약한 자의 처지만 생각할 수도 있다. 그러나 클라이언트 한 사람 한 사람이 무엇을 요구하고 있는가를 세밀히 관찰하고 대처해야 한다. 이 사례와 같이 몇 번이고 A씨와 다른 클라이언트 간의 대립이 일어난 경우에 무턱대고 상황만 수습하려고 하는 것은 서로 간의 신뢰관계를 깨뜨릴 수도 있다.

1. 종결 단계에 대한 설명 중 옳지 않은 것은?
   ① 워커는 클라이언트가 원조과정에서의 경험을 평가하도록 돕는다.
   ② 종결에 대한 반작용으로 부정, 퇴행, 욕구의 표현 등이 나타난다.
   ③ 워커 자신도 종결에 대한 감정을 가질 수 있으며 따라서 자기인식이 필요하다.
   ④ 워커는 초반부터 종결 날짜에 대해 명백히 해 두는 것이 좋다.
   ⑤ 종결이 가까울수록 만나는 회합의 길이나 빈도수를 길게 하는 것이 유용하다.

2. 집단의 유형에 대한 설명이다. 옳지 않은 것은?
   ① 상담집단은 교육적, 직업적, 사회적 문제를 다룬다.
   ② 교육집단은 활동을 통해 배우기(learning-through-doing)를 특징으로 한다.
   ③ 치료집단은 중대한 대인관계적 또는 정서적 문제를 심도 있게 다룬다.
   ④ 자조집단과 지지집단의 차이는 리더의 전문성이 있느냐 없느냐다.
   ⑤ 감수성훈련집단은 자아실현에 대한 동기화가 이루어진 사람들 사이에서의 참된 만남에 강조를 둔다.

정답 1. ⑤ 2. ②

3. 집단의 규범 설정 시 주의사항에 포함되지 않는 것은?

① 토론의 주제나 구조가 유연해야 되고 즉흥적으로 주제가 잡힐 필요도 있다.

② 어떤 규범들은 토론을 통해서 결정되어야 한다.

③ 클라이언트의 숨겨진 의제를 반영해야 한다.

④ 성원들이 자신의 생각과 감정과 행동을 솔직히 표현할 수 있도록 서로의 신뢰, 비밀보장이 필요하다.

⑤ 각 성원 모두 다른 성원을 도울 수 있는 가치가 있다.

4. 집단사회사업의 모델에 대한 설명이다. 옳지 않은 것은?

① 사회적 목표모델과 상호작용적 목표모델은 인보관운동으로부터 성장하였다.

② 교정모델의 리더는 변화대행자로서 행동하며 리더 중심의 접근을 한다.

③ 상호작용모델은 의도하는 결과를 미리 선정하고 시작한다.

④ 자조집단이나 지지집단이 상호작모델의 대표적인 예가 된다.

⑤ 사회적 목표모델은 민주적 집단과정을 중시하며 주로 과업집단에 필요한 모델이다.

5. 집단발달 5단계 중 본격적인 작업 단계인 3단계와 4단계에서 리더의 역할로 알맞지 않은 것은?

① 집단의 장소나 구조 면에서 변화를 최소화하여 스트레스를 주지 말아야 한다.

② 분화를 향한 지속적인 움직임을 지지해야 한다.

③ 역기능적 행동을 유지시키고 악화시키는 신념을 분석할 수 있도록 도와야 한다.

④ 정기적으로 목적을 확인하고 체계적으로 목적 성취를 위해 노력해야 된다.

⑤ 성원들이 공유하고 싶어 하는 욕구, 감정, 이슈 같은 보편적인 것에 초점을 맞춘다.

☞정답 3. ③ 4. ③ 5. ①

6. 사회사업과 사회복지 개념에 대한 설명으로 옳은 것은?

① 사회사업은 예방적 의미가 강하다.

② 개별, 특정 대상에 대한 지식과 기술을 사용하는 것은 사회복지다.

③ 사회복지는 실천적이다.

④ 사회복지제도에 의해 안내되는 계획된 변화활동을 하는 것은 사회사업이다.

⑤ 사회사업은 제도적 측면을 강조한다.

7. 직접실천 또는 임상실천에 대한 설명으로 옳지 않은 것은?

① 개인, 가족, 집단에게 서비스를 제공하는 미시적 실천방법이다.

② 더 높은 수준의 사회적 기능을 이끌어 내는 데 초점을 맞추는 '변화과정' 속에서 클라이언트를 원조한다.

③ 직접실천의 기초는 Gordon Hamilton, Helen Harris Perlman, Florence Hollis, Mary Richmond 등에 의해 확립되었다.

④ 대면접촉을 통한 서비스 전달은 최소화되고 사회계획이나 지역사회조직의 과정이 주로 관계된다.

⑤ 방법으로서 직접실천은 개입활동을 안내하는 기법과 지식의 창조적 사용을 의미한다.

8. 케이스워크(casework)의 발달배경에 관한 설명으로 옳지 않은 것은?

① 개인과의 일대일 기반으로 한 실천방법은 가장 오래된 사회사업 실천방법이다.

② 과학적 자선이 강조되던 때에 전문가에 대한 훈련의 필요성이 강조되면서 발달하였다.

③ 개별사회사업을 위한 개념적 기반을 이룬 초대 개척자는 Helen Perlman 여사다.

④ 19세기 빈민층을 원조하는 기관에서 종사하던 여러 종류의 실천가들의

정답 6. ④ 7. ④ 8. ③

활동에서 출발하였다.

⑤ 많은 영향을 미친 것은 많은 도시에 설립된 자선조직협회(COS)였다.

9. 진단학파에 대한 설명 중 알맞지 않은 것은?

① 진단학파는 Freud 이론을 추종하였다.

② 진단학파는 심리사회적 접근방식으로 불리는데, Florence Hollis가 이론의 발전에 많은 공헌을 하였다.

③ 진단학파의 중요한 이론가인 Hamilton은 개인과 환경을 연결시키려 노력하였고, 심리사회적 진단은 '환경 속의 개인'이라는 개념의 발전을 보게 되었다.

④ 진단학파는 기능주의학파 이후에 태동하였다.

⑤ 과거의 경험을 중시하였고 'there and then'을 강조하였다.

10. 1950년대에 이르러 사회과학자들이 정신건강 서비스에 많은 관심을 갖게 되면서 사회과학은 사회사업에 커다란 영향을 주었다. 문제해결과정이라는 새로운 이론을 내놓은 학자는?

① Mary Richmond
② Florence Hollis
③ Gordon Hamilton
④ Helen Harris Perlman
⑤ Grace Coyle

11. 사례관리의 특징이 아닌 것은?

① 사례관리자로서 사회복지사는 케이스워크, 집단지도, 가족지도, 지역사회조직을 통합하여 활용한다.

② 사례관리는 심리치료에 깊이 관여한다.

③ 지역사회의 조직이나 기관 등 체계에 개입한다.

④ 사회사업의 새로운 방법론이다.

⑤ 주로 만성적이고 복잡한 문제를 가진 환자에게 장기적인 서비스를 제

정답 9. ④ 10. ④ 11. ②

공한다.

12. 어려움의 인식, 어려움의 규정 또는 구체화, 가능한 해결책에 대한 제안, 최선의 해결책 선정, 수행으로 구성되는 논리적 사고 혹은 반영적 사고의 단계라고 일컬으며, 이를 5단계로 제시하여 문제해결과정의 기초가 되는 최초의 과업을 제시한 사람은?

① Pincus & Minahan ② Harry Aponte
③ Lynn Hoffman ④ Austin
⑤ John Dewey

13. 문제해결과정 6단계 중 해결 대안에 대한 평가는 보류하고 아이디어를 내놓도록 고무하며 긍정적인 피드백을 주는 것이 필요한 단계는?

① 전략 대안의 개발 ② 수행 단계
③ 문제의 분석과 욕구 파악 ④ 각 대안에 대한 선택 단계
⑤ 평가 단계

14. 체계이론에 대한 설명 중 옳지 않은 것은?

① 체계란 물질적 또는 정신적 에너지가 교환되는 경계를 가지고 있는 실재다.
② 엔트로피라는 개념은 경계를 넘어 외부에서 투입을 받지 못하면 자신의 에너지를 소모하며 소멸한다는 것을 뜻한다.
③ 시간이 지남에 따라 더욱 복잡하고 다양한 구성요소를 갖도록 성장하는 성격을 상호 교류라고 한다.
④ 전체는 부분의 합 이상이라는 아이디어를 연합효과(synergy)라 한다.
⑤ 체계의 항상성에는 긍정적 항상성과 부정적 항상성이 있다.

15. 다음의 대화를 볼 때 워커가 전문가로서의 갖춰야 할 기술적 자질 중 어디에 속하나?

정답 12. ⑤ 13. ① 14. ③ 15. ④

> CT(클라이언트): "형에게 무엇을 하든 간에 항상 집니다."
> Wer(사회복지사): "그럼 형에게 이긴 적은 없니?"

① 진실성 혹은 순수성
② 대응 내지 직면
③ 자아노출
④ 구체성
⑤ 자아실현

16. 듣는 기술에 대한 설명 중 옳지 않은 것은?

① 연민을 전달하는 동정과는 달리 감정이입은 문제해결을 고무하는 것이다.
② 환언은 들었던 내용을 다시 반복해 주는 기술로 클라이언트가 이야기한 것을 분명하게 하는 데 도움을 준다.
③ 클라이언트가 조언을 요구할 경우에 한해 조언을 해 준다.
④ 단점을 지적할 땐 장점도 지적해 주는 것이 좋다.
⑤ 요약기술(summarizing)은 클라이언트가 진술한 여러 가지 내용을 좀 더 분명히 정리하는 데 도움이 된다.

17. 관계 형성의 요소 중 클라이언트가 책임감을 받아들이고, 의존성이나 잠재력의 방해를 받지 않도록 하기 위해서는 어떤 요소를 존중해 주어야 하나?

① 비밀보장(confidentially)
② 개별화(individual)
③ 비심판적 태도(nonjudgmental attitude)
④ 표현의 자유(freedom of expression)
⑤ 자기결정주의(self-determinism)

18. 사정(assessment)할 때의 설명 중 옳지 않은 것은?

① 문제의 심각성과 성격을 판단할 때는 실천가의 능력과 기관이 제공하는 서비스를 고려해서 판단해야 한다.
② 개인체계에 대한 분석은 클라이언트의 욕구나 강점에 초점을 두기보다

정답 16. ③ 17. ⑤ 18. ②

는 먼저 전문가인 워커가 보는 입장이 정확하다.

③ 사건의 전과 후에 참여자들의 구체적 행동은 어떠한가에 대한 지식은 역기능적 행동을 유지시키고 형성하는 요인을 이해하는 데 중요하다.

④ 개인의 역기능은 부부체계나 가족의 역기능의 산물일 가능성이 높다.

⑤ 문제의 가능한 원인을 결정하기 위해 드러난 정보의 의미를 이론에 비추어 분석한다.

19. '사고'를 수정하는 데에 쓰이는 '해석'이라는 방법에 대한 설명 중 옳지 않은 것은?

① 정신분석이론에서 이는 클라이언트가 그들의 무의식적 과정에서 인식하지 못했던 현상들을 이해하도록 돕는 것이다.

② 육감이나 직감으로 하는 것이 아니라 근거를 바탕으로 해석해야 한다.

③ 관계 형성이 이루어지기 전에 해야 한다.

④ 클라이언트가 이전의 사고방식과는 다른 사고방식의 전환을 가져올 수 있다.

⑤ 여러 사건 사이의 관련성을 클라이언트에게 이해시킨다.

20. 워커의 역할에 대한 설명 중 옳지 않은 것은?

① 문제해결기술을 가르치고 적절한 정보의 제공과 행동의 표본을 보여주며 명확한 인지를 하도록 돕는 교수(teaching) 역할을 한다.

② 사회복지관, 학교, 보건소 등의 공식적 자원 위주로 자원을 확보해 놓는 것이 좋다.

③ 중재자로서의 역할은 클라이언트와 다른 체계가 상호 협상을 벌이도록 도와 상호 목적을 성취하게 하는 역할을 한다.

④ 옹호는 개별옹호와 계층옹호로 나뉜다.

⑤ 다른 기관이나 개인들이 어떤 행동을 취하도록 압력을 넣는 옹호자의 역할이 있다.

정답 19. ③ 20. ②

21. 사회사업실천 기록방법 중의 하나인 SOAP 포맷에서 'O'는 무엇을 의미하는가?

① 객관적 정보 ② 주관적 정보
③ 계획 ④ 측정

22. 정확한 피드백을 얻을 수 있어 학생이나 수습직원의 훈련에 많이 활용되는 기록방식은?

① 이야기체 기록 ② POR 방식
③ 과정기록 ④ 목표중심 기록

23. Biestek의 7대 관계론 중 클라이언트의 사생활을 보호받을 권리가 적용되는 요소는?

① 개별화 ② 비심판적 태도
③ 자기결정주의 ④ 비밀보장

24. 클라이언트가 인식하지 못했던 생각, 느낌, 행동 간의 관계를 이해하게 되어 새로운 사고를 할 수 있도록 촉진시키는 방안은?

① 과제할당 ② 모델링
③ 해석 ④ 감정의 표출

25. 종결 시 클라이언트가 보이는 반작용의 유형이 아닌 것은?

① 새로운 욕구의 표현 ② 감정이입
③ 퇴행 ④ 부정

26. 단일사례 디자인에 대한 설명이 아닌 것은?

① 결과를 그래프로 나타낼 수 있다.
② 하나의 개인, 하나의 집단, 하나의 가족, 하나의 지역사회를 대상으로 한다.

☞정답 21. ① 22. ③ 23. ④ 24. ③ 25. ② 26. ④

③ 표적문제를 설정하는 것이 우선시되어야 한다.

④ 한 번의 측정으로 결과를 도출하는 설계다.

27. 단일사례 디자인의 종류와 내용이 옳지 않은 것은?

① BAB 디자인은 위기상황이 있어 즉각적으로 개입이 필요한 경우 사용한다.

② ABAB 디자인에서 비반전효과가 나타나는 경우 내적타당도를 높일 수 있다.

③ AB 디자인을 유용하게 사용하기 위해서는 A가 안정적이거나 점차 악화되고 있음을 보여 주어야 한다.

④ 중다기초선 디자인에서 내적타당도를 위협하는 요소는 '효과의 일반화' 현상이다.

28. 다음은 사례관리의 보호계획 수립과정이다. 틀린 것은?

① 워커의 판단을 중심으로 수립한다.

② 소요되는 비용을 계산한다.

③ 필요한 도움의 형태를 파악한다.

④ 고객과 보호자가 합의한 내용을 기록한다.

29. 다음 중 Yalom이 제시한 집단지도의 치료적 요인이 아닌 것은?

① 비판적 자세 ② 희망

③ 보편성 ④ 실존적 요인

30. 다음은 집단사회사업모델에 관한 내용이다. 성격이 다른 하나는?

① 사회복지사의 주 역할은 중재자다.

② 집단이 변화대행자로서 활용된다.

③ 지지집단이나 자조집단이 대표적인 예다.

④ 의도하는 결과를 미리 선정하지 않고 시작한다.

정답 27. ② 28. ① 29. ① 30. ②

31. 집단계획에 대한 가이드라인이다. 옳지 않은 것은?

① 집단성원의 수는 되도록 소외된 자를 만들어 내지 않는 짝수가 좋다.

② 너무 이질적인 성원은 집단응집력 발달에 장애가 되므로 포함시키지 않는 것이 좋다.

③ 회합의 시간은 1시간 내지 1시간 30분 정도가 적당하다.

④ 집단성원의 이탈을 고려하여 처음부터 필요한 수보다 한두 명 정도 더 모집하는 것도 한 방법이다.

32. 집단의 목적을 설정할 때 고려해야 할 것이 아닌 것은?

① 목적은 성취 가능성이 있고 다소 도전적이어야 한다.

② 숨겨진 의제(hidden agendas)가 있을 경우 활동을 방해하므로 리더는 개인 목표를 어느 정도 반영해야 한다.

③ 집단의 목적이 일단 결정되면 차후에는 일괄적이고 체계적인 진행을 위해 수정하지 않는다.

④ 집단의 목적과 개인의 목적의 차이가 클 경우 집단 외부의 도움을 받도록 도와준다.

33. 권한 및 통제 단계의 집단발달 단계에 대한 설명으로 옳지 않은 것은?

① 권력투쟁이 발생한다.

② 성원의 이탈률이 매우 높은 단계다.

③ 가장 많은 치료적 규범이 발생한다.

④ 분화과정이 이루어진다.

34. 가족치료의 목적을 가족 내 성원들의 보다 나은 자아의 분화 및 미분화된 가족자아 혼합체로부터의 단절로 접근한 학자는?

① Bowen ② Minuchin

③ Haley ④ Jackson

☞정답 31. ① 32. ③ 33. ④ 34. ①

35. 사회사업에서 '환경 속의 인간' 관점을 활용하는 이유에 대한 설명으로 올바른 것은?

① 환경에 초점을 맞추고 인간에 대한 이해 증진

② 인간에 초점을 맞추고 주변 환경에 대한 이해 증진

③ 인간과 환경 간의 상호작용과 상호의존에 대한 이해 증진

④ 특정 환경 속에서 인간이 겪고 있는 어려움에 대한 이해 증진

36. 사회복지사에 대한 설명으로 잘못된 것은?

① 서비스를 평가하고 프로그램의 장단점을 사정한다.

② 환경의 변화보다는 개인의 변화에 우선적으로 중점을 두어 개입한다.

③ 새로운 사회정책의 개발과 현 사회정책의 수정에 기여한다.

④ 개인과 자원체계 간의 연결을 성립시키고 새로운 관계 형성을 갖게 한다.

⑤ 옹호와 조직화를 통해 자원과 권한의 재분배를 추구한다.

37. 사회사업실천의 기능이 아닌 것은?

① 사회적 역기능의 예방

② 손상된 능력의 재활

③ 자원의 제공을 통한 문제해결

④ 클라이언트와 그의 문제에 대한 가치판단

⑤ 개인, 가족, 집단, 지역사회의 사회적 기능 향상

38. 사회사업의 가치와 이념을 바르게 설명한 것을 모두 고르면?

a. 개인의 개별성과 자기결정권은 존중되어야 한다.
b. 본질적으로 모든 인간은 가치가 있으며 존엄하다.
c. 모든 인간은 그들의 능력과 장점을 개발할 수 있고 변화될 수 있다.
d. 사회사업가는 개인의 장애와 역기능에 초점을 맞추고 문제해결을 주도한다.

☞정답 35. ③ 36. ② 37. ④ 38. ④

e. 모든 인간들은 그들의 문제해결을 위해 필요한 자원을 제공받을 권리가 있다.

① a, b, c, d, e

② a, b, c, d

③ a, b, d, e

④ a, b, c, e

⑤ a, b, c

39. 사회복지사에 대한 설명으로 잘못된 것은?

① 자신의 한계점과 콤플렉스에 대한 이해가 필수적이다.

② 과거에 심리적 고통과 문제를 많이 경험했던 사람은 좋은 상담자가 될 수 없다.

③ 치료적 도구로서 자기를 향상시키려는 노력이 끊임없이 필요하다.

④ 자신의 콤플렉스를 잘 극복한 상담자는 클라이언트를 돕는 데 문제가 없다.

⑤ 사회사업에 대한 지식습득뿐만 아니라 실습경험과 슈퍼비전을 통한 훈련이 필수적이다.

40. 사례관리에 대한 설명으로 잘못된 것은?

① 장기적인 심리치료

② 자원조정

③ 장기적인 보호관리

④ 사례조정

⑤ 체계개입

정답 39. ② 40. ①

41. 체계이론의 순환적 원인론과 관련된 설명으로 올바른 것은?

① X가 Y의 원인일 경우 X를 제거하면 Y도 제거할 수 있다.

② X 가 Y의 원인일 경우 X를 시행하면 반드시 Y의 결과가 온다.

③ 클라이언트의 문제에는 여러 가지 요인들이 복합적으로 관련되어 있다.

④ 클라이언트의 문제는 어느 한 요인이 여러 체계를 순환하며 문제를 야기하는 것이다.

42. 치매노인에 대한 사회사업 접근의 (1) 미시적 접근, (2) 중시적 접근 그리고 (3) 거시적 접근방법을 올바르게 분류한 것은?

a. 치매노인을 돌보는 가족에 대한 정신적 지원과 상담 서비스
b. 치매노인의 정신적 건강과 신체적 건강에 대한 원조 서비스
c. 치매노인의 치료와 재활을 돕기 위한 지역사회센터 건립 추진

① (1) a, (2) b, (3) c

② (1) b, (2) a, (3) c

③ (1) b, (2) c, (3) a

④ (1) c, (2) a, (3) b

43. 대학생 오민석 씨는 사회복지사를 찾아와 자신의 여자친구가 의도적으로 자신을 피하고 다른 남자를 만나고 있다며 고통스러워했다. 오민석 씨는 자신을 배반하고 상처를 준 여자친구에게 신체적 폭행을 통해 보복할 계획을 사회복지사에게 털어놓았다. 사회복지사가 어떠한 사회사업 원칙하에 개입해야 할지 모두 고르라.

① 자기결정권의 존중

② 인간의 존엄성과 가치

정답 41. ③ 42. ② 43. ②, ⑤

③ 클라이언트에 대한 가치판단

④ 비밀보장의 원칙

⑤ 개인의 강점과 잠재력의 활용을 통한 개입

44. 클라이언트와 사회복지사의 효과적 원조관계(helping relationship) 형성을 위한 요소로 잘못된 것은?

① 사회복지사는 클라이언트가 자신의 감정을 잘 표현하지 못하는 경우 집중적인 질문기법을 사용한다.

② 사회복지사는 클라이언트의 비합리적이거나 부정적 감정을 수용하고 정당화해 주어야 한다.

③ 사회복지사 자신의 문제점, 한계와 콤플렉스에 대해 인식해야만 한다.

④ 사회복지사는 클라이언트에 대해 갈등적인 감정이 있는 경우 바로 그것에 대해 피드백을 주어야 한다.

45. 면접을 통해 클라이언트와 그의 문제를 이해할 때 '클라이언트의 입장에서 시작' 한다는 것은 무슨 의미인가?

① 사회복지사가 자신과 클라이언트를 동일시한다.

② 사회복지사가 클라이언트의 상황을 자신의 것으로 내면화한다.

③ 사회복지사가 클라이언트의 감정을 대변해 준다.

④ 사회복지사가 클라이언트의 관심사를 최우선시한다.

46. 원조관계의 특성을 바르게 분류한 것은?

a. 비밀보장
b. 일방적인 신뢰 형성
c. 초점과 목적
d. 윤리적
e. 라포 형성

☞정답 44. ① 45. ④ 46. ③

f. 무조건적 긍정적 관심
g. 목표달성 시 관계 종결

① a, b, c, d, e, f, g
② a, b, c, d, e, g
③ a, c, d, e, f, g
④ a, c, d, e, g

47. 사회복지사 L씨에게 찾아온 클라이언트 성은하 씨는 오랫동안 망설이다가 어렵게 입을 열어, 본인이 지난 2년간 세 살 된 딸을 하루 종일 단칸방에 혼자 두고 식당에서 일을 해 왔다고 말했다. 이어 성은하 씨는 딸의 식사로 우유가 든 젖병 세 통과 빵 하나를 놓고 나온다고 이야기하며 눈물을 흘렸다. 성은하 씨는 딸을 대신 봐 줄 가족도 없고, 경제적인 어려움 때문에 어린이집에 보낼 수도 없어 앞으로도 계속 딸을 방에 혼자 둘 수밖에 없다고 말하며, 사회복지사 L씨에게 비밀을 지켜 줄 것을 부탁했다. 사회복지사 L씨의 대처방안으로 가장 우선시되어야 하는 사항은?
① 클라이언트 성은하 씨가 어렵게 마음의 문을 열었으므로 비밀보장의 원칙을 지켜 준다.
② 클라이언트 성은하 씨의 딸을 적절한 기관이나 위탁가정에 의뢰한다.
③ 클라이언트 성은하 씨에게 아동기 영양공급과 정서적 교류의 중요성에 대해 교육한다.
④ 클라이언트 성은하 씨에 대한 정서적 지원 서비스를 시행하여 안정을 돕는다.

48. 비자발적인 내담자에게 동기부여를 하기 위한 가장 바람직한 방법은?
① 수용적인 태도로 유지하고 내담자의 입장에서 시작한다.

정답 47. ② 48. ①

② 사적으로 친근한 관계 형성을 통해 내담자가 편안하게 상담에 임하도록 돕는다.

③ 내담자가 상담에 잘 참여할 경우 물질적인 보상을 제공한다.

④ 내담자가 상담사를 전적으로 신뢰할 수 있도록 전문가적인 면모를 보여 준다.

49. 사회복지사 K씨는 다섯 살 채림이에게 다양한 동물 인형을 주고 자유롭게 놀도록 하였다. 첫 면접에서 채림이는 호랑이 인형을 손에 들고 토끼, 병아리, 개구리, 참새 등 약한 동물 인형을 무자비하게 잡아먹는 모습을 반복적으로 재연하였다. 이를 통해 사회복지사 K씨가 내릴 수 있는 결론으로 가장 적절한 것은 무엇인가?

① 채림이의 잠재적 심리상태에 대한 정보 획득

② 채림이의 내면적 분노에 대한 증거 확보

③ 치료계획 수립을 위한 문제 사정

④ 채림이가 느끼는 심리적 억압의 구체적 표현

50. 가족사정 시 가계도(genogram) 활용을 통해 얻을 수 있는 정보가 아닌 것은?

① 결혼, 별거, 이혼, 질병, 사망 여부

② 사회인구학적 특성

③ 가족문제에 기여하는 요인에 대한 정보

④ 가족의 정서적, 행동적 어려움

⑤ 환경체계의 장점과 장애물

51. 효과적 상담을 위한 사회복지사의 태도에 대한 설명으로 잘못된 것은?

① 클라이언트의 잠재력과 변화 가능성에 대한 신뢰와 확신을 가져야 한다.

② 클라이언트에 대한 측정을 개입 전반에 걸쳐 진행하는 자세를 갖는다.

③ 효과적인 신뢰 형성을 위해 사회사업가는 권위적인 태도를 보여 주어야

☞정답 49. ① 50. ⑤ 51. ③

한다.

④ 클라이언트의 수행결과가 좋지 않을 때에도 지속적으로 격려해 주어야 한다.

52. 문제해결을 위한 목표를 수립하는 데 있어 별로 중요하지 않은 사항은?

① 목표의 현실성

② 목표의 추상성

③ 목표의 명확성

④ 목표의 구체성

⑤ 평가의 용이성

53. 수업 중에, 직장에 다니면서 9세, 6세 남매를 친정에 맡겨 키우고 있는 클라이언트 이현진 씨의 사례를 살펴보았다. 이현진 씨는 육아문제로 친정어머니와 심각한 갈등을 겪고 있었다. 이현진 씨에 대한 감정이입적 반응으로서 가장 적절한 것은?

① 그동안 고생하신 어머님을 좀 이해해 드리세요. 어머니의 신세한탄쯤은 들어 주시는 게 좋아요.

② 애들이 9세, 6세면 다 키우셨네요. 아이들을 어린이집에 보내시기를 추천하고 싶어요.

③ 어머님이 참 고생이 많으시네요. 얼마나 힘드실지 느낄 수 있어요.

④ 어머니와의 갈등으로 참 많이 힘드시죠? 얼마나 힘드실지 느낄 수 있어요.

⑤ 그래도 친정어머니인데…… 어머니가 정말 너무 하셨네요. 얼마나 힘드실지 느낄 수 있어요.

54. 잎이 누렇게 뜨고 시들시들한 나무가 있다. 정신분석모델에 의해 문제를 사정한다면 나무의 어느 부분에 관심을 집중시킬 것인가?

① 잎사귀

정답 52. ② 53. ④ 54. ③

② 줄기

③ 뿌리

④ 나무의 주변환경

55. 행동주의모델을 활용해 문제를 사정할 때 잘못된 내용은?

① 개인의 문제 행동을 야기한 감정과 욕구의 억압을 탐색한다.

② 관찰할 수 있는 긍정적인 행동과 부정적인 행동에 대한 자료를 얻는다.

③ 인간에 대한 성선설이나 성악설을 믿지 않는 것이 기본 가정이다.

④ 클라이언트의 행동을 통제하는 주요한 변인을 파악한다.

정답 55 ①

참고문헌

김동배, 이윤로(2004). 집단사회사업의 실천과 평가. 서울: 21세기사.

김융일 외(1998). 사회사업실천론. 서울: 나남출판사.

김혜란 감수(1998). 사회복지실천기법과 지침(서울대사회복지연구회 편). 서울: 나남출판사.

김혜란, 홍선미, 공계순(2001). 사회복지실천기술론. 나남출판사.

김혜련 외 공역(2004). 임상사회사업. 서울: 학지사.

이윤로(2005). 사회복지실천기술론. 서울: 학지사.

이윤로(2005b). 정신보건과 사회복지. 서울: 창지사.

이윤로(2007). 사회복지실천기술론(2판). 학지사.

이윤로, 성규탁(1993). 사례관리-효과적 서비스 전달을 위한 방법. 계간 사회복지. 한국사회복지협의회.

이윤로, 홍영수(2005). 의료사회사업론(개정판). 서울: 학지사.

조휘일, 이윤로(1999). 사회복지실천론. 서울: 학지사.

허남순, 한인영, 김기환, 김용석 공역(2004). 사회복지실천 이론과 기술. 나눔의 집.

Austin, D. D. (1987). *Case management: Reinventing social work?*. Paper presented at the National Association of Social Workers Annual Meeting of the Profession. September 9, New Orleans.

Baer, B. L., & Federico, R. C. (1978). *Educating the Baccalaureate social work.* Cambridge, Mass: Ballinger.

Ballew, J. R., & Mink, G. (1986). *Case management in the human services.* Springfield, IL: Charles C. Thomas Publisher.

Barber, B. (1965). Some problems in the sociology of the professions. In K. S. Lynn (Ed.), *The Professions in America.* Boston: Houghton Mifflin Company.

Barker, P. (1985). *Using metaphors in psychotherapy.* New York: Brunner/Mazel.

Barker, R. L. (1995). *Social work dictionary* (3rd ed.). Washington, DC: NASW Press.

Barker, R. L. (1995). *The social work dictionary.* Washington, DC: NASW Press.

Bartlett, H. M. (1970). *The common base of social work practice.* NASW press.

Bastien, R. T., & Adelman, H. S. (1984). Noncompulsory vs. legally mandated placement, perceived choice, and response to treatment among adolescents. *Journal of Clinical Psychology, 44*, 461–473.

Benjamin, A. (1969). *The helping interview* (2nd ed.) Boston: Houghton Mifflin.

Bentley, K. J. (2002). *Social work practice in mental health.* Brooks/Cole.

Bentley, K. J., & Walsh, J. (2001). *The social worker & psychotropic medication* (2nd ed.). Pacific Grove, CA: Brooks/Cole.

Berger, R. L., & Federico, R. C. (1985). *Human Behavior* (2nd ed.). Longman.

Biestek, F. (1957). *The casework relationship.* Chicago: Loyola University Press.

Bloom, B. L. (1992). *Planned short-term psychotherapy: A clinical handbook.* Needham Heights, MA: Allyn & Bacon.

Bloom, M. L. (1973). Usefulness of the home visit for diagnosis and treatment. *Social Casework, 54,* 67–75.

Boehm, W. W. (1958). The nature of social work. *Social Work, 3*(2).

Brammer, L. M. (1979). *The helping relationship: Process and skills.* Englewood Cliffs, NJ: Prentice-Hall.

Bucell, M. (1979). *An empirically derived self-report inventory for the assessment of assertive behavior.* Unpublished doctoral dissertation, Kent State University, Kent, OH.

Compton, B. R., & Galaway, B. (1989). *Social Work Process*. Belmont, CA: Wadsworth.

Corcoran, K., & Dearborn, M. A. (2002). Social workers as mediators. In K. J. Bentley (Ed.), *Social work practice in mental health* (pp. 100–121). Brooks/Cole.

Corey, G., Corey, M. S., & Callanan, P. (1988). *Issues and ethics in the helping professions*. Pacific Grove, CA: Brooks/Cole.

Cormier, S., & Nurius, P. S. (2003). *Interviewing and change strategies for helpers*. Thomson.

Corwin, M. (2002). *Brief treatment in clinical social work practice*. Brooks/Cole.

Cowger, C. D. (1994). Assessing client strengths: Clinical assessment for client empowerment. *Social Work, 39*(3), 262–269.

CSWE (2001). *Educational policy and accreditation standards*. Alexandria, VA: Author.

D' Zurilla, T. J., & Goldfried, M. R. (1971). Problem–solving and behavior modification. *Journal of Abnormal Psychology, 78*, 107–126.

Dewey, J. (1933). *How we think*. New York: D.C. Heath.

Dinitto, D. M., & McNeece, C. A. (1997). *Social Work: Issues and Opportunity in a Challenging Profession*. Boston: Allyn and Bacon.

Donner, S., & Sessions, P. (1995). *Garrett' s Interviewing*. Milwaukee: Families International, Inc.

Downing, R. (1985). "The Elderly and Their Families." In *Case Management in Human Service Practice: A systematic Approach to Mobilizing resources for Clients*, by marie Weil, James M. Karis and Associates. San Francisco, CA: Jossey–Bass Pub.

DuBois, B., & Miley, K. K. (1999). *Social work: An empowering profession* (3rd ed.). Boston: Allyn and Bacon.

Dunst, C. J., Trivette, C. M., Davis, M., & Cornwall, J. (1988). Enabling and empowering families of children with health impairments. *Children' s Health Care: Journal of the Association for the Care of Children' s Health, 17*(2), 71–81.

Echterling, L. G., & Hartsough, D. M. (1989). Phases of helping in successful crisis telephone calls. *Journal of community psychology, 17*(July), 249–257.

Euster, G. L. (1975). Services to groups. In D. Brieland, L. B. Costin, & C. R. Atherton (eds.), *Contemporary social work*. New York: McGraw–Hill.

Evans, R. (1976). Some implications of an integrated model of social work for theory and practice. *British Journal of Social Work, 6*(2).

Freire, P. (1973). *Pedagogy of the Oppressed*. New York: Seabury.

Friedman, A. S., & Glickman, N. W. (1987). Residential program characteristics for completion of treatment by adolescent drug abusers. *Journal of Nervous and Mental disease, 175*(7), 419–424.

Friedman, A. S., Utada, A. T., Glickman, N. W., & Morrissey, M. R. (1989). Psychopathology as an antecedent to, and as a consequence of, substance use in adolescence. *Journal of Drug Education, 17*(3), 233–244.

Garbarino, J. (1983). Social support networks: Rx for the helping professions. In James K. Whittaker & ㅇJames Garbarino (eds.), *Social Support Networks: Informal Helping in the Human Services*. New York: Aldine.

Garland, J., Jones, H., & Kolodny, R. (1965). A Model for Stages of Development in social Work Groups. In S. Bernstein (ed.), *Explorations in Group Work*. Boston: University of Boston School of Social Work.

Garvin, C. D., & Seabury, B. A. (1997). *Interpersonal practice in social work: Promoting competence and social justice* (2nd ed.). Boston: Allyn and Bacon.

Garvin, C. D., & Tropman, J. E. (1992). *Social work in comtemporary society*. Englewood Cliffs, NJ: Prentice–Hall.

Gerhart, U. C. (1990). *Caring for the chronic mentally ill*. Ithaca, IL: Peacock.

Germain, C. (1979). *Social Work Practice: People and Environment–an Ecological Perspective*. New York: Columbia University Press.

Germain, C., & Gitterman, A. (1980). *The life model of social work practice*. New York: Columbia University Press.

Goldstein, E. G. (1999). *Short–term treatment and social work practice*. Free Press.

Goodman, C. C. (1987). The elderly frail: Who should get case management? *Journal of Gerontological Social Work, 11*, 99–113.

Gorski, T. T., & Miller, M. (1986). *Staying sober: A guide for relapse prevention Independence*, MO: Herald House/Independence.

Greenwood, E. (1957). Attributes of a profession. *Social Work, 2*, 45–55.

Guggenbuhl, A. (1991). Tales and fiction: Group psychotherapy for children and juveniles at the Children and Educational Counseling Center of the State of Bern. *School Psychology International, 12*, 7–16.

Guttierrez, L. M. (1990). Working with women of color: An empowerment perspective. *Social Work, 35*(2), 149–153.

Hearn, G. (1958). *Theory-building in Social Work*. Toronto: University of Toronto Press.

Hearn, G. (1969). *The General Systems Approach: Contributions toward an Holistic Conception of Social Work*. New York: Council on Social Work Education.

Hepworth, D. H., & Larsen, J. (1993). *Direct social work practice*. Pacific Grove, CA: Brooks/Cole Company.

Hepworth, D. H., Rooney, R. H., & Larsen, J. (2002). *Direct social work practice: Theory and Skills*. Brooks/Cole.

Hofstein, S. (1964). The nature of process: Its implications for social work. *Journal of Social Work Process, 14*.

Hoyt, M. (1995). *Brief therapy and managed care: Readings for contemporary practice*. San Francisco: Jossey-Bass.

Johnson, L. C. (1986). *Social Work Practice*. Boston: Allyn and Bacon.

Johnson, L. C., & Yanca, S. J. (2001). *Social work practice: A generalist approach* (7th ed.). Allyn and Bacon.

Kadushin, A. (1983). *The social work interview*. New York: Columbia University Press.

Kane, R. A. (1988). Case management: Ethical pitfalls on the road to high quality managed care. *Quality Review Bulletin, 14*, 161–166.

Kane, R. A. (1990). The relevance of case management. In B. S. Fogel, A.

Furino, & Gottlieb (Eds.), *Mental health policy for older Americans* (pp. 201–220). Washington, DC: American Psychiatric Press.

Karls, J. M., & Wandrei, K. E. (1994). *Person in environment system: The PIE classification system for social functioning problems.* Washington, DC: NASW Press.

Kiresuk, T. J., & Sherman, R. E. (1968). Goal attainment scaling: A general method for evaluating comprehensive community mental health programs. *Community Mental Health Journal, 4,* 443–453.

Kirst–Ashman, K., & Hull, G. H. (1999). *Understanding generalist practice* (2nd ed.). Nelson–Hall.

Konopka, G. (1963). *Social group work.* Englewood Cliffs, N.J.: Prentice–Hall.

Lee, J. A. B. (1994). The empowerment approach to social work practice. In Francis J. Turner (ed.), *Social work treatment* (4th ed.). Free Press.

Leighninger, R. D. (1978). Systems theory. *Journal of socialogy and Social Welfare, 5,* 446–466.

Mancoske, R. (1981). Sociological perspectives on the ecological model. *Journal of Sociology and Social Welfare, 8*(4).

Marks, S. J., Daroff, L. H., & Granick, S. (1989). Basic individual counseling for drug abusers. In A. S. Friedman & G. M. Beschner (Eds.), *Treatment services for adolescent substance abusers.* Rockville, MD: National Institute on Drug Abuse.

Marlatt, G. A., & Fromme, K. (1987). Metaphors for addictions. *Journal of Drug Issues, 17*(1), 9–28.

Martin, R. R. (1995). *Oral history in social work: Research, assessment and intervention.* Thousand Oaks, CA: Sage.

McMahon, M. O. (1996). *The general method of social work practice: A generalist perspective* (3rd ed.). Boston, MA: Allyn & Bacon.

Medvene, L. J. (1990). Family support organization: The functions of similarity. In T. Powell (Ed.), *Working with self help* (pp. 120–140). Silver Spring, MD: NASW.

Mercer, S., & Kane, R. (1979). Helplessness and hopelessness among the institutionalized aged. *Health and Social Work, 4,* 90–116.

Moore, S. T. (1987). The capacity to care: A family focused approach to social work practice with the disabled elderly. *Journal of Gerontological Social Work, 10,* 79–99.

Moore, S. T. (1990). A social work practice model of case management: The case management grid. *Social Work, 35,* 444–448.

Moxley, D. P. (1989). *The practice of case management.* Newbury Park, CA: Sage.

NASW (1995). *Encyclopedia of social work* (19th ed.). NASW Press.

NASW, Commission on Social Work Practice (1958). Working definition of social work practice. *Social Work, 3*(2).

Nelson, G. M. (1982). Support for the aged: Public and private responsibility. *Social Work, 27,* 137–143.

Perlman, H. H. (1957). *Social casework.* Chicago: University of Chicago Press.

Pernell, R. B. (1986). "Empowerment and social group work." In Marvin Parnes (ed.), *Innovations in social group work.* New York: Haworth Press, 107–118.

Pincus, A., & Minahan, A. (1973). *Social Work Practice: Model and Method.* Peacock Publishers.

Poindexter, C. C., Valentine, D., & Conway, P. (2003). *Essential skills for human services.* Thomson.

Polcin, D. L. (1992). A comprehensive model for adolescent chemical dependency treatment. *Journal of Counseling and Development, 70*(3), 376–382.

Poulin, J. (2005). *Strengths based generalist practice* (2nd ed.). Thomson.

Ragg, D. M. (2001). *Building effective helping skills.* Allyn and Bacon.

Reamer, F. (1989). *Ethical dilemmas in social service* (2nd ed.) New York: Columbia University Press.

Reid, W. J., & Epstein, L. (1972). *Task–Centered Casework.* New York: Columbia University Press.

Reid, W. J., & Shyne, A. (1969). *Brief and Extended Casework.* New York: Columbia University Press.

Reid, W. J. (1996). Task-centered social work. In F. J. Turner (Ed.), *Social work treatment: Interlocking theoretical approaches* (4th ed., pp. 617-640). New York: Free Press.

Ripple, L., Alexander, E., & Polemis, B. W. (1964). *Motivation, capacity, and opportunity: Studies in casework theory and practice.* Chicago: School of Social Service Administration.

Rose, S. M. (1992). Case management: An advocacy/empowerment design. In Rose, S. M. (Ed.), *Case management and social work practice* (pp. 271-297). New York: Longman.

Rothman, J. (1991). A model of case management: Toward empirically based practice. *Social Work, 36,* 520-528.

Saleeby, D. (1992). *The strengths perspective in social work practice.* New York: Longman Publishing.

Saleeby, D. (1996). The strengths perspective in social work practice: Extensions and cautions. *Social Work, 41*(3), 296-305.

Schneider, B. (1988). Care planning: The core of case management. *Case Management Generations,* Fall, 16-18.

Schwartz, W. (1974). "The social worker in the group" In Robert W. Klenk & Robert W. Ryan (eds.), *The practice of social work* (2nd ed.). Belmont, CA: Wadsworth Publishing, 208-228.

Shaefer, D. (1987). *Choices and consequences: What to do when a teenager uses alcohol/drug.* Minneapolis: Johnson Institute.

Sheafor, B. W., & Horjsi, C. R. (2003). *Techniques and guidelines for social work practice* (6th ed.). Boston: Allyn & Bacon.

Sheafor, B. W., Horjsi, C. R., & Horejsi, G. A. (1991). *Techniques and guidelines for social work practice* (2nd ed.). Needham Heights, MA: Allyn & Bacon.

Shulman, L. (1992). *The skills of helping individuals and groups* (3rd ed.). Itasca, IL: Peacock.

Siporin, M. (1975). *Introduction to Social Work Practice.* New York: Macmillan.

Specht, H. (1990). Social work and the popular psychotherapies. *Social Service Review, 69*(4), 703-731.

Spivack, G., Platt, J. J., & Shure, M. B. (1976). *The problem-solving approach to adjustment*. San Francisco: Jossey-Bass.

Staub-Bernasconi, S. (1991). Social action, empowerment, and social work: An integrating theoretical framework. *Social work with groups*, *14*(3), 35-52.

Steinberg, R. M., & Carter, G. W. (1983). *Case management and the elderly*. Lexington, Massachusetts, Lexington Books.

Tice, C. J., & Perkins, K. (1996). *Mental health issues & aging*. Brooks/Cole.

Toseland, R., & Rivas, R. (1998). *An introduction to group work practice* (3rd ed.). Massachusetts: Allyn and Bacon.

Von Bertalanffy, L. (1971). *General System Theory: Foundations, Development, Application*. London: Allen Lane.

Woodside, M., & McClam, T. (1998). *Generalist case management: A method of human services delivery*. Pacific Grove, CA: Brooks/Cole.

Yalom, I. (1985). *The Theory and Practice of Group Psychotherapy*. New York: Basic Books.

Zastrow, C. (2003). *The Practice of Social Work* (7th ed.). Brooks/Cole.

Zimmerman, M. A., & Rappaport, J. (1988). Citizen participation, perceived control, and psychological empowerment. *American Journal of Community Psychology*, *16*, 725-750.

찾아보기

인 명

성규탁 75, 289

이윤로 14, 75, 154, 289

장인협 74
조휘일 14

Ackerman, M. 72
Addams, J. 71
Alinsky, S. 73
Aponte, H. 72

Barber, B. 21
Barker, R. L. 37, 252
Bartlett, H. M. 28
Bateson, G. 72
Biestek, F 143
Boehm, W. W. 14
Bowen, M. 72, 159, 237

Compton, B. R. 28, 32
Corey, G. 61
Cormier, S. 104
Cowger, C. D. 153

D' Zurilla, T. J. 104
Dewey, J. 78
Dinitto, D. M. 66

Ellis, A. 209
Epstein, L. 195
Euster, G. L. 240

Freud, S. 68

Galaway, B. 28, 32
Garland, J. 267
Garrett, A. 129
Garvin, C. D. 66
Germain, C. 28, 82
Gitterman, A. 28, 82
Glaser, W. 197
Goldfried, M. R. 104
Golestein, E. G. 269
Greenwood, E. 21

Haley, J. 72, 238
Hamilton, G. 16, 69
Harper, R. A. 209
Hepworth, D. H. 55, 105, 153, 173
Hoffman, L. 72
Hofstein, S. 78
Hollis, F. 16, 70

Hull, G. H. 80, 103

Kadushin, A. 115, 118
Kane, R. A. 286
Kiresuk, T. J. 170
Kirst-Ashman, K. 80, 103
Konopka, G. 240

Larsen, J. 55, 105, 153
Lidz, T. 72

McMahon, M. O. 81
McNeece, C. A. 66
Minahan, A. 20, 29, 82, 86
Moxley, D. P. 285

Nurius, P. S. 104

Payne 91, 252
Perlman, H. H. 16, 70, 101
Pincus, A. 20, 29, 82, 86
Platt, J. J. 104

Ragg, D. M. 60
Rank, O. 67, 68
Reamer, F. 60
Reid, W. J. 195, 268
Richmond, M. 16, 67
Rooney, R. H. 105
Rothman, J. 285

Saleeby, D. 48, 223
Satir, V. 72, 237
Sheafor, D. 103, 273
Sherman, R. E. 170
Shulman, L. 271
Shure, M. B. 104
Smalley, R. 69
Spivack, G. 104

Tropman, J. E. 66

Zarit, J. M. 330
Zarit, S. H. 330
Zastrow, C. 103, 104

내 용

4P 102
6P 102
AA 353
AB설계 276
COS 67, 73
CSWE 20
DSM-4 165
I-message 215, 238
JCAH 313
NASW 19, 165
NIMH 313
one-stop 서비스센터 288
outreach 294
PIE 1 65

가계도 159
가능케 하는 자 32
가능케 함 98
가정방문 136
가족사정 156
가족정서체계이론 237
가족조각 238
가족치료 72, 236
가치 37
가치갈등 40
가치관 17
감정 202
감정의 표출 203
감정이입 92, 122, 123
강점 47, 156

강점 확인 201
강점관점 48, 151, 228
강점사정 155
강화 212
개방형질문 128
개별사회사업 67
개별화 18, 144
개인-상황반영 190
개인화 124
개입 수행 114
개입계획 174
개입의 초점 28
거시적 실천 73
거주환경 96
결과 83
경계 83, 86, 156, 157, 236
경계를 유지 58
계약서 182
계약서 작성 179
계획 수립 114
계획된 변화활동 14
계획된 종결 265
계획의 수립 173
고정관념 41
고지의무 59
공식적 지원체계 286
공식적 체계 86
공유영역 86
과정평가 272
과제 196
과제성취척도 277
과제중심 접근방법 70
과제중심모델 195
과제할당 217
관계 형성 94, 114, 141, 341
관리의료 287
관심의 단위 173
관찰기술 121
교수 98
교육 240, 244, 349
교육자 33
구성주의치료 198
구조적 가족치료 236
권력 156
권한 236
권한 및 통제 단계 242
권한강화 252
균형 85
긍정적 자아개념 210
긍정적 재구조화 351
기관의 환경 251
기능주의학파 67
기록하기 132
기법 28
기술 28
기적의 질문 194
기초선 277
기회 102

나-전달법 215
논리적 사고 78
능력 102
능력강화 223
능력강화자 34

다양성 57
다중귀결성 85
단기적 접근 182
단기치료 195
단선적 원인론 79
단일사례설계 276
단일회합치료 218
단정적 행동 229
단정적 행동훈련 215
단주동맹 353
닫힌 체계 83
대상관계이론 189
대안의 개발 107
대인관계 154, 316
대인관계학습 241
대처능력 93, 154, 255
대처전 330
도움체계 87
도전 94
독립성 17
동기 102, 154, 256
동기화 344
동기화 면접 130
동맹 236
동의 구하기 59

동일귀결성 85
동정 123
동지체계 구축 360
듣는 기술 122
디스트레스 94

라포 114, 116, 182
리더십 242
리치아웃 136

만족도 280, 302
면접과정 117
면접기술 120
명확화 124
모니터링 298
모델링 192, 213,214
모방행동 241
목적달성척도 170, 272
목적설정 114, 167
목표 168
목표체계 88
묘사 190
문제의 분석 105
문제의 성격 342
문제해결 74, 77, 257
문제해결과정 70, 78
문제해결기법 208, 257
물질적 자원 315
미시적 개입 188
미해결된 사안 269

반영 125
반작용 267
발달적 반영 190
발달적 위기 200
방법론 27
방어기제 190, 317
방해물 134
방향을 제시 201
변이 98
변화 유지하기 269
변화주도체계 88
보편성 18
보호계획 296
보호관리 74, 285
보호의 연속성 291
복합적 위기 200
부가적 감정이입 206
부정 268, 356
부조화 243
분화 85
불일치 122
비계획된 종결 265
비공식적 자연체계 86
비공식적 지원체계 286
비밀보장 55, 143
비심판적 태도 144
비자발적 클라이언트 145
비판적 교육 258

사고의 수정 208

사례관리 74, 285, 337
사례관리의 모델 304
사례관리자 34
사례의 개념화 163
사정 114, 152, 254, 295, 313
사정의 차원 153
사회기술 241
사회변화 255,258
사회복지현장 34
사회사업가의 역할 32
사회사업가협회 14
사회사업방법 77
사회사업실천의 과정 114
사회사업실천의 목적 19
사회사업실천의 요소 16
사회적 역기능 14
사회적 오염 96
사회적 위기 200
사회적 이슈 240
사회적 지지 241, 315
사회정의 151
사회체계 86
상담가 32, 294
상호교류 85
상호작용 29
상호적응 91
상황적 위기 200
생리심리사회적 요인 80
생태도 157, 183
생태학적 접근 81

생태학적 체계이론 82, 91
생활 스트레스 요인 93
생활모델 91
생활주기 156
생활주기 변화 91
서비스 계획 319
서비스 조정 297
서식 132
설교하기 40
성공요인 309
성과 167, 302
성과평가 272
성장 240
수용 144, 345
수행 단계 187
순환적 원인론 79
시각적 분석 276
시간의 구조화 354
시간제한 182
신생속성 85
신체언어 121
신체장애인 398
신화 156
실습 257
실존적 요인 241
실천 단계 97
심리사회모델 190
심리치료 30

아동보호시설 370, 390
안정상태 84
알코올의존 154
애착 94
약물상담 339
약물절제 350
억압 96, 252
엔트로피 83, 90
역기능적 대인관계 92
역량강화 223, 252
역할놀이 236
연결 320
열린 체계 83
예술적 요소 25
예외발견질문 194
옹호 98, 224, 259, 291, 298, 322
옹호자 33, 245, 293
완장치료 199
외상 200
외상적 사건 91
요약하기 126
욕구 파악 105
욕구의 표현 268
우울증 154
우호방문자 72
워커의 역할 243
원조계획 367
원조면접 115
위기 162, 199
위기개입 199, 201
위기사정 162
유능성 95
유스트레스 94
윤리 37
윤리강령 38
윤리적 딜레마 59
은유의 사용 346
의도적 감정표현 144
의뢰 133
의사소통 156
의사소통기술 213
의사소통이론 237
의식고양 257
이야기치료 198, 255
이중구속언어 238
이해상충 57
인간과 환경 28
인간과 환경의 교환 93
인생경로 96
인지 161
인지이론 192
일반실천 74
일반실천방법 15
일반체계이론 82
임상사회사업 189
임상실천 15

자기결정 151, 226
자기결정권 108
자기결정주의 143

자기방향감 96, 257
자기비하적인 진술 209
자기인식 39, 44, 268
자기주장훈련 215
자발적 클라이언트 145
자선조직협회 67, 73
자아 317
자아수정 189
자아심리학 189
자원개발모델 306
자원봉사자센터 382
자조집단 250
자존감 95, 256
잠재력 18, 40
장애요인 307
재발 356
재측정 298
재활 240
저항 146, 150, 262
적극적 청취 213
적소 96
적응 93, 255
적응적 교류 91
적합도 93
전략적 접근 237, 238
전문노인요양원 375
전문직 21
전화면접 136
전환 83
점검 261, 321
접수 114, 139
정보의 제공 327
정상화 201
정서적 지원 326
정신역동 160
정신장애인 311
정신장애진단 매뉴얼 165
정체감 86
제시된 문제 339
조사자 34
조언 122
조정자 293
조직의 변화모델 306
존엄성 17
종결 114, 265, 299, 359
종결 단계 242
종결의 기술 270
중계 243
중계모델 304
중계자 33
중재 98
중재자 33, 246
지식 23
지역사회실천 72
지역사회조직사업 72
지역사회지지 프로그램 289
지원체계 335
지지 240
지지기법 190
직접실천 15
직접적 영향력 190
진단학파 67
질문기술 128
집단발달 단계 242
집단사회사업 71, 239
집단상담 355
집단응집력 241, 242
집단촉진자 34

체계 83
체계개입 234
체계이론 79, 80
초기 단계 114
초점체계 173
촉매자 142
촉진 98
총연습 236
충고하기 41
치료적 동맹 142
치료적 요인 240
치매 325
친밀 및 분화 단계 242
친밀 전 단계 242

카타르시스 241
케이스워크 66

탐색 190
통계적 분석 276
통제된 정서적 반응 144

통합된 중계판매모델 305
통합방법론 74
통합적 방법 77
퇴행 268
투입 83

파트너십 155, 244
판매모델 305
평가 99, 109, 114, 271, 301
폐쇄형질문 128
표적문제 174, 182, 254, 276
표적문제척도 278
피드백 83

학교상담가 361
한계 설정 229
합리적-정서적 치료 209
항상성 84
해결중심치료 194
해석 129, 211
행동계약 348
행동수정기법 70
행동의 변화 212
행동주의 161
행동주의 이론 192
행동주의적 용어 182
행동체계 88, 90
현실치료 197
홀론 86
환경 속의 개인 70, 165
환경변화 242
환경변화 248
환경의 압력 92
환기 190
환언 124

저/자/소/개/

이 윤 로

1967년 경기도 출생

학력

- 1990년 2월 연세대학교 사회복지학과 졸업(B.A.)
- 1991년 12월 미국 University of Wisconsin-Madison 사회복지학 석사(M.S.S.W.)
- 1995년 5월 미국 University of Texas at Austin 사회복지학 박사(Ph.D.)

주요 경력

- 서울시정개발연구원 위촉책임연구원(1995년 9월~1995년 12월)
- 서울여자대학교 사회사업학과 조교수(1995년 9월~1999년 8월)
- 서울여자대학교 사회사업학과 부교수(1999년 9월~2004년 8월)
- 제1회, 제2회 사회복지사 국가고시 출제위원(2003년, 2004년)
- 2004년도 청소년상담사, 2005년도 7급 공무원 국가고시 출제위원
- 서울여자대학교 사회복지연구센터 소장(2001년 6월~2006년 2월)
- 서울시 사회복지공동모금회 배분분과위원(2004년 6월~2006년 5월)
- 한국노인복지학회 이사(2002년 6월~2007년 5월)
- 2007년 EBS 사회복지사 1급 국가고시 특강
- 한국임상사회사업학회(www.kacsw.or.kr) 회장(2004년 2월~현재)
- 서울여자대학교 사회복지학과 정교수(2004년 9월~현재)

주요 저서

- 이윤로(1997). 청소년 약물남용의 원인과 치료. 문음사.
- 이윤로, 홍영수(2005). 의료사회사업론(개정판). 학지사.
- 이윤로(2005). 사회복지조사론 핵심예상문제. 창지사.
- 이윤로 외 4인(2006). 사례관리. 창지사.
- 이윤로(2006). 인간행동과 사회환경. 창지사.
- 이윤로(2007). 사회복지실천기술론(2판). 학지사.
- 이익섭, 이윤로(2007). 사회복지 조사방법의 이해(2판). 학지사.
- 이윤로, 김수진(2007). 치매노인과 사회복지서비스(2판). 학지사.
- 김동배, 이윤로(2007). 집단사회사업의 실천과 평가. 21세기사.
- 이윤로 외 3인(2008). 정신보건사회복지론. 현학사.
- 이윤로, 유시순(2009). 사회복지사를 위한 SPSS. 학지사.

최신사회
복지실천론
학지사

2판
최신 사회복지실천론

2006년 3월 10일 1판 1쇄 발행
2008년 1월 20일 1판 7쇄 발행
2008년 5월 20일 2판 1쇄 발행
2010년 4월 20일 2판 3쇄 발행

지은이 • 이 윤 로
펴낸이 • 김 진 환
펴낸곳 • ㈜ 학지사
121-837 서울시 마포구 서교동 352-29 마인드월드빌딩 5층
대표전화 • 02) 330-5114 팩스 • 02) 324-2345
등록번호 • 제313-2006-000265호

홈페이지 • http://www.hakjisa.co.kr
커뮤니티 • http://cafe.naver.com/hakjisa

ISBN 978-89-5891-671-0 93330

정가 19,000원

파본은 구입처에서 교환하여 드립니다.

이 책을 무단 전재 또는 복제 행위 시 저작권법에 따라 처벌을 받게 됩니다.

인터넷 학술논문 원문 서비스 **뉴논문** www.newnonmun.com

독도영유의 진실 이해

2013년도
대한민국학술원 선정
우수학술도서
이 도서는 교육부의 지원으로
대한민국학술원에서 선정한
"2013년도 우수학술도서"임.

독도영유의 진실 이해

16포인트와 150문답

신용하

서울대학교출판문화원

머리말

한국과 일본 사이에는 일본정부가 1952년 1월 28일 '독도영유권'을 주장하는 외교문서를 한국정부에 보내온 이래 '독도영유권 논쟁'이 전개되고 있습니다.

독도영유권 논쟁은 오늘날까지 만 60년 동안 수그러들기는커녕 일본정부의 끊임없는 도전으로 말미암아 격화되는 추세에 있습니다.

일본 외무성은 2008년 12월부터 『다케시마(독도) 문제를 이해하기 위한 10포인트』를 일본어, 한국어, 영어 등 10개국어로 제작하여 일본 외무성 홈페이지에 띄우고, 책자로 만들어 대사관, 영사관, 문화원 등 모든 외교기관을 통해서 전 세계에 배포하고 있습니다.

또한 일본 문부과학성은 의무교육과정인 초등·중등·고등학교 교과서와 교사지도서에서 "다케시마(독도)는 일본고유영토인데 한국이 불법점거하고 있다"는 요지의 내용을 강제로 교육하기 시작하였습니다. 일본 전 국민의 의무교육과정에서 초등·중등·고등학교의 3단계나 반복해서 '독도는 일본영토'라는 일본정부 주장을 주입시켜 놓으면, 일본정부의 주장이 아무리 '허위'일지라도 일본 학생들은 '허위'를 사실로 착각하고 '허위의식'으로 의식화되어 독도를 일본영토로 오해하여, 그들이 성년이 되면 독도침탈을 자행할 위험이 매우 크게 되는 것입니다.

이에 우리 대한민국은 전 국민이 먼저 독도에 대한 진실을 알고, 이를 굳게 수호해야 할 필요가 더욱 절실하게 되었습니다.

이 책은 독도영유의 진실을 이해하기 위해 쓴 책입니다.

이 책은 전체 2편으로 구성되어 있습니다.

제I편은 일본 외무성의 『다케시마(독도) 문제를 이해하기 위한 10포인트』의 주장을 증거자료에 의거하여 비판한 『세계인의 독도의 진실 이해를 위한 16포인트』입니다. 이 편에서는 먼저 독도영유권의 진실을 증거자료에 의거하여 밝히면서, 그 안에서 일본 외무성이 주장하는 허구성을 조목별로 가능한 한 철저히 비판하고 일본측 주장을 와해시켰습니다.

제II편은 이해하기 쉽도록 '문답 방식'으로 독도에 대해 여러 방면에서 현재까지 제기된 의문에 대해 진실을 해명한 「독도의 진실 이해를 위한 150문 150답」입니다. 이 편은 원래 「독도문제 100문 100답」을 2000년도에 월간지 『신동아』의 부록으로 발표한 것을, 다시 「독도문제 111문 111답」으로 수정증보하여 서울대학교출판부에서 간행한 연구서적 『독도영유권에 대한 일본주장 비판』의 부록으로 합하여 간행하였습니다. 이것을 다시 『월간조선』의 요청에 의해 「독도, 130문 130답」으로 2011년 6월호 별책 부록으로 증보하였습니다. 이번에 모든 판을 다시 수정증보하여 「독도의 진실 이해를 위한 150문 150답」으로 고쳐 쓴 것입니다. 이 과정에서 많은 독도전문가들 및 국민들과 함께 토론하면서 상호 질의와 검토, 평가를 거듭하여 150문답에까지 이르렀습니다. 국민들이 토론하시고자 하는 것은 가능한 대로 많이 수록하여 정확한 답을 정립하려고 오랫동안 노력하였습니다.

이 책에 실린 두 편의 글은 별도로 집필되었으며, 또 별도로 발표하여 검토를 받았기 때문에 사용한 자료와 해설에 약간의 중복이 있습니다. 이 점 독자들의 혜량을 구합니다.

이 책은 조금이라도 내용의 이해에 도움이 더 되도록 가능한 한 쉽게 풀어 썼습니다. 그러나 그 내용은 엄격한 연구와 증거에 의거한 것입니다.

(저자는 독도에 대한 연구서와 자료집을 이미 몇 책 발간한 바 있습니다.)

이 책의 집필에는 독도를 연구하시는 여러 동료들의 큰 도움을 받았습니다. 도움을 주신 모든 분들께 깊이 감사드립니다.

이 책의 출판을 맡아 주신 서울대학교출판문화원 오연천 이사장님과 김종서 원장님, 운영을 맡아 주신 형난옥 운영본부장님, 정성스럽게 교정을 보아 주신 정성숙 씨에게 깊이 감사드립니다.

이 책이 독자들의 독도영유의 진실 이해와 독도 보전에 조금이라도 도움이 되기를 간절히 바랍니다.

2012년 1월

저자 삼가 씀

차 례

머리말 v

제Ⅰ편 세계인의 독도(Dokdo, 獨島)의 진실 이해를 위한 16포인트 _ 1
일본 외무성의 '10포인트' 주장을 비판·반박하는 증거에 의거한 '16포인트'

1. 한국은 아득한 옛날(서기 512년)부터 '독도'를 한국고유영토로 '영유'해 왔습니다. _ 3

2. 한국은 고려시대는 물론이요, 15세기 조선왕조시대에도 세종이 독도를 강원도 울진현에 속한 조선영토로 계속 통치했음을 기록이 증명하고 있습니다. _ 7

3. 한국은 15세기와 16세기에 독도가 한국영토임을 당시 한자문화권 세계에 알렸습니다. 일본을 포함한 모든 한자문화권 세계가 물론 항의 없이 승복하였습니다. _ 9

4. 일본이 독도를 역사적으로 영유했다는 근거는 20세기 초기까지 단 1건도 없습니다. 일본정부가 제시한 17세기 일본에서 가장 오래된 문헌들도 '독도'는 한국영토라고 기록하고 있습니다. _ 13

5. 일본의 최고 권위 있는 1785년의 고지도도 독도는 한국영토라고 명백하게 규정하고 있습니다. _ 16

6. 유럽의 1737년 지도도 독도를 조선영토로 규정하고 그렸습니다. _ 18

7. 일본의 도쿠가와막부는 1696년 1월에 울릉도와 독도는 조선영토이므로 일본어부들의 고기잡이하러 건너감을 금지하는 명령을 내리고, 위반자는 처벌하였

습니다. _ 20

8. 19세기 후반 일본 메이지 정부는 공문서로 독도·울릉도가 한국영토임을 재확인하였습니다. _ 28

9. 1877년 일본의 메이지 정부 대정관(국가최고기관)과 내무성도 독도와 울릉도는 조선영토임을 재확인하였습니다. _ 30

10. 1900년 대한제국은 칙령 제41호로 독도를 한국영토로 서양국제법을 참조하여 세계에 다시 공표하였습니다. _ 34

11. 일본은 1905년 한국정부 모르게 비밀리에 독도를 무주지(無主地)라고 전제하고 일본영토에 편입하는 결의를 했으나, 독도는 일본정부도 이전에 한국영토로 확인하고 거듭 재확인한 유주지(有主地)이므로 무효가 되었습니다. _ 39

12. 연합국은 1946년 1월 29일 연합국최고사령관지령 제677호를 공포하여 독도를 한국영토로 확인하고 독도를 한국에 반환하였습니다. _ 45

13. 연합국은 일본과의 '평화조약' 준비로 합의한 1950년의 「연합국의 구 일본영토 처리에 관한 합의서」에서 독도가 '대한민국의 완전한 영토'임을 재확인하였습니다. _ 48

14. 샌프란시스코에서 체결된 연합국의 대(對)일본평화조약에서도 일본의 독도침탈 로비는 결국 실패했고, 독도는 한국영토로 확정되었으며, 일본 영역에서 제외되었습니다. _ 51

15. 유엔군은 1951년부터 오늘날까지 독도를 한국영토로 잘 인지하여 한국영토 영공에 포함시켜 식별하고 있습니다. _ 60

16. 독도는 역사적으로나 국제법상으로나 명명백백한 대한민국의 완벽한 영토이므로, 일본이 독도를 국제사법재판소에 가져가려는 책략을 대한민국은 단호히 거부하였습니다. _ 63

제 II 편 독도의 진실 이해를 위한 150문 150답 _ 67

제1장 독도의 위치와 생태환경 69

[제1문] 독도(獨島)는 어떠한 지리적 위치와 크기를 가진 섬인가? 69

[제2문] 독도의 기후는 어떠한가? 73

[제3문] 독도의 지형과 지질은 어떠한가? 74

[제4문] 독도에는 어떠한 식물이 생장하고 있는가? 77

[제5문] 독도에는 어떠한 새(조류)들이 살고 있는가? 80

[제6문] 독도에는 어떠한 곤충이 살고 있는가? 83

[제7문] 독도에 미생물도 있는가? 있다면 어떠한 미생물이 발견되었는가? 84

[제8문] 독도 주변 바다에는 어떠한 수산자원이 있는가? 86

[제9문] 독도 주변 바다에는 어떠한 광물자원이 있는가? 90

[제10문] 독도에는 관광자원으로 활용할 수 있는 아름다운 특수한 경관들이 있는가? 독도는 그 밖에 어떠한 특수한 지정학적 위치가 있는가? 93

제2장 '독도영유권 논쟁'의 시작 102

[제11문] 일본은 '독도영유권 논쟁'을 언제부터 걸어 도전해 왔으며, 한국정부는 이에 어떻게 대응하였는가? 102

[제12문] 그 후 '독도영유권 논쟁'은 어떻게 되었는가? 일본이 독도를 미국 공군의 폭격연습장으로 제공하여 독도영유권 논쟁에 유리하게 이용했다는데 사실인가? 104

[제13문] 그 후 일본측은 어떠한 반응을 보였는가? '독도영유권 논쟁'은 언제 끝날 것으로 볼 수 있겠는가? 106

제3장 독도는 역사적으로 한국 고유영토임이 진실임을 증명하는 자료 107

[제14문] 독도는 역사적으로 언제부터 한국의 영토로 되었는가? 107

[제15문] 혹시 '우산국'은 '울릉도'만을 영토로 한 나라이고 '독도'는 우산국의 영토가 아닐 수도 있지 않은가? 우산국의 영토가 '울릉도'뿐만 아니라 '독도'도 모두 우산국 영토였다는 것을 증명하는 고문헌이 있는가? 109

[제16문] 날씨가 청명하면 울릉도에서 '독도'가 과연 보이는가? 111

[제17문] 그 밖에 독도와 울릉도가 모두 우산국 영토였음을 기록한 고문헌 자료에는 어떠한 것이 있는가? 112

[제18문] 고문헌 이외에 '독도'가 울릉도와 함께 옛 우산국(于山國)의 영토임을 증명하는 자료는 없는가? 114

[제19문] 일본정부는 조선왕조시대 옛 '우산도'가 오늘의 '독도'가 아니라고 주장하는데, '우산도'가 '독도'라는 가시적인 명확한 증거가 있는가? 115

[제20문] 그렇다면, 일본측에서 일본 고문헌에 '독도'가 최초로 나오기 시작한 것은 언제부터이며, 그 내용은 어떻게 되어 있는가? 117

[제21문] 그 밖에 일본에는 '독도'를 일본영토라고 기록한 고문헌은 없는가? 119

[제22문] 그렇다면 역사적으로 독도가 한국의 고유영토라고 하는 것은 증거가 명백하지만, 독도를 역사적으로 일본의 고유영토라고 하는 것은 근거 없는 주장이 아닌가? 120

제4장 고려시대와 조선왕조시대의 독도통치와 관리 121

[제23문] 고려시대에도 독도와 울릉도는 고려왕조의 통치를 받았는가? 121

[제24문] 조선왕조에서도 울릉도·독도를 영유하고 통치하였는가? 그렇다면 왜 '쇄환공도정책'을 실시하였는가? 124

[제25문] 일본정부는 『신증동국여지승람』의 부속지도에 '우산도'(독도)가 울릉도보다 한반도 동해안 쪽에 더 가깝게 그려져 있으므로 이것은 '우산도'가 가상의 섬이고 독도가 아니라는 증거라고 주장하고 있다는데, 이것은 어떠한가? 126

제5장 17세기 말 울릉도·독도 영유권 논쟁과 일본 도쿠가와막부 정부의 조선의 울릉도·독도 영유권 재확인 129

[제26문] 일본정부는 최근에 '역사적'으로도 '독도'는 일본고유영토라고 주장하면서, 그 근거로 1600년 전후부터 약 80여 년간 일본이 면허장을 민간인에게 주어 '독도'(竹島)를 실효적으로 지배 점유했었다는 증거가 있다고 주장하였다. 일본측의 주장은 근거가 있는 것인가? 129

[제27문] 그러면 당시 오타니와 무라카와 두 일본인이나 '도해면허'에 관련된 자들은 독도가 울릉도의 부속도서(섬)임을 인지하고 있었는가? 132

[제28문] 일본측이 조선정부 몰래 일본 어민 2가구에게 울릉도와 독도에 국경을 넘어 건너가서 고기잡이를 해도 좋다고 허가하는 면허장을 내어주고, 일본 어민들이 울릉도·독도 근해에 출현해도 조선정부와 조선 어민들은 그대로 방관만 했었는가? 조선측과 일본측의 충돌 같은 것은 없었는가? 135

[제29문] 그렇다면 이때 대마도 도주는 도쿠가와막부와의 관계에서 어떠한 위치에 있었으며, 대마도 도주의 요구에 조선의 조정은 어떻게 대응하였는가? 137

[제30문] 당시 조선조정은 그렇게 나약하고 국토수호 의지도 없었으며, 그렇게 부패했었는가? 온건대응파의 결정을 비판하는 세력도 없었다는 말인가? 139

[제31문] 일본의 조선에 대한 공식적 외교 창구인 대마도 도주는 조선정부의 당당한 외교답서에 어떠한 반응을 보였는가? 그들은 조선의 외교답서를 접수하여 다시 이전과 같은 국경 존중의 태도를 보였는가? 142

[제32문] 그렇다면, 1693~1695년간의 울릉도·독도 영유권 논쟁은 어떻게 해결되었는가? 1696년 1월 28일 도쿠가와막부의 조선의 울릉도·독도 영유권 재확인이란 무엇인가? 142

[제33문] 그러면 대마도 번주는 1696년 1월 28일의 도쿠가와막부 관백의 조선의 울릉도·독도 영유권 재확인과 일본 어민들의 울릉도·독도 출어금지 결정과 명령을 즉각 수행하여 조선측에 통보하였는가? 146

[제34문] 1696년 1월의 도쿠가와막부 장군과 관백의 결정이 혹시 울릉도만 조선영토로 재확인한 것인가, 아니면 독도를 포함하여 울릉도와 독도를 모두 조선영토로 재확인한 것인가? 149

[제35문] 그렇다면 1696년 1월 이전의 울릉도와 독도에 대한 일본측의 영유권 시비는 도쿠가와막부 장군의 조선영토 재확인 결정으로 모두 소멸되고 조선과 일본 사이의 영토논쟁은 모두 종결되었는가? 도쿠가와막부에서 미자(米子)의 일본 어부 2가문에게 허가한 '죽도도해면허(竹島渡海免許)'와 '송도도해면허(松島渡海免許)'는 모두 취소된 것인가? 150

[제36문] 그렇다면 오늘날 일본정부가 '독도'를 '역사적으로 일본고유영토'라고 주장하는 것은 전혀 근거가 없는 것이 아닌가? 151

제6장 안용복(安龍福)의 활동과 조선조정의 대응 152

[제37문] 안용복은 17세기 말 울릉도·독도 영유권 논쟁 과정에서 어떠한 활동을 하고 어떠한 공적을 세웠는가? 152

[제38문] 일본정부는 안용복이 에도막부에 왔었다는 사실과 진술 내용은 신빙성이 없다고 주장한다는데, 이것은 어떠한가? 156

[제39문] 안용복(安龍福)은 두 차례나 일본에 건너가서 울릉도와 독도(우산도)를 지키는 데 큰 공을 세웠는데 조정에서는 포상이나 제대로 하였는가? 158

[제40문] 안용복의 활동은 객관적으로 어떻게 평가되어야 할까? 조선후기 실학자 성호 이익은 안용복을 어떻게 평가하였는가? 159

[제41문] 17세기 말 일본과의 울릉도·독도 영유권 논쟁이 잘 해결된 후 울릉도에 대한 '쇄환공도정책'은 폐기되었는가? 울릉도 '쇄환공도정책'은 언제 왜 시작되었으며, 17세기 말 '울릉도·독도 영유권 논쟁' 이후에도 계속되었다면 조선왕조 대신들의 울릉도정책에 문제가 있었던 것은 아닌가? 161

제7장 조선의 독도·울릉도 영유권에 대한 일본 도쿠가와막부의 존중 164

[제42문] 일본측은 1696년 1월 도쿠가와막부 장군이 울릉도·독도를 조선영토로 재확인하고 일본 어부들의 월경 고기잡이를 금지한 이후 이 금령을 잘 준수하고, 울릉도·독도에 대한 조선의 영유권을 잘 존중하였는가? 164

[제43문] 막부가 처형한 하치 우에몽이라는 일본인은 심문에서 울릉도·독도를

조선영토로 인지했음을 시인하였는가? 그가 그린 지도가 있다는데 어떠한 것인가? 165

[제44문] 일본의 지식인들도 조선의 독도·울릉도 영유권을 인지하고 잘 존중하였는가? 하야시 시헤이(林子平)의 「삼국접양지도(三國接壤之圖)」가 있다는데 그 특징은 무엇인가? 167

[제45문] 일본의 다른 지도에 '독도'를 조선영토로 표시한 것이 있는가? 170

제8장 18세기 서양의 한국 독도영유 인지 172

[제46문] 서양에서는 18세기에 독도를 어느 나라 영토로 인지하였는가? 172

제9장 일본 메이지 정부의 한국 독도·울릉도 영유권 인지와 재확인 178

[제47문] 근대에 들어오면서 메이지 정부(明治政府)는 울릉도와 독도를 계속 조선영토로 간주하였는가? 메이지 정부는 처음부터 '정한론(征韓論)'을 채택했는데, 그들도 울릉도와 독도를 조선영토로 인정하였는가? 178

[제48문] 일본 메이지 정부의 다른 부처에서도 독도와 울릉도를 조선영토로 인지했었는가? 일본영토 관리의 책임 부서인 일본 내무성도 독도와 울릉도를 조선영토라고 인지하였는가? 180

[제49문] 일본 메이지 정부 최고국가기관인 '태정관'은 '독도'를 어느 나라 영토로 확인하였는가? 184

[제50문] 일본 육군은 조선의 독도영유권을 인지하였는가 또는 부정하였는가? 186

[제51문] 일본 해군은 조선의 독도영유권을 인지하였는가 또는 부정하였는가? 188

[제52문] 현재의 일본정부는 『수로지』는 초국가적으로 '수로'를 설명하는 것이므로 국가별 영토의 의미는 없다고 반박한다는데, 이것은 사실인가? 『수로지』도 영토 개념을 포함하고 있는가? 190

제10장 조선왕조의 울릉도·독도 재개발정책 192

[제53문] 조선정부는 서양과 일본이 함선을 파견하여 울릉도와 독도를 실측조사하고 '죽도'니 '송도'니 '리앙쿠르드岩(암)'이니 하고 자의로 이름을 바꾸어 붙이며 해안과 영토를 넘보고 있을 때 무엇을 하고 있었는가? 잠만 자고 있었는가? 192

[제54문] 울릉도검찰사 이규원이 울릉도에 들어가 현지조사를 실행한 결과는 어떠하였는가? 일본인들이 실제로 울릉도에 몰래 침입하여 벌목을 하고 있었는가? 193

[제55문] 그러면 조선의 중앙정부에서는 국왕과 대신들이 이때 어떻게 대응하였는가? 울릉도 '쇄환공도정책'과 '수토정책'을 폐기하고 '재개척정책'을 채택하여 시행하였는가? 197

[제56문] 울릉도 '재개척사업'은 정책 채택 직후 바로 실시되었는가? 언제 어떻게 울릉도 '재개척사업'이 본격적으로 실행되었는가? 최초의 재개척민은 어떠한 사람이었는가? 198

[제57문] 동남제도개척사 겸 포경사 김옥균은 울릉도·독도 재개척에 성공하였는가? 201

[제58문] 갑신정변 후에 울릉도·독도 재개척사업은 어떻게 되었는가? 그것은 추진 주체가 없어서 중단되었는가? 일본인들은 울릉도에서 모두 철수한 후 다시 들어오려는 기도는 없었는가? 202

제11장 대한제국의 울릉도·독도 정책과 1900년 칙령 제41호의 반포 204

[제59문] 조선정부는 청·일전쟁 후 일본인들의 울릉도 불법 침입에 대하여 어떠한 조치를 취하였는가? 울릉도의 목재를 일본측과 러시아측에서 탐내었다면 큰 경제적 가치를 가졌기 때문이었을 터인데, 조선정부는 왜 이를 벌채하여 외국에 수출하는 정책을 수립하지 않았는가? 204

[제60문] 재부임한 울릉도 도감 배계주(裵季周)와 부산항 외국인 세무사의 울릉도 실태 보고는 어떠하였는가? 205

[제61문] 대한제국 정부는 일본인들의 울릉도 불법 입도와 삼림벌채 및 불법행

태에 어떠한 대응 정책을 취했으며, 일본인들의 불법 벌채를 금지시킬 것을 강력하게 요구해 오는 러시아측의 압력에 어떻게 대응하였는가? 206

[제62문] 우용정의 국제조사단 일행이 실제로 조사한 1900년 당시의 울릉도의 실태는 어떠하였는가? 일본인들이 밀입도하여 마을을 이루고 살면서 삼림을 벌채해 가고 있었는가? 208

[제63문] 우용정의 조사단 일행의 보고서에 대하여 일본측은 어떻게 반응하였는가? 일본측은 보고서의 내용에 승복하여 일본인들을 철수시켰는가? 211

[제64문] 대한제국 1900년 칙령 제41호란 무엇인가? 대한제국 정부는 일본측의 이러한 방자한 반응에 어떻게 대응 조치를 하였는가? 212

[제65문] 대한제국 정부는 울릉도·독도의 행정제도 개편과 울릉도·독도 영유권을 어떻게 고시하였는가? 214

[제66문] 대한제국 정부와 초대 울도군수 배계주는 울도군을 어떻게 통치하였는가? 215

[제67문] 그 이후 울도군수의 울릉도·독도(석도) 행정 통치는 잘 진전되었는가? 217

[제68문] 왜 '울도군'을 설치할 때 구 통치 구역인 '독도'의 명칭을 이전처럼 '于山島(우산도)'라고 하지 않고 '石島(석도)'라고 표기하였는가? 그러면 이 무렵에 '독도'의 발음을 취하여 '獨島(독도)'라고 표기한 기록도 발견되는가? 218

[제69문] 석도(石島)가 곧 독도(獨島)임을 거리나 또는 다른 방법으로도 증명할 수 있는가? 220

[제70문] 그렇다면 국제법상으로도 대한제국의 1900년 칙령 제41호의 공포는 '근대'에 들어와서 한국정부가 '독도'에 대하여 통치권을 행사하고 제도화한 매우 중요한 사건이 아닌가? 222

[제71문] 독도의 명칭이 예부터 한국·일본·서양이 각각 다르고 몇 번 변동하여 조금 난해한데, 호칭에 대해서도 알기 쉽게 설명할 수 있는가? 222

[제72문] 일본에서는 울릉도와 독도를 어떻게 호칭하였는가? 227

[제73문] 중국에서는 울릉도와 독도를 어떻게 호칭하였는가? 230

[제74문] 서양에서는 어떻게 하여 독도를 '리앙쿠르岩(암)'이라고 호칭하게 되었는가? 230

제12장 일본 제국주의의 1905년 독도침탈 232

[제75문] 독도가 한국의 고유영토일 뿐 아니라 근대에 들어와서도 대한제국이 근대국제공법 체계 속에서 1900년에 칙령 제41호로서 또 울도군에 속한 한국영토임을 재확인하여 『관보』에도 공표했는데, 왜 일본은 독도를 침탈하여 일본에 소위 '영토편입'하려 하였는가? 일본의 독도침탈 시도, '영토편입' 시도에는 특수한 목적이 있었는가? 232

[제76문] 나카이(中井養三郎)는 어떤 사람이며, 어떤 목적으로 '독도'에서의 어업독점권을 갖고자 하였는가? 나카이는 '독도'가 한국영토임을 알고 있었는가, 모르고 있었는가? 233

[제77문] 그러면 나카이가 독도를 한국영토로 인지하고 독도에서의 어업독점권을 신청하려던 계획을 일본정부는 어떻게 바꾸었는가? 일본정부가 나카이의 계획을 바꾸어 독도를 일본영토에 소위 '편입'하려 했다는 증거자료는 있는가? 234

[제78문] 일본정부는 언제 어떠한 방법으로 한국영토인 독도를 일본에 '영토편입'한다는 결정을 내렸는가? 이때 '한국영토 독도'를 어떤 구실을 만들어 지우려고 하였는가? 236

[제79문] 일본정부는 독도를 일본에 '영토편입'한다는 결정을 해놓고 한국정부에 이를 사전 또는 사후에 조회 또는 통보하였는가? 일본정부는 어떠한 방법으로 '독도'의 일본에의 '영토편입' 결정을 한 사실을 세상에 알렸는가? 239

[제80문] 왜 일본정부는 '독도'를 일본에 '영토편입'한 사실을 한국정부와 세계 각국에게 '사실상의 비밀사항'으로 해 두려고 구차한 지방 『현보』 고시 방법을 택했었는가? 241

제13장 대한제국의 일제 독도침탈에 대한 항론 243

[제81문] 그러면 대한제국 정부는 일제의 1905년 1, 2월 독도침탈(영토편입) 사

실을 당시에 모르고 있었는가. 대한제국 정부는 일본이 '독도'를 침탈하려고 일본에 소위 '영토편입'한 사실을 언제 알게 되었는가? 일본정부는 언제 이 사실을 대한제국 정부에 통보해 주었는가? 243

[제82문] 일본측은 왜 '독도'를 일본에 '영토편입'한 사실을 구태어 1906년 3월 말을 택하여 대한제국 지방관이 알도록 누출시켰는가? 그 일자에 특별한 의미가 있는가? 245

[제83문] 울도군수 심흥택은 1906년 3월 28일 울도군청을 방문한 일본 시마네현 은기도사 일행으로부터 '독도'를 일본에 '영토편입'했다는 정보를 듣자 어떻게 대응하였는가? 246

[제84문] 대한제국 중앙정부의 내부대신은 울도군수 심흥택의 보고를 강원도관찰사 서리를 거쳐 받고 어떻게 반응하였는가? 248

[제85문] 대한제국 중앙정부의 참정대신은 강원도관찰사 서리의 위의 보고를 받고 어떻게 반응하였는가? 249

[제86문] 당시 여론은 어떠하였는가? 당시의 신문들은 일본의 '독도'침탈, '영토편입'을 어떻게 보도하고 어떻게 평론하였는가? 250

[제87문] 당시 대한제국 국민들과 지식인들은 이 보도를 읽고 어떻게 반응하였는가? 특히 지식인들은 이에 반응하여 일본의 독도침탈 시도를 비판한 문헌을 남겼는가? 254

[제88문] 그러면 1906년 이후 '독도'는 어떠한 상태에 있었는가? 255

제14장 일제 강점기의 독도와 동해 명칭 257

[제89문] 일제 강점기에 독도는 어떠한 상태에 있었는가? 257

[제90문] 일제 강점기에 일제는 '독도'뿐만 아니라 '동해'의 명칭도 '일본해'로 바꾸어 침탈했다는데 사실인가? 260

제15장 광복 후 한국의 독도영유권 회복과 연합국의 독도문제 처리 266

[제91문] 연합국은 제2차 세계대전 도중에 만일 일본이 패전하면 일본이 침탈한 영토들을 원주인에게 반환시키고 일본은 원래의 일본으로 돌아가도록 조치할 정책을 갖고 있었는가? 266

[제92문] 그러면 1945년 8월 15일 일본의 무조건 항복에 의한 제2차 세계대전 종결 후 일본이 약취했던 한반도와 '독도'는 연합국에 의하여 어떻게 한국에 반환되었는가? 270

[제93문] 일본정부는 그 후 SCAPIN 제677호는 연합국최고사령관의 최종결정이 아니므로 이때 '독도'(죽도)를 한국에 최종 반환했고 일본으로부터 최종 분리했다고 볼 수 없다고 항의했다는데, 과연 그러한가? 273

[제94문] 연합국최고사령관은 그 후 SCAPIN 제677호를 수정하여 한국영토로 반환한 '독도'를 일본영토로 반환한다는 식의 다른 특정한 SCAPIN을 발표하였는가? 연합국최고사령관이 '독도'에 관련하여 혹시라도 다른 번호의 특정 SCAPIN을 발효한 것은 없는가? 274

[제95문] 대한민국의 독도영유를 더욱 보강하는 또 하나의 SCAPIN은 어떤 것인가? 그것의 SCAPIN 제677호와의 관계는 어떠한가? 275

[제96문] 이 무렵에 미군이 '독도'를 미공군의 연습장으로 사용했다가 울릉도 어부를 다수 폭사시킨 일이 있었고, 일본측은 미 공군이 독도를 일본영토로 간주했기 때문에 미공군 연습장으로 사용한 것이라고 주장했다는데, 그러한 사실이 있었는가? 276

제16장 연합국의 대일(對日)평화조약 준비 278

[제97문] 미군정 하에서 남조선 과도정부는 한국에 반환된 '독도'를 보전하려고 어떠한 노력을 하였는가? 278

[제98문] 일본은 전후 평화회담 준비에서 울릉도와 독도를 일본영토에 편입시키고자 했다는데 사실인가? 280

[제99문] 시볼드(Sebald)는 어떠한 인물인가? 281

[제100문] 연합국은 일본과의 평화조약에서 '독도'를 SCAPIN 제677호에 따라 한국영토로 승인하였는가? 283

[제101문] 어떻게 해서 연합국측의 '대(對)일본평화조약'의 제5차 초안까지는 '독도(獨島)'의 이름이 있다가 제6차 초안의 시안부터는 '독도'의 명칭이 빠지게 된 것인가? 배후의 원인이 일본측과 시볼드의 로비였던가? 284

[제102문] 연합국이 평화회담 개최에 앞서 평화회담 준비문서의 성격을 가진 「연합국의 구 일본영토 처리에 관한 합의서」를 작성했었다고 하는데, 이것은 무엇인가? 286

[제103문] 「연합국의 구 일본영토 처리에 관한 합의서」는 어떠한 성격의 문서이며, 어떻게 사용될 수 있는가? 289

[제104문] 그러면 제6차 미국초안 시안은 그 후 어떻게 되었는가? 291

[제105문] 미국은 제6차 초안의 시안을 폐기한 후 이 문제에 어떻게 대처하였는가? 291

[제106문] 영국 · 오스트레일리아 · 뉴질랜드 등 다른 연합국은 미국 제6차 초안의 시안에 반대한 후 '독도문제'에 어떻게 대처하였는가? '영국초안'이 있었다는데 그것은 '독도'를 어느 나라 영토로 판정하였는가? 293

[제107문] 연합국의 일본에 대한 평화조약의 '미국초안'과 '영국초안'이 다른데, 두 나라 초안이 모두 평화회의 본회의에 상정되었는가? '미 · 영합동초안'이란 무엇인가? 294

[제108문] 그러면 뉴질랜드 등의 비판은 수용되었는가? '제2차 미 · 영합동초안'의 내용은 어떠한가? 295

[제109문] 그러면 '제3차 미 · 영합동초안'에서는 한국정부의 항의가 수용되었는가? 296

[제110문] 샌프란시스코에서 열린 연합국의 대(對)일본평화조약의 한국 관련 조항은 어떻게 되어 있는가? 297

[제111문] 샌프란시스코 평화조약 조약문에서 독도 명칭이 누락된 것은 어떻게 해석되는가? 297

[제112문] 일본이 재독립한 1952년 이후에도 울릉도와 독도를 일본영토에서 제외한 법령을 존속시켰다는데? 300

[제113문] 현재 일본정부가 1951년 9월 8일 샌프란시스코 평화조약에 '독도' 명칭이 없는 것을 놓고 일본이 포기하는 섬에 독도 명칭이 누락된 것은 연합국이 독도를 '일본영토'로 승인한 것이라고 집요하게 주장하고 있으므로, SCAPIN 제677호 이외에 또 '독도를 한국영토'로 보강하여 증명할 추가적 방법은 없는가? 301

[제114문] 그러면 「1969년 조약법에 관한 비엔나 협정」은 독도영유권문제에는 어떻게 적용되는가? 304

[제115문] 만일 연합국이 샌프란시스코 평화조약문에서 '독도는 일본영토'라고 명문으로 기재했다면 '독도문제'는 어떻게 되었을까? 305

[제116문] 일본정부는 샌프란시스코에서의 1951년 연합국의 '일본과의 평화조약'에서 일본이 한국에 반환한 영토는 1910년 8월 소위 '합병조약' 때 점령한 영토이고 그 이전인 1905년에 영토편입한 곳은 포함되지 않았다고 주장하고 있다는데, 이 문제는 어떠한가? 306

제17장 대한민국 정부와 국민의 독도보전 활동 308

[제117문] 일본정부는 독도영유권 논쟁을 걸어온 후인 1952년 9월 15일과 9월 22일 미국 공군을 유도하여 독도를 미공군의 폭격연습지로 사용했고, 1953년 3월 19일 미·일합동위원회에서 독도를 미국 공군의 폭격연습장에서 제외했다고 통보받았으므로 이것은 미국 공군이 독도를 일본영토로 인정한 것이라고 주장한다는데, 이것은 어떠한 것인가? '한국방공식별구역(KADIZ)'이란 무엇인가? 308

[제118문] 미국 공군이 한국전쟁 기간 동안 독도를 폭격연습장으로 사용한 것은 일본측의 유도에 의한 것이라는 설이 있는데, 사실인가? 310

[제119문] 그렇다면, 6·25 한국전쟁 이전의 미공군의 독도 폭격연습 폭격사건도 일본측의 유도와 관련이 있는가? 313

[제120문] 일본이 '독도영유권 논쟁'을 걸어온 1952년과 1953년은 '한국전쟁' 도중이어서 독도 수호의 여념이 없을 정도로 고난의 시대였는데, 일본측의 거친

도발에 대하여 한국측은 어떻게 대응하였는가? 316

[제121문] 한국정부와 국회는 일본의 독도침탈 시도 도전에 어떻게 대응하였는가? 319

[제122문] 한국정부는 일본의 도발에 어떻게 대응하였는가? 소극적 방관만 하고 있었는가? 320

[제123문] 한국정부는 외교논쟁 외에 독도영유를 강화하기 위한 보다 적극적 정책은 실행하지 않았단 말인가? 325

[제124문] 일본정부는 독도침탈 전략의 하나로 1954년 9월 '독도문제'를 헤이그에 있는 '국제사법재판소'에 제소했다는데, 사실인가? '독도문제'를 국제사법재판소에 제소하면 일본은 승산이 있다고 판단하는 것인가? 326

[제125문] 대한민국 정부는 그 밖에 독도 수호를 위하여 어떠한 정책을 실시하였는가? 330

[제126문] 1965년 6월 22일 '한·일기본관계협정'과 부수 협정들 가운데 하나로 '한·일어업협정'(제1차)이 체결되었을 때 한국의 독도영유권은 손상을 받지 않았는가? 이때 '평화선'이 철폐되었다고 들었는데, 이 문제는 어떠한가? 331

[제127문] 그러면 1965년 한·일기본관계협정 때부터 1995년까지 한국정부는 독도 수호를 위하여 어떠한 일을 하였는가? 333

제18장 독도영유권과 유엔 신해양법 및 제2차 한·일어업협정 335

[제128문] 그러면 일본정부가 '독도문제'에 대하여 공격적 외교와 침탈 준비를 본격적으로 다시 전개하기 시작한 것은 일본이 '유엔 신해양법'을 채택 적용한 1996년부터인가? 이때 왜 일본은 독도침탈에 대하여 강한 의지를 표시하고 공격적 외교정책과 해양정책을 전개하였는가? 1998년의 제1차 한·일어업협정(1965. 6) 일방적 폐기와 1999년 1월 23일의 신(제2차)한·일어업협정 체결에서 '독도문제'는 어떻게 취급되었는가? 335

[제129문] 한국정부는 1996년부터의 일본정부의 이러한 본격적인 공격적 외교를 보고만 있었는가? 한국측은 어떻게 대응하였는가? 한국정부는 '독도'를 일본정부가 자기 영토로 주장하면서 동해 쪽 일본 EEZ의 기점을 '독도'로 취한 도발

에 어떻게 대처하였는가? 337

[제130문] 일본은 한국영토인 독도를 일본 EEZ의 기점으로 취했는데, 한국이 그 1년 2개월 후에 자기의 영토인 독도를 한국 EEZ의 기점으로 취하지 않고 울릉도를 한국 EEZ의 기점으로 취한 이유는 무엇인가? 이렇게 되면 한국의 독도영유권에 훼손이 오는 것이 아닌가? 338

[제131문] 유엔 신해양법 121조 3항은 어떻게 되어 있는가? 그에 의하면 '독도'는 참으로 EEZ의 기점이 될 수 없는 섬인가? 339

[제132문] 한국과 일본의 교수 이외에 세계 다른 나라 전문학자가 '독도'와 같은 섬이 EEZ의 기점이 될 수 있음을 인정한 학자가 있는가? 있다면 그 예를 들어 주기 바란다. 340

[제133문] 외무부의 일부 관계자는 '독도기점'을 포기하고 '울릉도기점'을 선택해도 울릉도와 일본 오키도의 중간선을 한·일 EEZ 구획선으로 잡으면 '독도'가 한국 EEZ 속에 포함되는 것이니 독도영유권에는 훼손이 없다고 설명했는데, 과연 그러한가? 342

[제134문] 그러면 한국이 '독도기점'을 자유롭게 선택할 수 있다는 것인가? 일본이 이미 일본 EEZ의 '독도기점'을 공표하고 있고, 한국은 그 후 '울릉도기점'을 공표해 버렸는데 이제 와서 '독도기점'을 공표해도 일본이 합의해 주겠는가? 1999년 1월 22일 체결된 신(제2차)한·일어업협정에서는 '독도'는 어떻게 취급되었는가? 343

[제135문] 그러면 1999년 1월 23일 체결된 '신(제2차)한·일어업협정'에서 '독도'는 어떻게 취급되었는가? 344

[제136문] 신(제2차)한·일어업협정에서 협정체결에 관련된 한국측 관계자들은 신(제2차)한·일어업협정은 고기잡이에만 관련된 것이지 영토나 EEZ에는 무관한 협정이기 때문에 독도영유권과는 어떠한 관계도 없다고 주장했는데, 사실인가? 또 관계자들은 신(제2차)한·일어업협정은 제15조에서 기존의 한국 독도영유권에 영향을 끼치지 않는다는 조항을 명문으로 기록하여 넣었다는데, 사실인가? 345

[제137문] 관련자들은 또 유엔 해양법 제121조 3항에서 무인도는 EEZ 기점이 될 수 없다는 조항이 있는데, '독도'는 무인도이므로 한국 EEZ 기점으로 잡지

않았다고 했는데, 일본은 어떻게 1년이나 앞서 '독도'를 일본 EEZ의 기점으로 잡았는가? 347

[제138문] 신(제2차)한·일어업협정에서 '독도'가 '중간수역'에 포함된 것은 한국의 독도영유권을 조금이라도 훼손한 것이 되는가? 관련자들은 '중간수역'을 공해적 성격이라고 해석하고 있는데 일본측도 그렇게 해석하고 있는가? 349

[제139문] '독도기점' 채택 선언은 상대방의 동의 없이도 가능하다는데, 왜 한국은 신(제2차)한·일어업협정 체결 이후일지라도 '독도기점'을 채택하지 않는가? 350

제19장 한국의 독도 수호정책의 방향과 방안 351

[제140문] 최근 일본정부는 2005년 이전에도 일본 국민의 호적을 독도에 옮겨 등재해 주었고, 또 육·해·항공 자위대가 이오지마(硫黃島)에서 독도 상륙 접수 연습을 했다는 보도도 있었는데, 이들은 무엇을 의미하는 것인가? 일본은 독도에 대하여 어떠한 정책을 집행하고 있는 것인가? 351

[제141문] 한국정부와 국민은 제2차 한·일어업협정 체결 이후 '독도' 보전을 위하여 어떠한 일을 하였는가? 354

[제142문] 최근 일본의 독도침탈정책은 어떻게 나타나고 있는가? 357

[제143문] 그러면 대한민국은 자기의 영토인 '독도'를 지키기 위하여 어떠한 대책을 수립하여 집행해야 하는가? 앞으로 '독도'를 수호 보전하기 위하여 어떠한 방향의 정책을 입안 실행해야 하는가? 360

[제144문] 신(제2차)한·일어업협정(1999. 1. 23.)은 수정해야 하는가? 363

[제145문] 미국 지명위원회(BGN)가 2008년 7월 '독도'를 '주권 미지정 지역(Undesignated Sovereignty)'이라고 표기한 것은 혹시 독도를 '분쟁지'로 본 것은 아닌가? 이것은 혹시 일본의 로비에 의한 것은 아닌가? 368

[제146문] 독도를 관광단지로 만들자는 주장은 어떠한가? 독도를 '유인도화'하자는 주장이 오래전부터 제기되어 왔는데, 이것은 어떠한가? 370

[제147문] 독도의 경비를 지금의 경찰경비대로부터 해병대 1개 소대로 교체하는

것은 필요한 일인가? 372

[제148문] 일본이 초·중·고등학교 교육에서 독도를 일본영토인데 한국이 불법 점거하고 있다고 교육한다는데, 이에 대해서는 어떻게 대응해야 할 것인가? 373

[제149문] 국제사회에서 일본은 '독도'를 일본영토라고 적극적으로 홍보하면서, 세계지도에서도 '다케시마'로 표기하도록 활동하고, '동해' 표기도 반대한다는데, 한국은 어떻게 대응해야 할 것인가? 374

[제150문] 일본정부가 '독도영유권' 문제를 국제사법재판소에 갖고 가서 심판받자는 제안에 대하여, 한국은 어떻게 대응해야 할 것인가? 375

참고문헌
1. 한국어(주요 단행본) 379
2. 일본어(주요 단행본) 383
3. 영어(주요 단행본) 384

찾아보기 385

제 I 편

세계인의 독도(Dokdo, 獨島)의 진실 이해를 위한 16포인트

일본 외무성의 '10포인트' 주장을 비판·반박하는 증거에 의거한 '16포인트'

일본 외무성은 2008년 12월부터 『'다케시마' 문제를 이해하기 위한 10포인트』를 일본어, 한국어, 영어 등 10개국어로 제작하여 일본 외무성 홈페이지에 올리고, 책자로 만들어 세계 각국에 널리 배포하여 적극 홍보하고 있는 중이다. 그러나 일본 외무성의 10포인트의 내용은 진실을 왜곡하고 거짓으로 가득 차 있다.

이 책의 제I편은 확실한 증거자료에 의거하여 일본 외무성의 『'다케시마' 문제를 이해하기 위한 10포인트』의 진실 왜곡과 허구성을 직접 비판하고, 세계인들의 독도영유권의 진실 이해를 돕기 위하여 저술한 것이다.

1. 한국은 아득한 옛날(서기 512년)부터 '독도'를 한국고유 영토로 '영유'해 왔습니다.

1 고문헌인 『삼국사기(三國史記)』(김부식 편, 1145년)에는 서기 512년(신라 지증왕 13년)에 우산국(于山國)이 신라(新羅)에 복속하여 병합되었으므로 신라의 한 지방으로 편성했다고 두 곳에 기록되어 있습니다. 우산국은 지금의 '울릉도'와 '독도'를 포함한 동해상의 아주 작은 왕국이

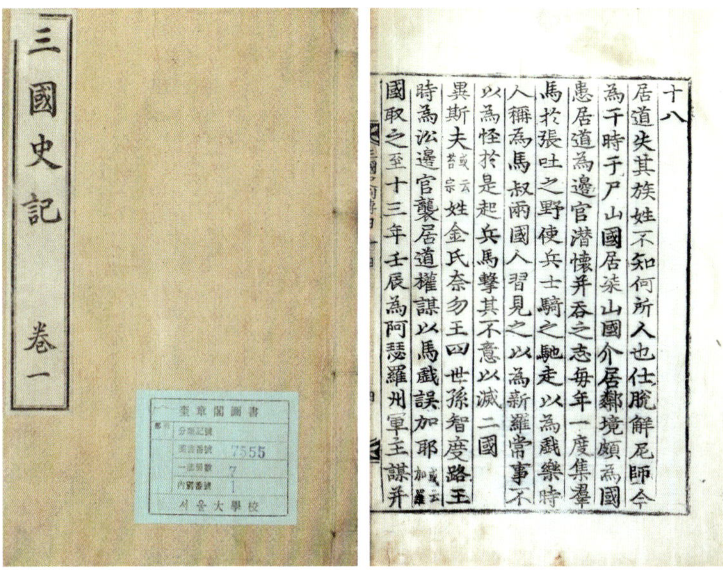

그림 I-1. 우산국의 신라에의 병합 사실을 기록한 『삼국사기(三國史記)』. (서울대학교 규장각한국학연구원 소장)

었습니다. '독도'는 19세기까지는 우산도(于山島)라고 불렀습니다. 신라는 한국을 형성한 고대국가의 하나입니다. 한국은 서기 512년 이전부터 독도를 '인식'했고, 512년에는 독도를 '영유'했는데, 일본은 2008년 12월부터 『다케시마(독도) 문제를 이해하기 위한 10포인트』(이하 2008년-10포인트)(1)에서 겨우 18세기 말(1779) 지도를 근거로 제시하면서 '영유'가 아니라 독도를 '인식'했다고 주장하고 있습니다.

2 또 다른 고문헌 『삼국유사(三國遺事)』(일연 지음, 1285)에도 신라 지증왕 때 장군 이사부(異斯夫)가 우산국의 항복을 받아내어 우산국이 신라의 한 지방으로 병합되었다고 기록되어 있습니다. 『삼국유사』와 『삼국사기』는 기록 내용이 일치합니다.

3 우산국이 울릉도와 독도로 구성되어 있었다는 사실을 증명하는 고문헌은 다수 있습니다.

『세종실록(世宗實錄)』 지리지(1432년 편찬), 『동국여지승람(東國輿地勝覽)』(1481), 『신증동국여지승람(新增東國輿地勝覽)』(1531), 『숙종실록(肅宗實錄)』(1696년조), 『만기요람(萬機要覽)』 군정편(1808), 그 밖에 각종 고문헌들과 고지도에는 울릉도와 우산도(독도)가 모두 옛 '우산국' 영토였다고 기록되어 있습니다.

특히 『만기요람』 군정편에서는 우산도(독도)를, 당시 일본 호칭도 기록하여 "『여지지(輿地志)』에 이르기를 울릉도와 우산도는 모두(皆) 우산국 땅이며, 우산도(于山島)는 왜인들이 말하는 송도(松島, 마츠시마)이다"라고 기록하였습니다. 일본에서는 19세기에 울릉도를 '죽도(竹島, 다케시마)', 우산도를 '송도'라고 부르고 있었습니다. 『만기요람』은 조선의 '우산도'(독도)가 일본에서는 '송도'(지금의 독도)라고 호칭되는데 모두

'우산국' 영토라고 명백히 기록하여 설명하고 있는 것입니다.

일본 외무성의 『2008년-10포인트』(1)에서 일본은 1779년에 그려진 독도 일본영토 지도가 있다고 주장하면서, 『2008년-10포인트』(2)에서 한국이 옛날부터 독도(송도, 오늘날의 일본 호칭 다케시마)를 인식하고 있었다는 근거가 없다고 주장한 것은 천만부당한 거짓말임이 『만기요람』 군정편에서 잘 증명됩니다.

[4] 또한 독도의 옛 이름인 '우산도(于山島)'라는 명칭 자체가 '우산도'가 '우산국(于山國)' 소속임을 증명해 주고 있습니다.

우산국의 큰 섬 '울릉도'의 명칭이 고정되자, 그 부속섬인 독도에 늦어도 15세기 초에 '우산도'라는 명칭이 고정되어 붙은 것은 우산도가 우산국의 영토 섬이었음을 명백하게 증명해 주는 것입니다.

[5] 일본 외무성은 『2008년-10포인트』(2)에서 '우산도'가 오늘날의 '독도'라는 근거가 없다고 하는데, 한국과 일본의 다수 고지도가 가장 이해하기 쉬운 근거입니다.

예컨대 한국의 초기 가톨릭 신부 김대건(金大建)이 1846년에 보고용으로 프랑스어로 표기한 「조선전도(Carte de la Corée)」는 울릉도 동쪽 정확한 위치에 '독도'를 그리고 'Ousan(우산)'이라고 표기하였습니다.

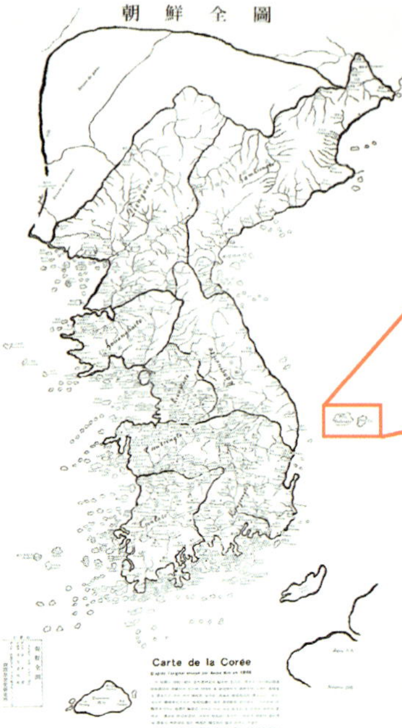

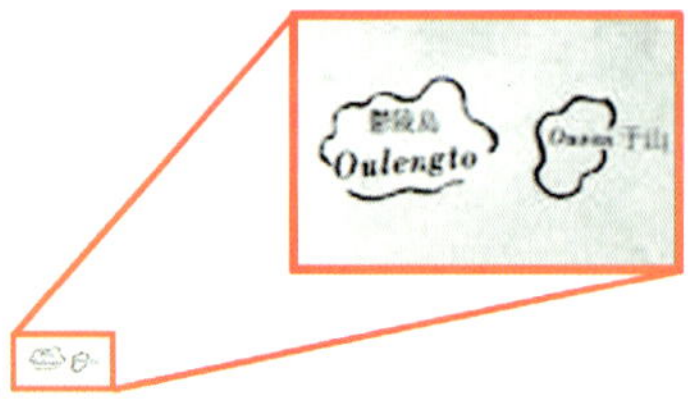

그림 I-2.
김대건의 「조선전도(朝鮮全圖)」(1846). 우산도(독도)를 울릉도 동쪽 정확한 위치에 그리고 'Ousan(우산)'이라는 한국어명을 불문자로 표기하여 조선영토임을 표시하였다. (프랑스 파리국립도서관 소장)

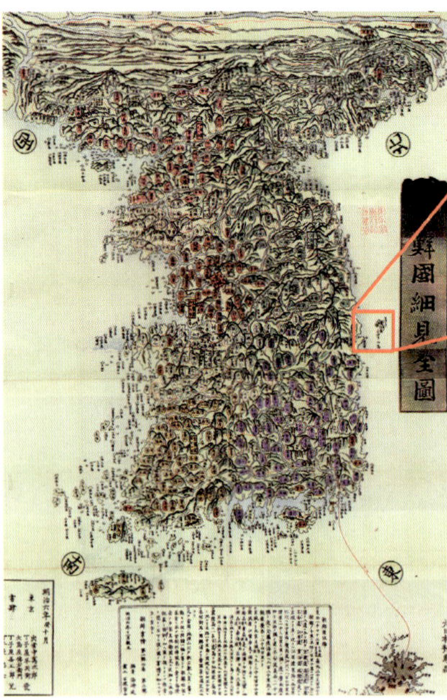

그림 I-3.
일본인 소메자키(染崎延房)의 「조선국세견전도(朝鮮國細見全圖)」(1873). 이 지도는 울릉도와 독도를 강원도와 같은 색으로 울진 옆에 그려 넣고, '독도'를 '우산도(于山島)'라고 기재하여 '우산도'가 곧 '독도'로서 강원도 울진현에 속한 조선 땅임을 명백히 표시하였다. (서울대학교 중앙도서관, 국립중앙도서관 소장)

2. 한국은 고려시대는 물론이요, 15세기 조선왕조시대에도 세종이 독도를 강원도 울진현에 속한 조선영토로 계속 통치했음을 기록이 증명하고 있습니다.

[1] 조선왕조 세종대왕의 통치 기록인 『세종실록(世宗實錄)』 지리지에는 "독도(우산도)와 울릉도의 2섬이 강원도 울진현의 바로 동쪽 바다 가운데 있는데 거리가 멀지 않아 날씨가 청명하면 보이며, 신라 때에는 우산국이라 칭했다"고 기록되어 있습니다. 세종은 '독도(우산) · 울릉도 안무사'라는 직책의 관리 김인우(金麟雨)를 두 번이나 파견하면서 통치권을

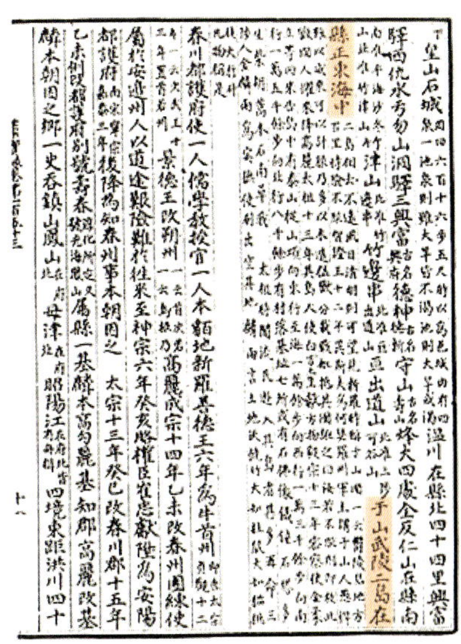

그림 I-4. 우산도(독도)와 무릉도(울릉도)도 옛 우산국이었다고 기록한 『세종실록(世宗實錄)』 지리지. (서울대학교 규장각한국학연구원 소장)

행사하였습니다. 이것은 독도가 역사적으로 한국의 고유영토라는 명백한 사실의 증거입니다.

2 『세종실록』 지리지에서 독도와 울릉도의 2섬이 옛날 신라시대에는 우산국이었다가 병합되었음을 확인해 주고 있을 뿐 아니라, 날씨가 청명한 날에는 울릉도에서 독도가 보인다고 기록하였습니다.

동해에는 약간 큰 섬으로 울릉도와 독도, 일본 오키섬의 3섬밖에 없는데, 울릉도에서 한국 동해안은 멀어서 보이지 않고, 일본 오키섬도 멀어서 보이지 않습니다. 오직 날씨가 청명한 날에 독도(우산도)만 조그맣게 보입니다. 이 사실은 우산도가 곧 독도임을 증명함과 동시에, 15세기에 독도가 세종의 통치를 계속 받은 조선왕국의 영토였음을 명백히 증명합니다.

그림 I-5. 울릉도에서 보이는 독도(왼쪽, 동북아역사재단, '울릉도 도동 깍끼등에서', 2008. 11. 22.), 독도에서 보이는 울릉도(오른쪽, 김태환 씨 촬영, 이상태 교수 제공)

3. 한국은 15세기와 16세기에 독도가 한국영토임을 당시 한자문화권 세계에 알렸습니다. 일본을 포함한 모든 한자문화권 세계가 물론 항의 없이 승복하였습니다.

1 조선왕조 정부는 1481년에 조선왕국의 영토 해설서로 『동국여지승람(東國輿地勝覽)』을 편찬 발간하였습니다. 이어 50년 후인 1531년에 이 책을 증보하여 『신증동국여지승람(新增東國輿地勝覽)』을 발간했는데, 새로 증보한 부분은 매번 '신증'이라고 표시했기 때문에 초판본이 없어도 신증본을 보면 초판 부분과 신증 부분을 구별하면서 모두 볼 수 있습니다.

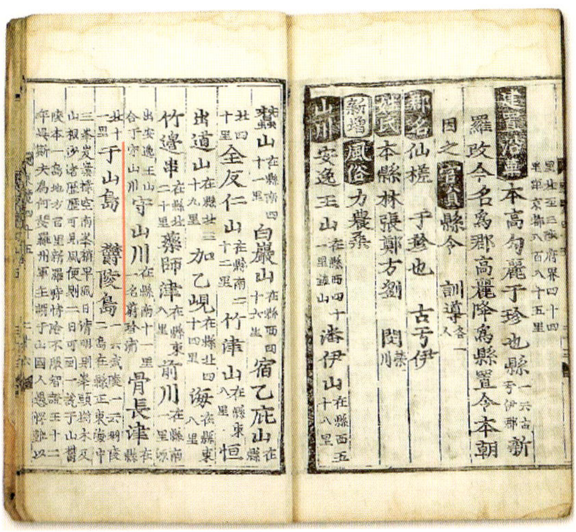

그림 I-6. 『신증동국여지승람(新增東國輿地勝覽)』 목판본의 독도·울릉도 부분. (국립중앙박물관 소장)

『신증동국여지승람』에 지방행정 소속이 명시되면서 설명이 붙어 있는 지역은 모두 조선왕국의 영토임을 조선왕국 정부는 당시 한자문화권 세계에 재천명하였습니다.

『동국여지승람』과 『신증동국여지승람』에서, '독도'(우산도)와 울릉도는 조선 강원도 울진현에 속한 동해 가운데 2섬이라고 설명되어 있습니다. 이 책으로 조선왕조 정부는 독도가 조선영토이며, 강원도 울진현에 속한 섬임을 당시의 한자문화권 세계에 재천명 공포한 것입니다. 물론 이때 일본이 독도(우산도)가 조선영토가 아니라고 반박한 적은 전혀 없었습니다. 당시 일본도 진실 앞에 승복한 것이었습니다.

『신증동국여지승람』에는 조선영토 해설과 함께 「팔도총도(八道總圖)」(전국지도)와 도별 지도가 부착되어 있습니다.

그림 I-7. 「팔도총도(八道總圖)」. 『신증동국여지승람(新增東國輿地勝覽)』(1531년 편찬)의 첫머리에 수록되었다.

2 일본 외무성은 최근 『2008년 - 10포인트』(2)에서 『신증동국여지승람』의 부속지도 「팔도총도」에 우산도(독도)가 울릉도보다 더 한반도 쪽에 가깝게 안으로 그려져 있으니, 우산도(독도)는 실재하지 않는 가공의 섬이라고 주장하였습니다. 이것은 15세기 일본 지도의 오키섬이 지금의 위치처럼 정확히 그려져 있지 않다고 해서 오키섬이 실재하지 않는 가공의 섬이라고 주장하는 것과 같은 억지입니다.

15세기 세계의 모든 고지도에는 당시의 지도 제작 능력으로 인해 위치가 오늘날처럼 정확하게 그려져 있지 않습니다. 유럽과 일본의 고지도들도 모두 그러합니다.

그림 I-8.
18세기 후반 정상기의 「동국전도(東國全圖)」의 19세기 초 복제품.

「팔도총도」에서 우산도(독도)가 울릉도보다 더 한반도 쪽에 가깝게 그려져 있다는 것은, 영토문제와 관련해서는, 울릉도가 한국영토인 한 울릉도보다 더 한반도에 가깝게 그려져 있는 우산도(독도)는 더욱 명확히 한국영토로 표시되어 있는 것이라고 해석되는 것이 합리적입니다.

한국에서는 점차 지도 제작 능력이 진보함에 따라, 18세기에 들어오면 우산도(독도)는 지금의 '독도' 위치에 정확하게 그려져 있어 바로 '우산도'가 '독도'임을 명확히 증명해 주고 있습니다. 18세기에 그려진 정상기(鄭尙驥)의 「동국전도(東國全圖)」와 그 복제 지도들이 예입니다.

4. 일본이 독도를 역사적으로 영유했다는 근거는 20세기 초기까지 단 1건도 없습니다. 일본정부가 제시한 17세기 일본에서 가장 오래된 문헌들도 '독도'는 한국영토라고 기록하고 있습니다.

[1] 일본 외무성은 1960년 한국정부에 보낸 외교문서에서, 일본은 1667년에 편찬된 『은주시청합기(隱州視聽合記)』(齋藤豊仙 편)에서 울릉도를 '竹島'(죽도, 다케시마), 독도를 '松島'(송도, 마츠시마)라고 호칭하면

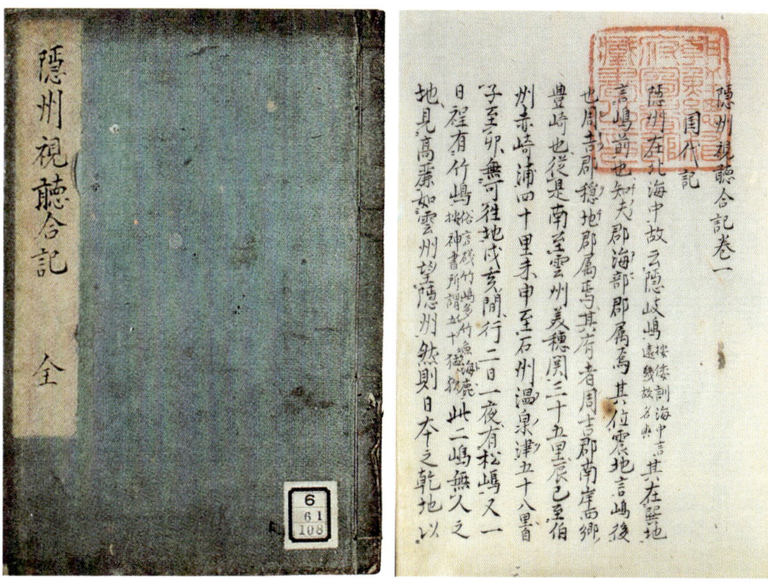

그림 I-9. 독도를 기록한 일본 최초의 고문헌 『은주시청합기(隱州視聽合記)』(1667)에 기록된 독도와 울릉도에서 고려를 보는 것은 마치 운주에서 은주(은기도)를 보는 것과 같으므로 "일본의 서북쪽 영토는 이 은주로서 한계를 삼는다"는 요지. (국립중앙도서관 소장)

서 독도를 일본영토로 인지했다고 주장했었습니다.

그런데 정작 『은주시청합기』를 열어 보니, 이 고문헌의 내용은 독도(松島)와 울릉도(竹島)에서 고려(한국)를 보는 것이 마치 일본의 운주(雲州)에서 은기(隱岐)를 보는 것과 같아서, 이 2섬 독도(松島)와 울릉도(竹島)는 고려(한국)에 속한 섬이고, 일본의 서북쪽 국경은 은기도(隱岐島, 隱州)를 한계로 한다고 명백하게 기록하고 있습니다.

일본 최초의 독도 기록 고문헌도 독도가 한국영토이며, 일본의 서북쪽 영토는 은기도를 한계로 한다고 기록한 것은 역사적 진실이 그러했기 때문입니다.

2 일본 외무성은 『2008년 - 10포인트』(1)에서 1779년에 그려진 「개정일본여지로정전도(改正日本輿地路程全圖)」(長久保赤水 편)가 '독도'를 인식하고 있었다고 주장하였습니다.

「개정일본여지로정전도」의 1746년판 원본은, 호사카 유지 교수에 의하면 경도, 위도가 없는 지도이고, 울릉도와 독도의 2섬을 그린 것은 위치만 그린 것이지 일본영토로 그린 것은 아니며, 개정판의 울릉도(죽도) · 독도(송도) 부분을 확대해 보면 "고려를 보는 것이 출운국에서 오키섬을 보는 것과 비슷하다(見高麗猶雲州望隱州)"는 문구를 2섬 위에 써 넣었는데, 이 문구는 「은주시청합기」의 결론 문구와 같은 것이어서 울릉도 · 독도 2섬이 고려의 것이고 일본영토가 아님을 알려주는 것입니다.

「개정일본여지로정전도」도 독도와 울릉도가 한국영토임을 시사하고 있는 것입니다.

그림 I-10. 「개정일본여지로정전도(改正日本輿地路程全圖)」(1779)의 울릉도 · 독도 부분 확대도. 『은주시청합기』의 설명과 동일하여 울릉도(죽도) · 독도(송도)를 조선영토로 간주하고 있다. (자료: 호사카 유지 교수)

5. 일본의 최고 권위 있는 1785년의 고지도도 독도는 한국영토라고 명백하게 규정하고 있습니다.

[1] 일본의 유명한 실학자 하야시 시헤이(林子平)가 1785년에 편찬한 『삼국통람도설(三國通覽圖說)』의 부속지도에 「삼국접양지도(三國接壤之圖)」가 있는데, 각국 영토를 나라별로 달리 채색한 지도입니다.

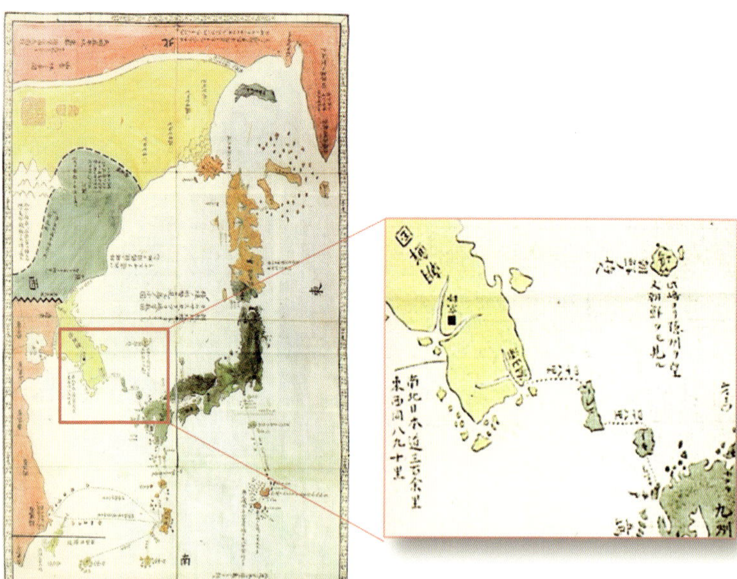

그림 I-11. 하야시 시헤이가 그린 「삼국접양지도(三國接壤之圖)」(1785).

이 지도에서 조선은 황색, 일본은 녹색으로 채색되어 있는데, 이 지도는 동해 가운데 울릉도와 독도를 정확한 위치에 그리고 조선의 색인 황색을 독도와 울릉도에 채색하여 울릉도와 독도가 조선영토임을 명백히 표시하였습니다. 이 지도는 울릉도와 독도의 영유국을 더욱 명료하게 하기 위하여 그 위에 다시 '조선의 소유(朝鮮ノ持ヘ)'라고 글자까지 써 넣었습니다. 독도가 한국영토임을 더욱 명백히 밝힌 것입니다.

[2] 하야시 시헤이의 1785년 『삼국통람도설(三國通覽圖說)』과 그 부속지도 「삼국접양지도(三國接壤之圖)」를 독일인 클라프로트(J. Klaproth)가 1832년 프랑스어로 번역출판하였습니다.

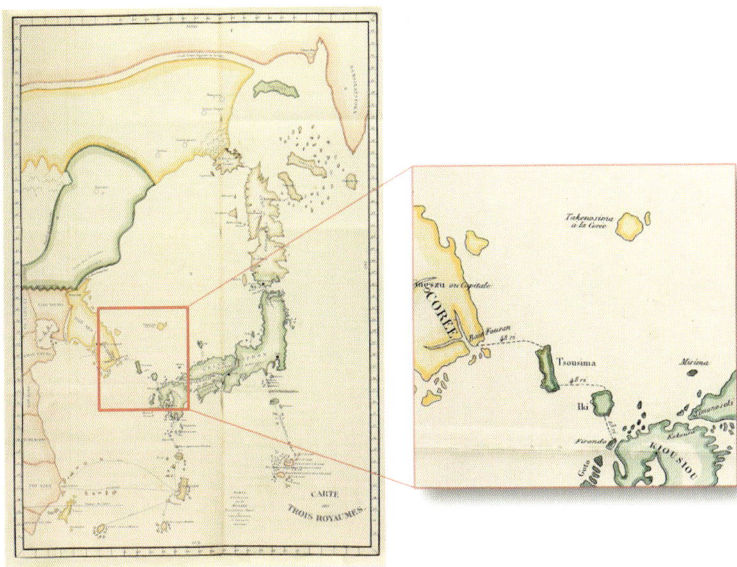

그림 I-12. 하야시 시헤이의 『삼국통람도설(三國通覽圖說)』의 부속지도인 「삼국접양지도(三國接壤之圖)」를 독일인 클라프로트가 1832년 프랑스어로 번역출판하면서 울릉도와 독도를 한국의 색인 황색으로 채색하고 'Takenoshima à la corée(울릉도와 독도는 한국영토임)'를 기록한 지도.

6. 유럽의 1737년 지도도 독도를 조선영토로 규정하고 그렸습니다.

1 프랑스의 유명한 지리학자 당빌(J. B. D'Anville)이 1737년에 「조선왕국전도(Royaume de Corée)」를 그렸는데, 독도와 울릉도를 조선영토로 그렸습니다.

그림 I-13.
당빌의 「조선왕국전도」(1737). 독도와 울릉도를 한국 동해안에 더욱 근접하게 그려서 독도가 한국영토임을 더욱 명료하게 표시하였다.

당빌의 지도에서는 독도(우산도)와 울릉도를 한국 동해안에 더욱 근접하게 그려서 '독도'가 한국영토임을 더욱 명료하게 표시하였습니다.

[2] 영국의 지도제작가 보웬(E. Bowen)이 1752년에 그린 「조선왕국도(Carte du Royaume de Kau-Li ou Corée)」에서도 독도와 울릉도를 한반도 동해안에 매우 근접하게 그려서 울릉도와 독도가 조선영토임을 명백히 표시하였습니다. 또한 '동해'의 명칭을 '조선(한국)해(Mer de Corée)'라고 표기한 것도 주목할 특징입니다.

그 밖에 서양의 18·19세기 지도로서 한반도 주변의 섬들을 그린 지도들은 울릉도·독도를 모두 한국영토로 인지하여 그리고 있습니다.

그림 I-14.
보웬의 「조선왕국도」(1752).
(서울역사박물관 소장)

7. 일본의 도쿠가와막부는 1696년 1월에 울릉도와 독도는 조선영토이므로 일본 어부들의 고기잡이하러 건너감을 금지하는 명령을 내리고, 위반자는 처벌하였습니다.

1 일본이 1592~1598년 임진왜란을 일으켜 조선을 침략했을 때, 일본군은 독도를 거쳐 울릉도에 들어와서 주민을 학살하고 노략질하였습니다. 조선정부는 주민 피살을 막기 위하여 울릉도를 비워 두는 쇄환공도(刷還空島)정책을 강행하였습니다. 이 틈에 일본의 도쿠가와막부는 일본 어부 돗토리번 호우키주(伯耆州) 요나고(米子)의 오타니(大谷甚吉)와 무라카와(村川市兵衛) 2가문의 청원을 받고 조선정부 몰래 2가문에게 1618년(일설 1625년) 울릉도에 건너가는 허가장인 '죽도도해면허(竹島渡海免許)'와 1656년(일설 1661년) 독도에 건너가는 '송도도해면허(松島渡海免許)'를 내어주었는데, 이 '도해면허'는 당시 '외국에 건너가는 것'을 면허해 준 허가장이었습니다. 1660년의 오타니와 무라카와 2어부가문의 왕복 서한에 "죽도 안의 송도(竹島之內松島)"라고 써서 독도가 울릉도의 부속도서이며, 독도 도해면허(아직 실물 미발견)는 울릉도 도해면허에 따른 부속적인 것임을 밝히고 있습니다.

그러므로 '도해면허'의 대상 지역은 '외국'이었습니다.

일본 외무성의 『2008년－10포인트』(3)은 '죽도도해면허'와 '송도도해면허'를 갖고 '송도'(독도)가 역사적으로 일본고유영토의 유일한 증거라고 주장하고 있는데, 사실은 그 정반대가 진실입니다. 도해면허는 오늘날의 '패스포트'와 같은 '외국도항허가장'이기 때문에, 그 대상인 죽도(울릉도)와 송도(독도)는 일본이 아닌 '외국'임을 명백하게 증명하는 것입니다. 즉 '죽도도해면허'와 '송도도해면허'는 일본의 독도영유를 증명하는 것이 아니라 오히려 죽도(울릉도)와 송도(독도)가 '외국'(다른 나라)인 조선의 영토임을 증명하는 것입니다.

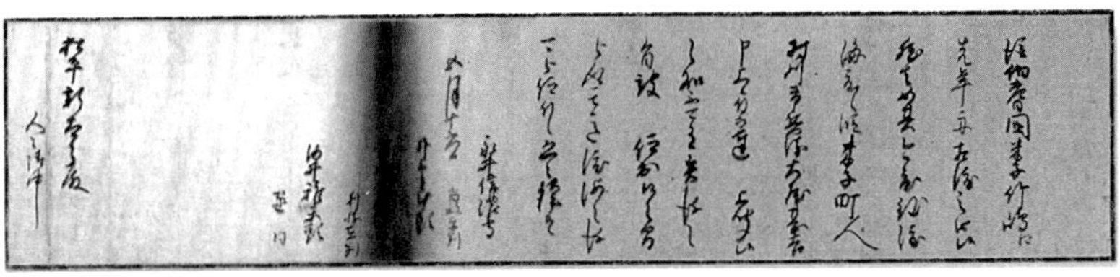

그림 I-15. '죽도도해면허(竹島渡海免許)' 사진. (일본 요나고 시립산잉역사관 소장, 자료: 이상태 교수)

2 1693년 봄에 안용복(安龍福)이 이끄는 조선 어선단이 고기잡이하러 울릉도에 들어갔다가 일본 어부들과 논쟁을 하게 되었습니다. 일본 어부들이 협상을 제의하여 안용복이 일본 어선에 올랐는데, 그들은 안용복을 일본으로 납치해 갔습니다. 안용복은 일본의 막부 고관 앞에서도 당당하게 울릉도와 독도는 조선영토임을 설명하였습니다. 이 사건을 계기로 조선과 일본 사이에 울릉도·독도 영유권 논쟁이 벌어졌는데, 일본 도쿠가와막부의 장군과 관백은 1696년 1월 28일 마침내 울릉도와 독도는 조선영토임을 확인하여 일본 어부들의 조선 울릉도·독도에의 고기잡이 나감과 도해(渡海)를 금지하는 결정을 내리고, 일본 어부들의 조선 울릉도·독도에의 출어를 엄금하였습니다.

일본 도쿠가와막부는 이전에 2가문에 내어준 '죽도도해면허'와 '송도도해면허'도 자동적으로 취소 폐지하였습니다.

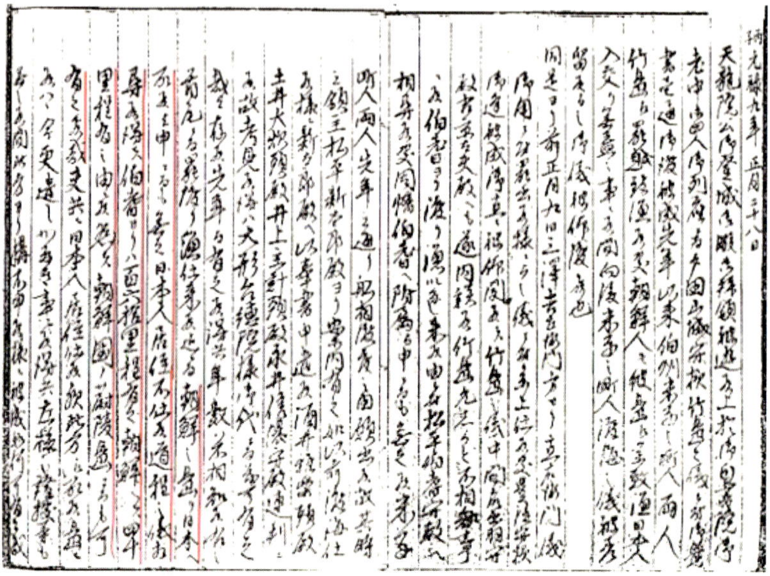

그림 I-16. 1696년 1월 28일 일본 도쿠가와막부 장군과 관백이 번주들이 모인 자리에서 울릉도·독도를 조선영토로 재확인 결정하고, 일본 어부들의 출어를 금지하여 '죽도도해면허'와 '송도도해면허'가 취소된 회의록의 일부. (자료: 신용하 교수)

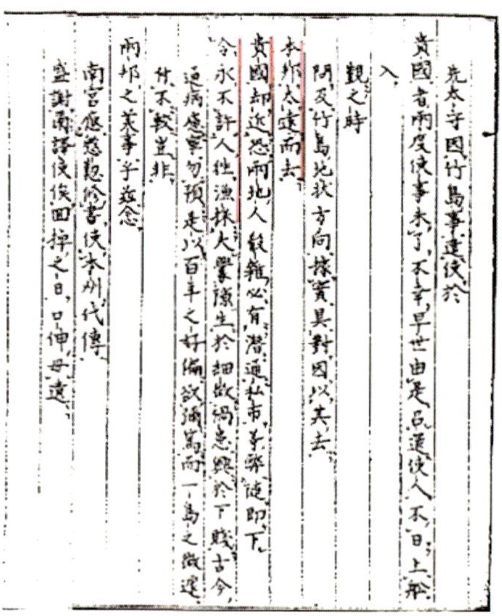

그림 I-17.
1696년 1월 일본측이 울릉도·독도를 조선영토로 인정하고, 일본인의 울릉도·독도 출어를 금지하는 명령을 내렸음을 조선측에 알려온 외교문서. (자료: 신용하 교수)

일본 도쿠가와막부는 1696년 조선정부에 일본 어부들의 조선 울릉도·독도에의 출어를 금지시켰으니 친교를 계속하자는 외교문서를 보내왔습니다.

③ 일본 외무성은 최근 『2008년 - 10포인트』(5)에서 『숙종실록』에 기록된 안용복의 진술은 신빙성이 없다고 주장했으나, 현재 시마네현의 오타니 가문 소장의 『죽도도해유래기발서공(竹島渡海由來記拔書控』과 무라카미(村上助九郎) 씨 소장의 『원록 9 병자년 조선주착안 일권지각서(元

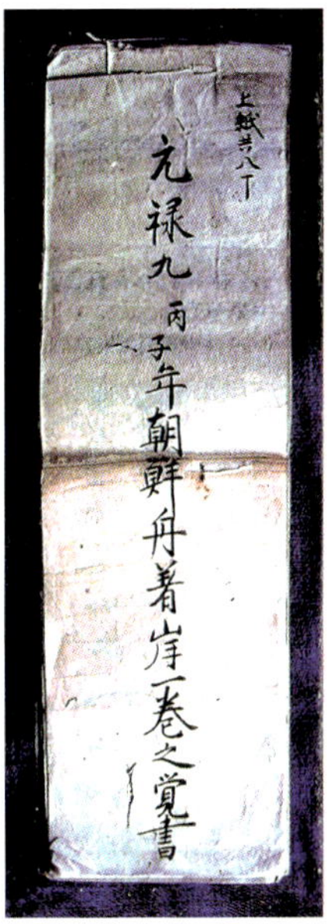

그림 I-18. 1696년 안용복의 일본도착관계문서(元祿 9년 병자년 조선주 착안일권지각서). (자료: 동북아역사재단)

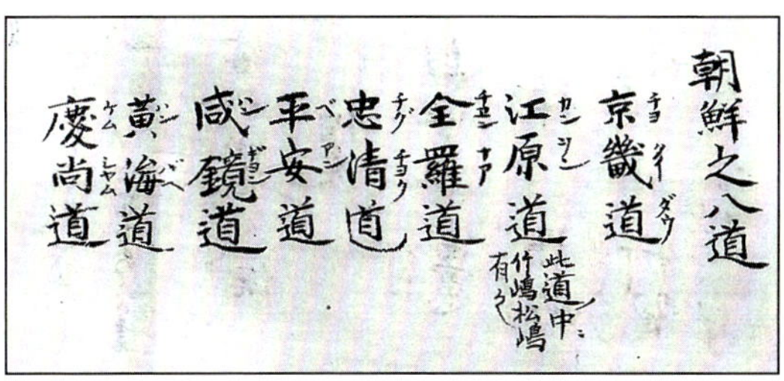

그림 I-19. 강원도 안에 죽도(울릉도)와 송도(독도)가 있음을 표시한 1696년「조선지팔도(朝鮮之八道)」 문서. (일본 시마네현 오키섬 무라카미 가문 소장)

祿九丙子年朝鮮舟着岸一卷之覺書)』 등과 그중의 「조선지팔도(朝鮮之八道)」 문서 기타 기록들(예: 태정관 문서)에 안용복 진술의 신빙성이 잘 증명되어 있습니다.

특히 「조선지팔도」 문서의 '강원도' 아래 "이 도 중에 '죽도', '송도' 있음"이라는 기록은 죽도(울릉도)와 송도(독도)가 조선영토이며 강원도 소속이었음을 잘 증명해 주는 것입니다.

4 당시 조선의 울릉도·독도 영유권을 인정한 도쿠가와막부에 대하여 신하들이 그 이유를 묻자 막부의 관백은 "도해면허는 요나고(米子) 마을의 어부가 조선의 그 섬에 고기잡이하러 건너가겠다는 청원을 허가한 것이며, 그 섬을 일본이 빼앗은 일이 없으므로 다시 이를 돌려준다고 말해서는 안 되고, 오직 일본 어부들이 건너가서 고기잡이함을 금지시키면 족하다"는 요지의 설명을 했음이 『조선통교대기(朝鮮通交大紀)』에 기록되어 있습니다.

일본 외무성은 『2008년-10포인트』(4)에서 이때 도쿠가와막부의 도항금지는 울릉도에만 해당한 것이고 독도에는 해당하지 않았다고 주장했는데, 전혀 사실이 아닙니다.

일본 메이지 정부의 1876년 내무성 문서와 1877년의 태정관 문서는 이때 울릉도와 그 외 1도인 독도(松島)에도 도쿠가와막부의 도항금지가 내려졌음을 인지하여 본문에서 설명하였습니다.

[朝鮮通交大紀 八]

此年(○元祿八年) 十月 天龍院公(○宗義眞) 東武に勤せらる、よりて執政阿部豊後守稟すに、竹島一款、先太守、使をして論談せしむるもの今洙に三年なり、彼國固く竹島を以て其國の地なりとして、終に我に聽く事なし、如何といふを以てせらる、翌丙子年(○元祿九年)正月に至り、豊後守論に、竹島の地、因幡に屬せりといへども、また我人居住の事なし、台德君(○德川秀忠)の時に在て、米子村の漁人其島に漁せん事を願ひしに依て是を許されしなり、今其地理を計るに、因幡を去るもの百六十里許、朝鮮を距る四十里許なり、是曾て披が地界たる其疑なきに似たり、國家若兵威を以て是に臨まば、何をもとむとし得べからざらむ、但無用小島の故を以て、好みを隣國は失する、計の得たるにあらず、しかも其の初是を彼に取に非ざる時は、今また是を返すを以て詞とすべからず、唯我人の往て漁ずるを禁ぜらるべきのみ、今朝議以前に同じからず、其相爭ふてやまざらむよりは、各無事ならんにはしかじ、宜しく此意を以て彼國に諭べしといふを以てせらる、此年十月、彼國下同知、宋判事をして來り使せしむ、又此年夏、朝鮮人十一人因幡州に來り、事を東武に啓するを以てせしに、鈞命して是を逐同されし事あり、天龍院公、よりて朝旨を兩使に諭し、また老臣をして兩事を書し示さしむ、

그림 I-20.
'도해면허'의 내용과 취소를 밝힌 1696년 1월 도쿠가와막부 관백의 논담(論談)을 기록한 『조선통교대기(朝鮮通交大紀)』(1725년 발행)의 부분.

5 울릉도와 독도는 조선영토라는 일본 도쿠가와막부의 재확인으로 울릉도·독도 영유권 관계 논쟁은 1696년에 사실상 종료되었습니다.

도쿠가와막부 정권은 집권이 끝나는 1868년 1월까지 조선의 울릉도·독도 영유권을 잘 존중하였습니다. 도쿠가와막부는 1832년 하치 우에몽(八右衛門)이라는 사람이 '도해면허' 없이 독도 옆을 지나 울릉도에 건너갔다 온 것이 1836년에 발각되자 그를 처형하고, 1836년 나무로 만든 경고판을 세워 다른 나라로 도해(渡海)함을 엄금하였습니다.

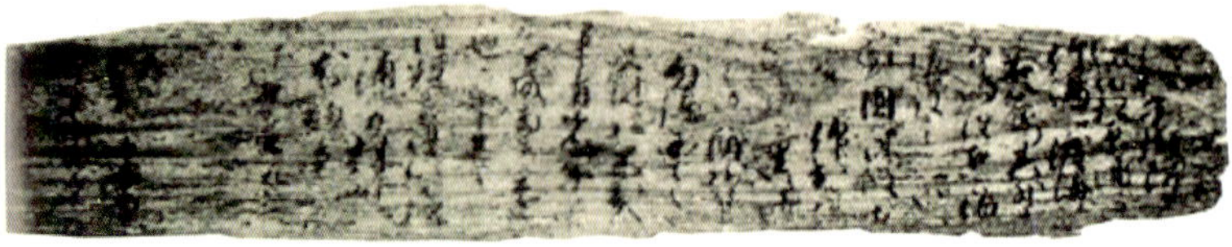

그림 I-21. 1839년 독도·울릉도 도항금지 경고판.(일본 시마네현 하마다 향토자료관 소장, 자료: 이상태 교수)

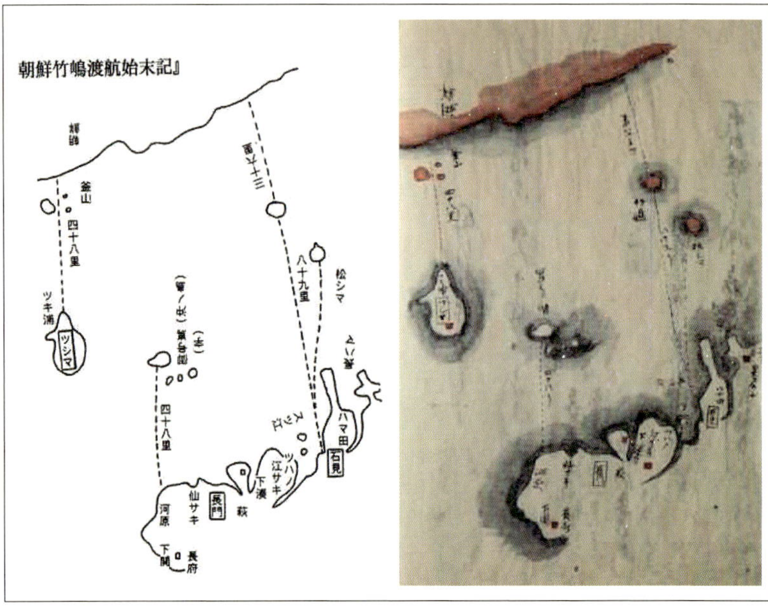

그림 I-22. 『조선죽도도항시말기(朝鮮竹島渡航始末記)』의 부속지도에 독도·울릉도가 조선영토임을 나타낸 채색 지도.(일본 시마네현 하마다시립도서관 소장, 자료: 동북아역사재단)

이때 처형당한 하치 우에몽의 심문 기록인 『조선죽도도항시말기(朝鮮竹島渡航始末記)』에 하치 우에몽이 그리고 막부정권이 확인한 「竹島方角圖(죽도방각도)」가 부록되어 있는데, 조선영토는 적색, 일본영토는 청색으로 채색하였습니다. 「죽도방각도」에서도 독도(송도)와 울릉도(죽도)는 조선의 색인 적색으로 채색하여 독도와 울릉도가 조선영토임을 표시하였습니다. 이것은 또한 소위 '송도(독도)도해면허'도 '죽도(울릉도)도해면허'와 함께 동시에 취소 폐지되었음을 증명해 주는 것입니다.

동경대학 도서관 소장의 『죽도도해일건 전(竹島渡海一件 全)』에도 동일한 심문 내용이 수록되어 있고, 하치 우에몽이 그리고 막부정권이 확인한 「죽도방각도」에 조선의 색인 홍색으로 독도와 울릉도를 조선영토로 채색하여, '독도도해면허'와 '죽도도해면허'가 동시에 취소 폐지되었는데, 하치 우에몽이 이를 위반한 것임을 알려주고 있습니다.

일본 외무성이 『2008년-10포인트』(4)에서 도쿠가와막부가 '송도도해면허'는 취소 폐지되지 않았다고 주장한 것은 사실과 전혀 다른 거짓말임이 증명되는 것입니다.

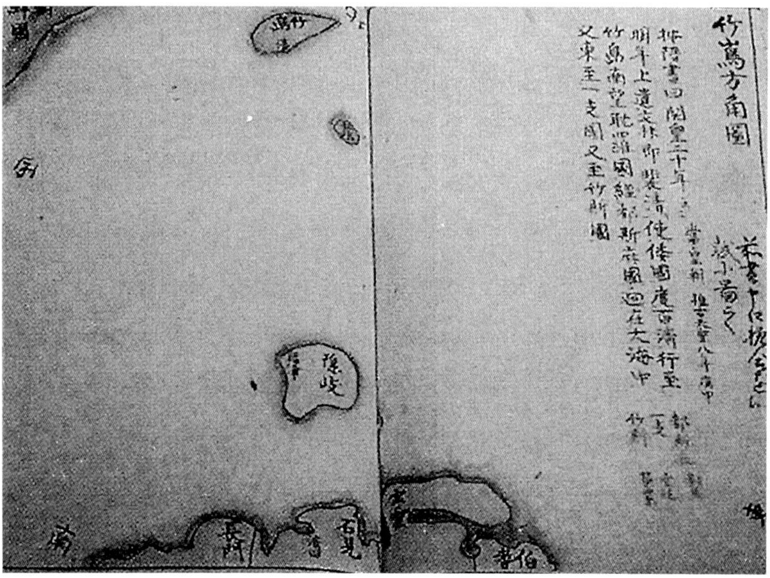

그림 I-23. 하치 우에몽이 그린 것으로 알려진 또 하나의 지도, 「죽도방각도」. (동경대학 도서관 소장, 자료: 동북아역사재단)

8. 19세기 후반 일본 메이지 정부는 공문서로 독도·울릉도가 한국영토임을 재확인하였습니다.

[1] 일본에서 1868년 1월 도쿠가와막부 정권이 붕괴되고 새 메이지(明治) 정부가 수립되자, 일본 새 정부의 태정관(총리대신부)과 외무대신은 1869년 12월 외무성 고관들을 조선에 파견하면서 14개 항목에 대한 내탐조사를 훈령하였습니다. 그 가운데 「죽도(울릉도)와 송도(독도)가 조선부속(朝鮮附屬)으로 되어 있는 시말」을 조사해 오라는 훈령 항목이 있었습니다. 이 사실은 일본 메이지 정부의 태정관과 외무성이 1869년 당시

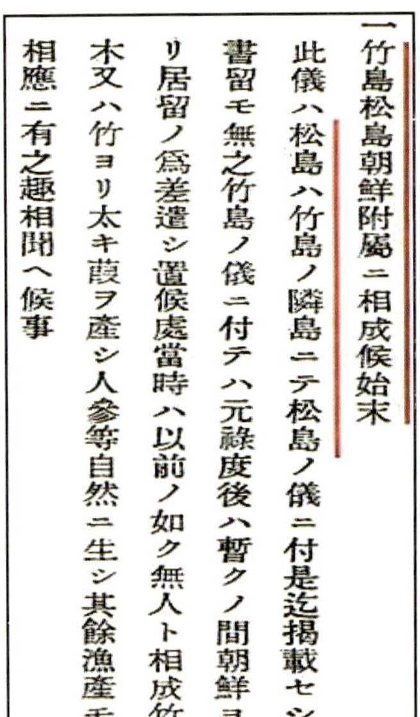
一竹島松島朝鮮附屬ニ相成候始末
此儀ハ松島ハ竹島ノ隣島ニテ松島ノ儀ニ付是迄掲載セシ書留モ無之竹島ノ儀ニ付テハ元祿度後ハ暫クノ間朝鮮ヨリ居留ノ爲差遣シ置候處當時ハ以前ノ如ク無人ト相成竹木又ハ竹ヨリ太キ葭ヲ産シ人參等自然ニ生シ其餘漁産モ相應ニ有之趣相聞ヘ候事

그림 I-24.
1869~1870년에 일본 외무성과 태정관이 독도를 조선부속령으로 확인한 일본 공문서. (『일본외교문서』 제3권에 수록)

울릉도(竹島)와 독도(松島)가 조선부속령임을 잘 인지하고 있었음을 명증하는 것입니다.

이에 대한 외무성 고관들의 내탐보고서가 1870년의 『조선국교제시말내탐서(朝鮮國交際始末內探書)』이고, 이 내탐보고서는 일본 제국주의가 치성했던 1930년대에 간행한 『일본외교문서(日本外交文書)』 제3권에 수록되어 전 세계 주요 대학의 도서관에 보급 비치되어 있습니다.

1869~1870년에 일본 외무성과 태정관이 지령한 이 조사 항목은 일본 정부가 독도를 조선부속령으로 확인한 명백한 실증자료입니다.

[2] 이때 일본 메이지 정부가 울릉도·독도가 조선부속령임을 알면서 '내탐'해 오라고 훈령한 것은 일본이 이 무렵 비밀리에 울릉도·독도에 대한 영토 야욕을 갖고 있었음을 시사하고 있는 것이기도 합니다.

9. 1877년 일본의 메이지 정부 태정관(국가최고기관)과 내무성도 독도와 울릉도는 조선영토임을 재확인하였습니다.

1 일본 내무성은 1876년 근대적 일본 지적도를 작성하기 위하여 각 지방현에 자기 현의 지적도를 작성해 보내라고 훈령했는데, 시마네(島根)현에서 동해 가운데 울릉도(죽도)와 독도(송도)를 시마네현에 포함해서 그려 보낼까에 대한 여부를 질문하였습니다. 일본 내무성은 약 5개월간

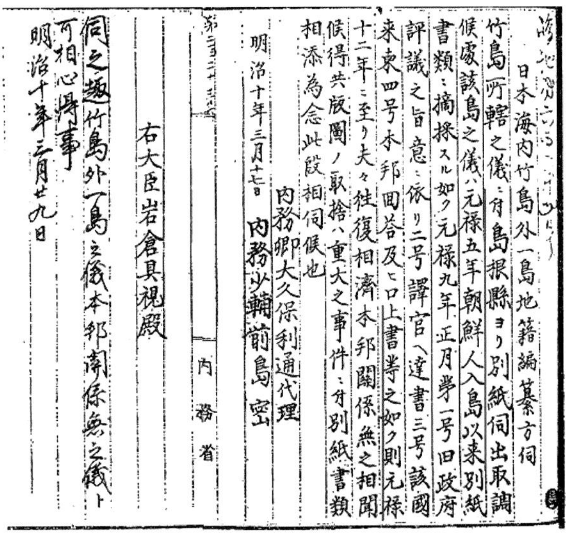
日本海内竹島外一島地籍編纂方伺
竹島所轄之儀ニ付島根縣ヨリ別紙伺出取調候處該島之儀ハ元祿五年朝鮮人入島以来別紙書類ニ摘採スル如ク元祿九年正月第一号旧政府評議之旨意ニ依リ二号譯官ヘ達書三号該國来柬四号本邦回答及ヒ口上書等之如ク則元祿十二年ニ至リ夫々往復相濟本邦關係無之相聞候得共版圖ノ取捨ハ重大之事件ニ付別紙書類相添為念此段相伺候也
明治十年三月十七日　内務少輔前島密
内務卿大久保利通代理
内務省
右大臣岩倉具視殿
伺之趣竹島外一島之儀本邦關係無之儀ト可相心得事
明治十年三月廿九日

그림 I-25. 1877년 일본 내무성이 태정관에 울릉도와 독도를 일본영토 지적에 포함시킬 것인가에 대한 최종결정을 요청한 질품서와, 태정관이 울릉도와 독도는 일본과 관계없는 곳이라고 결정하여 내린 지령문을 첨가 기록한 공문서. (일본 국립공문서관 소장, 자료: 신용하 교수)

의 조사 결과 1693년 조선인 입도 후 1696년 1월 도쿠가와막부의 결정 이래 울릉도와 그 외 1도(독도, 송도)는 조선영토이고 일본과는 관계없는 땅임을 재확인하였습니다.

그러나 영토문제는 국가최고기관인 태정관(총리대신부)이 최종결정할 중대한 사항이라고 보고, 태정관 우대신 이와구라 도모미(岩倉具視)에게 울릉도(죽도)와 그 외 1도(독도, 송도)의 지적 편찬에 관한 질문서를, 1696년 1월 도쿠가와막부의 결정서 등과 그 외 1도(송도)가 독도(松島)임을 설명하는 부속문서를 붙여 태정관의 최종결정을 요청하였습니다.

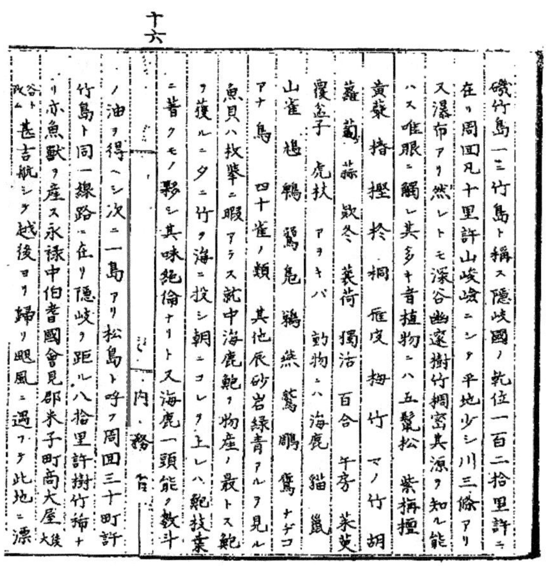

그림 I-26. 일본 내무성이 1877년 울릉도(죽도)와 그 외 1도를 일본영토 지적에 포함시킬까에 대하여 2섬이 일본과 관계없는 곳이며 조선영토라고 판단하여 태정관에게 최종결정을 요청하는 질품서를 제출할 때, 죽도 외 1도가 송도(독도)임을 가리킨 부속문서. (일본 국립공문서관 소장, 자료: 신용하 교수)

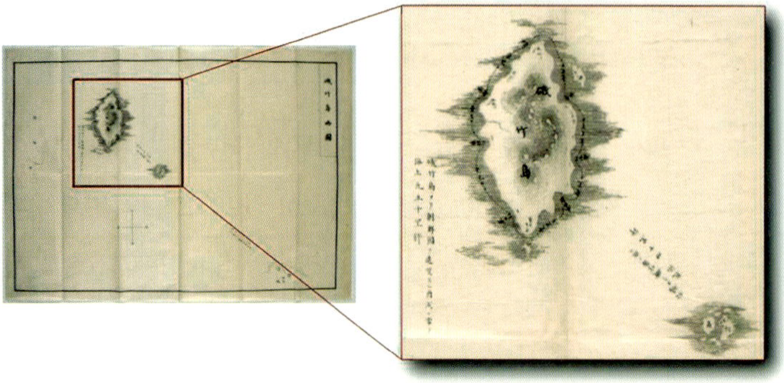

그림 I-27. 죽도(기죽도, 울릉도)와 그 외 1도(독도, 송도)가 독도임을 증명하는 태정관 문서의 부속지도인 「기죽도약도(磯竹島略圖)」. (자료: 선우영준 박사)

2 일본 국가최고기관인 태정관은 내무성의 질의서를 재검토한 결과, 1693년 조선인(안용복)의 입도 이래 도쿠가와막부와 조선국 사이의 외교문서 왕복 후 울릉도(죽도)와 그 외 1도(독도, 송도)는 일본과 관계가 없는 조선 땅임이 명백히 되었다고 재확인하였습니다. 이에 일본 메이지 정부 태정관은 1877년 3월 20일자로 "품의한 취지의 울릉도(죽도)와 그 외 1도(독도, 송도)는 일본과는 관계없음을 심득(心得, 마음에 익힐 것)할 것"이라는 요지의 훈령을 내무성에 내려 보내서, 울릉도와 독도가 조선영토이고 일본영토가 아님을 명백히 하였습니다.

일본 내무성은 1877년 3월 29일자로 원래의 품의서 끝에 태정관의 훈령을 적어 놓은 다음, 1877년 4월 9일자로 울릉도와 독도는 조선영토이고 일본과 관계가 없는 땅이라는 이 훈령을 시마네현에게 울릉도(죽도)와 독도(송도)는 일본과 관계없는 땅(조선영토)이므로 시마네현 지적도에서 빼라고 훈령하였습니다.

태정관 훈령 문서는 독도와 울릉도가 한국영토임을 일본 국가최고기관의 공문서로 명료하게 증명하고 있는 것입니다.

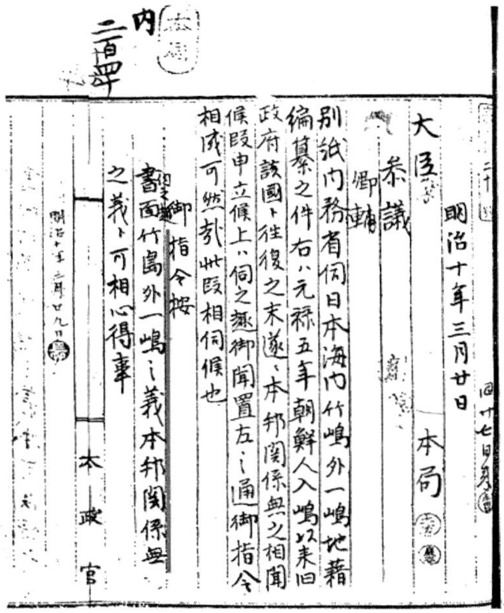
明治十年三月廿日

大臣

参議

本局

別紙内務省伺日本海内竹嶋外一嶋地籍編纂之件右ハ元禄五年朝鮮人入嶋以来旧政府該国ト往復之末遂ニ本邦関係無之相聞候段申立候上ハ伺之趣御聞置左之通御指令相成可然哉此段相伺候也

御指令按

伺之趣竹島外一嶋之義本邦関係無之義ト可相心得事

그림 I-28. 1877년 일본 태정관이 울릉도와 독도를 조선영토라고 판단하여 "울릉도와 그 외 1도 독도는 일본과 관계없는 곳"이므로 일본 지적에 포함시키지 말라는 결정을 내무성에 내려 보낸 태정관 공문서. (일본 국립공문서관 소장, 자료: 신용하 교수)

3 일본 외무성은 『2008년 - 10포인트』(4)에서 1696년 1월 일본 도쿠가와막부(旧政府)가 취소한 것은 '울릉도(竹島)도해면허'뿐이고, '독도(松島)도해면허'는 취소하지 않았다고 주장했는데, 위의 내무성 문서와 태정관 문서는 외무성 주장이 사실이 아닌 거짓임을 잘 증명해 줍니다. 위의 내무성 문서와 태정관 문서는 원록(元祿) 5년(1693년) 조선인(안용복)이 일본에 온 후 도쿠가와막부(구정부)와 조선정부가 외교문서 왕복 후 울릉도(竹島)뿐만 아니라 그 외 1도(독도, 松島)도 일본과 관계없는 조선영토임을 재확인하여, 독도(松島)도해면허(만일 실재했다면)도 취소되고, 독도에의 도항도 금지되었음을 알려주고 있습니다.

10. 1900년 대한제국은 칙령 제41호로 독도를 한국영토로 서양국제법을 참조하여 세계에 다시 공표하였습니다.

1 울릉도는 개항장이 아닌데도 불구하고 일본인들이 불법 입도하여 거주하기 시작하고 일본정부도 이를 방조하므로, 대한제국은 1900년 6월

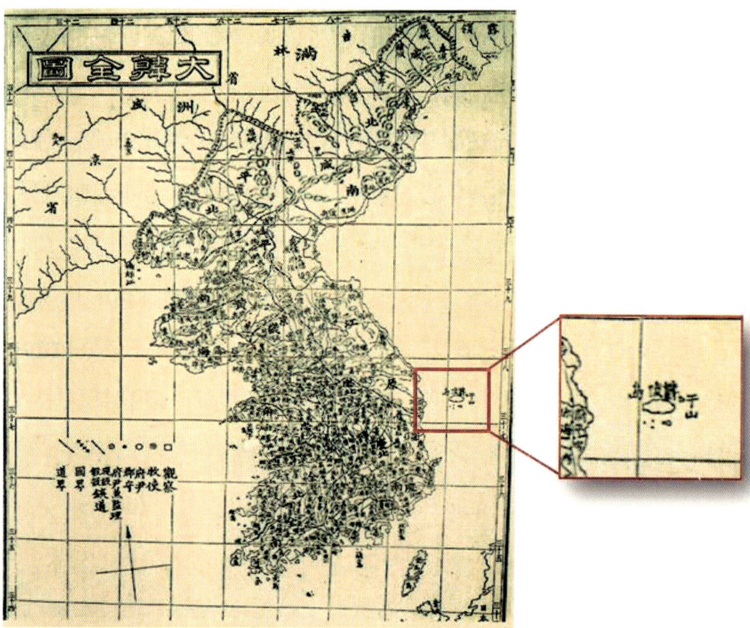

그림 I-29. 「대한전도(大韓全圖)」(1899). 대한제국 학부에서 『대한지지(大韓地誌)』의 부속지도로 제작 배포한 표준지도로 독도가 울릉도 동쪽에 위치하고, 경도와 위도가 당시의 기준으로 표시되어 있다. (자료: 이찬 교수)

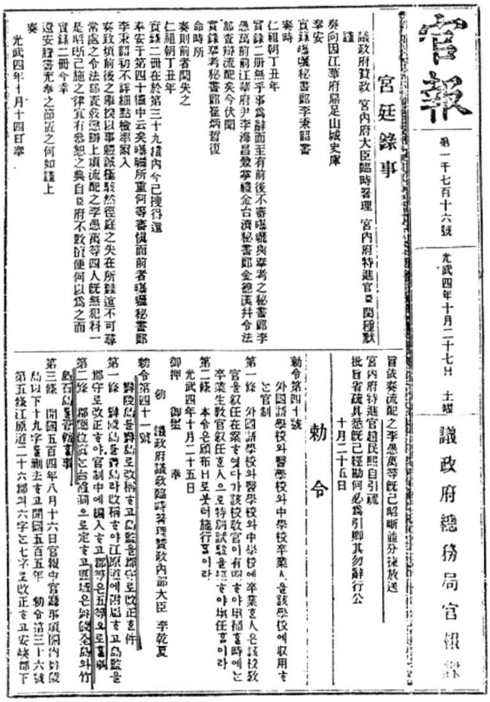

官報

第一千七百十六號

光武四年十月二十七日 土曜

議政府總務局官報課

宮廷錄事

議政府贊政 宮內府大臣臨時署理 宮內府特進官臣 閔種默

謹

奏向因江華府留是山城史庫

奉安

實錄謄謄秘書郞李秉韶書

奏時

仁祖朝丁丑年

實錄二冊無乎事爲辭而至有前後不審曉曉與舉考之秘書郞李

恩藐前前江華府尹李淳昌敎奉禮金台濟秘書郞金德漢幷令法

部查辦流配矣今伏聞

實錄舉考秘書郞崔炳哲復

命時所

奏則前者闕失之

仁祖朝丁丑年

實錄二冊在於第三十九櫃內今已搜得還

奉安于第四十櫃中云矣曉曉所重何等審愼而前者曉曉秘書郞

李秉韶初不詳細點檢率爾入

奏致煩前後之舉措以事體誠極駭然從庭之失在所難逭不可尋

常處之令法部査照上項流配之李恩藐等四人旣無犯科一

是昭晰已施之律宜有恕之典自臣府不敢輕便何以爲之而

實錄二冊今幸

遵安肆奇光奉之節置之何如謹上

奏

光武四年十月十四日奉

旨依奏流配之李恩藐等旣已昭晰竝分徐放送

宮內府特進官趙民熙自引疏

批旨省疏具悉旣已經勘何必爲引卿其勿辭行公

十月二十五日

勅令

勅令第四十號

外國語學校와醫學校와中學校卒業人을該學校에收用ᄒᆞᄂᆞᆫ官制

第一條 外國語學校와醫學校와中學校에卒業ᄒᆞᆫ人은該校敎官을叙任在案ᄒᆞ엿다가該校敎官이有闕ᄒᆞ야塡補ᄒᆞᆯ時에ᄂᆞᆫ卒業生敎官叙任ᄒᆞᆫ人으로特別試驗을經ᄒᆞ야塡任ᄒᆞᆷ이라

第二條 本令은頒布日로븟터施行ᄒᆞᆷ이라

光武四年十月二十五日

御押 御璽 奉

勅 議政府議政臨時署理贊政內部大臣 李乾夏

勅令第四十一號

鬱陵島를鬱島로改稱ᄒᆞ고島監을郡守로改正ᄒᆞᆫ件

第一條 鬱陵島를鬱島라改稱ᄒᆞ야江原道에附屬ᄒᆞ고島監을郡守로改正ᄒᆞ야官制中에編入ᄒᆞ고郡等은五等으로ᄒᆞᆯ事

第二條 郡廳位置ᄂᆞᆫ台霞洞으로定ᄒᆞ고區域은鬱陵全島와竹島石島를管轄ᄒᆞᆯ事

第三條 開國五百四年八月十六日官報中官廳事項欄內鬱陵島以下十九字를刪去ᄒᆞ고開國五百五年 勅令第三十六號第五條江原道二十六郡의六字ᄂᆞᆫ七字로改正ᄒᆞ고安峽郡下

그림 I-30. 1900년 대한제국 칙령 제41호를 수록한 『관보(官報)』. 1900년 울릉도와 죽도, 석도를 관할하는 행정구역으로 울도군을 설치한다는 대한제국 칙령 제41호를 게재하여 고시하였다.

내부 조사관 우용정(禹用鼎), 부산 해관 세무사 프랑스계 영국인 라포트(E. Laporte)와 일본인 관리 주부산 일본영사관 부영사 아카츠카(赤塚正助) 등으로 구성된 '국제조사단'을 울릉도 현장에 파견하여 현지 실태를 조사케 하였습니다.

조사단의 보고를 받은 후에 대한제국은 1900년 10월 25일 칙령 제41호로서 지방관제를 개정하여, 종래 강원도 울진현에 속했던 울릉도와 독도를 이번에는 독립시켜 울릉도와 그 부속도서를 '울도군'으로, 격상시키고, 울도군의 관할 지역을 울릉도와 죽도(죽서도)와 석도(石島, 獨島)로 법정하였습니다. 그리고 이 지방관제 개정 사실을 중앙정부의 『관보』 1900년 10월 27일자에 국제고시하였습니다.

대한제국의 1900년 칙령 제41호의 국제고시에 의해 울릉도와 독도(石島, 獨島)의 대한제국 영유가 서양국제법으로도 다시 한 번 더 세계에 공포된 것입니다. 물론 이때 일본측은 어떠한 반대 의견이나 다른 의견이 없었습니다.

[2] 이때 독도를 종래의 명칭 '우산도'로 호칭하지 않고 석도(石島, 독도, 獨島)로 표기한 것은 쇄환공도정책이 폐지되어 1883년부터 합법적으로 들어온 울릉도민들이 사투리로 돌(Rock, Stone)을 '독'이라고 발음하여 독도를 돌섬(Rock islet)이라는 뜻의 지방사투리로 '독섬'이라고 불렀기 때문입니다. '돌섬'은 뜻을 취하면 '石島'가 되고 음을 취하면 한자로 '獨島'로 표기되고 있었는데, 뜻을 취해 '石島'로 표기한 것이었습니다.

또한 이때 국제법에 밝았던 조사단의 프랑스계 영국인 라포트(E. Laporte)는 독도가 'Liancourt Rocks'라고 서양 호칭도 있음을 알고 있었으며, 이것도 '리앙쿠르 石島'가 되므로 겸하여 '石島'로 표기한 것으로 해석됩니다.

실제로 일본 해군성 수로국이 1882년 발행한 「일 · 지 · 한 항로이정일람도(日支韓航路里程一覽圖)」에서는 '우산도'를 '리앙꼬르드石'이라고 표기하였습니다. 즉 한국말 '독섬'(돌섬)은 뜻으로 한자 표기하면 '石島'가 되고 음으로 한자 표기하면 '獨島'가 되는 것입니다. '독도'는 대한제국 울도군수의 행정통치기간에 일본에서는 '리앙꼬도'라고 부르고 있었습니다. 이것은 일본 해군성이 울릉도 명칭을 종래 독도에 붙였던 '松島'(마츠시마)로 바꾸었기 때문에, 독도에는 이름이 없어 '리앙꾸르드 石'이라는 서양 명칭을 빌려다 사용한 것입니다.

[3] 일본 외무성의 『2008년 - 10포인트』(6)은 '獨島(독도)' 명칭은 1906

년 울도군수 심흥택의 보고서에서 처음 나오는 호칭이라고 주장하고 있는데, 이것은 사실이 아닙니다.

일본측이 러·일전쟁 시기 독도에 일본 해군 망루를 설치하기 위하여 조사차 군함 '신고호(新高號)'를 파견했을 때, 울릉도에서 청취한 정보로서 신고호는 1904년 9월 25일자 보고에서 "리앙코르드岩(암)은 한국인은 이를 '獨島(독도)'라고 쓰고, 일본인 어부들은 '리앙꼬島(도)'라고 호칭한다"라고 보고하였습니다.

울릉도의 한국인들은 1904년 이전부터 이미 독도를 '獨島(Dokdo)'라고 쓰고 있었던 것입니다.

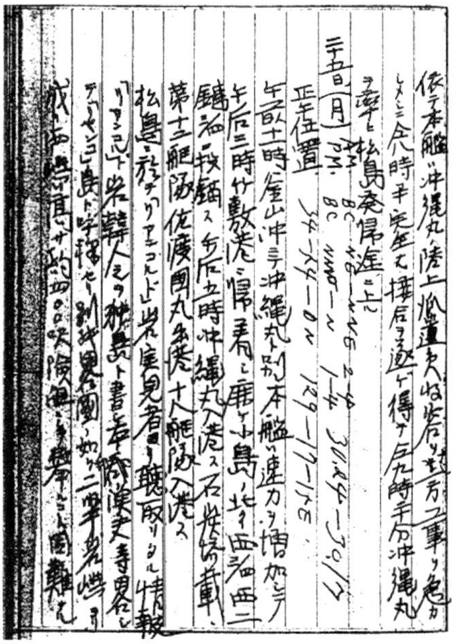

그림 I-31.
울릉도민이 독도(우산도)를 '獨島(독도)'라고 썼고, 일본인들은 '리앙꼬도'라고 불렀음을 기록한 1904년 9월 25일자 일본 군함 신고호 보고 (자료: 신용하 교수)

4 일본측이 1906년에 대한제국 정부에 울릉도 소속 섬들을 질의해 왔을 때, 대한제국 정부는 1900년 10월 25일 정부회의를 거쳐 군수를 배

치했는데 울릉도의 부속도서는 죽도(竹島, 죽서도를 의미)와 석도(石島)이고, 그 거리는 합이 200여 리(약 80여 km)라고 답하였습니다. 울릉도에서 100리 또는 200리 떨어진 곳에 있는 섬은 동해에는 '獨島'밖에 없으므로 '石島'가 곧 '獨島'임은 또 한 번 재확인되는 것입니다.

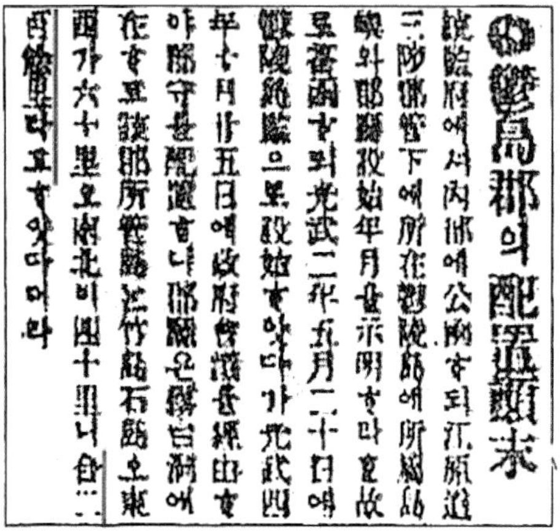

◎鬱島郡의配置顚末

統監府에서內部에公函ᄒᆞ되江原道三陟郡管下에所在鬱陵島에所屬島嶼와郡廳設始年月을示明ᄒᆞ라ᄒᆞᆷ故로答函ᄒᆞ되光武二年五月二十日에鬱陵島監으로設始ᄒᆞ얏다가光武四年十月廿五日에政府會議를經由ᄒᆞ야郡守를配置ᄒᆞ니郡廳은台霞洞에在ᄒᆞ고該郡所管島ᄂᆞᆫ竹島石島오東西가六十里오南北이四十里니合二百餘里라고ᄒᆞ얏다더라

그림 I-32.
석도가 울릉도에서 200여 리(80여 km) 떨어진 섬임을 밝혀 석도가 곧 독도임을 증명한 대한제국 내부(內部)의 공문서를 보도한 1906년 7월 13일자 『황성신문(皇城新聞)』 기사.

11. 일본은 1905년 한국정부 모르게 비밀리에 독도를 무주지(無主地)라고 전제하고 일본영토에 편입하는 결의를 했으나, 독도는 일본정부도 이전에 한국영토로 확인하고 거듭 재확인한 유주지(有主地)이므로 무효가 되었습니다.

[1] 일본이 1904년 러 · 일전쟁을 일으키고 독도에 일본 해군의 망루를 설치하려고 계획하고 있던 중에, 일본 시마네현 어업가 나카이(中井養三郞)가 독도 소유자 한국정부에 독도사용권 대부 청원서를 제출하려 하자, 일본정부는 이를 영토편입 청원서로 바꾸어 일본정부에 신청하게 하고 이를 승인하는 형식을 취하여 1905년 1월 28일 일본 내각회의에서 독도를 일본영토로 편입하여 다케시마(竹島)라는 명칭을 붙인다는 결정을 하였습니다.

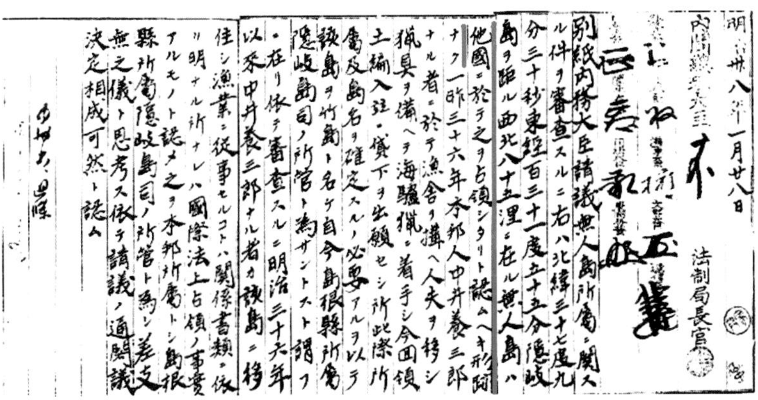
明治卅八年一月廿八日

法制局長官

別紙内務大臣請議無人島所屬ニ關スル件ヲ審査スルニ右ハ北緯三十七度九分三十秒東經百三十一度五十五分隱岐島ヲ距ル西北八十五浬ニ在ル無人島ハ他國ニ於テ之ヲ占領シタリト認ムヘキ形跡ナク一昨三十六年本邦人中井養三郎ナル者ニ於テ漁舍ヲ搆ヘ人夫ヲ移シ獵具ヲ備ヘテ海驢獵ニ着手シ今回領土編入並ニ貸下ヲ出願セシ所此際所屬及島名ヲ確定スルノ必要アルヲ以テ該島ヲ竹島ト名ケ自今島根縣所屬隱岐島司ノ所管ト爲サントスト謂フニ在リ依テ審査スルニ明治三十六年以來中井養三郎ナル者カ該島ニ移住シ漁業ニ從事セルコトハ關係書類ニ依リ明ナル所ナレハ國際法上占領ノ事實アルモノト認メ之ヲ本邦所屬トシ島根縣所屬隱岐島司ノ所管ト爲シ差支無之儀ト思考ス依テ請議ノ通閣議決定相成可然ト認ム

그림 I-33. 일본 내각회의가 1905년 1월 28일 독도를 "타국이 이를 점령했다고 인정할 형적이 없다"고 '무주지'임을 전제로 일본영토에 편입한 결정문. 이 결정은 1905년 1월 28일 이전에 독도가 주인이 있는 '유주지'임이 판명되면 원천적으로 불법이며 무효가 되어 성립되지 않는다. (자료: 신용하 교수)

이때 일본정부가 주장한 것은 독도에 대하여 “다른 나라가 이 섬(독도)을 점유했다고 인정할 형적이 없다”고 하여 독도가 임자 없는 ‘무주지(無主地)’라고 주장해 전제한 것이었습니다. 따라서 독도가 1905년 1월에 무주지가 아니라 ‘한국이라는 주인’이 있는 유주지(有主地)임이 증명되면, 이 ‘무주지 선점론’에 입각한 일본정부의 독도영토편입 내각회의 결정은 국제법상 완전히 무효가 되는 것입니다.

2 독도는 서기 512년부터 한국의 고유영토로 확정된 이래 계속하여 한국영토로 존속해 왔으므로, 역사적 진실은 ‘한국이라는 주인이 있는 섬’이었습니다.

일본정부도, 예컨대 이 책자에서 제시한 증거자료만으로도 1696년 1월 도쿠가와막부의 공문서, 1869~1870년의 일본 태정관과 외무성의 공문서, 1876~1877년의 일본 태정관과 내무성의 공문서에서 잘 증명되는 바와 같이, ‘독도’가 한국영토임을 잘 알고 있었음이 명백합니다. 실제로 일본의 1905년 내각 결정에 앞서 일본 내무성은 독도가 한국의 영토 ‘우산도’라고 처음에는 반대 의견을 진술했었습니다.

3 일본정부는 한국정부 몰래 독도를 비밀리에 침탈하는 내각회의 결정을 했으나 이를 관례대로 중앙정부의 『관보』에 고시(告示)하지 못해 당시 국제법의 영토편입 조건을 이것마저도 다 충족시키지 못하였습니다. 왜냐하면 당시 동경에 주일본 한국공사관이 활동하고 있어서, 중앙 『관보』에 고시하면 이를 알게 되는 한국공사관이 즉각 항의하여 비밀이 전 세계에 탄로되고 독도 영토편입이 무효화될 것이기 때문이었습니다.

일본정부는 약 1개월 가까이 고심하다가 이를 시마네현의 『현보』에

1905년 2월 22일자로 고시하였습니다. 왜냐하면 시마네현 『현보』는 시마네현 지방공무원의 내부 자료이므로 한국정부가 이를 알 수 없게 되기 때문이었습니다. 시마네현 지방신문에 보도되는 경우에도 주한 일본 공사관이나 한국인들이 구독하는 신문이 아니므로 완벽하게 독도침탈의 사실을 비밀에 쌓아 둘 수 있었습니다.

이 때문에 한국정부는 1905년 연말까지도 일본정부의 독도침탈 사실을 알 수 없었습니다.

[4] 한국정부가 일본정부의 독도침탈 결정 사실을 안 것은 1906년 3월 28일이었습니다. 울도군수 심흥택(沈興澤)은 이를 알게 되자 “본군소속 독도가 일본의 영토로 되었다고 일본인들이 주장한다”고 강원도관찰사에게 보고했고, 강원도관찰사는 중앙정부에 보고하였습니다.

이에 대하여 한국정부 내무대신은 즉각 독도 영토침탈을 단호하게 부정하여 “독도를 일본영토라고 하는 주장은 전혀 이치가 없는 주장이고 심히 경악할 일이다”고 항의하였습니다. 의정부 참정대신(총리대신 서리)은 “독도의 일본의 영지 운운은 전혀 근거 없는 주장”이라고 강력히 항의하고, 일본인의 동태를 다시 보고하도록 훈령하였습니다.

그러나 한국중앙정부의 이러한 항의는 일본정부에 외교문서로 발송되지 못하고 서류로서만 규장각에 보관되게 되었습니다. 왜냐하면 일본이 1905년 11월 18일 을사조약을 강제하여 한국정부의 외교권을 강제로 빼앗아가 버리고, 1906년 1월부터는 일제 통감부가 한국정부의 외교권을 행사하고 있었기 때문입니다. 그러나 한국정부가 이때 강력히 항의한 것은 증거가 남아 있는 사실이었습니다.

이 항의 사실은 당시 한국의 주요 신문인 『대한매일신보(大韓每日申報)』와 『황성신문(皇城新聞)』에 보도되었습니다. 예컨대, 1906년 5월 1일자 『대한매일신보』는 '무변불유(無變不有)'라는 표제로 "독도를 칭하여 말하기를 일본속지라 한" 것은 "심히 아연실색할 일"이라고 한 내부의 지령문을 인용해 보도하였습니다. 지식인들도 황현(黃玹)의 『매천야록(梅泉野錄)』에서 일본의 독도침탈에 항의하였습니다.

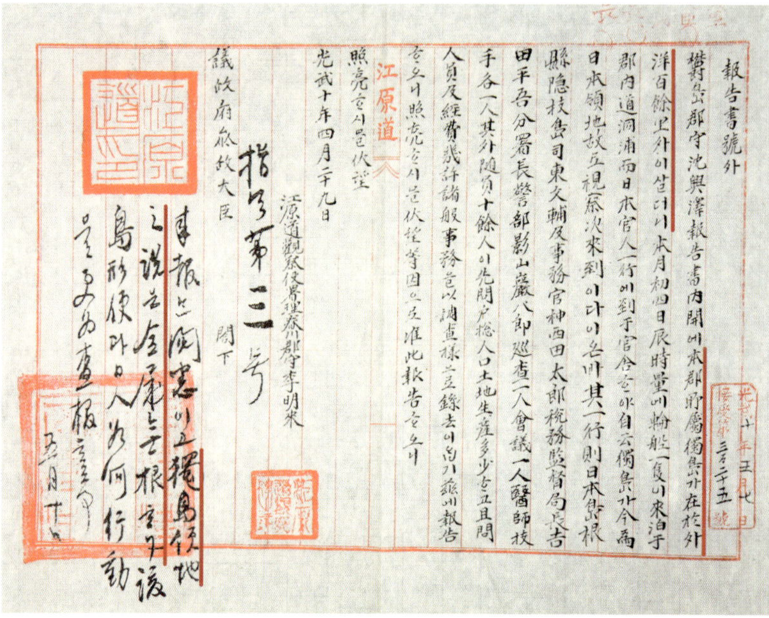
報告書號外

鬱島郡守沈興澤報告書內開에 本郡所屬獨島가 在於外洋百餘里外이삽더니 本月初四日辰時量에 輪船一隻이 來泊于郡內道洞浦而日本官人一行에 到于官舍하야 自云獨島가 今爲日本領地故로 視察次來到이다 이온바 其一行則日本島根縣隱岐島司東文輔及事務官神西田太郎稅務監督局長吉田平吾分署長警部影山巖八郎巡查一人會議一人醫師技手各一人其外隨員十餘人이 先問戶摠人口土地生産多少하고 且問人員及經費幾許諸般事務를 以調査樣으로 錄去이압기 玆에 報告하오니 照亮하시믈 伏望等因으로 准此報告하오니 照亮하시믈 伏望

光武十年四月二十九日

江原道觀察使署理春川郡守 李明來

議政府參政大臣 閣下

指令第三號

來報는 閱悉이고 獨島領地之說은 全屬無根하니 該島形便과 日人如何行動을 更爲査報할 事

그림 I-34. 강원도관찰사 서리가 울도군수 심흥택의 보고서를 전재하여 참정대신에게 보낸 보고서와 그에 대한 참정대신의 지령문(1906). 심흥택은 이 보고서에서 '본군소속 독도가'라고 하여 독도가 자신의 통치지역임을 명백히 밝히고 있으며, 참정대신은 "일본의 독도 영지설은 전혀 근거가 없는 것"이라고 일본 주장에 항의하고 비판하였다. (독도박물관 소장)

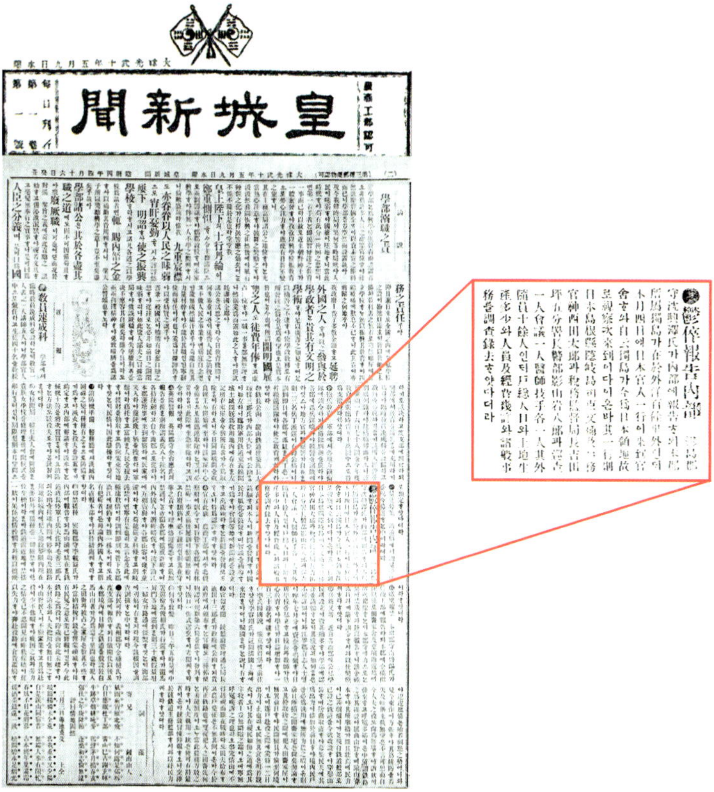

大韓光武十年五月九日水曜

皇城新聞

鬱倅報告內部 鬱島郡守沈興澤氏가內部에報告하되本郡所屬獨島가在於外洋百餘里外이더니本月四日에日本官人一行이來到官舍하야自云獨島가今爲日本領地故로視察次來到이다이온바其一行則日本島根縣隱岐島司東文輔及事務官神西田太郎와稅務監督局長吉田平吾分署長警部影山岩八郎과巡查一人會議一人醫師技手各一人其外隨員十餘人이먼저戶總人口와土地生產多少와人員及經費幾許와諸般事務를調查錄去하얏다더라

그림 I-35. 『황성신문(皇城新聞)』은 일제의 독도침탈 시도에 대한 항의 표시로 '잡보(雜報)'란의 독도침탈 시도에 대한 기사의 표제 활자 크기를 갑자기 평상시의 4배로 높여 발행하였다.

5 독도는 한국영토로서 한국이라는 주인이 있는 '유주지'였기 때문에, 1905년 독도를 일부러 '무주지'로 억지 전제한 일본의 독도침탈은 처음부터 완전히 '무효'이고 '불법적'인 것이었습니다.

일본도 독도가 한국영토임을 잘 알고 있었기 때문에 독도침탈 사실을 중앙 『관보』에 고시하지도 못하였습니다.

1905년 일본의 독도침탈은 국제법상 불법의 도탈(盜奪)을 시도한 것이고 완전히 무효입니다. 또한 이를 근거로 한 그 후의 모든 조치도 모두 무효인 것입니다. 일본 외무성의 『2008년-10포인트』(6)의 무주지를 합법적으로 편입했다는 설명은 전적으로 거짓이고 허위의 설명입니다.

또한 일본 제국주의가 1905년 1월 28일 독도를 '무주지'라고 주장하면서 처음으로 일본에 새로이 영토편입하고, 새로이 '다케시마'(죽도)라고 이름을 붙여 오키섬의 관리 아래 둔다는 의결은 1905년 1월 28일 이전 시기까지 '독도'가 일본의 역사적 고유영토가 아님을 스스로 명백히 증명하고 있는 것입니다. 왜냐하면, 만일 독도가 역사적으로 이미 일본의 고유영토라면 1905년 1월에 와서 새삼스럽게 '무주지'라고 주장할 필요도 없고, 새 이름을 붙일 필요도 없기 때문입니다.

한국은 1910년에는 일제의 강점으로 아예 한반도 전체를 빼앗겼기 때문에 독도는 일본의 패망 후에야 한반도와 함께 회복할 수밖에 없는 문제가 되어 버렸습니다.

12. 연합국은 1946년 1월 29일 연합국최고사령관지령 제677호를 공포하여 독도를 한국영토로 확인하고 독도를 한국에 반환하였습니다.

1 일본이 1945년 8월 15일 연합국에 항복한 후, 동경에 설치된 연합국최고사령관은 구일본제국이 이웃나라 영토를 침략하여 빼앗은 모든 영토들을 원주인에게 반환해 주는 작업을 시작하였습니다.

연합국최고사령관은 1946년 1월 29일 연합국최고사령관지령(SCAPIN) 제677호를 발포하여 한반도 주변의 제주도 · 울릉도 · 독도(리앙쿠르도) 등을 일본의 주권에서 제외하여 한국에 반환하였습니다. 이 연합국의 결정은 아직도 국제법적 효력을 갖는 것입니다.

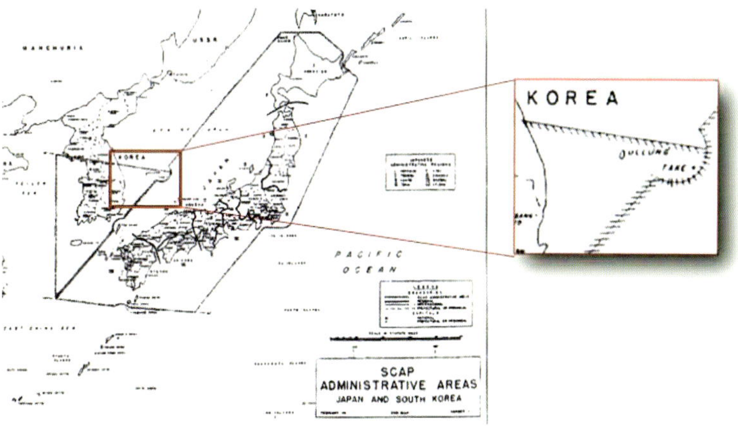

그림 I-36. 연합국최고사령관이 SCAPIN 제677호의 부속지도로 작성해서 한국과 일본의 영토를 구획한 지도. 독도를 'TAKE'로 표시하고 한국영토에 명료하게 부속시켰다.

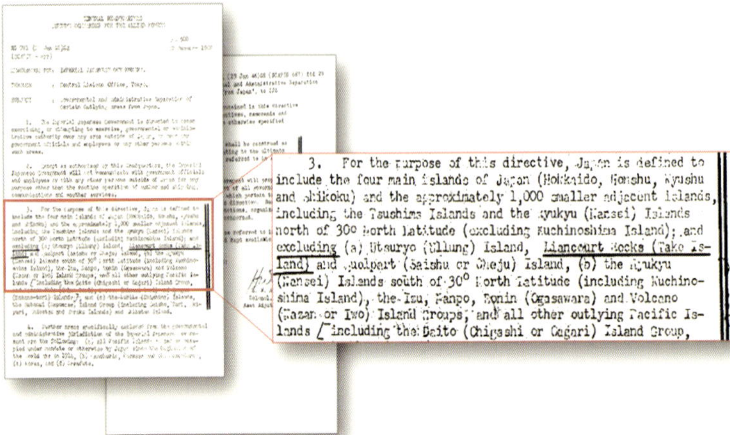

3. For the purpose of this directive, Japan is defined to include the four main islands of Japan (Hokkaido, Honshu, Kyushu and Shikoku) and the approximately 1,000 smaller adjacent islands, including the Tsushima Islands and the Ryukyu (Nansei) Islands north of 30° North Latitude (excluding Kuchinoshima Island); and excluding (a) Utsuryo (Ullung) Island, Liancourt Rocks (Take Island) and Quelpart (Saishu or Cheju) Island, (b) the Ryukyu (Nansei) Islands south of 30° North Latitude (including Kuchinoshima Island), the Izu, Nanpo, Bonin (Ogasawara) and Volcano (Kazan or Iwo) Island Groups, and all other outlying Pacific Islands [including the Daito (Ohigashi or Oagari) Island Group,

그림 I-37. 연합국최고사령관지령(SCAPIN) 제677호 본문. 연합국최고사령관지령 제677호 제3항에서 '독도'(Liancourt Rocks, 竹島)를 일본영토에서 분리 제외하여(excluding) 한국에 반환시켰다.

② 연합국최고사령관은 뒤이어 1946년 6월 22일 연합국최고사령관지령(SCAPIN) 제1033호를 선포하여 일본 어부들의 독도와 그 12해리 수역에 접근하는 것을 엄금하여, 독도가 한국영토임을 거듭 명백히 하였습니다. 연합국최고사령관은 1952년 4월 28일 해체될 때까지 SCAPIN 제677호와 제1033호를 수정한 일이 없었습니다.

독도가 한국영토임을 연합국최고사령관은 확인하고 또 재확인한 것입니다.

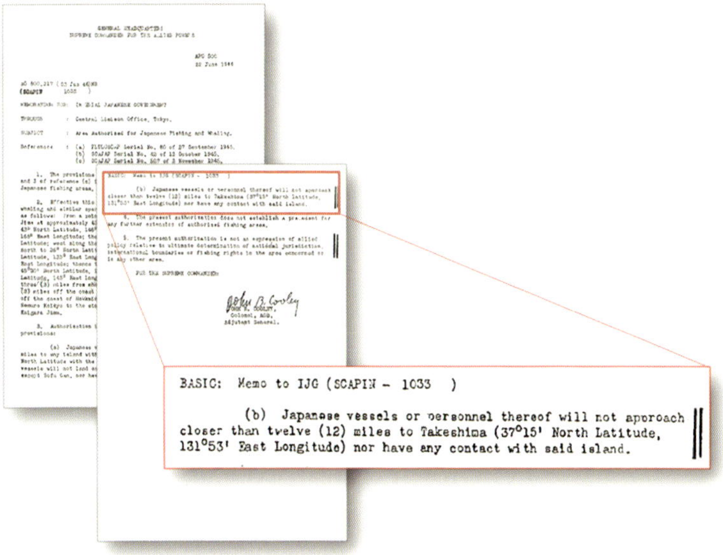

BASIC: Memo to IJG (SCAPIN - 1033)

(b) Japanese vessels or personnel thereof will not approach closer than twelve (12) miles to Takeshima (37°15' North Latitude, 131°53' East Longitude) nor have any contact with said island.

그림 I-38. 연합국최고사령관지령(SCAPIN) 제1033호 본문. 연합국최고사령관지령 제1033호는 일본 선박이 독도로부터 12마일 이내 접근하거나 독도에 접안하는 것을 금지하여 독도가 한국영토임을 거듭 명백히 하였다.

③ 대한민국은 1948년 8월 15일 재독립하여 대한민국 정부 수립과 동시에 주한 미군정(연합국 행정대리)으로부터 한반도와 독도 등 모든 부속도서들을 인수하였습니다.

대한민국 정부는 1948년 12월 12일 UN 총회에서 이 날짜 현재의 국민과 독도를 포함한 영토를 통치하는 합법적 주권국가로서 공인받았습니다. 이날 이후는 세계 어느 나라도 독도의 영유권자인 대한민국의 승인 없이는 독도에 들어올 수 없으며, 독도에서 돌멩이 하나, 풀 한 포기도 반출할 수 없도록, 독도는 대한민국의 완전한 배타적 영토로 국제법상 재확정 공인되었습니다.

당시 일본은 이에 반대 의견을 제시하지 않았습니다.

13. 연합국은 일본과의 '평화조약' 준비로 합의한 1950년의 「연합국의 구 일본영토 처리에 관한 합의서」에서 독도가 '대한민국의 완전한 영토'임을 재확인하였습니다.

[1] 연합국은 1952년에 일본을 재독립시키기로 하고, 이에 앞서 체결해야 할 '평화(강화)조약'의 사전 '준비'로 1950년에 「연합국의 구 일본영토 처리에 관한 합의서(Agreement Respecting the Disposition of Former Japanese Territories)」를 합의 작성하였습니다.

이 합의서 제3항에서 연합국은 대한민국에 반환할 영토로서 "연합국은 대한민국에게 한반도와 그 주변의 한국의 섬들에 대한 완전한 주권을 이양하기로(that shall be transferred in full sovereignty to the Republic of Korea) 합의했는데, 그 섬들에는 제주도, 거문도, 울릉도, 독도(Liancourt Rocks, Takeshima)를 포함한다"(이하 생략)고 규정하였습니다.

1951년 샌프란시스코에서의 일본에 대한 '평화조약' 체결을 위해 연합국은 1년 전에 사전 '준비한 합의서'로 「연합국의 구 일본영토 처리에 관한 합의서」를 작성했는데, 이 합의서에도 거듭 독도는 한국의 배타적 영유(완전한 영유)에 속함을 미국 등 어느 1개국이 아니라 연합국 전원의 합의서로 거듭 합의한 것이었습니다.

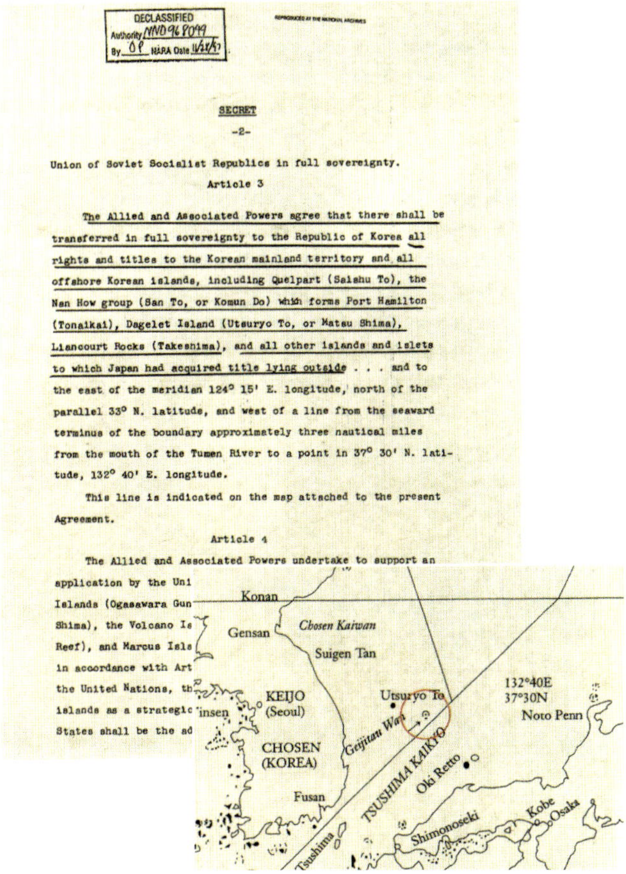

DECLASSIFIED
Authority NND968099
By OP NARA Date 11/28/97

SECRET

-2-

Union of Soviet Socialist Republics in full sovereignty.

Article 3

The Allied and Associated Powers agree that there shall be transferred in full sovereignty to the Republic of Korea all rights and titles to the Korean mainland territory and all offshore Korean islands, including Quelpart (Saishu To), the Nan How group (San To, or Komun Do) which forms Port Hamilton (Tonaikai), Dagelet Island (Utsuryo To, or Matsu Shima), Liancourt Rocks (Takeshima), and all other islands and islets to which Japan had acquired title lying outside . . . and to the east of the meridian 124° 15' E. longitude, north of the parallel 33° N. latitude, and west of a line from the seaward terminus of the boundary approximately three nautical miles from the mouth of the Tumen River to a point in 37° 30' N. latitude, 132° 40' E. longitude.

This line is indicated on the map attached to the present Agreement.

Article 4

The Allied and Associated Powers undertake to support an application by the Uni
Islands (Ogasawara Gun
Shima), the Volcano Is
Reef), and Marcus Isla
in accordance with Art
the United Nations, th
islands as a strategic
States shall be the ad

그림 I-39. 1950년 「연합국의 구 일본영토 처리에 관한 합의서」 제3항의 독도 등을 대한민국의 완전한 주권에 귀속시킨다는 부분과 부속지도 부분. (자료: 신용하 교수)

[2] 이 합의서는 만일 후에 체결될 일본과의 평화조약 조약문에서 애매한 사항이 있어 해석에 논란이 있을 경우에 적용해야 할 극히 중요한 연합국의 준비된 합의서였습니다. 세계 각국은 「1969년 조약법에 관한 비엔나 협정(1969 Vienna Convention on the Law of Treaties)」을 체결했는데, 그 32조에서는 조약 해석에 의문이 있을 때에는 「조약의 준비물과

결론의 환경(the preparatory work of the treaty and the circumstances of its conclusion)」을 해석의 보조수단으로 적용하도록 규정하였습니다. 만일 1951년 샌프란시스코에서 체결된 「연합국의 일본에 대한 평화조약」의 조문 해석에 의문이 있거나 애매한 경우에는 영토문제의 경우 이 「연합국의 구 일본영토 처리에 관한 합의서」가 가장 가까운 직접의 준비물(the preparatory work of the treaty)입니다.

이 준비물 제3항에서 독도(Liancourt Rocks, Takeshima)는 대한민국의 완전한(배타적) 영토로 명백히 규정되어 있습니다.

14. 샌프란시스코에서 체결된 연합국의 대(對)일본평화조약에서도 일본의 독도침탈 로비는 결국 실패했고, 독도는 한국영토로 확정되었으며, 일본 영역에서 제외되었습니다.

[1] 일본은 연합국의 대(對)일본평화조약 체결 과정에서 한국영토로 확인된 독도를 빼앗아 가기 위하여 맹렬한 로비를 했으나 결국 실패했

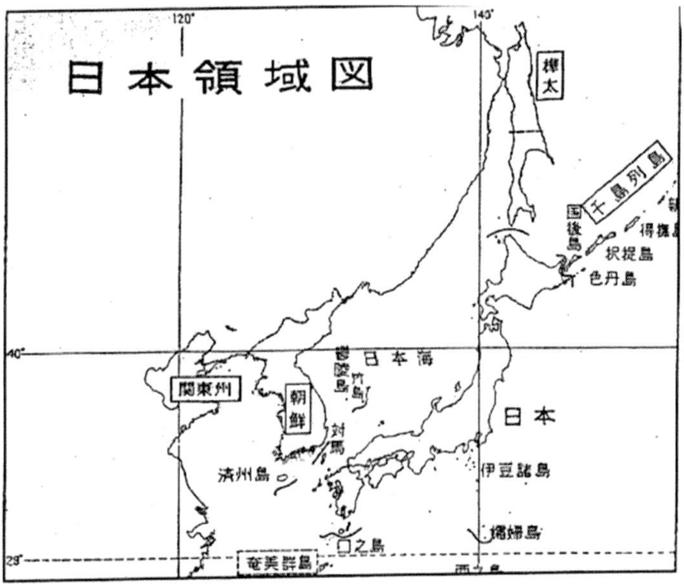

每日新聞社,『對日本平和條約』,1952.

그림 I-40. 1951년 9월 미국 샌프란시스코에서 연합국의 '대(對)일본평화조약'이 체결된 후, 일본 매일신문사가 1952년 5월 25일 총 616쪽의 해설서인 『대(對)일본평화조약』을 발행했는데, 이 해설서의 부속지도인 「일본영역도」에서도 울릉도와 독도(竹島)를 조선영토로 표시하였다.

으며, 연합국은 연합국최고사령관지령 제677호와 연합국의 합의서에 따라 독도를 한국영토로 그대로 두고, 일본영토에서 제외하였습니다.

일본이 1952년 4월 28일 재독립한 1개월 뒤인 1952년 5월 25일에 일본 마이니치 신문사가 일본 외무성의 도움을 받으며 『대(對)일본평화조약』이라는 616쪽의 해설서를 발행했는데, 그 첫 장에 샌프란시스코 평화조약에서 승인받은 「일본영역도(日本領域圖)」를 게재하면서, 사실대로 독도(Liancourt Rocks, 竹島)를 일본에서 제외하여 한국(조선)에 속하게 되었음을 명백하게 표시하였습니다.

[2] 그러나 연합국의 평화조약 체결 준비 과정에서 한국영토 독도를 빼앗아 가려는 일본의 로비가 미국에게 맹렬히 전개되었습니다.

미국은 원래 연합국으로부터 평화조약 초안 작성을 위탁받은 직후에는 연합국의 합의서에 따라 1894년 1월 1일을 기준일로 그 이후 일본이 영토 야욕으로 침탈한 모든 땅은 원주인에게 반환하는 원칙을 잘 지켰습니다. 미국의 평화조약 제1차 초안부터 제5차 초안까지는 5차례 독도(Liancourt Rocks)는 한국의 영토에 넣었습니다.

이를 알게 된 일본 임시정부가 고문이었던 시볼드(W. J. Sebald)를 내세워 독도를 일본영토로 편입시켜 주면 이 섬을 미군의 레이더 기지 및 기상관측소로 미국에 제공하겠다고 맹렬히 로비를 하였습니다. 미국 국무부 극동담당차관보 러스크도 이를 접수했으며, 밴플리트(James A. Van Fleet) 사절단 보고서도 이를 접수했으나 한국측의 입장을 덧붙여서 보고하여 중립적 입장을 갖추려 시도하였습니다. 그 결과 미국은 제6차 초안의 시안에서 단 한 차례 독도를, 일본영토에 편입시키는 시안을 만들어서 연합국에 회람시켜 동의를 구하였습니다.

그러나 영국, 오스트레일리아, 뉴질랜드 등 다른 연합국들은 「합의서」

에 따라 진실대로 독도를 한국영토에 편입하고 일본영토에서 제외해야 한다고 강경하게 주장하고, 미국 제6차 초안의 시안에 동의해 주지 않았습니다. 영국은 미국초안의 시안에 의존하지 않고 독자적 초안을 작성하겠다고 강경히 반대하였습니다. 일본 외무성의 『2008년-10포인트』(7)은 일본 로비에 응한 미국 입장 변화만 설명했지 반대한 영국 입장은 설명하지 못하였습니다.

CHAPTER I - TERRITORIAL CLAUSES

Article 1

The territorial limits of Japan shall be those existing on January 1, 1894, subject to the modifications set forth in Article 2, 3··· As such these limits shall include the four principal islands of Honsu, Kyushu, Shikoku and Hokkaido and all minor offshore islands, excluding the Kurile Islands, but including the Ryukyu Islands forming part of Kagoshima Prefecture, the Izu Islands southward to Sofu Gan, the islands of the onland Sea, Rebun, Riishiri, Okujiri, Sado, Oki, Tsushima, Iki and the Goto Archpelago. These territorial limits are traced on the maps attached to the present treaty.

Article 2

Japan hereby cedes to China in full sovereignty the island of Formosa and adjacent minor islands, including Agincourt (Hokasho), Menkasho, Kaheisho, Kashoto, Kotosho, Shokotosho, Shichiseigan and Ryukyusho, and the Pescadores Islands. Japan hereby renounces all special rights and claims in or to the Liaotung Peninsula.Article

Article 3

Japan hereby cedes to the Soviet Union in full sovereignty that portion of the island of Saghalien (Karafuto) south of 50° N. Lat., and Kaiba Island, Japan hereby cedes to the Soviet Union in full sovereignty the Kurile Islands, lying between Kamchatka and Hokkaido.

Article 4

Japan hereby renounces all rights and titles to Korea and all minor offshore Korean islands, including Quelpart Island, Port Hamilton, Dagelet (Utsuriyo) Island and Liancourt Rock (Takeshima).

그림 I-41.
연합국의 일본영토 정의와 제외의 기준 일자가 1894년 1월 1일임을 밝히고, 울릉도 및 독도가 한국영토임을 규정한 연합국 '대(對)일본평화조약의 제1차 미국초안.

> TREATY OF PEACE WITH JAPAN
>
> (전략)
>
> CHAPTER II
>
> TERRITORIAL CLAUSES
>
> Article 6
>
> 1. Japan hereby renounces in favor of Korea all rights and titles to the Korean mainland territory and all offshore Korean islands, including Quelpart (Saishu To), the Man How group (San to, or Komun Do) which forms Port Hamilton (Tomaikai), Dagelet Island (Utsuryo To, of Matsu Shima), Liancourt Rocks (Takeshima), and all other islands and islets to which Japan has acquired title lying outside the line described in Article 3 and to the east of the meridian 124° 15′ E. longitude, north of the parallel 33° N. latitude, and west of a line from the seaward terminus of the boundary approximately three nautical miles from the mouth of the Tumen River to a point in 37° 30′ N. latitude, 132° 40′ E. longitude.
>
> 2. This line is indicated on the map attached to the present Treaty.
>
> (이하생략)

그림 1-42.
독도를 한국영토로 규정한 연합국의 대(對)일본평화조약 제5차 미국 초안 중 영토조항 제6조의 일부.

이에 미국은 제7 · 8 · 9차 초안에서 독도 명칭을 조약문에서 아예 논급하지 않고 빼어 버리는 방법으로 불관여의 중립적 입장을 취하려고 시도하였습니다.

그러나 미국 내에서도 미국의 이러한 중립적 입장을 반대해서 독도 명칭을 진실대로 한국영토에 포함시키도록 기록해야 한다는 주장이 강력히 제시되었습니다. 예컨대, 미국 국무부 정보조사국에서 오랫동안 지리문제 전문가로 일한 보그스(Samuel Whittemore Boggs)는 국무성의 질의에 대한 1951년 7월 13일의 답변서에서 "독도는 한국령이며, 독도는 한국영토라는 문구를 첨가해야 한다"고 주장하고, 미국초안의 문구를 "(a) 일본은 한국의 독립을 승인하며, 제주도와 거문도, 울릉도 및 독도를 포함해 한국에 대한 모든 권리와 권원과 청구권을 포기한다"고 기술할 것을 권고하였습니다.

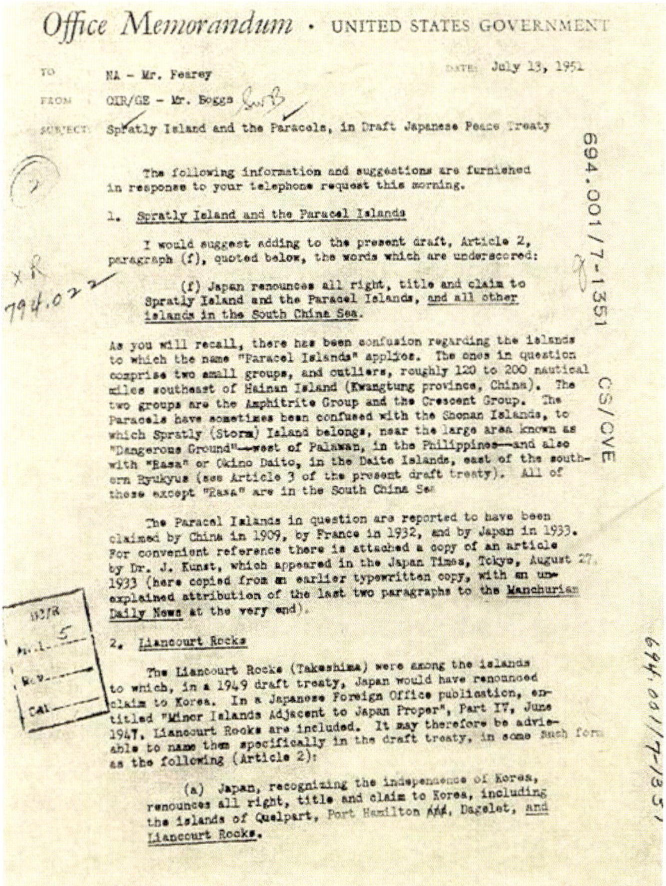

Office Memorandum • UNITED STATES GOVERNMENT

TO : NA - Mr. Fearey

DATE: July 13, 1951

FROM : OIR/GE - Mr. Boggs

SUBJECT: Spratly Island and the Paracels, in Draft Japanese Peace Treaty

694.001/7-1351

The following information and suggestions are furnished in response to your telephone request this morning.

1. Spratly Island and the Paracel Islands

I would suggest adding to the present draft, Article 2, paragraph (f), quoted below, the words which are underscored:

(f) Japan renounces all right, title and claim to Spratly Island and the Paracel Islands, and all other islands in the South China Sea.

As you will recall, there has been confusion regarding the islands to which the name "Paracel Islands" applies. The ones in question comprise two small groups, and outliers, roughly 120 to 200 nautical miles southeast of Hainan Island (Kwangtung province, China). The two groups are the Amphitrite Group and the Crescent Group. The Paracels have sometimes been confused with the Shonan Islands, to which Spratly (Storm) Island belongs, near the large area known as "Dangerous Ground"—west of Palawan, in the Philippines—and also with "Rasa" or Okino Daito, in the Daito Islands, east of the southern Ryukyus (see Article 3 of the present draft treaty). All of these except "Rasa" are in the South China Sea.

CS/CVE

The Paracel Islands in question are reported to have been claimed by China in 1909, by France in 1932, and by Japan in 1933. For convenient reference there is attached a copy of an article by Dr. J. Kunst, which appeared in the Japan Times, Tokyo, August 27, 1933 (here copied from an earlier typewritten copy, with an unexplained attribution of the last two paragraphs to the Manchurian Daily News at the very end).

2. Liancourt Rocks

The Liancourt Rocks (Takeshima) were among the islands to which, in a 1949 draft treaty, Japan would have renounced claim to Korea. In a Japanese Foreign Office publication, entitled "Minor Islands Adjacent to Japan Proper", Part IV, June 1947, Liancourt Rocks are included. It may therefore be advisable to name them specifically in the draft treaty, in some such form as the following (Article 2):

(a) Japan, recognizing the independence of Korea, renounces all right, title and claim to Korea, including the islands of Quelpart, Port Hamilton and, Dagelet, and Liancourt Rocks.

694.001/7-1351

그림 I-43. 연합국의 '대(對)일본평화조약' 본문에 영토논쟁을 방지하기 위하여 독도 명칭을 누락시키지 말고 울릉도 '및 독도'라고 독도를 명기할 것을 요구한 미국 국무부 지리담당관 보그스(Boggs)의 1951년 7월 13일자 답변서.

③ 영국은 미국의 독도에 대한 중립적 초안에 불만을 품고 독자적인 영국초안을 제1·2·3차 초안으로 3차례 작성하였습니다.

영국초안은 제주도와 독도는 한국에 포함시키고 대마도와 오키도는 일본에 포함시키는 연합국 「합의서」의 합의 내용을 잘 준수했으며, 그 부속지도에서도 일본의 범위에서 독도를 제외하여 한국에 포함시켰습니다.

미국은 연합국이 평화회의에 미국초안과 영국초안의 2개 초안을 제안하는 것보다 미·영합동초안을 제출하자고 제안하여, 통과된 영·미합동초안에서 작은 무인도의 명칭을 모두 빼면서 독도 명칭도 빼어 '연합국의 대(對)일본평화조약' 제2조에서 "일본은 한국의 독립을 승인하고 제주도, 거문도, 울릉도를 포함한 한국에 대한 모든 권리·권원·청구권을 포기한다"는 문구로 기술하게 되었습니다.

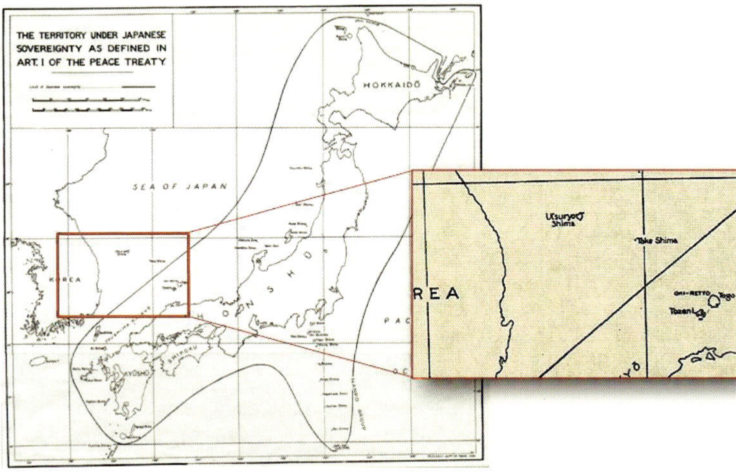

그림 I-44. 독도를 한국영토에 넣고 일본영토에서 제외한 연합국의 대(對)일본평화조약 준비의 영국 제3차 초안의 부속지도 (자료: 정병준 교수)

4 샌프란시스코 평화조약문에서 '독도' 명칭이 일본이 포기하는 섬의 명칭에서 빠졌다고 해서 연합국이 독도를 일본영토로 인정해 준 것은 전혀 아닙니다. 미국 등이 '일본의 맹렬한 로비 때문에' '독도문제'는 이전의 합의에 맡기고 불관여하자는 뜻으로 명칭이 빠졌을 뿐입니다.

한반도 주변에는 3,000여 개의 섬들이 있는데 그 섬들은 평화조약문에서 일본이 포기하는 섬으로 명칭이 기재되어 있지 않지만 한국영토로 공인되어 있습니다. 예컨대 제주도의 일본 방향 동쪽에 ‘우도’라는 섬이 있는데, ‘우도’는 제주도의 부속섬이기 때문에 평화조약문에 ‘우도’ 명칭이 없어도 제주도의 영유국가인 대한민국이 ‘우도’의 영유국가가 되는 것입니다.

1936년 제국주의 일본의 일본군 육군참모본부까지도 1936년의 공식 대일본제국 「지도구역일람도」에서 독도를 울릉도의 부속도서로 판정하여 일본 구역에서 제외하고 조선 구역에 포함시켜 분류하였습니다.

‘독도’의 경우와 같이 작은 섬의 명칭이 기재되어 있지 않은 경우에는 ① 일반국제법에서 규정한 ‘부속도서’는 모도(母島)의 영유국가의 영유로 한다는 조항을 적용하여, 독도가 한국 울릉도의 부속도서인가 일본 오키섬의 부속도서인가를 판별하는 방법과 ② 「1969년 조약법에 관한 비엔나 협정」을 적용하여 샌프란시스코 평화조약 조문의 준비물(Preparatory work)인 「연합국의 구 일본영토 처리에 관한 합의서」에 따라 판별하는 방법이 국제법상 가장 적법한 것입니다.

이 경우에 평화조약 조문에 ‘독도’ 명칭이 기재되어 있지 않아도 독도는 울릉도의 부속도서이며, 「연합국의 구 일본영토 처리에 관한 합의서」에 독도는 대한민국의 완전한(배타적) 영토라고 규정되어 있으므로, 샌프란시스코 평화조약에 의해서도 (독도는 일본영토이다 라는 규정이 없는 한) 대한민국의 영토가 되는 것입니다.

일본 재독립 직후 1952년 5월 25일 마이니치 신문사의 『대(對)일본평화조약』의 연합국의 평화조약에서 승인받은 「일본영역도」에서 독도를 일본 영역에서 제외하여 한국 영역에 포함시킨 것도 이러한 이유 때문에 정확한 것이었습니다.

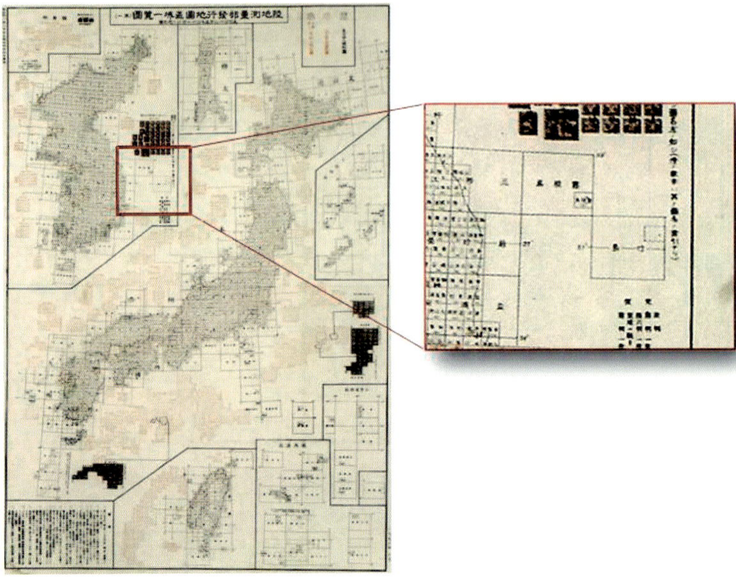

그림 I-45. 일본 육군참모본부 육지측량부가 대일본제국을 지역별로 구분한 1936년의 공식 대일본제국 「지도구역일람도(地圖區域一覽圖)」. 여기서 일본군까지도 독도(竹島)를 울릉도의 부속도서에 포함시켜 일본 구역으로부터 제외하고 조선 구역에 포함시켰다. (서울대학교 중앙도서관 소장)

5 일본정부는 연합국최고사령관지령 제677호에 의거하여 1951년 6월 6일 일본 총리부령(總理府令) 제24호(조선총독부 교통국 공제조합의 본방 내에 있는 재산 정리에 관한 정령의 시행에 관한 총독부령)에서 울릉도·독도(竹島)·제주도를 한국영토로 규정하여, 이 총리부령 제24호의 적용 대상에서 제외하였습니다.

샌프란시스코 평화조약에서도 독도가 한국영토로 인정되고 일본 영역에서 제외되자, 일본이 재독립한 1952년 이후에도 일본정부는 총리부령 제24호를 1960년 7월 7일까지 개정하지 않고 독도를 울릉도·제주도와 함께 한국영토로 규정하고 총리부령 적용 대상에서 제외한 것이었습니다. 이 사실은 일본정부도 독도가 샌프란시스코 평화조약에서 한국영토로 인정되고 일본 영역에서 제외되었음을 잘 인지하고 있었다는 증거입니다.

6 대한민국 정부와 일본정부는 1965년 6월 22일 '한국과 일본의 기본관계협정'을 체결했는데, 이 협정문에서도 '독도'가 미해결 문제로 제기되어 있지 않습니다. 이 사실은 대한민국의 독도영유권에 대하여 국제법상 일본측이 이의가 없음을 승인한 것으로 간주됩니다.

15. 유엔군은 1951년부터 오늘날까지 독도를 한국영토로 잘 인지하여 한국영토 영공에 포함시켜 식별하고 있습니다.

[1] 1950년 6월 25일 한국전쟁이 일어나자 유엔군(미공군 포함)과 미국 태평양 공군사령관은 1951년 '한국방공식별구역(KADIZ, Korea Air Defense Identification Zone, 韓國防空識別區域)'을 설정했는데, 독도를 한

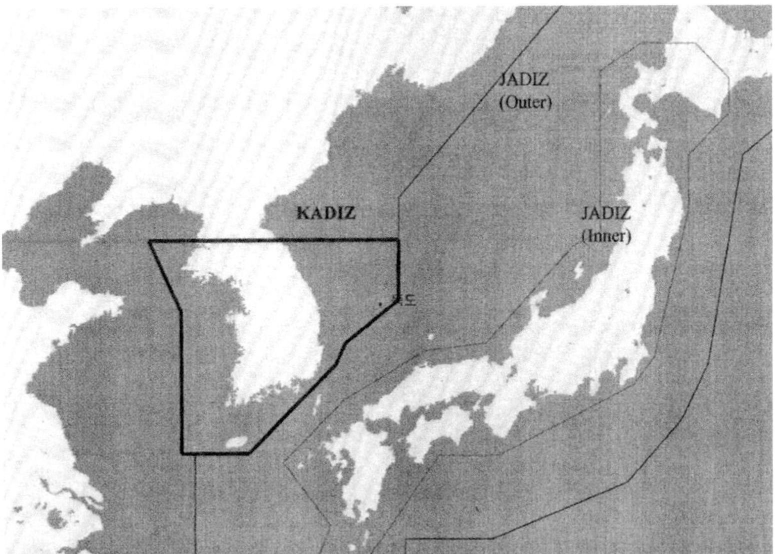

그림 I-46. 1950년 한국전쟁이 일어나자 유엔군이 독도(지도의 검은 점)를 포함한 한국영토를 영공에서 방위하기 위해 1951년 설정하여 현재까지 사용하고 있는 '한국방공식별구역'. (자료: 신용하 교수)

국영토로 재확인하여 '한국방공식별구역' 안에 넣었으며, '일본방공식별구역'(내곽선은 물론이요 외곽선에서도)에서는 제외하여 오늘날까지 실행하고 있습니다. 이것은 미공군을 포함한 유엔군이 1951년부터 오늘날까지 독도를 한국영토로 확인하고 있음을 명백하게 증명하고 있는 것입니다.

[2] 일본 외무성은 『2008년-10포인트』(8)에서 1950년 9월 연합국최고사령관이 SCAPIN 제2160호로 독도를 미군의 해상폭격연습지구로 지정했고, 1952년 7월에 일·미행정협정에 입각하여 일·미합동위원회가 주일 미군의 폭격훈련구역의 하나로 지정했다가 1953년 3월 폭격연습구역에서 해제한 것을 미군(미공군)이 독도를 일본영토로 간주한 것이라고 주장하고 있지만, 이것은 전혀 그렇지 아니합니다.

미공군이 일본의 요청에 응하여 독도를 미공군의 폭격연습지로 사용하자, 이를 알게 된 대한민국 정부는 미극동공군사령부에 항의했으며, 미극동공군사령관은 1953년 2월 27일 대한민국 정부에 독도를 미공군의 폭격연습지에서 제외한다고 먼저 공식 서한을 보내와서 독도가 한국영토임을 재확인하였습니다.

미공군이 폭격연습구역에서 독도를 제외한다고 한국정부에 답변해 온 1개월 후인 1953년 3월 한국 다음으로 일본에 통보하고, 그 이후 독도를 폭격연습지로 사용하지 않는 것은 한국정부의 항의를 받고 조사 후 미공군이 독도가 한국영토임을 명확히 인지한 명백한 증거입니다. 일본 외무성의 『2008년-10포인트』(8)은 거짓의 허구입니다.

[3] 현재도 유엔군과 미공군을 포함한 모든 외국 항공기는 '한국방공식별구역' 안에 있는 '독도'를 포함한 모든 한국영토 상공을 사용할 때

24시간 이전에 대한민국 정부(합동참모본부)에 허락을 요청하고 있습니다. 독도가 한국영토로 거듭거듭 확인되고 있는 명백한 증거입니다.

16. 독도는 역사적으로나 국제법상으로나 명명백백한 대한민국의 완벽한 영토이므로, 일본이 독도를 국제사법재판소에 가져가려는 책략을 대한민국은 단호히 거부하였습니다.

1 독도는 역사적으로나 국제법상으로나 대한민국의 이미 공인된 완벽한 영토입니다. 또한 독도는 대한민국이 재독립한 1948년 8월 15일 연합국최고사령관이 한국정부에 반환하여, 한국정부는 1948년 12월 12일 유엔총회에서 당시의 국민과 영토에 대한 국제법상 완전히 합법적 주권 행사를 승인받아 행사하고 있습니다.

독도영유권을 '100'으로 표시한다면, 대한민국은 영유권 '100'을 모두 갖고 있고, 일본은 영유권은 '0'인 채 영유권 '주장'만 갖고 있습니다.

2 일본정부가 독도침탈 전략의 하나로 1954년 9월 25일 대한민국 정부에 독도를 국제사법재판소의 판결에 위임하자고 제의해 왔을 때, 당시 대한민국 외무장관은 1954년 10월 28일 이를 단호하게 거부하고 다음과 같은 구술서를 일본정부에 보냈습니다.

「일본정부의 제안은 잘못된 주장(false claim)을 법률적 위장(judicial disguise)으로 꾸미려는 시도에 불과한 것이다. 한국은 독도에 대해 처음부터 영유권을 갖고 있으며, 한국은 어떠한 국제재판소에서도 그 영유권 증명을 구해야 할 하등의 이유가 없다. 영토분쟁이 존재하지 않는데도 '가짜영토분쟁'을 꾸며내고 있는 것은 일본이다. 독도문제를 국제사법재판소에 제출하자고 제안함으로써, 일본의 입지를 '소위 독도영토분쟁'과 관련하여 일시적으로라도 한국과 대등한 입지에 두려고 일본은 획책하고 있는 것이다. 그리하여 타협의 여지없이 완전하고 분쟁의 여지없는 한국의 독도영유권에 대하여 일본은 '유사 주장'을 설정하려고 획책하고 있는 것이다.」

1954년 당시 대한민국 외무장관의 답변은 오늘날에도 정당한 것입니다. 일본 외무성의 『2008년-10포인트』(9), (10)의 국제사법재판소행 제의는 일본 외무성의 1954년 9월 25일자의 주장을 되풀이한 것에 불과합니다.

The Korean Mission in Japan presents its compliments to the Japanese Ministry of Foreign Affairs and, with reference to the latter's Note Verbale of September 25, 1954 concerning problem of the possession of Dokdo, has the honor to transmit to the Ministry the view and decision of the Government of the Republic of Korea as follows :

1. As the Korean Government has clarified on many occasions, Dokdo was and is Korean territory from time immemorial. Thus, the Korean Government has refuted all kinds of Japanese allegations claiming territorial rights over Dokdo as not only groundless but also unjust.
In as much as the representations set forth in paragraph 1 of the aforementioned Note Verbale are merely a repetition of old ones and based on the utterly groundless assumption, unsupported by facts, that Japan has any territorial rights over Dokdo, the Korean Government refutes it for the same and obvious reasons and grounds as given before.

2. The proposal of the Japanese Government that the dispute be submitted to the International Court of Justice is nothing but another attempt at the false claim in judicial disguise. Korea has the territorial rights ab initio over Dokdo and sees no reason why she should seek the verification of her rights before any international court of justice. It is Japan who conjures up a quasi territorial dispute where none should exist. By proposing to submit the Dokdo problem to the International Court of Justice, Japan is attempting to place herself on the equal footing, even provisionally, with Korea in relation to the so-called Dokdo territorial dispute, thus establishing quasi claims for Japan where were none at the compromise of the complete and indisputable territorial rights of Korea over Dokdo.

그림 I-47. 국제사법재판소에 가서 독도영유권 재판을 받자는 1954년 9월 25일자의 일본 제의에 대하여, 한국의 독도영유권은 완전한 것이므로 독도영유권 분쟁은 없으며, 일본의 제의는 독도영유권에 한국과 대등한 입지를 만들려는 일본의 책략에 불과한 것임을 지적하여 거부한 1954년 10월 28일자 한국정부의 구술서(외교문서).

한국은 국제법상 이미 한국영토로 공인된 '독도'를 다시 국제재판의 도마 위에 놓을 어리석은 대응은 전혀 할 이유도 필요도 없는 것입니다.

3 일본 제국주의는 영토적 야욕으로 20세기 초 한국을 침략할 때, 독도가 한국의 가장 동쪽에 있는 사람이 상주하고 있지 않았던 외로운 무인도의 한국영토이므로 1905년 일본이 한국인과 한국정부 몰래 먼저 침탈했었고, 1910년 한반도 전체를 침탈하였습니다. 연합국은 1945년과 1946년에 일본이 침탈한 모든 한반도와 그 부속섬을 한국에 반환하였습니다.

오늘날 일본 외무성이 또다시 독도를 침탈하려고 시도하는 것은 오늘날의 일본정부가 구 일본 제국주의 침략외교를 오늘날의 대한민국에 적용하려고 획책하는 시대착오적 침략외교인 것입니다.

전 세계의 자유와 민주주의와 세계평화를 사랑하는 사람들과 양심적인 일본 국민들은 현대 일본정부 외무성이 구 일본 제국주의 침략외교를 부활, 계승하여 한국영토를 침탈하려는 시대착오적인 신제국주의적 독도침탈정책을 다 함께 비판하고, 독도침탈정책을 폐기하도록 다 함께 권고해야 할 것입니다. 그리하여 전 세계 모든 나라들이 자유와 독립과 영토주권을 상호 존중하도록 촉구하는 바입니다.

제II편
독도의 진실 이해를 위한 150문 150답

제1장
독도의 위치와 생태환경

[제1문] 독도(獨島)는 어떠한 지리적 위치와 크기를 가진 섬인가?

[답] 독도(獨島)는 세계 속에서 동아시아 한반도 동쪽 동해(東海) 가운데 위치한 섬으로서, 동도(東島)와 서도(西島) 2개의 작은 섬과 89개의 암초로 구성되어 있다.

그림 II-1-1. 동북아시아 속의 울릉도와 독도 (자료: 동북아역사재단)

경위도상으로는 동도가 북위 37도 14분 26.8초, 동경 131도 52분 10.4초이고, 서도가 북위 37도 14분 30.6초, 동경 131도 51분 54.6초의 위치이다.

동해 가운데는 울릉도와 독도, 오키(隱岐)섬의 3섬이 있는데, 독도와 울릉도 사이의 거리는 87.4km(47.2해리)이다. 이에 비하여 독도와 일본 오키섬과의 거리는 157.5km(85.0해리)로서 울릉도보다 약 70km(거의 2배 가까이) 더 멀다. 따라서 사람이 살지 않았던 시기의 독도는 지리적으로 울릉도의 부속섬이 된 것이 당연하고, 오키섬의 부속섬이 될 수 없는 지리적 위치에 있다. 경상북도 울진군 죽변과 독도 사이의 거리는 216.8km(117.1해리)이고, 울진군 죽변과 울릉도 사이의 거리는 130.3km(70.4해리)이다. 독도의 평균 해수변의 높이는 약 16cm이다.

독도의 이러한 위치는 한국영토 가운데 가장 동쪽 끝에 있는 영토에 해당한다.

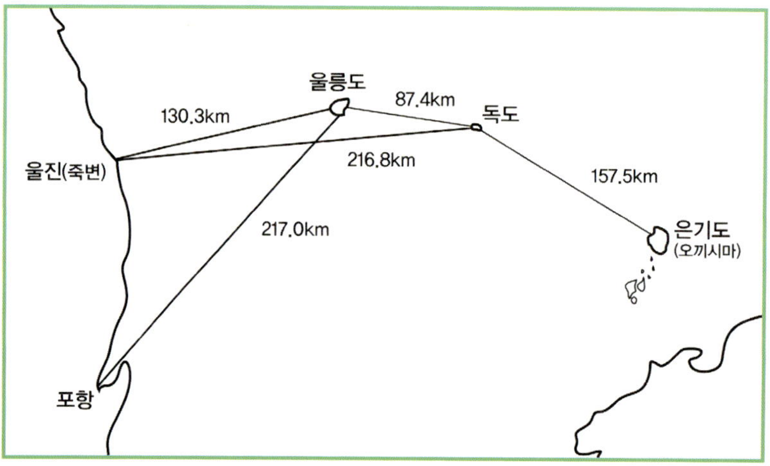

그림 II-1-2. 독도와 울릉도, 독도와 오키섬(은기도) 사이의 거리. (자료: 동북아역사재단)

표 II-1-1. 독도와 주변 지역과의 거리

항목	거리	비고
독도와 울릉도 사이 거리	87.4km(47.2해리)	간조 때 해안선 기준
독도와 경북 울진 죽변 사이 거리	216.8km(117.1해리)	최단거리
울릉도와 경북 울진 죽변 사이 거리	130.3km(70.4해리)	
독도와 오키섬 사이 거리	157.5km(85.0해리)	

자료: 동북아역사재단

표 II-1-2. 한국영토의 4방향 극단

구분	행정 소재지
동	경상북도 울릉군 울릉읍 독도리 동도
서	평안북도 용천군 신도면 마안도
남	제주특별자치도 서귀포시 대정읍 마라도
북	함경북도 온성군 유포면 풍서동 유원진

자료: 국토정보지리원

표 II-1-3. 독도의 면적·높이·해안선 둘레

	동도	서도	부속도서
면적	73.297㎡	88,639㎡	25,618㎡
높이	98.6m	168.5m	
둘레	2.8km	2.6km	
면적 합계	187.554㎡		

자료: 동북아역사재단

독도는 울릉도의 부속섬으로서, 행정구역상으로 대한민국 경상북도 울릉군 울릉읍 독도리 1~96번지에 속해 있다. 2011년 7월 29일자로 독도 번지를 개편하여 서도를 '안용복길'로, 동도를 '이사부길'로 명칭을 바꾸고 새 번지를 붙였다. 이에 따라 서도의 어민 숙소는 '경상북도 울릉군 독도 안용복길 3번지'이고, 독도경비대는 '독도 이사부길 55번지',

등대는 '독도 이사부길 63번지'이다. 전체 지역주소 표시는 여전히 '경상북도 울릉군 울릉읍 독도리'이다.

그림 II-1-3. 인공위성에서 찍은 독도. (자료: 문화재청)

독도의 동도와 서도 사이의 거리는 간조 때 해안선 기준으로 151m인데, 그 3분의 2는 수심이 2m가 채 안 되는 연결된 섬이다.

독도의 면적은 동도가 73.297㎡, 서도가 88,639㎡, 부속도서(암초)가 25,618㎡, 합계가 187.554㎡(문화재청 고시 제2006-80호)로 되어 있다. 독도의 높이는 서도가 168.5m, 동도가 98.6m로서 서도가 동도보다 더 높다. 독도의 둘레는 5.4km로서, 동도의 둘레가 2.8km, 서도의 둘레가 2.6km이다.

독도는 서양인들이 19세기 말에 리앙쿠르암(岩)(Liancourt Rocks)이라는 이름을 붙였으나 암초(岩礁)는 아니고 소도(小島, islets)라고 보는 것이 정확하다. 동도(東島)와 서도(西島)의 2개 소도 위에 주위의 89개 암초까지 합하면 1개의 소열도(小列島)를 이루고 있다.

[제 2 문] 독도의 기후는 어떠한가?

[답] 독도의 기후는 난류의 영향을 많이 받는 해양성 기후이다. 해양성 기후라는 점에서 독도와 울릉도의 기후는 동일하다.

독도에서는 1996년부터 기상관측이 시작되었다. 현재 독도에서는 자동기상관측장비를 사용하여 무인으로 기상관측을 하고 있다. 관측장비가 설치된 곳은 동도의 북위 37도 14분, 동경 131도 52분, 해발 고도 95.0m의 지점이다.

독도의 주풍은 동풍과 남서풍이다. 독도의 평균 풍속은 4.9ms-1이다. 이것은 울릉도의 3.1ms-1과 제주도의 4.7ms-1(제주도 고산, 서귀포의 평균값), 서울의 2.4ms-1보다 높다. 독도에서는 바람의 속도가 강한 것을 알 수 있다. 그러나 계절별 풍향의 변화는 심하지 않다.

독도의 강수량은 연평균 약 1,400mm이다. 독도에서 월별 누적 강수량이 가장 많은 때는 7월(229mm)과 8월(221mm)이다. 울릉도에서는 7월

(190mm)과 9월(161mm)의 강수량을 보이고 있다.

울릉도와 독도는 영동 지방, 호남 서해안 지방과 함께 대표적인 다설, 대설 지역에 속한다. 겨울철에 울릉도와 독도에 큰 눈이 내리는 것은 서고동저형의 기압 배치 아래 울릉도와 독도 지역에 강한 북서풍이 불기 때문이다.

독도의 평균 기온은 12℃이다. 가장 따뜻한 달은 8월이고, 기온은 약 25℃이다. 가장 추운 달은 1월이고 기온은 평균 약 4℃이다.

독도에는 바다안개(해무)가 자주 발생한다. 월별로는 6월과 7월에 자주 발생하고, 하루 중 새벽 6시부터 12시 사이에 자주 발생한다.

[제 3 문] 독도의 지형과 지질은 어떠한가?

[답] 독도는 약 460만 년 전 ~ 250만 년 전에 해저 약 2,000m에서 솟구쳐 나온 용암과 화산 쇄설물이 굳어 형성된 '화산성 해산'으로서, 몸집은 작지만 울릉도와 제주도보다 250여만 년이나 오래된 섬이다(문화재청, 『한국의 자연유산 독도』, pp. 16~85 참조). 울릉도와 제주도가 1만 년 전에 생성을 마친 데 비하면 독도는 긴 역사를 가진 화산섬이다.

독도는 각력암, 조면암, 안산암 등 다양한 종류의 암석을 품고 있어 '암석학의 보고'라고도 불린다.

독도의 해수면 아래는 바다의 산, 즉 해산(海山)이 있는데, 현재 보이는 독도의 모습은 '빙산의 일각'일 뿐이다. 바다 밑에는 안용복해산, 독도해산, 심흥택해산, 이사부해산이 존재하며, 키가 조금 더 큰 독도해산이 수면 위로 머리를 내놓고 있다. 해산이 수면 위로 모습을 드러내는 경우는 드물며, 해저산의 진화과정 연구에 도움을 주기 때문에 세계적인 자연유산으로서의 가치를 지닌다.

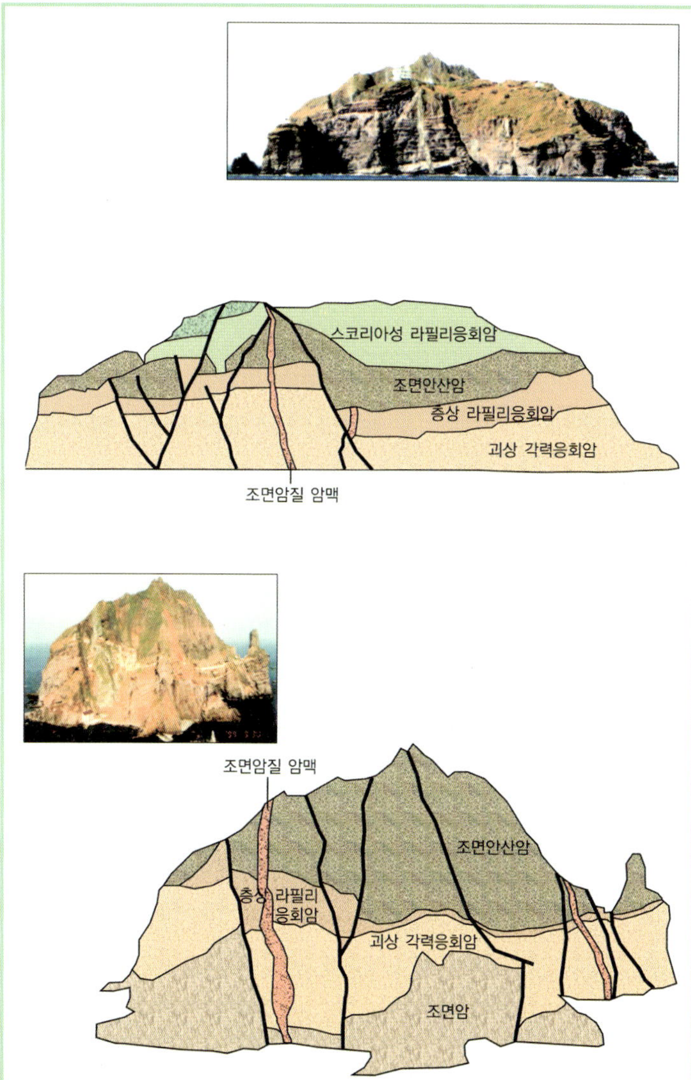

그림 II-1-4. 독도의 지질도(동도와 서도). (자료: 문화재청)

그림 II-1-5. 독도 주변 바다 밑 해산. (자료: 문화재청)

독도의 지형은 동도의 정상부는 섬의 북쪽에 치우쳐 있으며, 해발 고도는 98.6m이다. 유인 등대를 비롯한 독도경비대 관련 건물이 설치되어 있는 동도 남쪽 능선부는 대체로 평탄하며, 구선착장에 이르는 사면에는 두께 20~30cm의 토양층이 발달하여 초본류가 서식한다. 그러나 바다를 향한 사면은 대부분 높이 약 20~30cm의 경사가 급한 해식애로 이루어져 있어서 토양층이 거의 없거나 얇기 때문에 식생피복이 대단히 어렵다.

동도의 해안선 길이는 2.8km이고, 서쪽 해안에는 선박의 입항을 위한 선착장이 건설되어 있다.

서도의 정상부는 해발 고도 168.5m이며, 경사가 매우 급한 원뿔 형태로 되어 있다. 해안선의 길이는 약 2.6km이고, 해안의 사면은 수직에 가까운 해식애로 둘러싸여 있다. 토양층이 대단히 얇아 식생이 성장하기에 매우 불리하다. 이러한 악조건에도 불구하고 서도의 정상부 부근에는 부분적으로 토양층이 형성되어 초본류가 자라고 있다.

특히 서도의 물골이 있는 북쪽 해안의 소규모 내만에는 정상부가 개석되면서 공급된 매스 무브먼트 퇴적물이 두껍게 쌓여 목본을 비롯한 식생이 높은 밀도로 분포하고 있다. 아울러 서도의 급경사면의 절리 사이 토양이 축적된 곳에는 초본이 자리 잡고 있으며, 규모가 큰 타포니의 바닥에도 일부 식물이 자라고 있다. 서도의 동쪽에는 태풍이나 폭풍이 닥쳤을 때 어민들이 대피할 수 있는 어민 숙소가 설치되어 있다.

[제 4 문] 독도에는 어떠한 식물이 생장하고 있는가?

[답] 독도는 생명체가 줄기차게 살아 활동하며 생장하는, 생명이 생동하는 섬이다.

독도는 강한 바닷바람과 염분에 노출되어 있고, 경사가 급해 토양의 깊이가 얕기 때문에 식물이 뿌리를 내리고 살기 힘든 자연환경을 갖고 있다. 그럼에도 불구하고 독도에는 잡초성 식물뿐만 아니라 각종 주목해야 할 식물들이 자라고 있다.

문화재청 보고서에 수록된 다수 식물학자들의 연구에 의하면, 2005년 11월부터 2009년 8월까지 총 20회에 걸친 답사 결과 독도에 살고 있는 식물은 무려 30과 55속 56종, 1아종, 4변종으로 총 61종류인 것으로 조사되었다(문화재청, 『한국의 자연유산 독도』, 2009, pp. 126~182 참조).

왕호장근 섬기린초

섬초롱꽃 초종용

그림 II-1-6. 독도와 울릉도에서만 자라는 희귀식물. (자료: 문화재청)

여기에는 독도와 울릉도에서만 자라는 전 세계의 희귀식물인 초종용(*Orobanche coerulescens* Stephan), 섬기린초(*Sedum takesimense* Nakai), 섬초롱꽃(*Campanula takesimana* Nakai), 왕호장근[*Fallopia sachalinensis*(F. Schmidt) RonseDecr.]이 포함되어 있다.

독도에는 계절을 대표하여 아름답고 깜찍한 꽃을 피우는 식물들도 있다. 봄에는 동도, 서도의 통로와 완만한 사면에 분포하는 '갯장대'가 가장 먼저 꽃을 피운다. 초여름인 5~6월에는 토양이 적은 바위 위에 '땅채송화'가 노란 꽃을 피우고, 늦여름인 7~9월에는 바위틈에 뿌리를 내린 '갯제비쑥'이 노란 꽃을 피운다. 가을에는 '해국'이 온 섬 가득히 연보라색의 꽃을 피운다. 아름다운 꽃을 피우는 독도의 식물로 술패랭이, 참나리, 닭의장풀, 민들레 등도 유명하다.

독도의 나무로는 섬괴불나무, 동백나무, 보리밥나무, 사철나무, 향나무, 곰솔[고사(枯死)함], 이식한 무궁화나무 등이 있다.

그 밖에도 괭이밥, 도깨비쇠고비, 댕댕이덩굴, 큰두루미꽃, 갯사상자, 번행초, 갯괴불주머니, 방가지똥, 참소리쟁이, 까마중, 왕김의털, 개밀, 흰명아주, 새포아풀, 갯까치수염, 별꽃, 가는명아주, 갓, 마디풀, 금방동사니, 박주가리, 가는갯는쟁이, 비짜루, 갯장대, 돌피 등 각종 식물이 자라고 있다.

갯장대

땅채송화

갯제비쑥

해국

술패랭이

참나리

닭의장풀

민들레

그림 II-1-7. 계절을 대표하는 꽃식물. (자료: 문화재청)

섬괴불나무

동백나무

곰솔[고사(枯死)함]

사철나무

그림 II-1-8. 독도의 나무. (자료: 문화재청)

[제 5 문] 독도에는 어떠한 새(조류)들이 살고 있는가?

[답] 독도의 동물은 주로 조류와 곤충류이다. 독도는 동해 가운데 자리한 지리적 위치 때문에 텃새들뿐만 아니라 한반도 주변의 수많은 철새들과 먼 거리를 지나가는 나그네새들의 중간기착지의 역할을 하고 있다.

2009년 6월까지 독도에서 관찰 기록된 조류는 139종이며, 독도 현지 조사에서 총 72종 59,112개체의 조류가 관찰되었다. 이를 계절형에 따라 구분해 보면 여름 철새가 19종 139개체, 겨울 철새가 18종 820개체, 텃새가 18종 58,009개체, 나그네새가 14종 47개체, 길 잃은 새가 3종 5개체였다(문화재청, 『한국의 자연유산 독도』, 2009, pp. 228~249 참조).

독도를 이용하는 조류는 크게 번식조류와 중간기착조류로 나누어 볼 수 있다.

독도를 번식지로 이용하는 조류로는 '괭이갈매기', '바다제비', '슴새', '뿔쇠오리' 등이 있다. 이들은 봄과 여름에 독도에 찾아와서 번식을 하고 떠난다. 괭이갈매기는 독도를 번식지로 이용하는 대표적 종으로 매년 4~6월에 약 10,000개체가 넘는 괭이갈매기가 도래해서 동도와 서도의 모든 곳을 번식지로 삼는다. 한 배 산란 수는 1~4개이다. 바다제비는 괭이갈매기 다음으로 많은 수가 독도에서 번식하는 종으로서, 동도와 서도의 흙으로 이루어진 경사면에 굴을 파서 번식한다. 7~8월경 번식을 하고, 늦게는 9월까지 번식이 진행되지만 이 시기에 번식하는 바다제비는 쇠무릎의 열매 맺는 시기와 맞물려 쇠무릎 가시에 깃털이 걸려 새끼가 희생되는 경우도 있다. 이 밖에 참새와 슴새가 독도에서 번식하고 있다. 슴새는 땅에 터널 모양의 구멍을 파서 집단으로 번식한다.

독도를 중간기착지로 이용하는 조류는 오리류, 도요류, 딱새류 등 그 종류가 다양하지만 개체 수는 괭이갈매기나 바다제비처럼 많지 않다. 민물도요, 황금새, 알락할미새, 황로, 쇠찌르래기, 왜가리 등이 대표적인 새이다.

독도에서는 천연기념물로 지정된 매, 말똥가리, 흑비둘기 등도 발견되었다. 이들은 멸종 위기의 야생동물로 간주되어 천연기념물로 지정된 것이다. 이 밖에도 독도에는 모두 139종의 각종 새들이 살고 있거나 중간기착하고 있는 것으로 기록되어 있다.

알을 품은 괭이갈매기

괭이갈매기의 어미와 새끼

바다제비

민물도요

황금새

알락할미새

황로

쇠찌르레기

왜가리

매

말똥가리

흑비둘기

그림 II-1-9. 독도에 서식하는 조류. (자료: 문화재청)

[제 6 문] 독도에는 어떠한 곤충이 살고 있는가?

[답] 『독도 생태계정밀조사보고서』(2006)에 의하면, 독도에는 총 11목 47과 93종의 곤충이 서식하고 있다(문화재청, 『한국의 자연유산 독도』, 2009, pp. 252~263 참조).

흰띠명나방

벼룩잎벌레

벌꼬리박각시

자바꽃등에

무당벌레

작은멋쟁이나비

그림 II-1-10. 독도에서 관찰된 주요 곤충류. (자료: 문화재청)

울릉도에 서식하는 곤충 841종에 비하면 독도의 곤충 종은 울릉도의 10% 수준에 불과하지만, 독도에 출현한 곤충 종류 가운데 약 30%가 울릉도에서는 확인되지 않은 것들이다.

최근 연구결과에 의하면, 독도는 많은 곤충들의 생물지리적 한계선 역할을 하고 있음이 확인되었다. 예컨대 '독도장님노린재'는 독도가 세계 분포상 북방한계선으로 알려져 있다. '초록다홍알락매미충'은 러시아 연해주부터 한반도 및 부속도서에 널리 분포된 종이지만 일본에서는 전혀 발견되지 않는다. 이는 독도가 이 곤충 종의 세계 분포상 동방한계선임을 의미하는 것이다. 마찬가지로 '섬땅아벌레'는 독도가 세계 분포상 서방한계선이다(문화재청,『한국의 자연유산 독도』, 2009, pp. 252~263 참조).

독도에서 발견된 주요 곤충류는 흰띠명나방, 벼룩잎벌레, 벌꼬리박각시, 쟈바꽃등에, 무당벌레, 작은멋쟁이나비 등이 있다. 그 밖에 곤충류는 매우 많아서 93종에 달하고 있다.

[제 7 문] 독도에 미생물도 있는가? 있다면 어떠한 미생물이 발견되었는가?

[답] 종래 독도의 생물에 대한 연구는 식물과 동물에 한정되었는데, 최근 2005년부터는 독도의 미생물에 대한 연구가 개척되었다(문화재청,『한국의 자연유산 독도』, 2009, pp. 182~209 참조).

미생물 과학자 윤정훈·오태광 박사는 독도에서 채취한 시료에서 세계 최초로 '버지바실루스 독도넨시스(*Virgibacillus dokdonensis*)'라는 학명을 붙인 신종 세균을 찾아내어 2005년 9월 국제학술지에 발표하였다.

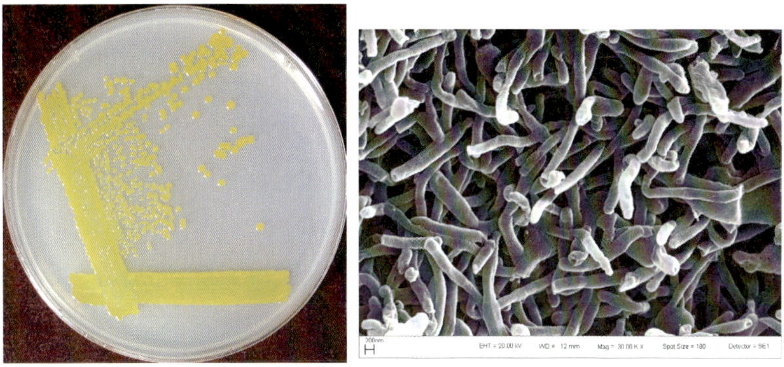

그림 II-1-11. 독도에서 발견한 신속 미생물 '독도니아 동해넨시스'. (자료: 문화재청)

표 II-1-4. 독도에서 발견된 신속 세균

번호	발표 연도	신속 세균 이름	분리 장소	발표 학술지
1	2005	독도 동해 (*Dokdonia donghaensis*)	독도 주변 해수	IJSEM
2	2006	독도 한국 (*Dokdonella koreensis*)	독도 토양	IJSEM
3	2006	동해 독도 (*Donghaeana dokdonensis*)	독도 주변 해수	IJSEM
4	2007	휴미코커스 플라비더스 (*Humicoccus flavidus*)	독도 토양	IJSEM

자료: 문화재청

윤·오 박사는 연구를 계속하여 독도시료에서 4개의 신속과 31개의 신종세균을 저명한 국제학술지에 발표하여 독도가 미생물의 보고임을 증명하였다. 윤·오 박사는 4종류의 신속 세균을 각각 '독도 동해(*Dokdonia donghaensis*)', '독도 한국(*Dokdonella koreensis*)', '동해 독도(*Donghaeana dokdonensis*)', '휴미코커스 플라비더스(*Humicoccus flavidus*)'로 이름 붙였다.

독도의 미생물 연구는 힘차게 출발한 것이라고 할 수 있다.

[제 8 문] 독도 주변 바다에는 어떠한 수산자원이 있는가?

[답] 독도가 위치하고 있는 동해는 동한난류가 한국 동해 연안을 따라 북상하고 북한 한류는 북한 연안을 따라 남으로 흐르다가 북위 38~40도 부근에서 충돌하여 해양전선(극전선)을 이룬다.

한류계 해수는 수온이 낮고 영양염류가 풍부하게 함유되어 있는데, 여기에 수온이 높고 영양염류가 적은 난류가 한류계 해수와 접촉 충돌하여 혼합하면 난류성 플랑크톤이 많이 번식하며, 이들을 먹이로 한 어족들이 모여들어 좋은 어장이 형성된다. 여기에 독도와 울릉도는 동해 가운데 드문 2개의 섬이기 때문에, 특히 독도 주변에는 수산자원이 매우 풍부하다.

독도 주변의 풍부한 어족으로는 꽁치, 복어, 방어, 개복치, 만새기, 전어, 도다리, 붕장어, 가자미류, 도루묵, 산갈치, 임연수어, 볼락, 우럭볼락, 조피볼락, 가자미류 등이 있다(독도연구보전협회, 『독도 인근해역의 환경과 수산자원보전을 위한 기초연구』, 1999 참조).

또한 독도 주변의 풍부한 연체동물로는 오징어(살오징어, 갑오징어), 문어 등이 있다. 독도 주변의 풍부한 해류에는 전복, 소라, 홍합, 밤고동 등이 대표적이다. 독도 주변의 풍부한 해조류로서는 미역, 다시마, 김, 우뭇가사리, 톳, 대황 등이 있다. 기타 수산동물로는 해삼, 새우(도화새우, 가시배새우), 홍게 등이 있다.

독도 주변의 대표적 수산생물 가운데서 가장 많이 잡히는 어종은 오징어, 꽁치, 방어, 임연수어, 도루묵, 만새기, 볼락, 전어, 도다리, 붕장어 등이다.

그림 II-1-12. 독도 주변 바다의 주요 어족(I).

그림 II-1-13. 독도 주변 바다의 주요 어족(II).

무척추 수산물로는 소라, 홍합, 왜문어, 보라성게, 말똥성게, 돌기해삼 등이 주목을 받고 있다. 아름다운 산호초류와 말미잘류 등도 많이 자라고 있다.

독도 주변 바다는 모두 그야말로 '황금어장'을 이루고 있다.

소라 홍합 왜문어

보라성게 말똥성게 돌기해삼

그림 II-1-14. 독도 주변의 무척추 수산물. (자료: 문화재청)

그림 II-1-15. 독도 주변 바다의 산호초류·말미잘류 등. (자료: 한국해양수산개발원)

[제 9 문] 독도 주변 바다에는 어떠한 광물자원이 있는가?

[답] 독도에서 관찰되는 광물로서는 감람석, 단사휘석, 사장석, 알칼리 장석, 각섬석, 흑운모, 자철석 등이 있으며, 바탕을 이루는 석기광물로는 반정(斑晶)을 이루는 광물과 함께 인회석, 유리질 등이 관찰되었다.

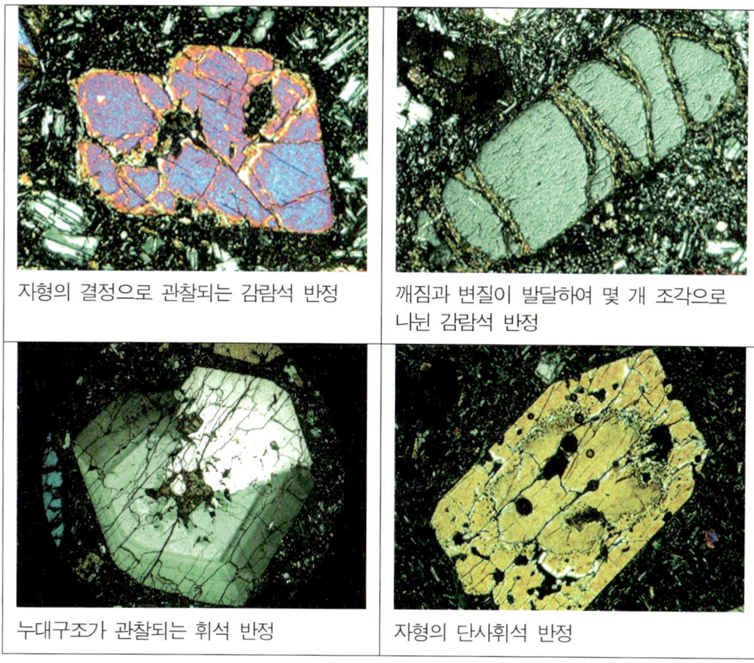

자형의 결정으로 관찰되는 감람석 반정

깨짐과 변질이 발달하여 몇 개 조각으로 나뉜 감람석 반정

누대구조가 관찰되는 휘석 반정

자형의 단사휘석 반정

그림 II-1-16. 독도 화산암류에서 관찰되는 반정(斑晶)광물. (자료: 문화재청)

독도 주변의 해저광물(지하)자원으로는 고체천연가스(가스 하이드레이트, Gas Hydrate)가 풍부하게 매장되어 있다. 고체천연가스는 메탄이 주성분인 천연가스가 외양이 얼음처럼 고체화된 천연가스이다. 불고기집에서 가끔 볼 수 있는 바와 같이, 얼음덩어리처럼 보이는 고체천연가스에 불을 붙이면 파란 불꽃을 내며 오래 타는데, 이산화탄소 배출량이 매우 적은 장점이 있다. 독도와 포항 사이에 거대한 고체천연가스 광맥이 매장되어 있는 것이 현재 시추선의 시굴에 의해 확인되었다.

독도 주변의 해저광물자원인 고체천연가스는 에너지 자원이 부족한 한국에는 참으로 귀중한 새 자원일 뿐 아니라 이산화탄소 배출이 매우

그림 II-1-17.
고체천연가스(가스 하이드레이트) 연소 장면. (자료: 경상북도)

적은 광물이기 때문에 친환경적인 미래의 에너지 자원이라고 할 수 있다. 그러나 이 에너지 원료 광물에 대해서는 아직 더 이상의 정밀한 조사가 실시되지 않아서 정확한 설명을 할 수 없는 단계이다. 독도 주변의 해저에 석유 자원의 부존 가능성을 추정하는 연구자도 있다.

독도 주변은 청정 지역이므로 심층수의 생산이 가능하다. 심층수란 지하 200m(일설 지하 1,000m) 이하 바다 밑 깊은 곳의 바닷물을 말한다. 심층수는 온도가 2℃ 정도로 항상 일정하고 햇빛이 도달하지 않는 곳의 물이기 때문에 세균 번식이 없어 무균성이고 오염이 전혀 되지 않은 비오염 100% 청정수이다. 심층수는 높은 수압 때문에 바닷물 물질이 완전히 분해되어 있어 인체에 필요한 땅위 미네랄을 풍부하게 함유하고 있으며, 땅위의 물에 비하여 마그네슘, 칼슘, 나트륨, 칼륨 등 300배 이상의 미네랄을 보유하고 있다. 또한 생물에 필요한 무기영양소도 땅위의 물에 비하여 수십 배 더 많이 포함되어 있어서, 심층수가 용출하는 지역은 자연적으로 이미 대형 어장이 형성되어 있기도 한다.

독도가 있는 동해의 해양심층수는 수심이 깊어 청정성이 매우 뛰어나고, 2℃의 안정적 저온성으로 다량의 산소가 녹아 있으며, 동해의 해저 지형 자체가 그릇 모양을 갖추어서 바깥바다와 교환되는 바닷물이 매우 적어 심층수의 양이 특히 많은 특징이 있다. 그러므로 독도 주변을 포함한 동해 심층수의 염분을 제거하면 미네랄 영양가가 매우 높은 생수·식수를 무제한 공급받을 수 있고, 식품공업, 화장품 공업, 의료 분야, 수산양식 분야, 수경농업 분야에 크게 이용할 수 있다. 동해의 심층수는 미래의 풍요한 자원이라고 할 수 있다.

독도 주변의 바다 밑에는 이와 같이 풍부한 해저광물자원이 있는데, 1994년부터 발효하고 1996년 대한민국도 채택한 유엔 신해양법은 자기 나라 영토를 기점(Base Point)으로 하여, 반지름 200해리까지의 '배타적 경제수역(Exclusive Economic Zone, EEZ)'을 설정하고 그 '배타적 경제수역'에 있는 해저광물자원의 개발 소유를 허용하고 있다.

따라서 독도 주변의 특히 중요한 해저광물자원인 '고체천연가스(가스하이드레이트)'는 독도를 기점으로 한 한국의 배타적 경제수역 안에 풍부하게 매장되어 있는데, 이것은 에너지 자원이 부족한 한국에 매우 중요한 광물자원이라는 사실을 주목할 필요가 있다. 또한 독도 주변은 청정지역인데, 심층수의 생산이 가능하므로, 미래에는 이것도 중요한 광물자원으로 활용될 것이다.

독도는 수산자원뿐만 아니라 광물자원도 매우 풍부한 참으로 보배로운 대한민국의 영토이다.

[제 10 문] 독도에는 관광자원으로 활용할 수 있는 아름다운 특수한 경관들이 있는가? 독도는 그 밖에 어떠한 특수한 지정학적 위치가 있는가?

[답] 독도에는 특히 미래에 관광자원으로 활용할 수 있는 아름다운 경관들이 상당히 많다. 과학적 해양관광을 추진할 경우 더욱 그러하다. 이제 그 가운데 몇 가지를 들어 보기로 한다(문화재청, 『한국의 자연유

산 독도』, 2009, pp. 44~85 참조).

(1) 독립문바위

동도 동쪽에 독립문바위가 있다. 외해로부터 오는 강한 파랑의 영향을 받아 동쪽으로 돌출된 헤드랜드에 높이 약 30~40m의 경사가 급한 해실애가 발달하였고, 해식에 전면에는 수직과 수평의 절리가 높은 밀도로 분포해 있다. 절리를 따라 파랑과 염화작용으로 절리가 침식, 제거되어 확대되면서 해식동이 형성되어 있다. 폭이 좁은 헤드랜드의 끝 부분에는 해식동이 더욱 발달되어 양쪽의 입구가 만나면서 자연교 형태로 발달한 해식아치인 독립문바위가 형성되어 있다.

(2) 한반도바위와 동도 동북쪽의 해식동

동도 북동쪽 해안에 한반도바위와 해식동의 경관이 있다. 외해로부터 오는 강한 파랑의 영향을 받아 육지가 침식되면서 높이 약 50~60m의 해식애가 발달하였고, 단층선을 따라 파랑의 파식작용으로 해식동이 형성되어 있다. 해식동은 동도의 중앙에 위치한 함몰와지와 해수면 부근에서 연결되어 있다. 또한 상부에서는 층리를 따라 수평으로 발달한 타포니가 확인된다. 상부 바위의 식물로 피복된 사면이 북쪽에서 바라보면 '한반도' 형상을 하고 있어 한반도바위라고 부른다.

(3) 천장굴

독도 중앙에 천장굴이 있다. 과거에는 천장굴을 분화구라고 해석했으나 최근 학계 조사에 의하면 단층작용으로 함몰된 지형이 침식작용을 받아 형성된 침식과지로 해석하고 있다.

독립문바위 남쪽 경관

독립문바위 북쪽 경관

한반도바위

천장굴

그림 II-1-18. (자료: 문화재청)

(4) 숫돌바위

동도 남쪽 선착장 부근에 숫돌바위가 있다. 암질이 숫돌과 비슷하여 그러한 이름을 붙였다. 해발 고도 12.6m이고, 북서-남동 방향으로 조면 암질 암맥이 관입하여 형성되었다.

(5) 탱크바위와 주변의 해식애 및 해식동

동도의 남동쪽으로 돌출된 헤드랜드에 탱크바위가 있다. 바다에서 바라본 모습이 탱크를 닮았다고 해서 붙인 이름이다.

숫돌바위

탱크바위

얼굴바위

부채바위

그림 II-1-19. (자료: 문화재청)

(6) 얼굴바위

동도 동남쪽에 얼굴바위가 있다. 해식애의 정상부가 사람의 얼굴 형상을 하고 있어 붙인 이름이다.

(7) 부채바위

동도 북서쪽의 돌출부에 해발 고도 64.1m의 부채바위가 있다. 그림의 오른쪽 바위를 남쪽에서 바라보면 부채를 펼친 것 같아 붙인 이름이다. 바다로부터 접근한 파랑의 침식작용으로 침식, 제거되어 경사가 급한 해식애를 형성하였다.

삼형제굴바위

촛대바위

북쪽에서 바라본 코끼리바위

넙덕바위(왼쪽), 군함바위(가운데), 상장군바위(오른쪽)

그림 II-1-20. (자료: 문화재청)

(8) 삼형제굴바위

동도와 서도 사이의 바다에, 서도 동북쪽으로 삼형제굴바위가 있다. 마치 가장 큰 공암바위인 형을 따라 두 동생이 나란히 줄지어 있는 것 같은 형상을 하고 있어 붙인 이름이다. 3개의 바위섬 가운데 높이 44m의 가장 큰 공암바위에는 세 방향으로 해식동이 연결되어 시아치가 형성되어 있다.

(9) 촛대바위

동도와 서도 사이의 해협에 높이 약 16.5m의 촛대바위가 있다. 촛대 모양을 하고 있어 붙인 이름이다. 파랑의 파식작용을 받아 암맥으로 관입한 단단한 조면암이 남아 형성된 시스텍으로, 수평에서 비스듬한 방향으로 주상절리가 발달하였다.

(10) 코끼리바위

서도 남서쪽에 해발 고도 30~40m의 해식아치가 있다. 코끼리를 닮아 코끼리바위라고 부른다. 외해로부터 오는 강한 파랑의 영향이 특히 좁은 헤드랜드의 끝 부분에 집중되어 해식동의 발달이 뚜렷하게 되었고, 파식작용이 계속 진행되어 양쪽의 입구가 만나면서 자연교 형태로 발달한 해식아치인 코끼리바위가 형성되었다.

(11) 군함바위와 넙덕바위

서도의 남서 해안에 높이 38.2m의 군함바위가 있다. 군함바위 왼쪽에 넙덕바위, 오른쪽에 상장군바위가 있다. 군함바위는 모양이 군함과 비슷하다고 해서 붙인 이름이다. 군함바위의 북쪽에는 해식동이 형성되어 있고, 자연교 형태로 발달한 해식아치가 있다.

(12) 상장군바위

서도 북서쪽의 바다로 돌출한 헤드랜드에 해발 고도 64.1m의 상장군바위가 있다. 바다로부터 접근한 파랑이 파식작용을 일으켜 기반암이 침식, 제거되면서 후퇴할 때 경사가 급한 해식애가 형성된 것이다.

(13) 지네바위

서도 북서쪽 해안 부근에 높이 9m의 지네바위가 있다. '이진해'라는 어민이 매년 미역을 채취하던 곳으로 '진해'가 '지네'로 변음하여 붙은 이름이다.

군함바위 북쪽의 해식동 경관

상장군바위

지네바위

물골

그림 II-1-21. (자료: 문화재청)

(14) 물골

서도 북쪽에 지하수가 빠져나와 해식동 내에 물이 고이기 때문에 '물골'이라는 이름이 붙었다. 서도를 형성하는 기반암의 절리를 따라 담수가 모이는데, 하루에 약 400리터의 식수를 얻을 수 있다. 파랑의 침입을 막기 위하여 입구에 콘크리트로 제방을 쌓아 놓았다.

(15) 큰가제바위와 작은가제바위

서도 북쪽에서 조금 떨어진 바다 가운데 다수의 바위가 모여 군도를 이루고 있다. 이 가운데 가장 큰 바위가 '큰가제바위'이고, 동쪽(사진의 오른쪽)에 '작은가제바위'가 있다. '가제바위'는 강치(가제, 可支)가 출현하는 바위라고 해서 어민들이 옛날에 붙인 이름이다. 큰가제바위는 높이 5m에 크기는 약 50×80m 정도이다. 작은가제바위는 높이 4m에 크기는 약 20×60m이다.

(16) 탕건봉

서도의 동북쪽에 높이 97.8m의 탕건봉이 있다. 봉우리 모양이 탕건을 닮았다고 해서 붙인 이름이다. 탕건봉 상부의 기반암은 조면안산암으로 주상절리의 특징을 보인다. 주상절리는 단면의 형태가 육각형으로 된 수직의 기둥 모양 절리를 말한다.

큰가제바위와 작은가제바위

탕건봉

서도 남동쪽의 주상절리

서도의 정상지역

그림 II-1-22. (자료: 문화재청)

(17) 서도 남동쪽 주상절리

서도 남동쪽으로 돌출된 헤드랜드에 해발 고도 70m의 주상절리가 발달해 있다. 매우 아름다운 경관을 보이고 있다.

(18) 서도의 정상지역

서도의 정상지역에 육각형 기둥 모양의 주상절리가 발달하여 첨탑과 같은 뾰족한 봉우리들이 아름다운 경관을 이루고 있다. 독도는 동도와 서도 사이 해협에 특수하고 아름다운 경관이 많아 훌륭한 관광자원을 약속하고 있다.

독도는 동해 한가운데 있는 섬으로서 몇 가구는 상주할 수 있고, 부근의 경관이 아름답고 매우 특수하기 때문에 섬 그 자체가 훌륭한 관광자원이 된다고 볼 수 있다.

독도는 한국의 가장 동쪽 끝에 있고 동시에 동해의 한가운데 있기 때문에 국방상의 극히 중요한 요충지임은 더 말할 필요가 없다.

독도는 한국의 가장 동쪽 끝에 위치하고 있고, 독도의 경제수역은 일본의 경제수역과 접촉하게 되어 있기 때문에 한국 민족이 약해지거나 또는 독도 수호 의지가 약해지면 언제든지 외국의 침탈야욕의 대상물이 되기 쉬운 섬이라고 할 수 있다.

독도는 현재 일본이 '영유권 논쟁'을 제기하고 있는 섬이기도 하다.

제2장
'독도영유권 논쟁'의 시작

[제11문] 일본은 '독도영유권 논쟁'을 언제부터 걸어 도전해 왔으며, 한국정부는 이에 어떻게 대응하였는가?

[답] '독도영유권 논쟁'은 1952년 1월 일본측에 의하여 시작되었다.

대한민국 정부는 1952년 1월 18일 「인접 해양의 주권에 대한 대통령 선언」(통칭 평화선)을 발표하였다.

대한민국 정부의 '평화선' 선포의 내용은 한반도와 그 부속도서의 해안에 인접한 '대륙붕'과 '어업보존수역'을 설정하고 이에 대한 대한민국 주권의 보존과 행사를 설정한 것이었다. 이에는 물론 독도와 그 영해가 포함되었다.

또한 평화선 선언은 공해상의 자유항행권을 방해하지 아니함을 선언했고, 평화선이 설정한 '인접 해양'의 상부수역의 공해로서의 법적 지위를 부정하지 아니하였다. 국제법상 합법적인 어족보호선을 설정한 것이었다. 평화선은 대체로 한국의 독도와 일본의 오키섬의 중간선을 취한 것이었다. 일본은 열흘 뒤인 1952년 1월 28일 평화선 안에 포함된 독도(獨島, 일본 호칭 다케시마, 竹島)는 일본영토라고 주장하면서 독도를 한국영토라고 하는 대한민국의 주장을 인정하지 않는다는 내용의 외교문서를 보내어 와서 '독도영유권 논쟁'이 시작되었다.

한국정부는 일본정부의 항의를 일축하고, 독도가 역사적으로 오래된 한국고유영토일 뿐 아니라, 1946년 1월 29일 연합국최고사령관이 지령(SCAPIN) 제677호로서 독도를 한국영토라고 판정하여 한국에 반환시켰으며, 또 연합국최고사령관지령 제1033호로서 독도를 한국영토로 거듭 재확인했음을 상기하라고 지적하였다. 또한 평화선은 미국, 멕시코, 아르젠틴, 칠레, 페루, 코스타리카, 사우디아라비아 등이 일방적인 선언 또는 같은 성격의 방법으로 이미 행하여 온 국제관례가 있음을 지적하였다.

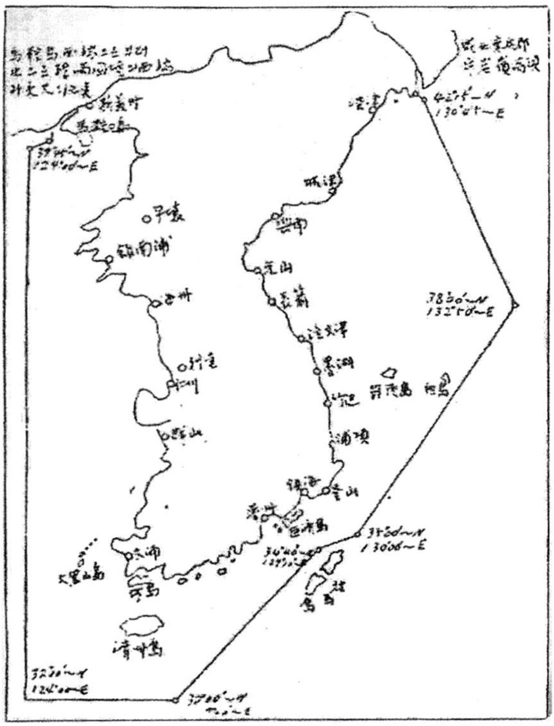

그림 II-2-1. 1952년 『관보(官報)』에 게재된 평화선.

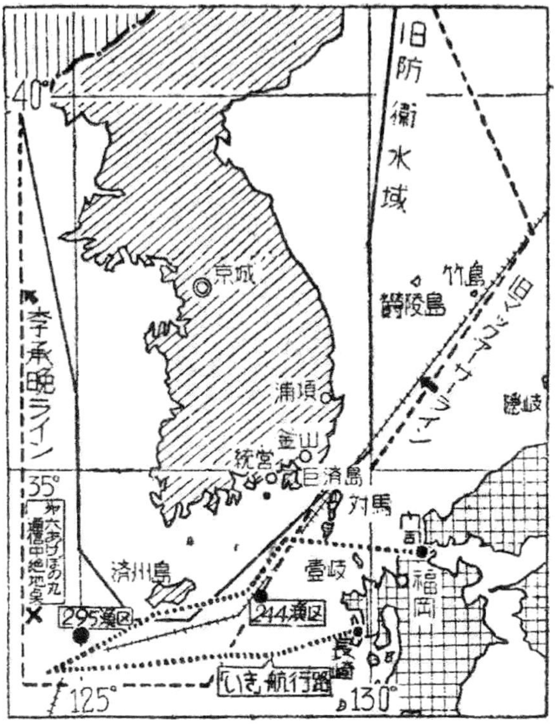

그림 II-2-2. 일본 『아사히신문』(1953. 10. 17.)이 그린 평화선. (자료: 정병준 교수)

[제 12 문] 그 후 '독도영유권 논쟁'은 어떻게 되었는가? 일본이 독도를 미국 공군의 폭격연습장으로 제공하여 독도영유권 논쟁에 유리하게 이용했다는데 사실인가?

[답] 한국정부와 일본정부 사이에 외교문서를 통한 치열한 논쟁이 전개되었다.

일본정부는 1952년 7월 미 · 일행정협정을 체결하고, 미공군을 끌어들여 독도영유권을 설정해 보려고 획책하였다. 일본정부가 독도를 미공군의 폭격연습장으로 제공하겠다는 미끼에, 당시 6·25 한국전쟁 도중 폭격연습이 필요한 미공군은 독도가 일본영토인줄 오해하고 1952년 9월 독도에 폭격연습을 시행하였다.

한국산악회는 1952년 9월 제2차 '울릉도·독도 조사단'을 파견하여 9월 18일 울릉도에 도착했고, 9월 19일 독도로 향할 예정이었으나 미공군 폭격기의 독도 폭격연습으로 독도에의 상륙은 중단하고 돌아왔다. 대한민국 정부는 1952년 11월 10일 미공군의 독도 폭격연습사건에 항의하고 재발 방지를 요구하였다.

주한 미국대사는 1952년 12월 4일 '독도'를 미공군의 폭격연습지로 사용하지 않을 것이라는 내용의 회신을 한국정부에 보내왔다. 또한 미극동공군사령부는 1952년 12월 24일 독도에 대한 폭격연습을 중지할 것을 결정했다는 내용의 공한을 한국정부에 보내왔다. 이에 대한민국 정부 국방부는 1953년 2월 27일 미극동공군사령부로부터 독도 주변에서 폭격연습을 하지 않을 것이라는 통보를 수령했다고 발표하였다. 미극동공군사령부는 이때 '독도'가 일본영토가 아니라 '한국영토'임을 명백히 알게 된 것이다. 뿐만 아니라 일본정부는 1953년 6월 27일, 6월 28일, 7월 1일, 7월 28일 일본 순시선에 관리들과 청년들을 태우고 와서 독도에 상륙시켜 침입하였다.

한국측은 일본측의 이러한 행동에 민간인과 정부가 모두 함께 단호하게 대응하여 일본측의 도발을 물리쳤다. 또한 정부에서도 한국해양경찰대를 파견하여 독도에 깊숙이 접근한 일본 선박들에게 영해를 불법 침입했다고 경고하고 울릉도경찰서까지의 동행을 요구하였다. 일본 선박들이 불응하고 도망하자 한국해양경찰대는 몇 발의 경고발사까지 하면서 강경하게 대응하여 이들을 쫓아버렸다.

민간인들은 울릉도 주민들이 1953년 4월 자발적으로 '독도의용수비대

(獨島義勇守備隊, 대장 洪淳七)'를 조직하고 무기를 구입하여 독도에 건너가서 대항하였다. 당시 한국정부는 평화선 안에 침입한 일본 어선들에게 벌금을 부과하고 위반하면 나포하여 재판에까지 부치는 등 완강한 독도 수호 의지를 보였다.

[제13문] 그 후 일본측은 어떠한 반응을 보였는가? '독도영유권 논쟁'은 언제 끝날 것으로 볼 수 있겠는가?

[답] 일본측은 외무성이 앞장서서 독도가 역사적으로 일본영토임을 증명하려고 다수 학자와 연구자들을 동원하여 문헌자료조사를 광범위하게 실행하였다. 또한 국제법상으로 독도가 일본영토로 공인받았다고 근거 없는 주장을 제기하였다. 그리고 어업협정 등 각종 한·일 관계협정에서 독도가 일본영토임을 증명하는 데 유리한 협약을 체결하려고 노력하고 있다.

일본정부의 공식 입장은 "독도(다케시마)는 역사적으로나 국제법상으로나 일본고유영토인데 한국이 점거하고 있다"는 것이다. 현재까지도 이 주장을 되풀이하고 있을 뿐만 아니라 2000년 이후에는 일본의 의무교육과정인 초등·중등·고등학교에서 이 주장을 의무적으로 교육시키도록 강제하고 있다. 그러므로 한국측이 독도가 역사적으로 한국의 오래된 고유영토이며, 국제법상으로도 한국영토로 공인되었음을 증명하고, 강력한 독도수호정책을 수립하여 실행하면서, 국제사회에 널리 알려야 일본의 독도에 대한 야욕을 중지 포기시킬 수 있을 것이다.

'독도영유권 논쟁'은 앞으로도 수십 년 지속될 것이고, 때로는 독도가 위기에 떨어질 수도 있다. 그러므로 독도가 왜 한국영토인가 그 근거를 명확히 밝히고 전 국민이 알고 행동하는 것이 반드시 필요한 것이다.

제 3 장
독도는 역사적으로 한국 고유영토임이 진실임을 증명하는 자료

[제 14 문] 독도는 역사적으로 언제부터 한국의 영토로 되었는가?

[답] 독도는 서기 512년(신라 지증왕(智證王) 13년) 우산국(于山國)이 신라(新羅)에 병합된 때부터 역사적으로 한국고유영토로 되었다.

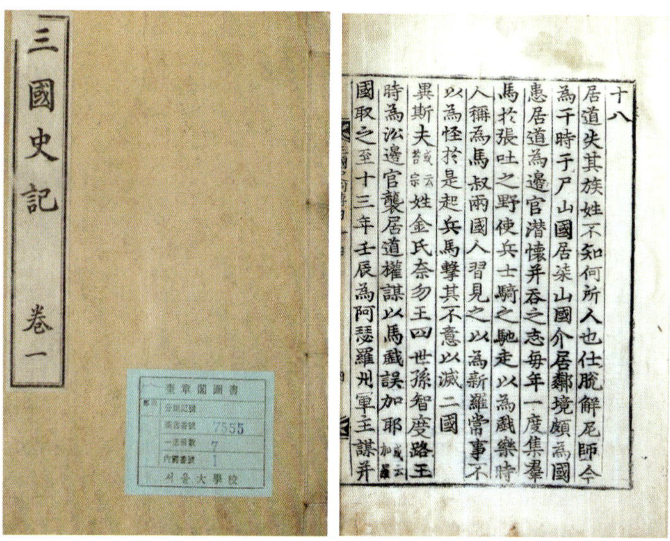

그림 II-3-1. 우산국의 신라에의 병합 사실을 기록한 『삼국사기(三國史記)』. (서울대학교 규장각한국학연구원 소장)

고문헌인 『삼국사기(三國史記)』(김부식 편, 1145년)에는 서기 512년(신라 지증왕 13년)에 우산국(于山國)이 신라(新羅)에 복속하여 병합되었으므로 신라의 한 지방으로 편성했다고 두 곳에 기록되어 있다. 우산국은 지금의 '울릉도'와 '독도'를 포함한 동해상의 아주 작은 왕국이었다. '독도'는 19세기까지는 우산도(于山島)라고 불렸다. 신라는 한국을 형성한 고대국가의 하나이다.

또 다른 고문헌 『삼국유사(三國遺事)』(일연 지음, 1285년)에도 신라 지증왕 때 장군 이사부(異斯夫)가 우산국의 항복을 받아내어 우산국이 신라의 한 지방으로 병합되었다고 기록되어 있다. 『삼국유사』와 『삼국사기』는 기록 내용이 일치한다.

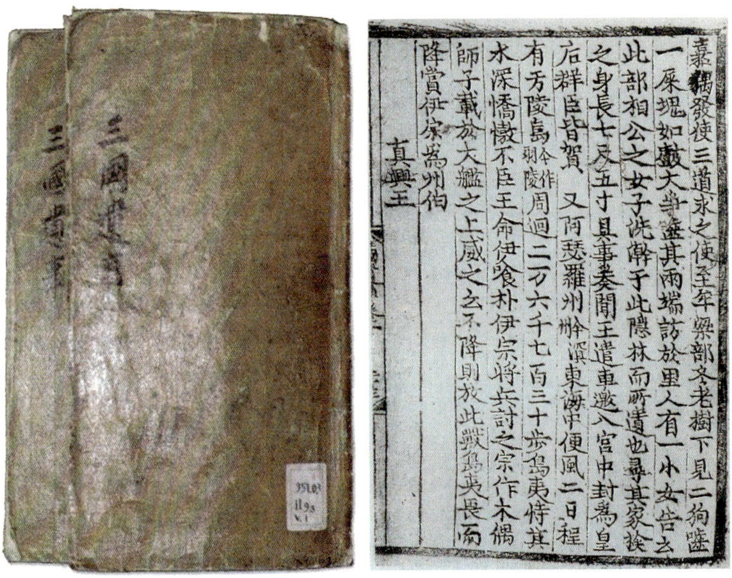
嘉耦發使三道求之使至牟梁部冬老樹下見二狗嚙
一屎塊如鼓大爭嚙其兩端訪於里人有一小女告云
此部相公之女子洗澣于此隱林而所遺也尋其家檢
之身長七尺五寸具事奏聞王遣車邀入宮中封爲皇
后群臣皆賀 又阿瑟羅州今溟東海中便風二日程
有亐陵島今作羽陵周廻二万六千七百三十步島夷恃其
水深憍傲不臣王命伊飡朴伊宗將兵討之宗作木偶
師子載於大艦之上威之云不降則放此獸島夷畏而
降賞伊宗爲州伯
眞興王

그림 II-3-2. 우산국의 병합 사실을 기록한 『삼국유사(三國遺事)』. (국립중앙도서관 소장).

[제15문] 혹시 '우산국'은 '울릉도'만을 영토로 한 나라이고 '독도'는 우산국의 영토가 아닐 수도 있지 않은가? 우산국의 영토가 '울릉도'뿐만 아니라 '독도'도 모두 우산국 영토였다는 것을 증명하는 고문헌이 있는가?

[답] 물론 있다. 대표적인 것으로서 ①『세종실록(世宗實錄)』 지리지, ②『만기요람(萬機要覽)』 군정편(軍政編), ③『증보문헌비고(增補文獻備考)』, 기타 여러 고문헌들을 들 수 있다.

『세종실록』 지리지의 원문에는 다음과 같이 기록되어 있다.

> 「于山(우산)과 武陵(무릉 · 우릉)의 2섬이 현(울진현)의 정동 쪽 바다 가운데 있다. 2섬이 서로 거리가 멀지 아니하며 날씨가 청명하면 가히 바라볼 수 있다. 신라시대에는 于山國(우산국)이라 칭하였다. (于山 · 武陵二島 在縣正東海中 二島相距不遠 風日淸明 則可望見 新羅時稱于山國)」

여기서 우선 주목할 것은 우산도(于山島)와 울릉도를 2개 섬으로 구분하여 기록하고 있을 뿐만 아니라 2섬이 서로 거리가 멀지 않아 날씨가 청명한 경우에는 볼 수 있다고 기록하고 있다는 점이다. 동해의 중요한 지리상 특징 중 하나는 바다 중앙에는 큰 섬이 '울릉도'와 '독도', 일본 오키섬의 3섬밖에는 없다는 사실이다. 울릉도 주변에는 몇 개의 큰 바위섬이 있는데 이들은 울릉도에 너무 가까워서 날씨가 청명하지 않아도 크게 매우 잘 보인다. 오직 날씨가 청명한 경우에만 조그맣게 서로 보이는 섬은 동해에서 '울릉도'와 '독도'밖에는 없다.

세종시대에는 울릉도를 '武陵島'(무릉도 · 우릉도, '武'의 중국 음은 '우')라고 불렀음이 『세종실록』에 많이 나온다. 그리고 '독도'를 '우산도(于山島)'라고 불렀다. 이 사실은 17세기부터의 고지도에서 오늘날 '독도'

의 비교적 정확한 위치에 울릉도 이외의 또 하나의 섬을 그리고 '우산도(于山島)'라고 부른 사실에서도 재확인된다.

『세종실록』 지리지는 '울릉도'(武陵島)와 '독도'(于山島)를 '우산국(于山國)'이라고 칭했다고 기록하여, 우산국이 '울릉도'와 '독도'를 영토로 한 해상 소왕국이었음을 명백하게 기록하고 있는 것이다. 따라서 '우산국'이 서기 512년(신라 지증왕 13년)에 신라에 병합되었다는 것은 영토상으로는 '울릉도'와 '독도'가 신라에 병합되었음을 의미하는 것이다. 세종은 '독도(우산) · 울릉도 안무사'라는 직책의 관리 김인우(金麟雨)를 두 번이나 파견하면서 통치권을 행사하였다. 이것은 독도가 역사적으로 한국의 고유영토라는 명백한 사실의 증거이다.

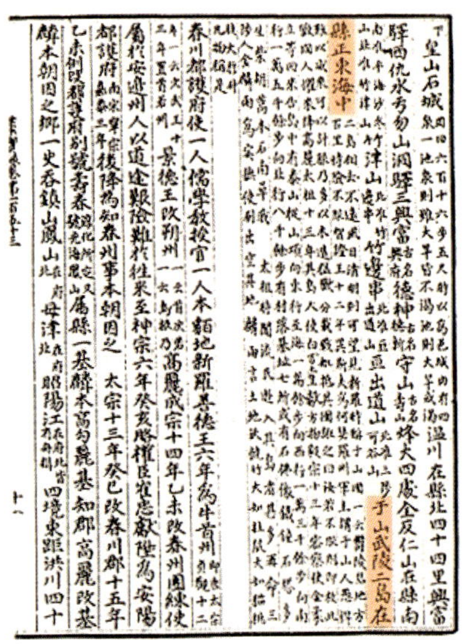

그림 II-3-3. 우산도(독도)와 무릉도(울릉도)도 옛 우산국이었다고 기록한 『세종실록(世宗實錄)』 지리지. (서울대학교 규장각한국학연구원 소장)

『세종실록』 지리지에서 독도와 울릉도의 2개 섬이 옛날 신라시대에는 우산국이었다가 병합되었음을 확인해 주고 있을 뿐 아니라, 날씨가 청명한 경우에는 울릉도에서 독도가 보인다고 기록하였다.

[제16문] 날씨가 청명하면 울릉도에서 '독도'가 과연 보이는가?

[답] 물론 보인다. 울릉도와 독도의 거리는 92km(49해리)인데, 지구가 둥글기 때문에 해변에서는 보일 때도 있고 잘 보이지 않을 때도 있으나, 2m 이상의 울릉도 고지에서는 날씨가 청명하면 잘 보인다. 특히 울릉도의 성인봉(높이 984m)에서는 독도의 모습이 선명하게 잘 보이기 때문에 울릉도에서는 이를 관광 자원 항목으로 사용할 수도 있다. 울릉도와 독도가 날씨가 청명하면 서로 보이기 때문에 많은 사람들이 울릉도에서 보이는 '독도'를 사진기로 촬영한 일이 여러 번 있었다.

동해에는 약간 큰 섬으로 울릉도와 독도, 일본 오키섬의 3섬이 있는데, 울릉도에서는 한국 동해안은 멀어서 보이지 않고, 일본 오키섬도 멀어서 보이지 않는다. 오직 날씨가 청명한 날에만 독도(우산도)가 조그맣게 보인다. 이 사실은 우산도가 곧 독도임을 증명함과 동시에 15세기에 독도가 세종의 통치를 계속 받은 조선왕국의 영토였음을 명백히 증명한다.

다음의 사진에서도 증명되는 바와 같이, 『세종실록』 지리지에 울릉도와 독도의 "2섬이 서로 거리가 멀지 아니하여 날씨가 청명하면 가히 바라볼 수 있다"고 한 것은 정확한 기록이고, 2섬이 모두 신라시대에는 '우산국'이었다는 기록도 정확한 것이었다.

그림 II-3-4. 울릉도에서 보이는 독도(왼쪽)(동북아역사재단, '울릉도 도동 깍끼등에서', 2008. 11. 22.), 독도에서 보이는 울릉도(오른쪽)(김태환 씨 촬영, 이상태 교수 제공)

[제 17 문] 그 밖에 독도와 울릉도가 모두 우산국 영토였음을 기록한 고문헌 자료에는 어떠한 것이 있는가?

[답] 대표적인 것으로 『동국여지승람(東國輿地勝覽)』과 『신증동국여지승람(新增東國輿地勝覽)』, 『만기요람(萬機要覽)』 군정편(軍政編), 『증보문헌비고(增補文獻備考)』, 기타 여러 고문헌들을 들 수 있다.

1808년에 편찬된 『만기요람(萬機要覽)』 군정편에서는, "『여지지(輿地志)』에 이르기를 울릉도와 우산도(于山島)는 모두 우산국 땅(영토)이다. 우산도는 왜인들이 말하는 松島(송도, 마츠시마)이다"라고 기록하고 있다.

이 자료에서 인용된 『여지지(輿地志)』라는 책은 현재 발견되지 않은 책이다. 그러나 이를 인용한 『만기요람』 군정편이라고 하는 조선왕조 정부가 편찬한 책에 인용된 위의 기록은 두 단원에서 '독도'가 우산국

영토였고 한국고유영토임을 증명하고 있다.

우선 첫 번째 문장에서 "울릉도와 우산도(독도)는 '모두(皆)' 우산국 땅(영토)"이라고 해서, 울릉도뿐만 아니라 '우산도'(독도)도 '모두'(2섬 모두) 옛날의 우산국 영토임을 명백히 밝혀 증명하고 있다.

두 번째 문장에서는 "우산도(독도)는 왜인들이 말하는 松島(송도, 마츠시마)이다"라고 해서 우산도가 바로 오늘의 '독도'임을 거듭 밝히고 있다. 오늘날과 달리 일본은 1890년대 초까지는 조선의 울릉도를 '竹島'(죽도, 다케시마)로 호칭하고 조선의 독도(우산도)를 '松島'(송도, 마츠시마)로 호칭하였다. 이것은 일본의 모든 학자들과 일본정부도 인정하고 있는 사실이다. 위의 자료 두 번째 문장에서 "우산도는 왜인들이 말하는 松島이다"라고 한 것은 "우산도는 곧 (오늘의) 독도이다"라는 의미인 것이다. 그러므로 『만기요람』 군정편은 '독도'가 울릉도와 함께 '모두' 옛 우산국 영토임을 명백히 증명해 주고 있으며, 또한 '독도'가 1808년 이전에는 한국에서는 '우산도'라고 불렸고, 한국고유영토였음을 명백히 증명해 주고 있는 것이다.

또한 1908년에 대한제국 정부가 간행한 『증보문헌비고(增補文獻備考)』가 있다. 이 책은 조선왕조의 민족백과사전에 해당되는 책으로서 1792년 편찬된 『동국문헌비고(東國文獻備考)』를 증보한 책이다. 『증보문헌비고』에서도 『만기요람』 군정편과 마찬가지로 같은 자료를 인용해서, "『여지지(輿地志)』에 이르기를 울릉과 우산은 모두 우산국 땅(영토)인데 우산은 곧 왜인이 말하는 바의 松島(송도)이다.(輿地志云 鬱陵于山 皆于山國地 于山則倭所謂松島也)"라고 기록하였다. 즉 울릉도와 우산도는 모두 옛 우산국의 영토인데, 그중에서 우산도는 왜인들이 말하는 '松島'(오늘날의 독도)임을 『여지지(輿地志)』라는 지리서를 인용하여 명백히 천명하고 있는 것이다.

일제가 대한제국의 ‘독도’를 종래 다른 나라가 점유한 형적이 없는 ‘무주지(無主地)’라고 주장하면서 1905년 1월 28일 일본에 ‘영토편입’한다는 일본 내각회의 결정을 하고 1906년 3월 말부터는 일본이 한국의 영토인 ‘독도’를 침탈하고 있다는 사실이 알려지게 되었다.

『증보문헌비고』가 대한제국 정부에 의하여 간행된 것은 그 2년 후인 1908년의 일이다. 이때는 일제 통감부가 대한제국 정부를 지휘 감독하고 있던 시기인데도 불구하고, 대한제국 정부는 『증보문헌비고』에서 울릉도와 우산도(독도)는 주인 없는 ‘무주지’가 아니라 우산국시대부터 한국영토임을 기록하여 일제의 독도침탈 시도에 대하여 강력하게 항의하는 의미를 담았으며, 동시에 우산도(독도)가 우산국의 영토이고 한국영토임을 명백히 증명하여 밝힌 것이었다.

[제 18 문] 고문헌 이외에 ‘독도’가 울릉도와 함께 옛 우산국(于山國)의 영토임을 증명하는 자료는 없는가?

[답] 우선 ‘독도’를 ‘우산도’라고 하여 ‘우산’이라는 나라 이름을 따서 부른 명칭 자체가 ‘독도’가 우산국 영토였음을 증명해 준다.

한자가 신라에 들어오기 이전에 본래 우산국의 명칭은 ‘우르뫼’였는데, 이를 한자로 바꿀 때 ‘于山’국이라고 하였다. 우산국의 영토인 울릉도가 본도(本島)이고 독도는 울릉도에 부속한 속도(屬島)이므로, 원래는 ‘우르뫼’를 ‘우산도’라고 변역하여 울릉도(본도)를 가리키는 호칭으로 사용했었던 것으로 보인다. 그러나 이 본도의 명칭이 울릉(鬱陵) · 울릉(蔚陵) · 무릉(武陵) · 무릉(茂陵) · 우릉(芋陵) · 우릉(羽陵) 등으로 한자 번역되어 정착되자 그 부속섬인 독도(물론 당시에는 다른 명칭이었겠지만)가 ‘우산도(于山島)’의 명칭을 갖게 된 것이 명백하다.

독도가 한국에서 1882년까지 공식적으로 '우산도'라는 명칭을 갖고 있었던 것은 바로 이 섬 '독도'가 '우산국'의 영토였음을 또한 명백하게 증명해 주는 것이라고 할 수 있다. '우산도'(독도)가 '우산국'에서 나온 명칭임은 이렇게 스스로 명백하지 아니한가.

[제19문] 일본정부는 조선왕조시대 옛 '우산도'가 오늘의 '독도'가 아니라고 주장하는데, '우산도'가 '독도'라는 가시적인 명확한 증거가 있는가?

[답] 일본 외무성은 '우산도'가 오늘날의 '독도'라는 근거가 없다고 하는데, 한국과 일본의 다수의 고지도가 가장 이해하기 쉬운 근거이다.

예컨대 한국의 초기 가톨릭 신부 김대건(金大建)이 1846년에 보고용으로서 프랑스어로 표기한 「조선전도(Carte de la Corée, 朝鮮全圖)」는 울릉도 동쪽 정확한 위치에 '독도'를 그려 넣고 'Ousan(우산)'이라고 표기하였다.

일본 고지도에도 「조선국세견전도(朝鮮國細見全圖)」를 비롯하여 '독도'를 우산도(于山島)라고 표기하여, 우산도 = 독도임을 증명하는 고지도가 다수 있다.

그림 II-3-5.
김대건의 「조선전도(朝鮮全圖)」(1846). 우산도(독도)를 울릉도 동쪽 정확한 위치에 그리고 'Ousan(우산)'이라는 한국어명을 불문자로 표기하여 조선영토임을 표시하였다. (프랑스 파리국립도서관 소장)

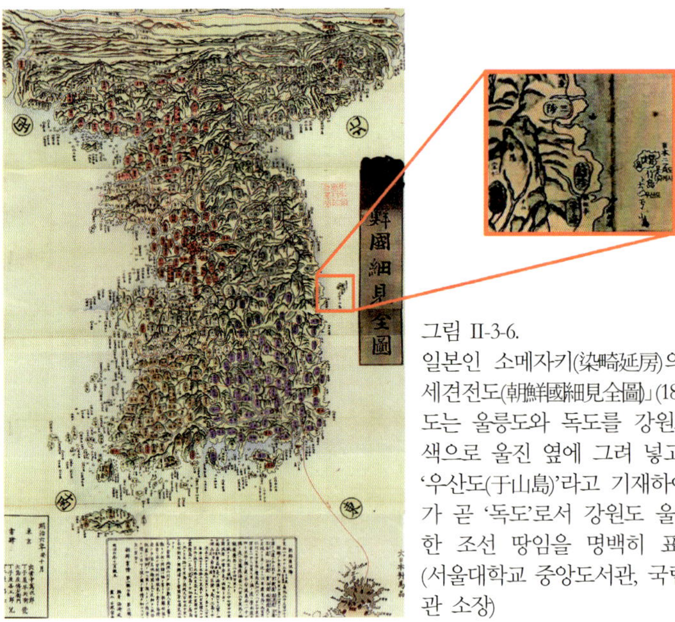

그림 II-3-6.
일본인 소메자키(染崎延房)의 「조선국세견전도(朝鮮國細見全圖)」(1873). 이 지도는 울릉도와 독도를 강원도와 같은 색으로 울진 옆에 그려 넣고, '독도'를 '우산도(于山島)'라고 기재하여 '우산도'가 곧 '독도'로서 강원도 울진현에 속한 조선 땅임을 명백히 표시하였다. (서울대학교 중앙도서관, 국립중앙도서관 소장)

[제 20 문] 그렇다면, 일본측에서 일본 고문헌에 '독도'가 최초로 나오기 시작한 것은 언제부터이며, 그 내용은 어떻게 되어 있는가?

[답] 일본정부가 1960년에 한국정부에 보낸 외교문서에 의하면, 1667년에 편찬된 『隱州視聽合記(은주시청합기)』라는 보고서가 '독도'(송도)를 언급한 일본 최초의 고문헌이다.

일본정부 외무성의 설명에 의하면 이 책은 出雲(출운)의 관리(蕃士) 사이토(齋藤豊仙)가 번주(藩主, 大名, 봉건영주)의 명을 받고 1667년(일본 寬文 7년) 가을에 은기도(隱岐島, 隱州)를 순시하면서 보고 들은 바를 기록하고 보고서로 작성하여 바친 것이다. 이 책에서 처음으로 독도를 '松島'로, 울릉도를 '竹島'로 호칭하면서 언급했다고 하였다. 그 기록 내용은 다음과 같다.

> 「隱州(은주, 은기도)는 北海(북해) 가운데 있다. 그러므로 隱岐島라고 말한다. … 戌亥間(술해간, 서북 방향)에 2日 1夜를 가면 松島(송도)가 있다. 또 1日 거리에 竹島(죽도)가 있다. [속언에 磯竹島(이소다케시마)라고 말하는데 대나무와 물고기와 물개가 많다. 神書(신서)에 말한 소위 50猛일까.] 이 2섬(松島와 竹島)은 무인도인데, 高麗(고려)를 보는 것이 마치 雲州(운주, 出雲國)에서 隱岐(은기도)를 보는 것과 같다. 그러한즉 일본의 서북[乾] 경계지는 이 州(隱州, 隱岐島)로써 그 限(한, 한계)을 삼는다.」

그러나 위의 기록을 정밀하게 검토해 보면, 이 보고서는 항해 거리 일수(日數)를 통하여 '독도'를 '松島'(송도)로, '울릉도'를 '竹島(죽도)'라는 호칭으로 '독도'를 일본에서는 처음으로 기록하고 있으면서, '독도'와 '울릉도'가 모두 조선영토이고 일본영토가 아님을 명백히 기록하고 있다. 즉, 독도(松島)와 울릉도(竹島)에서 고려(조선)를 보는 것이 마치 일본의

雲州(운주, 出雲國)에서 隱岐(은기)를 보는 것과 같아서 이 2섬 울릉도(竹島)와 독도(松島)는 고려에 속한 것이고, 그러한즉 일본의 서북쪽 경계는 隱州(은주, 隱岐島)로서 한계(限界)를 삼는다고 밝히고 있는 것이다.

일본에서 최초로 '독도'의 존재를 기록한 1667년의 『은주시청합기(隱州視聽合記)』도 울릉도와 '독도'(松島)는 고려(조선)에 속한 고려영토이고, 일본의 서북쪽 국경은 隱岐島(은기도, 隱州)를 한계로 한다고 명백히 기록하고 있는 것이다.

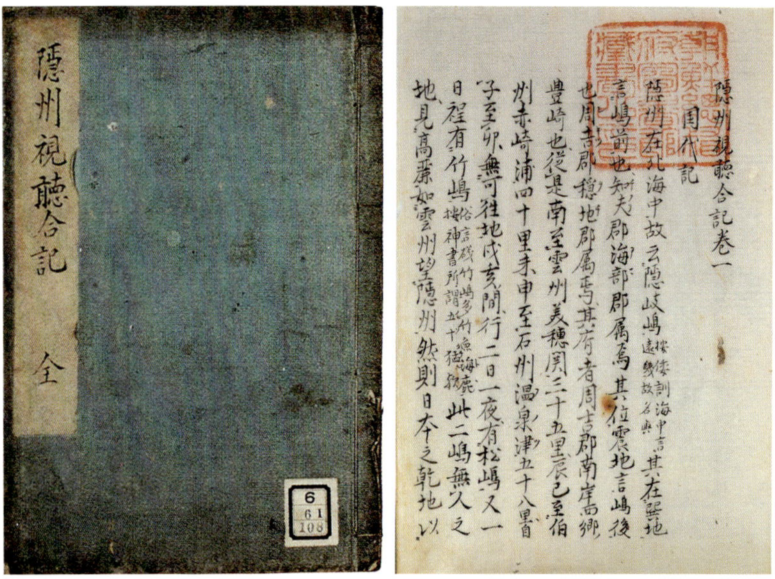

隱州視聽合記巻一

国代記

隱州在北海中故云隱岐嶋 按倭訓海中言遠幾故名歟 其在巽地
言嶋前也 知夫郡海部郡属焉 其位震地言嶋後
也 周吉郡穏地郡属焉 其府者周吉郡南岸西郷
豊崎也 從是南至雲州美穂関三十五里 辰巳至伯
州赤崎浦四十里 未申至石州温泉津五十八里
自子至卯無可往地 戌亥間行二日一夜有松嶋 又一
日程有竹嶋 俗言磯竹嶋多竹魚海鹿 按神書所謂五十猛歟 此二嶋無人之
地 見高麗如雲州望隱州 然則日本之乾地以

그림 II-3-7. 독도를 기록한 일본 최초의 고문헌 『은주시청합기(隱州視聽合記)』(1667)에 기록된 독도와 울릉도에서 고려를 보는 것은 마치 운주에서 은주(은기도)를 보는 것과 같으므로 "일본의 서북쪽 영토는 이 은주로서 한계를 삼는다"는 요지. (국립중앙도서관 소장)

일본정부가 일본의 고문헌 중에 최초로 '독도'의 존재를 인지하여 기록했다고 한국정부에 알려온 『은주시청합기』는 일본정부의 주관적 의도와는 반대로 객관적으로는 '독도'(松島)는 한국영토이며, 일본의 서북방 영토는 은기도까지에서 끝나고 있음을 명백하게 알려주고 있는 것이다.

[제 21 문] 그 밖에 일본에는 '독도'를 일본영토라고 기록한 고문헌은 없는가?

[답] 일본측이 현재까지 공개 발표한 고문헌들에는 '독도'를 일본영토로 기록한 것은 없다. 도리어 지금까지 알려진 일본 고문헌들에서 '독도'를 기록한 고문헌들은 모두 이 섬이 울릉도의 부속도서(섬)로서 조선영토라고 기록하고 있는 것들이다. 혹시 일본측이 공개하지 않은 고문헌 자료에 그런 것이 있을지도 모른다. 그러나 한·일 간에 고문헌 자료조사를 통하여 '독도' 영유권 논쟁을 치열하게 전개하는 과정에서 일본측은 조금이라도 일본에 유리할 것 같은 일본 고문헌들을 총동원하여 논쟁을 전개했던 사실을 고려하면, 비공개 일본 고문헌들 속에서 '독도'가 일본영토였다는 증명자료가 나올 가능성은 거의 없고, 도리어 '독도'가 한국영토였다는 증명자료가 다수 나올 가능성은 매우 높다고 본다.

현재까지 공개된 일본 고문헌들은 '독도'를 한국영토로 인지하고 있는 것들이며, '독도'를 일본영토로 증명하고 있는 일본 고문헌은 한 건도 발견되지 않고 있다. 이것은 문헌 부족 때문에 그런 것이 아니라 역사적·객관적 진실이 '독도'가 한국영토로 되어 왔기 때문에 일본 고문헌들도 그 참 사실을 기록하다 보니 '독도'가 한국영토임을 직접·간접으로 기록에 반영시킨 것이라고 해석된다.

한국과 일본 두 나라 고문헌 자료들은 모두 '독도'가 아주 오랜 옛날부터 '한국영토'임을 잘 증명해 주고 있는 것이다. 이 사실에 대해서는 일본의 학자들도 대부분 인정하고 있는 것으로 안다.

[제22문] 그렇다면 역사적으로 독도가 한국의 고유영토라고 하는 것은 증거가 명백하지만, 독도를 역사적으로 일본의 고유영토라고 하는 것은 근거 없는 주장이 아닌가?

[답] 그렇다. 독도가 서기 512년부터 역사적으로 한국의 고유영토라고 하는 것은 증거가 충분한 역사적 진실이다. 이에 비하여 독도가 일본영토였다는 증거는 단 1건도 없는데, 현대 일본정부가 독도를 역사적으로 일본영토라고 주장하는 것은 명백한 허위이다.

일본에서도 일본학자들이 처음에는 독도가 역사적으로 일본고유영토임을 조사 연구해 달라는 의뢰를 받고 연구를 시작했다가 연구 도중에 독도가 한국고유영토라는 수많은 증거자료를 읽고 독도가 명백히 한국영토이므로 연구를 중단 포기하는 경우가 다수 있었다. 일본에서 독도가 역사적으로 일본고유영토라고 주장하는 경우는 주로 일본 외무성 관료들과 정치인들의 경우이다.

독도는 증거자료들이 명백히 증명하는 바와 같이, 역사적으로 한국의 고유영토임이 진실이다.

제 4 장
고려시대와 조선왕조시대의 독도 통치와 관리

[제 23 문] 고려시대에도 독도와 울릉도는 고려왕조의 통치를 받았는가?

[답] 통일신라를 계승하여 한반도에 새로운 왕조를 세운 고려왕조는 옛 왕조를 이어서 원래의 우산국 영토인 독도와 울릉도를 영유하고 정치적 통치권을 행사하였다. 이것은 다음의 다섯 단계로 나누어 볼 수 있다.

제1단계는 고려 태조 왕건(王建)이 울릉도 사람들로부터 그들의 왕으로서의 알현(謁見)과 공물을 받고 울릉도 사절들에게 고려의 관직을 주어 고려왕조의 울릉도·독도에 대한 영유와 통치권을 재확인한 단계이다.

왕건이 918년에 고려를 건국하고 929년 12월에 고창(지금의 경북 안동)전투에서 후백제의 견훤을 크게 격파하여 후삼국의 통일을 이루자 울릉도 사람들은 930년(태조 13년) 9월 백길(白吉)과 토두(土豆)를 사절로 보내어 태조를 알현하게 하였다. 태조는 백길에게는 정위(正位), 토두에게는 정조(正朝)의 관직을 주었다.

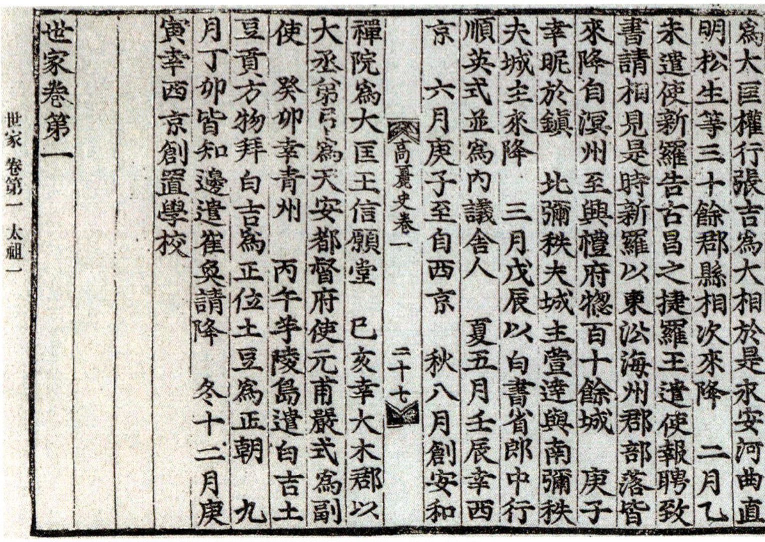

爲大匡權行張吉爲大相於是永安河曲直明松生等三十餘郡縣相次來降 二月乙未遣使新羅告古昌之捷羅王遣使報聘致書請相見是時新羅以東沿海州郡部落皆來降自溟州至興禮府摠百十餘城 庚子幸昵於鎭 北彌秩夫城主萱達與南彌秩夫城主來降 三月戊辰以白書省郎中行順英式並爲內議舍人 夏五月壬辰幸西京 六月庚子至自西京 秋八月創安和

高麗史卷一 二十七

禪院爲大匡王信願堂 己亥幸大木郡以大丞弟弓爲天安都督府使元甫嚴式爲副使 癸卯幸青州 丙午芋陵島遣白吉土豆貢方物拜白吉爲正位土豆爲正朝 九月丁卯皆知邊遣崔奐請降 冬十二月庚寅幸西京創置學校

世家卷第一

世家 卷第一 太祖一

그림 II-4-1. 울릉도 조공과 벼슬 하사 기사, 『고려사(高麗史)』의 부분(930년).

이때 태조가 울릉도 대표들에게 관직을 준 것은 명백한 통치권 행사이다. 또한 이 시기에는 옛날 우산국 영토인 울릉도에 다수의 주민이 거주했으므로 그들 역시 옛 우산국 영토인 독도에 나가 어로 활동을 전개했을 것임은 논란의 여지가 없다.

제2단계는 현종(顯宗, 재위 1009~1031년) 때 울릉도 주민들이 여진족의 일파인 동북여진(東北女眞)의 침략을 받아 농업이 피폐하게 되고, 피난민이 본토로 건너오자 고려조정이 농기구를 보내는 등 대책을 강구했던 시기이다.

울릉도·독도는 1018년(현종 9년) 동북여진의 침략을 받아서 농사를 지을 수 없는 상태가 되었으므로, 그해 11월에 고려조정에서는 이원구(李元龜)를 울릉도에 파견하여 농기구 등을 보냈다. 또한 이듬해 7월에는 여진족의 침략을 피하여 본토로 도망해 온 울릉도 피난민들을 모두 울릉도로 귀환하도록 명령하였고, 3년 뒤인 1022년(현종 13년) 7월에는 여진족의 노략을 피하여 본토로 피난 왔다가 귀환하지 않고 남은 일부 우산국 사람들을 예주(禮州, 지금의 德愿·元山)에 영구히 민호(民戶)로 편성해서 살도록 하고 식량을 조달해 주었다.

제3단계는 덕종(德宗, 재위 1031~1034년) 때에 울릉도를 우릉성(羽陵成)이라고 하여 우릉성주((羽陵成主)를 두고 중앙정부가 적극 지원하면서 방어 능력을 키우려고 노력하던 간계이다. 이 시기에는 이민족의 침략을 막기 위하여 울릉도를 요새화하려는 노력이 시도되었다.

제4단계는 인종(仁宗, 재위 1122~1146년) 때 울릉도·독도를 중앙정부에서 직접 관장하지 않고 지방관제(地方官制)에 편입시켜 명주도(溟洲道, 지금의 강원도)에 속하게 편제했던 시기이다. 이 시기에는 동북여진의 침략도 옛날이야기가 되고, 그 이후 인구도 격감하여 중앙정부가 직접 행정에 관여할 필요를 절감하지 않았기 때문에 울릉도·독도를 강원도(명주도)에 편입했음은 충분히 이해할 수 있는 일이라 할 것이다.

제5단계는 의종(毅宗, 재위 1146~1170년) 때부터 울릉도에 백성들을 옮겨 살게 하는 정책, 즉 사민(徙民)정책을 추구했던 단계이다. 의종은 1157년에 울릉도의 토질이 비옥하여 옛날에 주현(州縣)을 둔 일도 있어 가히 백성들을 살게 할 수 있다는 말을 듣고 사민정책을 실시하려고 김유립(金柔立)을 파견하여 조사하게 하였다. 김유립의 실지조사 결과, 토지에 암석이 많아 다수 주민의 거주가 어렵다는 보고를 받고 이를 중단한 일이 있다. 그 후 무신정권시대에 최충헌(崔忠獻)이 동해안의 군민들을 이주시켜 울릉도에 살도록 하였으나 후에 여러 차례 풍랑으로 배가 뒤집혀 뱃사람들이 다수 사망하는 일이 일어나자 사민정책을 중단하였다.

여기서 명확히 알 수 있는 것은, 고려왕조는 신라왕조를 계승하여 우산국 영토인 울릉도와 독도를 영유하고 통치했으며, 1018년에 동북여진의 큰 침략을 받고 울릉도가 황폐해지자 이에 대한 매우 적극적인 통치 대책을 강구했다는 사실이다. 동북여진의 침략 후 울릉도의 인구가 감소하자 고려 후기에 중앙정부는 사민정책을 추진했으나 별 성공을 거두지 못하였다. 그러나 동해안 주민들의 자발적인 울릉도 이주를 고려 왕조의 관칭이 금지한 것도 아니고 오히려 장려하는 편이었으므로 원래 남아 있는 울릉도 도민(우산국 국민)들과 자발적 이주민들에 의하여 고려 말기까지 일정 수의 고려 국민이 울릉도에 거주하였다. 이들의 생업은 어업과 농업이었는데, 독도가 울릉도 어민들의 생활 터전의 일부였음은 논란의 여지가 없다.

이러한 상태에서 고려 말기(14세기 말엽)에 왜구(倭寇, 일본 해적)가 창궐하여 고려의 동해안과 남해안, 중국의 동·남해안이 노략질을 당했는데, 그때 울릉도도 다시 피해를 입었다.

[제 24 문] 조선왕조에서도 울릉도·독도를 영유하고 통치하였는가? 그렇다면 왜 '쇄환공도정책'을 실시하였는가?

[답] 조선왕조에 들어와서도 울릉도와 독도는 조선왕조의 통치를 받았다. 태종(재위, 1400~1418)은 왜구가 울릉도를 침략하여 주민을 학살하자 울릉도 주민을 본토에 쇄환하여 울릉도를 비워 두는 정책을 시행했는데, 태종의 '쇄환공도정책'도 섬관리정책의 하나였지 울릉도·독도의 영토를 방기한 것은 아니었다. 특히 세종(재위, 1418~1450)은 1445년(세종 7년) '우산(독도)·무릉(울릉) 등처안무사(于山·武陵 等處按撫使)'라는 직책을 주어 김인우(金麟雨)를 파견해서 울릉도 및 독도에 대한 통치권을 행사하였다.

특히 『세종실록』 지리지에 우산도(독도)와 울릉도를 강원도 울진현에 속한 섬으로 기록한 것은 조선왕조의 독도영유를 명확히 기록한 명백한 증거인 것이다.

조선왕조 정부는 1481년에 조선왕국의 영토 해설서로 『동국여지승람(東國輿地勝覽)』을 편찬 발간하였다. 이어 50년 후인 1531년에는 이 책을 증보하여 『신증동국여지승람(新增東國輿地勝覽)』을 발간했는데, 새로 증보한 부분은 매번 '신증'이라고 표시했기 때문에 초판본이 없어도 신증본을 보면 초판 부분과 신증 부분을 구별하며 모두 볼 수 있다.

『신증동국여지승람』에 지방행정 소속이 명시되면서 설명이 붙어 있는 지역은 모두 조선왕국의 영토임을 당시 조선왕국 정부는 그때의 한자 문화권 세계에 재천명하였다.

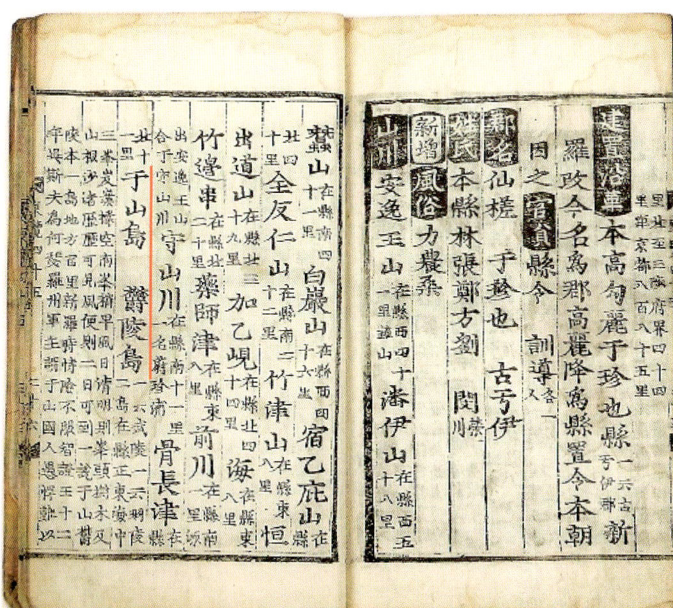

그림 II-4-2. 『신증동국여지승람(新增東國輿地勝覽)』 목판본의 독도·울릉도 부분. (국립중앙박물관 소장)

『동국여지승람』과 『신증동국여지승람』에는 '독도'(우산도)와 울릉도는 조선 강원도 울진현에 속한 동해 가운데 2개 섬이라고 설명되어 있다. 이 책으로 조선왕조 정부는 독도가 조선영토이며 강원도 울진현에 속한 섬임을 당시의 한자문화권 세계에 재천명 공포한 것이다. 물론 이때 일본이 독도(우산도)가 조선영토가 아니라고 반박한 적은 전혀 없었다. 당시 일본도 진실 앞에 승복한 것이다. 즉 한국은 15세기와 16세기에 『신증동국여지승람』의 조선왕조 영토해설서를 통하여 독도가 한국영토임을 당시 한자문화권 세계에 알렸다. 물론 일본을 포함한 모든 한자문화권 세계가 항의 없이 승복한 것이다.

[제 25 문] 일본정부는 『신증동국여지승람』의 부속지도에 '우산도'(독도)가 울릉도보다 한반도 동해안 쪽에 더 가깝게 그려져 있으므로 이것은 '우산도'가 가상의 섬이고 독도가 아니라는 증거라고 주장하고 있다는데, 이것은 어떠한가?

[답] 『신증동국여지승람』에는 조선영토 해설과 함께 「팔도총도(八道總圖)」(전국지도)와 도별 지도가 부착되어 있다.

일본 외무성은 최근 『신증동국여지승람』의 부속지도 「팔도총도」에 우산도(독도)가 울릉도보다 더 한반도 쪽에 가깝게 안으로 그려져 있으니 우산도(독도)는 실재하지 않은 가공의 섬이라고 주장하였다. 이것은 15세기 일본 지도에서 오키섬이 지금의 위치처럼 정확히 그려져 있지 않다고 해서 오키섬이 실재하지 않는 가공의 섬이라고 주장하는 것과 같은 억지에 불과한 것이다.

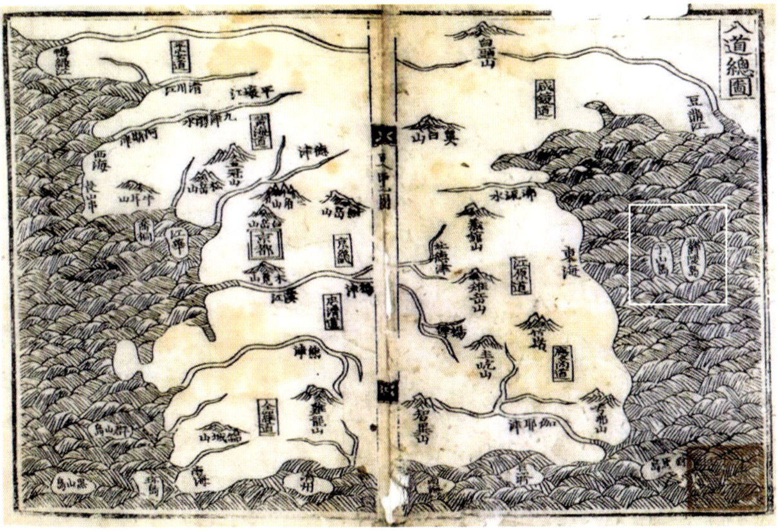

그림 II-4-3. 「팔도총도(八道總圖)」. 『신증동국여지승람(新增東國輿地勝覽)』(1531년 편찬)의 첫머리에 수록되었다.

15세기 세계의 모든 고지도에는 당시의 지도 제작 능력으로 인해 위치가 오늘날처럼 정확하게 그려져 있지 않다. 유럽과 일본의 고지도들도 모두 그러하다. 「팔도총도」에서 우산도(독도)가 울릉도보다 더 한반도 쪽에 가깝게 그려져 있다는 것은, 영토문제와 관련해서는, 울릉도가 한국영토인 한 울릉도보다 더 한반도에 가깝게 그려져 있는 우산도(독도)는 더욱 명확히 한국영토로 표시되어 있는 것이라고 해석되는 것이 합리적이다.

한국에서는 지도 제작 능력이 진보함에 따라 18세기에 들어오면 우산도(독도)는 지금의 '독도' 위치에 정확하게 그려져 있어 바로 '우산도'가 '독도'임을 명확히 증명해 주고 있다. 18세기에 그려진 정상기(鄭尙驥)의 「동국전도(東國全圖)」와 19세기 초의 「해좌전도(海左全圖)」가 그 예이다.

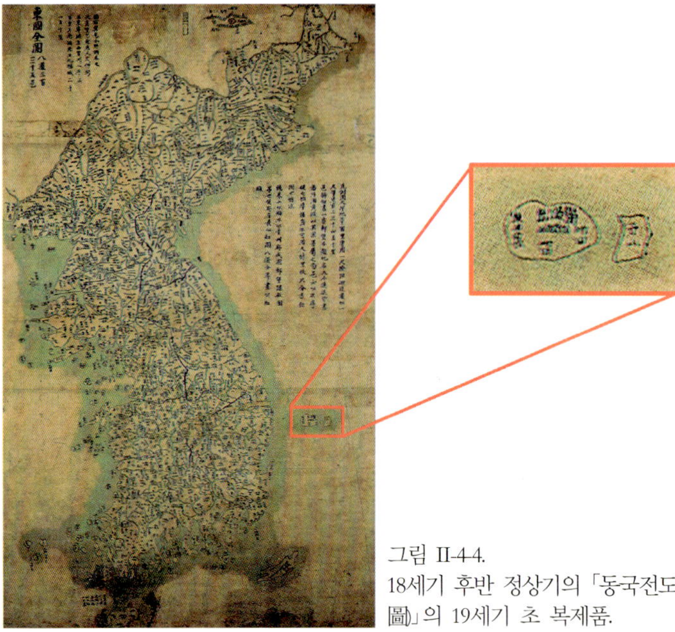

그림 II-4-4.
18세기 후반 정상기의 「동국전도(東國全圖)」의 19세기 초 복제품.

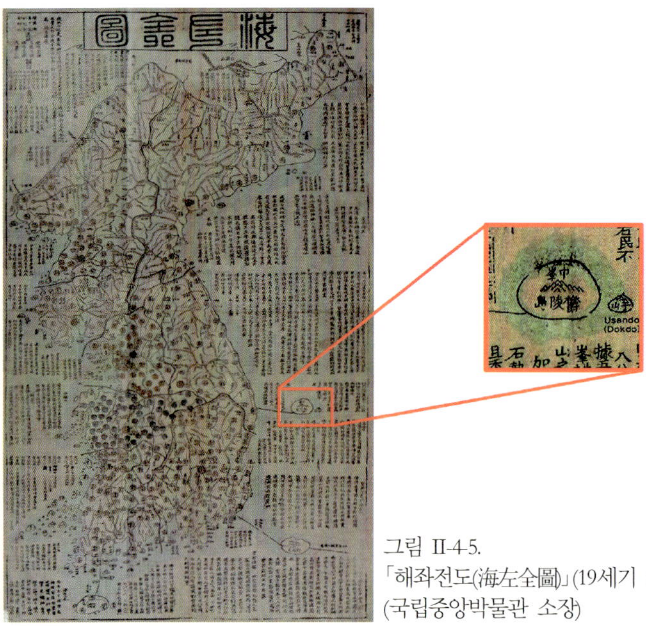

그림 II-4-5.
「해좌전도(海左全圖)」(19세기 초).
(국립중앙박물관 소장)

제5장
17세기 말 울릉도·독도 영유권 논쟁과 일본 도쿠가와막부 정부의 조선의 울릉도·독도 영유권 재확인

[제26문] 일본정부는 최근에 '역사적'으로도 '독도'는 일본고유영토라고 주장하면서, 그 근거로 1600년 전후부터 약 80여 년간 일본이 면허장을 민간인에게 주어 '독도'(竹島)를 실효적으로 지배 점유했었다는 증거가 있다고 주장하였다. 일본측의 주장은 근거가 있는 것인가?

[답] 일본정부가 그렇게 주장하는 근거라고 드는 것은 도쿠가와막부(德川幕府)가 일본 어업가 오타니(大谷甚吉)와 무라카와(村川市兵衛) 2가문에게 1618년에 내어준 '죽도도해면허(竹島渡海免許)'와 1661년에 내어준 '송도도해면허(松島渡海免許)'이다. 이 2개의 '도해면허(渡海免許)'는 얼핏 보면 '죽도'(울릉도)와 '송도'(독도)의 점유권을 일본의 도쿠가와막부가 가졌었던 것처럼 보일지 모르지만, 그 내용을 보면 도리어 '죽도'(울릉도)와 '송도'(독도)가 조선영토임을 더욱 명확하게 증명해 주는 자료이다. 왜냐하면 이 2개의 '도해면허'는 '외국'에 건너갈 때 허가해 주는 외국에의 도해 '면허장'이었기 때문이다.

중대한 문제이므로 그 자초지종을 자세히 살펴볼 필요가 있다. 임진왜란(1592~1598) 직후에 울릉도에 살던 조선인들은 일본군(왜구)에게 노략질을 당하여 피해가 극심했으므로, 조선조정은 울릉도 쇄환공도(刷還

空島)정책을 강화하였다. 그 직후 일본 백기주(白耆州)의 미자(米子)에 거주하던 오타니(大谷甚吉)라는 사람이 월후(越後)라는 곳을 다녀오다가 대풍을 만나 조난당하여 '울릉도'에 표류하게 되었다. 오타니가 울릉도(죽도)를 답사해 보니 사람은 살고 있지 않은 무인도이지만 수산자원이 풍부한 보배로운 섬임을 알았다. 이에 오타니는 이 섬 울릉도에 건너가서 고기잡이를 하고자 하였다. 그러나 울릉도는 당시 사람이 살고 있지 않다 할지라도, 조선영토임을 알고 있었으므로 울릉도(죽도)에 건너가서 고기잡이를 하기 위해서는 먼저 막부의 허가가 반드시 필요하였다. 왜냐하면 울릉도가 일본영토가 아니라 외국(外國)의 영토이므로 국경을 넘어 외국으로 건너가 고기잡이를 해도 월경죄로 처벌받지 않으려면 막부의 공식 허가장이 필요했기 때문이었다.

이에 오타니는 도쿠가와막부의 관리들과 친분이 두터운 무라카와(村川市兵衛)와 함께 1616년에 '죽도도해면허(竹島渡海免許)'를 신청하고 허가를 받으려고 운동하였다. 그 결과 도쿠가와막부의 관리로서 당시 백기주(白耆州) 태수(太守) 직을 맡고 있었던 송평신태랑광정(松平新太郎光政)이 1618년에 오타니와 무라카와 2가문에게 '죽도도해면허'를 내어 주었다.

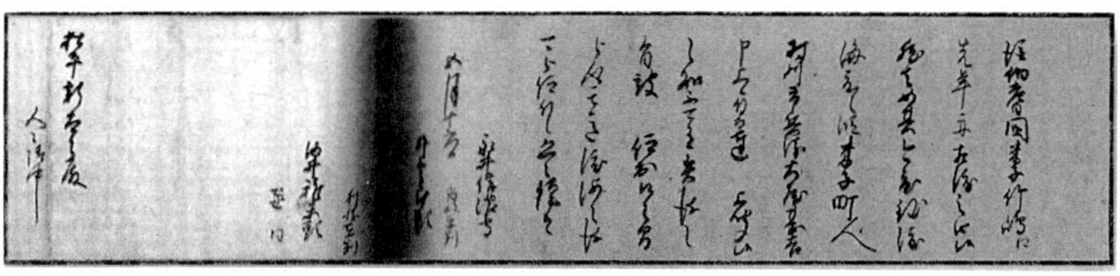

그림 II-5-1. '죽도도해면허(竹島渡海免許)' 사진. (일본 요나고 시립산잉역사관 소장, 자료: 이상태 교수)

도쿠가와막부 관리가 '죽도(울릉도)도해면허'를 일본인 2가문에게 내어 주었다고 할지라도 이 막부 관리가 울릉도(죽도)가 일본영토이고 조선영토가 아니라고 주장하여 '도해면허'를 내어준 것은 전혀 아니었다. 도리어 그 반대로 울릉도(죽도)가 일본영토가 아니고 조선영토라고 인정했기 때문에 이 '도해면허'를 내어준 것이었다. 일본영토 내에서 여행하거나 고기잡이하러 갈 때에는 '도해면허'가 필요하지 않았다. 울릉도(죽도)가 외국(外國)인 조선의 영토였기 때문에 외국에 월경하여 들어가는 데 대한 막부의 허가장으로서 '도해면허'를 내어준 것이었다. 그 후에 막부도 이를 명확히 한정하였다.

당시 임진왜란의 영향으로 조선과 일본은 우호관계를 제대로 회복하지 못하고 있었고, 조선조정은 울릉도에 대하여 '쇄환공도(刷還空島)정책'을 실시해서 조선인의 거주를 금지하고 있었으므로, 도쿠가와막부의 관리는 울릉도(죽도)가 조선영토임을 잘 알고 있었으면서도 조선정부와 사전 협의 없이 오타니와 무라카와 두 일본 가문에 외국 영토인 울릉도에 월경하여 들어가서 고기잡이를 해서 오더라도 처벌하지 않고 허가해 주겠다는 '죽도도해면허'를 내어준 것이었다.

그러므로 두 일본인에게 1618년에 도쿠가와막부 관리가 내어준 '죽도도해면허'는 울릉도(죽도)가 '일본의 외국'인 조선영토임을 명확하게 증명하는 자료이고, 일본영토가 아니라는 사실을 명확하게 증명해 주는 자료인 것이다.

오타니와 무라카와 2가문은 울릉도의 부속도서로서 울릉도(죽도)에 건너가는 뱃길의 길목에 있는 독도(송도)에 대해서도 독도가 울릉도의 부속도서임을 들어 '송도(독도)도해면허'를 막부에서 신청해서 1661년경에 막부의 '도해면허'를 받아내는 데 성공하였다.

그러나 도쿠가와막부 관리가 오타니와 무라카와 두 일본인에게 '송도도해면허'를 허가해 주었다고 할지라도 이것은 '죽도도해면허'와 마찬가지로 외국(조선) 영토인 송도(독도)에 건너가서 고기잡이를 하고 돌아오는 월경(越境) 고기잡이의 허가장이었지, 송도(독도)를 일본영토라고 주장해서 허가해 준 것은 전혀 아니었다.

즉 도쿠가와막부가 오타니와 무라카와 2가문에게 '송도도해면허'를 허가해 준 것은, 조선영토인 죽도(울릉도)에 월경하여 고기잡이하러 건너감을 허가해 주는 '죽도도해면허'를 이미 허가해 주었는데, 죽도(울릉도)로 건너가는 도중에 있으며 죽도(울릉도)에 부속한 섬인 송도(독도)에 월경하여 건너가서 고기잡이를 하는 것은 동질적 차원의 일이기 때문에, '죽도도해면허'와 완전히 동일한 성격의 동질적인 '송도도해면허'를 동일한 2가문에게 허가해 주었던 것이다.

따라서 도쿠가와막부가 내어준 1618년의 '죽도도해면허'나 1661년의 '송도도해면허'는 독도를 일본고유영토라고 주장할 증명이나 근거는 전혀 될 수 없는 것이다. 만일 '송도도해면허'가 독도는 일본고유영토임을 증명하는 자료가 된다면 '죽도도해면허'는 울릉도가 일본고유영토라는 증명이 되어 일본정부는 울릉도가 일본고유영토라고 먼저 주장해야 논리적 일관성이 있을 것이다. 도리어 '죽도(울릉도)도해면허'와 '송도(독도)도해면허'는 울릉도(죽도)와 독도(송도)가 일본영토가 전혀 아니었고 외국인 조선영토임을 증명하는 명백한 자료이며, 17세기 당시에 도쿠가와막부도 이 2섬이 조선영토임을 잘 알고 독도와 울릉도의 2섬을 조선영토로 인정하고 있었음을 명백하게 증명해 주는 자료인 것이다.

[제 27 문] 그러면 당시 오타니와 무라카와 두 일본인이나 '도해면허'에 관련된 자들은 독도가 울릉도의 부속도서(섬)임을 인지하고 있었는가?

[답] 물론이다. 오타니(大谷) 가문과 무라카와(村川) 가문이 1661년 '송도도해면허'를 신청하기 직전에 그 신청을 논의하는 과정에서 1660년 9월 5일자 오타니 가문의 구산장좌위문(九山庄左衛門)이 무라카와 가문의 대옥구우위문(大屋九右衛門)에게 보낸 편지에서는 "장차 또 내년(1661년 — 인용자)부터 竹島之內 松島(울릉도 안의 독도)에 귀하의 배가 건너가게 되면"이라고 하여, '송도도해면허'를 막부에 신청한 근거가 이미 '죽도(울릉도)도해면허'를 1618년에 받았으므로 '울릉도 안의 독도(竹島之內 松島)'에 월경하여 건너가는 '송도(독도)도해면허'는 송도(독도)가 죽도(울릉도) 안에 속한 섬이므로 신청하는 것이 너무 당연하다는 입장을 명백히 밝혔다.

또한 이 무렵의 6월 21일자로 오타니 가문의 구산장좌위문(九山庄左衛門)이 무라카와 가문의 대옥구우위문(大屋九右衛門)에게 보낸 편지에서는 "竹島近邊松島(울릉도에 가까운 변두리 독도)에 도해(渡海)의 건"이라고 하여, 독도를 "울릉도에 가까운 변두리 독도"라고 간주하기 때문에 '죽도(울릉도)도해면허'를 받은 2가문은 '송도(독도)도해면허'도 받아야 한다고 생각하고 있음을 표시하고 있다.

또한 구산장좌위문(九山庄左衛門)이 1660년 9월 8일자로 필사해서 무라카와 가문에 보낸 편지에서는 독도(송도)를 "竹島近所之小島(울릉도 가까운 곳의 작은 섬)에 소선(小船)으로 도해(渡海)하는 건"이라 하여 독도를 울릉도 가까운 곳의 작은 섬, 즉 울릉도의 부속도서로 인지하였다.

구산장좌위문이 '송도(독도)도해면허'를 무라카와 가문과 함께 1661년에 막부에 신청하여 허가를 받은 것은 '독도가 울릉도의 부속도서(섬)'이기 때문에 이미 40여 년 전인 1618년에 2가문이 '죽도(울릉도)도해면허'를 막부로부터 받았으므로 그 부속도서에 월경하여 건너가는 허가장인 '송도(독도)도해면허'를 신청하여 받은 것이었다. 그러므로 '죽도도해면허'와 '송도도해면허'의 성격과 내용은 완전히 동일한 것이다. 즉 모리다니와 무라카와의 2가문이 '송도도해면허'를 신청한 배경이나 도쿠가와막부가 이를 승인하여 면허를 내어준 배경이나 모두 송도(독도)는 '竹島之內松島(울릉도 안의 독도)', '竹島近邊松島(울릉도 가까운 변두리의 독도)', '竹島近所之小島(울릉도 가까운 곳의 작은 섬)' 등의 표현에서 나타나듯이 '독도(송도)는 울릉도(죽도)의 부속도서'라는 사실과 그 인식에 의거한 것이었음이 명백한 것이다. 도쿠가와막부로서는 이미 1661년 '죽도(울릉도)도해면허'를 승인한 이상 울릉도(죽도)의 부속도서인 독도(송도)에 월경하여 건너가서 고기잡이를 해오는 면허인 '송도(독도)도해면허'를 40년 후에 승인하는 것은 당연한 것이라고 간주한 것이었다.

도쿠가와막부가 조선정부의 허락과 동의 없이 일본의 오타니와 무라카와 2가문에 '송도도해면허'를 내어준 것은 '죽도도해면허'를 내어준 것과 완전히 동일하게 송도(독도)와 죽도(울릉도)가 외국인 조선영토임을 잘 인지하여 전제하고, 일본인 2가문이 국경을 넘어 조선영토인 송도와 죽도에 들어가 고기잡이를 해와도 처벌하지 않고 이를 승인하겠다는 명백한 보장을 해준 것에 불과한 것이었다.

이처럼 '송도도해면허'와 '죽도도해면허'는 '독도'(송도)와 '울릉도'(죽도)를 역사적으로 일본고유영토라고 주장할 근거와 증명은 전혀 되지 못하는 것이다.

따라서 오늘날 일본정부가 1661년의 '송도도해면허'를 가지고 독도가 역사적으로 일본고유영토라고 주장하는 것은 천만부당한 것이며, 이는 '죽도도해면허'를 가지고 울릉도도 역사적으로 일본고유영토라고 주장하는 것만큼이나 어이없는 것이다. '도해면허'는 외국에 건너갈 때 발급해 준 면허였다는 점을 감안한다면, 일본정부의 주장과는 정반대로 '송도도해면허'와 '죽도도해면허'는 '독도'(송도)와 '울릉도'(죽도)가 외국인 조선의 고유영토임을 잘 증명해 주는 명백한 자료인 것이다.

그러므로 최근 독도를 울릉도에서 분리하여 성격이 다른 수역에 넣으려는 일본정부의 집요한 시도는 이 '송도도해면허'에 대한 일본정부의 주장에서처럼 모도(母島)인 울릉도의 부속도서인 독도를 울릉도로부터 '분리'시켜서 한국측으로 하여금 독도가 울릉도의 부속도서가 아니라고 인정하도록 근거자료를 만들려고 시도하는 것이며, 독도를 울릉도의 부속도서에서 분리하려는 곳에서도 독도에 대한 침략야욕의 일단이 적나라하게 드러난다고 볼 수 있다.

[제 28 문] 일본측이 조선정부 몰래 일본 어민 2가구에게 울릉도와 독도에 국경을 넘어 건너가서 고기잡이를 해도 좋다고 허가하는 면허장을 내어주고, 일본 어민들이 울릉도·독도 근해에 출현해도 조선정부와 조선 어민들은 그대로 방관만 했었는가? 조선측과 일본측의 충돌 같은 것은 없었는가?

[답] 조선정부는 처음에는 일본 어민들의 울릉도·독도 출어(出漁)나 '죽도도해면허', '송도도해면허'와 같은 것을 전혀 알지 못하고 있었다. 그러나 조선 어민들과는 충돌이 발생하였다.

조선조정이 울릉도에 대한 '쇄환공도(刷還空島)정책'(울릉도를 비워두고, 거기에 들어간 국민들을 육지로 돌아오게 하는 정책)을 실시했다 할지라도, 울릉도·독도 연해에는 수산자원이 풍부하므로 동해·남해안 조선 어부들이 조정 몰래 고기잡이를 나갔다가 돌아오는 일이 많았다. 1663년(숙종 19년) 봄 동래·울산 어부 약 40명이 울릉도에 고기잡이를 하러 나갔다가 일본 오타니(大谷甚吉) 가문에서 보낸 일단의 일본 어부들과 충돌하게 되었다. 수적으로는 우세했으나 울릉도가 조선영토였으므로 일본 어부들은 조선 어부 대표를 보내면 협상하겠다고 대응하다가 안용복(安龍福), 박어둔(朴於屯)이 대표로 나서자 이 두 사람을 납치하여 일본 은기도(隱岐島)로 싣고 가 버렸다.

안용복은 은기도 도주(島主)에게 울릉도는 조선영토임을 지적하면서 "조선 사람이 조선 땅에 들어갔는데 왜 납치하여 구속했는가" 하고 강력하게 항의하였다. 이에 은기도 도주는 그의 상관인 백기주(伯耆州)의 태수(太守)에게 안용복 등을 이송하였다.

안용복은 백기주 태수의 심문에도 굴하지 않고 당당하게 울릉도가 조선영토임을 강조하고, 조선영토인 울릉도에 조선 사람인 자기가 들어간 것은 일본이 관여할 일이 아니며, 앞으로는 조선영토인 울릉도에 일본 어부들의 출입을 금지시켜 달라고 요구하였다. 당시 백기주 태수는 울릉도가 조선영토임을 알고 있었고, 또한 도쿠가와막부에서 오타니 가문에게 '죽도(울릉도)도해면허'를 승인하여 국경을 넘어 울릉도에 건너가서 고기잡이를 하고 돌아오는 것을 허가하고 있었다는 것도 알고 있었다. 이에 백기주 태수는 안용복 등을 에도(江戶, 지금의 도쿄)의 막부 관백(關白, 執政官, 老中)에게 이송하였다.

안용복은 막부 관백의 심문에도 굴하지 않고 당당하게 울릉도가 조선영토이므로 자기를 납치하여 구속한 것은 부당하며, 도리어 일본 어부들이 조선영토인 울릉도에 들어간 것이 부당함을 지적하였다. 도쿠가와막부 관백은 안용복을 심문해 본 후 백기주 태수를 시켜서 "울릉도는 일본영토가 아니다(鬱陵島非日本界)"라는 문서를 써 주고 후대한 후 안용복을 풀어서 조선에 송환시켜 주라고 하였다.

안용복이 석방되어 귀국 길에 장기(長崎, 나가사키)에 이르니 장기주 태수는 대마도 도주와 결탁하여 안용복을 다시 구속해서 대마도에 이송하였다. 안용복이 대마도에 이르니 대마도 도주는 백기주 태수가 막부 관백의 지시를 받고 써 준 문서를 빼앗고, 도리어 안용복을 일본영토 竹島(죽도, 울릉도)를 침범한 월경 죄인으로 취급하여 묶어서 1693년 11월 조선 동래부에 인계하면서 앞으로는 조선 어부들이 일본영토 죽도(竹島)에의 고기잡이 감을 엄중히 금지시켜 달라고 요청하였다.

이에 울릉도를 '竹島(죽도)'라고 부르면서 이 기회에 울릉도(및 부속도서 독도)를 침탈하려는 대마도 도주의 외교활동이 시작되었다.

[제 29 문] 그렇다면 이때 대마도 도주는 도쿠가와막부와의 관계에서 어떠한 위치에 있었으며, 대마도 도주의 요구에 조선의 조정은 어떻게 대응하였는가?

[답] 대마도 도주는 에도(江戶, 지금의 도쿄) 도쿠가와막부의 지배하에 속해 있었으나 일본 중세의 특징적인 봉건성으로 약간의 지방분권적 권리도 갖고 있었다. 조선 세종시대 이래 일본의 조선에 대한 외교교섭은 대마도 도주만이 공식 창구로 공인되어 왔다. 이때 대마도 도주 종의륜(宗義倫)은 울릉도를 침탈해서 대마도 주민을 이주시키고자 하여 자기가 막부 정권을 대신한다고 전제하면서 정관(正官) 귤진중(橘眞重)을 사절로 임명해서 안용복·박어둔을 부산으로 호송하는 길에 조선정부에 문서를 보내어 마치 울릉도가 아니면서 그와 비슷한 별개의 일본영토인 '竹島(죽도)'가 있는 것처럼 문구를 만들어 이제 이후로는 죽도(竹島)에 조선 선박이 출어(出漁)하는 것을 결코 용납하지 않을 터이니 귀국도 (조선 어민의 출어를) 엄격히 금지해 달라는 엉뚱한 요구를 해온 것이었다.

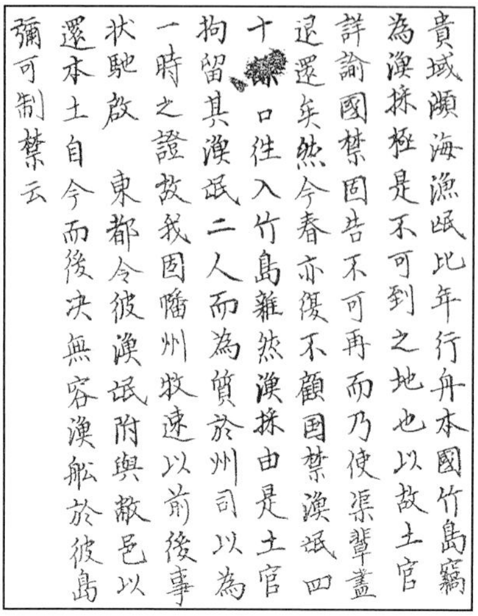
貴域瀕海漁民比年行舟本國竹島竊
為漁採極是不可到之地也以故土官
詳諭國禁固告不可再而乃使渠輩盡
退還矣然今春亦復不顧国禁漁民四
十[illegible]口往入竹島雜然漁採由是土官
拘留其漁民二人而為質於州司以為
一時之證故我国幡州牧速以前後事
狀馳啟　東都令彼漁民附與敝邑以
還本土自今而後決無容漁船於彼島
彌可制禁云

그림 II-5-2.
1693년 대마도주가 안용복·박어둔을 동래부에 인도하면서 울릉도를 일본영토라고 기록하여 조선측에 보내어 논쟁을 일으킨 『죽도일건(竹島一件)』의 최초 문서. (일본 국립외교사료관 소장)

당시 조정에서는 안용복 등을 가두어 둔 채 집권한 좌의정 목래선(睦來善)·우의정 민암(閔黯) 일파의 온건대응론과 남구만(南九萬)·유집일(俞集一)·홍중하(洪重夏) 등의 강경대응론이 대립하였다.

당시 실세인 좌의정 목래선과 우의정 민암은 국왕 숙종에게 온건대응론을 건의하였다. 『숙종실록』(1693년 11월 丁巳(18일)조)에는 강경대응론과 온건대응론이 다음과 같이 기록되어 있다.

「접위관 홍중하가 하직 인사를 하고, 좌의정 목래선·우의정 민암이 홍중하와 함께 청대하였다.

홍중하가 아뢰기를 "왜인이 말하는바 '竹島(죽도)'는 바로 우리나라의 '울릉도(鬱陵島)'입니다. 지금 상관않는다고 해서 내버리신다면 그만이겠지만, 그렇지 않다면 미리 명확히 판변하지 않을 수 없습니다. 그리고 또 만약 저들의 인민이 들어가서 살게 한다면 어찌 뒷날의 걱정거리가 아니겠습니까?" 하였다.

목래선·민암은 아뢰기를, "왜인들이 民戸(민호)를 옮겨서 들어간 사실은 이미 확실하게 알 수는 없으나, 이것은 3백 년 동안 비워 내버려둔 땅인데, 이것으로 인해 흔단(釁端, 틈새의 발단)을 일으키고 우호를 상실하는 것은 또한 좋은 계책이 아닙니다"라고 하였다. 임금이 민암 등의 말을 따랐다.」

이에 목래선·민암 일파는 대마도 도주에게 예조를 시켜서 다음과 같은 온건대응의 회답서를 보내었다.

「우리나라가 동해안의 어민에게 외양(外洋)에 나갈 수 없도록 한 것은 비록 우리나라의 경지(境地)인 鬱陵島(울릉도)일지라도 역시 멀다고 생각하기 때문에 임의 왕래를 허락하지 않거늘 하물며 그 밖에 있어서랴. 이제 이 고깃배가 귀국의 경지인 竹島(죽도)에 들어갔기 때문에 잡아 보내오는 번잡함에 이르고 멀리 서찰까지 보내게 했으니, 이웃나라 사이의 친선의 우의에 감사하는 바이다. 바다백성이 고기를 잡아 생계를 삼으니 물에 표류해 가는 근심이 없을 수 없지만, 국경을 넘어 깊숙이 들어가서 혼잡하게 물고기를 잡는 것은 법률로써 마땅히 엄하게 징계해야 할 것이므로, 지금 범인들을 법률에 의거해서 죄를 부과하고, 이후에는 연해 등지에서 규칙을 엄격하게 제정하여 이를 신칙하게 할 것이다.」

조선조정이 대마도 도주에게 보낸 이 회답문서는 온건대응에 매달린 나머지 일본측이 주장하는 '竹島(죽도)'가 곧 우리나라 영토인 '鬱陵島(울릉도)'인줄을 잘 알면서도 모른 체 해서 "귀국(일본)의 경지(境地) 竹島(죽도)" 운운하고 '죽도'에의 조선 어부들의 고기잡이 왕래를 엄격하게 다스려서 벌주어 그 결과를 알려주겠다고 회신한 굴욕외교의 문서였다. 만일 '우리나라 경지 울릉도'라는 문구만 포함되지 않았으면 울릉도를 '竹島(죽도)'라고 부르면서 일본영토라고 주장하는 일본문서를 조선조정이 외교문서로 승인하는 증거문서를 회답문서의 형식으로 만들어 보내준 꼴이 되는 것이다.

[제 30 문] 당시 조선조정은 그렇게 나약하고 국토수호 의지도 없었으

며, 그렇게 부패했었는가? 온건대응파의 결정을 비판하는 세력도 없었다는 말인가?

[답] 그렇지 않다. 먼저 사관(史官)들이 들고 일어났다.

사관들은 "왜인들이 말하는 소위 竹島(죽도)는 곧 우리나라의 鬱陵島(울릉도)인바 울릉도의 이름은 신라와 고려의 역사 서적에도 보인다"고 지적하고, 울릉도와 죽도는 1島2名(1섬의 2가지 이름)인데 왜인이 '울릉도'의 이름을 감추고 단지 '죽도(竹島)'만을 내세운 것은 우리나라 회답서에서 '귀국(일본) 경지 죽도', '죽도 어채'를 금단시키겠다는 문구를 증거삼아 뒷날 울릉도를 점거할 계책이라고 분석하면서, 자기 강토를 다른 나라에 주는 것은 불가하니 곧 명확하게 밝히고 판별하여 교활한 왜인으로 하여금 다시는 울릉도 점거의 생심이 나오지 않도록 하는 것이 의리에 당연하거늘, (온건대응파) 일부 신하들이 두루 신중함이 지나쳐서 울릉도를 점거당할 근거 문서나 만들어 주고 울릉도에 들어간 죄 없는 바다백성들에게 죄를 주자는 말을 하고 있다고 격렬하게 온건대응파를 비판하였다. 또한 무신들은 일본이 울릉도를 가지면 가까운 시기에 동해안에서 왜구의 피해를 입게 될 것이라고 국왕에게 아뢰면서 온건대응파를 비판하였다.

정계 원로인 남구만은 국왕에게 상소를 올려 역사서적들과 『지봉유설(芝峰類說)』을 보면 울릉도는 신라시대부터 조선영토이고 울릉도를 일본에서는 '竹島(죽도)', '磯竹島(기죽도)'라고 했는데, 조상이 남겨 준 우리 영토에 다른 나라 사람을 용납해서는 안 되니, 지난번 대마도 도주에게 보낸 모호한 회답문서는 회수하고 새로운 회답서를 만들어 보내자고 간곡하게 건의하였다.

국왕 숙종은 거세진 비판여론에 당황하여 남구만의 건의를 채택해서 남구만을 영의정에 임명하고, 지난번 회답문서는 취소하여 회수함과 동시에 새로운 회답문서를 작성하여 대마도에 보내도록 명령하였다. 이렇게 하여 1694년(숙종 20년) 음력 8월 14일자로 새로 만들어 보낸 회답문서의 내용은 다음과 같다.

「우리나라 강원도 울진현에 속한 섬이 있어 '울릉(鬱陵)'이라 이름하는데, 울진현 동쪽 바다 가운데 있다. […] 우리나라의 『동국여지승람(東國輿地勝覽)』이란 책에 기재되어 역대로 전해 내려오고 있어서 일의 족적은 매우 명료하다. 이번에 우리나라 해변의 어민들이 이 섬에 갔는데 뜻밖에 귀국 사람들이 스스로 국경을 침범하여 넘어와서 서로 대치하여 마침내 도리어 우리나라 사람을 구집(拘執)해서 강호(江戶)에 넘기었다. 다행히 귀국의 대군(大君)이 사정을 밝게 살펴서 노자를 많이 주어 돌려보내 주었다. […]

그러나 우리나라 백성들이 고기잡이한 땅은 본시 '울릉도(鬱陵島)'로서, 대나무가 많이 나기 때문에 혹 '죽도(竹島)'라고도 칭하지만, 이것은 1島(하나의 섬)에 2名(두 가지 이름)이 있는 것에 불과한 것이다. 1島2名의 상태는 비단 우리나라 서적에 기록되어 있는 바일 뿐 아니라 귀주인 역시 모두 알고 있다. 이제 이번에 온 서찰 가운데 '죽도'를 귀국의 땅이라고 하고 바야흐로 우리나라 어선의 왕래를 금지해 줄 것을 바라면서, 귀국인이 우리나라의 경지(境地)를 침섭(侵涉)하고 우리나라 백성을 구집(拘執)한 실책은 논하지 않고 있다. 어찌 성실한 신뢰의 길에 결함이 있다고 아니할 것인가.

장차 이 말의 뜻을 깊이 읽어서 동도(東都, 江戶, 지금의 도쿄로서 여기서는 막부 장군을 지칭)에 전하여 보고하고, 귀국 해변 사람들에게 신칙해서 울릉도(鬱陵島)에 왕래하지 말도록 하고 다시는 이러한 사단이 일어나지 않도록 하면 상호간의 우의에 더없이 다행일 것이다.」

조선조정과 강경대응파가 작성하여 대마도에 보낸 이 새로운 회답문서는 '울릉도=죽도'의 1島2名임을 들고 울릉도=죽도가 조선영토임을 명확하게 천명함과 동시에 일본 어민들의 울릉도=죽도에의 왕래를 엄중히 금단시켜 줄 것을 요구한 당당한 외교문서였다.

[제 31 문] 일본의 조선에 대한 공식적 외교 창구인 대마도 도주는 조선정부의 당당한 외교답서에 어떠한 반응을 보였는가? 그들은 조선의 외교답서를 접수하여 다시 이전과 같은 국경 존중의 태도를 보였는가?

[답] 그렇게 쉽게 원상대로 돌아가려 했겠는가? 대마도 도주는 조선에서 정권이 교체된 줄도 모르고 다시 귤진중(橘眞重)을 동래부에 사절로 보내어 '우리나라 울릉도'의 문자를 삭제해 줄 것을 요구하였다.

귤진중은 강경대응파의 새로운 회답문서를 받아 보고서는 돌아가지 않고 또다시 새 회답문서를 고쳐 써 달라고 조르면서 온갖 방법의 시위를 다하였다.

이러한 과정으로 1693년부터 1695년까지 3년간 치열한 외교논쟁이 전개되었다.

대마도 도주측은 조선에 대한 유일합법의 일본 외교담당임을 자칭하면서, 심지어 동래에 와 있던 귤진중은 끝까지 조선이 '竹島'(죽도=울릉도)를 조선영토라고 고집하고 조선인의 일본영토 '죽도'에의 왕래를 금지시켜 주지 않는다면 임진왜란과 같은 대병란이 있을 것이라고 위협까지 하였다. 그러나 조선조정은 강경대응파가 정권을 장악하고 끝까지 의연하게 국토수호의 의지를 명확히 천명해서 일본측의 무례한 도발을 강경하게 성토하고 훈계하였다.

[제 32 문] 그렇다면, 1693~1695년간의 울릉도·독도 영유권 논쟁은 어떻게 해결되었는가? 1696년 1월 28일 도쿠가와막부의 조선의 울릉도·독도 영유권 재확인이란 무엇인가?

[답] 사필귀정(事必歸正)으로 잘 해결되었다.

일본측에서는 조선과의 외교를 담당하고 있던 대마도 도주 종의륜(宗義倫)이 1695년에 죽고 그의 아우 종의진(宗義眞)이 도주가 되었다. 에도의 도쿠가와막부에서는 1693년에 안용복을 송환시킬 때 후대하면서 죽도(울릉도)가 일본영토가 아님을 명백히 했었다. 막부는 조선과의 외교를 담당하는 대마번의 번주 宗義倫(종의륜)이 안용복을 송환하면서 죽도(울릉도) 획득의 공격외교를 행하는 것을 무리한 공격이라고 생각하고 있었는데, 조선측의 울릉도(죽도) 수호의지가 매우 강경하다는 것을 듣고 종의륜(대마도 도주)의 무리한 공격외교가 조선과 일본 두 나라의 우호를 불필요하게 해치지 않는지 회의적으로 보고 있었다.

이때 마침 종의륜이 죽도 그의 아우 종의진이 도주가 되자, 종의진은 1696년 1월 28일 에도의 도쿠가와막부 장군과 관백에게 새해 인사 겸 새 도주 취임 보고를 하러 에도에 올라가게 되었다. 막부 관백(關白, 老中)은 백기주(伯耆州) 태수 등 4명의 태수들이 나란히 앉은 자리에서 울릉도(죽도) 문제에 대하여 대마도 신주 종의진에게 조목조목 날카로운 질문을 하였다. 종의진은 죽도(竹島)가 조선의 '울릉도'이고 그것이 조선의 영토임을 인정할 수밖에 없었다.

막부 장군과 관백은 대마도 신주 종의진과의 질의·응답을 종합하여 참조한 후, 다음과 같은 명령하였다. 그 요지는 ① 죽도(울릉도)는 일본 백기(伯耆)로부터의 거리가 약 160리이고 조선으로부터의 거리는 약 40리 정도로서 조선에 가까워 조선영토로 보아야 하며, ② 앞으로는 그 섬에 일본인들의 도해(渡海: 국경을 넘어 바다를 건너는 것)를 금지하며, ③ 이 뜻을 대마도 태수가 조선측에 전하도록 하고, ④ 대마도 태수는 돌아가면 형부대보(刑部大輔, 대마도의 재판 담당관)를 조선에 파견하여 이 결정을 알리고 그 결과를 막부 장군(관백)에게 보고하도록 명령한 것이었다.

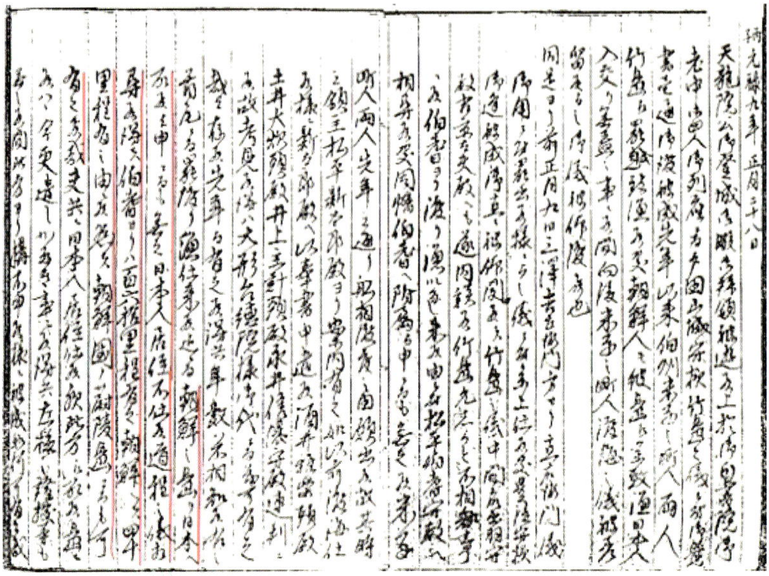

그림 II-5-3. 1696년 1월 28일 일본 도쿠가와막부 장군과 관백이 번주들이 모인 자리에서 울릉도·독도를 조선영토로 재확인 결정하고, 일본 어부들의 출어를 금지하여 '죽도도해면허'와 '송도도해면허'가 취소된 회의록의 일부. (자료: 신용하 교수)

일본측 자료인 『朝鮮通交大紀(조선통교대기)』(8)은 당시 막부 관백(阿部豊後)의 결정과 명령을 다음과 같이 기록하였다.

> 「다음해 병자년(1696년) 정월에 豊後守(풍후수)는 유시(諭示)하기를 "죽도(竹島, 울릉도)가 因幡州(인번주)에 속해 있다고 보는 경우에도 아직 우리나라(일본—인용자) 사람들이 거주한 적이 없고, 台德君(태덕군, 德川秀忠) 때에 米子(미자) 마을의 어민이 그 섬에 고기잡이를 하겠다고 출원했기 때문에 그것을 허락했던 것이다. 지금 그 땅의 지리를 헤아려 보건대 因幡州(인번주)와의 거리는 약 160리이고 조선과의 거리는 약 40리여서, 일찍이 그 나라(조선—인용자) 땅이라는 것은 의심할 수 없을 것 같다. 우리 국가에서 병력으로써 임한다면 무엇을 요구하여 얻지 못하겠는가? 다만 쓸모없는 조그마한 섬을 가지고 이웃나라와의 우호관계를 잃는 것은 좋은 계책이 아니다. 그리고 당초에 이 섬(죽도, 울릉도—인용자)을 저 나라(조선—인용자)에서 빼앗은 것이 아

니니 지금 또 돌려준다고 말할 수 없다. 다만 우리나라(일본 — 인용자) 사람들이 가서 고기잡이를 하는 것을 금지해야 할 뿐이다. 지금 조정의 의논도 이전과 같지 않으니, 서로 다투어 마지않는 것보다는 각각 무사한 것이 낫다. 마땅히 이 뜻으로서 저 나라에 의논해야 할 것이다"라고 하였다.」

위의 일본측 자료를 보면, 1696년 1월 28일 도쿠가와막부 관백은 ① 대마도 전도주의 주장과 같이 竹島(죽도, 울릉도)가 因幡州(인번주)에 속해 있다고 가정할지라도 일본 사람들이 그 섬에 거주한 적이 없고, 德川秀忠(덕천수충) 때 요나고(米子)의 어민(大谷甚吉과 村川市兵衛)에게는 그 섬에 건너가서 고기잡이를 해 오겠다고 출원했기 때문에 그것을 허락했던 것이며, ② 지금 죽도의 지리를 헤아려 보면, 일본(인번주)으로부터는 약 160리 떨어져 있는 반면 조선으로부터는 약 40리 떨어져 있어서 일찍이 조선영토라는 사실은 의심할 여지가 없다. ③ 만일 일본이 병력으로써 임한다면 얻지 못할 것이 없겠지만 작은 섬 하나를 가지고 우호관계를 잃는 것은 좋은 계책이 아니며, ④ 竹島(죽도)를 조선으로부터 빼앗았던 것이 아니니 지금 또 돌려준다고 말할 수는 없다. 다만 일본 어부들이 국경을 넘어 그 섬에 건너가서 고기잡이하는 것은 금지해야 할 뿐이다. ⑤ 지금 조정의 의논도 이전과 같지 않아 서로 분쟁하는 것보다는 무사한 것이 더 나으니, 이 뜻으로서 조선측과 의논하라는 것이었다.

즉 도쿠가와막부 관백과 장군은 1696년 1월 28일 대마도 신도주 종의진(宗義眞)에게 竹島(죽도)는 조선영토이며 이 섬을 조선으로부터 빼앗은 일은 없었고, 1618년과 1661년에 米子(미자)의 어민(大谷과 村川 2가문)에게 '竹島渡海免許(죽도도해면허)', '松島渡海免許(송도도해면허)'를 내어준 것은 그 어민들이 죽도와 송도에 건너가서 고기잡이를 하겠다고 출원했기 때문에 허가한 것뿐이고, 이때 그러한 '도해면허'를 허가한 것은 그 섬을 빼앗았던 것이 아니라 고기잡이하러 건너가는 것만을 허가했던 것이기 때문에, 이제 그 섬을 돌려준다고 말할 수는 없고 단지 일본 어민들이 그 섬에 건너가서 고기잡이하는 것을 금지해야 할 뿐이라고 명령한 것이었다.

도쿠가와막부 관백의 이 명령에 의하여 울릉도(죽도)와 그 부속도서는 '조선영토'로 일본측에 재확인되었고, 1618년의 '竹島渡海免許(죽도도해면허)'와 1661년의 '松島渡海免許(송도도해면허)'는 취소되었으며, 일본 어민들은 조선영토인 울릉도(죽도)와 그 부속도서인 독도(우산도, 송도)에 건너가서 고기잡이를 할 수 없게 금지되었다.

1696년 1월 28일의 도쿠가와막부 관백의 결정은 3년간 끌어 온 울릉도·독도 영유권 논쟁에 종결을 찍은 것이었다.

[제 33 문] 그러면 대마도 번주는 1696년 1월 28일의 도쿠가와막부 관백의 조선의 울릉도·독도 영유권 재확인과 일본 어민들의 울릉도·독도 출어금지 결정과 명령을 즉각 수행하여 조선측에 통보하였는가?

[답] 대마도 번주는 이를 수행하여 조선측에 전해 왔다. 정확한 일자는 불명이나 역관편에 다음 그림과 같은 외교문서로 알려왔다.

대마도 도주는 대마도에 돌아오자 곧바로 공식 외교사절을 파견하지 않고 대마도에 들어와 있는 동래부 조선역관에게 1696년 그림과 같은 외교문서를 필사해 가도록 하면서, 막부 장군에게 조선정부가 보내는 감사의 서한을 먼저 대마도 도주를 경유하여 보내도록 권고하였다.

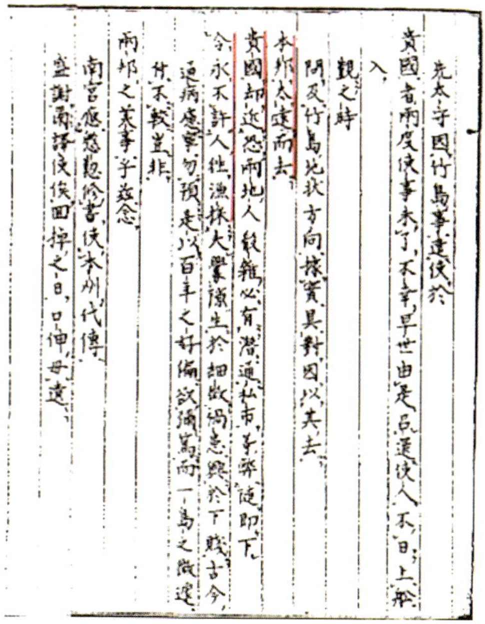

先太守因竹島事遣使於
貴國者兩度使事未了不幸早世由是召還使人不日上船
入
覲之時
問及竹島地狀方向據實具對因以其去
本邦太遠而去
貴國却近恐兩地人致雜必有潛通私市等弊隨即下
令永不許人往漁採大釁隙生於細微禍患興於下賤古今
通病慮寧勿預是以百年之好愈欲彌篤而一島之微逭
付不較豈非
兩邦之美事乎茲念
南宮應悉聽故書使本州代傳
盛對兩譯使俟回棹之日口伸毋遺

그림 II-5-4. 1696년 1월 일본측이 울릉도·독도를 조선영토로 인정하고, 일본인의 울릉도·독도 출어를 금지하는 명령을 내렸음을 조선측에 알려온 전달서. (자료: 신용하 교수)

조선의 중앙정부가 울릉도·독도를 조선영토로 재확인하고 일본인이 국경을 넘어 이 섬으로 고기잡이 가는 것을 엄금하겠다는 일본 도쿠가와막부 장군의 외교문서(대마도 도주가 대리 작성)를 접수하여 읽은 것은 1년 후인 1697년 2월이었다. 조선정부에서는 일본측에 회답문서를 보낼 것인가 접수만 할 것인가를 논의하다가 감사의 서한은 하지 않고 일본의 결정은 알았으니 우의를 돈독히 하자는 일반 외교서한만을 보내기로 하였다. 조선조정에서는 이에 답하여 예조참의 이선부(李善溥)의 1698년 3월의 문서 발송이 있었다.

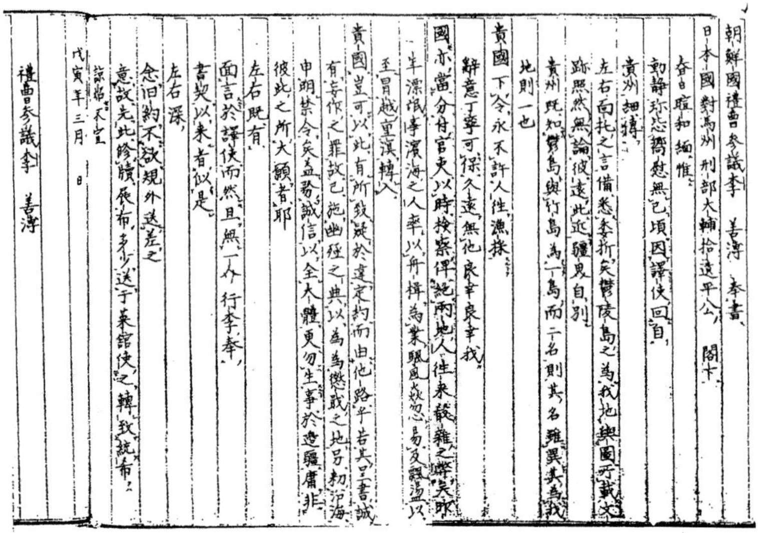

朝鮮國禮曹參議李善溥 奉書
日本國對馬州刑部大輔拾遺平公 閤下
春日暄和緬惟
動靜珍迪 慰慰無已 頃因譯使回自
貴州細稟
左右面托之言備悉委折矣 鬱陵島之爲我地 輿圖所載文
跡昭然 無論彼遠此近 疆界自別
貴州旣知鬱島與竹島爲一島而二名 則其名雖異 其爲我
地則一也
貴國下令 永不許人往漁採
辭意丁寧 可保久遠 無他良幸良幸 我
國亦當分付官吏 以時搜察 俾絶兩地人往來殽雜之弊矣 昨
年漂氓事 濱海之人 率以舟楫爲業 颶風之患 忽易及飄盪 以
至冒越重溟 轉入
貴國 豈可以此有所致疑於違定約而由他路乎 若其呈書誠
有妄作之罪 故已施幽殛之典 以爲懲戢之地 另飭沿海
申明禁令矣 益務誠信 以全大體 更勿生事於邊疆 庸非
彼此之所大願者耶
左右旣有
面言於譯使 而然且無一介行李奉
書契以來者 似是
左右深
念舊約 不欲規外送差之
意 故先此修牘 展布多少 送于萊館使之轉致 統希
諒照 不宣
戊寅年三月 日
禮曹參議李 善溥

그림 II-5-5. 조선이 일본의 전달서를 받고 1698년에 일본측에 보낸 서계(書契). (일본 국립공문서관 소장, 자료: 신용하 교수)

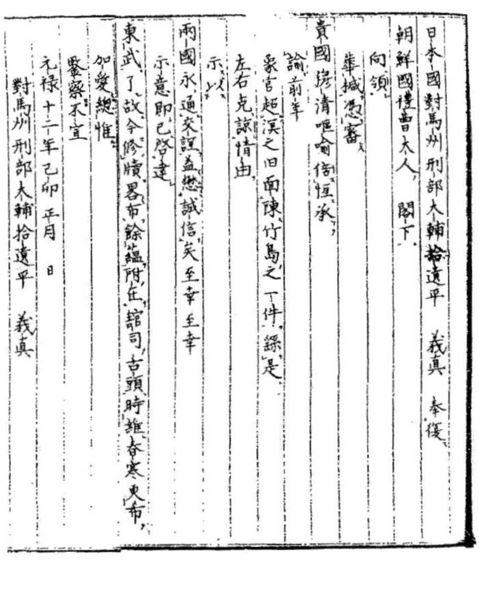

日本國對馬州刑部大輔拾遺平 義眞 奉復
朝鮮國禮曹大人 閤下
向領
華緘 憑審
貴國協淸 喩信恒承
諭前年
象官超溟之日面陳竹島之一件 錄是
左右克諒情由
示以
兩國永通交誼 益懋誠信矣 至幸至幸
示意即已啓達
東武了 故今修牘畧布餘蘊 附在館司 古頭時維春寒 更希
加愛 總惟
鑒察 不宣
元祿十二年己卯正月 日
對馬州刑部大輔拾遺平 義眞

그림 II-5-6.
일본이 조선측의 서계(書契)를 받고 이를 동무(東武, 幕府關白)에게 계달(啓 達)했다고 1699년 조선에 보낸 답서(答書). (자료: 신용하 교수)

다시 이에 대하여 대마도 형부대보 평의진(平義眞)이 1699년 1월의 조선정부측 서한을 에도(江戶)의 막부에 잘 전했다고 확인하는 외교문서 도착이 있었다.

조선조정 예부와 일본 도쿠가와막부(대마도주 외교 대행) 사이의 1869~1899년 사이의 외교문서 왕복을 끝으로, 일본 도쿠가와 정부는 조선의 울릉도·독도 영유권을 재확인하고 영원히 존중할 것을 외교문서로 약속하였다. 즉 조선 예조참의 이선부(李善溥)와 일본 대마주 형부대보(刑部大輔) 평의진(平義眞) 사이에 2차례 외교서한 왕복이 있은 후에 1699년 1월 일본측으로부터 조선측에 조선의 답서를 에도의 막부 장군에게 잘 전달했다는 최후의 확인 공한이 도착하여 외교 절차가 모두 종결되었다.

그리하여 일본 대마도 도주가 장기주 태수와 결탁하여 조선의 울릉도·우산도를 탈취하려고 시작한 울릉도·독도 영유권 논쟁은 1696년(숙종 22년, 일본 元祿 9년) 1월 28일 도쿠가와막부 관백과 장군의 울릉도·독도가 조선영토이며 일본 어부들의 월경 고기잡이를 금지한다는 재확인 결정에 의하여 완전히 논쟁 종결을 보았고, 이에 관한 외교문서의 교환도 1699년 1월 최종적으로 모두 끝내게 되었던 것이다.

[제34문] 1696년 1월의 도쿠가와막부 장군과 관백의 결정이 혹시 울릉도만 조선영토로 재확인한 것인가, 아니면 독도를 포함하여 울릉도와 독도를 모두 조선영토로 재확인한 것인가?

[답] 물론 울릉도와 독도를 모두 조선영토로 재확인한 것이다.

당시 조선측과 일본측은 모두 울릉도와 독도의 가치를 오늘날보다 낮게 평가하였다. 그리하여 조선측도 울릉도 주민이 몇 번 왜구의 노략질을 당하자 섬을 비워 사람들이 살지 않도록 하는 '쇄환공도(刷還空島)' 정책을 실시했었다. 일본측도 울릉도를 비옥하지 않은 작은 섬 정도로 저평가하였다. 이러한 형편이므로 울릉도의 부속도서로서 그보다 훨씬 작은 바위섬인 '독도'에 대해서는 울릉도에 포함하여 이름도 거론하지 않는 경우가 대부분이었다.

이 때문에 도쿠가와막부 장군이 1696년 1월 울릉도와 독도를 조선영토로 재확인한 결정과 명령을 내릴 때에도 간단한 기록에서는 '竹島'(죽도, 울릉도)로만 기록되고 자세한 기록에서는 '죽도'와 '그 외 1島'(하나의 섬)이라고 한 다음 '그 외 1도'는 '松島(송도, 독도)'라는 작은 섬이라고 기록하였다. 그러므로 간단한 기록에서 이때 막부 장군의 결정을 '죽도'(울릉도)만 갖고 설명 기록하는 경우에도 그 부속도서인 '송도'(독도)가 포함된다는 사실을 유념해야 한다는 사실을 일본 메이지 정부 내무성도 기록으로 남기고 있다.

1696년 1월 일본 도쿠가와막부 장군이 재확인한 조선영토는 울릉도와 독도를 모두 포함한 것이었다.

[제 35 문] 그렇다면 1696년 1월 이전의 울릉도와 독도에 대한 일본측의 영유권 시비는 도쿠가와막부 장군의 조선영토 재확인 결정으로 모두 소멸되고 조선과 일본 사이의 영토논쟁은 모두 종결되었는가? 도쿠가와막부에서 미자(米子)의 일본 어부 2가문에게 허가한 '죽도도해면허(竹島渡海免許)'와 '송도도해면허(松島渡海免許)'는 모두 취소된 것인가?

[답] 물론이다. '죽도도해면허'와 '송도도해면허'도 자동적으로 취소되었고, 막부 장군에 의하여 조선영토로 재확인된 울릉도와 독도에 국경을 넘어 들어가서 고기잡이를 하고 오는 일본 어부들은 발각되는 경우

에 처벌되었다.

1696년 1월 도쿠가와막부 장군의 울릉도·독도가 조선영토임을 재확인한 결정에 의하여 대마도 도주가 제기한 모든 영토논쟁은 완전히 종결된 것이었다.

[제 36 문] 그렇다면 오늘날 일본정부가 '독도'를 '역사적으로 일본고유영토'라고 주장하는 것은 전혀 근거가 없는 것이 아닌가?

[답] 그렇다. 오늘날의 일본정부가 독도를 '역사적으로 일본고유영토'라고 운운하는 것은 진실에 토대를 둔 발언이나 주장이 아니라 한국측이 진실에 근거하여 "독도는 역사적으로 서기 512년부터 역사적으로 한국의 고유영토"라고 지적하니까, 억지로 이에 대등하게 맞대응하기 위한 억지주장에 불과한 것이다.

일본측 고문헌들까지도 "독도는 역사적으로 한국의 고유영토"임을 누적적으로 증명하고 있다. 일본측 고문헌으로 독도가 역사적으로 일본의 고유영토라고 증명하는 자료는 아직까지 단 1건도 없다.

또한 1696년 1월 일본 도쿠가와막부 장군(일본 중앙정부)의 울릉도·독도의 조선영토 재확인에 의하여 독도는 역사적으로 조선의 고유영토였지 일본영토가 아니었다는 사실이 거듭 명료하게 천명된 것이다.

제 6 장
안용복(安龍福)의 활동과 조선조정의 대응

[제 37 문] 안용복은 17세기 말 울릉도 · 독도 영유권 논쟁 과정에서 어떠한 활동을 하고 어떠한 공적을 세웠는가?

[답] 안용복은 2차례 도일하였다.

안용복의 제1차 도일은, 앞에서 쓴 바와 같이, 1863년 봄에 울릉도에 고기잡이를 갔다가 일본의 오타니(大谷) 가문의 어부들과 충돌하여 일본 어부들의 협상 제의에 응하여 일본 어선에 협상차 올랐다가 그대로 납치당하여 일본으로 간 것이었다.

안용복은 백기주 태수의 심문에 굽히지 않고 당당하게 울릉도는 조선영토이므로 조선 사람이 조선영토에 들어간 것은 일본이 관여할 일이 아니고, 일본 어부들의 조선 울릉도 출어를 금지해야 한다고 주장하였다.

안용복은 또한 도쿠가와막부 관백의 심문에도 굴하지 않고 조선영토인 울릉도에 조선인인 자기가 들어간 것을 납치하여 구속 심문함은 부당함을 주장하였다. 관백은 안용복을 풀어 주고 "울릉도는 일본영토가 아니다"는 문서를 써 주고 노자를 주어 귀환시켰다. 그러나 귀국길에 장기(나가사키)에 도착하니, 대마도주와 결탁한 장기태수는 문서를 빼앗고 안용복을 일본의 죽도(울릉도)를 침범한 죄인이라고 묶어서 대마도 도주에게 이송하고, 대마도 도주는 조선 동래부사에게 인계하면서 조선 어부의 일본 땅 죽도(울릉도)에의 출어를 금지시켜 달라고 요구하였다. 이에 17세기 말 울릉도·독도 영유권 논쟁이 일어나게 되었다.

안용복의 제2차 도일은 3년 후인 1696년 봄에 조정의 허락을 받지 않은 채 2차로 일본에 건너가서 '울릉도와 독도(우산도)'가 조선영토임을 명확히 하고 울릉도·독도를 수호하려고 하였다. 이때 안용복은 1696년 1월 28일 일본 도쿠가와막부 관백이 울릉도와 그 부속도서 독도가 조선 영토이고, 울릉도·독도에의 일본 어민의 고기잡이 도해(渡海)를 금지한 사실을 알고 행동했는지 모르고 행동했는지 알 수 없다.

안용복은 1696년(숙종 22년) 봄에 울산에 가서 울릉도에 가면 해산물이 많다고 하면서 순천 송광사의 장사꾼 중 뇌헌(雷憲), 글을 잘하는 이인성(李仁成), 사공 유일부(劉日夫), 유봉석(劉奉石), 김길성(金吉成), 김순립(金順立) 등 16명을 모아 울릉도에 들어갔다. 과연 울릉도에는 이미 다수의 일본 배들이 건너와 정박해 있으므로 안용복은 "울릉도는 본래 우리 영토인데 어찌 감히 국경을 넘어 침범하는가. 너희들은 모두 묶어 마땅하다"고 큰 소리로 꾸짖었다.

일본인들은 "우리들은 본래 松島(송도, 우산도, 독도)에 사는데 우연히 고기잡이를 나왔다가 이렇게 되었으니 마땅히 그곳으로 돌아갈 것이다"고 거짓말로 모면하려 하였다.

안용복은 다시 "송도(松島)는 곧 자(우)산도[子(于)山島]인데, 이 역시 우리나라의 땅이다. 너희들이 감히 여기에 산다고 하느냐(松島卽子(于)山島 此亦我國也 汝敢往此島)"고 꾸짖고 이들을 울릉도로부터 쫓아내었다.

안용복 등이 이튿날 새벽 배를 타고 우산도(于山島, 독도)에 들어가 보았더니 일본 어부들이 솥을 걸어 놓고 물고기를 조리고 있었다. 안용복 등이 막대기로 걸어 놓은 솥을 부수면서 큰 소리로 꾸짖으니 일본 어부들이 모두 배를 타고 돌아갔다고 『숙종실록』과 『증보문헌비고』 등에 기록되어 있다.

안용복 등은 그 길로 일본 어부들을 좇아 은기도(隱岐島, 玉岐島)로 들어갔다. 은기도 도주가 찾아온 이유를 물었다. 안용복은 큰 소리로 "몇 년 전에 내가 이곳에 들어와 울릉도·우산도(독도) 등의 섬을 조선 땅으로 정하고 관백의 문서를 받아가기에 이르렀는데, 일본은 정해진 격식이 없이 또 우리 영토를 침범했으니 이것이 무슨 도리인가"라고 말하였다. 이에 은기도 도주는 안용복의 항의를 백기주(伯耆州) 태수에게 전하겠다고 하였다. 그러나 오래 기다려도 백기주로부터 아무런 소식이 없었다.

이에 안용복 등은 분격하여 배를 타고 백기주(지금의 시네마 현)로 진항하였다. 안용복 등은 스스로 '울릉·우산 양도 감세장(鬱陵·于山兩島監稅將)'이라고 가칭하고 백기주 태수에게 사람을 보내어 통고하니, 백기주 태수가 인마를 보내어 맞이하였다. 안용복은 위의를 갖추어 백기주 태수와 마루 위에 마주 앉고, 다른 사람들은 모두 중간 계단에 앉았다. 백기주 태수가 일본에 들어온 이유를 물으니, 안용복은 "전날 2섬(울릉도와 독도—인용자)의 일로 문서를 받았음이 명백한데도 불구하고 대마도 도주가 문서를 탈취하고 중간에서 위조하여 여러 번 사절을 보내서 불법으로 횡침하니 내가 장차 관백에게 상소하여 (대마도 도주의) 죄상을 낱낱이 진술하겠다"고 따졌다. 백기주 태수가 이를 허락했으므로 안용복은 이인성에게 상소문을 지어 관백에게 정납케 하였다.

당시 대마도 신·구 도주는 안용복의 문제제기와 관련하여 두 가지 죄를 감추고 있었다. 그 하나는 도쿠가와막부 관백이 백기주 태수에게 명령하여 써 준 울릉도와 독도가 일본영토가 아니라 조선 땅이라는 문서를 빼앗아 없애고 도리어 일본 땅 죽도(울릉도)에 조선 어부들의 침범을 엄금해 달라고 문서를 위조한 죄가 있었다. 다른 하나는 교역상 조선측이 막부에 보낸 물품의 도량형을 속여 조선은 쌀 15두(斗, 말)를 1섬으로 한 것을 대마도 도주는 7두를 1섬으로 했고, 조선은 베(布) 30자(尺)를 1필로 보냈는데 대마도 도주는 20자를 1필로 했으며, 조선이 보낸 종이 1묶음(束)을 대마도 도주는 3묶음을 만들어 그 차액을 착복하였다.

이때 마침 대마도 도주의 아버지가 백기주 관아에 머물고 있다가 이 소식을 듣고 백기주 태수를 찾아가 "만약 이 상소가 올라가면 내 아들은 반드시 중죄를 얻어 죽을 것이므로 이 상소를 올리지 말아 달라"고 애걸하였다.

백기주 태수는 이에 안용복에게 그 상소를 올리지 말라고 권고하였다. 백기주 태수는 우선 울릉도·독도를 침범했다가 안용복에게 쫓겨 온 일본 어부 15명을 적발하여 처벌하였다. 또한 백기주 태수는 안용복에게 "2섬(울릉도와 우산도 ― 인용자)이 이미 당신네 나라에 속한 이상, 만일 다시 침범하여 넘어가는 자가 있거나 도주(대마도 도주 ― 인용자)가 혹시 횡침하는 일이 있으면, 국서를 작성하여 역관을 정하여 들여보내면 마땅히 무겁게 처벌할 것이다.(兩島旣屬爾國之後 或有更爲犯越者 島主如或橫侵 竝作國書 定譯官入送 則當爲重處)"라는 약속을 하였다.

백기주 태수는 안용복 등에게 식량을 공급해 주고, 파견수행원을 정하여 호송해 주었으며, 화폐도 가지고 가도록 주었으나 안용복, 뇌헌 등은 완강히 사양하고 귀국하였다.

안용복이 제2차로 일본에 건너가 이룬 활동은 큰 성과를 거두었다. 안용복의 백기주 태수와의 담판에 의하여, 우선 ① 울릉도(죽도)와 우산도(독도, 송도)의 2섬을 조선영토라고 확인한 문서를 1693년에 도쿠가와 막부 관백이 백기주 태수를 시켜 안용복에게 써 준 사실을 확인했으며,

② 조선영토인 울릉도와 독도에 침범했다가 안용복 등에게 쫓겨난 일본 어부 15명의 처벌을 눈으로 보아 확인했고, ③ 1696년 봄에 다시 "2섬(울릉도와 우산도)이 이미 당신네 나라에 속했다"는 백기주 태수의 재확인을 또 받았으며, ④ 백기주 태수는 앞으로 일본 어부들은 물론이요 대마도 도주일지라도 울릉도·우산도 등 조선영토를 침범할 때에 조선에서 국서를 작성하여 통역을 붙여 보내면 모두 무겁게 처벌할 것이라는 약속을 받아낸 것이었다.

백기주 태수는 약 3개월 전에 에도의 도쿠가와막부 관백이 대마도 도주 등의 새해 인사를 받는 자리에 배석했다가, 막부 장군이 날카로운 질문을 한 끝에 1696년 1월 28일 울릉도·우산도(독도)는 조선영토이고 따라서 일본 어부들이 울릉도와 우산도 등 조선영토에서 고기잡이를 하는 것을 엄금한다는 결정을 함께 들은 인물이었으므로 안용복에게 이와 같은 명쾌한 약속을 한 것이었다고 해석된다.

[제 38 문] 일본정부는 안용복이 에도막부에 왔었다는 사실과 진술 내용은 신빙성이 없다고 주장한다는데, 이것은 어떠한가?

[답] 안용복은 오키섬, 백기주, 에도막부까지 끌려 다니면서 심문을 받은 것이 사실이며, 제2차 도일 때에도 백기주 태수와 면담한 것은 사실이다.

안용복의 1693년 4월 제1차 도일에 대해서는 오타니 가문의 울릉도 도해 관련 자료문서집인 『죽도도해유래기발서공(竹島渡海由來記拔書控)』에서, 1693년 안용복을 납치하여 심문한 후 돗토리만(鳥取藩)을 거쳐 에도(江戶)막부(도쿠가와막부)에 송치했는데, 에도막부에서 조사한 후 석방하여 물건도 내려주고 조선으로 귀국시켰다고 명료하게 기록하고 있다.

그림 II-6-1. 1696년 안용복 공술조서(元祿 9년 병자년 조선주 착안일권지각서). (자료: 동북아역사재단)

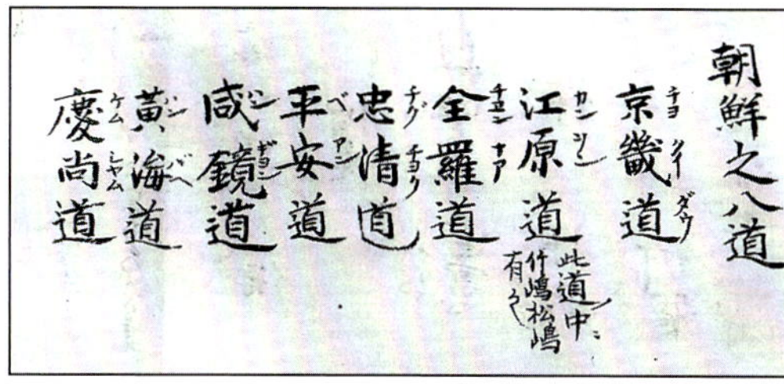

그림 II-6-2. 강원도 안에 죽도(울릉도)와 송도(독도)가 있음을 표시한 1696년 「조선지팔도(朝鮮之八道)」 문서. (일본 시마네현 오키섬 무라카미 가문 소장)

또한 안용복의 1696년 봄 제2차 도일에 대해서는, 일본 외무성이 최근 『숙종실록』에 기록된 안용복의 진술은 신빙성이 없다고 주장했으나, 현재 시마네현의 무라카미(村上助九郎) 씨 소장의 『원록 9 병자년 조선주착안 일권지각서(元祿九丙子年朝鮮舟着岸一卷之覺書)』와 그중의 「조선지팔도(朝鮮之八道)」 문서 기타 기록들(예: 태정관 문서)에 안용복 진술의 신빙성이 증명되어 있다. 특히 「朝鮮之八道(조선의 팔도)」 문서의 '강원도' 아래 "이 도 중에 '죽도', '송도' 있음"이라는 기록은 죽도(울릉도)와 송도(독도)가 조선영토이며 강원도 소속이었음을 또 증명해 주는 것이다.

일본 메이지 정부의 1876년 내무성 문서와 1877년의 태정관 문서는 이때 울릉도와 그 외 1도인 독도(松島)에도 도쿠가와막부의 도항금지가 내려졌음을 인지하여 본문에서 설명하였다.

울릉도와 독도는 조선영토라는 일본 도쿠가와막부의 재확인으로 울릉도·독도 영유권 관계 논쟁은 1696년에 사실상 종료되었다.

[제 39 문] 안용복(安龍福)은 두 차례나 일본에 건너가서 울릉도와 독도(우산도)를 지키는 데 큰 공을 세웠는데 조정에서는 포상이나 제대로 하였는가?

[답] 포상은커녕 벌을 주려고 하여 간신히 구해 내었다.

안용복의 제1차 도일(渡日)은 일본의 오타니(大谷) 가문 어부들에게 납치되어 간 것이니, 조선정부측으로서는 공도정책을 적용하여 들어가지 못하게 하는 울릉도에 들어간 가벼운 죄만 물으면 될 것이었다. 그럼에도 불구하고 대마도 도주가 안용복을 묶어 동래부에 송환하면서 일본영토인 '죽도'에 침범한 죄인이라고 주장하자, 당시 집권한 온건대응파는 안용복을 동래부 감옥에 가두어 둔 채 '귀국 영토 죽도' 운운의 굴욕적인 서한을 발송했었다. 그러나 곧 정권이 교체되어 강경대응파가 집권하자 안용복도 석방해 버리고, 온건대응파가 보낸 굴욕적 회답서한도 취소한 후 새로이 '울릉도가 곧 죽도'로서 조선영토라고 쓴 강경한 새 회답문서를 발송했었다.

그러나 안용복의 제2차 도일은 문제가 단순하지 않았다. 우선 대마도 도주가 조선과 일본의 관계는 반드시 대마도 도주의 창구와 조선측이 대마도 도주에게 새겨서 내려준 도장에 의거하도록 약정되어 있었는데, 안용복이 대마도 창구를 거치지 않고 무시한 채 직접 백기주 태수와 외교교섭을 한 사실에 처벌을 요구하는 강경한 항의를 해 왔기 때문이었다. 또한 안용복의 제2차 도일은 납치되었거나 표류된 것이 아니라 안용복이 처음부터 목적을 갖고 준비 후에 정부 허가 없이 일부로 국경을 넘어 일본에 건너건 것이었기 때문이다.

이 때문에 안용복이 귀국해서 강원도 양양에 정박하여 문서로 전후 사실을 보고하자 조선조정은 우선 안용복을 서울로 불러 올려 가두어

놓았는데, 대신들 사이에 논란이 자자하였다.

좌의정 윤지선(尹趾善)은 온건대응파의 건의를 받고, 만일 안용복을 사형에 처하여 죽이지 않으면 앞으로 간사한 백성들 중에서 반드시 다른 나라에 들어가 일을 일으키는 자가 많아질 것이니 안용복을 극형에 처할 수밖에 없다고 주장하였다. 사헌부가 이에 동조하여 극형을 주장하였다. 지사 신여철(申汝哲)은 안용복의 공이 죄를 능가하므로 그에게 죄를 주어서는 안 되고, 즉시 석방하자고 주장하였다. 영중추지사 남구만(南九萬)과 영돈녕 윤지완(尹趾完)은 강경대응파의 의견을 반영하여, 안용복이 비록 무단 월경죄를 범했지만 대마도 도주까지 울릉도가 조선영토임을 인정하고, 일본의 막부 관백이 울릉도·우산도를 조선영토로 인정하여 일본 어민의 월경 고기잡이를 금지시킨 데에는 안용복의 공도 있다고 생각되기 때문에 사형을 감형하여 귀양 보내는 정도로 처벌하자고 주장하였다. 특히 남구만은 안용복을 죽이면 대마도 도주만 기쁘게 할 뿐이지 나라의 약함을 보여 일본과의 외교에도 업신여김을 당할 것이라고 하며 안용복의 극형을 극력 반대하였다. 영의정 유상운(柳尙運)은 남구만의 주장을 지지하였다.

그리하여 쟁론 끝에 국왕이 남구만의 중간책을 채용하여 안용복을 사형에서 감형하여 귀양을 보내었고, 후에 강경대응파가 석방해 주었다.

[제 40 문] 안용복의 활동은 객관적으로 어떻게 평가되어야 할까? 조선후기 실학자 성호 이익은 안용복을 어떻게 평가하였는가?

[답] 조선왕조 후기 실학파의 대학자 성호(星湖) 이익(李瀷)은 안용복의 건에 대하여 다음과 같이 논평하였다.

「나는 생각건대, 안용복은 곧 영웅호걸인 것이다. 미천한 일개 초졸로서 만 번 죽음을 무릅쓰고 국가를 위하여 강적과 겨루어 간사한 마음을 꺾어 버리고, 여러 대를 끌어온 분쟁을 그치게 했으며 한 고을의 땅을 회복했으니, 부개자(傅介子)와 진탕(陳湯)에 비하여 그 일이 더욱 어려운 것이며, 영특한 자가 아니면 할 수 없는 일이다.

그런데 조정에서는 상을 주지 않을 뿐만 아니라, 먼저 형벌을 내리고 뒤에는 귀향을 보내어 꺾어 버리기에 주저하지 않았으니, 참으로 비통한 일이다.

울릉도가 비록 척박하다고는 하나, 대마도도 또한 한 조각의 농토도 없는 곳으로서 왜인의 소굴이 되어 역대로 내려오면서 우환거리가 되고 있다. 만일 울릉도를 한 번 빼앗긴다면 이는 또 하나의 대마도가 불어나게 되는 것이니 앞으로 오는 재앙과 환란을 어찌 이루 말할 수가 있겠는가?

이로써 논하건대, 용복은 한 세대의 공적을 세운 것뿐이 아니었다. 고금에 장순왕(張循王)의 화원노졸(花園老卒)을 호걸이라고 칭송하나, 그가 이룩한 일은 큰 장사를 해서 큰 부자가 된 것에 지나지 않았으며, 국가의 큰 계책에는 도움이 없었던 것이다.

용복과 같은 이는 국가의 위급한 때를 당하여 항오(군대)에서 발탁하여 장수급으로 등용하고 그 뜻을 행하게 했다면, 그 이룩한 바가 어찌 이에 그쳤겠는가.」(『星湖僿說』 울릉도 조)

대실학자 이익은 안용복을 영웅호걸로 높이 평가한 것이었다. 안용복의 업적은 전략적으로 매우 중요한 한 고을의 영토를 강적의 위험으로부터 회복했으니 용감할 뿐 아니라 영특한 자만이 할 수 있는 일이었다는 것이다. 만일 울릉도·독도를 빼앗기어 동해 가운데 또 하나의 대마도가 생겼으면 조선에 매우 큰 재앙이 미칠 뻔 했었다는 것이다. 안용복이 이를 막고 영토를 회복하여 지킨 큰 공적에 대하여 조정은 상을 내리기는커녕 처음에는 사형선고를 내리고 다음에는 귀양 보내어 꺾어 버리기에 주저하지 않았으니 참으로 애통한 일이라고 한탄하였다. 이익은 안용복 같은 영웅호걸은 군인 장수로 발탁하여 나라의 인재로 써야 우리나라가 떨쳐 일어설 것이라고 강조한 것이었다.

성호 이익 이후에는 오주(五洲) 이규경(李圭景)을 비롯하여 모든 실학자들이 안용복의 업적을 높이 평가하고 당시 조정 대신들의 단견과 어리석음을 신랄하게 비판하였다.

[제 41 문] 17세기 말 일본과의 울릉도·독도 영유권 논쟁이 잘 해결된 후 울릉도에 대한 '쇄환공도정책'은 폐기되었는가? 울릉도 '쇄환공도정책'은 언제 왜 시작되었으며, 17세기 말 '울릉도·독도 영유권 논쟁' 이후에도 계속되었다면 조선왕조 대신들의 울릉도정책에 문제가 있었던 것은 아닌가?

[답] 왜구(倭寇)의 침략과 노략질 때문에 조선왕조의 태종(太宗)이 1417년(태종 17년)에 울릉도 '쇄환공도(刷還空島)정책'을 확정하여 채택하였다.

고려왕조 말기부터 조선왕조 초기까지는 왜구가 창궐하여 중국 해안과 조선 해안을 침노해서 노략질을 자행하였다. 특히 고려 말에는 왜구들이 내륙 오지에까지 깊숙이 침입하여 살육과 노략질을 자행하였다. 이성계(李成桂)가 민족적 영웅으로 부상하여 새로이 조선왕조를 개창해서 태조가 될 수 있는 업적의 하나를 내었던 것도 전라도 지리산 아래 오지에까지 침입한 왜구를 쳐부순 공로가 큰 비중을 차지하였다.

울릉도의 경우를 들면, 1379년(고려 우왕 5년) 7월에 왜구가 울릉도에 침입하여 주민을 살육하고 노략질을 자행한 후 약 15일간 머물다가 돌아갔다. 이에 태종은 등극한 직후인 1403년(태종 3년) 8월 11일에 강원도 관찰사의 건의에 따라 울릉도에 들어가 살고 있는 백성들을 모두 육지에 나오도록 명령하였다. 태종이 울릉도 거주민을 육지로 불러와 섬이 빈 것을 알고, 대마도 도주 종정무(宗貞茂)가 1407년 3월 16일 토산물과 그간 왜구가 잡아 간 조선인 포로들을 돌려보내면서, 대마도 사람들을 울릉도에 이사하여 거주하게 허락해 줄 것을 요청하였다. 태종은 비록 섬이 비었다 할지라도 다른 나라 사람을 국경을 넘어 들어와서 조선 영토에 살게 하여 분쟁의 씨앗을 만들 수 없다는 이유로 이를 단호하게 거절하였다. 태종은 1417년(태종 17년) 정월에 김인우(金麟雨)를 안무사(按撫使)에 임명하여 울릉도에 들여보내서 울릉도에 거주하고 백성들을 모두 데리고 나오게 하였다. 그런데 김인우가 1417년 2월 5일 귀환하여 올린 보고에는 울릉도에 남녀 86명이 거주하고 있는데, 계속 울릉도에 살기를 청원하므로 대표격인 3명만 데려왔으며, 울릉도 부근에 부속도서로서 우산도(于山島)라고 작은 섬이 있다는 것이었다.

태종은 이에 1417년 2월 8일 우의정으로 하여금 정부 대신들을 모두 소집하여 대전회의를 개최해서 울릉도와 우산도의 관리정책을 논의하도록 하였다. 절대다수의 대신들은 울릉도에 군사 진(鎭)을 설치하여 방어하면서 백성들을 계속 농사와 어업을 하며 거주케 하자고 주장하였다. 그러나 공조판서 황희(黃喜)는 이를 반대하면서 울릉도 거주민을 속히 육지로 쇄출(刷出, 데리고 나오는 것)시키는 것이 가장 안전한 방책이라고 주장하였다.

태종은 황희가 제안한 '쇄환정책'이 좋다고 채택하였다. 울릉도에 거주하고 있는 백성들을 쇄출해 오면 울릉도는 사람이 비게 되므로 이것을 '쇄환공도(刷還空島)정책' 또는 '공도쇄환정책'이라고도 부르는 것이다. 태종이 울릉도에 대하여 '쇄환정책', '공도정책'을 결정한 것은 1417년 2월 8일이었고, 독도에 대하여 공식적으로 '우산도(于山島)'의 명칭을 사용한 것도 이 무렵(1417년 2월 5~8일)이었다. 태종은 1417년 2월 8일 '쇄환공도정책'을 채택함과 동시에 김인우를 于山·武陵等處按撫使(우산·무릉등처안무사: 독도·울릉도 등 지역 안무사)에 임명하여 다시 울릉도에 들어가서 울릉도 주민을 데리고 육지로 나오도록 하였다.

'우산·무릉등처 안무사' 김인우가 다시 울릉도에 들어갔다가 거주민을 모두 쇄출하여 나온 6개월 후, 1417년 8월 6일 왜구가 우산도(독도)와 무릉도(울릉도)에 또 침입했다고 『태종실록』은 기록하고 있다.

그러나 울릉도 출신 백성들과 유민들은 조정의 감시를 피하여 몰래 울릉도에 들어가 거주하는 일이 계속되었다. 우산도(독도)는 사람이 살지 않았지만, 울릉도(무릉도)는 사람이 살기에 적합한 지역이었기 때문이었다.

일본이 1592년 임진왜란을 일으켰을 때 왜구들은 또 울릉도를 침노하여 살육과 노략질을 잔혹하게 자행하였다. 이때 울릉도 거주민은 거의 살육당한 것으로 보인다. 그 이후는 동해안 어민들은 울릉도에 상주할 엄두를 내지 못하고, 계절적으로 고기잡이를 나가거나 나무를 베어 배를 만들러 갔다가 돌아오는 것이 관행이었다.

1696년 1월 일본 도쿠가와막부 장군이 울릉도와 독도를 조선영토로 재확인 결정하고 일본 어부들의 월경 고기잡이를 금지한 조치 직후 조선조정은 울릉도에 대한 '쇄환공도정책'은 그대로 지속하되 1697년(숙종 23년) 4월 13일 영의정 유상운(柳尙運)의 건의에 따라 '순시(巡視)제도', '수토(搜討)제도'를 채택하였다. '순시·수토 제도'란 2년 간격(매 3년째마다 1회)으로 동해안의 변방 무장(武將)으로 하여금 규칙적으로 순시선단을 편성하여 울릉도에 들어가서 순시·수토하고 돌아오는 제도였다.

태종이 채택한 '쇄환공도정책'이나 숙종이 채택한 '순시·수토 제도' 모두 울릉도를 행정·관리하는 데 강력하게 권력을 행사한 관리정책의 하나였다.

제 7 장
조선의 독도 · 울릉도 영유권에 대한 일본 도쿠가와막부의 존중

[제 42 문] 일본측은 1696년 1월 도쿠가와막부 장군이 울릉도 · 독도를 조선영토로 재확인하고 일본 어부들의 월경 고기잡이를 금지한 이후 이 금령을 잘 준수하고, 울릉도 · 독도에 대한 조선의 영유권을 잘 존중하였는가?

[답] 도쿠가와막부 정권은 집권이 끝나는 1868년 1월까지 울릉도 · 독도에 대한 조선의 영유권을 잘 존중하였다. 1832년 하치 우에몽(八右衛門)이라는 사람이 독도를 지나 울릉도에 들어가자 그를 처형하고, 1832년 2월 나무로 만든 경고판을 세워 다른 나라로 도해(渡海)함을 엄금하였다.

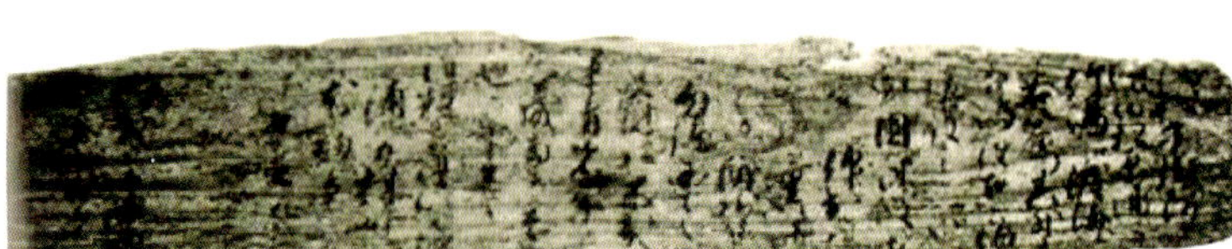

그림 II-7-1. 1839년 독도 · 울릉도 도항금지 경고판. (일본 시마네현 하마다 향토자료관 소장, 자료: 이상태 교수)

그림 II-7-2. 막부의 명령을 받아 1837년 다카다(高田)번이 니가타현(新潟県) 해안에 세웠던 경고판. (자료: 『조선일보』)

[제 43 문] 막부가 처형한 하치 우에몽이라는 일본인은 심문에서 울릉도·독도를 조선영토로 인지했음을 시인하였는가? 그가 그린 지도가 있다는데 어떠한 것인가?

[답] 하치 우에몽도 울릉도(죽도)와 독도(송도)가 조선영토임을 잘 인지하였다.

하치 우에몽의 심문 기록으로 『조선죽도도항시말기(朝鮮竹島渡航始末記)』가 남아 있다. 이 심문 기록 일부에서 하치 우에몽은 죄를 면해보려고 동료 하시모토(橋本三兵衛)로부터 '죽도도해'는 금지했으나 송도로 건너가는 것은 무방한 것 같다는 말을 듣고, 송도(독도)에는 나무가 없어 벌목할 것이 없으므로 지나가고 죽도(울릉도)에 건너가서 벌목했다고 변명하였다.

오늘날 일본정부는 하치 우에몽의 이 변명을 갖고 당시 도쿠가와막부가 '죽도도해면허'는 취소했으나 '송도도해면허'는 취소하지 않았다고 주장하고 있다. 그러나 이것은 전혀 사실이 아니다.

당시 하치 우에몽도 송도(독도)와 죽도(울릉도)가 조선영토임을 잘 인지했으며, 이 심문 기록에 부착되어 있는 그가 그린 (일설 막부정권이 그린) 지도에도 송도와 죽도를 모두 조선영토로 그렸다. 즉 조선영토는 붉은색, 일본영토는 푸른색으로 채색하면서, 그는 송도(독도)와 죽도(울릉도)를 모두 붉은색으로 채색하여 모두 조선영토임을 명백히 하였다.

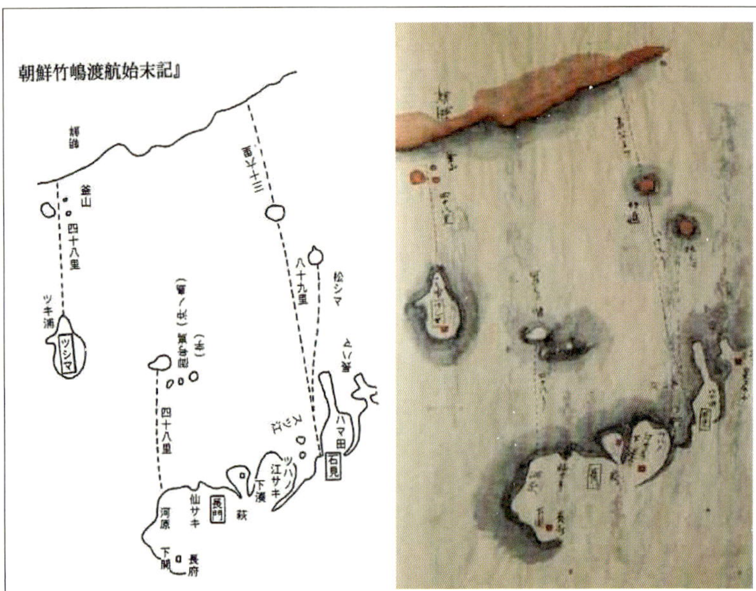

그림 II-7-3. 『조선죽도도항시말기(朝鮮竹島渡航始末記)』의 지도에 독도·울릉도가 조선영토임을 나타낸 채색. (일본 시마네현 하마다시립도서관 소장, 자료: 동북아역사재단)

동경대학 도서관에도 하치 우에몽의 심문 기록이 『죽도도해일건 전(竹島渡海一件 全)』이라는 제목으로 소장되어 있다. 이 기록에도 하치 우에몽이 그렸다는 「죽도방각도(竹島方角圖)」라는 지도가 부착되어 있는데, 나라별로 채색하면서 조선은 붉은색, 일본은 녹색으로 채색하고, 송도(독도)와 죽도(울릉도)는 조선의 색인 붉은색으로 채색하였다. 한편 은기도에 대해서는 일본의 색인 녹색으로 채색하였다.

하치 우에몽과 도쿠가와막부가 모두 송도(독도)와 죽도(울릉도)는 조선영토임을 인지한 것이었다.

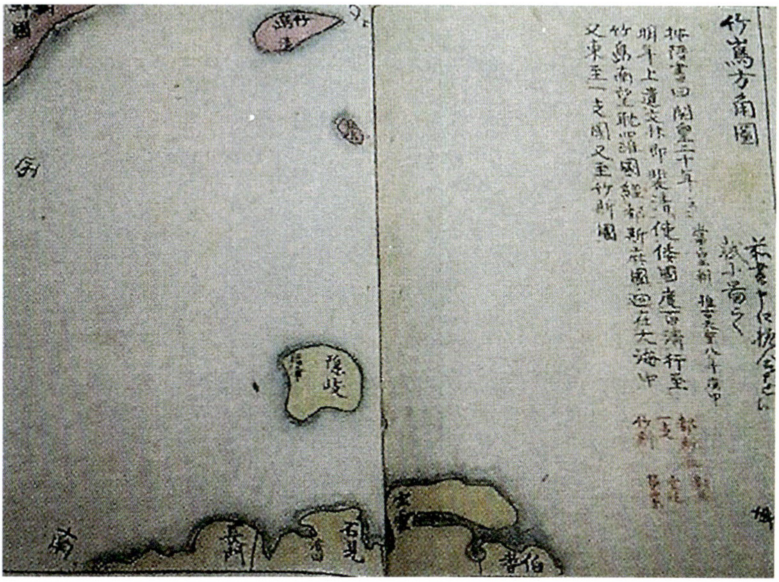

그림 II-7-4. 하치 우에몽이 그린 것으로 알려진 또 하나의 지도, 「죽도방각도」. (동경대학 도서관 소장, 자료: 동북아역사재단)

[제 44 문] 일본의 지식인들도 조선의 독도·울릉도 영유권을 인지하고 잘 존중하였는가? 하야시 시헤이(林子平)의 「삼국접양지도(三國接壤之圖)」가 있다는데 그 특징은 무엇인가?

[답] 현재까지 발견된 자료에 의하면 일본 지식인들은 대체로 잘 존

중하였다. 몇 가지 예를 들기로 한다.

(1) 일본 실학자 하야시 시헤이의 1785년 지도

일본의 유명한 실학자 하야시 시헤이(林子平)가 1785년에 편찬한 『삼국통람도설(三國通覽圖說)』의 부속지도에 「삼국접양지도(三國接壤之圖)」가 있는데, 각국 영토를 나라별로 달리 채색한 지도이다. 이 지도에서 조선은 황색, 일본은 녹색으로 채색되어 있는데, 동해 가운데 울릉도와 독도를 정확한 위치에 그리고 조선의 색인 황색을 독도와 울릉도에 채색하여 울릉도와 독도가 조선영토임을 명백히 하였다.

이 지도는 울릉도와 독도의 영유국을 더욱 명료하게 하기 위하여 그 위에 다시 '조선의 소유(朝鮮ノ持ヘ)'라고 글자까지 써 넣었다. 독도가 한국영토임을 더욱 명백히 한 것이다.

(2) 독일인 클라프로트(J. Klaproth)의 1832년 지도

하야시 시헤이의 1785년 『삼국통람도설』과 그 부속지도 「삼국접양지도」를 독일인 클라프로트(J. Klaproth)가 1832년 프랑스어로 번역출판하였다. 이 지도에서도 한국은 황색, 일본은 녹색으로 채색했는데, 동해 가운데 울릉도와 독도는 한국색인 황색으로 채색해서 한국영토임을 명백히 표시하였다. 클라포르트는 독도와 울릉도의 황색 섬 위에 다시 'Takenoshima à la corée(다케시마는 조선의 것)'이라고 써서 독도와 울릉도가 한국영토임을 더욱 명료하게 밝혔다.

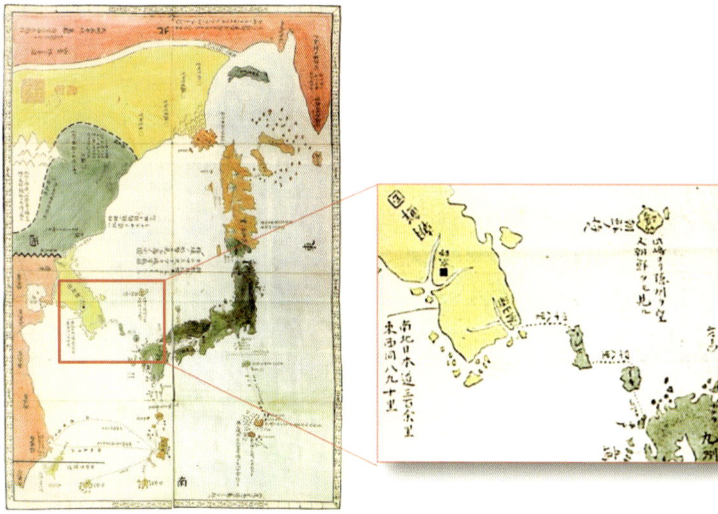

그림 II-7-5. 하야시 시헤이가 그린 「삼국접양지도(三國接壤之圖)」(1785).

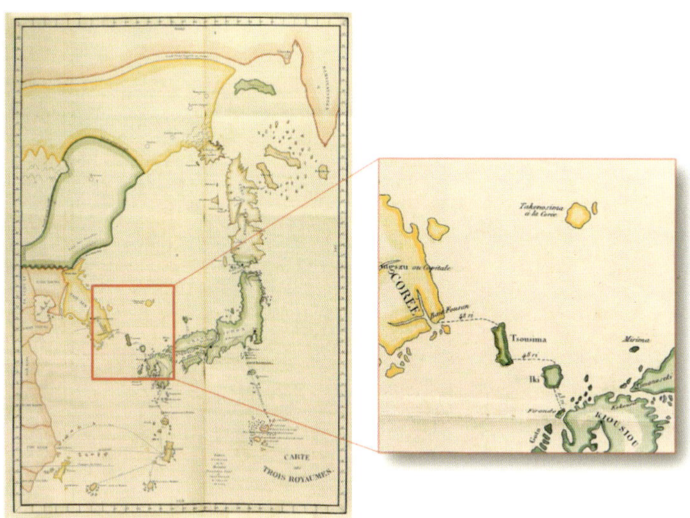

그림 II-7-6. 하야시 시헤이의 『삼국통람도설(三國通覽圖說)』의 부속지도인 「삼국접양지도(三國接壤之圖)」를 독일인 클라프로트가 1832년 프랑스어로 번역출판하면서 울릉도와 독도를 한국의 색인 황색으로 채색하고 'Takenoshima à la corée(울릉도와 독도는 한국영토임)'를 기록한 지도.

[제 45 문] 일본의 다른 지도에 '독도'를 조선영토로 표시한 것이 있는가?

[답] 물론 있다. 예컨대, 대한민국 국립도서관에 일본인의 18세기 지도인 「총회도(總繪圖)」라는 지도가 소장되어 있다.

그림 II-7-7. 18세기 일본인의 「총회도(總繪圖)」. 이 지도는 조선·일본·중국의 영토를 색으로 구분했는데 조선은 황색, 일본은 적색으로 채색하였다. 울릉도와 독도는 모두 조선의 색인 황색으로 칠했고 그 위에 다시 '朝鮮ノ持へ(조선의 것으로)'라고 문자를 써넣어 독도와 울릉도가 모두 조선영토임을 표시하였다.

이 지도는 조선·일본·중국의 영토를 색깔로 구분했는데, 조선은 황색, 일본은 홍색으로 채색하였다. 이 지도는 독도와 울릉도는 모두 조선의 색인 황색으로 채색했을 뿐만 아니라 그 울릉도·독도 위에 '조선의 것(朝鮮ノ持へ)'이라고 문자를 써서 독도와 울릉도가 모두 조선영토임을 명백히 표시하였다.

제 8 장
18세기 서양의 한국 독도영유 인지

[제 46 문] 서양에서는 18세기에 독도를 어느 나라 영토로 인지하였는가?

[답] 서양에서 독도를 어느 나라의 영토로 인지했는가의 문제는 서양 고지도를 통하여 그 해답을 확인할 수 있다. 지도학이 가장 발달했던 18세기 프랑스 등의 몇 가지 사례를 들기로 한다.

(1) 1737년 당빌(J. B. D'Anville)의 「조선왕국전도」 사례

프랑스의 유명한 지리학자 당빌이 1737년에 「조선왕국전도(Royaume de Corée)」를 그렸는데, 독도와 울릉도를 조선영토로 그렸다. 당빌의 지도에서는 독도(우산도)와 울릉도를 한국 동해안에 더욱 근접하게 그려서 '독도'가 한국영토임을 더욱 명료하게 표시하였다.

그림 II-8-1. 당빌의 「조선왕국전도」(1737). 독도와 울릉도를 한국 동해안에 더욱 근접하게 그려서 독도가 한국영토임을 더욱 명료하게 표시하고 있다.

(2) 1764년 벨랭(J. N. Bellin)의 「조선왕국도」

프랑스의 벨랭은 1764년에 팔도를 구분한 「조선왕국도(Carte du Royaume de Kau-Li ou Corée)」를 그렸는데, 울릉도와 독도를 강원도 울진현 바로 앞바다에 그려서 조선왕국영토임을 표시하였다.

그림 II-8-2. 벨랭의 「조선왕국도」(1764), 울릉도와 독도를 조선왕국 영토로 표시했을 뿐 아니라 동해를 '조선해(Mer de Corée)'로 호칭하고, 제주도를 '켈파도(Isle de Quelpaert)'로 호칭하였다.

(3) 1771년 본느(R. Bonne)의 「중국, 만주 및 한국 지도(Carte de la Taritarie Chinois)」

프랑스의 본느가 중국과 만주 지도를 그리면서 한국전도도 넣었는데, 울릉도와 독도를 한반도 동해안에 바짝 붙여 그려서 한국영토임을 표시하였다.

그림 II-8-3. 본느의 「중국, 만주 및 한국 지도(Carte de la Taritarie Chinois)」(1771). 독도·울릉도를 한국영토로 표시하였다.

(4) 1752년 보웬(E. Bowen)의 「조선왕국도」

영국의 지도제작가 보웬이 1752년에 그린 「조선왕국도(Carte du Royaume de Kau-Li ou Corée)」에도 독도와 울릉도를 한반도 동해안에 매우 근접하게 그려서 울릉도와 독도가 조선영토임을 명백히 표시하였다. 또한

'동해'의 명칭을 '조선(한국)해(Mer de Corée)'라고 표기한 것도 주목할 특징이다.

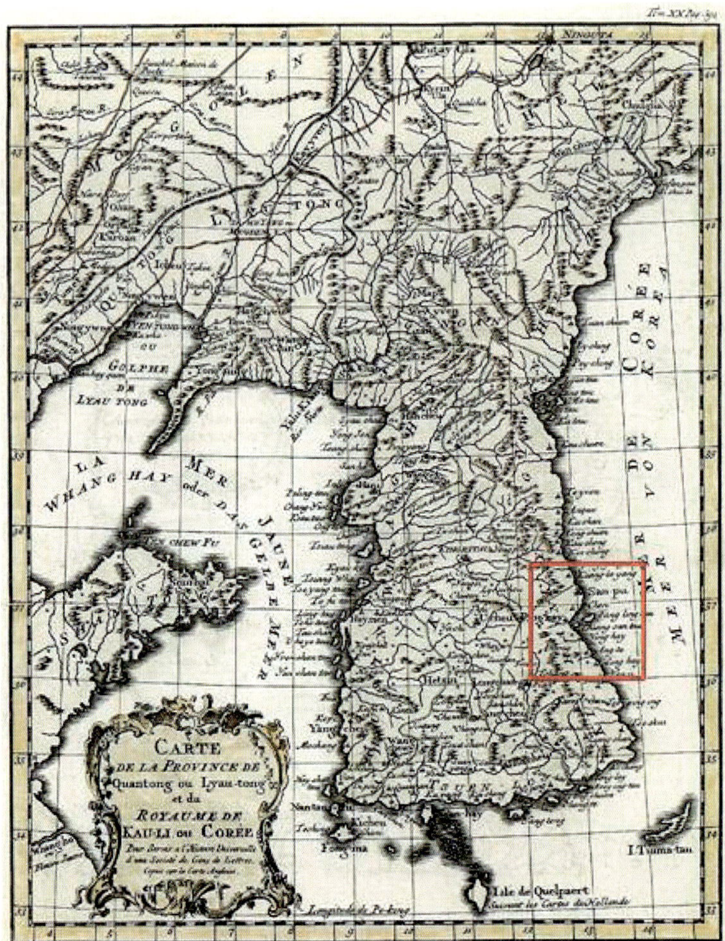

그림 II-8-4. 보웬의 「조선왕국도」(1752). (서울역사박물관 소장)

그 밖에 서양의 18 · 19세기 지도로서 한반도 주변의 섬들을 그린 지도들은 울릉도와 독도를 모두 조선왕국영토로 인지하여 그렸다.

18세기 서양의 조선왕국 지도들은 프랑스에 본부가 있던 가톨릭 동방선교회 소속 신부들이 청국에 갔다가 한반도에 가거나 수집한 자료들에 의거해 그린 것이기 때문에 독도 명칭이 중국 발음으로 기록되어 있다. 특히 독도는 중국인들이 붓으로 옮겨 쓰다가 '于山(우산)'을 '子山(자산)' 또는 '千山(천산)'으로 오기 또는 오독한 경우가 있었기 때문에, 독도를 'Ousan(于山)'으로 바르게 표기한 경우도 있지만, '자산(子山)' 또는 '천산(千山)'으로 기록한 경우도 있다.

제 9 장
일본 메이지 정부의 한국 독도·울릉도 영유권 인지와 재확인

[제 47 문] 근대에 들어오면서 메이지 정부(明治政府)는 울릉도와 독도를 계속 조선영토로 간주하였는가? 메이지 정부는 처음부터 '정한론(征韓論)'을 채택했는데, 그들도 울릉도와 독도를 조선영토로 인정하였는가?

[답] 메이지 정부도 울릉도와 독도를 조선영토로 인정하였다. 그 증거로 1869~1870년의 『조선국교제시말내탐서(朝鮮國交際始末內探書)』라는 것이 『일본외교문서(日本外交文書)』 제3권에 수록되어 있다.

일본에서는 사무라이들이 1868년 1월 정변을 일으켜 도쿠가와막부를 타도하고 중앙집권적 왕정복고의 메이지 정부를 수립했는데, 메이지 정부의 외무성은 신정부 수립 직후인 1869년 12월 조선국과의 국교 확대 재개와 '정한(征韓)'의 가능성을 내탐하기 위하여 외무성 고위관리인 좌전백모(佐田白茅)·삼산무(森山茂)·재등영(齋藤榮) 등을 부산에 파견하였다. 이때 외무성은 정탐해 올 14개 항목을 작성하여 태정관(太政官: 총리대신부)에 보내어 허가를 받았는데, 그 하나에는 「竹島(죽도, 울릉도)와 松島(송도, 독도)가 朝鮮附屬(조선부속)으로 되어 있는 시말」을 내탐해 오라는 지시사항이 있었다.

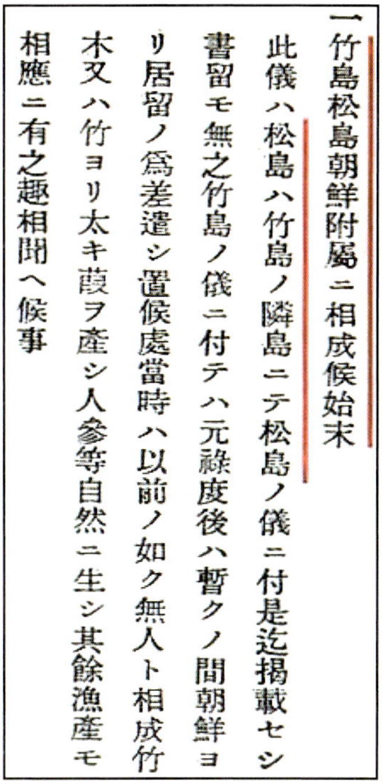

一竹島松島朝鮮附屬ニ相成候始末
此儀ハ松島ハ竹島ノ隣島ニテ松島ノ儀ニ付是迄掲載セシ書留モ無之竹島ノ儀ニ付テハ元祿度後ハ暫クノ間朝鮮ヨリ居留ノ爲差遣シ置候處當時ハ以前ノ如ク無人ト相成竹木又ハ竹ヨリ太キ葭ヲ產シ人參等自然ニ生シ其餘漁產モ相應ニ有之趣相聞ヘ候事

그림 II-9-1. 1869~1870년에 일본 외무성과 태정관이 독도를 조선부속령으로 확인한 일본 공문서. (『일본외교문서』 제3권에 수록)

메이지 정부 외무성과 태정관은 "울릉도(죽도)와 독도(송도)가 조선부속령으로 되어 있는 것"을 명료하게 인지하고 있었던 것이다.

좌전백모 등 일본 외무성 고위관리들은 부산 초량에 체류하여 정보와 자료를 입수해서 이듬해 1870년 4월에 귀국하여 외무대신과 태정관에게 조사결과 보고서를 제출한 것이 이른바 『조선국교제시말내탐서』였다. 이 보고서는 보고 항목의 하나로 「죽도(울릉도)와 송도(독도)가 조선부속으로 되어 있는 시말」이라는 항목을 설정하여, 독도(송도)는 울릉도(죽도)의 隣島(인도, 이웃 섬)로서 2섬이 모두 사람이 살고 있지 않은 무인도라고 지적하고 많이 나는 물산의 이름을 들어 보고하였다.

『조선국교제시말내탐서』라는 보고서는 일본 외무성이 '일제 강점기'에 간행한 『일본외교문서』 제3권에 수록되어 있다. 당시 이 외교문서를 간행한 시기는 일본제국이 패망할 줄 몰랐던 시기이고, 또 『일본외교문서』는 중요한 공문서이므로, 이 일본 공문서에서 "울릉도(죽도)와 독도(송도)가 조선부속령"임을 인지하여 기록하고 간행한 것은 독도가 한국 영토임을 명확하게 증명하는 결정적인 일본측 자료의 하나라고 볼 수 있다.

단지 주목할 것은 일본정부의 정한론자들이 한국 침략·정복에 혈안이 되어 당시 무인도인 '울릉도와 독도' 침탈에 야욕을 품고 비밀리에 정탐·정보를 수집하기 시작했다는 사실을 주의할 필요가 있을 것이다.

[제48문] 일본 메이지 정부의 다른 부처에서도 독도와 울릉도를 조선영토로 인지했었는가? 일본영토 관리의 책임 부서인 일본 내무성도 독도와 울릉도를 조선영토라고 인지하였는가?

[답] 일본 메이지 정부 태정관(국가최고기관, 총리대신부)과 내무성도 독도와 울릉도를 조선영토라고 확실하게 인지하였다.

일본 내무성(내무대신 大久保利通)은 1876년(메이지 9년) 일본 국토의 지적(地籍)을 조사하고 근대적 지도를 편제하는 사업에 임하여 시마네현(島根縣)의 지리담당 책임자로부터 동해에 있는 竹島(죽도, 울릉도)와 松島(송도, 독도)를 시마네현의 지도에 포함시킬 것인가 뺄 것인가에 대한 질의서를 1876년 10월 16일자 공문으로 접수하게 되었다. 일본 내무성은 약 5개월에 걸쳐 시마네현이 제출한 부속문서뿐 아니라 조선 숙종 연간(일본 元祿 연간)에 안용복 사건을 계기로 조선과 교섭한 관계 문서들을 모두 정밀하게 조사해 본 후 울릉도(죽도)와 독도(송도)는 조선영토이고 일본과는 관계없는 곳이라는 결론을 내렸다.

일본 내무성은 울릉도(죽도)·독도(송도)는 일본과는 관계없는 섬이고 조선영토라는 결론은 내렸으나, 영토를 지도에 넣거나 빼는 것은 영유권에 관련된 중대사안이므로 내무성 단독으로 최종결정을 내릴 수는 없고 국가최고기관인 태정관(太政官, 총리대신부, 右大臣 岩倉具視)의 최종결정을 받아야 한다고 판단하여 1877년(메이지 10년) 3월 17일 다음과 같은 질품서(질문서)를 부속문서들과 함께 태정관에 올렸다.

「日本海內 竹島外一島 地籍編纂에 대한 質稟書

竹島는 所轄의 건에 대하여 島根縣으로부터 別紙의 질품이 와서 조사한바 該島의 건은 元祿 5년(1692, 숙종 18) 朝鮮人(안용복 — 인용자)이 入島한 이래 別紙書類에 摘採한 바와 같이 元祿 9년 정월 第1號 舊政府의 評議의 旨意에 의하여, 第2號 譯官에게 준 達書, 第3號 該國에서 온 公簡, 第4號 本邦回答 및 口上書 등과 같은바, 즉 元祿 12년에 이르러 각각 왕복이 끝났으며 本邦은 관계가 無하다고 들었지만, 版圖의 取捨는 중대한 事件이므로 別紙書類를 첨부하여 爲念해서 이에 품의합니다.

明治 10년 3월 17일
內務卿 大久保利通 代理
內務少輔 前島 密

右大臣 岩倉具視展」

일본 내무대신대리가 태정관 우대신에게 제출한 위의 질품서의 요지는 ① 죽도(울릉도)와 그 외 1 도(一島)의 지적 편찬에 대하여 그 소속 관할문제로 시마네현으로부터 내무성으로 질품서가 왔는데, ② 내무성이 시마네현에서 제출한 서류들과 또 1693년 조선인(安龍福 — 인용자)이 일본에 들어온 이후 조선과 주고받은 왕복문서들을 조사해 본 결과, ③ 내무성의 의견은 죽도(울릉도)와 그 외 1 도(一島)는 일본과는 관계가 없는 곳이라고(조선의 부속령이라고) 결론을 내렸지만, ④ 지적(地籍)을 조사하여 일본국의 판도에 넣을 것인지 뺄 것인지는 중대한 사건이므로 태정관의 최종결정을 요청한다는 것이었다.

일본 내무성은 이와 함께 조선 숙종 연간(일본 元祿 연간)에 조선과 왕복한 문서들을 첨부하면서 '죽도와 그 외 1도(竹島外一島)'의 '一島'가 바로 '松島'(독도)를 가리키는 것임을 설명하는 다음과 같은 문서를 첨부하였다.

「다음에 一島가 있는데 松島(송도, 독도 — 인용자)라고 부른다. 둘레의 주위는 30정보 정도이며, 竹島(죽도, 울릉도 — 인용자)와 동일선로에 있다. 隱岐(은기)로부터의 거리가 80리 정도이다. 나무나 대는 드물다. 바다짐승이 난다.」

즉 일본 내무성이 1696년 1월의 도쿠가와막부 장군의 울릉도(죽도)·독도(송도)를 조선영토로 재확인하여 결정할 때의 문서를 필사 정리하여 태정관에게 제출한 질품서 부속문서에서 "다음에 一島가 있는데 松島(송도, 독도)라고 부른다"고 하여 '그 외 一島'가 松島(독도)임을 명확히 밝히고 있는 것이다.

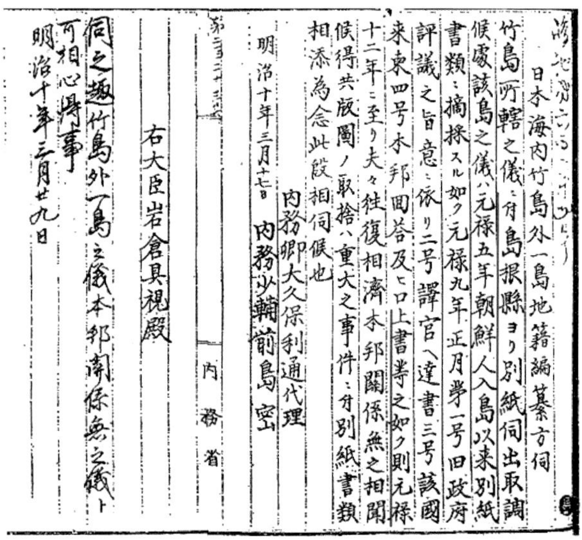
日本海内竹島外一島地籍編纂方伺
竹島所轄之儀ニ付島根縣ヨリ別紙伺出取調
候處該島之儀ハ元禄五年朝鮮人入島以来別紙
書類ニ摘採スル如ク元禄九年正月第一号旧政府
評議之旨意ニ依リ二号譯官ヘ達書三号該國
来柬四号本邦回答及ヒ口上書等之如ク則元禄
十二年ニ至リ夫々往復相済本邦関係無之相聞
候得共版圖ノ取捨ハ重大之事件ニ付別紙書類
相添為念此段相伺候也
内務卿大久保利通代理
明治十年三月十七日 内務少輔前島密
内務省
右大臣岩倉具視殿
伺之趣竹島外一島之儀本邦関係無之義ト
可相心得事
明治十年三月廿九日

그림 II-9-2. 1877년 일본 내무성이 태정관에 울릉도와 독도를 일본영토 지적에 포함시킬 것인가에 대한 최종결정을 요청한 질품서와 태정관이 울릉도와 독도는 일본과 관계없는 곳이라고 결정하여 내린 지령문을 첨가 기록한 공문서. (일본 국립공문서관 소장, 자료: 신용하 교수)

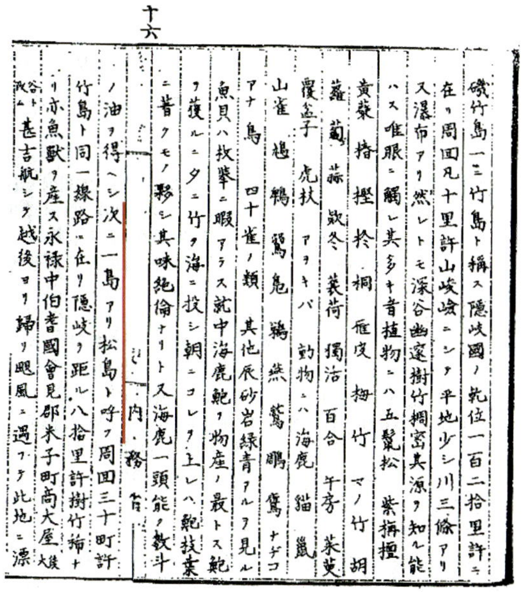

十六

磯竹島一ニ竹島ト稱ス隱岐國ノ乾位一百二拾里許ニ
在リ周回凡十里許山峻嶮ニシテ平地少シ川三條アリ
又瀑布アリ然レトモ深谷幽邃樹竹稠密其源ヲ知ル能
ハス唯眼ニ觸レ其多キ者植物ニハ五鬣松 紫檀
黄蘗 椿 樫 桧 桐 雁皮 梅 竹 マノ竹 胡
蘿蔔 蒜 款冬 蘘荷 獨活 百合 牛蒡 茱萸
覆盆子 虎杖 アラキバ 動物ニハ海鹿 猫 鼠
山雀 鳩 鴨 鸕 鳧 鵜 燕 鷲 鵰 鷹 ナゾコ
アナ島 四十雀ノ類 其他辰砂岩緑青アルヲ見ル
魚貝ハ枚擧ニ暇アラス就中海鹿鮑ヲ物産ノ最トス鮑
ヲ獲ルニ夕ニ竹ヲ海ニ投シ朝ニコレヲ上レハ鮑枝葉
ニ著クモノ夥シ其味絶倫ナリト又海鹿一頭能ク數斗
内務省
ノ油ヲ得ヘシ次ニ一島アリ松島ト呼フ周回三十町許
竹島ト同一線路ニ在リ隱岐ヲ距ル八拾里許樹竹稀ナ
リ亦魚獸ヲ產ス永祿中伯耆國會見郡米子町商大屋(大谷)
甚吉航シテ越後ヨリ歸リ颶風ニ遇テ此地ニ漂

그림 II-9-3. 일본 내무성이 1877년 울릉도(죽도)와 그 외 1도를 일본영토 지적에 포함시킬까에 대하여 2섬이 일본과 관계없는 곳이며 조선영토라고 판단하여 태정관에게 최종결정을 요청하는 질품서를 제출할 때, 죽도 외 1도가 송도(독도)임을 가리킨 부속문서. (일본 국립공문서관 소장, 자료: 신용하 교수)

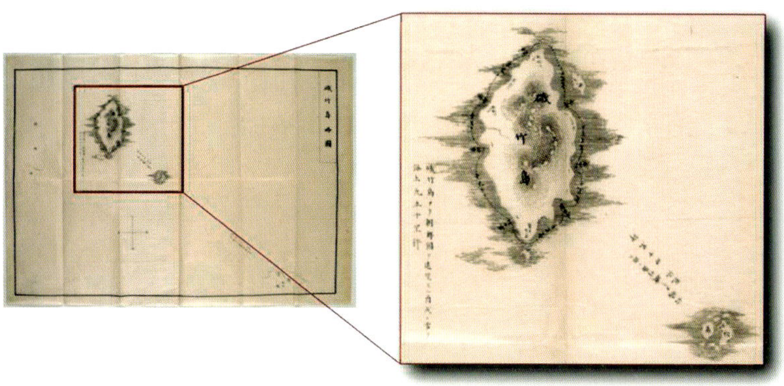

그림 II-9-4. 죽도(기죽도, 울릉도)와 그 외 1도(독도, 송도)가 독도임을 증명하는 태정관 문서의 부속지도인 「기죽도약도(磯竹島略圖)」. (자료: 선우영준 박사)

일본 내무성은 약 5개월간의 정밀한 재조사 결과 "울릉도(竹島)와 그 외 1島인 독도(우산도, 松島)"는 일본과 관계없는 곳이고 조선영토로 판단 결정하였다. 그러나 영토에 대한 취사선택은 중대한 문제이므로 그 최종결정을 국가최고기관인 태정관에게 요청한 것이었다.

태정관(총리대신부)에서는 이를 다시 검토해 보고 울릉도(竹島)와 그 외 1섬 독도(松島)는 내무성의 판단과 같이 역시 일본과는 하등 관계가 없는 곳이고 조선영토라고 판정하여 최종결정을 내렸다.

[제 49 문] 일본 메이지 정부 최고국가기관인 '태정관'은 '독도'를 어느 나라 영토로 확인하였는가?

[답] 태정관(총리대신부, 右大臣 岩倉具視)에서는 먼저 내무성의 질품서를 접수하여 검토한 후, 조사국장의 기안으로 1877년 3월 20일 "품의한 취지의 竹島(죽도, 울릉도) 外 1島(松島, 독도)의 건에 대하여 본방(本邦, 일본 — 인용자)은 관계없다는 것을 심득(心得)할 것"이라는 지령문을 작성하여 이를 최종결정하였다.

> 「별지 內務省 품의 日本海內竹島外一島地籍編纂之件.
> 위는 元祿 5년 조선인이 入島한 이래 舊政府와 該國[조선]과의 왕복의 결과 마침내 本邦[일본]은 관계가 없다는 것을 들어 상신한 품의의 취지를 듣고, 다음과 같이 指令을 작성함이 가한지 이에 품의합니다.
>
> 指令按
> 품의한 취지의 竹島 外 一島의 건에 대하여 本邦[일본]은 관계가 없다는 것을 心得할 것.」

위의 태정관의 지령문에서 "죽도(울릉도)와 그 외 1도(송도, 우산도,

독도)가 일본과 관계없다"는 것은 그 앞에 "위는 元祿(원록) 5년 조선인(안용복 — 인용자)이 입도한 이래 그 나라(조선 — 인용자)와 (문서) 왕복의 결과 일본과 관계없다"고 본문에서 설명한 바와 같이 '조선영토'이므로 일본과 관계가 없다고 명백히 밝혀 최종결정한 것이었다.

태정관 용지에 작성된 이 귀중한 '태정관 공문서'의 지령문에는 태정관 우대신 岩倉具視(이와쿠라 도모미, 메이지 유신의 최고지도자의 하나)의 도장이 찍혀 있다. 일본의 최고국가기관인 태정관은 최종결정한 이 지령문을 1877년 3월 29일 정식으로 내무성에 내려 보내어 지령의 절차를 완료하였다.

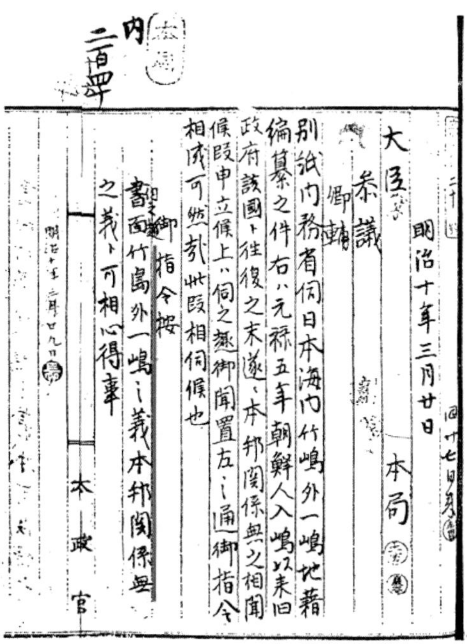
明治十年三月廿日

大臣

參議

卿輔

別紙内務省伺日本海内竹嶋外一嶋地籍編纂之件右ハ元祿五年朝鮮人入嶋以来旧政府該國ト往復之末遂ニ本邦関係無之相聞候段申立候上ハ伺之趣御聞置左ノ通御指令相成可然哉此段相伺候也

御指令按

書面竹島外一嶋之義本邦関係無之義ト可相心得事

明治十年三月廿九日

本局

太政官

그림 II-9-5. 1877년 일본 태정관이 울릉도와 독도를 조선영토라고 판단하여 "울릉도와 그 외 1도 독도는 일본과 관계없는 곳"이므로 일본 지적에 포함시키지 말라는 결정을 내무성에 내려 보낸 태정관 공문서. (일본 국립공문서관 소장, 자료: 신용하 교수)

일본 내무성은 태정관의 이 지령문을 1877년 4월 9일자로 시마네현에 내려 보내어 현지에서도 이 문제가 완전히 종결을 짓게 되었다. 일본 메이지 정부의 최고국가기관인 태정관은 1877년 3월 29일자로 "울릉도와 독도가 일본과는 관계가 없는 곳이고 조선영토이다"라는 최종결정의 지령문을 재확인하여 공문서로서 내무성과 시마네현에 내려 보낸 것이었다. 당시 일본 최고국가기관의 울릉도·독도가 조선영토이고 일본영토가 아니라는 1877년 3월 29일자의 이 최종결정은 그에 앞서 도쿠가와막부 장군이 1696년 1월 28일 내린 결정과 같이 획기적인 것이었다.

메이지 유신 당시 일본 최고국가기관인 태정관이 울릉도·독도를 조선영토이고 일본영토가 아니라는 요지의 최종결정을 내려서 내무성과 시마네현에 공문서로 지령한 것은 "독도는 한국영토이다"는 진실을 일본측 자료가 재확인하는 결정적 자료이며, 오늘날 일본정부가 억지를 쓰는, 독도가 일본영토라는 주장의 허구성을 잘 증명해 주는 결정적 일본공문서라고 할 수 있다.

일본 외무성은 『2008년-10포인트』(4)에서 1696년 1월 일본 도쿠가와막부(旧政府)가 취소한 것은 '울릉도(竹島)도해면허'뿐이고, '독도(松島)도해면허'는 취소하지 않았다고 주장했는데, 1877년 3월 17일자 내무성 문서(이 책의 p. 182 참조)와 태정관 문서는 외무성 주장이 사실이 아님을 잘 증명해 준다. 위의 내무성 문서와 태정관 문서는 원록(元祿) 5년(1693) 조선인(안용복)이 일본에 온 후 도쿠가와막부(구정부)와 조선정부가 외교문서 왕복 후 울릉도(竹島)뿐만 아니라 그 외 1도(독도, 松島)도 일본과 관계없는 조선영토임을 재확인하여, 독도(松島)도해면허도 취소되고, 독도에의 도항이 금지되었음을 알려주고 있는 것이다.

[제 50 문] 일본 육군은 조선의 독도영유권을 인지하였는가 또는 부정

하였는가?

[답] 일본 메이지 정부의 육군도 독도가 조선영토임을 인지하였다.

일본 육군은 육군성 참모국이 1875년(메이지 8년)에 「조선전도(朝鮮全圖)」를 편찬했는데, 울릉도(竹島)와 함께 독도(우산도, 松島)를 조선영토로 표시하였다.

그림 II-9-6. 일본 육군성 참모국의 「조선전도(朝鮮全圖)」. (자료: 이상태 교수)

일본 육군의 이러한 관점은 20세기에도 계속되었다. 예컨대 1936년 일본 육군참모본부(육지측량부)는 일본제국의 지배영토를 원래의 병탄 구역별로 나누어 표시한 「지도구역일람도(地圖區域一覽圖)」를 편찬 발행했는데, 이 지도에서 독도를 울릉도와 함께 '조선 구역'에 넣어 표시하였다. 이 지도는 일제 패망(1945) 후 연합국최고사령관이 일본제국을 해체시켜 병탄된 영토를 원주인에게 돌려줄 때 독도를 한국에 반환할 때의 중요한 일본측 근거자료의 하나로 연합국최고사령관에 의하여 사용되었다.

[제 51 문] 일본 해군은 조선의 독도영유를 인지하였는가 또는 부정하였는가?

[답] 일본 해군도 독도를 조선영토로 판단하였다. 일본 해군성 수로국은 영국·러시아 등 서양 선박들이 조사·측량한 자료들을 번안 편집해서 1876년에 「조선동해안도(朝鮮東海岸圖)」를 편찬했는데, 독도를 울릉도와 함께 '조선동해안'에 포함시켜 조선영토로 표시하였다. 또한 러시아 군함이 '독도'를 3.5마일 정북(正北) 방향에서 그린 독도 그림, 북서 10도 방향 5마일 거리에서 그린 독도 그림, 북서 61도 방향 14마일 거리에서 그린 독도 그림을 「일본서북해안도」에 넣지 않고 억지로 공간을 넓혀 가면서 「조선동해안도」에 넣어 독도가 '조선영토'임을 더욱 명백히 표시하였다. 일본 해군성은 그 후 1887년 「조선동해안도」의 재판을 낼 때에도 동일 방식으로 독도를 조선영토로 표시하였다. 그 후에도 판이 거듭되었는데, 일본 해군성의 「조선동해안도」의 모든 판본들은 1905년까지 독도를 조선영토로 표시하였다.

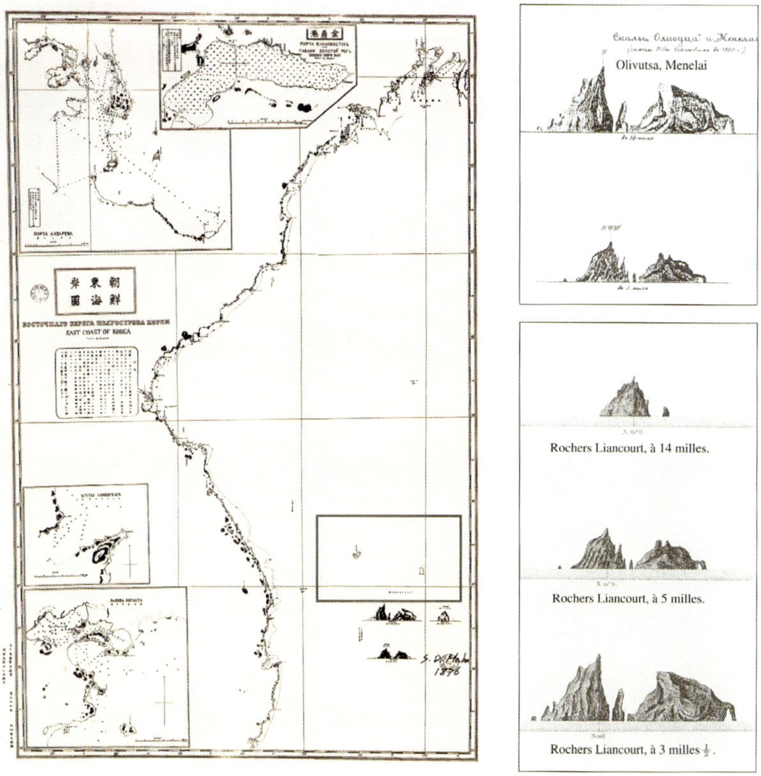

그림 II-9-7. 「조선동해안도(朝鮮東海岸圖)」. (서울대학교 규장각한국학연구원 소장)

일본 해군성은 1886년에 세계수로지인 『환영수로지(寰瀛水路誌)』를 편찬했는데, 독도를 '리앙코르드岩(암)'이라는 이름으로 '조선동안(朝鮮東岸)'에 수록하였다. 또한 일본 해군성은 1889년에 『환영수로지』 편찬을 중단하고 이를 『일본수로지』, 『조선수로지』 등 국가영토별로 분류하여 편찬하기 시작하였다. 이때 '독도(리앙쿠르드岩)'를 『일본수로지』와 『조선수로지』 중 어느 쪽에 넣는가를 살펴보면 일본 해군의 판단과 결정을 알 수 있다. 이때 해군성은 '독도(리앙쿠르드岩)'를 『조선수로지』에만 넣고 『일본수로지』에는 넣지 않음으로써 '독도(리앙쿠르드岩)'를 조선영토로 표시하였다.

일본 해군은 명백하게 '독도'를 조선영토로 간주하고 판정한 것이었다.

[제 52 문] 현재의 일본정부는 『수로지』는 초국가적으로 '수로'를 설명하는 것이므로 국가별 영토의 의미는 없다고 반박한다는데, 이것은 사실인가? 『수로지』도 영토 개념을 포함하고 있는가?

[답] 『수로지』 앞의 접두어에 '국가 명칭'이 있으면 영토 개념을 포함한다. 예컨대 일본 해군성 수로국은 조선이 독립국가였을 때에는 『조선수로지』를 독립시켜 편찬해서 조선영토의 수로는 이에 포함시켰다가 조선이 1910년에 일본의 식민지로 되자 『조선수로지』 발행을 중단하였다. 그리고 1911년부터는 '조선'을 『일본수로지』 제6권으로 편찬하면서 그 이유를 "이 책은 조선전안(朝鮮全岸)의 수로로서 메이지 43년(1910년—인용자) 조선을 우리 제국이 병합했기 때문에 『일본수로지』 제6권이라고 제목하여 간행한다"고 서문을 썼다. 수로지가 국가별 영토 개념을 포함함을 확인할 수 있다.

일본 해군성은 '독도(리앙쿠르드岩)'를 1905년 2월 이전까지는 항상 '조선영토'로 간주하여 『조선수로지』에 넣고 『조선지도』에 넣었으며, 『일본수로지』에는 포함시키지 않았다. 일본 해군성이 독도를 『일본수로지』에 처음 포함시키기 시작한 것은 일제가 1905년 2월 독도를 대한제국 정부 몰래 침탈하여 시마네현에 포함시킨 이후부터이다. 일본 해군성은 1907년의 『일본수로지』 제4권의 해도(海圖)에서 은기도 북방에 처음으로 작은 점을 그려 넣어 독도를 표시하기 시작하였다.

『조선수로지』의 독도 포함과 표시 설명은 일본 해군이 독도를 조선영토로 간주한 사실의 훌륭한 증명이 된다.

일본의 메이지 정부는 1905년 이전까지는 외무성, 내무성, 태정관, 육군성, 해군성을 막론하고 '독도'를 조선영토라고 명확히 인지하여 재확인하고 있었다.

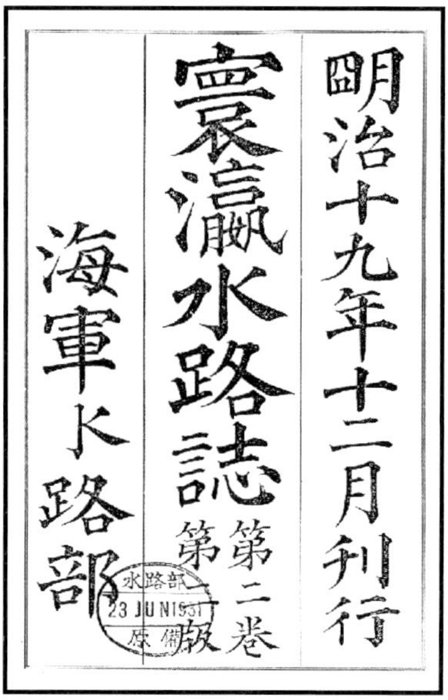

明治十九年十二月刊行

寰瀛水路誌 第二巻 第一版

海軍水路部

그림 II-9-8. 『환영수로지(寰瀛水路誌』

明治二十七年十一月刊行

朝鮮水路誌 全

水路部

그림 II-9-9. 『조선수로지(朝鮮水路誌)』

제 10 장
조선왕조의 울릉도·독도 재개발정책

[제 53 문] 조선정부는 서양과 일본이 함선을 파견하여 울릉도와 독도를 실측조사하고 '죽도'니 '송도'니 '리앙쿠르드岩(암)'이니 하고 자의로 이름을 바꾸어 붙이며 해안과 영토를 넘보고 있을 때 무엇을 하고 있었는가? 잠만 자고 있었는가?

[답] 조선정부도 서서히 각성하고 있었다. 울릉도에 대한 '쇄환공도정책'을 폐기하고 울릉도에의 국민 이주를 허가하여 울릉도 및 독도를 재개척하려는 움직임이 대두하였다.

일본에서 1868년 도쿠가와막부 정권이 붕괴되고 메이지 유신정권이 수립됨과 동시에 '정한론'과 대외 팽창이 적극 고취되자, 도쿠가와막부 시대 말까지 국경을 넘어 울릉도·독도에 건너가지 못했던 일본인들이 국경을 넘어 울릉도에 몰래 들어와서 목재를 베어 가고 고기잡이를 하는 무리들이 점차 증가하게 되었다. 이 사실을 1881년 울릉도를 순시(巡視)·수토(搜討)하러 다녀온 조선 수토관들이 적발하여 강원도관찰사를 통하여 중앙정부에 보고하였다.

조선왕조의 개항 후에 설치된 새 행정기구인 통리기무아문(統理機務衙門)은 이 문제에 대한 대책으로 ① 일본정부에 항의 문서를 보내어 일본인들의 울릉도 불법 침입에 대한 금지령의 실시를 요구하고, ② 울릉도 방위와 수호를 위하여 부호군(副護軍) 이규원(李奎遠)을 울릉도검찰사(鬱陵島檢察使)에 임명해서 자세한 현지조사를 실시한 후 그 보고를 검토해서 울릉도 '공도정책'의 폐기 여부와 '재개척' 여부를 결정하기로 하여, 이 대책안을 국왕에게 건의하였다.

국왕도 통리기무아문의 건의를 윤허하여, 이규원을 1881년 5월 23일 '울릉도검찰사'에 임명하였다.

울릉도검찰사 이규원은 발령 후 출발 준비를 마치고 출발하면 벌목철이 지나서 일본인들이 철수해 버린 다음이 될 것이므로, 출발 예정일을 다음해로 넘겼다. 그 결과 이규원이 울릉도 현지조사를 위하여 정작 서울을 출발한 것은 1882년 음력 4월 10일이었다.

이규원은 출발에 앞서 4월 7일 국왕을 알현하여 하직 인사를 올렸는데, 이 자리에서 국왕은 울릉도 동쪽 30리 정도의 거리에 '우산도(독도)'가 있고, 또 '송죽도(松竹島)'라는 섬이 있어서 3섬이 있다는 설도 있으니 이것도 조사해 오도록 하고, 울릉도 현지조사 때에는 사람을 이주시켜 읍(邑)을 설치할 만한 후보지를 조사해 오라고 명령하여, 울릉도 '재개척'의 의지를 강력하게 보이었다.

[제 54 문] 울릉도검찰사 이규원이 울릉도에 들어가 현지조사를 실행한 결과는 어떠하였는가? 일본인들이 실제로 울릉도에 몰래 침입하여 벌목을 하고 있었는가?

[답] 일본인들과 본국인(조선인)들이 모두 다수가 몰래 들어와 목재를 벌채하기도 하고, 배를 만들기도 하며, 고기잡이도 하고 있었다.

울릉도검찰사 이규원은 배 3척에 102명으로 구성된 대규모 현지조사단을 편성하였다. 이규원 일행은 1882년 음력 4월 29일 3척의 배에 나누어 타고 강원도 평해(平海)의 구산포(邱山浦)에서 출발하여 4월 30일 울릉도 서면 소황토구미(小黃土邱尾)에 도착하였다. 5월 초 1일부터 만 6일간을 도보로 울릉도 섬 안을 현지답사하면서 조사했으며, 다음에는 또 2일간 배편으로 울릉도 해안을 한 바퀴 돌면서 해안 조사를 실시하였다.

이규원 일행은 이 과정에서 울릉도 바로 옆에 있는 바위섬 죽서도(竹嶼島, 혹은 竹島라고 통칭)는 찾아내어 관찰했으나, 울릉도로부터 49해리나 떨어진 우산도(于山島, 독도)는 울릉도 체류자들로부터 그 존재의 사실만을 듣고 현지조사는 풍랑이 두려워 실행하지 못하였다. 이규원 일행은 출발 당시부터 풍랑에 놀랐었고, 울릉도에 도착한 후에는 새벽마다 풍랑을 재워 달라고 산신제를 올리는 상태에 있었기 때문이었다.

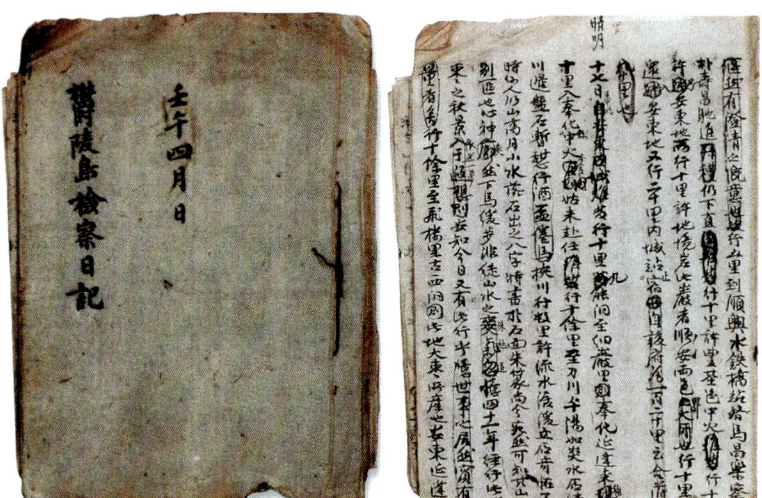

그림 II-10-1. 이규원의 『울릉도검찰일기(鬱陵島檢察日記)』와 글씨. (자료: 이상태 교수)

그러나 이규원 일행은 고대 우산국의 터전이 울릉도(鬱陵島) · 죽서도(竹嶼島) · 우산도(于山島, 독도)의 3도로 구성되었다는 인식을 확고하게 정립하고 돌아왔다.

울릉도검찰사 이규원 일행이 울릉도 현지조사에서 검찰한 내용 가운데, 울릉도 · 독도 재개척과 관련된 몇 가지 사항을 그의 일기와 보고서에서 간추려 들면 다음 사실이 특히 주목된다.

(1) 울릉도에 들어가 있는 본국인(조선인)은 모두 140명이었는데, 출신 도별로 보면 전라도가 115명(전체의 82퍼센트), 강원도(평해)가 14명(10퍼센트), 경상도가 10명(7퍼센트, 경주 7명, 연일 2명, 함양 1명), 경기도(파주)가 1명이었다. 전라도 출신의 내역을 보면 흥양(興陽)의 삼도(三島) 출신이 김재근 등 24명과 이경화 등 14명, 흥양의 초도(草島) 출신이 김내언 등 13명과 김내윤 등 23명과 김근서 등 20명, 낙안(樂安) 출신이 이경칠 등 21명이었다. 전라도 출신들은 남해안 섬이나 해안에 거주하는 사람들이 마을사람 집단별로 한 배에 13~24명씩 태우고 들어와서 그 집단별로 막사를 치고 체류하면서 나무를 베어 배를 만들고 있었다.

(2) 본국인(조선인)이 하고 있던 작업을 보면, 나무를 베어 배(선박)를 만들고 있는 사람이 129명(전체의 92.2퍼센트), 인삼 등 약초를 캐는 사람이 9명(6.4퍼센트), 대나무를 베는 사람이 2명(1.4퍼센트) 등이었다. 전라도(115명)와 강원도(14명)에서 온 사람들은 모두 13~24명씩이 1집단을 이루어 막사를 치고 살면서 재목을 베어서 배(선박)를 만들고 때때로 미역 따기와 고기잡이를 하다가 배(선박)가 다 만들어지면 이 새 배에 미역과 물고기를 싣고서 돌아가고 있었다. 경상도 경주에서 온 7명과 함양에서 온 1명(全錫奎, 士族), 경기도 파주에서 온 1명은 산삼과 약초를 캐고 있었다. 경상도 연일에서 온 2명은 대나무를 베고 있었다.

(3) 울릉도에 침입한 일본인은 모두 78명이었다. 그들은 모두 재목을

베어 실어 가려고 들어와 있었으며, 해안에 나무를 다듬어 판재(板材)를 만드는 곳이 18개소 있었다. 일본인들과 필담을 해 보니, 그 응답의 요지는 ① 일본의 동해도(東海島) · 남해도(南海島) · 산양도(山陽島) 사람들 78명이 올해 4월에 울릉도에 들어와서 막사를 치고 벌목을 하고 있으며, ② 올해 8월에 일본에서 선박이 오면 목재와 판재를 싣고 돌아갈 예정이고, ③ 조선정부가 울릉도 재목의 벌채를 금지하고 있음을 알지 못하고 있었을 뿐만 아니라, ④ 울릉도가 『일본제국지도(日本帝國地圖)』에 '松島(송도)'라고 표시되어 일본영토로 알고 있다고 응답한 일본인들도 있었으며, ⑤ 2년 전에도 울릉도에 들어와 재목을 벌채하여 실어 갔고, ⑥ 울릉도 남포(南浦)에는 울릉도를 '일본국 송도(松島)'라고 쓴 푯말이 세워져 있다는 것이었다.

(4) 검찰사 일행이 울릉도의 장작지포(長斫之浦)에 도달해 보니 해변의 돌길 위에 길이 6척, 넓이 1척의 표목(標木)이 세워져 있었다. 그 표목의 앞면 위에는 "대일본제국 송도 규곡(大日本帝國 松島 槻谷)"이라고 씌어 있고, 좌변에는 "메이지 2년 2월 23일 기암충조 건립(明治二年二月二十三日 崎岩忠照 建立)"이라고 씌어 있었다. 일본인이 1869년에 울릉도에 들어와서 일본국의 '松島(송도)'라는 표목을 세우고 간 것이었다.

(5) 울릉도를 재개척하여 읍(邑)을 세우는 경우의 주거지로는 나리동(羅里洞)이 길이가 10여 리요 둘레가 40여 리로서 몇 천 호를 거주시킬 수 있고, 그 밖에도 100~200호를 수용할 수 있는 곳이 6~7처가 있음을 조사하였다. 또한 포구(浦口)는 14개처가 있으며, 물산은 비교적 풍부하고, 대표적 물산으로서 43종을 들어 보고하였다.

조선왕조의 중앙정부는 이 현지조사보고에 의하여 1882년 5월 당시의 울릉도의 실태를 정확히 파악하게 되었다.

[제 55 문] 그러면 조선의 중앙정부에서는 국왕과 대신들이 이때 어떻게 대응하였는가? 울릉도 '쇄환공도정책'과 '수토정책'을 폐기하고 '재개척정책'을 채택하여 시행하였는가?

[답] 조선조정은 먼저 주조선 일본공사 하나부사(花房義質)에게 항의 문서를 보내고, 이어서 종래의 울릉도 '공도정책'을 폐기함과 동시에 울릉도 '재개척정책'을 채택하였다.

울릉도검찰사 이규원은 1882년 음력 6월 초5일 국왕에게 복명서를 바치고 알현하는 자리에서, 일본인이 울릉도에 '일본국 松島(송도)' 운운한 나무푯말을 세운 일에 대하여 주조선 일본공사 하나부사와 일본 외무성에 항의 문서를 발송할 것을 건의하였다. 국왕은 즉각 이를 채택하여 정부로 하여금 일본공사와 일본 외무성에 항의 문서를 보내도록 명령하였다.

그러나 1882년 7월 '임오군란'이 일어나서 모든 정책이 일시정지 상태에 들어갔다. '임오군란'이 일단 수습되자, 영의정 홍순목(洪淳穆)은 울릉도 '재개척'이 시급하다면서, 1882년 음력 8월 20일 울릉도 재개척의 방법을 국왕에게 건의하였다.

그 요지는 ① 울릉도는 바다 가운데 외로이 떨어져 있어도 토지가 비옥하니 우선 자원하는 백성들을 모집하여 농경지를 개간케 하고, ② 개간한 농경지에 대해서는 5년간 면세하는 특혜를 주면 백성들이 모여들어 점차 취락을 이룰 것이며, ③ 영남과 호남의 조운선(漕運船, 세곡(稅穀)을 실어 나르는 배)을 만드는 일은 울릉도에 들어가서 재목을 베어 만들도록 공적으로 허락하여 명령하고, ④ 울릉도 관리인으로서 검찰사 이규원에게 물어 천거받아서 근실한 사람으로 島長(도장)을 임명해 보내서 이주민들의 규율과 질서를 만들어 세우도록 하며, ⑤ 먼저 설읍

(設邑, 읍을 세우는 일)한 다음에는 뒷날 설진(設鎭, 군사주둔지를 세우는 일)할 뜻을 미리 강론하여 강원도관찰사에게 분부해서 이주민을 보호하도록 준비시킨다는 것이었다. 국왕은 즉각 이 건의를 윤허하고 채택하였다. 그리하여 1882년 음력 8월 20일 울릉도 '쇄환공도정책'은 폐기되고 역사적인 울릉도 '재개척정책'이 채택되었다.

조선조정은 이규원의 천거에 의하여 함양에서 일찍이 산삼과 약재를 구하러 울릉도에 출입한 전석규(全錫奎)를 도장(島長)에 임명하고, 울릉도 재개척사업을 준비시켰다.

[제 56 문] 울릉도 '재개척사업'은 정책 채택 직후 바로 실시되었는가? 언제 어떻게 울릉도 '재개척사업'이 본격적으로 실행되었는가? 최초의 재개척민은 어떠한 사람이었는가?

[답] 울릉도 '재개척정책'이 채택된 8월 20일은 이미 가을이어서 재개척사업의 실시에는 적합하지 않은 계절이었다. 그리하여 1883년 음력 3월부터 본격적으로 울릉도 '재개척'사업이 실행되기 시작하였다.

국왕은 우선 1883년(고종 20년) 음력 3월 16일 통리기무아문 참의 김옥균(金玉均)을 '동남제도개척사 겸 관포경사(東南諸島開拓使 兼 管捕鯨事)'에 임명하고, 임지로 떠날 때 일일이 웃어른들에게 인사하는 절차를 면제하니, 편리한 대로 왕래하면서 왕에게 직접 결과를 보고하도록 하였다.

여기서 주목할 것은 김옥균을 '울릉도개척사'에 임명하지 않고 '동남제도개척사'에 임명한 사실이다. 그 이유는 국왕이 울릉도검찰사 이규원을 파견할 때와 보고를 받을 때 울릉도(옛 우산국)가 ① 울릉도, ② 죽서도(죽도, 울릉도 바로 옆의 작은 바위섬), ③ 우산도(독도)의 3도로 구성되었음을 확인했기 때문이었다. 이 때문에 김옥균의 직책은 '울릉도' 재개척과 함께 '죽서도'와 '독도'(우산도) 재개척도 과업으로 되어 동남 여러 섬들(울릉도·죽서도·독도=우산도)의 재개척 사신으로 임명된 것이었다.

즉 김옥균의 직책은 ① 울릉도를 재개척할 뿐 아니라 ② 울릉도 바로 옆의 작은 바위섬 죽서도(죽도)와 ③ 우산도(독도)도 재개척하며, ④ 울릉도·독도 일대의 '고래잡이'도 관장하는 책임자가 된 것이었다. 당시 동해는 세계적인 고래잡이 어장이었다. 김옥균의 '동남제도개척사' 직책에 '독도=우산도' 재개척과 관리가 이미 1883년 3월에 포함되어 있었음을 주목할 필요가 있다.

김옥균은 즉각 울릉도 이주민 최초의 자원자를 모집하고, 최초의 이주민을 위한 물자 준비를 하였다. 현재 규장각(奎章閣) 도서에 1883년 4월자로 된 『울릉도개척시 선격량미잡물용입가량성책(鬱陵島開拓時 船格糧米雜物容入假量成冊)』이라는 책이 있는데, 이것이 강원도관찰사를 시켜서 김옥균이 최초의 이주민을 울릉도에 보낼 때 준비한 물자이다. 그 내용을 보면, 선박 4척, 사공과 격군 40명, 종자로 쓸 벼 20석, 콩 5석, 조 2석, 팥 1석, 인솔 인구 30여 명이 9월까지 식량으로 사용할 백미(쌀) 60석, 기계에 들어갈 철물 40근, 가마솥 2좌, 사기 6죽, 숟가락과 젓가락 30개, 돗자리 3죽, 고추 3통, 소금 5석, 간장 5석, 목수 2명, 대장장이 2명, 백목 5필, 마포 5필, 삼신발 5죽, 짚신 5죽, 소 암수 2마리, 사기옹기 5좌, 총 3자루, 총검 4자루, 탄환 300개, 화약 3근, 동로구(銅[illegible]爐口) 2좌 등이었다.

또한 김옥균은 최초의 이주민 자원자를 모집했는데, 처음에는 모두 16호 54명이 응모하였다. 이에 1883년 음력 4월, 최초의 이주민 16호 54명이 수백 년 비워 두었던 울릉도에 도착하여 마을을 만들면서 농경지를 개간하기 시작하였다.

이 최초의 이주민 자원자와 그들이 만든 마을과 개간한 농경지는 3개월 후인 1883년 7월에 다음과 같았다고 규장각 도서 『강원도 울릉도 신입 민호·인구·성명·연세 및 전토기간 수효 성책(江原道鬱陵島 新入民戶人口姓名年歲及田土起墾 數爻成冊)』은 기록하여 남기고 있다.

「大黃土浦(대황토포)

張德來(장덕래)－연세 72, 본 仁同, 처 김씨－연세 59, 본 安東, 아들 琦現(기현)－연세 33, 둘째아들 琦英(기영)－연세 25, 셋째아들 琦良(기량)－연세 6, 경상도 安義에서 들어옴. 개간 2石지.

金湏泰(김원태)－연세 65, 본 江陵, 아들 鐸鄕(탁향)－연세 37, 며느리 李氏－연세 35, 손자 辰燮(진섭)－연세 14, 둘째손자 在福－연세 2, 강원도 강릉에서 들어옴. 개간 1石지.

李回永(이회영)－연세 36, 본 平昌, 처 朴氏－연세 36, 본 密陽, 아들 仁甲(인갑)－연세 14, 둘째아들 義甲(의갑)－연세 11, 강원도 강릉에서 들어옴. 개간 1石지.

黃守萬(황수만)－연세 24, 본 增山, 처 李氏－연세 17, 본 平昌, 강원도 강릉에서 들어옴. 개간 1石지.

谷浦(곡포)

裵敬敏(배경민)－연세 33, 본 金海, 경기도에서 들어옴.

尹果烈(윤과열)－연세 40, 본 坡平, 경상도 善山에서 들어옴. 개간 1石지.

卞吉良(변길량)－연세 36, 경상도 延日에서 들어옴. 개간 半石지.

宋景柱(송경주)－연세 67, 본 礪山, 경상도 慶州에서 들어옴. 개간 5두락지.

金成彦(김성언)－연세 56, 본 慶州, 경상도 慶州에서 들어옴. 개간 10두락지.

錐峯(추봉)

田在桓(전재환)－연세 33, 본 潭陽, 처 朱씨－연세 34, 본 熊川, 아들 時龍(시룡)－연세 5, 둘째아들 越龍(월룡)－연세 3, 친족아저씨 旒(유)－연세 58, 친족아우 有桓(유환)－연세 31, 率人 裵尙三(배상삼)－연세 32, 거주지 대구. 강원도 울진에서 들어옴. 개간 3石지.

朱晉鉉(주진현)－연세 32, 본 綾城, 경상도 안동에서 들어옴. 개간 1石지.

玄浦洞(현포동)

鄭直源(정직원)－연세 70, 본 延日, 아들 雲杓(운표)－연세 31, 며느리 및 딸하 5명, 강원도 울진에서 들어옴. 개간 2石지.

趙鐘桓(조종환)－연세 39, 본 漢陽, 충청도 충주에서 들어옴. 개간 5두락지.

과부 李씨 母女, 충청도 충주에서 들어옴.

洪景燮(홍경섭)－연세 57, 본 南陽, 처 김씨－연세 55, 본 江陵, 아들 在翼(재익)－연세 34, 며느리 김씨－연세 36, 본 黃州, 손자 守曾(수증)－연세 5, 손녀－연세 11, 둘째손녀－연세 11, 둘째아들 在敬－연세 20, 강원도 강릉에서 들어옴. 개간 1石지.

崔在洽(최재흡)－연세 82, 본 江陵, 아들 亨坤(형곤)－연세 50, 며느리 김씨－연세 40, 손자 河龍－연세 13, 둘째손자 又龍－연세 7, 손녀－연세 22, 둘째아들 桂秀(계수)－연세 44, 강원도 강릉에서 들어옴. 개간 1石지.」

위에 열거한 최초의 이주민 자원자는 중남부 지방의 전국에서 응모하였다. 이 최초의 아주민 16호는 이룩한 마을별로는 대황토포(大黃土浦)에 4호, 곡포(谷浦)에 5호, 추봉(錐峰)에 2호, 현포동(玄浦洞)에 5호가 정착하여 농경지를 개간하였다. 후일 '독도의용수비대(獨島義勇守備隊)'를 편성하여 1950년대에 백성들의 힘으로 독도를 지킨 홍순칠(洪淳七)은 위의 최초의 이민자로서 곡포(谷浦)에 자리 잡은 홍경섭(洪景燮)의 손자였다. 그리하여 1883년 4월, 최초의 이주민 16호 54명과 그 이후 이주민들의 간고한 자연과의 투쟁 및 일제 침략자들과의 투쟁에 의하여 한국 영토 주권의 동변인 울릉도·독도와 동해의 새 시대가 열리게 된 것이다.

[제 57 문] 동남제도개척사 겸 포경사 김옥균은 울릉도·독도 재개척에 성공하였는가?

[답] 김옥균 등 개화당은 '근대국가' 의식이 강했기 때문에 울릉도·죽서도·독도에 일본인들이 들이닥칠 것을 염려하여 재개척사업에 열정

적이었다. 그 몇 가지 예를 들면 다음과 같다.

(1) 정부 주도하에 강원도·경상도·전라도 지역을 중심으로 이주민 지원자를 모집하여 울릉도에 이주시키고 적극 후원하였다. 그 결과 이주민 수가 1883~1884년에는 급속히 증가하였다.

(2) 정부와 개척사가 일본측에 일본인들의 울릉도 불법 침입에 강경하게 항의하고 요구하여 울릉도에 들어온 일본인들을 모두 철수시키는데 성공하였다. 일본 내무성은 1883년 9월 관리와 순경 등 31명을 태운 월후환(越後丸)이라는 배를 울릉도에 파견하여 그동안 울릉도에 불법 침입해서 거주하기 시작한 일본인 254명 모두를 태워 철수시켰다. 그 결과 울릉도에는 1명의 일본인도 남지 않게 되었다. 그것은 개척사 김옥균의 울릉도·독도 재개척사업의 큰 성과였다.

(3) 개척사 김옥균은 정부의 허락도 없이 미곡을 받고, 일본 천수환(天壽丸) 선장에게 울릉도 삼림벌채에 대한 허가장을 발급한 울릉도 도장 김석규(金錫奎)를 파면하고 처벌하였다. 김옥균은 울릉도 삼림을 국가가 외화를 벌 수 있는 매우 중요한 자원으로 간주하였다.

(4) 개척사 김옥균은 조선정부가 울릉도 삼림을 벌채하여 일본이 수출하는 정책을 채택하여 개화당 백춘배(白春培)를 1884년 8월 일본에 파견하여 일본 만리환(萬里丸) 선장과 판매 계약을 체약하였다. 김옥균은 울릉도 삼림벌채와 임업·어업 개발에 필요한 자금 조달을 위하여 울릉도 삼림을 담보로 차관 교섭을 하였다. 1884년 12월 갑신정변에 실패하여 김옥균 등이 일본으로 망명하자 개화당의 울릉도·독도 재개척사업은 일단 장벽에 부딪히게 되었다.

[제 58 문] 갑신정변 후에 울릉도·독도 재개척사업은 어떻게 되었는

가? 그것은 추진 주체가 없어서 중단되었는가? 일본인들은 울릉도에서 모두 철수한 후 다시 들어오려는 기도는 없었는가?

[답] 중단되지는 않았으나, 민비수구파 정부는 별로 관심이 없었다. 그래서 민비정부는 울릉도에 전임(專任) 도장(島長)을 두지 않고, 개항 이전 수토제도 때의 평해(平海)군의 월송포(越松浦) 수군만호(水軍萬戶)가 울릉도를 겸임으로 관리하게 하였다. 정부의 울릉도 재개척사업은 열의가 식었지만, 일반 백성들 사이에는 남해안 다도해 지방에서 울릉도에 이주하는 백성들이 꾸준히 증가하였다.

1894년에 온건개화파들이 집권하자 1894년 12월 울릉도 수토(搜討)제도를 폐지하고 다시 전임 도장을 두었다가, 1895년 8월에는 도장(島長)을 도감(島監)으로 바꾸어 판임관(判任官) 직급으로 격상시키고, 초대도감에 배계주(裵季周)를 임명하였다. 울릉도 재개척사업은 다시 활기를 띠었다.

『독립신문』에 1897년 3월 현재 울릉도 재개척사업 통계가 실려 있는데, 조성한 마을이 12개 동리, 호수가 397호, 인구가 1,134명(남자 662명, 여자 472명), 개간한 농경지가 모두 4,775두락이었다.

1894~1895년 청 · 일전쟁에서 일본이 승리하자 1895년 후반기부터 일본인들이 다시 울릉도에 불법 침입하여 목재를 공공연히 도벌하여 일본으로 싣고 가는 일이 격증하였다.

제 11 장
대한제국의 울릉도·독도 정책과 1900년 칙령 제41호의 반포

[제 59 문] 조선정부는 청·일전쟁 후 일본인들의 울릉도 불법 침입에 대하여 어떠한 조치를 취하였는가? 울릉도의 목재를 일본측과 러시아측에서 탐내었다면 큰 경제적 가치를 가졌기 때문이었을 터인데, 조선정부는 왜 이를 벌채하여 외국에 수출하는 정책을 수립하지 않았는가?

[답] 청·일전쟁 후 일본은 1895년 양력 10월 8일 경복궁을 야습하여 민비(명성황후)시해의 만행을 저질렀다. 이에 국왕 고종은 일본의 독수에서 벗어나기 위하여 1896년 2월 11일 국왕이 러시아공사관에 옮겨 들어가는 이른바 '아관파천(俄館播遷)'을 하였다.

국왕 고종이 러시아공사관 안에서 신정부를 조직하고 정사를 보자, 러시아측이 영향력을 행사하여 신정부는 친러수구파 정부로 조직되고, 국왕 고종도 러시아를 비롯한 서양열강의 이권침탈 요구를 많이 받게 되었다. 이때 러시아는 고종에게 압력을 행사하여 1896년 9월 "두만강·압록강 유역 대안 산림과 울릉도 삼림의 벌채권"을 러시아 회사(대표 J. I. Briner)에게 '이권(利權)'으로 25년간 양여하게 되었다. 그러므로 울릉도·독도는 조선(대한제국)의 영토였지만, 울릉도의 재목은 1896년 9월부터 25년간 제정 러시아가 '벌채권'을 갖게 된 것이었다.

따라서 1896년 9월 이후에는 조선정부는 울릉도의 나무를 벌채하여 외국에 수출할 수 없는 위치에 있었다. 1896년 9월 이후 일본인들의 울릉도 목재 불법 벌채에 대하여 주한 러시아 공사가 여러 차례 항의문을 보내왔다.

이 사이에 1897년 2월에 고종의 환궁이 있었고, 1897년 10월에는 국호를 '대조선'에서 '대한제국'으로 개정하고 독립 강화를 세계에 재선포한 역사적 사건이 있었다. 1899년 러시아측은 대한제국 정부에게 일본인들이 불법으로 울릉도에 들어와서 삼림을 벌채하여 실어 가고 있으니 이를 금지해 달라고 강력하게 항의해 왔다.

대한제국 정부는 무엇보다도 개항장이 아닌 한국영토에 일본인들이 불법 침입하여 함부로 삼림을 벌채해 간다는 데 놀라서 이를 중지시키고, 울릉도 이주민에 대한 행정관리를 위하여 1899년 5월 배계주(裵季周)를 울릉도 도감(島監)으로 재임명하여 파견하였다. 대한제국 정부는 러시아측과 일본측의 의구심을 해소하기 위하여 배계주와 함께 부산항 세무사(稅務司)로 근무하고 있는 외국인 세무사를 동행케 하여 울릉도에의 일본인의 침입 여부 실태를 관찰하여 보고하도록 하였다.

[제 60 문] 재부임한 울릉도 도감 배계주(裵季周)와 부산항 외국인 세무사의 울릉도 실태 보고는 어떠하였는가?

[답] 그들의 보고에 의하면, 1899년 5~6월 현재 울릉도에는 일본인 수백 명이 떼를 지어 불법침투해서 촌락을 만들어 거주하고 있었으며, 선박을 운행하면서 삼림을 연속하여 벌채해서 일본으로 운반해 가고 곡식과 물화를 밀무역하고 있었다. 울릉도 이주 한국인이 조금이라도 이를 말리면 일본인들은 칼을 빼어 들고 휘둘러 대면서 멋대로 폭동을 일으켜 꺼리기는 바가 조금도 없으므로, 한국인 이주민들은 모두 놀라고

두려워하여 안도하지 못하는 실정이라고 그들은 지적하였다. 울릉도 도감 배계주는 울릉도에 불법으로 들어온 일본인들과 그들의 행패가 결코 가벼운 것이 아니므로 중앙정부의 명령으로 엄격하게 단속하지 않으면 울릉도 이주민 한국인들이 이산하고 말겠기에 급히 보고하니 중앙정부가 적극 조치해 줄 것을 요청하였다.

이에 실태를 알게 된 대한제국 정부에서는 외부대신이 주한 일본공사에게 공문을 보내어, 울릉도에 불법 밀입도한 일본인들을 기한을 정하여 본국으로 돌려보내도록 하고, 개항장이 아닌 항구에서 밀무역한 죄에 대해서는 '조·일수호조규'(1876)의 약정에 의거해서 조사·징벌하여 후일의 폐단을 영구히 근절시켜 줄 것을 요구하였다.

[제 61 문] 대한제국 정부는 일본인들의 울릉도 불법 입도와 삼림벌채 및 불법행태에 어떠한 대응 정책을 취했으며, 일본인들의 불법 벌채를 금지시킬 것을 강력하게 요구해 오는 러시아측의 압력에 어떻게 대응하였는가?

[답] 대한제국 정부 학부는 울릉도와 독도가 대한제국 영토임을 국민과 전 세계에 홍보·교육하려고 「대한여지도」(1898), 「대한전도」(1899)를 간행하여 울릉도·독도가 한국영토임을 명백히 하였다. 또한 대한제국 정부는 주한 일본공사관을 통하여 일본인들을 철수시키려고 일본공사에게 공문을 보내었다. 그러나 일본공사의 답장은 오만불손하기 짝이 없었다. 예컨대 만일 일본인들의 범법 행위가 있으면 한국 관헌이 체포하여 가까운 일본영사에게 넘기도록 '조·일수호조규'에 규정되어 있으니 한국 관헌이 그렇게 하라는 것이었다.

대한제국 정부는 근본적 대책 수립이 필요함을 절감하고, 1899년 12

월에 내부관리 우용정(禹用鼎)을 울릉도 시찰위원으로 임명하여 일본측과 서양인을 포함한 '국제조사단'을 편성하여 파견해서 일본인의 불법 침입과 삼림 불법 벌채의 실태를 조사하고, 그 후 울릉도·독도의 행정 관제를 개정해서 격상시켜 울릉도·독도 행정관리를 강화하기로 하였다.

대한제국 내부는 울릉도에 가장 가까운 일본영사관으로서 부산 일본영사관의 책임자를 동행시키고 일본측에 교섭하였다. 그리하여 '국제조사단'은 대한제국 내부관리 우용정(禹用鼎)을 책임자로 하고 한국측은 부산감리서(釜山監理署) 주사 김면수(金冕秀)와 봉판(封辦) 김성원(金聲遠), 일본측은 부산 주재 일본영사관 부영사 아카츠카(赤塚正助)와 경부 1명, 서양인은 부산 해관 세무사 프랑스계 영국인 라포트(E. Laporte, 羅保得) 등으로 구성되어 1900년 5월 25일 울릉도 조사차 출발시켰다.

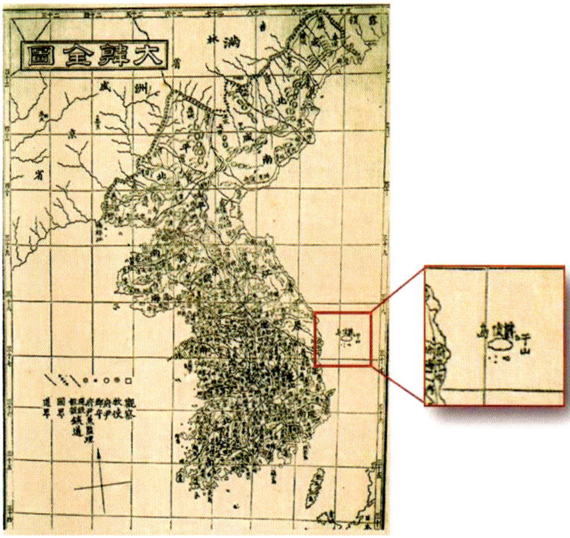

그림 II-11-1. 「대한전도(大韓全圖)」(1899). 대한제국 학부에서 『대한지지(大韓地誌)』의 부속지도로 제작 배포한 표준지도로 독도가 울릉도 동쪽에 위치하고, 경도와 위도가 당시의 기준으로 표시되어 있다. (자료: 이찬 교수)

[제 62 문] 우용정의 국제조사단 일행이 실제로 조사한 1900년 당시의 울릉도의 실태는 어떠하였는가? 일본인들이 밀입도하여 마을을 이루고 살면서 삼림을 벌채해 가고 있었는가?

[답] 우용정 일행은 1900년 5월 31일 울릉도에 도착하여 6월 1일부터 5일간 울릉도 실태를 조사한 다음 귀경하여 조사보고서를 제출했는데, 그 요지만을 간추리면 다음과 같다.

(1) 울릉도는 길이가 70리, 폭이 40리, 둘레가 약 140~150리의 섬인데, 규목(槻木) · 자단(紫檀) · 백자(栢子) · 감탕(甘湯) 등 귀한 나무들과 각종의 수목이 울창하다. 도민들이 개간한 토양은 비옥하여 거름을 주지 않아도 곡식이 잘 자라서 대맥(大麥) · 소맥(小麥) · 황두(黃豆) · 감저(甘藷) 등이 식량을 하고도 남아 판매하고 있다. 그간 개간된 농경지 면적은 7,700여 두락이며, 호수는 400여 호에 인구는 남녀 합하여 1,700여 명이다. 면화(綿花) · 마포(麻布) · 지속(紙屬) 등과 같은 것도 외부에서 들여오지 않고 자급하고 있다. 흉년에는 학조(鶴鳥)라는 날짐승과 명이(茗荑)라는 식물이 있어 구황(救荒)에 쓰이므로 기아를 면할 수 있다. 삼림이 울창함에도 맹수의 해와 가시 돋친 수목의 해가 없다. 오직 지세의 경사가 심하여 수전(水田) 농업을 할 수 없는 것이 아쉬운 점이다.

(2) 일본인 잠입 체류자는 57간(間)에 남녀 합하여 144명이며, 정박하고 있는 일본 선박은 11척인데, 내왕하는 상선(商船)은 일정하지 않아 정확한 숫자를 파악할 수 없다. 작년 이래 일본인들이 불법 도벌한 규목(槻木)은 71주이고, 그 밖에 향목(香木)과 잡목을 도벌한 것은 매거하기 어려울 만큼 많다. 또한 지난 1년에 일본인들이 감탕목(甘湯木)의 껍질을 벗겨 생즙을 내어 실어 간 것이 1,000여 통이나 되니 그들이 수년

만 더 살아도 산에 가득 찬 수목이 반드시 메말라 버리고 말 것이다. 또한 일본인들의 폭동과 행패도 매우 심하다. 그러나 도감은 단신빈주목이므로 비록 이를 금지하고자 해도 할 수 없는 형편이다. 일본인이 울릉도에 1일 와서 머물면 1일 해가 있고 2일 머물면 2일의 해가 있다. 이번 조사 때 그들은 마지못해 퇴거하겠다고 응답했는데, 원래 일본인들의 잠입이 조약 위반이니 일본공사에게 요구하여 철거시킨 연후에야 도민을 보호할 수 있고 삼림을 지킬 수 있을 것이다. 본 조사위원이 순시하는 중에도 일본상선 4척이 들어와서 이튿날 탐문해 보니 도끼와 톱 등을 장비하고 벌목장인 40명과 그 밖의 공장 등 모두 70여 명이 하륙(下陸)했다고 하였다. 일본 영사와 의논하여 일본인이 도벌을 못하도록 엄명을 내렸으나, 우리 배가 회선한 후 어떠한 침략과 폭행을 자행할지 걱정이니 이제 모두 철귀(撤歸)시켜야 할 것이다.

(3) 울릉도민의 교통과 통신을 담당할 우리 선박이 없어서 도민이 개운환(開運丸)이라는 이름의 범선 1척을 구입코자 하는데 그 대금을 변통할 방법이 없다. 이에 본 조사위원이 각동의 조사 때에 발견한 도벌한 규목 106주의 대금과 도벌 벌금 400금을 합하여 도민이 공의(公議)해서 개운환(開運丸)을 구입토록 하고 개운회사(開運會社)를 설립하여 경영하도록 일이 급하여 먼저 조처를 해놓고 돌아왔으니 사후 허락을 청한다.

(4) 개국 504년 9월 내부(內部)에서 울릉도에 도감을 두어 전도(全島)의 사무를 관장케 했으나 도감의 수하에 서기 사용(使傭)이 1명도 없고 또한 월봉(月俸)도 없으니, 혹시 도민의 불법행위가 있다 할지라도 어찌 지휘명령 실행을 할 수 있겠는가. 이 때문에 일본인과 우리 백성이 싸워 범법을 행하고도 관장(官長)을 두려워하지 않고 있다. 현재 울릉도관제청의서(鬱陵島官制請議書)가 의정부에 제출되어 재결을 기다리고 있는바, 도감(島監)의 월봉과 서기·사용의 월급을 반드시 울릉도 내에서

조달하도록 대책을 세워야 할 것이다. 경비조달의 방책은 울릉도의 호수가 이미 400여 호이니 매호당 여름에 보리 2두, 겨울에 콩 2두씩을 받으면 합계 80석이 되니 이를 분정(分定)하여 월봉과 경비에 사용토록 규칙을 만드는 것이 어떠한지 처분을 바란다.

(5) 울릉도의 세금은 미역세를 주로 하여 100분의 5율로 징수하는데, 대체로 전남 출신 어민들로부터 500~600원을 징수하고 있다. 본래 미역세는 100분의 10을 징수했던 것인데 근년에 도감(島監)이 전라민의 청원에 따라 100분의 5로 감해 준 것이다. 그러나 울릉도민의 의론은 모두 100분의 5율은 너무 가볍고 100분의 10도 오히려 가벼운 것이라고 한다. 그러므로 지금부터 100분의 10율을 다시 정하면 1년의 세액이 1,000여 원이 되므로 이로써 울릉도의 경비를 마련하는 데 적지 않은 도움이 될 것이다. 조선세(造船稅)는 매 1파(把)에 5냥씩을 징수하는데 매년 전라민의 조선(造船)은 10척 내외가 된다고 한다. 봉산금양(封山禁養)의 땅을 다른 나라 사람에 맡기는 것이 불가하므로 이제부터는 다시 여기서 조선할 뜻을 갖지 않도록 규칙을 만들었으면 한다.

(6) 일본인의 납세에 대해서는 도감(島監)이 새로 부임했던 병신(1896), 정유(1897) 이 두 해에는 혹 벌금을 징수하고 또한 화물의 100분의 2세를 징수했었으나, 수년 이래로 도감이 스스로 불개항장(不開港場)에서의 징세가 불가함을 알게 된데다 일본인들의 오만이 심하여 실제로 납세에 응하지 않고 있으므로 실제로는 세금을 징수하지 않고 있다.

(7) 작년 10월 1일 러시아 군함 1척이 와서 정박해서 장교 1명, 통역 1명, 병사 7명 등이 하육하여 8일간 체류하면서 산천을 둘러보고 지도를 작성했으며, 규목(槻木) 1주를 일본인으로부터 75냥에 구입하고, 명년 3월에 다시 오겠다는 뜻을 전하고 퇴거하였다. 그러나 울릉도의 사정은 우용정이 울릉도의 실태를 조사하고 회항한 바로 그 이튿날부터

상선 5척을 대놓고 울릉도에 하륙한 일본인들과 이미 와 있던 일본인들이 다시 대규모로 불법 도벌을 자행하는 형편이었다.

[제 63 문] 우용정의 조사단 일행의 보고서에 대하여 일본측은 어떻게 반응하였는가? 일본측은 보고서의 내용에 승복하여 일본인들을 철수시켰는가?

[답] 일본측은 일본인 철수 의사가 전혀 없었다.

서울의 일본공사관은 시찰위원 우용정의 보고서에 의거하여 일본인 철환 문제를 논의하자는 대한제국 정부의 요청에 자기네 조사위원의 복명서가 제출되지 않았다고 시일을 지연하며 매우 무성의한 반응을 보였다. 울릉도민은 내부(內部) 조사위원의 성원을 받고 합자하여 개운회사(開運會社)를 설치하고 개운환(開運丸)을 구입하여 운항을 시작하였다. 그러나 일본공사관은 조사결과의 토의조차 무성의하였다.

대한제국 정부의 울릉도 일본인 철환 요구에 대한 일본측 조사위원 아카츠카(赤塚正助)의 보고서는 이미 6월 15일자로 제출되어 있었다. 그럼에도 불구하고, 일본측은 2개월 이상이나 회답을 끌다가, 1900년 9월 초순의 회답문에서 ① 일본인의 울릉도 재류의 시작은 수십 년 이전의 일로서 울릉도 밀입도의 책임은 귀국의 도감(島監)이 비단 묵인했을 뿐 아니라 종용했기 때문이었고, ② 도벌 운운은 도감의 의뢰나 합의매매이며, ③ 울릉도 도민과 일본인과의 상업무역은 도민의 희망에 따른 것이고 도감이 장차 수출입세를 징수할 예정인 것으로 알며, ④ 울릉도민의 본토와의 교통은 일본인 거류자 때문에 그 편리함을 얻고 있은즉, 일본인 거류는 울릉도민의 불가결의 요건이라고, 전혀 사리에 닿지 않는 엉뚱한 주장을 하면서 일본인 철환을 사실상 거부해 왔다.

이에 대하여 대한제국 정부는 ① 울릉도 도감이 일본인의 거류를 묵인 또는 종용했다는 주장은 전혀 사리에 닿지 않는 것이고 사실이 아니며, ② 도별이 합의매매라는 것도 사실이 아니고, ③ 도감이 징수하는 세는 수출입세가 아니며, ④ 울릉도민이 일본인 때문에 곤란이 심한데 도리어 편의를 얻고 있다는 것은 전혀 근거 없는 주장이라고 반박하였다.

또한 일본공사는 울릉도에 내거하는 일본인들에게 세금을 징수하고 철환시키지 말아달라는 요청을 해왔으나, 대한제국 외부는 세금징수는 불통상항구(不通商港口)에서 시행함이 조·일수호조규 위반임을 지적하고 일본인들의 철환을 거듭 강력하게 요구하였다.

[제 64 문] 대한제국 1900년 칙령 제41호란 무엇인가? 대한제국 정부는 일본측의 이러한 방자한 반응에 어떻게 대응 조치를 하였는가?

[답] 대한제국 정부는 울릉도·죽서도·독도를 묶어 하나의 '군(郡)'을 만들어 지방행정체계상 격상시키고, 울릉도에는 '군수'를 상주시켜 울릉도와 함께 독도의 수호와 행정관리를 강화하기로 하였다. 그리하여 내부대신 이건하(李乾夏)는 1900년 10월 22일 울릉도·죽서도·독도를 묶어 '울도군'을 설치하고 도감 대신 '군수'를 두는 지방제도 개정안을 의정부에 재출하였다. 개정안은 1900년 10월 24일 의정부회의에서 8대 0의 만장일치로 통과되어 황제의 제가를 받았다.

「칙령 제41호
울릉도를 울도(鬱島)로 개칭하고 도감을 군수로 개정한 건.

제1조 울릉도를 울도라 개칭하야 강원도에 부속하고 도감을 군수로 개정하야 관제 중에 편입하고 군(郡) 등은 오등으로 할 사.

제2조 군청 위치는 태하동(台霞洞)으로 정하고 구역은 울릉전도(鬱陵全島)와 죽도(竹島) 석도(石島)를 관할할 사.

제3조 개국 504년 8월 16일『관보(官報)』중 관청사항난 내 울릉도 이하 19자를 삭거하고 개국 505년 칙령 36호 제5조 강원도 26군의 6자는 7자로 개정하고 안협군(安峽郡) 하에 울도군 3자를 첨입할 사.

제4조 경비는 오등군(五等郡)으로 마련하되 현금간인즉 이액(吏額)이 미비하고 서사(庶事) 초창하기로 해도수세(該島收稅) 중으로 우선 마련할 사.

제5조 미진한 제조는 본도 개척을 수(隨)하야 차제 마련할 사.

광무 4년 10월 25일
어압 어새 봉
칙 의정부임시서리 찬정 내부대신 이건하(李乾夏)」

내부대신 이건하(李乾夏)의 이름으로 '울도군(鬱島郡)'을 설치하려는 청의서는 1900년 10월 24일 의정부회의(내각회의)에서 8대 0의 만장일치로 통과되었다.

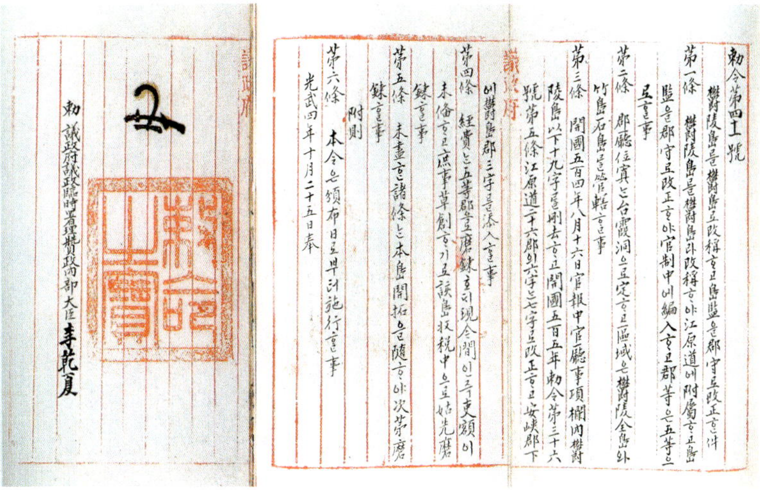

그림 II-11-2. 1900년 10월 25일 대한제국 칙령 제41호. (서울대학교 규장각한국학연구원 소장)

[제 65 문] 대한제국 정부는 울릉도 · 독도의 행정제도 개편과 울릉도 · 독도 영유권을 어떻게 고시하였는가?

[답] 대한제국 정부는 1900년 10월 25일자 칙령 제41호로 전문 6조로 된 「울릉도(鬱陵島)를 울도(鬱島)로 개칭하고 도감(島監)을 군수(郡守)로 개정한 건」을 이상과 같이 중앙정부 『관보(官報)』 1900년 10월 27일자에 게재하고 국제고시한 것이었다.

대한제국의 이 칙령에 의하여 울릉도는 울진군수(蔚珍郡守)의 행정을 받다가 강원도의 독립된 군(郡)으로 승격되었다. 그리고 울릉도의 초대 군수로는 도감으로 있던 배계주(裵季周)가 주임관(奏任官) 6등으로 임명되었으며, 뒤이어 사무관으로 최성인(崔聖麟)이 임명 파송되었다.

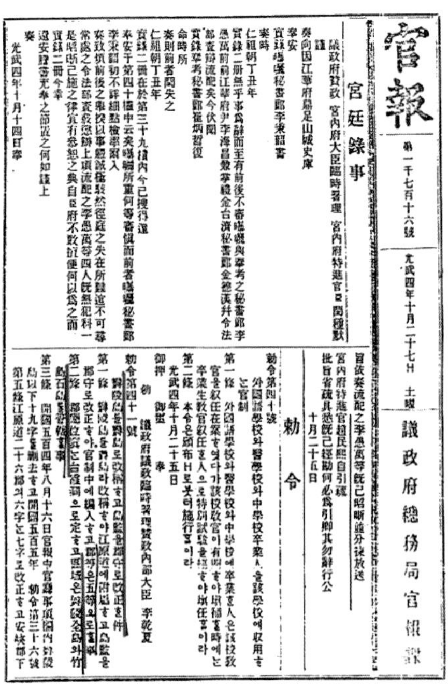
官報

第一千七百十六號

光武四年十月二十七日 土曜

議政府總務局官報課

宮廷錄事

議政府贊政 宮內府大臣臨時署理 宮內府特進官ㅁ閔種默
謹
奏向因江華府鼎足山城史庫
奉安
實錄曝曬秘書郎李秉韶
奏時
仁祖朝丁丑年
實錄二冊無乎事爲辭而至有前後不審曝曬與奉考之秘書郎李
愚茂前前江華府尹李海昌敷奉考金台濟秘書郎金德漢并令法
部查辦流配矣今伏聞
實錄奉考秘書郎崔炳哲復
命時所
奏則前者閪失之
仁祖朝丁丑年
實錄二冊在於第三十九櫃內今已搜得還
奉安于第四十櫃中云矣曠所重何等審愼而前者曝曬秘書郎
李秉韶初不詳細點檢率爾入
奏致煩前後之舉揆以事體誠極駭然從庭之失在所難逭不可尋
常處之令法部查覈懲辦上項流配之李愚茂等四人旣無犯科一
是昭晰己施之律宜有參恕之典自ㅁ府不敢遲便何以爲之而
實錄二冊今幸
還安歸查究奉之節返之何如謹上
奏
光武四年十月十四日奉

旨依奏流配之李愚茂等既已昭晰並分揀放送
宮內府特進官趙民熙自引疏
批旨省疏具悉既已經勘何必爲引卿其勿辭行公
十月二十五日

勅令

勅令第四十號
外國語學校와醫學校와中學校卒業人을該學校에收用ᄒᆞᄂᆞᆫ官制
第一條 外國語學校와醫學校와中學校에卒業ᄒᆞᆫ人은該校教官을叙任在案ᄒᆞ엿다가該校教官이有闕ᄒᆞ야塡補ᄒᆞᆯ時에ᄂᆞᆫ卒業生教官叙任ᄒᆞᆫ人으로特別試驗을經ᄒᆞ야塡任ᄒᆞᆷ이라
第二條 本令은頒布日로봇터施行ᄒᆞᆷ이라
光武四年十月二十五日
御押 御璽 奉
勅 議政府議政臨時署理贊政內部大臣 李乾夏

勅令第四十一號
鬱陵島를鬱島로改稱ᄒᆞ고島監을郡守로改正ᄒᆞᆫ件
第一條 鬱陵島를鬱島라改稱ᄒᆞ야江原道에附屬ᄒᆞ고島監을郡守로改正ᄒᆞ야官制中에編入ᄒᆞ고郡等은五等으로ᄒᆞᆯ事
第二條 郡廳位寘ᄂᆞᆫ台霞洞으로定ᄒᆞ고區域은鬱陵全島와竹島石島를管轄ᄒᆞᆯ事
第三條 開國五百四年八月十六日官報中官廳事項欄內鬱陵島以下十九字를刪去ᄒᆞ고開國五百五年 勅令第三十六號第五條江原道二十六郡의六字ᄂᆞᆫ七字로改正ᄒᆞ고安峽郡下

그림 II-11-3.
1900년 대한제국 칙령 제41호를 수록한 『관보(官報)』. 1900년 울릉도와 죽도, 석도를 관할하는 행정구역으로 울도군을 설치한다는 대한제국 칙령 제41호를 게재하여 고시하였다.

여기서 우리의 주제와 관련하여 주목할 것은 제2조의 울도군은 '구역은 울릉전도(鬱陵全島)와 죽도(竹島), 석도(石島)를 관할할 사'라고 한 부분이다. 여기서 죽도(竹島)는 울릉도 바로 옆의 죽서도(竹嶼島)를 가리키는 것으로 이규원(李奎遠)의 『울릉도검찰일기』에서 확인된다. 그리고 석도(石島)는 독도(獨島)를 가리키는 것이 틀림없다. 당시 울릉도 주민의 대다수는 전라도 출신 어민들이었는데, 전라도 방언으로는 '돌'을 '독'이라고 하고 '돌섬'을 '독섬'이라 부른다는 것은 잘 알려진 사실이며, 대한제국 정부는 '독섬'을 의역하여 '석도(石島)'라고 한 것이다. 울릉도 초기 이주민들의 민간 호칭인 '독섬', '독도'를 뜻을 취하여 한자로 표기하면 '石島'가 되고, 발음을 취하여 표기하면 '獨島(독도)'가 되는 것이다.

대한제국 정부가 1900년에 칙령 제41호로서 행정 구역을 개편하여 울도군(鬱島郡)을 설치하면서 울도군수의 통치 행정 지역에 울릉도·죽서도와 함께 石島(돌섬=독섬)라는 명칭으로 독도에 대한 행정지배권을 거듭 명백히 공포한 것은 매우 중요한 사실이다.

[제66문] 대한제국 정부와 초대 울도군수 배계주는 울도군을 어떻게 통치하였는가?

[답] 대한제국 내부는 1902년 4월 다음과 같은 「울도군절목(鬱島郡節目)」을 제정해서 울도군 군수 배계주에게 내려 보내어 이를 기준으로 울릉도·독도에 대한 독립된 군(郡)의 행정을 실시하도록 하였다.

鬱島郡節目

그림 II-11-4. 초대 울도군수 배계주와 「울도군절목(鬱島郡節目)」(이유미 씨 소장, 자료: 울릉군청, 『한국일보』)

「(전략)

一. 일본에서 몰래 넘어온 사람들이 나무를 베어 가는 것을 특별히 엄금할 것

一. 본도의 인민 중에 가옥과 전토를 외국인에게 몰래 파는 자가 있으면 마땅히 일률(一律: 사형)을 시행할 것

一. 본도의 개척이 아직 미진하여 백성들이 가정을 이루기를 간절히 바라기에 아직은 세금을 정하지 않는다. 무릇 도민들이 경작을 하면서 먹고 살다가 만일 내륙으로 이거(移居)하게 되면 사적으로 매매하지 못하게 하고 반환하여 관가의 소유로 삼게 할 것

一. 현재 있는 관청이 7칸이면 수리만 하여 그대로 쓰고, 만약 좁다면 4, 5칸 정도만 증축하여 민폐를 끼치지 말 것

一. 향장 1명, 서기 1 명, 사령 3명을 먼저 두어 일을 보게 할 것

(중략)

一. 관선(官船) 1척을 먼저 마련해야만 뱃길을 편안하게 왕래할 수 있다. 본부의 조사위원이 섬에 들어가면, 몰래 베어 낸 나무를 관아에 소속시킨 일에 대하여 전사능과 이동신에게 일일이 조사·징세하여 선척의 구매 비용으로 할 것

一. 미진한 조건은 본군이 충분히 의논하여 다시 마련할 것

(후략)」

대한제국 정부가 '울도군절목'을 제정하여 울도군(울릉도와 독도)을 통치하는 것은 독도를 근대적으로 통치했음을 나타내는 것이다.

[제 67 문] 그 이후 울도군수의 울릉도·독도(석도) 행정 통치는 잘 진전되었는가?

[답] 대한제국 정부는 1903년 4월 심흥택(沈興澤)을 제2대 울도군수로 임명하여 대응케 했으며, 군수 심흥택은 1903년 4월 울릉도에 부임하자 일본인의 재목벌채를 일체 금하도록 명령하였다. 또한 심흥택은 일본인들의 불법행동을 저지하기 위하여 중앙정부에서 순검 2명을 파견해 줄 것을 요청하였다. 심흥택은 일본인의 불법 도벌을 들어 중앙정부가 일본공사에 요구해서 일본인을 울릉도로부터 철환시켜 줄 것을 강력히 요청하였다.

일본측의 울릉도에 대한 정책은 더욱 오만불손해져서 울도군수 심흥택이 울릉도에 주재한 일본 순사에게 일본인들의 기왕의 도벌도 불법이거니와 지금 이후라도 벌목을 엄금시켜 달라고 요청하자, 일본인의 울릉도에서의 벌목이 이미 수십 년의 관습이 되었는데 벌목금지를 요구하는 것에는 응할 수 없다고 거부하고, 한국측이 금지시킬 의사가 있거든 서울의 일본공사에게 조회하여 금지시키라고 방자하게 도발적으로 대응하는 형편이었다.

이 보고를 받은 대한제국 내부는 외부를 통하여 일본공사에게 불통상(不通商) 항구인 울릉도에 일본 경찰관을 주재시킨 것이 조약 위반임을 들어 철거를 요구하고 일본 경찰관의 발언을 규탄하는 공문을 보냈다. 1903년 음력 7월 12일에는 러시아 군함 1척이 울릉도에 정박해서 장교 1명이 27명의 병정을 인솔하고 상륙하여 군수 심흥택에게 일본인의 벌목과 일본 경찰관의 주재가 귀정부의 어느 조약에 의거한 것인가 하고 힐문하고 돌아갔다.

대한제국 정부는 울도군수의 보고를 받을 때마다 일본공사관에 항의했으나, 일본은 이를 무시하고 울릉도에 불법으로 일본인 어촌을 설치하여 계속 도벌을 보호 장려하면서 침략을 강화하는 속에서 1904년을 맞게 되었다.

1903년 4월 이후 심흥택이 제2대 울도군수로 임명되어 울릉도와 함께 독도를 행정관리하고 있던 시기에 일본정부는 대한제국 정부와 국민과 울도군수 심흥택이 알지 못하도록 사실상 비밀리에 한국영토 독도를 일본에 소위 '영토편입'하는 형식으로 침탈을 시도했던 것이다.

[제 68 문] 왜 '울도군'을 설치할 때 구 통치 구역인 '독도'의 명칭을 이전처럼 '于山島(우산도)'라고 하지 않고 '石島(석도)'라고 표기하였는가? 그러면 이 무렵에 '독도'의 발음을 취하여 '獨島(독도)'라고 표기한 기록도 발견되는가?

[답] 울릉도 재개척 이후 울릉도에 이주한 남해안 어민들이 종래의 '于山島'를 바위섬, 즉 '돌섬'이라는 뜻으로 '독섬'이라고 부르고 있었기 때문이었다. 남해안 사투리(특히 울릉도 이주민의 다수를 형성한 호남지방 남해안 어민들의 사투리)로는 '돌'(石)을 '독'이라고 하였다. 그리하여 1900년 당시에는 '우산도'를 울릉도 거주민들은 '독섬'이라고 호칭하고 있었고, 위에서 설명한 바와 같이 이 '독섬'을 한자로 번역할 경우 뜻을 취한 '의역'일 때에는 '石島'라고 하고, 발음을 취한 '음역'일 때에

는 '獨島(독도)'라고 표기하고 있었다.

대한제국의 1900년 칙령 제41호에서는 뜻을 취하여 '石島'라고 표기한 것이었다.

'獨島' 표기에 대해서는 일본 해군이 독도에 망루를 설치하기 위한 사전 준비로 군함 신고호(新高號)를 울릉도와 독도에 파견했는데, 먼저 울릉도에 들러서 주민들로부터 청취조사를 하도록 하였다. 『군함신고호 행동일지(軍艦新高號行動日誌)』 1904년 9월 25일조에는 "松島(울릉도 — 인용자)에서 리앙꼬르드岩 實見者로부터 청취한 정보. 리앙꼬르드암(岩)은 한국인은 이를 '獨島(독도)'라고 쓰고 본방(일본 — 인용자) 어부들은 '리앙꼬島'라 한다"는 구절이 있다.

일본에서는 '우산도'(독도)를 1882년 이전까지는 '松島'(마츠시마)라고 불렀다가 일본 해군성이 '울릉도'를 '松島'라고 옮겨 호칭하고 표기한 1882년 이후에는 '우산도'의 일본 호칭이 없어졌으므로 '리앙꼬르드島' '리앙꼬島'라고 호칭했음은 앞에서 밝힌 적이 있다.

위의 일본 군함 신고호의 보고는 바로 '우산도', '리앙꼬島'라고 일본 어부들이 부르는 그 섬을 한국인들은 '獨島(독도)'라고 쓴다고 기록하고 있으니, '우산도 = 독도 = 리앙꼬도'임이 명백한 것이다. 더구나 이 일기 보고의 기록일자는 일본이 독도를 침탈하기 이전인 1904년의 것임을 주목할 필요가 있다.

일본 외무성은 최근 '獨島(독도)' 명칭은 1906년 울도군수 심흥택의 보고서에서 처음 나오는 호칭이라고 주장하고 있는데, 이것은 사실이 아니다.

위에서 쓴 바와 같이, 일본측이 1904년 러·일전쟁 시기 독도에 일본 해군 망루를 설치하기 위하여 조사차 군함 '신고호'를 파견했을 때, 울릉도에서 청취한 정보로서 신고호는 1904년 9월 25일자 보고에서 "리앙코르드岩은 한국인은 이를 '獨島'라고 쓰고, 일본인 어부들은 '리앙꼬島'라고 호칭한다"라고 보고하였다.

울릉도의 한국인들은 1904년 이전부터 이미 독도를 '獨島(Dokdo)'라고 쓰고 있었던 것이다.

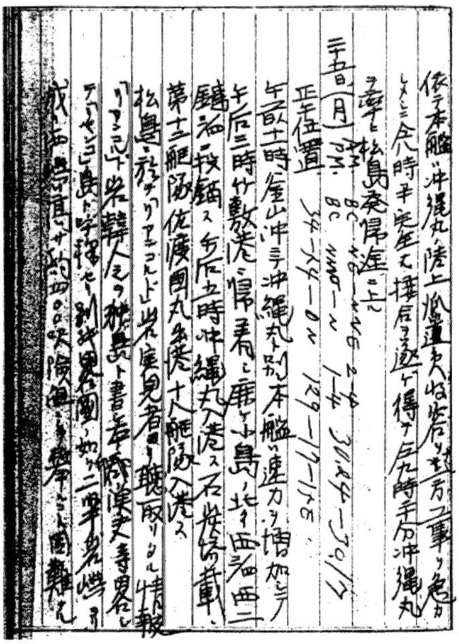

그림 II-11-5.
울릉도민이 독도(우산도)를 '독도'라고 썼고, 일본인들은 '리앙꼬도'라고 불렀음을 기록한 1904년 9월 25일자 일본 군함 신고호 보고 (자료: 신용하 교수)

[제 69 문] 석도(石島)가 곧 독도(獨島)임을 거리나 또는 다른 방법으로도 증명할 수 있는가?

[답] 울릉도로부터의 거리에서 보아도 석도(石島) = 독도(獨島)임을 증명할 수 있다.

일본측이 1906년에 대한제국 정부에 울릉도 소속 섬들을 질의해 왔을 때, 대한제국 정부는 "1900년(광무 4년) 10월 25일 정부회의를 거쳐

군수를 배치했는데 울릉도의 부속도서는 죽도(竹島, 죽서도를 의미)와 석도(石島)이고, (그 거리는) 동서가 60리요 남북이 40리니 합이 200여 리” 라고 답하였다.

동해에서는 동쪽으로 큰 섬이 울릉도 · 독도 · 오키도 3개 섬밖에 없는데, 그 실제 거리는 울릉도에서 독도가 약 200리이고, 독도에서 오키도가 약 400리이다. 그러므로 울릉도에서 60리 또는 100리 또는 200리 떨어진 곳에 있는 섬은 동해에는 독도밖에 없다. 그러므로 울릉도에서 합계 200여 리 거리에 있는 석도가 곧 독도임은 또 한 번 재확인되는 것이다.

울릉도로부터 독도의 거리는 실제로 218.5리(87.4km)이다. 반면에 독도로부터 일본 오키섬까지는 393.8리(157.5km)이다. 울릉도에서 200여 리 떨어져 있는 석도는 독도(울릉도와 오키섬 사이의 유일한 섬)일 수밖에 없는 것이다.

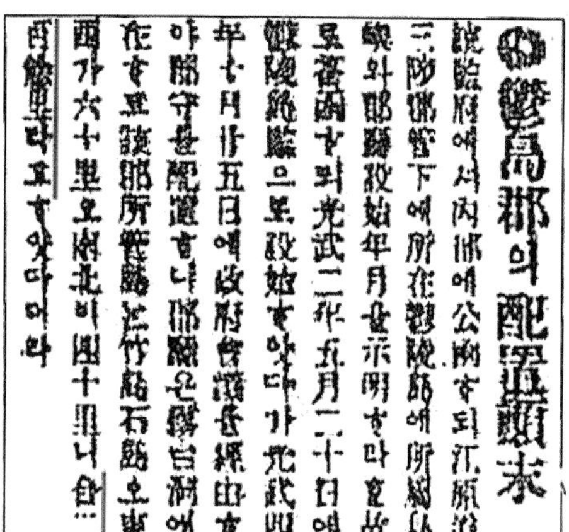
◎鬱島郡의 配置顚末
統監府에서 內部에 公函하되 江原道
三陟郡管下에 所在한 鬱陵島에 所屬島
嶼와 郡廳設始年月을 示明하라 한故
로 答函하되 光武二年五月二十日에
鬱陵島監으로 設始하얏다가 光武四
年十月廿五日에 政府會議를 經由하
야 郡守를 配置하니 郡廳은 台霞洞에
在하고 該郡所管島는 竹島石島오 東
西가 六十里오 南北이 四十里니 合二
百餘里라고 하얏다더라

그림 II-11-6.
석도가 울릉도에서 200여 리(80여 km) 떨어진 섬임을 밝혀 석도가 곧 독도임을 증명한 대한제국 내부(內部)의 공문서를 보도한 1906년 7월 13일자 『황성신문(皇城新聞)』 기사.

[제 70 문] 그렇다면 국제법상으로도 대한제국의 1900년 칙령 제41호의 공포는 '근대'에 들어와서 한국정부가 '독도'에 대하여 통치권을 행사하고 제도화한 매우 중요한 사건이 아닌가?

[답] 그렇다. 대한제국이 1900년 칙령 제41호로써 울도군의 행정구역 안에 '독도'(石島)를 명확히 표시한 것은 당시의 만국공법(국제공법) 체계 안에서 대외교섭을 하고 있던 대한제국이 종래의 고유영토인 '독도'에 대하여 다시 근대 서양국제법체계로 독도가 대한제국의 영토임을 재확인한 획기적인 것이었다. 더구나 이 칙령 제41호는 『관보(官報)』에 게재되어 전 세계에 공표되었다.

이 1900년 대한제국 칙령 제41호의 공표는 일본이 독도를 침탈하려고 1905년 1월 28일 일본 내각회의에서 소위 영토편입 결정을 하기 약 5년 전의 일이다. 오늘날 일본정부가 1905년 일본 내각회의 결정이 당시 국제법상 하자가 없었다고 주장하는 억지는 바로 이 1900년 대한제국 칙령 제41호와 그 전 세계로의 공포에 의해서도 완전히 거짓임이 명백해지는 것이다.

종래의 한국고유영토인 독도(우산도)에 대하여 대한제국은 1900년에도 칙령 제41호로써 근대국제법 체계로 '독도'가 대한제국의 영토로서, '울도군수'의 행정관리 하에 있는 한국영토임을 전 세계에 거듭 재확인하여 중앙정부의 『관보(官報)』에 게재해서 세계에 '국제고시'한 획기적인 것이었다. 이때 국제조사단에 참가한 일본은 물론 항의나 이의를 제기한 바 없었다. 독도가 대한제국의 영토임이 진실이었기 때문이다.

[제 71 문] 독도의 명칭이 예부터 한국·일본·서양이 각각 다르고 몇 번 변동하여 조금 난해한데, 호칭에 대해서도 알기 쉽게 설명할 수 있

는가?

[답] 원래 울릉도와 독도를 영토로 한 동해 가운데 해상 고대 소왕국의 한국어 고유이름은 '우르뫼'(우르메 · 우르매 · 우루마)나라였다. 복모음을 발음하지 못하는 일본에서는 이를 '우르마'나라로 불렀다. 중국 한자가 들어와서 나라 이름 등이 한자로 번역 채택된 서기 5세기 중엽 이전의 '于山國(우산국)'의 한국어 고유 나라 이름이 '우르뫼'나라였던 것이다. '우르뫼'의 '우르'의 뜻은 '어르신', '왕', '임금'의 뜻이고, '뫼'는 '山(산)', '陵(릉)'을 뜻한 것이었다. '우르뫼'나라의 뜻은 '임금산'나라였음을 알 수 있다.

鬱陵島(울릉도) · 于山島(우산도) · 聖人峰(성인봉)은 모두 '우르뫼'의 한자 표기였다.

'鬱陵', '蔚陵' 등은 '우르뫼'의 '우르'를 '울'로 줄여 한자로 음역한 것이고, '뫼'를 '陵'으로 한자 의역하여 합성한 것이었다고 볼 수 있다.

'于陵(우릉)', '芋陵(우릉)', '迂陵(우릉)', '羽陵(우릉)' 등은 '우르'의 '르'를 탈락시켜 '우'로 줄여 한자로 음역한 것이고, '뫼'를 역시 '릉'으로 한자 의역하여 합성한 것이었다고 볼 수 있다.

'武陵(무릉)' 등은 '우르'의 '우'를 중국 발음으로 '武(무)'가 '우'이므로 중국식으로 음역 표기한 것이고, '茂陵(무릉)'은 중국 한무제(漢武帝)의 능(陵) 이름이 '茂陵(무릉)'이므로 '武陵(무릉)'을 다시 유사음으로 표기한 것이었다고 볼 수 있다.

'于山(우산)', '芋山(우산)' 등은 '우르'의 '르'를 탈락시켜 '우'로 줄여 한자로 음역한 것이고, '뫼'를 '山'으로 한자 의역하여 합성한 것이었다.

'聖人峰(성인봉)'은 '왕', '임금'을 경칭하여 '聖人(성인)'으로도 부르는바 '우르'를 '聖人'으로 한자 의역한 것이고, '뫼'를 '峰(봉)'으로 한자 의역한 것이었다고 볼 수 있다. 따라서 '聖人峰'도 '우르뫼'를 '鬱陵', '于山' 등과 구분하여 울릉도 안의 큰 산 이름을 달리 한자 표기하는 형태로 의역된 것이었다고 볼 수 있다.

울릉도에 사람이 거주한 것은 신석기시대부터이고, 언젠가 해상 소왕국을 수립해 생활했으며, 서기 512년에 신라에 병합되었을 때의 이 해상 소왕국의 이름은 '우르뫼'나라(于山國)였다.

우산국의 영토는 오늘날의 울릉도와 독도였다. 이 사실은 『세종실록』 지리지에 '우산'과 '무릉'의 2도가 신라시대에는 우산국(于山國)이라고 칭했다는 기록에서 확인할 수 있다. 또 『만기요람』(1808) 군정편에서 "울릉도와 우산도는 모두(皆) 우산국지(于山國地)이며, 우산도는 왜인들이 말하는 송도(松島, 마츠시마)이다."라고 기록한 곳에서도 거듭 이를 확인할 수 있다.

고대에는 해상교통이 육상교통보다 더 편리했으므로 울릉도에 건국한 소왕국 우산국이 울릉도에서 날씨가 청명하면 눈으로 보이는 독도(于山島)를 울릉도의 부속도서로 하여 그의 영토로 통치했음은 너무나 자연스럽고 당연한 것이었다고 볼 수 있다.

우산국이 서기 512년에 신라에 병합됨으로써 울릉도와 독도의 2섬은 모두 신라영토가 되었다. 이어서 고려가 건국되어 신라가 이에 병합되자 울릉도와 독도는 고려영토가 되었고, 이어서 조선왕조가 고려를 계승하여 개창되자 울릉도와 독도는 조선영토가 되었다.

조선왕조시대에 이르러 태종은 울릉도 주민과 그 근방의 소도(독도)를 조사하기 위하여 1417년에 김인우(金麟雨)를 무릉등처안무사(武陵等處按撫使)에 임명하여 조사대를 파견했는데, 울릉도에 86명의 조선인이 거주하고 있으며 그 부근의 소도(독도)는 '우산도(于山島)'로 불리고 있음을 확인하고 돌아왔다. 그 이후 1417년 음력 2월 9일의 태종이 소집한 대신회의에서는 태종과 신하들이 종래의 '무릉등처(武陵等處)'라는 용어를 사용하지 않고, '우산 · 무릉(于山 · 武陵)', '우산 · 무릉등처(于山 · 武陵等處)'라는 용어를 사용하였다.

울릉도에 거주하고 있던 백성들은 물론 1417년 이전에도 독도를 '우산도' 또는 그에 해당하는 한국고유명으로 불렀겠지만, 현존하는 고문헌에 독도가 '우산도(于山島)'로 명명되어 나오는 최초의 기록은 『태종실록』의 1417년(태종 17) 음력 2월 9일조에서부터이다.

뒤이어 세종은 김인우를 다시 울릉도에 파견할 때에 직책을 아예 '우산 · 무릉등처안무사(于山 · 武陵等處按撫使)'로 임명하여 우산도(于山島, 독도)와 무릉도(武陵島, 울릉도) 2섬을 모두 순시하는 임무를 맡겼다. 또한 세종은 武陵島(울릉도)를 본도(本島)라고 하여 于山島(독도)가 울릉도 속도(屬島)임을 명백히 했으며, 이 2섬은 타국이 아니므로(我國 조선영토이므로) 정부 명령을 어겨 이 섬에 도망해 들어가는 사람들을 처벌하지 말라고 결정하였다.

그림 II-11-7. 독도에 서식했던 '강치'(可支).

세종은 그의 통치지역을 규정 해설한 『세종실록』 지리지에서는 “우산도(于山島, 독도)와 무릉도(武陵島, 울릉도)의 2섬이 울진현 정동의 바다 가운데 있으며, 서로 거리가 멀지 않아 날씨가 청명하면 가히 바라볼 수 있는데, 신라시대에는 우산국(于山國)이라고 칭했다”고 기록하였다. 그 후 독도는 성종 때 일부에서 ‘삼봉도(三峰島)’라고 칭해 보기도 하였다. 정조 때에는 백성들이 강치(可支, 물개의 일종)가 많이 난다고 해서 ‘가지도(可支島)’라고 부르기도 했던 기록이 있다. 그러나 조선왕조 정부의 공식문서와 기록에는 쇄환공도정책의 오랜 기간에도 불구하고 ‘우산도’로 기록되어 19세기 말까지 내려왔다.

독도의 명칭이 ‘우산도(于山島)’였다는 사실은 이 섬의 명칭이 일찍이 ‘우산국(于山國)’에서 유래했음을 나타내는 것이며, 또한 독도가 우산국 영토였음을 극명하게 매우 잘 설명해 주는 것이다.

우산국이 한국의 고대국가의 하나인 신라에 병합되었으므로 우산국의 영토였던 울릉도와 우산도(독도)도 신라에 병합되어 한국의 고유영토가 되었음은 더 말할 필요가 없다.

독도의 ‘우산도’라는 명칭 그 자체가 다른 어떠한 자료들보다 더 명백하게 독도(우산도)가 한국고유영토의 일부라는 사실을 증명하는 것이라고 볼 수 있다.

조선왕조가 일본 명치정부의 무력위협을 받고 1876년 개항을 한 후, 한국인들뿐만 아니라 일본인들이 국경을 넘어 울릉도에 불법 침입해서 벌목과 어로를 해갔다. 이에 조선왕조는 그동안의 쇄환공도정책을 폐기하고 1882년부터 울릉도·독도 재개척정책을 채택 실시했으며, 1883년에는 개화파 영수 김옥균(金玉均)을 동남제도개척사겸관포경사(東南諸島開拓使兼管捕鯨事)에 임명하였다.

이때 울릉도에 이주한 한국인들은 남해안 출신이 압도적으로 다수였고, 다음이 동해안 출신이었다. 그런데 남해안 출신 이주민들은 '우산도(독도)'를 '바위돌로 된 돌섬'이란 뜻으로 '독섬'(돌섬의 사투리)이라 부르기 시작하였다. 그리하여 '독섬'을 한자 의역할 때에는 '石島(석도)'로 표기하고, '독섬'을 한자 음역할 때는 '獨島(독도)'로 표기하기 시작하였다.

대한제국이 울릉도·독도를 지키고 지방행정제도를 재정비하기 위하여 종래 울진군에 속해 있던 울릉도와 그 부속도서를 '울도군'으로 승격시키는 1900년 10월 25일자 칙령 제41호에서는 울도군수의 통치·행정 구역인 '울릉도·죽서도·독도'를 '울릉전도·죽도·석도(鬱陵全島·竹島·石島)'로 표기하였다. 즉 칙령 제41호에서는 '독도'를 의역하여 '石島'로 표기해서 선포한 것이었다. 그러므로 독도 명칭의 큰 줄기는 우산도·석도·독도라고 말할 수 있다.

[제 72 문] 일본에서는 울릉도와 독도를 어떻게 호칭하였는가?

[답] 일본정부에 의하면 일본에서 울릉도와 독도가 '竹島(죽도)'와 '松島(송도)'라는 호칭으로 문헌 기록에 최초로 나오는 것은 1667년에 출운(出雲)의 관리 재등(齋藤豊仙)이 번주(藩主)의 명을 받아 오키도(隱岐島)를 순시하고 보고 들은 바를 기록하여 보고서로 제출한 『은주시청합기(隱州視聽合記)』(1667)부터라고 하였다. 일본에서는 17세기부터 울릉도를 죽도(竹島), 독도를 송도(松島)로 호칭한 것이었다.

그런데 이 『은주시청합기』는 17세기에 일본에서 독도를 '松島(송도)', 울릉도를 '竹島(죽도)'라고 호칭하고 있음을 알려줌과 동시에, 2섬 松島와 竹島는 고려(高麗)에 속하며, 일본의 서북방 경계는 은주(隱州, 隱岐島)로써 한계를 삼는다고 밝혔다.

그 이후 일본의 고문헌과 고지도들은 독도를 '송도(松島)', 울릉도를

'기죽도(磯竹島)', '죽도(竹島)'라고 호칭하면서도 松島(독도)는 竹島(울릉도)의 부속도서이고 2섬이 모두 조선(朝鮮)에 부속(附屬)한 것이라고 기록하고 표시하였다.

처음 일본에서는 울릉도를 '磯竹'(이소다케)島라고 호칭했다가 '竹島'(다케시마, 죽도)라고 줄이고 독도를 '松島'(마츠시마, 송도)라고 호칭했는데, 그 근원은 한국어 명칭에서 파생 전화한 것이었다. 이병도 박사가 발굴한 바와 같이, 성인봉(聖人峰)은 '임금산'이란 뜻으로 '弖嵩'(일본 발음, 이소다케)이라고 표기한 경우가 있었는데, '이소다케'(神聖山의 뜻)를 쉬운 한자로 '磯竹'(이소다케)島로 바꾸었다가 '竹島'로 줄인 것이었다. 좀 더 분명하게 설명하면 '우르뫼' → 弖嵩(이소다케) → 磯竹(이소다케)島 → 竹島로 전화한 것이었다.

또한 독도는 울릉도의 부속도서인데, 울릉도를 '竹島'로 호칭하게 되었으므로 송죽(松竹)을 대물(對物)로 하는 일본 관습으로 독도에 '松島'라는 이름을 붙인 것이었다고 해석된다.

일본에서는 도쿠가와막부시대나 명치시대나 독도(松島)를 울릉도(竹島)의 부속도서이고 조선영토로 간주했으며, 죽도(竹島)의 행방의 결정은 곧 송도(松島)도 당연히 포함한 것으로 간주하였다. 일본 메이지 정부는 울릉도를 '竹島', 독도를 '松島'로 호칭하면서도 여전히 이 2섬이 조선영토이며 일본영토가 아님을 거듭거듭 재확인했던 것이다.

일본에서 1876년경 블라디보스토크를 왕래하던 무등(武藤平學)이라는 일본 상인 등이 조선의 울릉도가 아니면서 동해 가운데 경작 가능한 넓은 토지가 있고 큰 소나무가 울창하며 광산자원도 있는 '松島(송도)'라는 큰 섬을 새로 발견했다고 '신도발견(新島發見)'의 글을 잡지에 싣고 1878년(명치 11) '송도개척원(松島開拓願)'을 외무성에 제출했으며, 외무성은 이의 실지조사를 해군성에 위촉하였다.

일본 해군성은 1880년(명치 13) 9월 통칭 '송도순도(松島巡島)'라는 호칭으로 군함 천성환(天城丸)을 파견하여 실지조사해 보니 일본 상인 등이 발견했다고 주장한 신도(新島)는 조선의 울릉도였다. 일본 해군성은 자기들이 처음 실지 탐사한 '송도순도(松島巡島)'라는 호칭에 집착하여 그 1880년 현지조사 보고서에서부터 울릉도에 대하여 '송도(松島)'라는 호칭을 사용하였다.

일본에서 독도(于山島)에 종래 호칭해 오던 '松島(송도)'를 일본 해군성이 울릉도에 갖다 붙여 버려 독도(于山島)의 일본 호칭이 없어져 버렸으므로 일본 해군성은 서양인들이 독도에 붙여 사용하던 '리앙꾸르드島(Liancourt Rocks)'를 빌려다가 독도의 호칭으로 사용하였다. 일본 어부들은 이를 약하여 '리앙꼬島'라고 부르게 되었다.

일본 제국주의자들은 1904년 2월 러·일전쟁을 도발한 후 독도에 러시아 함대의 활동을 감시하는 일본 해군 망루를 설치하는 사업을 추진하였다. 이를 위하여 군함 신고호(新高號)를 현지에 파견했을 때 신고호는 먼저 1904년 9월 25일 울릉도에서 청취조사를 시행했는데, 독도에 대하여 한국인들은 이를 '獨島(독도)'라고 서(書)하고 일본 어부들은 이를 '리앙꼬島'라고 부르고 있었음을 확인하였다.

이때 시마네현 출신 어업가 나카이라는 자가 독도에서의 물개잡이를 독점하려고 그 대하원(貸下願)을 조선정부에 제출하려는데 자기는 그 길이 없으므로 일본정부에서 교섭 대행을 의뢰하려고 상경하였다. 나카이는 독도(리앙꼬島)가 한국영토임을 잘 알고 확신하고 있었다. 그러나 나카이가 만난 해군성 수로국장 등은 독도를 빼앗아 여기에 해군 망루를 설치하려는 야욕으로 나카이에게 독도는 무주지이므로 일본정부에 영토편입 및 대하원을 제출하라고 요구하였다. 이에 나카이는 1904년 9월 29일 일본정부에 「리앙꼬島 영토편입(領土編入) 병(並) 대하원(貸下願)」

을 제출하였다.

일본정부는 러·일전쟁 도발 후 1905년 1월 28일 내각회의에서 한국 정부 몰래 독도를 침탈하여 일본에 영토편입한다는 결정을 하고 '竹島'(다케시마, 죽도)라는 이름을 붙여 시마네현 소속 은기도사(隱岐島司)의 소관으로 한다고 결정하였다. '독도'에 일본 이름 '다케시마'가 생긴 것은 1905년 이때부터였다.

[제 73 문] 중국에서는 울릉도와 독도를 어떻게 호칭하였는가?

[답] 중국에서는 울릉도를 한국의 호칭에 따라 '鬱陵島(울릉도)', '蔚陵島(울릉도)', '武陵島(무릉도·우릉도)' 등으로 표기하였다.

한편 중국에서는 독도를 '于山島(우산도)'라고 표기했으나, 필사(筆寫)에 의거해 전해지는 과정에서 '于(우)'를 '子(자)' 또는 '千(천)'으로 오기하여 '子山島(자산도)' 또는 '千山島(천산도)'라고 표기하기도 하였다.

[제 74 문] 서양에서는 어떻게 하여 독도를 '리앙쿠르岩(암)'이라고 호칭하게 되었는가?

[답] 서양에서는 18세기 후반부터 서세동점(西勢東漸)의 시기를 당하여 서양 선박들이 동해(東海)에 들어오기 시작하였다. 1787년에는 프랑스의 해군대령 페르주(Jean Françios Galaupe de Pérouse)가 부솔(Boussole)호 등 군함 2척을 끌고 제주도와 울릉도 해안을 측량하고, 동승한 프랑스 육군사관학교 교수 다줄레의 이름을 따서 울릉도에 다줄레島(Dagelet Island)라는 이름을 붙였고, 그 옆의 죽서도(竹嶼島)에 부솔암(Boussole Rock)이라는 이름을 붙였다.

또한 동해가 세계 최량의 고래어장이어서 포경선(고래잡이배)이 많이 찾아왔는데, 1849년에 프랑스 포경선 '리앙쿠루(Liancourt)' 호가 독도(우산도)를 보고 여기에 자기의 배 이름을 따다가 '리앙쿠루 바위섬(Liancourt Rocks)'이라는 이름을 붙여 프랑스 본사에 보고하였다. 이때부터 서양 지리서와 수로지에는 '독도'(우산도)가 '리앙쿠르 바위섬'이라는 별칭을 갖게 되었다.

독도에 대하여 서양인들이 붙인 명칭은 리앙꾸르岩(Liancourt Rocks) 이외에도 더 있다. 1854년에 러시아 선박 팔라다(Pallada)호가 푸차친(Putiatin)의 지휘하에 독도를 측정하고 마날라이 올리브차岩(Manalai and Olivutsa Rocks)이라는 이름을 붙였다. 1855년에는 영국 군함 호넷(Hornet)호가 해군 중령 파시드(Charles Cobrington Farsyth)의 지휘하에 독도를 측정 관찰하고 호넷岩(Hornet Rock)이라는 이름을 붙였다. 서양인들도 한국 어부들과 마찬가지로 독도가 '岩石(암석, 돌, 독)'이라는 사실에 강한 인상을 받았던 것이라고 볼 수 있다.

이후 서양 지리서에는 울릉도가 '다줄레島'로, 독도가 '리앙꾸르岩'으로 표시된 것이 많다. 그러나 이것은 이 2섬이 그들에 의하여 처음 발견된 것을 나타내지는 않으며, 울릉도와 독도가 한국인에게는 아득한 고대에 발견되어 삼국시대인 512년 이래로 고유영토가 되어 온 사실에는 조금도 변함이 없다.

제12장
일본 제국주의의 1905년 독도침탈

[제75문] 독도가 한국의 고유영토일 뿐 아니라 근대에 들어와서도 대한제국이 근대국제공법 체계 속에서 1900년에 칙령 제41호로서 또 울도군에 속한 한국영토임을 재확인하여 『관보』에도 공표했는데, 왜 일본은 독도를 침탈하여 일본에 소위 '영토편입'하려 하였는가? 일본의 독도 침탈 시도, '영토편입' 시도에는 특수한 목적이 있었는가?

[답] 일제의 '러·일전쟁' 도발과 관련이 있었다.

일본 제국주의자들은 '정한'을 실현하기 위한 대작업으로 한반도에 들어온 러시아 세력을 배제하기 위하여 1904년 2월 8일 인천항과 여순항에 정박해 있는 러시아 군함 각 2척을 선제 기습 공격하여 격침시키고, 이틀 후인 2월 10일에는 러시아에 선전포고를 하여 러·일전쟁을 도발하였다. 일제는 이와 동시에 대규모의 일본군을 한국정부의 동의도 없이 한반도에 상륙시키고, 서울에 침입하여 대한제국 수도 서울을 군사점령하였다. 일제는 이러한 상태에서 1904년 2월 23일 대한제국 정부를 위협하여 '제1차 한·일의정서'를 강제 조인케 하였다. 6개조로 된 이 협정에는 일본군이 러·일전쟁 기간에 한국의 토지를 일시 수용하여 군용지로 사용할 것까지 강요하였다.

일본 해군은 1904년 2월 8일의 선제 기습공격 때에는 러시아 군함 4척을 격침시켜 기선을 잡았으나, 블라디보스토크 함대가 남하하여 1904년 6월 15일 대마해협에서 일본 군함 2척을 격침시키자 러시아측이 동해에서 기선을 잡게 되었다. 일본 해군은 모든 군함들에 무선전신을 시설하는 작업을 서두르는 것과 동시에 러시아 함대의 동태를 감시하기 위하여 한국 동해안의 울진군 죽변(竹邊)을 비롯하여 20개소에 해군 망루(望樓, 감시탑)를 설치하는 작업을 서둘렀다. 그 가운데 2개는 울릉도, 1개는 '독도'에 해군 망루를 세우는 계획이 추진되었다.

종래 가치 없는 바위섬으로 간주되고 있던 독도가 러·일전쟁으로 말미암아 군사상 매우 중요한 섬으로 부상된 것이었다. 일본 해군은 독도에 해군 망루를 세움과 동시에 독도 주위에 해저전선을 깔아서 한반도 북부-울릉도-독도-일본 본토를 연결하는 전선망을 가설하는 작업을 적극 진행시켰다.

이때 일본인 어업가 나카이 요사부로(中井養三郎)라는 자가 독도에서의 해마잡이 독점권을 한국정부에 청원하려고 교섭활동을 시작하자, 이 기회에 군사전략상 새로이 가치가 높아진 '독도'를 아예 일본영토로 탈취해서 여기에 해군 망루를 설치하려는 일제의 공작이 일본 해군성과 외무성을 중심으로 전개되었다.

[제 76 문] 나카이(中井養三郎)는 어떤 사람이며, 어떤 목적으로 '독도'에서의 어업독점권을 갖고자 하였는가? 나카이는 '독도'가 한국영토임을 알고 있었는가, 모르고 있었는가?

[답] 나카이는 학교 교육도 받았으며 1890년부터 외국 영해에 나가 잠수기 어업에 종사한 기업적 어업가였다. 1891~1892년에는 러시아령 부근에서 잠수기를 사용한 해마잡이 어업에 종사했고, 1893년에는 조선

의 경상도 · 전라도 연안에서 역시 잠수기를 사용한 물개잡이, 생선잡이 어업에 종사하였다.

나카이는 1903년 독도에서 해마(海馬)잡이를 시도했는데, 이것이 수익이 매우 높아지자 다른 일본 어부들이 알고 경쟁적으로 남획하는 것을 방지하고 수익을 독점하기 위하여 독도의 소유자인 '대한제국' 정부로부터 어업독점권을 이권으로 획득하려고 동경에 올라가게 되었다. 왜냐하면 독도가 한국영토여서 그 자신이 직접 한국정부와 교섭할 능력이 없으므로 일본정부의 알선을 받아 한국정부에 독도의 어업독점권을 청원하기 위해서였다.

나카이가 1910년에 쓴 『이력서』, 『사업경영개요』에서는 "독도가 울릉도에 부속하여 한국의 소령(所領)이라고 생각했다"고 명확히 쓰고 있다. 1906년 나카이가 한 설명을 받아 인용해서 1907년 나온 오원(奥原福市, 오쿠하라 후쿠이치)의 『죽도급 울릉도(竹島及 鬱陵島)』(1907)라는 책과 1906년 나온 『역사지리(歷史地理)』 제8권 제6호에 수록된 나카이의 증언에서도 나카이는 "독도를 한국영토로 생각하고 상경하여 농상무성을 통하여 한국정부에 '대하청원(貸下請願, 차용청원)'을 내려 했다"고 기록하였다. 또한 1923년에 나온 『도근현지(島根縣誌)』(島根縣教育會 편)에서도 "나카이 이에사브로는 이 섬(독도 — 인용자)을 조선영토(朝鮮領土)라고 생각해서 상경하여 농상무성에 말해 동정부(同政府, 한국정부 — 인용자)에 대하청원(貸下請願)을 하려고 하였다"고 기록하였다.

나카이는 독도가 한국영토임을 명확히 인지하고 있었던 것이다.

[제 77 문] 그러면 나카이가 독도를 한국영토로 인지하고 독도에서의 어업독점권을 신청하려던 계획을 일본정부는 어떻게 바꾸었는가? 일본정부가 나카이의 계획을 바꾸어 독도를 일본영토에 소위 '편입'하려 했

다는 증거자료는 있는가?

[답] 증거자료가 있다. 나카이는 한국정부에 독도에서의 어업독점권을 신청하기 위하여 먼저 어업 관장 부처인 농상무성 수산국장을 방문하여 교섭하였다. 농상무성 수산국장은 해군성 수로국장과 연락해 본 후 독도가 한국영토가 아닐 수도 있다고 하면서 나카이를 해군성 수로국장에게 보냈다.

일본 해군성 수로국장 간부(肝付兼行, 기모츠키 가네유키, 해군 제독)는 수산국장이 보낸 나카이에게 독도는 '무주지(無主地)'라고 단정하여 주장하면서, 나카이에게 독도의 어업독점권을 얻으려면 한국정부에 '대하원(貸下願)'을 신청할 것이 아니라 일본정부에 '독도(리앙꼬島) 영토편입 및 대하원'을 제출할 것을 요구하고 독려하였다.

나카이는 해군성 수로부장에게 독려당하여 1904년 9월 29일 마침내 독도를 일본영토로 편입해서 자기에게 대부해 달라는 '리앙꼬島(독도) 영토편입 및 대하원'을 일본정부의 내무성 외무성·농상무성의 3대신에게 제출하였다.

그러나 이때에도 나카이는 독도가 한국영토임을 알고 있었으므로 주무부처인 내무성과 농상무성뿐만 아니라 외무성에도 이 청원서를 제출하여 한국과의 분쟁이 발생하는 경우 이를 해결하려고 하였다.

일본 내무성은 나카이의 청원서를 받고 처음에는 이를 반대하였다. 그 이유는 러·일전쟁이 전개되고 있는 이 시국에 한국영토로 생각되는 불모의 암초를 갖는 것이 일본의 동태를 주목하고 있는 여러 외국들에게 일본이 한국병탄의 야심이 있지 않는가 하는 의심을 증폭시킬 가능성이 있는 등 이익이 적은 반면 한국이 항의라도 하면 일은 결코 용이하게 되지 않으리라는 것이었다. 내무성은 따라서 나카이의 독도 영토편입 및 대하원을 각하시키려고 하였다.

그러나 일본 외무성은 내무성과는 달리 독도의 '영토편입'을 적극 지지하였다. 외무성의 정무국장은 나카이에게 독도에 망루를 설치하여 무선전신 또는 해저전신을 설치하면 적의 군함에 대한 감시에 매우 좋다는 말을 들었다고 말하면서, 러·일전쟁이 일어난 이 시국이야말로 독도를 일본에 영토편입하는 일이 긴급히 요구된다고 추동하였다. 외무성 정무국장은 나카이에게 내무성이 우려하는 바와 같은 외교상의 고려는 할 필요가 없다고 확언하면서, 속히 청원서를 외무성에 회부하라고 적극 독려하였다.

이와 같은 과정으로 나카이가 청원서를 제출한 후 약 4개월여 동안에 일본정부 내부에서 독도침탈 문제를 놓고 이론이 전개되다가, 결국 독도를 침탈하기로 일본 내무성도 가담하게 되었다.

이상과 같은 과정에 대해서는 나카이 자신이 쓴 『사업경영개요』에 잘 기록되어 남아 있다.

[제 78 문] 일본정부는 언제 어떠한 방법으로 한국영토인 독도를 일본에 '영토편입'한다는 결정을 내렸는가? 이때 '한국영토 독도'를 어떤 구실을 만들어 지우려고 하였는가?

[답] 일본정부는 내무대신으로 하여금 나카이의 청원서를 수용하여 1905년 1월 10일자로 일본의 내각회의 결정을 요청하도록 하였다. 이 요청을 받아서 1905년 1월 28일 일본 내각회의에서 독도를 일본영토로 편입한다는 결정을 하였다. 이때의 내각회의 결정 원문은 중요한 것이므로 전문을 인용하면 다음과 같다.

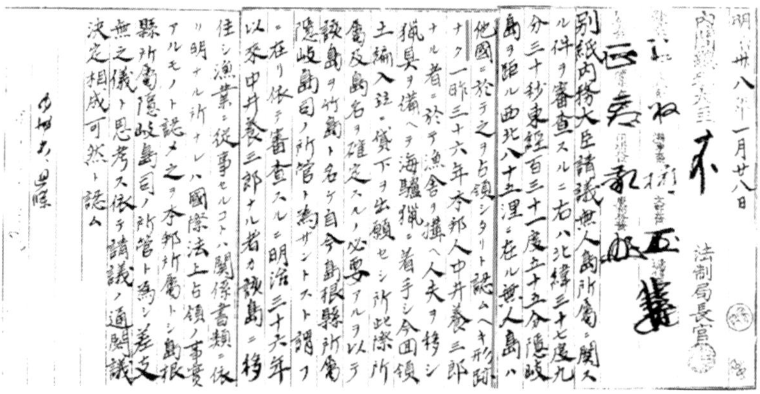

明治卅八年一月廿八日

別紙内務大臣請議無人島所属ニ關スル件ヲ審査スルニ右ハ北緯三十七度九分三十秒東經百三十一度五十五分隠岐島ヲ距ル西北八十五浬ニ在ル無人島ハ他國ニ於テ之ヲ占領シタリト認ムヘキ形跡ナク一昨三十六年本邦人中井養三郎ナル者ニ於テ漁舎ヲ構ヘ人夫ヲ移シ猟具ヲ備ヘテ海驢猟ニ着手シ今回領土編入并ニ貸下ヲ出願セシ所此際所属及島名ヲ確定スルノ必要アルヲ以テ該島ヲ竹島ト名ケ自今島根縣所属隠岐島司ノ所管ト為サントスト謂フニ在リ依テ審査スルニ明治三十六年以来中井養三郎ナル者カ該島ニ移住シ漁業ニ従事セルコトハ関係書類ニ依リ明ナル所ナレハ國際法上占領ノ事實アルモノト認メ之ヲ本邦所属トシ島根縣所属隠岐島司ノ所管ト為シ差支無之儀ト思考ス依テ請議ノ通閣議決定相成可然ト認ム

그림 II-12-1. 일본 내각회의가 1905년 1월 28일 독도를 "타국이 이를 점령했다고 인정할 형적이 없다"고 '무주지'임을 전제로 일본영토에 편입한 결정문. 이 결정은 1905년 1월 28일 이전에 독도가 주인이 있는 '유주지'임이 판명되면 원천적으로 불법이며 무효가 되어 성립되지 않는다. (자료: 신용하 교수)

「메이지 38년 1월 28일 閣議決定

별지 內務大臣 청의 무인도 소속에 관한 건을 심사해 보니, 북위 37도 9분 30초, 동경 131도 55분, 隱岐島를 距하기 서북으로 85리에 있는 이 무인도는 타국이 이를 점유했다고 인정할 形迹이 없다. 지난 (메이지) 36년 우리나라 사람 中井養三郎이란 자가 漁舍를 만들고, 인부를 데리고 가 獵具를 갖추어서 海驢잡이에 착수하고, 이번에 領土編入 및 貸下를 출원했는바, 이때에 소속 및 도명을 확정할 필요가 있으므로, 該島를 竹島라고 이름하고 이제부터는 島根縣 소속 隱岐島司의 所管으로 하려고 하는데 있다. 이를 심사하니 메이지 36년 이래 中井養三郎이란 자가 該島에 이주하고 어업에 종사한 것은 관계서류에 의하여 밝혀지며, 국제법상 점령의 사실이 있는 것이라고 인정하여 이를 本邦所屬으로 하고 島根縣所屬 隱岐島司의 소관으로 함이 무리 없는 건이라 사고하여 청의대로 閣議決定이 성립되었음을 인정한다.」

이 내각회의 결정에서 '독도'를 일본영토로 편입한 전제로서 근거가 된 것은 '독도'(리앙꼬도)는 "다른 나라가 이 섬을 점유했다고 인정할 형적이 없다"고 하여 독도가 임자 없는 '무주지(無主地)'라고 주장한 것이었다. 즉 '한국영토인 독도'에서 '한국영토'를 '무주지'로 만들어서 지우려 한 것이었다. 독도를 '무주지'로 주장한 것은 나카이의 청원서에는 없는 것을 일본 내무성과 내각회의가 만들어 넣은 것이었다.

일본정부는 '무주지'인 '독도'(리앙꼬島)는 나카이라는 일본인이 1903년 이래 이 섬에 들어가서 어업에 종사한 일이 있기 때문에 국제법상 일본인이 '무주지'를 선점한 사실이 있다고 인정하여 이를 일본영토로 '편입'한다는 '무주지 선점'에 의한 영토편입이라는 당시의 국제공법 규정에 맞추려 한 것이었다. 따라서 독도가 1905년 1월 이전에 '무주지'가 아니라 '한국영토'였음이 증명되면, 이 '무주지 선점론'에 의거한 일본 내각회의의 결정은 완전히 무효화되는 것이었다.

독도는 서기 512년(신라 지증왕 13년) 우산국이 신라에 통일된 이래 계속하여 한국영토로 존속해 왔으므로, 역사적 진실은 '한국이라는 주인이 있는' 섬이었다.

또한 그동안 한국의 자료들뿐만 아니라 일본의 자료들에서도 독도는 '한국이라는 주인이 있는 섬'이라는 사실이 심지어 일본정부 공문서들 속에서도 다수 나오게 되었다.

따라서 독도는 '무주지'라고 주장하면서, '무주지 선점론'에 의거하여 독도를 일본에 '영토편입'한다는 1905년 1월 28일의 일본 내각회의 결정은 불법적인 것이며, 완전 무효화되어 성립되지 않는 것이다. 즉 독도가 '무주지'이기 때문에 일본에 '영토편입'한다는 1905년 1월 28일 일본 내각회의 결정은 국제법상 전혀 성립되지 않는 것이다.

여기에 첨가하여 지적해 둘 것은 최근 일본정부가 1905년 1월 이전에 독도가 '무주지'가 아니라 '한국영토'라는 사실이 많은 증거자료에 의하여 실증되자, 이번에는 독도가 역사적으로 고대 이래 일본영토라고 주장하고 있는 사실의 모순된 허구성이다. 독도가 역사적으로 일본고유영토였다는 증거는 단 한 건도 발견되지 않았을 뿐만 아니라, 만일 일본정부의 주장대로 독도가 고대 이래 일본의 고유영토라면 일본정부는 1905년 1월에 와서야 그 이전에는 독도가 '무주지'였고, '다른 나라 사람들이 이를 점유한 형적이 없기' 때문에 새삼스럽게 일본에 '영토편입'한다고 내각회의 결정을 할 필요가 없는 것이다.

독도를 '무주지'라고 억지로 전제하면서 '무주지 선점론'에 의거하여 일본에 영토편입한다는 일본 내각회의의 결정은 독도가 1905년 1월 이전에 '무주지가 아니라' '한국 소유의 유주지(有主地)'였기 때문에 국제법상 완전히 위법이며 무효의 결정인 것이다.

[제 79 문] 일본정부는 독도를 일본에 '영토편입'한다는 결정을 해놓고 한국정부에 이를 사전 또는 사후에 조회 또는 통보하였는가? 일본정부는 어떠한 방법으로 '독도'의 일본에의 '영토편입' 결정을 한 사실을 세상에 알렸는가?

[답] 한국정부에 조회나 통보가 전혀 없었다. 설령 그것이 '무주지'라고 할지라도 그 '무주지'의 영토편입을 할 때에는 그곳이 면한 나라들에 사전 조회하는 것이 국제법상 요청되고 또 국제관례이기도 하였다.

예컨대 일본정부는 1876년 태평양 쪽의 오가사하라섬(小笠原島)을 '영토편입'할 때에는 이 섬과 간접적으로 관계가 있다고 본 영국·미국 등과 몇 차례 절충을 하고 구미 12개 국가들에 대하여 '오가사하라섬'에 대한 일본의 관리통치를 통고했었다.

독도는 울릉도의 부속도서이고 한국의 우산도(독도, 석도)로서, '영토편입'을 형식상 청원한 나카이와 내무성도 이를 처음 한국영토로 인지했으므로, 일본정부는 당연히 한국정부에 이를 사전 조회해야 했고 또

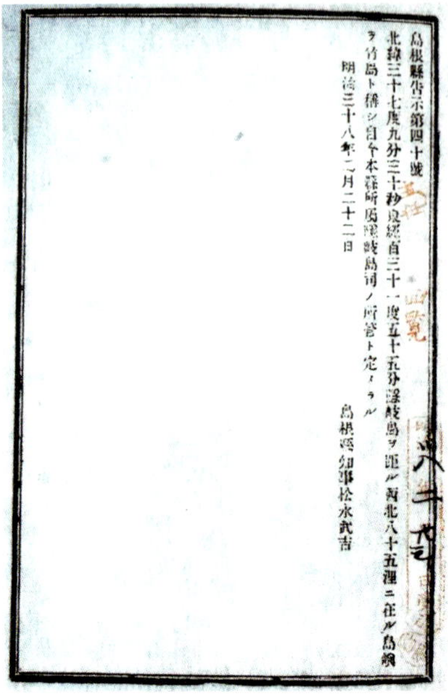
島根縣告示第四十號
北緯三十七度九分三十秒東經百三十一度五十五分隱岐島ヲ距ル西北八十五浬ニ在ル島嶼ヲ竹島ト稱シ自今本縣所屬隱岐島司ノ所管ト定メラル
明治三十八年二月二十二日
島根縣知事松永武吉

그림 II-12-2.
일본 시마네현 『현보(縣報)』의 「시마네현 고시 제40호」(1905. 2. 22.). (자료: 이상태 교수)

사후 통보했어야 하는데 이러한 조회·통보도 전혀 하지 않았다. 일본정부는 '독도'를 일본에 '영토편입'한다는 내각회의 결정을 한 후, 내무대신이 1905년 2월 15일 훈령으로 시마네현 지사에게 이 사실을 고시하라고 지시했으며, 시마네현 지사는 1905년 2월 22일자의 "竹島 편입에 대한 시마네(島根)현 고시 제40호"로서 "북위 37도 9분 30초, 동경 131도 55분, 은기도로부터의 거리가 서북으로 85해리에 있는 섬을 竹島(다케시마)라고 칭하고 지금 이후부터는 본현 소속 은기도사(隱岐島司)의 소관으로 정한다"는 고시문을 시마네현 『현보(縣報)』에 조그맣게 게재했으며, 이 고시 사실 내용을 지방신문인 『산음신문(山陰新聞)』(1905년 2월 24일자)이 조그맣게 보도하였다.

일본정부의 이러한 고시(告示) 방법은 일본이 '독도'를 일본에 '영토편입'한 결정 사실을 대한제국 정부에 사실상 비밀사항으로 하고 세계에도 알리지 않은 조치였다. 왜냐하면 당시 일본 수도 동경에는 주일본 한국공사관도 있고 한국인들도 있었으나, 시마네현에는 시마네현청에서 발행하는 『현보』나 그곳 지방신문인 『산음신문』을 즉각 면밀하게 읽고 독도를 일본이 '영토편입' 결정을 한 사실을 알아내어 서울의 한국정부에 보고할 수 있는 한국인이 거주하고 있지 않았기 때문이다.

독도의 영토편입은 극히 중요한 사항일 뿐 아니라, 내각회의의 결정은 '비밀사항'이 아니면 『관보(官報)』에 게재하여 중앙정부 수준에서 공시하는 것이 통례이고 당연한 것인데, 일본정부는 이 사안에 대해서만은 예외적 조치로 지방의 관용 소식지인 『현보』에 게재하여, 이 사항을 사실상 '비밀'에 두려고 한 것이었다. 왜냐하면 『관보』에 게재하면 동경에 있는 주일본 한국 공사관과 각국 대사관·공사관에서 이를 알게 될 것이기 때문이다.

[제 80 문] 왜 일본정부는 '독도'를 일본에 '영토편입'한 사실을 한국정부와 세계 각국에게 '사실상의 비밀사항'으로 해 두려고 구차한 지방 『현보』 고시 방법을 택했었는가?

[답] '독도'가 '무주지'가 아니라 '한국영토'임을 그들이 잘 알고 있었기 때문이었다.

독도의 일본에의 '영토편입'을 형식상 신청한 나카이도 독도가 '한국영토'임을 잘 인지하고 있었으며, 해군성도 '독도'를 한국영토라고 인지하고 있으면서도 '무주지'라고 주장했었고, 외무성도 '독도'를 한국영토로 인지하고 있었으면서도 독도에 일본 해군 망루를 설치하여 러·일전쟁에서 승리를 도와야 하기 때문에 '독도'를 일본에 '영토편입'해야 한다고 역설하였다. 그러나 내무성은 '독도'는 '한국영토'인데 이 불모의 섬을 러·일전쟁 도중에 일본에 '영토편입'했다가 한국정부가 이를 알고 항의해오고 또 세계 각국이 이를 알게 되면 일본은 한국영토를 침탈하기 위한 야욕으로 러·일전쟁을 일으켰다고 생각하게 되어 득보다 손실이 클 것이라고 반대했던 사실을 주의할 필요가 있다.

그러므로 일본은 한국영토인 '독도'를 '무주지'라고 해서 일본에 '영토편입'하여 '竹島(죽도, 다케시마)'라고 부르도록 결정한 사실을 대한제국 정부나 한국 국민들이 알게 되면, 이것은 한국 부속령에 대한 '침탈'이므로, 아무리 서울과 한반도가 일본군의 군사 점령 하에 있다고 할지라도 항의문을 내거나 항의 외교활동을 할 가능성이 있고, 이렇게 되면 아직도 한국의 수도 서울에 각국 공사관들이 주재하여 활동하고 있는 상황에서 한국과 분쟁이 일어나고 서양 각국으로부터 일본의 한국영토 침탈에 대한 비판과 러·일전쟁 후의 일본의 한국 침탈에 대한 의심을 강화하게 될 것을 우려하여 '독도'의 '영토편입' 결정 사실을 숨기려 한 것이었다.

일본의 시마네현 『현보』에 의한 고시 방법은 매우 교활한 방법으로서, 국제법상 '무주지' 영토편입 때의 요건인 '고시(告示)' 절차를 형식상 밟는 체 하면서 실제로는 '비밀사항'으로 두려는 방법이었다. 그러나 국제법의 '고시' 규정 목적은 관련자, 관심자에게 알려야 하는 것을 목적으로 한 것이므로 일본의 이 시마네현 『현보』 고시 방법은 '고시'의 요건을 다 충족했다고 볼 수 없는 것이었다. 그러므로 일본이 '독도'를 '무주지'라고 전제하여 '무주지 선점론'에 의거해서 '영토편입' 결정을 하고 '고시'한 것은, '독도'가 무주지가 아니라 한국이라는 주인이 있는 한국령 '유주지'였고, 고시 방법도 교활한 기만적 방법이어서 국제법상 성립되지 않는 불법의 결정이며 무효의 결정인 것이었다.

제13장
대한제국의 일제 독도침탈에 대한 항론

[제81문] 그러면 대한제국 정부는 일제의 1905년 1, 2월 독도침탈(영토편입) 사실을 당시에 모르고 있었는가. 대한제국 정부는 일본이 '독도'를 침탈하려고 일본에 소위 '영토편입'한 사실을 언제 알게 되었는가? 일본정부는 언제 이 사실을 대한제국 정부에 통보해 주었는가?

[답] 당시는 물론 대한제국 정부는 1906년 3월 27일까지도 일본의 독도침탈 사실을 알지 못하였다. 한국측이 일본정부의 '독도' 침탈과 일본에의 소위 '영토편입' 사실을 처음 알게 된 것은 1906년 3월 28일이었다.

그 알게 된 과정은 일본정부가 대한제국 정부에 조회해 오거나 통보해 온 것이 아니라, 일본의 시마네현 은기도사(隱岐島司) 일행이 '독도'(竹島)를 시찰하고 돌아가는 길에 울릉도에 들러서 울도군수 심흥택(沈興澤)을 방문하여 자기들이 '독도'를 일본에 새로이 '영토편입'했고 그 관리자가 은기도사이기 때문에 새 영토를 시찰하러 왔다가 돌아가는 길에 울도군수를 방문하게 되었다가 간접적 방식으로 알려온 것이다.

그림 II-13-1. 일본 오키섬 동문보(東文輔) 일행이 울릉도를 방문했을 때의 사진(1906. 3.). 오른쪽 기와집 지붕 위에 태극기가 보인다. (자료: 김윤식·이상태 교수)

여기서 주목해야 할 사실은 그 간접적으로 알린 방식과 시기이다. 일본정부는 한국영토인 '독도'를 침탈하여 일본에 '영토편입'해 버린 중대한 사실을 1905년 2월 당시에 조회 또는 통보하지 않았을 뿐 아니라, 1906년 말에도 아직 엄연히 그 이름이 남아 있는 대한제국 중앙정부에 통보하지 않고, 도근현 은기도(島根縣 隱岐島)의 말단 지방 관리의 간접적인 말을 통하여 울도군수에게 알도록 하였다.

일본정부의 이러한 방식은 대한제국 정부의 독도의 침탈이라는 중대한 사실을 가능한 한 대수롭지 않은 사소한 사건으로 처리하게 하고, 또 현지 지방관이 항의하는 경우에도 이를 일제 통감부가 사소한 일로 처리할 수 있도록 만들기 위하여 대한제국 중앙정부에 알리는 것을 극력 회피했던 것으로 해석된다.

[제 82 문] 일본측은 왜 '독도'를 일본에 '영토편입'한 사실을 구태여 1906년 3월 말을 택하여 대한제국 지방관이 알도록 누출시켰는가? 그 일자에 특별한 의미가 있는가?

[답] 특별한 의미가 있으며, 의도적으로 1906 3월 말을 택한 것이었다. 일제는 1905년 9월 5일 포츠머스조약 체결로 러·일전쟁을 10월 15일 일본의 승리로 종결하게 되자, 바로 일본군 무력으로 조선 궁궐을 에워싸고 위협하여 1905년 11월 17일 그들이 초안한 '을사조약' 체결을 강요하였다. 이 조약 내용의 요점은 ① 한국의 외교권을 박탈하여 일본이 한국외교권을 행하고 ② 일제 통감부를 서울에 설치하여 한국의 정치 일반을 감독한다는 것이었다. 일제 통감부가 한국 정치 일반을 감독한다는 것은 한국의 내정을 지휘 감독함을 포함한 것이었다.

대한제국의 조약체결권자인 황제 고종은 '을사조약'의 승인과 서명 날인을 끝까지 거절하여 국제법상 이 조약은 성립되지 않은 무효의 것이었음에도 불구하고 일제는 일본군 무력으로 이를 강제 집행하였다. 일제는 1905년 12월 20일 「한국통감부 및 이사청 관제」를 공포하였다. 이어서 대한제국 외부(외무부)가 1906년 1월 17일 완전히 폐지되었다. 1906년 2월 1일에는 서울에 일제 통감부가 실제로 설치되어 이토 히로부미(伊藤博文)를 초대 통감으로 임명하고 사무를 시작하였다. 대한제국은 1906년 1월 17일 외무기관까지 완전히 폐쇄되어 국제적 항의를 담당할 기관마저 완전히 없어진 채, 1906년 2월 1일부터는 내정까지 일제 통감부가 지배하게 된 것이었다.

일본측은 이상과 같은 조치를 한 후 이러한 시간표에 맞추어 1906년 3월 28일 시마네현 은기도사(隱岐島司)라는 지방관을 통하여 울도군수 심흥택(沈興澤)에게 독도를 일본에 '영토편입'한 사실을 누출시킨 것이었다.

일본측은 만일 울도군수 심흥택이 이것을 중앙정부에 보고하더라도 대한제국의 중앙정부는 일본 통감부의 지배하에 있으며, 외부는 완전 폐지되어 대한제국이 일본정부에 외교적 항의는 할 수 없고, 대한제국의 외교권을 가진 일제 통감부가 일본정부에 항의해야 한다는 상태에 있게 되었으므로, 항의서조차 제출할 수 없도록 완전히 준비를 갖춘 후에, 1906년 3월 말의 일자를 택하여 일본이 독도를 침탈했다는 사실의 정보를 누출시킨 것이었다.

[제 83 문] 울도군수 심흥택은 1906년 3월 28일 울도군청을 방문한 일본 시마네현 은기도사 일행으로부터 '독도'를 일본에 '영토편입'했다는 정보를 듣자 어떻게 대응하였는가?

[답] 울도군수 심흥택은 이 말을 듣자 깜짝 놀라 그들이 떠나자마자 이튿날인 1906년 3월 29일(음력 3월 5일) 그의 직속상관인 강원도관찰사에게 다음과 같은 긴급 보고를 올렸다.

「『鬱島郡守 沈興澤의 報告書』, 1906. 3. 29.

本郡所屬 獨島가 在於本部外洋百餘里許이옵더니 本月初四日 辰時量에 輪船一隻이 來泊于島內道洞浦而 日本官人一行이 到于官舍하야 自云獨島가 今爲日本領地故로 視察次來島였다이온바 其一行則 日本島根縣隱岐島司東文輔及事務官神西由太郎 稅務監督局長吉田平吾 分署長警部 影山岩八郎 巡査一人 會議員一人 醫師技士各一人 其外隨員十餘人이 先問戶摠人口土地多少하고 次問人員及經費幾許 諸般事務를 以調査樣으로 錄去이압기 玆以報告하오니 照亮하심을 伏望.

光武十年丙午 陰三月 五日」

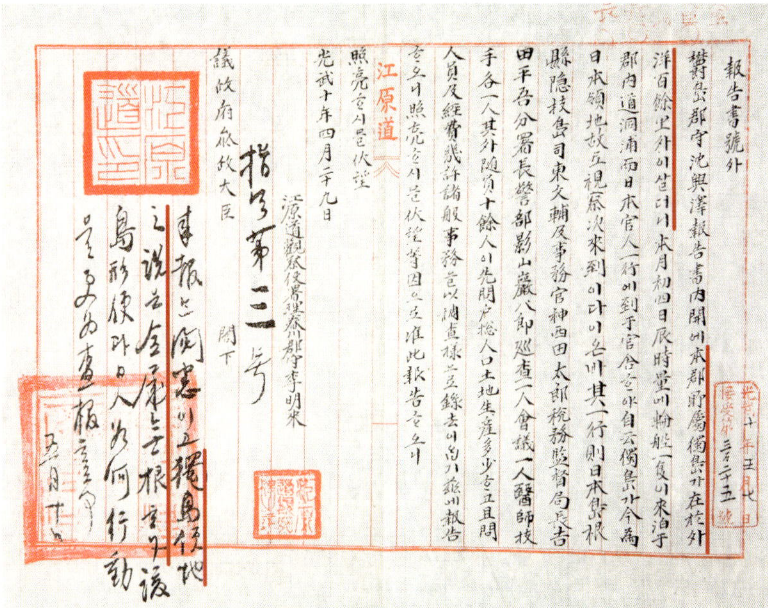

그림 II-13-2. 강원도관찰사 서리가 울도군수 심흥택의 보고서를 전재하여 참정대신에게 보낸 보고서와 그에 대한 참정대신의 지령문(1906). 심흥택은 이 보고서에서 '본군 소속 독도가'라고 하여 독도가 자신의 통치지역임을 명백히 밝히고 있으며, 참정대신은 "일본의 독도 영지설은 전혀 근거가 없는 것"이라고 일본 주장에 항의하고 비판하였다. (독도박물관 소장)

심흥택의 보고에서 주목할 것은 "본군소속 독도(獨島)가 본부 외양 백여리허에 있삽더니 … "라고 하여 독도가 자기의 통치군(본군)인 울도군 소속임을 명확히 밝혀 항의하고 있다는 사실이다. 즉 심흥택은 '독도'가 '울도군' 소속임을 명확히 하여 '대한제국 영토'이고 자기의 행정 책임군인 울도군에 속한 영토임을 명확히 천명한 것이었다.

심흥택은 그 다음에 일본인 관리 일행이 자기 관사를 찾아와서 "자운(自云) 독도(獨島)가 이제 일본영지가 되었기 때문에 시찰차 내도(來島)하였다"고 하여 '자운(自云)'이라는 표현을 써서 '독도가 이제 일본영지가 되었기 때문에' 운운 한 것을 일본측이 일방적으로 말하는 것에 불과한 '억지주장'이라는 뜻을 담아서 그가 승복하지 않음을 명확히 나타내었다.

울도군수 심흥택은 일본정부가 '독도'를 일본에 '영토편입'한 사실의 정보를 입수하자마자 이의 중대성과 심각성을 즉각 인식하여 바로 자기 상관에게 보고를 올리면서, 독도가 자기 행정책임 구역인 '울도군'에 소속된 대한제국 영토이고, 일본의 '영토편입' 운운은 '억지주장'임을 명백히 천명한 것이었다.

[제 84 문] 대한제국 중앙정부의 내부대신은 울도군수 심흥택의 보고를 강원도관찰사 서리를 거쳐 받고 어떻게 반응하였는가?

[답] 당시 대한제국 내부대신은 울도군수 심흥택의 일본이 독도를 일본에 '영토편입'했다는 보고를 강원도관찰사 서리를 거쳐서 받고, "유람하는 길에 토지면적과 인구를 기록해 가는 것은 괴이함이 없다고 혹시 용납할 수 있을지 모르지만 독도가 일본 속지라고 칭하여 운운하는 것은 전혀 그 이치가 없는 것이니, 이제 보고받은 바가 매우 아연실색할 일이라(遊覽道次에 地界戶口之錄去는 容或無怪어니와 獨島之稱云日本屬地는 必無其理니 今此所報가 甚涉訝然이라)"는 지령문을 써 보내어, 독도를 일본 속지라고 칭하여 운운한 것은 전혀 이치가 없는 말이라고 단호히 부정하고 항의의 뜻을 명백히 표시하였다.

대한제국 내부대신의 지령문에 나타난 반응은 독도를 일본에 '영토편입'했다는 일본의 주장을 '전혀 이치가 없는 것'이라고 단호하게 거부하고 일본의 무리한 침섭에 경악해서 항론을 지령문으로 지시하고 있는 것이다.

당시 대한제국 내부대신은 이지용(李址鎔)으로서 친일파 대신의 하나였음에도 불구하고 일본의 독도침탈에 대해서는 단호하게 항론으로 지령한 것이었다. 친일파 내부대신까지도 일본이 한국영토인 '독도'를 일본에 '영토편입'한 결정에는 단호히 이의 수용을 거부하고 '전혀 이치가 없는 일'이라고 단호하게 항론을 편데 주목할 필요가 있는 것이다.

[제 85 문] 대한제국 중앙정부의 참정대신은 강원도관찰사 서리의 위의 보고를 받고 어떻게 반응하였는가?

[답] 대한제국 참정대신도 일본이 한국영토인 독도를 이제는 일본영지로 편입시켰다는 보고를 받고, "올라온 보고를 다 읽었고 독도가 일본영지 운운한 설은 전적으로 근거 없는 주장에 속하나, 독도의 형편과 일본인들이 어떠한 행동을 하고 있는지는 다시 조사하여 보고할 것(來報는 閱悉이고 獨島領地之說은 全屬無根하나 該島 형편과 日人 여하행동을 更爲查報할 사)"이라고 지령하였다.

대한제국 참정대신도 "독도를 일본영지로 했다는 설은 전적으로 근거 없는 일에 속한다"고 단호하게 일본의 주장과 조치를 부정 거부하면서, 독도의 형편과 일본인들이 어떻게 행동하는지를 다시 조사하여 보고하라고 지령한 것이었다.

당시 대한제국 참정대신은 '을사5적'의 하나인 친일파 박제순(朴齊純)이었음에도 불구하고, 이 친일파까지도 "독도를 일본영토로 편입한 일본정부의 주장과 조치에는 강력하게 반대하여 전적으로 근거 없는 일에 속한 것"이라고 항론을 펴고, 독도의 형편과 일본인들의 그 후의 동태를 다시 조사 보고하라고 명령한 것이었다.

친일파 참정대신까지도 일본의 독도 '영토편입' 침탈에 대해서는 단호히 이를 거부하고 “전적으로 근거 없는 일에 속한 것”이라고 일본정부의 결정을 부정하여 단호하게 항론을 지령문으로 지시했음을 주목할 필요가 있는 것이다.

[제 86 문] 당시 여론은 어떠하였는가? 당시의 신문들은 일본의 ‘독도’ 침탈, ‘영토편입’을 어떻게 보도하고 어떻게 평론하였는가?

[답] 당시 한국에 주둔한 일본군 헌병대사령부와 통감부는 한국 신문들에 대한 사전·사후 검열을 실시하고 있었기 때문에 자유롭게 이를 보도하고 논평할 수가 없었다. 그럼에도 불구하고 당시 대표적 신문인 『대한매일신보』와 『황성신문』은 우회적인 방법으로 일본의 독도침탈에 항의를 하고 이를 비판 보도하였다.

『대한매일신보』는 1906년 5월 1일자 잡보란에서 ‘무변불유(無變不有: 變 없지 아니하다: 變이 있다는 뜻)’라는 제목으로 울도군수 심흥택이 내부에 보고한 보고서를 다음과 같이 인용보도하면서 일본의 독도침탈을 날카롭게 비판하였다.

> 「無變不有. 鬱島郡守 沈興澤氏가 내府에 報告하되 日本官員一行이 來到本郡하야 本郡所在獨島는 日本屬地라 自稱하고 地界濶狹과 戶口結摠을 一一緣去라 하얏는대 내部에서 指令하기를 遊覽道次에 地界戶口之緣去는 容或無怪어니와 獨島之稱云日本屬地는 必無其理니 今此所報가 甚涉訝然이라 하얏더라.」

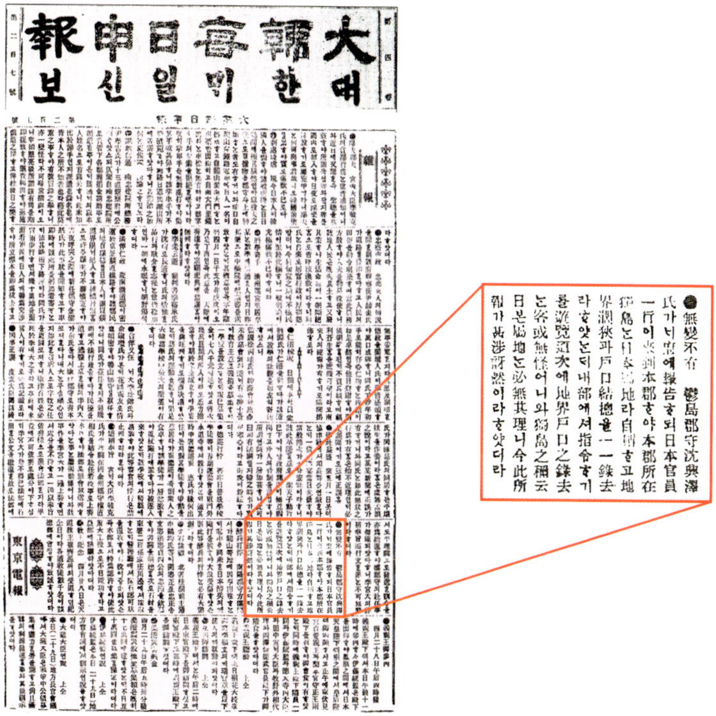

그림 II-13-3. 『대한매일신보(大韓每日申報)』의 항론 보도

울도군수 심흥택의 보고를 인용하면서 “울도군 소속 한국속지인 독도를 일본 관원 일행이 일본속지로 자칭”했다는 것이다. 이 대목에서 『대한매일신보』는 독도가 한국영토로서 울도군에 속해 있는 섬인데 일본관리가 일본영토라고 자의로 칭하고 있다고 비판 보도하여 항의하고 있는 것이다.

『대한매일신보』는 이어서 내부의 지령문으로 “독도를 일본속지라고 칭하여 말한 것은 전혀 이치가 없는 것으로서 이번 보고한 바가 참으로 아연실색할 뿐이라”고 한 지령문을 인용 보도하는 방법으로 내부와 함께 독도를 일본영토로 '영토편입'을 칭하여 운운한 것은 전혀 이치가 없는 아연실색할 일이라고 일본정부를 신랄하게 비판한 것이었다.

한편, 『황성신문』은 1906년 5월 9일자 잡보란에서 제목의 활자 크기를 평소의 것보다 처음으로 4배나 갑자기 키워 다음과 같이 보도함으로써 일제의 독도침탈 시도를 단호하게 부정하고 비판하였다.

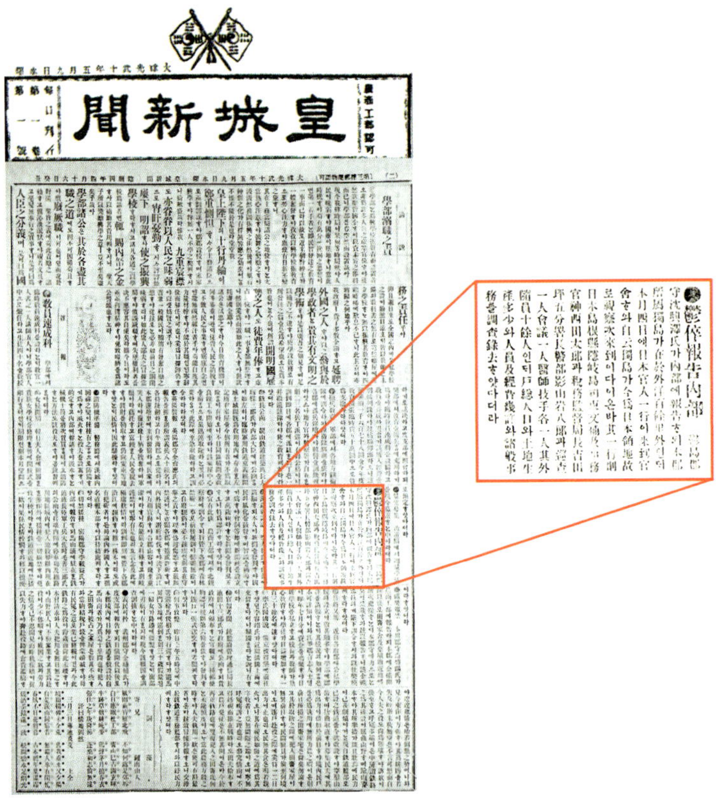
皇城新聞

鬱倅報告內部 鬱島郡守沈興澤氏가內部에報告하되本郡所屬獨島가在於外洋百餘里外이더니本月四日에日本官人一行이來到官舍하야自云獨島가今爲日本領地故로視察次來到이다이온바其一行則日本島根縣隱岐島司東文輔及事務官神西田太郞과稅務監督局長吉田坪五郞과區長警部影山岩八郞과巡査一人과會議一人醫師技手各一人其外隨員十餘人이되戶總人口와土地生産多少와人員及經費幾許와諸般事務를調査錄去하얏다더라

그림 II-13-4. 『황성신문(皇城新聞)』은 일제의 독도침탈 시도에 대한 항의 표시로 '잡보(雜報)'란의 독도침탈 시도에 대한 기사의 표제 활자 크기를 갑자기 평상시의 4배로 높여 발행하였다.

鬱倅報告內部. 鬱陵島郡守 沈興澤氏가 內部에 報告하되 本郡所屬 獨島가 在於外洋百餘里外인데 本月四日에 日本官人一行이 來到官舍하와 自云 獨島가 今爲日本領地故로 視察次來到이다 이온바 其一行則 日本島根縣 隱岐島司東文輔及 事務官神西田太郎과 稅務監督局長吉田坪五 分署長警部影山岩八郎과 巡査一人 醫師技手各一人 會議一人 其外隨員十餘人인데 戶總人口와 土地生產多少와 人員及經費幾許와 諸船事務를 調査綠去하얏다더라.

여기서 주목할 것은 우선 '鬱倅報告內部(울쉬보고내부: 울도군수가 내부에 보고)'라는 관례 제목 크기의 4배에 달하는 특호 활자 크기이다. 독자들이 갑작스러운 특호 크기에 주목하여 먼저 읽도록 해서 중요성을 강조하였다. 다음에는 울도군수 심흥택의 보고를 인용하여 "본군(울도군) 소속 독도가 외양 백여 리 밖에 있사온데 본월 4일에 일본인 관인 일행이 관사에 와서 자의로 말하기를 독도가 이제는 일본영지가 되었으므로 시찰차 왔다"고 한 부분을 보도하여 비판한 사실이다.

여기서 『황성신문』은 울도군수 심흥택의 보고에 있는 "본군(울도군) 소속 獨島(독도)"를 주목하게 해서 독도가 울도군에 속해 울도군수 심흥택의 행정을 받고 있는 '대한제국 영토'임을 강조한 것이었다. 이어서 『황성신문』은 일본 관리 일행이 울도군수 관사를 찾아와서 "자의로 말하기를(自云) 독도가 이제 일본영지가 되었으므로 시찰차 왔다"고 한 부분을 보도하여 일본이 이제 막 독도를 침탈해서 일본영토로 만들고 있다고 폭로하면서 이것은 부당한 것임을 "자의로 말하기를(自云)"이란 보고서 설명을 인용하여 알려주고, 일제의 독도침탈 시도의 부당성을 지적하여 비판한 것이었다.

당시 일본군 헌병대사령부와 통감부의 삼엄한 검열제도 속에서 『대한매일신보』와 『황성신문』은 일제의 독도침탈 시도를 간접적 방법으로 신랄하게 비판하고 항의한 것이었다.

[제 87 문] 당시 대한제국 국민들과 지식인들은 이 보도를 읽고 어떻게 반응하였는가? 특히 지식인들은 이에 반응하여 일본의 독도침탈 시도를 비판한 문헌을 남겼는가?

[답] 1906년 당시에는 일제의 '을사조약' 강제집행과 국권침탈에 대항하여 국민들이 국권회복을 위한 애국계몽운동과 항일의병 무장투쟁을 전개하고 있던 시기이므로, 국민들은 물론 일제의 독도침탈에 대한 저항을 국권침탈 시도에 대한 저항운동에 포함하여 전개했음은 더 말할 필요도 없다. 영토침탈은 국권침탈의 일부이기 때문이다.

지식인의 기록에 나와 있는 대표적인 것으로는 매천 황현(梅泉 黃玹)의 『오하기문(梧下記聞)』과 『매천야록(梅泉野錄)』을 들 수 있다.

황현은 『오하기문』에서 "울릉도 100리 밖에 한 속도(屬島)가 있어 독도(獨島)라고 부르는데, 왜인이 이제 일본영지가 되었다고 심사(審査)하여 갔다"고 기록하였다. 이 기록에서 주목할 것은 "울릉도 100리 밖에 한 속도가 있어 독도라고 부르는데"라고 하여 '독도'가 울릉도의 '속도' 임을 명확히 해서 한국영토임을 밝히고, 다음 이어서 "왜인이 이제 일본영지가 되었다고 조사해 갔다"라고 기록해서 지금 막 일본측이 독도를 일본영토로 만들고 있음을 폭로하고 부정적으로 기록하여 비판하였다.

황현은 또한 『매천야록』에서는 "울릉도의 바다로부터 거리가 동쪽으로 100리에 한 섬이 있어 울릉도에 구속(舊屬)했는데, 왜인이 그 영지라고 늑칭(勒稱)하고 심사(審査)하여 갔다"고 기록하였다. 여기서 주목할 것은 "독도가 그때까지는 울릉도에 구속(舊屬, 옛부터 속한)한 섬"이라고 하여 대한제국 영토임을 명확히 밝힌 점과 이어서 "왜인이 그 영지라고 늑칭(勒稱)"했다고 하여 독도를 일본인들이 일본영토라고 '늑칭(勒稱)'했다고 비판한 점이다. '늑칭'은 '강제로 칭했다', '억지로 칭했다', '부당하게 칭했다'는 뜻이 모두 들어 있는 항의 용어이다. 즉, 독도는 오래전부터 당시까지 울릉도에 부속해 온 한국영토임이 명확하고, 독도를 이제 일본영토라고 칭하는 것은 부당한 주장, 억지주장임을 황현(黃玹)은 명백하게 항의해 기록한 것이었다.

일본이 독도를 침탈한 사실을 한국정부와 국민들은 1년 2개월 후에야 간신히 알게 되었지만, 이때 즉각 한국정부 참정대신, 내부대신, 강원도관찰사, 울도군수 등 모든 관련 관리들, 『대한매일신보』, 『황성신문』 등 당시 언론기관들, 국민과 지식인들이 독도는 울릉도에 부속한 한국영토이고, 독도를 이제 일본으로 '영토편입'한 것은 전적으로 근거 없고 이치에 맞지 않는 부당한 강제침탈임을 당시에 이미 명백히 지적하여 항의했던 것이다.

[제 88 문] 그러면 1906년 이후 '독도'는 어떠한 상태에 있었는가?

[답] 대한제국 정부와 당시 한국 국민들은, 대한제국 외부(외무부)가 1906년 1월 17일에 이미 폐지되어 버렸고, 일제 통감부가 한국 외교와 내정을 지휘 감독하고 있었기 때문에, 일제의 독도침탈에 대하여 항의와 항론을 폈을 뿐이지 항의 외교문서를 일본정부와 국제사회에 제출해 보낼 통로와 기구가 없었다.

뿐만 아니라 일본 제국주의자들은 한반도 전체를 식민지로 강점하려 하고 있었고, 독도침탈은 그 일환의 첫 작업으로 독도가 한국영토이지만 동쪽으로 일본에 가장 가까운 한국영토이었기 때문에 가장 먼저 침탈당한 것이었다. 이 때문에 한국인들은 전국 한반도 전체가 침탈당하고 있는 위험에 대처하기에 겨를이 없어서 독도를 돌볼 수 있는 상태에 있지 못하였다. 독도를 지키기 위해서도 서울에 주둔한 일본군들을 몰아내고 국권을 회복해야 하므로 전국에서 국권회복을 위한 항일의병 무장투쟁과 애국계몽운동이 치열하게 전개되었다. 그리고 일제 강점기에는 독도의 회복은 강점당한 한반도 전체의 회복 시기에야 동시에 달성될 수 있다는 전망이 더욱 명백하게 되었다.

제14장
일제 강점기의 독도와 동해 명칭

[제89문] 일제 강점기에 독도는 어떠한 상태에 있었는가?

[답] 일제 강점기에 독도는 일제의 독도침탈을 합리화하기 위하여 형식상 일본 시마네현 은기도 소속의 형식이 남아 있었으나, 실제로는 울릉도의 부속도서로 취급되었고, 1905~1914년의 나카이에게 독점대부되었던 10년간을 제외하고는 실제로 울릉도 어부들의 고기잡이 앞마당으로 사용되었다.

독도가 조선에 속한 것이었음을 알고 있던 일본인들은 일제 강점기에도 독도를 실질적으로, 또는 형식과 실제 모두에서 조선에 속한 것으로 취급하기도 하였다. 예컨대, 독도(獨島)가 조선에 속한 것으로 취급한 몇 가지 자료를 들면 다음과 같다.

① 일본 해군성 수로부, 『일본수로지(日本水路誌)』 제6권(1911)

② 일본 해군성 수로부, 『일본수로지』 제10권 상(1920)

③ 『역사지리(歷史地理)』 제55권 제6호에 수록된 통전설호(桶畑雪湖, 히바다 세스코)의 논문 「일본해에 있는 죽도(竹島)의 일선관계(日鮮關係)에 대하여」(1930)

④ 일본 해군성 수로부, 『조선연안수로지(朝鮮沿岸水路誌)』 제1권(1933)

⑤ 지갈성(芝葛盛), 『신편일본역사지도(新編日本歷史地圖)』(1933)

⑥ 석미춘잉(釋尾春芿), 『조선과 만주안내』(1935)

⑦ 일본 육군참모본부 육지측량부, 「지도구역일람도(地圖區域一覽圖)」 其一(1936)

일제 강점기에 독도를 조선 부속으로 다룬 여러 가지 자료들 가운데서도 특히 주목되는 자료는 일본 육군참모본부 육지측량부의 「지도구역일람도(地圖區域一覽圖)」이다. 일본 육군참모본부는 1936년 3월 현재의 대일본제국[日本本州, 朝鮮, 臺灣, 關東州, 樺太(사할린) 포함]의 「지도구역일람도」를 같은 해 4월에 간행하였는데, 이 지도의 목적은 대일본제국에 속한 모든 지역을 본주(本州), 조선(朝鮮), 관동주(關東州), 대만(臺灣), 화태(樺太), 천도열도(千島列島), 남서제도(南西諸島), 소립원군도(少笠原郡島) 등으로 집단분류(grouping)한 것이었다.

일본 육군참모본부는 「지도구역일람도」에서 독도(죽도)를 일본 본주에 넣을 공간이 충분함에도 불구하고 울릉도와 함께 '조선 구역'에 포함시키고, 죽도의 오른쪽 밖에 '조선 구역'과 '일본 본주 구역'을 구분하는 굵은 검은 선을 그어 놓았다.

「지도구역일람도」는 일제가 패망을 상상하지 않고 대일본제국이 영속한다고 생각했던 1936년에 제작한 일본제국 안의 지역 분류 지도로서 일본 육군성이 공식 발행한 것이었기 때문에 결정적으로 중요한 자료가 된다. 이 자료에서 독도(竹島)가 어느 지역에 포함되는가, 즉 '조선 지역'에 포함되는지 또는 '일본 본주 지역'에 포함되는가 여부에 따라, 만일 대일본제국이 외부의 힘에 의해 해체되는 경우에는 독도(竹島)의 귀속이 결정적으로 영향을 받기 때문이다. 그런데 일본 육군참모본부는 독도(竹島)를 '조선 구역'에 포함시킨 것이다. 일본 육군성은 독도가 울릉도의 부속도서이며 조선부속령임을 명확히 알고 있었던 것이다.

일본 제국주의가 1945년 8월 15일 패망하여 연합국이 대일본제국을 해체시킬 때 일본군의 「지도구역일람도」가 가장 중요한 자료 가운데 하나가 되었음은 논란의 여지가 없다. 왜냐하면 연합국최고사령관이 종래 대일본제국 영토의 특정 지역에 대하여, 일본정부의 정치적·행정적 권리의 행사 또는 행사 기도의 정지를 명령한 연합국최고사령관지령(SCAPIN) 제677호를 공포했을 때의 특정 지역 집단 분류가 일본군의 「지도구역일람도」와 거의 완전히 일치하기 때문이다.

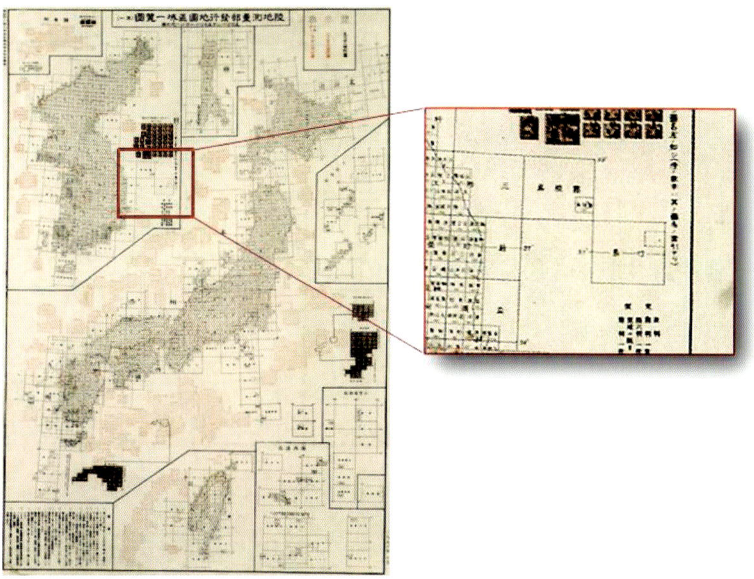

그림 II-14-1. 일본 육군참모본부 육지측량부가 대일본제국을 지역별로 구분한 1936년의 공식 대일본제국 「지도구역일람도(地圖區域一覽圖)」. 여기서 일본군까지도 독도(竹島)를 울릉도의 부속도서에 포함시켜 일본 구역으로부터 제외하고 조선 구역에 포함시켰다. (서울대학교 중앙도서관 소장)

위의 자료들이 제시하는 바와 같이 일제 치하에서 독도는 행정의 형식상 도근현에 속한 것으로 간주된 경우가 있었다 할지라도, 일본 국민들은 물론이요 일본정부까지도 실질적으로, 또는 형식과 실질 모두에서 독도(竹島)를 조선부속으로 간주하였다. 하물며 일제하에서 한국인들이 독도를 한국영토로 계속 인지했음은 더 논할 필요도 없다.

일제 강점기에도 독도는 울릉도 어민들의 어로 지역이었다. 독도는 울릉도 어민들의 중요한 어로 지역으로 활용되다가, 제2차 세계대전 말기에 마치 경상남도 진해만(鎭海灣)이 일본 해군의 직접통제 하에 들어갔듯이 일본 해군의 직접 통제 하에 들어가게 되었었다.

당시 일본의 실세였던 일본군 육군참모본부가 당시 일본제국의 지역구분을 하면서 '독도'를 '일본'에 포함시키지 않고 '일본에서 제외'하여 '조선'에 포함시킨 것은 역사적 사실을 무의식중에 반영한 것으로서 주목해야 할 사실이다.

[제 90 문] 일제 강점기에 일제는 '독도'뿐만 아니라 '동해'의 명칭도 '일본해'로 바꾸어 침탈했다는데 사실인가?

[답] 그렇다. 일제는 독도가 있는 동해의 명칭도 '일본해'로 변경하여 침탈하였다.

18세기 말부터 19세기 초기까지는 한반도 동쪽의 바다는 '조선해' 또는 '동해'로 호칭되었다. 한국(조선왕조)에서 모두 '조선해' 또는 '동해'라고 호칭했음은 물론이요 중국에서도 대부분 이 바다를 '조선해'라 호칭하고 때로는 '동해'라고 호칭하였다.

그림 II-14-2. 18세기 「아국총도(我國摠圖)」(작자 미상). 한반도 동쪽 바다를 '동해(東海)'라고 표기하고 있다.

서양에서도 18세기 말까지에는 '동해'를 대부분 '조선해' 또는 '동해(East Sea)', '동양해(Oriental Sea)'라고 호칭하였다.

일본에서도 물론 '동해'를 대부분 '조선해' 또는 극소 부분은 '북해'라고 호칭했고, '일본해'는 일본 열도의 태평양 쪽 바다의 호칭이었다. 그러다가 일본이 메이지 유신정권이 수립된 1868년 이후 종래 일본 열도의 태평양 쪽에는 세계 공통의 '태평양'이라는 서양 이름이 있음을 알게 되자 종래 '조선해', '동해'의 자리에 이 이름을 지우고 '일본해'를 옮겨 붙이려는 움직임이 일어나게 되었다.

그림 II-14-3. 「인도와 중국 신지도(A New Map of India & China)」(1721). 영국인 존 세넥스(John Senex)가 그린 이 지도는 동해를 'Eastern Sea'라고 표기하고 있다.

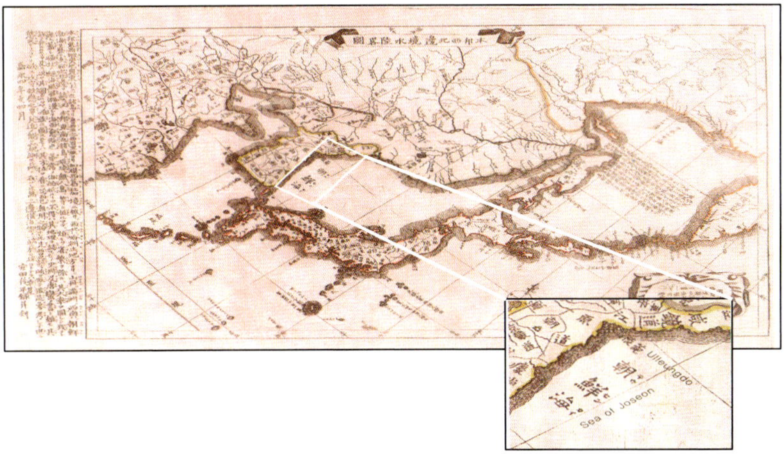

그림 II-14-4. 야스다 라이슈(安田雷州)의 「본방서북변경수륙약도」. 동해를 조선해로 표기한 일본 지도이다.

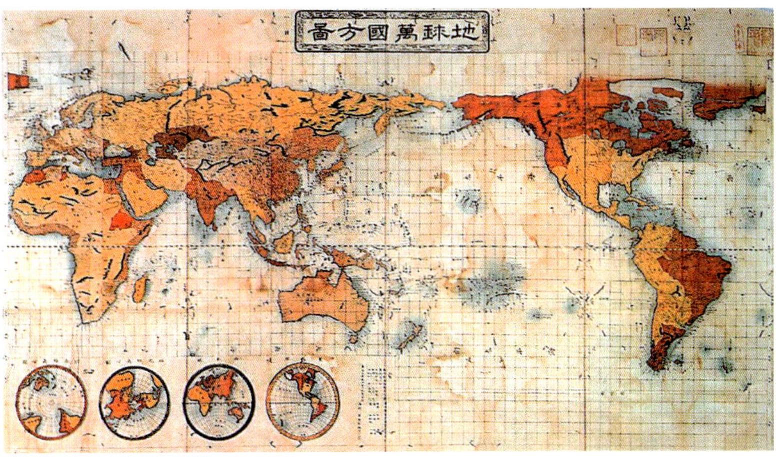

그림 II-14-5. 동해를 '조선해'로 표기한 일본의 「지구만국방도(地球萬國方圖)」(1871년판).

메이지 유신정권은 1876년경부터는 '조선해' 또는 '동해' 명칭 사용을 배제하고 모든 공문서에서 '일본해' 명칭을 사용하는 정책을 수립하여 시행하였다. 이 무렵은 소위 '정한론'에 입각하여 일본이 조선에 '정한외교'를 시행하면서 궁극적으로 조선을 일본의 식민지로 점령하려는 정책을 시행하던 때였다.

서양 지도에는 19세기 말기 무렵에는 동해에 대하여 '조선해', '동해', '일본해'의 다양한 명칭이 사용되고, 통일된 호칭은 없었다. 일제가 1910년 8월 대한제국을 식민지로 강점한 이후에는 일본은 세계에 대하여 동해 명칭을 '일본해'로 고정시키기 위하여 활동하기 시작하였다.

국제수로기구(International Hidrographic Organigation, IHO)의 정기총회가 1919년 런던에서 처음 개최되었을 때, 이 기구는 전 세계 바다 명칭의 로마자 표기를 정하기로 결의하였다. 이어서 1921년의 국제수로국(International Hydrographic Bureau)이 런던에 설치되어 해도와 바다 명칭 문제 사무를 보게 되었다. 1922년 9월 15일에 개최된 국제수로국 회의에서 바다 명칭 결정에 책임 있는 정부나 연구소의 등록을 받도록 결의하였다.

당시 한국을 지배하고 있던 일본은 '동해'에 대하여 '일본해'라는 이름을 붙여 신청한 결과 1923년에는 48개 바다 이름(및 한계)이 국제수로국 가입 국가들 사이에 회람되었다. 이때 '동해'는 일본정부에 의해 '일본해'라는 이름으로 다른 바다 이름들과 함께 등록되고 회람되었다.

그때 한국은 독립국가의 지위를 잃고 일본 식민지로 강점당한 상태여서 국제수로기구 회원국이 아니었기 때문에, 이 사실을 알지 못하였다. 따라서 이 회의에 참가도 할 수 없었고 이에 대한 반대도 할 수 없었다.

1929년 모나코에서 개최된 국제수로기구 임시회의에서는 각 회원국이 제출한 바다 명칭을 통과시켰다. 이때 '동해' 명칭이 일본정부가 제출한 '일본해'로 회의록(IHB, 1929, Report of the Proceedings, p. 249)에 인쇄 기록되어 ‘동해’ 대신 ‘일본해’ 명칭이 세계에 보급되게 되었다. 이것은 일제 강점기에 일제가 ‘조선해’, ‘동해’ 명칭을 침탈한 것이었다. ‘동해’에 대한 ‘일본해’의 명칭은 일본 제국주의 침탈의 산물인 것이다.

대한민국의 영토인 울릉도와 독도가 있는 바다의 고유 명칭인 ‘조선해’, ‘동해’에 ‘일본해’ 명칭이 세계에 퍼져 있는 것은 부당하므로, 대한민국은 이 바다 명칭을 ‘동해’로 바로잡기 위한 국제적 활동을 전개하고 있다.

제15장
광복 후 한국의 독도영유권 회복과 연합국의 독도문제 처리

[제91문] 연합국은 제2차 세계대전 도중에 만일 일본이 패전하면 일본이 침탈한 영토들을 원주인에게 반환시키고 일본은 원래의 일본으로 돌아가도록 조치할 정책을 갖고 있었는가?

[답] 그러한 정책을 갖고 있었다. 우선 1943년 11월 20일 미국 대통령 루즈벨트(Franklin D. Roosevelt), 영국 수상 처칠(Winston S. Churchill), 중국 총통 장개석(蔣介石) 등이 회합한 카이로회담에서는 다음과 같은 '카이로선언'을 합의 발표하였다.

> 「카이로선언
>
> 각국 사절단은 일본국에 대한 장래의 군사작전을 협정하였다. 3대 연합국은 海路·陸路·空路로써 야만적인 적군에 대하여 가차 없는 압력을 가할 결의를 표명하였다. 이 압력은 이미 증대되고 있다.
>
> 3대 연합국은 일본의 침략을 제지하고 징벌하기 위하여 현재의 전쟁을 수행하고 있는 바이다. 위 연합국은 자기 자신들을 위하여 이득을 요구하고 있는 것이 아니며, 또한 영토 확장의 의도도 없다.
>
> 위 연합국의 목적은 <u>일본으로부터 1914년 제1차 세계대전 개시 이후에 일본이 장악 또는 점령한 태평양의 모든 섬들을 박탈할 것과 아울러 滿洲·臺灣·</u>

그림 II-15-1. 카이로회담에서의 연합국(미 · 영 · 중) 수뇌(1943. 11.)

澎湖島 등 일본이 중국인들로부터 절취한 일체의 지역을 중화민국에 반환함에 있다. 또한 일본은 폭력과 탐욕에 의해 掠取한 모든 다른 지역으로부터도 축출될 것이다.

위의 3대국은 조선 민중의 노예 상태에 유의하여 적당한 시기에 조선이 자유롭게 되고 독립하게 될 것을 결의하였다.

이러한 목적으로 위의 3대 연합국은 일본과 교전 중인 여러 연합국들과 협조하여 일본의 무조건 항복을 촉진하는 데 필요한 엄중하고 장기적인 작전을 계속할 것이다. (밑줄 — 인용자)」

'카이로선언'은 일본으로부터 반환받고 일본을 축출해야 할 지역으로 ① 1914년 제1차 세계대전 발발 이후에 일본이 장악 또는 점령한 태평양 안에 있는 모든 섬들, ② 1894~1895년 청 · 일전쟁 이후 일본이 중국으로부터 절취한 만주 · 대만 · 팽호도 등, ③ 일본이 폭력과 탐욕에 의해 약취(掠取)한 모든 다른 지역 등이었다. 그리고 카이로선언은 한국의 독립을

그림 II-15-2. 포츠담회담에서의 연합국(미 · 영 · 소) 3수뇌(1945. 7.)

약속하여 선언하였다.

여기서 한국의 영토는 ③의 "일본이 폭력과 탐욕에 의하여 약취한 모든 다른 지역들"에 해당되었다. 또한 그 시기의 상한은 1894~1895년 청 · 일전쟁 때 일본이 절취한 영토를 반환 대상에 포함시킨 것에서 알 수 있는 바와 같이, 일본이 대한제국으로부터 1905년 2월 독도를 약취한 시기는 그 상한 아래 포함되어 '독도'도 "일본이 폭력과 탐욕에 의해 약취한" 섬으로서 한국에 반환되어야 할 대상으로 규정된 것이었다.

물론 '카이로선언'은 미국 · 영국 · 중국의 3대 연합국의 공동선언이며, 따라서 그 자체가 처음부터 일본을 구속한 것은 아니었다. 그러나 이 '카이로선언'은 그 후 일본이 1945년 7월 26일의 '포츠담선언'(미국 · 영국 · 소련)을 수락함과 동시에 이 '포츠담선언'의 제8항에 흡수되어 일본을 구속하는 문서가 되었다. '포츠담선언' 제8항은 "카이로선언의 모든 조

그림 II-15-3. 연합국에의 일본의 항복문서 조인 장면(1945. 9. 2.)

항은 이행될 것이며, 일본국의 주권은 본주(本州) · 북해도 · 구주(九州) · 사국(四國)과 우리들이 결정하는 작은 섬들에 국한될 것이다"라고 규정하였다.

물론 '포츠담선언'도 그 자체로는 4대 연합국의 공동선언에 불과하여 아직 일본에 대해서 구속력을 가진 것은 아니었다. 그러나 일본은 1945년 8월 15일 포츠담선언을 무조건 수락한다고 선언하여 항복했고, 같은 해 9월 2일에는 이것을 성문화하여 "우리(일본 — 인용자)는 … 1945년 7월 26일 포츠담에서 미국 · 중국 · 영국 정부 수뇌들에 의하여 발표되고, 그 후 소련에 의해 지지된 선언에 제시한 조항들을 수락한다. … 우리는 이후 일본정부와 그 승계자가 포츠담선언의 규정을 성실히 수행할 것을 확약한다"고 성문화된 항복문서에 조인함으로써 '포츠담선언', 그리고 '카이로선언'은 일본에게 구속력을 갖게 된 것이었다.

여기서 명확하게 알 수 있는 것은 제2차 세계대전 종전 직전의 연합국의 일본영토 처리 원칙은 일본영토를 '1894년 이전의 원래의 일본'으로 환원시키는 것이었다는 사실이다. 독도는 1905년 2월 일본이 '폭력과 탐욕에 의해 약취한' 섬이기 때문에 일본영토로부터 제외되어 원주인인 한국에게 반환시킬 대상이 된 것이었다.

[제 92 문] 그러면 1945년 8월 15일 일본의 무조건 항복에 의한 제2차 세계대전 종결 후 일본이 약취했던 한반도와 '독도'는 연합국에 의하여 어떻게 한국에 반환되었는가?

[답] 일본이 1945년 9월 2일 항복문서에 조인한 후, 동경에 '연합국 총사령부(General Headquarters for the Allied Powers, 약칭 GHQ)가 설치되어 일본 통치를 담당하게 되자, 연합국최고사령관은 포츠담선언의 규정들을 집행하기 시작하였다.

연합국측은 즉각 한반도는 한국(주한 미국정)으로 이관하였다. 문제는 일본영토로 규정한 "본주·북해도·구주·사국과 우리들(연합국—인용자)이 결정하는 작은 섬들" 중에서 인접국가들 사이에 흩어져 있는 작은 섬들을 원래의 다른 나라 주인의 것과 일본의 것을 구분하는 일에 약간의 시간이 소요되었다.

드디어 연합국최고사령관은 수개월의 조사 후에 1946년 1월 29일 '연합국최고사령관지령(Supreme Commander for the Allied Powers Instruction Index Number, SCAPIN) 제677호'로서 '약간의 주변 지역을 정치상 행정상 일본으로부터 분리하는 데 관한 각서'를 발표하고 집행하였다. 이 SCAPIN 제677호의 제3조에서 '독도'(Liancourt Rocks, 竹島)는 일본영토에서 분리 제외되었는데 그 부분의 전문은 다음과 같다.

「이 지령의 목적을 위하여 일본은 일본의 4개 本島(北海島 · 本州 · 九州 · 四國)와 약 1천 개의 더 작은 인접 섬들을 포함한다고 정의된다. (1천 개의 작은 인접 섬들에) 포함되는 것은 對馬島 및 북위 30도 이북의 琉球(南西)諸島이다. 그리고 제외되는 것은 ① 鬱陵島 · 리앙쿠르岩(Liancourt Rocks, 獨島, 竹島) · 濟州島, ② 북위 30도 이남의 琉球(南西)諸島(口之島 포함) · 伊豆 · 南方 · 小笠原 및 火山(琉黃)群島와 大東諸島 · 冲鳥島 · 南鳥島 · 中之鳥島를 포함한 기타 모든 외부 태평양제도, ③ 쿠릴(千島)列島 · 齒舞群島(小晶 · 勇留 · 秋勇留 · 志癸 · 多樂島 등 포함) · 色丹島 등이다.」

연합국최고사령관은 이 SCAPIN 제677호를 '일본의 정의(definition of Japan)'라고 표현하였다.

SCAPIN 제677호 제3조에서 주목할 것은 그 ①②③의 집단 분류이다. 제①집단에는 울릉도 · 독도 · 제주도를 순서대로 범주화해서 넣었는데, 이것이 일본에서 분리되어 한국에 반환되는 섬들임은 울릉도와 제주도에서 명백하다. 즉 연합국최고사령관은 1946년 1월 29일 SCAPIN(연합국최고사령관지령) 제677호로서 '독도'(리앙쿠르섬, 죽도)를 원래의 주인인 한국으로 반환하기로 결정하고 일본으로부터 분리한 것이었다.

이것은 연합국최고사령관이 수개월간 조사한 후 결정하여 공표한 것이었고, 연합국최고사령관은 당시 국제법상의 합법적 기관이었으므로, 연합국최고사령관이 '독도'를 원주인인 한국(당시 미군정)에 반환하여 한국영토로 결정한 것은 국제법상 효력을 갖는 것이었다. 이것은 다음의 SCAPIN 제677호의 부속지도에서도 극명하게 표시되어 있다.

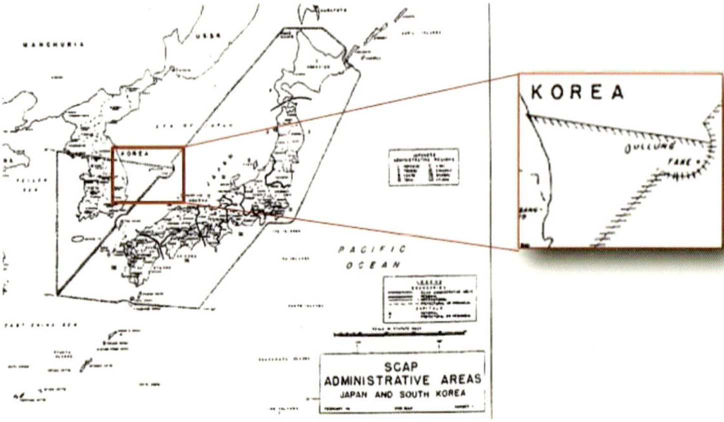

그림 II-15-4. 연합국최고사령관이 SCAPIN 제677호의 부속지도로 작성해서 한국과 일본의 영토를 구획한 지도. 독도를 'TAKE'로 표시하고 한국영토에 명료하게 부속시켰다.

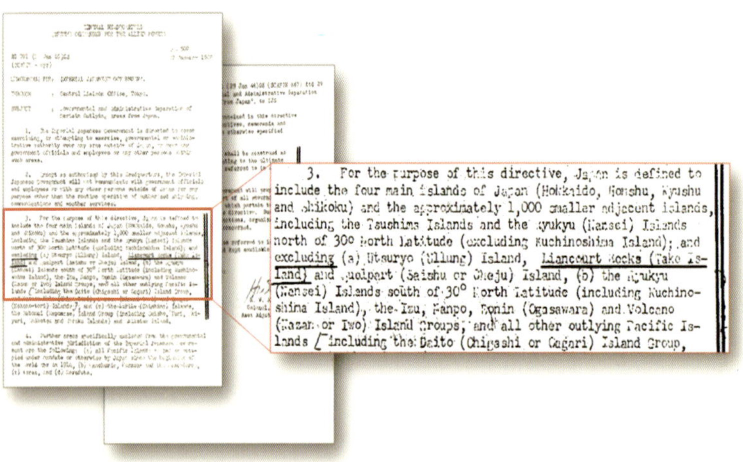

3. For the purpose of this directive, Japan is defined to include the four main islands of Japan (Hokkaido, Honshu, Kyushu and Shikoku) and the approximately 1,000 smaller adjacent islands, including the Tsushima Islands and the Ryukyu (Nansei) Islands north of 30° North Latitude (excluding Kuchinoshima Island); and excluding (a) Utsuryo (Ullung) Island, Liancourt Rocks (Take Island) and Quelpart (Saishu or Cheju) Island, (b) the Ryukyu (Nansei) Islands south of 30° North Latitude (including Kuchinoshima Island), the Izu, Nanpo, Bonin (Ogasawara) and Volcano (Kazan or Iwo) Island Groups, and all other outlying Pacific Islands [including the Daito (Ohigashi or Oagari) Island Group,

그림 II-15-5. 연합국최고사령관지령(SCAPIN) 제677호는 제3항에서 '독도'(Liancourt Rocks, 竹島)를 일본영토에서 분리 제외하여(excluding) 한국에 반환시켰다.

대한민국은 1948년 8월 15일 정부수립과 동시에 미군정으로부터 한반도와 독도 등을 인수받아 한반도와 독도 등을 한국영토로 하였고, 한국의 독도영유는 1946년 1월 29일 국제법상 합법적으로 재확인된 것이었으며, 1948년 8월 15일부터 동시에 실효적 지배를 다시하게 된 것이었다.

[제 93 문] 일본정부는 그 후 SCAPIN 제677호는 연합국최고사령관의 최종결정이 아니므로 이때 '독도'(죽도)를 한국에 최종 반환했고 일본으로부터 최종 분리했다고 볼 수 없다고 항의했다는데, 과연 그러한가?

[답] 일본정부는 '독도영유권 논쟁'을 일으킨 직후인 1952년 4월 25일자로 한국정부에 보내온 일본측 구술서에서, SCAPIN 제677호 제6조에 "이 지령 가운데 어떠한 것도 포츠담선언 제8조에 언급된 여러 작은 섬들의 최종적 결정에 관한 연합국의 정책을 표시한 것은 아니다"고 한 조항을 들어서 이것이 일본영토를 최종적으로 규정한 것은 아니라고 주장하였다. 그러나 SCAPIN 제677호 제6조에서 강조된 것은 각각 국가이익을 추구하는 복잡 미묘한 연합국들의 이해관계 속에서 다른 연합국이 이의를 제기할 경우에 대비하여 이것이 '최종적 결정'이 아니라 앞으로 필요하면 수정할 수 있다는 수정 가능성을 열어 둔 것에 불과하다.

그러면 필요한 수정을 가할 때는 어떻게 하는가? SCAPIN 제677호 제5조에서 "이 지령에 포함된 '일본의 정의(definition of Japan)'는 그에 관하여 다른 특정한 지령이 없는 한 또한 본 연합국최고사령관에서 발하는 다른 모든 지령 · 각서 · 명령에 적용된다"고 하여, SCAPIN 제677호의 일본영토 정의에 수정을 가할 때에는 연합국최고사령관이 반드시 다른 특정한 다른 번호의 SCAPIN(연합국최고사령관지령)을 발해야 하며, 그렇지 않은 한 SCAPIN 제677호의 규정은 '일본의 정의'가 미래에도 적용됨을 명백히 밝혔다.

즉 SCAPIN 제677호의 규정을 '독도'에 적용하면, 제3조에서 '독도'를 일본영토에서 분리하여 한국영토로 울릉도와 제주도와 함께 반환하되, 제5조에서 '독도'의 일본영토에서 분리와 한국영토로의 반환에 수정을 가하고자 할 때에는 반드시 연합국최고사령관이 다른 번호의 특정한 지령을 발해야 수정할 수 있다고 하고, 제6조에서는 이러한 (제5조의) 전제에서 '독도'의 일본영토에서의 분리와 한국에의 반환은 연합국정책의 '최종적 결정'은 아니라고 볼 수 있다고 규정한 것이었다. 그러므로 '독도'를 일본정부의 주장처럼 일본영토로 편입하려면 반드시 연합국최고사령관이 다른 특정한 (따라서 다른 번호의) SCAPIN을 발표하여 "한국에 반환했던 독도를 이번에는 일본에 영토편입한다"는 요지의 지령문이 발표되어야만 성립할 수 있게 된 것이었다.

[제 94 문] 연합국최고사령관은 그 후 SCAPIN 제677호를 수정하여 한국영토로 반환한 '독도'를 일본영토로 반환한다는 식의 다른 특정한 SCAPIN을 발표하였는가? 연합국최고사령관이 '독도'에 관련하여 혹시라도 다른 번호의 특정 SCAPIN을 발효한 것은 없는가?

[답] 연합국최고사령관은 1946년 1월 29일 SCAPIN 제677호를 발표하여 '독도'를 일본으로부터 정치상 행정상 분리해서 한국에 반환한 이후 1952년 4월 28일 해체될 때까지 '독도'를 일본영토로 귀속시킨다는 내용의 다른 특정한 SCAPIN을 발표한 일이 없다. 따라서 독도는 국제법상으로 1946년 1월 29일 SCAPIN 제677호에 의하여 한국영토로 재확인되어, 오늘날까지 국제법상의 합법적 지배가 계속되고 있는 것이다.

연합국최고사령관이 '독도'에 관련하여 발표한 SCAPIN이 하나 더 있는데, 그 내용은 대한민국의 독도영유를 더욱 보장하는 것이었다.

[제 95 문] 대한민국의 독도영유를 더욱 보강하는 또 하나의 SCAPIN은 어떤 것인가? 그것의 SCAPIN 제677호와의 관계는 어떠한가?

[답] SCAPIN 제1033호이다.

연합국최고사령관은 1946년 6월 22일 SCAPIN(연합국최고사령관지령) 제1033호 제3조에서 "일본인의 어업 및 포경업의 허가 구역"(통칭 매가더 라인)을 설정했는데, 그 b항에서 "일본인의 선박 및 승무원은 금후 북위 37도15분, 동경 131도 53분에 있는 리앙쿠르岩(독도, 죽도 — 인용자)의 12해리 이내에 접근하지 못하며, 또한 동도(同島)에 어떠한 접근도 하지 못한다"고 규정하여, 일본인의 독도 접근을 엄격히 금지하였다. 이것은 연합국최고사령관이 '독도'와 그 영해, 근접 수역을 한국(당시 미군정)의 영토와 영해로 재확인하고 일본인의 독도에의 접근은 물론이요 독도 주변 12해리 영해와 근접수역에도 들어가지 못하도록 금지하여 '독도'가 한국영토임을 거듭 명확히 재확인한 것이었다.

이와 같이 국제법상의 합법기관으로서의 연합국최고사령관은 SCAPIN 제677호와 제1033호에 의하여 '독도'가 한국(당시 미군정)의 영토이고 일본영토가 아님을 명확히 결정하고 재확인한 것이었다. 그리고 1948년 8월 15일 대한민국 정부가 수립되자 대한민국이 미군정으로부터 독도를 다른 한반도 영토와 함께 인수, 접수한 것이었다.

그러므로 대한민국의 독도영유는 SCAPIN 제677호와 SCAPIN 제1033호에 의하여 국제법상으로도 '독도는 한국영토'임을 명확하게 재확인을 받은 것이었다.

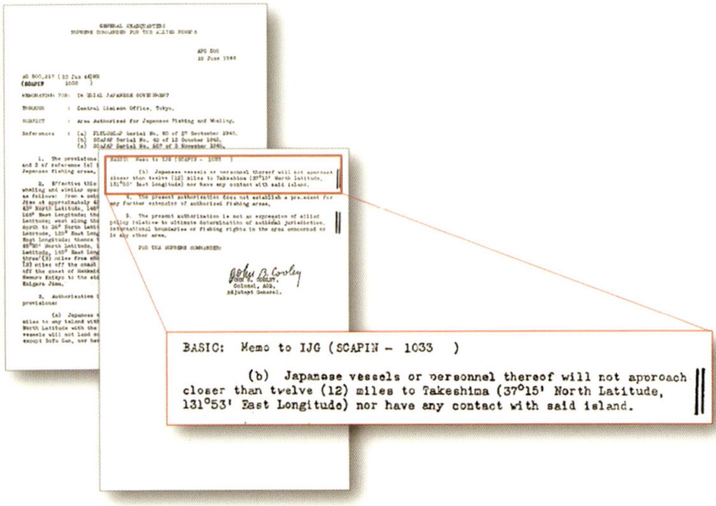

BASIC: Memo to IJG (SCAPIN - 1033)

(b) Japanese vessels or personnel thereof will not approach closer than twelve (12) miles to Takeshima (37°15' North Latitude, 131°53' East Longitude) nor have any contact with said island.

그림 II-15-6. 연합국최고사령관지령(SCAPIN) 제1033호는 일본 선박이 독도로부터 12마일 이내 접근하거나 독도에 접안하는 것을 금지하여 독도가 한국영토임을 거듭 명백히 하였다.

[제 96 문] 이 무렵에 미군이 '독도'를 미공군의 연습장으로 사용했다가 울릉도 어부를 다수 폭사시킨 일이 있었고, 일본측은 미 공군이 독도를 일본영토로 간주했기 때문에 미공군 연습장으로 사용한 것이라고 주장했다는데, 그러한 사실이 있었는가?

[답] 대한민국 정부가 수립되기 직전인 1948년 6월 30일 미국 공군기가 독도 부근에서 폭격연습을 실시했는데, 독도에 출어 중이던 한국 어민 약 30여 명이 희생된 불상사가 있었다.

이 시기는 독도를 포함한 한반도가 주한 미군정의 통치 하에 있었기 때문에, 이 사실이 독도를 일본영토로 간주했다는 방증이 되는 것은 전혀 아니다. 일본측 주장은 전혀 부당한 것이다.

대한민국은 정부 수립 후인 1950년 4월 25일 미국 제5공군에 이를 조회하여 항의하였다. 미국 제5공군으로부터 같은 해 5월 4일자로 "당시 독도와 그 근방에 출어가 금지된 사실이 없었으며, 또 독도는 극동 공군의 연습 목표가 되어 있지 않았다"는 요지의 회답을 받았다.

그 후 한국전쟁 기간에 독도가 미 · 일합동위원회에 의하여 미국 공군의 연습기지로 선정되었다는 정보가 한국에 입수되었다. 대한민국 정부는 이를 미국 공군에 항의했는데, 미국 공군사령관은 1953년 2월 27일자로 '독도'는 미국 공군을 위한 연습기지에서 제외되었다는 공식 회답을 대한민국 정부에 보내어 왔다.

이러한 사실들은 대한민국 정부가 수립된 1948년 8월 15일 이후 '독도'에 대하여 주권을 행사해서 미국 공군사령부와 항의 문서를 교환했으며, 미국 공군사령부도 '독도'를 한국영토로 인정하여 이에 회답하고 승복했음을 잘 나타내는 것이다.

第16장
연합국의 대일(對日)평화조약 준비

[제97문] 미군정 하에서 남조선 과도정부는 한국에 반환된 '독도'를 보전하려고 어떠한 노력을 하였는가?

[답] 한국 과도정부와 국민은 연합국이 1946년 1월 29일 독도를 일본 영토에서 제외하여 한국에 반환해서 독립정부가 수립될 때까지 미군정의 관할 아래 둔 시기부터 독도 수호를 위하여 활동하였다.

독도가 한국영토로 반환되어 미군정이 관리하고 있는 상태에서, 독도에 나가서 고기잡이를 하고 있는 울릉도 어부들에 향하여 1947년 4월 시마네현에 사는 한 일본인이 독도에 불법 상륙하여 독도를 자기의 어업 구역이라고 주장하면서 총을 쏘고 달아난 사건이 발생하였다.

당시 남조선 과도정부는 이 보고를 받고, 민정장관 안재홍(安在鴻)의 명령으로 1947년 8월 12명의 과도정부 공무원으로 구성된 '독도조사단'을 파견하여 독도의 실상을 조사하고 한국의 독도영유권을 더욱 명확히 하였다. 여기에는 조선산악회의 '울릉도학술조사대' 63명이 참가하여, 민·관 합동의 대규모 조사단이 독도에 들어가서 실지조사를 한 다음 '조선 울릉도 남면 독도(朝鮮 鬱陵島 南面 獨島)'라는 표목을 세우고 돌아왔다. 독도가 한국영토임을 명백히 한 것이었다.

그림 II-16-1.
조선산악회가 독도에 설치한 영토표목(1947. 8. 20.). (자료: 홍종인 · 한국산악회 · 정병준 교수)

그림 II-16-2. 조선산악회의 울릉도 · 독도 학술조사대(1947. 8.). (자료: 홍종인 · 한국산악회 · 정병준 교수)

일본 임시정부는 이 무렵인 1947년 6월 외무성이 평화조약의 준비자료서 『일본의 부속소도』라는 팸플릿을 제작하여 "울릉도와 독도는 일본 부속"이라는 요지의 내용을 영문으로 번역하여 연합국최고사령관에 제공하고 선전하였다. 특히 독도에 대해서는 "한국에는 명칭조차 없으며 한국 지도에는 나타나지도 않는다"는 허위 거짓말을 날조하여 연합국측에 비밀리에 제공했으나, 한국 과도정부와 국민은 알지 못하고 있었다.

[제 98 문] 일본은 전후 평화회담 준비에서 울릉도와 독도를 일본영토에 편입시키고자 했다는데 사실인가?

[답] 그렇다. 정병준 교수가 찾아낸 자료에 의하면, 전후 일본 임시정부 외무성은 조약국이 중심이 되어 1945년 11월 21일 외무성에 '평화조약문제연구 간사회'를 설치하였다. 이 간사회에서는 일본에 부속시킬 섬들을 다룬 4개 소책자를 일본어판 『일본의 부속소도(附屬小島)』와 영어판 *Miner Islands Adjacent Japan Proper*(『일본 본토 부근의 소도』)를 작성하였다. 일본어판의 제목은 일본의 '부속' 소도이고 그 영역본의 제목은 '부근' 소도로서 다르지만, 내용은 완전히 동일하였다. 일본 외무성은 이 책자의 1947년 6월 작성 배포된 제4부(책)에서 '울릉도와 독도'를 일본영토로 취급하여 미국 국무부와 연합국최고사령관에 배포하였다.

그 요지는 일본이 11세기에 먼저 울릉도를 인지했으며, 한국은 13세기 중반 이후에야 식민화를 시도했지만 15세기 이후 공도정책을 취했고, 임진왜란 후 1세기 동안 일본이 이 섬을 지배하였다. 17세기 말 울릉도 영유권을 둘러싼 논쟁 끝에 한국령이 인정되었지만 한국은 여전히 공도정책을 취했고, 일본 어부들이 인근에서 계속 어업을 하다가

1910년 조선총독부의 통치하에 들어갔다.

독도는 일본인들이 고대부터 독도의 존재를 알고 있었고 1667년에 마츠시마(松島)라고 명명했으며, 유럽인들은 1849년에야 리앙쿠르암(Liancourt Rocks)이라고 명명하였다. 한편 '다줄레(Dagelet, 울릉도)'도와는 달리 한국에는 이 작은 섬에 대한 명칭이 없고, 한국에서 제작된 지도에는 나타나지 않는다. 1905년 2월 22일 시마네현 지사는 리앙쿠르암을 시마네현 소속 오키도사(隱岐島司)의 소관으로 정한다는 현포고를 공표했다고 날조하여 기록하였다.

여기서 특히 주목할 것은 일본측의 이 자료는 울릉도도 일본이 먼저 인지했고, 일본에 편입할 근거가 있다고 날조했다는 사실이다. 또한 더욱 특히 주목할 것은 독도는 일본이 고대부터 인지한 섬이었고, 한국에는 명칭도 없으며, 한국 지도에는 나타나지도 않는 섬을 1905년 시마네현 지사가 일본영토에 편입했다고 날조했다는 사실이다.

이와 같이 사실을 왜곡 날조한 일본 외무성 문서가 영역되어 시볼드(William J. Sebald)를 비롯한 연합국최고사령관 고문들에게 제출되고 치밀한 로비가 암암리에 전개되어 문제를 일으킨 것이었다.

[제 99 문] 시볼드(Sebald)는 어떠한 인물인가?

[답] 정병준 교수의 조사에 의하면, 시볼드는 1901년 미국 메릴랜드주 볼티모어 출생으로 볼티모어 폴리테크닉 대학을 수학하고, 1922년 미해군사관학교를 졸업한 미해군 장교 출신이었다. 1925~1928년 동경에서 미해군 일본어 코스를 이수하고, 영국계 일본 여성과 결혼하였다.

1942~1945년 12월 3일 미국 외교보조단 특별보좌역 및 연합국최고사령관 임시 미정치고문실 참모로 배속되어 일본 동경의 연합국최고사령

관에 근무하게 되었다. 1947년 7월 27일 동경 주재 미 외교관, 1947년 8월 11일 동경 주재 정치고문단 참사관, 1947년 9월 2일 연합국 대일(청교)이사회 위원 겸 의장, 연합국최고사령관 외교국장, 1948년 10월 1일 주일 공사, 1949년 1월 7일 주일 미정치고문 대리, 1950년 5월 23일 1급 외교관, 1950년 10월 11일 대사급 동경 주재 연합국최고사령관 미정치고문 등을 역임하였다.

시볼드는 이 시기에 일본 외무성 관리들의 야간 방문을 받으며 숙의하여, 연합국의 대(對)일본평화조약 안에 일본 이익을 반영하려고 열심히 활동했고, 독도를 한국영토에서 빼앗아 일본영토에 편입시키려고 한국에 유해한 활동을 적극적으로 전개한 일본의 앞잡이 친일파 미국 외교관이었다.

그림 II-16-3. 1951년 1월 31일 동경의 한 파티에서 덜레스 미국 대통령 특사(왼쪽), 시볼드 정치고문(가운데), 요시다 시게루 일본 수상(오른쪽). (자료: 연합뉴스)

시볼드는 1952년 4월 25일 미얀마 주재 전권대사, 1954년 11월 국무부 극동 담당 차관보, 1956년 3월 7일 경력 공사, 1957년 호주 주재 대사를 거쳐 1980년에 사망하였다. 독도영유권 논쟁을 일으킨 배후에 있던 부패한 미국 친일파 외교관이었다.

[제100문] 연합국은 일본과의 평화조약에서 '독도'를 SCAPIN 제677호에 따라 한국영토로 승인하였는가?

[답] 그렇다. 그러나 그 과정은 일본측의 로비로 말미암아 매우 어렵게 우회적으로 되었다.

연합국의 평화조약 초안은 처음 미국측이 작성했는데, 미국은 원래 연합국으로부터 평화조약 초안 작성을 위탁받은 직후에는 연합국의 합의서에 따라 1894년 1월 1일을 기준일로 그 이후 일본이 영토야욕으로 침탈한 모든 땅은 원주인에게 반환하는 원칙을 잘 지켰다. 미국의 평화조약 제1차 초안부터 제5차 초안까지는 5차례 독도(Liancourt Rocks)는 한국의 영토에 넣었다.

즉, 미국의 1947년 3월 20일 작성된 제1차 초안에서는 "일본은 한국(한반도 — 인용자)과 제주도 · 거문도 · 울릉도 · 독도(리앙쿠르岩, 죽도)를 포함하여 한국 연안의 모든 보다 작은 섬에 대한 권리 및 권원을 포기한다"고 하여 '독도'가 분명하게 포함되어 있었다.

그리고 미국의 제2차 초안(1947년 8월 5일), 제3차 초안(1948년 1월 2일), 제4차 초안(1949년 10월 13일), 제5차 초안(1949년 11월 2일)까지는 성안 '독도'가 한국영토에 명문으로 기록되어 포함되어 있었다.

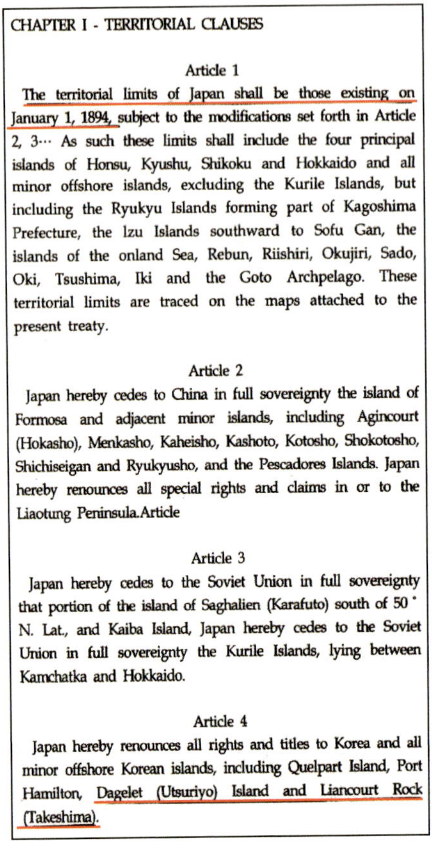

CHAPTER I - TERRITORIAL CLAUSES

Article 1

The territorial limits of Japan shall be those existing on January 1, 1894, subject to the modifications set forth in Article 2, 3··· As such these limits shall include the four principal islands of Honsu, Kyushu, Shikoku and Hokkaido and all minor offshore islands, excluding the Kurile Islands, but including the Ryukyu Islands forming part of Kagoshima Prefecture, the Izu Islands southward to Sofu Gan, the islands of the onland Sea, Rebun, Riishiri, Okujiri, Sado, Oki, Tsushima, Iki and the Goto Archpelago. These territorial limits are traced on the maps attached to the present treaty.

Article 2

Japan hereby cedes to China in full sovereignty the island of Formosa and adjacent minor islands, including Agincourt (Hokasho), Menkasho, Kaheisho, Kashoto, Kotosho, Shokotosho, Shichiseigan and Ryukyusho, and the Pescadores Islands. Japan hereby renounces all special rights and claims in or to the Liaotung Peninsula.Article

Article 3

Japan hereby cedes to the Soviet Union in full sovereignty that portion of the island of Saghalien (Karafuto) south of 50° N. Lat., and Kaiba Island, Japan hereby cedes to the Soviet Union in full sovereignty the Kurile Islands, lying between Kamchatka and Hokkaido.

Article 4

Japan hereby renounces all rights and titles to Korea and all minor offshore Korean islands, including Quelpart Island, Port Hamilton, Dagelet (Utsuriyo) Island and Liancourt Rock (Takeshima).

그림 II-16-4.
연합국의 일본영토 정의와 제외의 기준 일자가 1894년 1월 1일임을 밝히고, 울릉도 및 독도가 한국영토임을 규정한 연합국 '대(對)일본평화조약의 제1차 미국초안.

[제 101 문] 어떻게 해서 연합국측의 '대(對)일본평화조약'의 제5차 초안까지는 '독도(獨島)'의 이름이 있다가 제6차 초안의 시안부터는 '독도'의 명칭이 빠지게 된 것인가? 배후의 원인이 일본측과 시볼드의 로비였던가?

[답] 그렇다. 일본측의 맹렬한 로비가 있었기 때문이었다.

일본측은 연합국의 '대(對)일본평화조약'의 제5차 초안의 정보를 입수하자 당시 일본정부 고문이었던 시볼드(Sebald)를 내세워 맹렬한 로비를 하였다. '대(對)일본평화조약'에서 독도를 한국영토에서 제외시키고 일본 영토에 포함시키도록 명문 규정을 넣어 달라는 것이었다. 이것은 연합국(최고사령관)이 1946년 1월 29일 발한 SCAPIN(연합국최고사령관지령) 제677호의 '수정'을 요구한 로비였다.

시볼드는 1949년 11월 14일 미국무부에 '리앙쿠르岩(獨島)에 대한 재고'를 요청하고 전보를 쳤다. 시볼드는 이어서 서면으로 다음과 같은 의견서를 제출하였다.

「일본이 전에 영유하고 있던 한국 쪽으로 위치한 섬들의 처리와 관련하여 리앙쿠르岩(독도, 죽도)을 제3조에서 일본에 속하는 것으로 명시할 것을 건의한다. 이 섬에 대한 일본의 주장은 오래되었으며, 정당한 것으로 여겨진다. 이 섬을 한국의 연안으로부터 떨어진 섬이라고 보기는 어렵다. 안보적 측면에서 이 섬에 기상과 레이더 기지를 설치하는 것이 미국의 국가 이익 측면에서 고려될 수 있다.」

시볼드의 의견서에서 주목할 것은 독도를 연합국의 '대(對)일본평화조약' 제3조에서 일본영토에 속하는 것으로 명기할 것을 강력하게 요청했을 뿐 아니라, 이를 관철하기 위하여 교활하게도 독도를 일본영토에 편입시켜 주면 이 섬에 미군의 기상 및 레이더 기지를 설치하는 것이 미국의 국가이익에 부합한다고 강조해서, 미국 정치가들이 중시하는 미국 국가이익에 호소했다는 사실이다. 이것은 물론 독도를 일본영토로 편입시키려는 일본인 로비스트들이 배후에서 교사한 교활성이라고 볼 수 있다.

시볼드의 로비는 즉각 효과를 나타내어, 미 국무부는 연합국의 '대(對)일본평화조약'의 제6차 초안(1949년 12월 29일 성안) 시안의 제3조의 일본영토를 표시한 조항에다가 '독도'를 일본영토로 포함시켰다. 그리고 그 주석에는 "독도(죽도)는 1905년 일본에 의하여 정식으로, 명백하게 한국으로부터 항의를 받음이 없이, 영토로 주장되고 시마네현의 오키支廳(지청) 관할 하에 두었다"고 설명하였다. 시볼드가 독도를 일본영토로 간주하여 일본에 편입시키자는 로비 주장의 근거는 일제가 1905년 1월 독도를 '무주지'라고 주장하면서 일본 내각회의에서 소위 '영토편입'을 결정한 사실과 그 당시에 한국으로부터 명백하게 항의를 받은 바 없었다는 것이었음을 주목할 필요가 있다.

그러나 '독도'는 '무주지'가 아니라 '한국'이라는 주인이 있는 '유주지'였고, 1905년 2월 당시에 한국정부와 한국인들은 일본 내각회의가 '독도'를 '무주지'라고 주장하면서 침탈하는 결정을 내린 사실을, 일본정부가 중앙정부 수준에서『관보』등에 당당하게 공시하지 못하고 시마네현의『현보』에 조그맣게 수록하여 사실상 비밀 조치를 했기 때문에 알지 못하였다. 일제는 통감부가 활동하여 한국 내정까지 본격적으로 간섭하기 시작한 1906년 3월 말에야 소식을 '누출'시켰는데, 늦었지만 이를 알게 된 대한제국 정부는 이를 거부하고 항의하는 지령문을 남기었다. 그러므로 시볼트의 주장은 전혀 성립될 수 없는 허구의 것이었다. 그럼에도 불구하고 미국이 작성한 연합국의 제6차 초안(1949년 12월 29일 초안)의 시안에서는 독도를 한국영토에서 빼내어 일본영토로 옮겨놓았다.

일본의 앞잡이로 활동한 시볼드와 일본측의 로비의 영향으로 연합국의 '대(對)일본평화조약'에서 한국영토인 독도는 일본영토에 포함되어 표기될 절박한 위험에 처하게 된 것이었다.

[제 102 문] 연합국이 평화회담 개최에 앞서 평화회담 준비문서의 성격을 가진「연합국의 구 일본영토 처리에 관한 합의서」를 작성했었다

고 하는데, 이것은 무엇인가?

[답] 연합국은 일본을 1952년에 재독립시켜 주기 위한 준비 절차로 1951년에 일본과 평화조약을 체결하기로 결정했고, 평화조약의 준비작업문서(the Preparatory works)로서 1949년 12월에 「연합국의 구 일본영토 처리(舊日本領土處理)에 관한 합의서(合意書)(Agreement Respecting the Disposition of Former Japanese Territories)」를 합의하여 작성하였다. 왜냐하면 영토문제 처리는 시간이 많이 걸리므로 1년 전에 미리 합의하여 평화조약 체결을 편리하게 하기 위해서였다.

이「합의서」제3항에서는 다음과 같이 독도를 대한민국(to the Republic of Korea)에게 완전한 주권을 이양하여 한국영토로 귀속시킴을 명백히 규정하였다.

> 「연합국은 韓國에게 한반도와 그 주변의 韓國의 섬들에 대한 완전한 주권을 大韓民國에 이양하기로 합의했는데, 그 섬에는 제주도, 거문도, 울릉도, 獨島(Liancourt Rocks, Takeshima)를 포함한다. … (이하 생략)」

이 문서는 제6차 미국초안(1949년 12월 29일) 직전인 1949년 12월 19일 처음 초안이 작성되어 1950년의 연합국의 구 일본영토 처리에 관한 사전 합의문서로 준비되었다. 모두 5개항으로 되어 있는데, 제1항은 중국에 반환시킬 영토, 제2항은 소련에 반환할 영토, 제3항은 한국에 반환할 영토, 제4항은 미국의 신탁통치에 위임할 섬들, 제5항은 유구열도의 미국에의 신탁통치 위임을 규정하고 있다.

제3항의 한국에 반환할 영토로서는 한반도 본토와 그 주변의 모든 섬(all offshore Korean islands)인데, 여기에 대표적 예로 든 속에는 제주

도, 거문도, 울릉도와 함께 독도가 리앙꾸르드岩島(Lianccourt Rocks: Takeshima)라는 서양 호칭(및 괄호 속에 竹島)으로 한국에 반환해서 한국영토로 처리됨을 극히 명료하게 밝혔다.

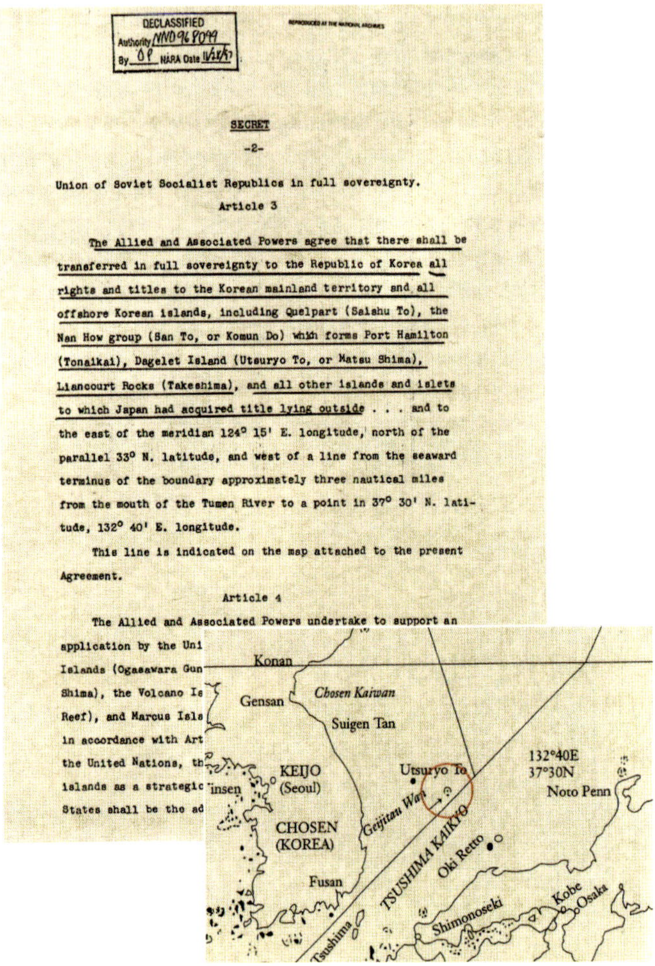
DECLASSIFIED

SECRET

-2-

Union of Soviet Socialist Republics in full sovereignty.

Article 3

The Allied and Associated Powers agree that there shall be transferred in full sovereignty to the Republic of Korea all rights and titles to the Korean mainland territory and all offshore Korean islands, including Quelpart (Saishu To), the Nan How group (San To, or Komun Do) which forms Port Hamilton (Tonaikai), Dagelet Island (Utsuryo To, or Matsu Shima), Liancourt Rocks (Takeshima), and all other islands and islets to which Japan had acquired title lying outside . . . and to the east of the meridian 124° 15' E. longitude, north of the parallel 33° N. latitude, and west of a line from the seaward terminus of the boundary approximately three nautical miles from the mouth of the Tumen River to a point in 37° 30' N. latitude, 132° 40' E. longitude.

This line is indicated on the map attached to the present Agreement.

Article 4

The Allied and Associated Powers undertake to support an application by the Uni... Islands (Ogasawara Gun... Shima), the Volcano Is... Reef), and Marcus Isla... in accordance with Art... the United Nations, th... islands as a strategic... States shall be the ad...

그림 II-16-5. 1950년 「연합국의 구 일본영토 처리에 관한 합의서」 제3항의 독도 등을 대한민국의 완전한 주권에 귀속시킨다는 부분과 부속지도 부분. (자료: 신용하 교수)

이 「합의서」는 위와 같은 부속지도를 첨부하여 독도(○ 안의 부분)가 한국영토이며 일본에서 제외됨을 명확히 밝혔다. 이 지도는 원래 미국의 1947년 8월 5일자 초안(제2차 초안)에 부착된 지도였는데, 북방 4개 섬을 일본영토에서 제외하여 수정을 가한 1949년 11월 2일 초안(제5차 초안)에서도 독도 부분은 한국영토로 그대로 사용되었다. 독도에 대한 연합국과 미국의 입장이 변동이 없었으므로, 이 지도는 다시 「연합국의 구 일본영토 처리에 관한 합의서」에도 참고자료로서 그대로 사용된 것으로 보인다.

이 문서는 연합국 대표들의 서명본은 발견되지 않고 있으나, 준비문서 자체만으로도 연합국이 독도를 한국영토로 판정하여 반환시켰음을 극명하게 보여주는 귀중한 자료이다.

[제 103 문] 「연합국의 구 일본영토 처리에 관한 합의서」는 어떠한 성격의 문서이며, 어떻게 사용될 수 있는가?

[답] 이 문서에 대해서는 특히 다음의 두 가지 사실을 주목할 필요가 있다.

첫째, 이 「연합국의 구 일본영토 처리에 관한 합의서」는 다음 해의 연합국의 '對일본평화조약'을 위한 준비작업문서라는 사실이다. 이 점은 매우 중요한 것이다. 만일 다음해의 본 조약문에서 해석에 애매모호한 점이 있거나 해석에 논쟁이 발생할 경우에는 이 준비문서(preparatory works)에 의거하여 해석해야 하기 때문이다.

둘째, 이 「합의서」는 '구 일본영토 처리'에 대한 어느 일국의 합의서가 아니라 그야말로 '연합국'의 합의서라는 사실이다. 이 점도 매우 중요한 것이다. 왜냐하면 어느 한 강국이 개별적으로 다른 의견을 가질 수도 있고, 또는 일본의 로비에 의하여 본래의 견해가 흔들릴 수도 있기 때문이다. 그러나 이러한 개별적 의견의 흔들림 여하에도 관계없이, '연합국'의 전체 의견은 이 「연합국의 구 일본영토 처리에 관한 합의서」에 의존하게 되기 때문이다.

이 「연합국의 구 일본영토 처리에 관한 합의서」는 일본의 로비 때문에 1950년에 연합국 수뇌의 서명을 받는 단계까지는 가지 못한 것으로 보인다. 만일 서명을 받았다면 독도영유권은 일본 로비의 대상이 될 필요가 없었을 것이다. 그러나 그것이 준비문서에 끝났다 할지라도 이 준비문서는 연합국이 1949년 12월까지 합의한 사실에 기초한 준비문서이기 때문에 그 후 연합국의 조약문의 애매모호한 문구에 대한 해석에는 그 어느 일국의 문서보다 강력한 결정적 참조자료가 되는 매우 귀중한 준비문서라고 볼 수 있다.

이 합의서는 연합국 대표의 서명한 협정은 아니지만 만일 후에 체결될 일본과의 평화조약 조약문에서 애매한 사항이 있어 해석에 논란이 있을 경우에 적용해야 할 극히 중요한 연합국의 준비문서로 사용될 수 있는 것이었다. 세계 각국은 「1969년 조약법에 관한 비엔나 협정(1969 Vienna Convention on the Law of Treaties)」을 체결했는데, 그 제32조에서는 조약 해석에 의문이 있을 때에는 「조약의 준비물과 결론의 환경(the preparatory work of the treaty and the circumstances of its conclusion)」을 해석의 보조 수단으로 적용하도록 규정하였다.

만일 1951년 샌프란시스코에서 체결된 '연합국의 일본에 대한 평화조약'의 조문 해석에 의문이 있거나 애매한 경우에는 영토문제의 경우 이 「연합국의 구 일본영토 처리에 관한 합의서」가 가장 가까운 직접의 준비물(the preparatory work of the treaty)이 되는 것이다.

이 준비물 제3항에서 독도(Liancourt Rocks, Takeshima)는 대한민국의

완전한(배타적) 영토로 명백히 규정되어 있다.

[제 104 문] 그러면 제6차 미국초안 시안은 그 후 어떻게 되었는가?

[답] 결국 폐기되었다. 영국·오스트레일리아·뉴질랜드 등 태평양전쟁에 참가하여 피를 흘린 연합국들이 반대했기 때문이었다. 그 결과 미국의 제6차 초안의 시안은 '초안' 단계까지 가기 전에 '시안' 과정에서 사실상 폐기된 것이었다.

연합국의 '대(對)일본평화조약'은 미국만이 담당하는 것이 아니라 다른 연합국도 초안을 작성할 수 있으며, 연합국측 48개국의 동의 서명을 받아야 성립될 수 있게 되어 있었다. 제6차 미국초안의 시안(독도를 일본영토로 '수정' 표시)을 본 오스트레일리아와 영국이 항의성 질문을 제기하였다. 이 질문에 대하여 미국은 "독도를 일본영토라고 해석한다"는 답변서를 보냈음에도 불구하고 오스트레일리아, 뉴질랜드, 영국 등은 미국의 '수정'에 동의하는 문서를 보내오지 않았다.

결국 미국은 제6차 초안에 연합국의 동의를 얻지 못하게 되자 제6차 미국초안을 '시안' 과정에서 폐기한 것이었다.

[제 105 문] 미국은 제6차 초안의 시안을 폐기한 후 이 문제에 어떻게 대처하였는가?

[답] 미국은 제6차 초안의 시안이 연합국의 동의를 받지 못하자, 미국의 제7·8·9차 초안에서는 '독도문제'에 중립적 입장을 취하여 독도를 일본영토에서 빼고 한국영토에도 언급하지 않은 채 모든 사람이 살지 않는 무인도들과 함께 '독도' 명칭을 아예 평화조약 초안에서 누락시켰다.

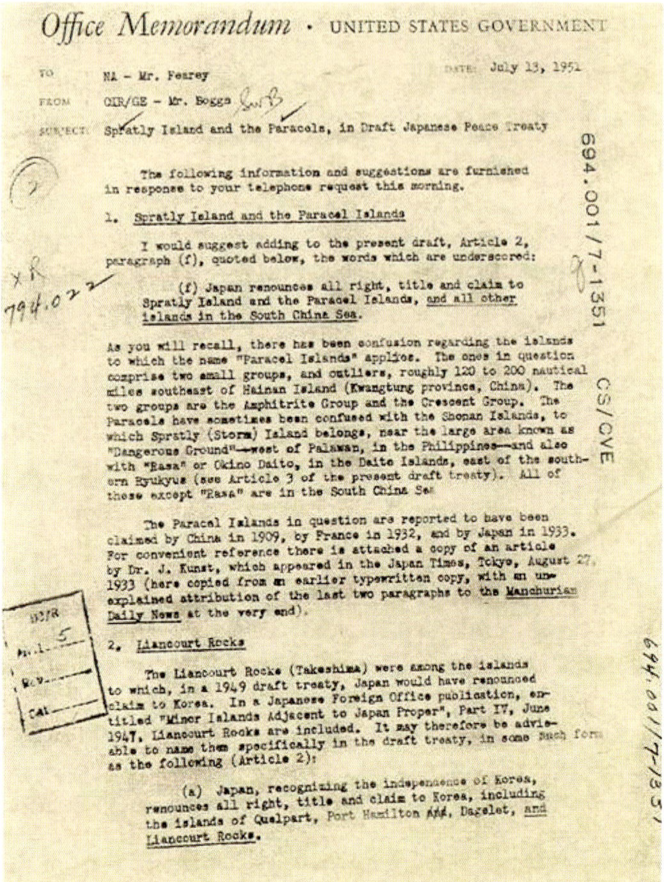

Office Memorandum • UNITED STATES GOVERNMENT

TO: NA - Mr. Fearey

DATE: July 13, 1951

FROM: OIR/GE - Mr. Boggs

SUBJECT: Spratly Island and the Paracels, in Draft Japanese Peace Treaty

694.001/7-1351

The following information and suggestions are furnished in response to your telephone request this morning.

1. Spratly Island and the Paracel Islands

I would suggest adding to the present draft, Article 2, paragraph (f), quoted below, the words which are underscored:

(f) Japan renounces all right, title and claim to Spratly Island and the Paracel Islands, and all other islands in the South China Sea.

As you will recall, there has been confusion regarding the islands to which the name "Paracel Islands" applies. The ones in question comprise two small groups, and outliers, roughly 120 to 200 nautical miles southeast of Hainan Island (Kwangtung province, China). The two groups are the Amphitrite Group and the Crescent Group. The Paracels have sometimes been confused with the Shonan Islands, to which Spratly (Storm) Island belongs, near the large area known as "Dangerous Ground"—west of Palawan, in the Philippines—and also with "Rasa" or Okino Daito, in the Daito Islands, east of the southern Ryukyus (see Article 3 of the present draft treaty). All of these except "Rasa" are in the South China Sea.

CS/CVE

The Paracel Islands in question are reported to have been claimed by China in 1909, by France in 1932, and by Japan in 1933. For convenient reference there is attached a copy of an article by Dr. J. Kunst, which appeared in the Japan Times, Tokyo, August 27, 1933 (here copied from an earlier typewritten copy, with an unexplained attribution of the last two paragraphs to the Manchurian Daily News at the very end).

2. Liancourt Rocks

The Liancourt Rocks (Takeshima) were among the islands to which, in a 1949 draft treaty, Japan would have renounced claim to Korea. In a Japanese Foreign Office publication, entitled "Minor Islands Adjacent to Japan Proper", Part IV, June 1947, Liancourt Rocks are included. It may therefore be advisable to name them specifically in the draft treaty, in some such form as the following (Article 2):

(a) Japan, recognizing the independence of Korea, renounces all right, title and claim to Korea, including the islands of Quelpart, Port Hamilton and Dagelet, and Liancourt Rocks.

694.001/7-1351

그림 II-16-6. 연합국의 '대(對)일본평화조약' 본문에 영토논쟁을 방지하기 위하여 독도 명칭을 누락시키지 말고 울릉도 '및 독도'라고 독도를 명기할 것을 요구한 미국 국무부 지리담당관 보그스(Boggs)의 1951년 7월 13일자 답변서.

그러나 미국 내에서도 미국의 이러한 중립적 입장과 도피적 입장에 반대해서 독도 명칭을 진실대로 한국영토에 포함시키도록 기록해야 한다는 주장이 강력히 제시되었다. 예컨대, 미국 국무부 정보조사국에서 오랫동안 지리문제 전문가로 일한 보그스(Samuel Whittemore Boggs)는 국무성의 질의에 대한 1951년 7월 13일의 답변서에서 "독도는 한국령이며, 독도는 한국령이라는 문구를 첨가해야 한다"고 주장하고, 미국초안의 문구를 "(a) 일본은 한국의 독립을 승인하며, 제주도와 거문도, 울릉도 및 독도를 포함하여 한국에 대한 모든 권리와 권원과 청구권을 포기한다"고 기술할 것을 권고하였다.

[제 106 문] 영국 · 오스트레일리아 · 뉴질랜드 등 다른 연합국은 미국 제6차 초안의 시안에 반대한 후 '독도문제'에 어떻게 대처하였는가? '영국초안'이 있었다는데 그것은 '독도'를 어느 나라 영토로 판정하였는가?

[답] 영국 · 오스트레일리아 · 뉴질랜드는 독도를 한국영토로 보는 견해를 완곡하게 우회적으로 표시하면서, 일본 주변에 있는 어떠한 섬도 주권 분쟁의 소지를 남겨서는 안 된다고 강조하고, 미국의 '수정' 제안과 설명에 동의를 하지 않았다. 영국은 뿐만 아니라 자기 나라 독자적인 '대(對)일본평화조약' 초안을 3차례 만들게 되었다.

영국의 제1 · 2 · 3차 초안은 제주도와 독도는 한국에 포함시키고 대마도와 오키도는 일본에 포함시키는 연합국 「합의서」의 합의 내용을 잘 준수했으며, 그 부속지도에서도 일본의 범위에서 독도를 제외하여 한국에 포함시켰다.

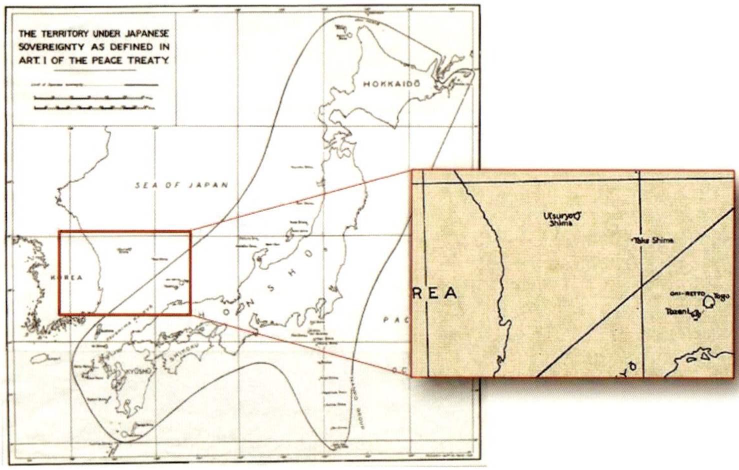

그림 II-16-7. 독도를 한국영토에 넣고 일본영토에서 제외한 연합국의 대(對)일본평화조약 준비의 영국 제3차 초안의 부속지도 (자료: 정병준 교수)

[제 107 문] 연합국의 일본에 대한 평화조약의 '미국초안'과 '영국초안'이 다른데, 두 나라 초안이 모두 평화회의 본회의에 상정되었는가? '미·영합동초안'이란 무엇인가?

[답] 미국정부는 미국·영국 양대 연합국이 각각 평화조약 초안을 본회의에 제출하는 것은 외양이 좋지 않다고 영국을 설득하여 '미·영합동초안'을 만들게 되었다. 그 방식은 양국이 먼저 각각 초안을 작성한 후 양자를 종합한다는 것이었다. 이에 미국초안(1951년 3월 작성)과 영국초안(1951년 4월 작성)이 작성되고 이를 양국 대표단이 토론회를 거쳐 종합하게 되었다.

제1차 미·영합동초안은 1951년 5월 3일 작성되었는데, 토론 과정에서 양국 입장은 현저히 차이가 있었다. 미국은 조약문을 간단히 작성하고, 일본에 속한 섬 이름들, 일본이 포기하는 섬 이름들은 기록하지 않아서 복잡한 영토문제는 아예 회피하고자 하였다.

이에 반해 영국은 일본의 영토·영해를 정확하게 경도·위도로 명확히 한정해 표시하고 섬 이름들은 넣자고 제의하였다. 이에 미국은 처음에는 대표적 섬으로 '제주도' 하나만을 기록에 올리려고 하다가 영국측을 배려하여 제주도·거문도·울릉도를 대표적 섬으로 기재하는 안을 작성하여 영국의 동의를 얻었다. 그 결과 영토문제에 관해서는 일본영토에 속하는 섬들의 명칭은 빠지고, 표기하는 대표적 섬만 간단히 기재하기로 되어 처음에는 "제주도를 포함한 한국에 대한 모든 권리·권원·청구권을 포기한다"으로 문장을 만들었다가 제2장(영토)의 제2조에 "일본은 한국(제주도·거문도·울릉도 포함), 대만과 팽호도에 대한 모든 권리·권원·청구권을 포기한다"로 수정되었다.

'제1차 미·영합동초안'을 회람한 영연방국가들은 일본영토에 관한 표기방식이 애매모호하다고 비판하고 제3차 영국초안처럼 일본영토를 섬까지 명확히 한정해 표시할 것을 요구하였다. 특히 뉴질랜드는 제3차 영국초안처럼 제1조에 경위선을 정확히 표시하여 일본영토를 정확히 한정시켜야만 일본 주변에 있는 어떠한 섬에 대해서도 주권 분쟁의 여지를 남기지 않도록 보장된다고 주장하였다. 뉴질랜드의 이 주장을 독도에 적용하면, 영국초안처럼 독도와 오키섬 사이에 명확한 한계선을 그어 일본영토의 정확한 한계를 표시해서 독도는 한국영토, 오키섬은 일본영토임을 표시해야 일본 부근의 섬들에 주권 분쟁의 여지가 없어지게 된다는 것이었다.

[제 108 문] 그러면 뉴질랜드 등의 비판은 수용되었는가? '제2차 미·영합동초안'의 내용은 어떠한가?

[답] 미국은 뉴질랜드의 비판 지적을 수용하지 않았다. 일본인들이 영국의 제3차 초안을 마치 일본이 갇힌 것 같은 느낌을 준다고 반대한 것을 미국이 배려했기 때문이었다.

'제2차 미·영합동초안'(1951년 6월 14일 작성)에서는 한국의 조약 서명 자격을 불인정할 것을 주장하는 영국(및 일본)의 요구를 미국이 받아들이고, 그 대신 영토 기술 앞에 "일본은 한국의 독립을 승인하며"의 구절을 넣기로 했으며, 재한 일본인의 청구권 포기 조항을 삭제해서 이것은 별도의 한·일 간 협정에서 다루도록 하였다.

그 결과 제2차 미·영합동초안에서는 제2장(영토)의 제2조 (a)항에 "일본은 한국의 독립을 승인하며, 제주도·거문도·울릉도를 포함하는 한국에 대한 모든 권리·권원·청구권을 포기한다"로 수정되었다.

제2차 미·영합동조약에서 재한국 일본인의 재산은 이미 1945년 미군정 법령 제33호로서 몰수되어 적산으로 취급 처리되었는데, 다시 그 청구권을 한·일 간 협상케 한 것을 알게 된 대한민국 정부는 이에 강력히 항의하였다.

[제 109 문] 그러면 '제3차 미·영합동초안'에서는 한국정부의 항의가 수용되었는가?

[답] 재한국 일본인의 재산청구권에 대해서는 한국정부의 항의 요청이 수용되었다.

그 결과 '제3차 미·영합동초안'(1951년 7월 3일 작성)의 영토조항(제2장) 제2조 (a)항에서는 계속 "일본은 한국의 독립을 승인하며, 제주도·거문도·울릉도를 포함하는 한국에 대한 모든 권리·권원·청구권을 포기한다"는 조약문으로 되었다.

그리고 재한국 일본인의 재산청구권에 대해서는 제4조 (b)항을 신설하여, "제2조 및 제3조에 언급된 모든 지역의 미군정의 지령에 따른 일본·일본 국민 재산 처분의 유효성을 승인한다"는 구절을 넣어 1945년 미군정 법령 제33호의 효력을 인정함으로써 재한국 일본인의 재산청구권을 소멸시켰다.

여기서 주목할 것은 평화조약 제2장 제2조 (a)항에서 제주도·거문도·울릉도 명칭만 등재된 것은 대표적 섬 이름만 등재한 것이라는 사실이다.

[제110문] 샌프란시스코에서 열린 연합국의 대(對)일본평화조약의 한국 관련 조항은 어떻게 되어 있는가?

[답] 샌프란시스코에서 열린 연합국의 평화회담은 1951년 9월 4일 52개국이 참가하였다. 평화조약은 나흘 뒤인 1951년 9월 8일 49개국이 서명하였다. 연합국의 '대(對)일본평화조약'에서 한국 관련 조항은 제2장 제2조 (a)항에 다음과 같이 기록되어 있다.

"일본은 한국의 독립을 인정하며, 제주도·거문도·울릉도를 포함한 한국(한반도)에 대한 모든 권리·권원·청구권을 포기한다."

이것은 지나치게 간략한 문장이다. 모든 무인도와 함께 독도 명칭은 누락되었고, 제주도와 울릉도 명칭은 등재되었다. 원래 제1~5차 미국 초안에서는 한국 관련 조항이 비교적 상세했고, 독도도 울릉도와 함께 명칭이 기록되어 있었는데, 일본의 로비 과정에서 모든 무인도의 명칭은 제외되어 조약 문장을 최소로 간략화하는 방침이 작용하여 당시 무인도인 독도의 명칭도 누락되었다.

[제111문] 샌프란시스코 평화조약 조약문에서 독도 명칭이 누락된

것은 어떻게 해석되는가?

[답] 일본측에는 이것을 갖고 연합국의 일본과의 평화조약에서 독도가 일본영토임을 연합국에 의해 인정받았다고 주장하는 사람들이 있다. 그러나 이것은 전혀 그렇지 않다. 그렇게 주장되려면 미국 제6차 초안의 시안처럼 독도가 일본영토라고 명백히 명문으로 표시되고 한국영토 관련 조항에서는 일본이 포기하는 섬들에서 독도가 삭제되어야만 하는 것이다. 일본은 적극적인 로비를 하여 시볼드(W. J. Sebald)를 내세워서 미국무성을 설득하여 미국 제6차 초안의 시안에서는 위와 같은 과정의 초안을 작성하는 데 한 번 성공했었다. 그러나 제6차 초안의 시안에 대하여 영국·뉴질랜드·오스트레일리아 등 연합국 일부가 반대하고 독도를 일본영토에서 제외하여 한국영토에 포함시킨 독자안을 추진했기 때문에, 미국은 제6차 초안의 시안을 폐기하고, 제7·8·9차 초안에서는 '독도문제'를 회피하였다.

연합국의 일본과의 샌프란시스코 평화조약을 체결한 1951년 9월 8일 당시의 미국의 입장은 '독도'문제에 대해서는 개입을 하지 않고 중립적 입장을 취하면서 회피하여 이전의 연합국의 결정에 미루어 버리는 입장과 방침이었다.

한편 조약 체결 당시의 영국·오스트레일리아·뉴질랜드 등 태평양전쟁 참전국가들은 '독도'는 이전의 연합국의 합의에 따라 '한국영토'임을 재확인하는 원칙적 입장과 방침이었다. 그러므로 샌프란시스코 조약 본조약문에서 '독도'의 명칭이 거론되지 않은 경우에는 이전의 연합국의 합의 결정에 의거하게 되는 것이다.

연합국의 이전의 합의 결정은 첫째가 SCAPIN 제677호이다. 이것은 법제화된 법령으로서 국제법상의 공인을 받은 것이며, 샌프란시스코 조약 후에도 제677호를 폐기 또는 수정하는 다른 번호의 SCAPIN이 발표되지 않는 한 유효한 것이다. 연합국최고사령관(SCAP)은 샌프란시스코조약 체결 1년 후인 1952년 4월 28일 해체될 때까지 '독도는 한국영토'이므로 일본영토에서 제외한다는 SCAPIN 제677호를 부정하거나 폐기하는 어떠한 다른 번호의 지령도 발표한 일이 없다.

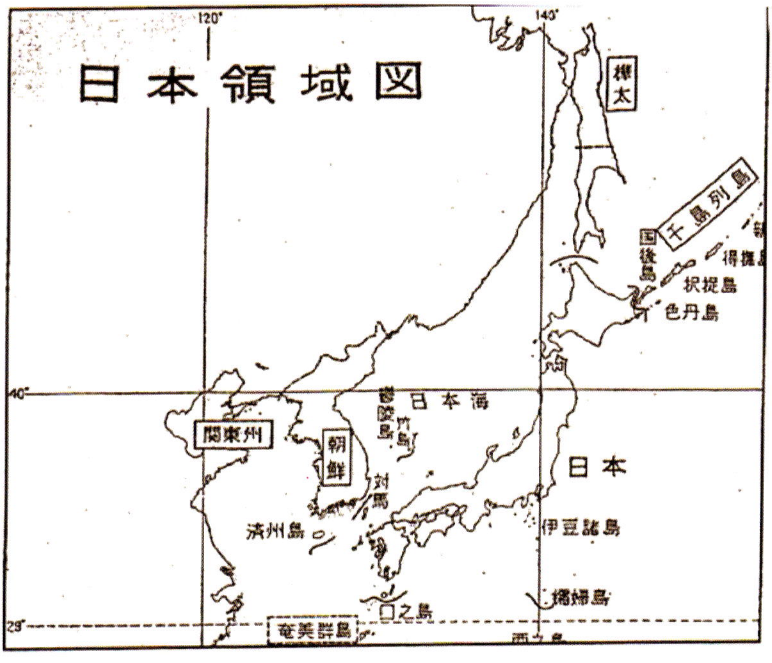

每日新聞社,『對日本平和條約』,1952.

그림 II-16-8. 1951년 9월 미국 샌프란시스코에서 연합국의 '대(對)일본평화조약'이 체결된 후, 일본 매일신문사가 1952년 5월 25일 총 616쪽의 해설서인 『대(對)일본평화조약』을 발행했는데, 이 해설서의 부속지도인 「일본영역도」에서도 울릉도와 독도(竹島)를 조선영토로 표시하였다.

따라서 샌프란시스코 조약문에 '독도' 명칭이 없거나 '독도문제'가 미해결 문제로 조약문에 거론되지 않았으면, '독도'에 대해서는 SCAPIN 제677호의 규정이 적용되며, '독도는 한국영토'라는 연합국의 결정이 그대로 유지 존속되는 것이다.

일본은 연합국의 일본과의 평화조약 체결 과정에서 한국영토로 확인된 독도를 빼앗아 가기 위하여 맹렬한 로비를 했으나 결국 실패했으며, 연합국은 연합국의 합의서에 따라 독도를 한국영토로 그대로 두고, 일본영토에서 제외하게 되었다.

일본이 1952년 4월 28일 재독립한 1개월 뒤인 1952년 5월 25일에 일본 마이니치 신문사가 일본 외무성의 도움을 받으며 『대(對)일본평화조약』이라는 616쪽의 해설서를 발행했는데, 그 첫 장에 샌프란시스코 평화조약에서 승인받은 「일본영역도(日本領域圖)」를 게재하면서, 사실대로 독도(Liancourt Rocks, 竹島)를 일본에서 제외하여 한국(조선)에 속하게 되었음을 명백하게 표시하였다.

일본측도 샌프란시스코 조약 체결 당시와 그 후에는 연합국이 '독도'(다케시마, 竹島)를 한국영토로 결정 재확인했고 일본영토가 아니므로 일본영토에서 제외했음을 잘 알고 있었던 것이다.

[제 112 문] 일본이 재독립한 1952년 이후에도 울릉도와 독도를 일본영토에서 제외한 법령을 존속시켰다는데?

[답] 그러한 일이 있다. 일본임시정부는 연합국최고사령관의 군정 치하에 있을 때, 일본 총리부령 제24호(「조선총독부 교통국 공제조합의 본방 내에 있는 재산정리에 관한 총리부령」)와 대장성령 제4호에서 이 법령 적용대상의 제외 지역으로 '울릉도, 죽도(독도), 제주도'를 (한국영토이

므로) 제외시켰다. SCAPIN 제677호에 따른 조치였다.

일본정부는 일본이 재독립한 1952년 4월 28일 이후에도 샌프란시스코 평화조약에서 독도(죽도)침탈 로비가 실패한 것을 알고 독도가 한국영토임을 인정하여 위의 2개 법령을 계속 존속시키다가, 조선총독부 재산정리가 끝난 1960년 7월 7일에야 이 법령을 폐기하였다.

이 사실은 1951년 샌프란시스코 평화조약과 1952년 일본 재독립 이후에도 SCAPIN 제677호에 의하여 독도가 일본영토에서 제외되고 독도가 한국영토임을 일본정부가 인정하여 행정을 진행했음을 알려주고 있다.

[제 113 문] 현재 일본정부가 1951년 9월 8일 샌프란시스코 평화조약에 '독도' 명칭이 없는 것을 놓고 일본이 포기하는 섬에 독도 명칭이 누락된 것은 연합국이 독도를 '일본영토'로 승인한 것이라고 집요하게 주장하고 있으므로, SCAPIN 제677호 이외에 또 '독도를 한국영토'로 보강하여 증명할 추가적 방법은 없는가?

[답] 물론 있다.

'독도'의 경우와 같이 작은 섬의 명칭이 기재되어 있지 않은 경우에는 ① 국제법의 '부속도서'는 모도(母島)의 영유국가의 영유로 한다는 조항을 적용하여, 독도가 한국 울릉도의 부속도서인가 일본 오키섬의 부속도서인가를 판별하는 방법과 ② 「1969년 조약법에 관한 비엔나 협정」을 적용하여 샌프란시스코 평화조약 조문의 준비물(Preparatory work)인 「연합국의 구 일본영토 처리에 관한 합의서」에 따라 판별하는 방법이 국제법상 가장 적법한 것이다.

샌프란시스코 조약문에서 일본이 포기하는 섬 이름에 '독도'가 누락된 것은 대표적 섬 3개만을 들었기 때문이다.

조약문상 일본이 포기하는 섬 이름에 '독도'가 포함되어 표시되어 있지 않으므로 '독도'는 일본영토라고 일본측이 주장한다면 제주도·거문도·울릉도를 제외한 한반도 주변 3,000여 개의 섬은 조약문에 이름이 누락되어 있으니 모두 일본이 포기하지 않은 일본 영토란 말인가? 일본정부의 이 주장은 전혀 성립될 수 없는 것이다.

미국은 미 · 영합동초안에서 섬 명칭은 아예 거론하지 않으려고 했다가 영국의 섬 명칭 거론 주장을 고려하여 처음 제주도만 명칭에 넣었었다. 그 후 거문도와 울릉도를 넣으면서 이것도 번잡한 기재라고 생각하였다. 조약문을 간결하게 하기 위하여 '독도' 등 사람이 살지 않는 극히 작은 섬들의 명칭을 기재하지 않은 것이지 독도 등 작은 섬들을 일본영토로 인정하여 기재하지 않은 것은 전혀 아니었다.

일반국제법의 영토조항은 작은 섬의 영유권은 모도(母島)의 영유권자의 영유로 규정하고 있다. 다행히 샌프란시스코 조약 본문에 한국영토로 '울릉도'의 명칭이 있는데, 이제 '독도'가 한국 울릉도의 부속도서인가, 일본 오키섬의 부속도서인가를 판별하면 되는 것이다. 일본에서도 옛날부터 '독도'가 '울릉도'의 부속도서임을 잘 인지하고 있었음은 이미 설명한 바와 같다. 울릉도가 독도의 모도(母島)이고, 독도는 울릉도의 부속도서이기 때문에, 일반국제법의 영토조항에 의거해서도 독도는 울릉도 영유국가인 대한민국의 영토인 것이다.

그러므로 샌프란시스코 평화조약문에서 '독도' 명칭이 일본이 포기하는 섬의 명칭에서 빠졌다고 해서 연합국이 독도를 일본 영토로 인정해준 것은 전혀 아니다. 미국 등이 '일본의 맹렬한 로비 때문에' '독도문제'는 이전의 합의에 맡기고 불관여하며 조약문을 간결하게 하기 위하여 명칭이 빠졌을 뿐이다.

한반도 주변에는 3,000여 개의 섬들이 있는데 그 섬들은 평화조약문에서 일본이 포기하는 섬으로 명칭이 기재되어 있지 않지만 한국영토로 공인되어 있다. 예컨대 제주도의 일본 방향 동쪽에 '우도'라는 섬이 있는데, '우도'는 제주도의 부속섬이기 때문에 평화조약문에 '우도' 명칭이 없어도 제주도의 영유국가인 대한민국이 '우도'의 영유국가 되는 것과 같은 논리이다.

따라서 일반국제법의 영토조항에 의거해도 이 경우 평화조약 조문에 '독도' 명칭이 기재되어 있지 않아도 독도는 울릉도의 부속도서이며, 연합국의 SCAPIN 제677호와 「연합국의 구 일본영토 처리에 관한 합의서」에 독도는 대한민국의 완전한(배타적) 영토라고 규정되어 있으므로, 평화조약에 의해서도 ('독도는 일본영토이다'라는 규정이 없는 한) 대한민국의 영토가 되는 것이다.

일본 재독립 직후 1952년 5월 25일 마이니치 신문사의 『대(對)일본평화조약』의 위에서 든 「일본영역도」에서 독도를 일본 영역에서 제외하여 한국 영역에 포함시킨 것도 이러한 이유 때문에 정확한 것이었다.

일본정부는 연합국최고사령관지령 제677호에 의거하여 1951년 6월 6일 일본 총리부령(總理府令) 제24호(「조선총독부 교통국 공제조합의 본방 내에 있는 재산정리에 관한 총독부령」)에서 울릉도·독도(竹島)·제주도를 한국영토로 규정하여 총리부령 제24호의 적용대상에서 제외하였다.

샌프란시스코 평화조약에서도 독도가 한국영토로 인정되고 일본 영역에서 제외되자, 일본이 재독립한 1952년 이후에도 일본정부는 총리부령 제24호를 1960년 7월 7일까지 개정하지 않고 독도를 울릉도·제주도와 함께 한국영토로 규정하고 총리부령 적용 대상에서 제외하였다. 이 사실은 일본정부도 독도가 샌프란시스코 평화조약에서 한국영토로 인정되고 일본 영역에서 제외되었음을 잘 인지하고 있었다는 증거이다.

그 밖에 1969년에 제정된 「조약법에 관한 비엔나 협정」을 적용하는 방법이 있다.

[제 114 문] 그러면 「1969년 조약법에 관한 비엔나 협정」은 독도영유권 문제에는 어떻게 적용되는가?

[답] 제2차 세계대전 종전 후 체결된 수많은 조약들의 조약문 해석에 다양한 견해와 논쟁이 일어나자 이 논쟁 해결을 위하여 세계 각국은 1969년에 「1969년 조약법에 관한 비엔나 협정(1969 Vienna Convention on the Law of Treaties)」을 체결하였다. 이 협정의 제32조에는 조약의 해석에 의문이 있을 때에는 「조약의 준비물과 결론의 환경(the prepanatory work of the treaty and the circumstances of its conclusion)」을 해석의 보조수단으로 적용하도록 규정하였다.

이를 샌프란시스코 평화조약의 조약문 해석에 적용하면 ① 조약의 준비물은 무엇이고, ② 결론의 환경은 무엇인가?

1951년 샌프란시스코 평화조약에서 영토문제와 관련된 준비물은 무엇인가? 그것은 SCAPIN 제677호와 함께 두말할 것도 없이 1951년의 샌프란시스코 평화조약을 위한 준비물인 1949~1950년의 「연합국의 구 일본영토 처리에 관한 합의서(Agreement Respecting the Disposition of Former Japanese Territories)」이다.

이 연합국의 합의서는 독도를 어느 나라 영토로 규정하였는가? 앞에서 쓴 바와 같이 "대한민국의 완전한 주권의 영토(full sovereignity to the Republic of Korea)" 안에 독도를 포함한 것이다. 이 준비물을 해석에 사용하면 독도는 한국영토임이 명료하게 되는 것이다.

다음 '결론의 환경'은 무엇인가? 샌프란시스코 평화조약 조약문에서

獨島 명칭이 누락된 환경은 "일본의 독도를 미군 군사 기지로 제공하려는 미끼의 로비와 그에 동조하다가 실패하여 결론적으로 독도 명칭을 누락시킴으로써 '독도문제' 불관여의 입장을 취한 미국의 활동"의 환경이다. 독도 명칭이 누락된 것은 진실 때문이 아니라 일본의 로비를 받아들인 미국과 반대한 영국·오스트레일리아·뉴질랜드의 견해들의 절충과정에서 일어난 환경이 해석에 보조수단으로 적용되는 것이다.

비록 샌프란시스코 평화조약 조약문에 독도 명칭이 누락되어 있다 할지라도 「1969년 조약법에 관한 비엔나 협정」 제32조를 해석의 보조수단으로 적용하면 독도는 대한민국의 영토임이 명백한 것이다.

연합국은 SCAPIN 제677호 이래 거듭거듭 독도가 국제법상 합법적인 대한민국의 완전한 영토임을 재확인해 준 것이었다. 독도는 국제법상으로도 명명백백하게 대한민국의 배타적 영토인 것이다.

[제 115 문] 만일 연합국이 샌프란시스코 평화조약문에서 '독도는 일본 영토'라고 명문으로 기재했다면 '독도문제'는 어떻게 되었을까?

[답] 그러한 일이 없었으니 불필요한 가정이다. 만약 그러한 일이 있었다고 가정한다면 독도는 분쟁 지역이 되었을 것이다.

대한민국은 1948년 8월 15일 독립국가로 건국되고 같은 해 12월 12일에는 한반도의 유일합법정부로서 국제연합(UN)으로부터 승인을 받아서, 이미 국제법상 합법적으로 독도를 영유하고 있었다.

반면에 일본은 1951년 9월 8일 연합국의 일본과의 평화조약과 1952년 4월 28일의 이 조약 발효로, 한국보다 4년 늦게 1952년 4월 28일에야 재독립하게 되었다. 그러므로 미국을 내세운 일본측의 로비가 설령 성공해서 1951년 9월 8일의 연합국의 일본과의 평화조약에 한국영토인 독도를 일본영토라고 '수정'하여 명문 기재에 성공하는 경우에도 한국정부의 동의가 필요한 처지에 놓이게 되었다. 왜냐하면 대한민국은 주권국가로서 이미 '독도'를 1948년에 국제법상으로 정당하게 재법인을 받아 영유하고 있었고, 연합국의 일본과의 평화조약에는 서명하지 않는 제3자(제3국)이었기 때문에, '독도'의 소유이동에 대한 소유권 국가 대한민국의 동의와 서명이 반드시 필요한 일이었기 때문이었다.

그런데 1951년의 연합국의 일본과의 평화조약에서는 '독도'는 조약문에 기록하지 못했고, 이전의 연합국의 결정에 의거하게 되었으므로, 일본이 독도영유권을 승인받았다고 주장할 근거는 전혀 어디에도 존재하지 않는 것이며, 도리어 독도가 한국의 완전한 영토로 규정한 그 직전의 연합국 결정이 유지 존속되어 독도는 분쟁지가 되지 않고 대한민국 영토로 재확인된 것이다.

[제 116 문] 일본정부는 샌프란시스코에서의 1951년 연합국의 '일본과의 평화조약'에서 일본이 한국에 반환한 영토는 1910년 8월 소위 '합병조약' 때 점령한 영토이고 그 이전인 1905년에 영토편입한 곳은 포함되지 않았다고 주장하고 있다는데, 이 문제는 어떠한가?

[답] 전혀 성립하지 않는 주장이다.

연합국의 일본이 약취한 토지의 반환 기준 시점은 일제가 청·일전쟁을 도발한 해인 '1894년 1월 1일'이었다. 연합국의 일본과의 평화조약에서는, 앞에서도 설명한 적이 있는 바와 같이, 1894~1895년에 빼앗은 대만과 팽호도를 중국에 반환하였고, '독도'보다 9개월 후인 1905년 11월에 빼앗은 요동반도를 중국에, 사할린을 러시아에 돌려주었음을 재확인하였다. 만일 1905년 2월 '독도'를 빼앗기 10년 이전인 1895년에 한국의 어느 섬을 일본이 '폭력과 탐욕에 의해 약취한' 섬이 있었다면 '독도'뿐만 아니라 1895년에 약취당한 그 섬도 반환받게 되어있었다.

그러므로 1905년 2월에 일본이 '폭력과 탐욕에 의해 약취한' 독도는 당연히 한국에 반환되어야 하고, 그것은 1946년 1월 29일 SCAPIN 제677호에 의해 실현되었던 것이다. 그리고 1951년 9월 8일의 샌프란시스코 평화조약은 SCAPIN 제677호의 결정과 유지·존속을 재확인한 것이었다.

1951년 9월 연합국의 일본과의 평화조약에서도 '독도'는 역사적으로나 국제법상으로나 지리적으로나 한국영토임을 연합국의 이전 합의 결정을 부인하지 않는 방법으로 재승인하고 재확인한 것이었다.

제 17 장
대한민국 정부와 국민의 독도보전 활동

[제 117 문] 일본정부는 독도영유권 논쟁을 걸어온 후인 1952년 9월 15일과 9월 22일 미국 공군을 유도하여 독도를 미공군의 폭격연습지로 사용했고, 1953년 3월 19일 미 · 일합동위원회에서 독도를 미국 공군의 폭격연습장에서 제외했다고 통보받았으므로 이것은 미국 공군이 독도를 일본영토로 인정한 것이라고 주장한다는데, 이것은 어떠한 것인가? '한국방공식별구역(KADIZ)'이란 무엇인가?

[답] 일본은 외무성을 중심으로 미국으로부터 독도가 일본영토라고 승인받기 위한 공작이 이미 1948년에도 있었다. 주로 미극동공군사령부에 독도가 일본영토로서 폭격연습장으로 제공하는 것처럼 잘못된 정보를 주어 미공군의 폭격을 유도하고 그에 대한 미국과 일본 사이의 문서를 축적하여 증거자료로 삼으려는 책략을 사용하였다. 이 때문에 1948년 6월 8일 미공군의 폭격연습으로 독도에 고기잡이 나간 울릉도 어부 사망 · 실종이 14명, 3명 중상, 경상 다수, 기선 7척, 범선 10척 침몰의 참사가 일어났다. 이러한 미공군의 독도 폭격연습은 1950~1953년에도 있었다. 대한민국 정부는 이에 대하여 미극동공군사령부에 항의해서 배상과 함께 독도가 한국영토임을 확인받고, 재발 방지의 약속을 받아내었다.

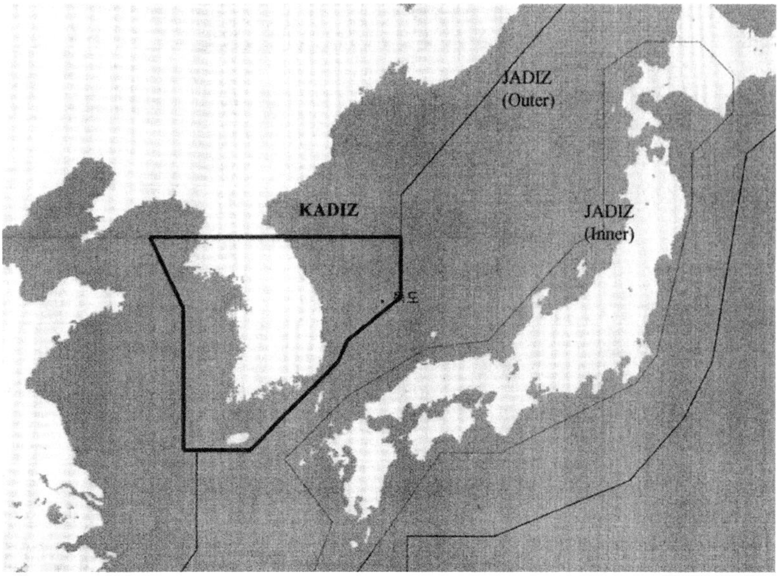

그림 II-17-1. 1950년 한국전쟁이 일어나자 유엔군이 독도(지도의 검은 점)를 포함한 한국영토를 영공에서 방위하기 위하여 1951년 설정하여 현재까지 사용하고 있는 '한국방공식별구역'. (자료: 신용하 교수)

1950년 6월 25일 한국전쟁이 일어나자 유엔군과(미공군 포함) 미국 태평양 공군사령관은 1951년 '한국방공식별구역(KADIZ, Korea Air Defense Identification Zone, 韓國防空識別區域)'을 설정했는데, 독도를 한국영토로 재확인하여 '한국방공식별구역' 안에 넣었으며, '일본방공식별구역'(내곽선은 물론이요 외곽선에서도)에서는 독도를 제외하여 오늘날까지 실행하고 있다. 이것은 미공군을 포함한 유엔군이 1951년부터 오늘날까지 독도를 한국영토로 확인하고 있음을 명백하게 증명하는 것이다.

일본 외무성은 최근 1950년 9월 연합국총사령부가 SCAPIN 제2160호로 독도를 미군의 해상폭격연습지구로 지정했고, 1952년 7월에 일·미 행정협정에 입각하여 일·미합동위원회가 주일 미군의 폭격훈련구역의 하나로 지정했다가 1953년 3월 폭격연습구역에서 해제한 것을 미군(미공군)이 독도를 일본영토로 간주한 것이라고 주장하지만, 이것은 전혀 그렇지 않다.

미공군이 일본의 요청에 응해 독도를 미공군의 폭격연습지로 사용하자, 이를 알게 된 대한민국 정부는 미공군사령부에 항의했으며, 미공군사령관은 독도가 한국영토임을 확인한 후 1952년 12월 24일 독도를 폭격연습장에서 제외했고, 1953년 1월 20일 한국정부에 먼저 이를 통보하였다. 미·일합동위원회에는 그 2개월 후인 1953년 3월 19일에야 통보하여 확인한 것에 불과하다.

미공군이 1953년 3월 폭격연습구역에서 독도를 제외한다고 일본에 통보하고, 그 이후 독도를 폭격연습지로 사용하지 않는 것은, 한국정부의 항의를 받고 조사 후 미공군이 독도가 한국영토임을 명확히 인지한 명백한 증거이다.

유엔군과 미공군을 포함한 모든 외국 항공기는 '한국방공식별구역' 안에 있는 '독도'를 포함한 모든 한국영토 상공을 사용할 때 24시간 이전에 대한민국 합동참모본부에 허락을 요청하고 있다. 독도가 한국영토로 거듭 확인되고 있는 명백한 증거이다.

[제118문] 미국 공군이 한국전쟁 기간 동안 독도를 폭격연습장으로 사용한 것은 일본측의 유도에 의한 것이라는 설이 있는데, 사실인가?

[답] 일본측의 유도에 의한 것이라는 연구가 있다. 연합국최고사령관은 한국전쟁 중에 1951년 7월 6일 SCAPIN 제2160호로 독도를 다시 미국 공군의 폭격연습구역으로 재지정하였다. 주목할 것은 재지정도 1952년 7월 26일 '미·일합동위원회'가 개최되기 1년 전의 사실이라는 점이

다. 그 2개월 후 1952년 9월 15일 오전 11시경 미극동공군사령부 소속 폭격기가 독도 상공에 나타나서 2차례 선회한 후 4개의 폭탄을 투하하고 돌아갔다. 이때에도 한국 어민 23명이 독도에서 어로 작업을 하고 있었으나 피해는 없었다.

더 큰 충격을 받은 것은 9월 18일 독도에 상륙하려고 울릉도에 대기 중이던 제2차 울릉도·독도 학술조사단 일행 36명이었다. 조사단은 관계당국에 안전한 항로 보장을 긴급히 요구하였다. 울릉도·독도 학술조사단이 폭격사건으로 상륙 시기를 연기하여 1952년 9월 22일 독도 상륙 지점 2km 전방에 도착했을 때 또 갑자기 비행기 4대가 나타나 해상에 폭탄을 투하하고 돌아갔다. 이 때문에 제2차 울릉도·독도 학술조사단의 독도 상륙과 조사는 일단 중단되었다.

1952년 9월 15일과 9월 22일의 폭격사건은 매우 의심스러운 수수께끼 같은 사건이었다. 이 시기는 1952년 1월 28일 이후 일본의 도전에 의하여 한·일 간 '독도영유권 논쟁'이 치열하게 전개되기 시작한 시기이다.

대한민국 정부는 1952년 11월 10일 주한 미국대사관을 통하여 미국정부에 항의하고 사건의 재발 방지를 요구하는 공문서를 발송하였다.

이에 대하여 미국정부는 주한 미국대사관을 통하여 앞으로 독도를 폭격연습지로 사용하지 않겠다는 통보를 한국정부에 보내왔다. 이로부터 20일 뒤인 1952년 12월 24일 미극동공군사령부는 독도에 대한 폭격연습의 중지를 결정하게 되고, 그 후 다시 20여 일 지난 1953년 1월 20일 미극동공군사령부는 미육군소장 헤렌(Thomas W. Herren)의 명의로 독도의 폭격연습장 사용을 즉시 중단하는 모든 조치를 취했다는 통보를 한국정부에 보내왔다.

대한민국 정부는 1953년 2월 27일 웨이랜드(Otto P. Weyland) 미극동공군사령관으로부터 독도가 연습장에서 제외되었으며, 독도 주변에서 폭격연습을 하지 않을 것을 통보받았다는 사실을 국민에게 발표하였다. 이것은 미·일합동위원회가 독도를 폭격연습장에서 제외하기로 했다는 1953년 3월 19일보다 훨씬 이전의 일이다. 그러므로 미·일행정협정에 의하여 1952년 7월 26일 미·일합동위원회에서 독도가 일본영토이기 때문에 미군 폭격연습장으로 결정했다는 주장은 어불성설의 억지임이 극히 명백한 것이다.

그 이전(1947년 9월 16일)에 미국 공군은 독도를 미군의 폭격연습장으로 지정했다가 한국정부의 항의를 받고 이를 취소했으며, 1951년 7월 6일 재지정했다가 또 한국정부의 항의를 받고 재취소한 것이었다. 그리고 취소와 재취소를 한국정부에게 먼저 알려왔고, 훨씬 후에 일본정부에 통고했으며, 미·일합동위원회는 사후 이를 확인했음에 불과했음을 알 수 있다. 그러므로 미국 공군의 1948년 6월과 1952년 9월의 독도 폭격연습장 사용이 일본의 독도영유권 증명이 된다는 일본정부 주장은 황당무계한 거짓임이 명백한 것이다.

1952년 9월의 미국 공군의 독도 폭격연습장 사용 위협은 일본측의 공작 음모가 작용한 것이라는 의문점을 제기한 홍성근 박사의 연구가 있다. 홍성근 박사는 다음과 같이 지적하였다.

첫째, 일본이 1951년 샌프란시스코 평화조약 때 독도를 일본영토로 승인받으려고 미국측에 맹렬한 로비를 할 무렵에 미국 공군이 독도를 폭격연습장으로 '재지정'했다는 것은 독도 폭격연습장 재지정도 일본의 로비에 의한 것으로 의심케 한다.

둘째, 한국의 제2차 '울릉도·독도 학술조사단'이 9월 14, 15일 독도에 상륙 예정이라고 발표했다가 일정이 약간 늦어져 9월 18일 울릉도에 도착했는데, 때맞추어 9월 15일 미국 공군의 독도 폭격훈련이 있었다는 것도 의문점이다. 뿐만 아니라 울릉도·독도 학술조사단을 태운 진남호

(약 300톤)가 9월 22일 독도 부근 2km 해상에 접근했을 때, 또다시 폭격기가 나타나 독도 해상에 폭탄을 투하하였다. 울릉도·독도 학술조사단이 한국 해군 당국의 도움을 받아 9월 24일에 다시 독도에 상륙하려 하자 이때도 또다시 폭격기가 나타나서 폭탄을 투하하였다. 울릉도·독도 학술조사단은 할 수 없이 울릉도로 돌아왔다. 이것은 우연한 사건이 아니라 울릉도·독도 학술조사단의 독도 상륙을 방해하기 위한 일본측 공작과 관련된 사건이라고 볼 수 있는 것이다.

셋째, 일본측이 독도가 1952년 7월 26일 미·일행정협정에 의하여 일본 구역으로 재지정되었다가 1953년 3월 19일 미·일합동위원회에서 해제되었다고 주장하고 있는 사실이다. 약 8개월간 독도가 미국 공군의 폭격연습장으로 재지정된 사실이 독도가 일본영토의 증거라고 주장하는 것은 이 사건이 증거조작을 위하여 주일 미국 공군을 이용한 사건으로 해석될 여지가 충분한 것이다.

[제 119 문] 그렇다면, 6·25 한국전쟁 이전의 미공군의 독도 폭격연습 폭격사건도 일본측의 유도와 관련이 있는가?

[답] 정병준 교수는 더 나아가 연합국최고사령관지령(SCAPIN) 제1778호(1947. 9. 16.)의 발령 경위를 추적하였다. 1948년의 폭격은 SCAPIN 제1778호에 의거한 것이었기 때문이다.

정병준 교수의 연구에 의하면, 일본 외무성은 1947년 6월 『일본의 부속소도: 제IV부(태평양 소도서·일본해 소도서)』라는 팸플릿을 만들어 영어로 번역해서 독도는 물론 울릉도가 일본영토라는 선전을 연합국에 대대적으로 실행하였다. 일본 외무성은 이 팸플릿에서 "다줄레(Dagelet, 울릉도)에 대해서는 한국 명칭이 있지만, 리앙꼬르암(Liancourt Rocks, 독도)에 대해서는 한국 명칭이 없으며, 한국에서 제작된 지도에는 나타나지 않는다는 점에 주목해야 한다"는 허위주장을 하였다. 이 팸플릿이 주일 미국정치고문이자 연합국 최고사령부 외교국장이던 친일파 시볼드(W. J. Sebald)에게 수용되어, 일본정부가 주일 미군으로 하여금 독도를 군사시설로 사용케 함으로써 독도에 대한 일본영유권 주장을 강화하고 미군을 통하여 증거문서를 확보하는 책략을 구사한 것이다.

정병준 교수는 독도를 미공군의 폭격연습장으로 재지정한 SCAPIN 제2160호(1951. 7. 6.)와 그 사이의 1952년 9월의 미국 공군의 독도 해상 폭격 및 1951~1953년의 일본측의 미·일행정협정, 미·일합동위원회의 내용도 일본 외무성의 공작에 의거한 것이라고 추정하였다.

저자는 홍성근 박사와 정병준 교수의 견해에 전적으로 찬성한다. 단지 여기서 주의해야 할 것은 SCAPIN 제677호의 영토 규정은 SCAPIN 제1778호와 제2160호의 폭격연습장의 행정명령과는 차원이 다른 것이라는 사실이다.

SCAPIN 제677호는 연합국의 영토 규정으로서 영토상으로 '일본의 정의(definition of Japan)'를 내린 것이다. 그것은 일본에서 제외하여 원주인에게 돌려줄 섬으로서 한국에게는 제주도, 울릉도, 독도(Liancourt Rocks)를 지정했을 뿐만 아니라 소련에게는 돌려줄 섬들과 중국에게 돌려줄 섬들을 규정하였다. 그리고 이를 수정하고자 할 때에는 다른 특정의 영토 규정 SCAPIN(연합국최고사령관지령)을 발령해야 함을 명백히 하였다. 따라서 SCAPIN 제677호를 수정하는 다른 SCAPIN을 연합국최고사령관이 해체된 1952년 4월 28일까지 발령하지 않았으므로 '독도'(Liancourt Rock)는 한국영토로 이미 1946년 1월 29일 SCAPIN 제677호에 의거하여 연합국은 확정한 것이었다.

이러한 틀 안에서 그 후 미군정 치하에 '독도'가 일본 외무성의 공작에 의하여 주일 미국 공군의 폭격연습장 리스트에 잘못 들어가거나 그 문서를 만들어 내어도 SCAPIN 제677호를 수정하는 다른 특정의 영토 규정 SCAPIN이 발령되지 않는 한 SCAPIN 제677호의 영토 규정은 수정되지 않는 것이다.

그 증거는 한국정부가 독도의 미국 공군 폭격연습장 오용을 항의 지적할 때마다 미공군사령관은 즉각 한국정부에 독도 폭격연습장 해제를 통보해 온 사실에서 알 수 있다. 만일 미국 공군이 일본 외무성의 폭격연습장 리스트에 잘못 들어간 '독도'를 일본영토로 인정했다면, 한국정부의 항의에 응해서 '독도'를 폭격연습장에서 해제해 주었을 리 만무하며, 한국정부에 그 해제를 통지해 올 리 만무한 것이다.

일본정부가 1953년 3월 19일 '독도 해제'를 통보받고 미·일합동위원회에서 해제했다고 증거로 제시한 것도 사실은 1952년 9월의 한국정부 항의에 응하여 '독도'가 한국영토임을 확인한 후에 1952년 12월 24일과 1953년 1월 20일 독도를 폭격연습장에서 제외했음을 한국정부에 통보했고, 1953년 2월 27일 최종적으로 다시 미공군사령관이 한국정부에게 '독도'가 미국 공군의 폭격연습장에서 제외되었음을 통보해 온 것이다. 이것은 모두 일본측이 미·일합동위원회에서 '독도'를 폭격연습장에서 제외하기로 결정했다고 일본측이 주장한 1953년 3월 19일 이전의 일이다. 그러므로 일본 외무성의 공작에도 불구하고 미국 공군은 잠깐 일본에 이용당한 후 한국정부가 항의할 때마다 독도가 한국영토임을 확인하고 재확인했음을 알 수 있다.

이러한 견해가 정확하다는 사실을 더욱 명백히 증명하는 것은 유엔군(미극동공군사령부 포함)이 1951년에 제정한 '한국방공식별구역(韓國防空識別區域, Korea Air Defense Identification Zone, 약칭 KADIZ)'이다.

유엔군(미국 공군 포함)은 '독도'를 한국영토로 재확인한 후, 독도 상공을 '한국방공식별구역' 안에 넣어 오늘날까지 시행하고 있으며, 현재 한국정부가 이를 관리하고 있다. 일본도 1969년에 설치한 '일본방공식별구역(JADIZ)'의 내곽선(inner)은 물론이요 1972년에 확장한 외곽선(Outer)에서도 독도를 포함한 'KADIZ(한국방공식별구역)'를 제외하여 '독도'가 한국영토이고 독도 상공이 한국영공임을 명백히 인지하고 표시하였다.

'독도'가 한국영토이기 때문에, 1951년 이후 오늘까지 미국 공군을 포함한 모든 외국 항공기는 '한국방공식별구역' 안에 있는 '독도'를 포함한 한국영토 상공(영공)을 비행할 때에는 24시간 이전에 대한민국 합동참모본부(대한민국 정부)에 허락을 요청하고 있다. 이것은 '독도'가 미국 공군의 한때(1948년 6월과 1952년 9월) 폭격연습에도 불구하고, 명명백백하게 한국의 영토로 증명되고 재확인되어 있음을 나타내는 것이다.

'한국방공식별구역(KADIZ)'은 유엔군이 설치한 국제적 장치로서, 결과적으로 한국의 독도영유권을 지켜 주는 중요한 장치의 하나이다. 그러므로 일본측은 이를 독도침탈에 국제적 장벽의 하나로 간주하여 2005년 이의 무력화를 위한 시험의 하나로 정찰기를 보내어 침범을 시도했다가, 한국 공군기가 즉각 출격하여 경고를 발하자 일본 정찰기는 놀라서 도망쳤다.

일본 외무성이 미국 공군의 독도 폭격연습장 오용을 『2008년-10포인트』(8)에서 다시 일본의 독도영유권 증명으로 제시한 것은 천만부당한 오류임을 '한국방공식별구역'이 명명백백하게 증명하고 있는 것이다.

[제 120 문] 일본이 '독도영유권 논쟁'을 걸어온 1952년과 1953년은 '한국전쟁' 도중이어서 독도 수호의 여념이 없을 정도로 고난의 시대였는데, 일본측의 거친 도발에 대하여 한국측은 어떻게 대응하였는가?

[답] 울릉도 애국청년들이 '독도의용수비대'를 조직하여 독도에 나아가서 일본측의 무장침공에 대응하였다.

1953년에 들어오자 일본의 한국 독도영유에 대한 도전은 더욱 난폭하게 되었다. 당시는 6·25 한국전쟁 도중이었으므로 한국정부는 전쟁수행에도 여념이 없던 시기였다.

울릉도의 청년들 30여 명이 홍순칠(洪淳七, 제대군인, 특무상사)을 대장으로 하여 자발적으로 '독도의용수비대'를 조직해서 1953년 4월 20일 독도에 상륙하여 국기게양대를 설치하고, 4월 21일 대한민국 국기인 태극기 게양식을 거행하였다. 이것은 독도가 대한민국의 영토임을 민간 청년들이 전 세계에 다시 선포한 것이었다.

독도의용수비대는 부산에서 사비로 기관총 등 약간의 화기를 구입하여 갖고 있었다. 당시 일본측이 무장한 경비정을 보내어 영해를 침범하고 독도 상륙을 시도했으므로 독도의용수비대의 무장은 불가피하였다.

독도의용수비대는 제1차로 일본 경비정이 1953년 5월 28일 독도 해안 150m까지 접근해 온 것을 기관총과 소총으로 사격을 가하여 격퇴하였다. 이어서 제2차로 1953년 6월 25일 일본 경비정이 가제바위 앞에 침입하여 정선하자 기관총 사격을 가하여 격퇴시켰다.

독도의용수비대는 제3차로 1953년 8월 23일 일본 경비정이 독도 5,000m 지점까지 접근해 오자 선미에 기관총 사격을 가하여 격퇴시켰다. 이때는 1953년 7월 27일 한국전쟁의 휴전으로 해군과 해병대의 독도 수비 투입이 가능해졌기 때문에 독도의용수비대의 사기는 더욱 충천하였다.

독도의용수비대는 이어서 제4차로 1954년 4월 22일 일본 경비정 3척이 독도의 동·서·남 3방향에서 독도를 향해 몰려오자 그들이 약 500m 거리에 접근했을 때 새로 구입해 온 박격포와 기관총 사격으로 이들을 모두 격퇴시켰다.

독도의용수비대가 4차례 독도 부근에 침입한 일본 경비정 격퇴에 대하여, 일본정부는 매번 항의 구술서를 한국정부에 보내왔다. 한국정부는 이때마다 바로 이를 반박하는 구술서를 주일 대한민국대표부를 통하여 일본정부에 발송하였다. 그 반박의 요점은 독도는 의심의 여지없이 한국영토의 일부이므로 부장선이 한국 영토와 영해에 불법 침입하는 사건에 항의한다는 내용이었다.

독도의용수비대는 여유를 갖고 1954년 8월 28일 독도에 독도경비초사를 짓고 표석을 세워 그 제막식을 가졌다.

독도의용수비대는 정부에서 '독도경비대'를 창설하여 독도에 파견하자, 1956년 12월 25일 임무를 인계하고 해산하였다. 독도의용수비대는 대한민국의 주인인 국민이 독도를 수호한 좋은 선례이다.

그림 II-17-2.
동도 정상에서 경계관측 활동을 하고 있는 독도의용수비대. (자료: 독도박물관)

그림 II-17-3. 독도의용수비대 독도경비초사 및 표석제막식 기념사진(1954. 8. 28.) (자료: 독도박물관)

[제121문] 한국정부와 국회는 일본의 독도침탈 시도 도전에 어떻게 대응하였는가?

[답] 우선 대한민국 국회와 경상북도 의회가 결의문을 채택하여 응수하였다.

한국전쟁 발발 3주년이 되는 1953년 6월 25일, 6월 27일, 6월 28일 연속 3회에 걸쳐 일본이 독도의 서도에 불법 침범하여 한국의 영토 표시와 위령비를 파괴한 후 '일본영토' 표시를 하고 돌아가는 사건이 발생하였다.

대한민국 국회는 1953년 7월 8일 일본의 독도 침범을 격렬히 규탄하고, "일본 관헌이 건립한 표지를 철거할 뿐 아니라, 금후 이러한 불법 침해가 재발되지 않도록 일본정부에 엄중 항의할 것"이라는 내용의 결의문을 채택하였다.

독도가 행정적으로 소속된 경상북도 의회도 이어서 1953년 7월 10일 "일본인의 야만적 행위는 한국을 무시한 태도인 동시에 지난날의 침략 근성의 재개시를 폭로한 야욕이라고 생각할 수밖에 없으므로 본 의회는 우리 영토를 수호하는 이념에서 일본의 침략행위에 대하여 단호한 조치가 있기를 건의한다"는 내용의 결의를 채택하였다.

대한민국 국회와 경상북도 의회의 결의는 일본의 독도 침범에 대한 항의 결의임과 동시에 정부에 대하여 독도 수호에 더욱 적극적으로 대처할 것을 촉구한 결의이기도 하였다.

[제 122 문] 한국정부는 일본의 도발에 어떻게 대응하였는가? 소극적 방관만 하고 있었는가?

[답] 그렇지 않다. 적극적으로 외교적 응전을 시작하였다.

일본정부가 1953년 7월 13일 구술서로 독도가 일본영토라고 주장하는 「일본정부의 견해」(1)을 한국 외무부에 보내오자, 한국 외무부는 역시 구술서로 「한국정부의 견해」(1)을 1953년 9월 9일 일본 외무성에 발송하여 독도가 한국영토임을 밝혔다. 일본정부가 1953년 7월 13일 보내온 「일본정부의 견해」(1)에서 일본측 주장의 요점은 다음과 같다.

① 일본에서는 에도(도쿠가와막부)시대에 죽도(竹島, 다케시마)는 울릉도, 송도(松島, 마츠시마)는 오늘의 독도(일본 호칭 다케시마)를 가리켰다.

② 막부 명령과 1881년 조선의 항의를 받고 일본 어부의 출어와 벌채를 금지한 죽도(다케시마)는 오늘날의 울릉도이다.

③ 일본과 한국 사이의 분쟁이 있어 온 섬은 울릉도였고, 오늘날의 다케시마(독도)는 과거 문제된 적이 없었다.

④ 일본 문헌과 고지도를 보면 현재의 다케시마는 옛날에는 松島(마츠시마)의 이름으로 인지되어 있어서 일본영토임을 나타내주고 있다.

⑤ 일본정부는 한국병합 이전인 1905년 2월 22일 시마네현 고시 제40호에 의하여 '다케시마'를 영토편입하였다. 동시에 일본국민 나카이(中井養三郎)가 이 섬에서 해려(海驢)잡이의 공식허가를 일본정부로부터 획득하고, 일본인이 실효적으로 개발해 왔다. 이 모든 기간에 이 섬에 대한 일본 통치는 어떠한 외국에 의해서도 질문을 받은 바 없다.

⑥ 종전 후 연합국최고사령관은 1946년 1월 29일자의 SCAPIN 제677호에서 이 섬에 대한 일본정부의 정치적·행정적 권리의 행사를 정지시켰다. 그러나 이 지령의 제6항은 이것이 "최종결정에 대한 연합국정책의 표시로 해석되지 않는다"고 하여 이 지령이 다케시마를 일본영토에서 제외한 것은 아니다.

⑦ 1951년 9월 8일 서명되고 1952년 4월 28일 발효한 연합국의 대(對)일본평화조약은 제1장 제2조에서 "일본은 한국의 독립을 승인한다"고 했는데, 이것은 1910년 8월 한국이 일본에 병합될 당시 존재했던 대로 한국 독립을 승인하는 것이었지, 그 이전인 1905년 일본에 영토편입한 다케시마(독도)는 여기에 포함되어 있지 않다. 또한 대(對)일본평화조약 제2조 a항에서는 일본이 포기하는 지역으로 제주도·거문도 및 울릉도만 강조되었지 '다케시마'는 포함되어 있지 않다.

이를 반박하여 대한민국 정부가 1953년 9월 9일 일본정부에 발송한 「한국정부의 견해」(1)의 요점은 다음과 같다.

① 「일본정부의 견해」(1)이 일본에서 과거 울릉도를 다케시마(竹島), 독도를 마츠시마(松島)라고 호칭했다는 것은 독도의 영유와 아무런 관련이 없다. 한국에서는 독도는 우산(于山) 또는 삼봉도(三峰島)로 불렀다. 현재의 이름이 '독도'일 것은 사투리로 '돌'을 '독'이라고 하여 '돌섬(island of rocks)'의 뜻이다. 독도가 한국영토임은 『세종실록』 지리지, 『동국여지승람』, 『숙종실록』, 울도군수 심흥택의 「보고문」에 잘 기록되어 있다.

② 독도에 대해서는 한국인들이 매우 일찍 이를 발견하고 점유하여 한국의 역대 정부 당국이 이를 자기 영토의 일부로 소유하고 실효적 통치를 계속 행사해 왔다.

③ 지리적으로 울릉도로부터 독도까지는 단지 49해리에 불과한데, 독도로부터 일본 시마네현 오키섬까지는 86해리이다. 날씨가 좋은 날에는 독도는 울릉도에서 보인다. 독도에 대한 한국의 계속적 실효적 통치는 일본과는 전혀 달리, 독도와 울릉도의 비교적 짧은 거리를 전제로 한 것이다.

④ 일본정부의 1905년 2월 시마네현 고시 제40호가 공시된 후에 일본의 '다케시마' 통치에 어떠한 외국도 항의하지 않았다고 했는데, 그 고시는 독도를 오래전에 영유해 오던 한국을 무시한 채 도둑질처럼 행해졌으니 한국은 알 수가 없었다. 따라서 한국정부는 일본정부가 정상적 외교 절차를 통하여 그 고시를 직접적으로 한국정부에 통고하여 합법적으로 이루어진 것이라고 인정하지 않는다. 일본 지방관청 하나(시마네현청)에 의한 그러한 고시는 독도에 대한 한국의 주권에 전혀 영향을 미치지 않는다.

일본정부가 지적한 나카이(中井養三郎)도 독도를 조선영토라고 생각하여 농상무성에 말하여 "한국정부에 대하(貸下) 청원을 하려고 했다"는 기록이 남아 있다. 또한 일본 군함 쓰시마호는 일본정부에 보고하기를 "일단의 울릉도 주민들이 매해 여름 이 섬에 상륙해서 작은 집을 짓고, 이 섬 부근에서 어로에 종사한다"고 하였다. 독도를 선점하여 매해 어로 활동을 해온 것은 일찍부터 한국인들이었다.

⑤ 1945년 이후 독도의 현 한국영유상태에 대해서는 사태가 너무 명백하므로 한국정부는 더 이상 깊은 설명을 할 필요가 없다고 생각한다.

⑥ SCAPIN 제677호는 독도를 일본영유로부터 명백하게 제외했으며, 그 후 대(對)일본평화조약은 일본영토에 관한 SCAPIN 제677호에 모순된 어떠한 조항도 설정하지 않고 어떠한 수정도 하지 않음으로써 연합국최고사령관(SCAP)의 처리를 재확인해 주었음을 한국정부는 일본정부에 상기시키고자 한다.

⑦ 독도는 심지어 일본의 한국 강점 기간에도 울릉도의 부속도서로 간주되었으며, 울릉도 어부들에 의하여 경영되었다는 사실을 한국정부는 일본정부에게 깨우쳐 주고 싶다.

일본정부는 대(對)일본평화조약 제1장 제2조에서 제주도 · 거문도 · 울릉도와 같이 독도를 한국영토의 일부라고 규정하지 않았다고 주장한다. 그러나 이 3개 섬의 열거는 대표적 섬들을 든 데 지나지 않으며, 그 밖의 한국 해안의 수많은 섬들을 한국영토로부터 분리함을 의미하지 않는다. 만일 일본정부의 해석에 따라 대(청)일본 평화조약에 이 3개 섬밖에 거론되지 않았으니 "다케시마는 일본의 영토의 일부이다."라고 주장한다면, 일본은 이 3개 섬을 제외한 한국 해안의 모든 섬들의 영유권을 주장할 셈인가?

⑧ 일본정부는 독도가 미 공군의 기동연습장으로 배정되었고, 1953년 5월 19일 미 · 일합동위원회의 소위원회 결정으로 기동훈련장에서 제외되었는바, 이것은 독도가 일본영토임을 전제로 한 조치라고 해석했는데, 그러한 전제 해석은 아무런 근거 없는 일본정부의 자의에 불과하다. 그

와는 반대로 한국정부가 미공군에 항의를 제출한 결과 미공군사령관은 1953년 2월 27일 한국정부에게 독도가 미공군의 기동연습장으로부터 제외되었다는 것을 공식적으로 통고해 왔다는 사실을 일본정부는 알아야 한다.

⑨ 역사적 사실, 지리적 배경, 국제법 이론에 의거하여 독도는 논란의 여지없는 한국영토의 일부이다.

이후 외교문서(구술서)를 통한 논쟁은 계속되어, 1954년 2월 10일 일본 외무성이 「일본정부의 견해」(2)를 보내왔고, 한국 외무부는 「한국정부의 견해」(2)를 보내어 일본 외무성의 견해를 반박하고 독도가 한국영토임을 밝혔다.

일본 외무성이 1956년 9월 20일 「일본정부의 견해」(3)을 한국 외무부에 보내어 「한국정부의 견해」(2)를 반박하고 독도가 일본영토라고 주장하였다. 이에 한국 외무부는 2년 5개월 후인 1959년 1월 7일 「한국정부의 견해」(3)을 일본 외무성에 발송하여 「일본정부의 견해」(3)을 반박하고 독도가 한국고유영토임을 밝혔다.

일본 외무성은 1962년 7월 13일 「일본정부의 견해」(4)를 한국 외무부에 보내어 「한국정부의 견해」(3)을 반박하면서 독도가 일본영토라고 주장하였다. 한국 외무부는 3년 5개월이 지난 1965년 12월 17일 구술서에서 "일본정부가 제기한 어떠한 주장도 전혀 고려할 가치가 없다"는 반박문만 보내고, 「한국정부의 견해」(4)는 별도로 작성해 보내지 않았다. 1965년 6월 22일 '한·일기본관계협정' 체결이 영향을 끼친 것으로 추정된다.

한·일 간의 '정부 견해'의 발송을 통한 정밀한 논쟁은 1953년부터 1965년까지 계속된 셈이다.

[제123문] 한국정부는 외교논쟁 외에 독도영유를 강화하기 위한 보다 적극적 정책은 실행하지 않았단 말인가?

[답] 적극적 정책도 실행하기 시작하였다. 그 예가 독도 등대의 설치와 '독도 우표' 발행이다.

대한민국 정부는 1954년 8월 10일 독도의 동도에 '독도 등대'를 설치하고, 이날 12시에 점등을 개시하였다.

한국정부는 이어서 1954년 8월 18일 서울 주재 각국 공관에 "한국 동해에 있는 한국영토인 독도에 한국정부가 등대를 설치했으며, 동 등대는 1954년 8월 10일 12시에 점등을 개시했음을 통고하는 영광을 가진다"는 문장의 통보를 하였다.

한국정부의 '독도 등대' 설치는 독도에 대한 실효적 지배를 실행한 중요한 사업이었다.

일본정부는 1954년 8월 27일 독도에 한국영토라는 표지와 등대의 철거를 요구하고 구술서를 보내왔다. 대한민국 정부는 1954년 9월 1일 주일 대표부를 통하여 이를 일축하는 구술서를 보내고, 이어서 한국 외무부는 일본 외무부에 1954년 9월 15일 거듭 독도 등대 설치 사실을 직접 구술서로 통보하였다. '독도 등대'는 설치 후 등대원 숙소 및 관리실(지상 2층, 48평)을 1998년 12월 31일 준공하여 완전히 '유인등대'로 개선해서 오늘에 이르고 있다. 등대 높이 15m, 숙소 면적 55㎡, 기타 44.2㎡이다.

또한 대한민국 정부는 1954년 9월 15일 독도 풍경 우표 3종(액면가 2환: 500만 장, 액면가 5환: 2,000만 장, 액면가 10환: 500만 장)을 발행하였다.

한국정부의 독도 우표 발행은 독도의 실효적 점유의 강화를 나타낸 것이었다. 특히 1954년에 발행한 3종의 우표는 모두 독도의 전경을 직접 그린 것이어서 독도가 한국영토임을 잘 나타내었다.

그림 II-17-4. 동도에 설치된 '독도 등대'

그림 II-17-5. 1954년 한국정부가 발행한 '독도 우표' 3종(강호석 씨 도안)

[제 124 문] 일본정부는 독도침탈 전략의 하나로 1954년 9월 '독도문제'를 헤이그에 있는 '국제사법재판소'에 제소했다는데, 사실인가? '독도문제'를 국제사법재판소에 제소하면 일본은 승산이 있다고 판단하는 것인가?

[답] 일본정부가 1952년 1월 28일 '독도영유권 논쟁'을 시작한 것은 일본정부가 대한민국 국민과 한국정부에 도전한 중대한 실책이었다.

일본정부는 외교문서상의 논쟁을 계속하여 걸어오다가 한국정부에 보내온 1954년 9월 25일자 구술서에서 '독도'(죽도)문제는 국제법의 기본적 원리 해석을 포함한 '영유권 분쟁'이므로 '분쟁의 평화적 해결'을 위하여 국제사법재판소에 그 최종결정을 위임하자고 제안해 왔다.

국제사법재판은 국내법과는 달리 상대 국가가 위임을 승낙하여 응소하지 않으면 안건이 성립되지 않는다.

당시 대한민국 외무장관은 1954년 10월 28일 이를 단호하게 거부하는 구술서를 일본정부에 보냈다(제150문답에서 재론함).

대한민국 정부는 일본정부에 보낸 이 구술서에서, 대한민국이 '독도영유권'을 갖고 있음은 논란의 여지도 없는 것이라고 하면서 일본정부의 제의를 단호하게 거부하여 응소하지 않았다. 한국정부는 이때 일본정부가 마치 독도에 대한 영유권을 가진 것처럼 전제하면서 존재하지도 않는 '독도영유권 분쟁'을 만들어 내어 비록 일시적이라도 한국과 대등한 입지에 서려고 하는 것이라고 비판하였다.

당시 대한민국 정부의 입장은 '독도'는 '울릉도'의 부속도서로서 '울릉도'가 한국영토임과 똑같이 '독도'도 한국영토이며, 이 사실은 SCAPIN 제677호가 보장해 주었다고 판단했으며, 일본이 '독도'를 일본영토라고 주장해 오는 것은 '논쟁'을 걸어오는 '독도영유권 논쟁'이지, 독도에 대하여 일본은 영유권이 전혀 없으므로 '독도영유권(영토) 분쟁'은 없다는 단호한 입장이었다.

당시 한국정부의 입장은 정확한 것이었다. '국제법상의 합법적 기구인 연합국 최고사령부'가 SCAPIN 제677호로 이미 1946년에 '독도'를 울릉도와 함께 일본영토가 아니라고 판단하여 일본영토에서 제외시키고 한국에 반환했으므로, 국제법상으로 '독도'와 울릉도는 명백하게 한국영토였다. 그러므로 일본이 독도나 울릉도를 일본영토라고 아무리 강력하게 주장하며 국제사법재판소에 제소해도 한국은 이에 응소할 이유가 전혀 없었다.

대한민국 정부가 일본정부에게 일본의 '독도문제' 국제사법재판소 제소에 대하여 '독도영유권분쟁'을 만들어 내어 비록 일시적일지라도 한국과 대등한 입지에 서려고 하는 것이라고 비판한 것은 정확한 비판이었다. 현재에도 일본정부는 '독도'에 대하여 어떠한 영유권도 갖고 있지 않다는 점을 주의해 둘 필요가 있다.

그러나 일본정부는 일본 제국주의가 1905년 1~2월에 한국영토인 '독도'를 '무주지'라고 주장하면서 일시 침탈한 경험이 있다. 또한 1951년의 연합국의 '일본과의 평화조약'의 초안 작성 때에도 제1차부터 제5차 초안까지 '독도는 한국영토'임을 명문으로 기록한 것을 로비 활동으로 미국의 제6차 초안의 시안에서는 독도를 일본영토에 포함시키는 조약문 초안 작성에 성공한 경험이 있으며, 이것이 영국·오스트레일리아·뉴질랜드의 반대로 폐기되자 미국 제7·8·9차 초안에서 독도 명칭을 누락시키는데 로비를 통하여 미국이 일본을 위하여 일하도록 조종하는데 성공한 경험이 있다. 일본정부는 국제재판은 국력과 담합에 의하여 결정되는 것이지 진실 추구는 그 다음이라고 생각하고 행동하여 성공한 경험이 축적되어 있다.

국제사법재판소의 15명 판사 중의 1명은 일본인 판사가 배속되어 있으며, 일본정부는 국제사법재판소 운영비용의 큰 몫을 내었고, 로비 활동에 관한 한 세계 최강의 자신이 있다. 그러므로 '독도'문제를 국제사법재판소에 가져갈 수만 있다면, '진실'이 대한민국 편에 있다고 할지라도, 최종 재판의 승리는 일본의 것으로 만들어 낼 수 있다는 자신을 갖고 있는 것으로 관찰된다.

그러나 대한민국의 입장은 일본과 전혀 다르다. 일본이 울릉도를 일본영토라고 주장하면서 국제사법재판소에 제소했다고 해서 응소해서는 안 되는 것과 똑같이, 울릉도의 부속도서인 '독도'를 이미 대한민국이 1900년 10월 25일 서양국제법상에서도 대한제국 영토임을 공시했고 또한 연합국최고사령관이 1946년에 국제법상 합법적으로 한국영토라고 재확인까지 해주었는데, 이 합법적 한국영토인 '독도'를 국제재판의 도마 위에 올려놓아서는 절대로 안 되는 것이다.

독도에 대해서도 '영유권 분쟁'은 없고, 독도는 울릉도와 똑같이 한국영토이다. 이것은 움직일 수 없는 '진실'이다. 일본이 독도에 영유권을 주장해 오는 경우 반론을 펴는 것은 어디까지나 '논쟁'을 하는 것에 불과한 것이고, '영토분쟁'이 있는 것은 아니다. 이것을 명확히 구분하여 인식할 필요가 있다.

일본정부가 '독도'문제를 국제사법재판소에 가져가려고 획책하는 경우에 한국정부와 한국 국민은 이 점을 특히 경계하고 대비해야 할 것이다.

그러므로 1954년 당시 대한민국 변영태 외무장관의 답변은 오늘날에도 정당한 것임을 명심할 필요가 절실하다. 일본 외무성은 2008년에 전세계에 배포한 『다케시마(독도) 문제 이해를 위한 10포인트』의 (9)와 (10)에서 1954년과 동일하게 '독도문제'를 국제사법재판소에 가서 판결받자고 제의하고 있는데, 그에 대한 한국정부의 회답은 1954년 대한민국 외무장관의 회답과 동일한 것이 될 수밖에 없다.

대한민국은 독도에 대하여 역사적으로나 국제법상으로나 지리적으로나 완벽한 배타적 영유권을 갖고 실효적으로 지배하고 있으며, 일본은 영유권은 전혀 없이 주장만 되풀이하고 있는데, 자기의 완벽한 영토를 대상자가 영유권을 주장한다고 하여 국제재판의 도마 위에 내어놓는 어리석은 정부는 있을 수 없는 것이다.

국제재판은 국내재판과 달리 양 당사국이 동의하지 않으면 아예 안건조차 성립하지 않는다는 사실을 다시 한 번 더 유의할 필요가 있다. 따라서 한국은 자기의 완전한 고유영토를 국제재판에 내어놓는 불필요한 매국적 모험을 할 필요가 전혀 없는 것이다. 그럼에도 불구하고 일본측은 기필코 독도를 침탈해 보려고 의무교육 과정인 초등·중등·고등학교 교과서와 지도서에 독도를 일본영토라고 기술하여 전 국민에게 독도를 일본영토라고 교육시키고 있다. 또한 『방위백서』에서도 독도를 일본영토로 기술하여 기어이 무력으로라도 침탈하겠다는 의지를 보이고 있다.

일본정부는 한·일 양국의 우호관계를 부수는 분쟁의 씨앗을 끊임없이 뿌리고 키우고 있는 것이다.

[제 125 문] 대한민국 정부는 그 밖에 독도 수호를 위하여 어떠한 정책을 실시하였는가?

[답] '독도경비대'를 파견하고, 독도를 국유지로 임야대장에 등재하였다.

(1) '독도경비대' 파견

대한민국 정부는 1956년 12월 25일 경찰병력으로 울릉도경찰서 소속의 '독도경비대'를 창설하고, 이 날짜로 독도경비 임무를 독도의용수비대로부터 인수하였다. 이제부터는 대한민국 경찰이 독도경비 임무를 수행하게 된 것이었다. 독도경비대는 1977년 12월 30일 대원을 일반경찰과 전투경찰로 혼성해 편성하여 약간의 전투력을 보강하였다.

독도경비대는 1996년 6월 27일부터 소속을 울릉도경찰서로부터 '경상북도 경찰청 울릉경비대'(318전투경찰대)로 변경하여 오늘에 이르고 있다.

독도경비대의 독도 주둔 경비는 독도수비에 매우 중요한 것이다. 그러나 그것은 경찰병력의 한계를 갖고 있다. 그러므로 해병대 1개 중대의 주둔 경비를 요구하는 국민여론도 있다.

(2) 국유지로 임야대장에 등재

정부는 1961년 4월에 독도를 국유지로 임야대장에 등재하였다.

독도 임야지의 관리청은 1961년에 4월 1일에는 사정국, 1968년 3월 13일에는 보존국, 1971년 1월 4일에는 건설부, 1976년 12월 3일에는 항만청, 1985년 2월 1일에는 해운항만청, 1997년 11월 13일에는 해양수산부, 그 후 국토해양부로 각각 이관되어 왔다.

[제126문] 1965년 6월 22일 '한·일기본관계협정'과 부수 협정들 가운데 하나로 '한·일어업협정'(제1차)이 체결되었을 때 한국의 독도영유권은 손상을 받지 않았는가? 이때 '평화선'이 철폐되었다고 들었는데, 이 문제는 어떠한가?

[답] 1965년 6월의 '한·일기본관계협정'과 각종 부수 협정들에는 한국의 권리를 제대로 설정하지 못한 문제가 많고 의혹투성이의 조약이므로 앞으로 정밀한 연구가 필요한 주제이다.

독도영유권에 대해서는 한·일 국교 재개를 위한 1962년 한·일 예비회담에서 일본측은 '독도문제' 거론을 제의했으나 한국측은 단호히 거부하였다.

일본측은 1965년 6월 22일 '한·일기본관계협정'과 부수 협정체결 때 일본 총리대신까지 나서서 '독도문제'를 현안 문제로 거론, 기재하려 했으나 한국측은 이를 단호히 거부하였다. 그 결과 1965년 6월 22일의 '한·일기본관계협정'과 각종 부수 협정들 어디에도 '독도'는 현안 문제로 다루어지거나 기록되지 않았다.

'한·일기본관계협정'에 '독도'가 '현안 영토문제'로 기재되지 않은 것은 국제법상 독도가 한국영토임을 일본이 묵인한 것으로 해석되는 것이다. 따라서 일본이 1965년 한·일기본관계협정 때 현안 문제로 등재하지 않은 독도영유권 문제를 들고 나오는 것은 국제법상 타당성이 전혀 없는 것이다.

일본측은 그 후 약 4년간 비교적 조용하더니, 1969년 11월부터 일본 해상보안청 소속 순시선이 독도 주변을 돌다가 때때로 독도 영해를 침범하고 독도영유권 논쟁을 재개하는 조짐을 보이기 시작하였다. 또한 1970년대에는 일본 외무성이 구술서로 다시 논쟁을 걸어와서, 양국 외무부 사이에 구술서 논쟁이 전개되었다.

한편 '평화선'은 한국이 공식적으로 철폐 선언을 한 적은 없고 1965년 '한·일어업협정'에서 영해를 12해리(처음은 6해리)로 적용하고 그 밖의 바다를 공해(high sea)로 인정하는 방법으로 간접적으로 사실상 폐지가 양해된 형식을 취하였다. 당시 동해의 어업 실태는 일본측이 일방적으로 우월한 장비를 갖추어 동해를 휩쓸고 다녔으므로 '평화선'은 동쪽으로는 '독도'와 일본 '오키도' 사이에 그어져 어족자원 보호에 큰 공헌을 하고 있었다. 또한 대한민국 정부는 '평화선'을 넘어들어 오는 일본 어선들을 나포하여 처벌하고 있었으므로 '독도'와 일본 '오키도' 사이에 그어진 평화선은 '독도'의 수호에도 일정한 역할을 하고 있었다.

1965년의 '평화선'의 철폐는 일본에게 매우 유리한 조건을 형성하였다. 장비가 압도적으로 우세한 일본 어선들은 한국영해인 연안 12마일

지점까지 들어와서 고기잡이를 해 가고 반면에 한국 어선들은 보호된 어장을 상실한 채 열악한 장비로 일본 어선들과 개방 경쟁을 하였다. 이러한 상태는 한국이 경제발전에 성공하여 어선들의 장비를 현대화할 때까지 계속되었다.

그러나 대한민국 정부는 독도와 그 영해 12해리를 굳게 지키고 일본의 영유권 주장에 단호하게 반박하여 큰 문제는 발생하지 않았다. 오직 일본정부와 의회는 주기적으로 '독도문제'를 꺼내어 의회가 정부를 비판하는 형식으로 거론하면, 정부는 "죽도(독도)는 일본영토라는 일본정부의 입장은 변함이 없다"고 응답하여 속기록에 기록하고, 일본 해상보안청 순시선이 정기적으로 1년에 1~2회 독도 주위를 순시하여 돌아가서 보고서를 제출하여 다음을 위한 자료를 축적하고 있었다.

[제127문] 그러면 1965년 한·일기본관계협정 때부터 1995년까지 한국정부는 독도 수호를 위하여 어떠한 일을 하였는가?

[답] 한·일기본관계협정 때 '평화선'이 철폐되었다. 평화선 철폐에 대한 외교문서가 발견되지 않아서 정확한 것은 밝혀져 있지 않으나, 사실상 '평화선'을 한국은 고수하지 않았다.

'평화선'은 한국 독도와 일본 오키도 사이의 중간선으로, 오늘날 한·일 배타적 경제수역 경계선이 될 수 있는 선견지명이 있는 경계선이었는데, 이의 불분명한 철폐는 매우 석연치 않고 아쉬운 것이었다.

울릉도 도민들은 독도에 들어가 거주해서 독도를 유인도화하려는 활동이 있었으나, 정부는 울릉도와 독도 사이에 경비대용 전화 케이블을 놓은 것 외에는 뚜렷한 일을 한 것이 별로 없었다.

(1) 독도 주민의 출현과 주민등록

울릉도 주민들은 고대부터 현대까지 독도에 계절적으로 고기잡이를 나가서 며칠씩 묵고 왔는데, 1965년 3월에는 울릉도 주민 '최종덕'이 아예 독도에 거주하면서 고기잡이를 했고, 1968년 5월에는 어부의 가옥을 지어 상주하였다. 1981년 10월 14일에는 독도를 주소지로 하여 주민등록을 하였다. 주민등록지는 '경상북도 울릉군 울릉읍 도동리 산 67번지 최종덕'이었다.

최종덕 씨의 사위 조준기 씨가 장인과 함께 1987년 7월 8일부터 독도에 상주하다가 1987년 9월 23일 최종덕 씨가 사망하자 1992년까지 혼자 독도에 거주하였다. 조준기 씨는 주민등록상으로는 1991년 2월 9일 도동리 산 63번지(독도)로 전입했다가 1994년 3월 31일 전출한 것으로 되어 있다. 1991년 11월 17일부터는 김성도 · 김신렬 씨 부부 2명이 독도에 상주하면서 어로 활동을 하고 있다.

한편 독도에 아예 호적을 옮기는 이들이 출현하여, 1987년 11월 2일 송재욱 씨 가족 5명이 호적을 독도로 옮겼다. 그 후 1999년에 일본인이 독도에 호적을 옮긴다고 신문보도가 있자, 1999년 11월 13일 황백현 씨 가족 6명을 비롯하여 1999년 말까지 100여 가구 400여 명이 호적을 독도로 옮겼고, 그 후에도 독도에 호적을 두는 인구가 계속 증가해 왔다.

(2) 독도 · 울릉도 전화 케이블 설치

한국정부는 1991년 12월 울릉도와 독도 사이에 전화 케이블을 설치하였다. 이에 따라 울릉도를 경유한 독도와 한반도 육지 사이의 전화와 국제전화가 독도에서도 가능하게 되었다.

제18장
독도영유권과 유엔 신해양법 및 제2차 한·일어업협정

[제128문] 그러면 일본정부가 '독도문제'에 대하여 공격적 외교와 침탈 준비를 본격적으로 다시 전개하기 시작한 것은 일본이 '유엔 신해양법'을 채택 적용한 1996년부터인가? 이때 왜 일본은 독도침탈에 대하여 강한 의지를 표시하고 공격적 외교정책과 해양정책을 전개하였는가? 1998년의 제1차 한·일어업협정(1965. 6) 일방적 폐기와 1999년 1월 23일의 신(제2차)한·일어업협정 체결에서 '독도문제'는 어떻게 취급되었는가?

[답] 유엔 신해양법은 1994년에 발효하게 되었는데, 그 특징은 이 신해양법을 채택하는 나라는 무엇보다도 200해리 '배타적 경제수역(EEZ)'를 갖는 것이라고 할 수 있다. 일본은 1995년에 이 유엔 신해양법 채택 의사를 분명히 발표하고 그해 총선거에서 1개 군소정당을 제외하고는 집권당을 비롯하여 대규모 보수정당들이 모두 '다케시마(독도) 탈환'을 선거공약으로 내세웠다. 자민당과 자유당도 그러한 정당이었으며, 총선거에서 승리하여 연합정부를 구성하였다.

일본정부는 1996년 1월 유엔 신해양법을 채택하기로 결정하고, 1996년 2월 20일 일본 내각회의는 동해 쪽은 '독도'(죽도)를 일본 EEZ 기점으로 잡기로 한 후 국회로 넘겼다. 이를 실천하기 위하여 일본정부는

1996년 2월에도 일본 외상이 "독도(죽도)는 역사적으로나 국제법상으로나 일본영토이므로, 대한민국은 독도에서 철수하고 독도에 부착한 시설물을 즉각 철수하라"고 내외신 기자들을 불러 성명하고, 주일본 한국대사를 외무성에 초치하여 이를 강경하게 요구하였다.

일본 국회는 최종적으로 1996년 5월 유엔 신해양법을 채택하여 동해 쪽 일본 EEZ 기점을 '독도'(죽도)로 취해서 포함한 200해리 배타적 경제수역(EEZ)을 설정하기로 결정하였다. 일본은 한국영토인 '독도'(죽도)를 자기네 영토라고 주장하면서 일본 EEZ의 기점으로 취한 것이었다. 이것은 한국영토 '독도'를 일본영토로 간주하기 위하여 취한 결정이었다.

또한 일본정부는 1997년의 '10대 외교지침'의 하나로 '독도(죽도)탈환'을 설정하여 맹렬한 공격적 외교와 로비를 전개하였다. 그 영향을 받았는지 또는 다른 이유가 있었는지 뜻밖에도 대한민국 외무부는 일본측이 한국영토인 '독도'를 일본 EEZ의 기점으로 취한 1년 2개월 후인 1997년 7월 말에 '독도' 기점을 취하지 않고 한국 EEZ 기점을 '울릉도'로 취한다고 발표하여 국민들을 경악케 하였다.

일본정부는 한국이 외환위기에 처하여 1997년 12월 3일 IMF 경제관리 체제에 들어가는 취약한 처지에 놓이자 이를 절호의 기회라고 생각했는지, '한·일어업협정'을 사전협의도 없이 1998년 1월 23일 일방적으로 파기한다고 선언하였다. 전시에 적대국가에 대해서나 하는 방자한 외교만행을 우호국 대한민국에 자행한 것이었다. 한·일어업협정의 내용에 따라 1년 후인 1999년 1월 23일 이후에는 파기의 효력이 발생하게 되었다.

한·일 양국은 1999년 1월 22일까지의 1년 사이에 신한·일어업협정을 체결하거나 또는 무협정 상태에서 일반국제법하의 어업을 하거나 양자택일을 해야 할 형편에 놓이게 되었다.

신(제2차)한 · 일어업협정을 위한 한 · 일 실무자 회의가 계속되고, 일본측은 '독도'를 그 안에 포함한 '중간수역'(한 · 일공동관리수역) 설정을 골간으로 한 새 협정안을 내놓았다. 협의 끝에 양국 연안에서 35해리를 중간수역의 좌변과 우변으로 하는 '중간수역'을 설정하여 독도는 명칭 표시 없이 '중간수역' 안에 포함시킨 안이 합의되어, 신한 · 일어업협정이 양국 정부 사이에 1998년 12월 2일 체결되고, 1999년 1월 6일 한국 국회에서 날치기로 통과되었다. 그리하여 울릉도의 부속도서인 '독도'는 신(제2차)한 · 일어업협정에서 울릉도는 한국 EEZ 안에 포함되었으나 '독도'는 울릉도의 수역(한국 EEZ)에서 분리되어 다른 수역인 '중간수역'(한 · 일공동관리수역)에 '독도' 표시 없이 포함되게 한 것이었다.

울릉도에서 독도까지는 약 47해리이므로, 울릉도에서 35해리까지를 고수했다 하더라도 독도 영해 12해리와 맞닿아서 독도가 울릉도와 동질적 수역에 들어갔을 터인데, 울릉도에서는 33해리까지로 한국이 양보하여 2해리가 부족해서 독도와 그 영해는 한국 EEZ에서 분리되어 '중간수역'에 들어가 버리고 말았다.

[제 129 문] 한국정부는 1996년부터의 일본정부의 이러한 본격적인 공격적 외교를 보고만 있었는가? 한국측은 어떻게 대응하였는가? 한국정부는 '독도'를 일본정부가 자기 영토로 주장하면서 동해 쪽 일본 EEZ의 기점을 '독도'로 취한 도발에 어떻게 대처하였는가?

[답] 한국정부 수뇌는 1996년 전반기에는 '독도'를 일본영토라고 주장하는 일본측 버릇을 고쳐 놓겠다고 단호하게 대응하였다. 그리고 한국정부도 1996년에 '유엔 신해양법'을 적용하여 200해리 EEZ를 선포하겠다고 발표하였다.

그러나 그 후 한국 EEZ의 기점을 잡는 문제에 대하여 일본측의 한국인을 내세운 교묘한 로비가 있었는지, 한국 외무부의 일부 관계자들이 독도를 기점으로 취하지 않고 울릉도를 기점으로 취할 위험이 있다는 소문이 나돌았다. 독도학회를 비롯해서 다수의 관심 있는 학자들은 당연히 '독도'를 기점으로 취해야 한다고 주장하였다.

한국정부는 1997년 7월 말경에 '울릉도'를 한국 EEZ의 기점으로 취한다고 발표하고, 양국 EEZ 구획선을 한국 울릉도와 일본 오키도(隱岐島, 은기도)의 중간선을 제의하였다.

일본정부는 이미 1996년 5월에 한국영토인 '독도'를 일본 EEZ의 기점으로 취해 발표한 데 반해, 한국 외무부의 관계자는 그 1년 2개월 후 한국EEZ의 기점을 '독도'가 아닌 '울릉도'로 취했던 것이다. 국민과 학계는 이에 경악하였고, 한국 외무부에 대한 불신이 팽배하기 시작하였다.

[제 130 문] 일본은 한국영토인 독도를 일본 EEZ의 기점으로 취했는데, 한국이 그 1년 2개월 후에 자기의 영토인 독도를 한국 EEZ의 기점으로 취하지 않고 울릉도를 한국 EEZ의 기점으로 취한 이유는 무엇인가? 이렇게 되면 한국의 독도영유권에 훼손이 오는 것이 아닌가?

[답] 한국 외무부의 관계자가 행한 정책이어서 그 상세한 내막과 이유를 자세히 알 수는 없다. 학술발표회 등에서 이 결정에 영향을 끼친 외무부 자문교수가 설명한 바에 의하면 유엔 신해양법 제121조 3항에 무인도는 EEZ의 기점이 될 수 없다고 규정하고 있는데, 독도는 '무인도'이므로 한국은 이 해양법을 준수하여 한국 EEZ의 기점으로 '독도'를 취하지 않고 '울릉도'를 취했다고 하였다.

그러나 일본이 이미 1년 2개월 전에 '독도'를 일본 EEZ의 기점으로 취했으므로 독도를 수호하려면 한국은 즉각 일본의 이 조치를 부정 비판하면서 한국 EEZ의 기점을 '독도'로 취하여 맞대응함과 동시에 유엔 신해양법 121조 3항을 철저하게 검토했어야 했는데, 한국 EEZ 기점을 '울릉도'로 후퇴하여 취한 것은 통탄할 일이다.

그러나 EEZ 기점은 국가 간의 합의 선택사항이 아니라 각 국가별 선택 사항이기 때문에, 언제라도 한국 EEZ의 기점을 '독도'로 취하여 선포할 수 있는 것이었다. 만일 이러한 수정 조치를 하지 않으면 독도 영유권이 훼손당하게 되어 있었다.

[제131문] 유엔 신해양법 121조 3항은 어떻게 되어 있는가? 그에 의하면 '독도'는 참으로 EEZ의 기점이 될 수 없는 섬인가?

[답] 유엔 신해양법 제121조 3항은 다음과 같이 되어 있다.

> 「제121조, 섬 제도(Régime of island)
>
> 1. 섬이라 함은 바닷물로 둘러싸여 있으며, 밀물일 때에도 수면 위에 있는 자연적으로 형성된 육지 지역을 말한다.
>
> 2. 제3항에 규정된 경우를 제외하고는 섬의 영해, 접속수역, 배타적 경제수역 및 대륙붕은 다른 영토에 적용 가능한 이 협약의 규정에 따라 결정한다.
>
> 3. 인간이 거주할 수 없거나 그 자체의 경제활동을 유지할 수 없는 암석은 배타적 경제수역과 대륙붕을 가지지 아니한다. (Rock which cannot sustain human habitation or economic life of hteir own shall have no exclusive economic zone or continental shelf.)」

여기서 주목할 것은 '제121조 3항'의 "인간의 거주 또는 그 자체의 경제적 생활을 유지할 수 없는 암석(Rock which cannot sustain human habitation or economic life of hteir own)"이라고 하여 동사(動詞)가 현재형

(cannot sustain)으로 되어 있다는 사실이다. 이것은 이 규정이 '과거'가 아니라 '현재'와 '미래'를 포함함을 의미하는 것이다. 즉 과거에는 '무인도'이거나 '자립적 경제생활'을 할 수 없는 섬이었을지라도 '현재 또는 미래'에 '자립적 경제생활을 할 수 있는 암석'은 EEZ의 기점으로 취할 수 있다고 해석할 수 있는 것이다. 이러한 해석에 의하면 '독도'는 아주 충분히 한국 EEZ의 기점이 될 수 있는 섬이다.

[제132문] 한국과 일본의 교수 이외에 세계 다른 나라 전문학자가 '독도'와 같은 섬이 EEZ의 기점이 될 수 있음을 인정한 학자가 있는가? 있다면 그 예를 들어 주기 바란다.

[답] 물론 있다. 대표적 전문학자로서 미국 밴더빌트(Vanderbilt) 대학의 저명한 국제법 교수이며 섬의 분류 전문가인 차니(Jonathan I. Charney) 교수는 "인간의 거주를 유지할 수 없는 암석(Rock which cannot sustain human habitation)"이라는 해석 논문을 미국 국제법학회 기관지인 『미국국제법학보(The American Journal of International Law)』 제93권 제4호(1999년 10월)에 발표했는데, 그의 해석을 독도에 적용해 보면 '독도'는 한국 EEZ의 기점이 되고도 남는 섬임을 알 수 있다.

차니 교수의 유엔 신해양법 제121조 3항의 해석 요점만 간단히 항목화하면 다음과 같이 정리할 수 있다.

(1) 암석이 과거에는 그러지 못했으나 현재와 미래에 경제적 기술혁신으로 인해 인간의 거주나 자체의 경제생활이 가능하면 그 암석은 EEZ의 기점 또는 기선이 될 수 있다.

(2) '인간의 거주'나 '그 자체의 경제적 생활'의 어느 한쪽만 충족되어

도 그 암석은 EEZ의 기점이 될 수 있다.

(3) 인간이 항상 거주하지 않아도 그 암석의 지형을 어업(漁業)을 위하여 정기적(定期的)으로 애용하거나, 계절적(季節的)으로 이용해도 EEZ의 기점이 될 수 있다.

(4) 그 암석의 영해 내에서 발견된 자연자원이나 광물자원을 개발하여 그 수익이 경제생활을 가능케 하면 그 암석은 EEZ의 기점이 될 수 있다.

(5) 암석의 지형은 영농(營農) 개념상의 생존성보다는 도리어 실제적 경제가치(實際的 經濟價値)에 달려 있다고 보아야 하며, 만일 그 지형의 개발로 인해 그 수입으로 식수(食水)를 비롯한 필수품을 구입할 수 있다면 그 암석은 EEZ의 기점이 될 수 있다.

(6) '제121조 3항'에 대한 영어 이외의 각국 문서의 용어 사용 해설로 보아 '제121조 3항'은 당해 지형(그 암석)이 부족한 필수품을 구매하기에 충분한 수입을 발생시킬 수 있는 한 '경제적 생활'을 찾았다고 허용하는 것으로 해석하는 것이 마땅하다.

(7) '제121조 3항'의 '경제적 생활'의 의미는 그 지형이 갖고 있는 추상적 가치를 의미하는 것이 아니라 그것을 실제로 개발(開發)할 때의 현장에서의 인간적 활동을 의미하는 것이다.

(8) 국가 간 해양경계 획정을 위하여 해당 국가들이 합의할 때에는 '제121조 3항'에 포함된 어떤 암석을 기점으로 사용해도 무방하다. '제121조 3항'은 '절대규정'이 아니기 때문에 이것은 국제법 위반이 아니다.

독도는 챠니 교수의 해석에 대비해 보면 모든 항목에서 충분히 한국 EEZ의 기점이나 기선이 되고도 넘치는 섬임을 바로 알 수 있다. 그러므로 독도는 물론 현재의 상태로도 얼마든지 한국 EEZ의 기점이 될 수 있다.

예컨대 울릉도 어민들은 해마다 항시 독도 영해와 그 부근에 고기잡이 나가서 많은 양의 고기잡이를 잡아 오고 있으며, 옛날부터 오늘까지 계절적으로 독도에 들어가서 일정 기간 체류하면서 고기잡이를 했고, 폭풍우가 오거나 파도가 거셀 때에는 독도에 들어가 '피난처'로 사용하였다. 단지 그들은 더 안전한 '울릉도'에 상주했을 뿐이지만 '독도'는 그들의 어업 생활의 터전의 일부였다. 그러므로 독도는 한국 EEZ의 기점으로 반드시 채택되어 선포되어야 하는 것이다.

만일 독도를 '개발'하여 어업기지로, 또는 국내외 관광지로, 연구실험기지로, 기상관측소 기지로, 학생교육도장으로 개발하면 독도가 한국 EEZ의 기점이 되기에 넘칠 것임은 더 설명이 필요하지 않다고 본다.

[제 133 문] 외무부의 일부 관계자는 '독도기점'을 포기하고 '울릉도기점'을 선택해도 울릉도와 일본 오키도의 중간선을 한·일 EEZ 구획선으로 잡으면 '독도'가 한국 EEZ 속에 포함되는 것이니 독도영유권에는 훼손이 없다고 설명했는데, 과연 그러한가?

[답] 전혀 그렇지 않다. 잘못을 범해 놓고 구차한 변명을 하는 것이다. 일본정부가 이미 1년 2개월 전에 한국영토인 '독도'를 일본 EEZ의 기점으로 취하여 '울릉도와 독도 사이'의 중간선을 한·일 EEZ 구획선으로 제의했는데, 한국 외무부는 당연히 자기의 영토인 '독도'와 그 영해를 확고히 수호하기 위하여 일본 EEZ의 '독도기점' 선언을 부정 비판하고, 한국이 자기 영토인 '독도기점'을 취하여 대응 선포해야 독도영유권이 굳게 지켜지는 것이다. 일본의 '독도기점' 채택을 방치하면 한국의 '독도영유권'이 훼손당할 것임은 자명한 일이다.

'독도'는 한국영토인데 '독도기점' 포기와 '울릉도기점'으로의 후퇴는 큰 과오이다. 일본이 울릉도와 오키도 중간선을 거부하면 일본의 '독도기점'과 한국의 '울릉도기점'만 남아서 일본의 '독도기점'이 기정사실로 될 것은 뻔한 것이다.

외무부의 어떤 자문교수가 말하기를, 한국이 '독도기점'을 양보하고 '울릉도기점'을 택하면 일본의 '독도기점'은 유엔에서 인정받지 못하게 될 것이고, 또한 일본이 태평양 쪽의 '암석'을 일본 EEZ 기선으로 잡은 것도 무효화되어 한국의 원양어업이 넓어져서 한국이 '독도기점'을 취한 것보다 '울릉도기점'을 취한 것이 총이익이 더 많다고 설명했는데, 거짓말이다. '독도기점' 선택에 유엔의 승인이 필요한 것이 아니다. 유엔 신해양법에 기초하여 인접 국가와의 합의만 필요한 것이다. EEZ 기점과 EEZ 획정 합의는 사례별로 합의가 필요한 것이지 한국이 '독도기점'을 포기하고 '울릉도기점'으로 후퇴했다고 해서 이것이 일본의 태평양 쪽 EEZ 기점 채택이나 서해 쪽에서의 중국의 EEZ 기점 채택에 영향을 끼치는 것이 전혀 아니다. 예컨대 동해에서의 한국 EEZ 기점 채택이 남해에서의 일본 EEZ의 기점 채택에 영향을 끼치는 것이 전혀 아니다. 모든 것이 바다와 섬의 사례별로 당사국 사이에 합의에 의하는 것일 뿐이다.

위의 변명은 한국영토인 '독도'를 일본이 EEZ 기점으로 취하자 무슨 이유에서인지 이를 부정 비판하면서 독도를 한국 EEZ 기점으로 선언하지 못한 한국 외무부 자문교수와 일부 관계자가 '울릉도기점'으로 후퇴한 잘못을 감추려고 국민을 속이기 위한 거짓변명을 늘어놓은 것에 불과한 것이다.

[제134문] 그러면 한국이 '독도기점'을 자유롭게 선택할 수 있다는

것인가? 일본이 이미 일본 EEZ의 '독도기점'을 공표하고 있고, 한국은 그 후 '울릉도기점'을 공표해 버렸는데 이제 와서 '독도기점'을 공표해도 일본이 합의해 주겠는가? 1999년 1월 22일 체결된 신(제2차)한·일어업협정에서는 '독도'는 어떻게 취급되었는가?

[답] 한국은 '독도기점'을 얼마든지 자유롭게 선택하여 공표할 수 있다. '기점' 선택 공표에는 다른 나라의 합의가 요건이 아니다. 오직 EEZ '획정'에만 중첩 수역에서 당사국가들 사이의 합의가 필요할 뿐이다. 한국은 설령 1997년 7월 '울릉도기점'을 선택 공표했다 할지라도 이를 수정하여 언제라도 '독도기점'을 일본의 합의 없이 자유롭게 선택하여 공포할 수 있다. '독도'가 한국영토인데 일본이 그 영유권에 도전하고 있으므로 한국은 EEZ 기점을 '독도기점'으로 선포해야 독도를 굳게 지킬 수 있다.

뒤늦었지만 한국은 2006년 6월 12일 동경에서 개최된 한·일 EEZ 경계획정 본회담에서 종래의 '울릉도기점' 폐기와 '독도기점' 채택을 선언하여 1997년의 실책을 교정하였다. 이것이 1999년에 맺은 신(제2차)한·일어업협정에 반영되지 못했을 뿐이다.

앞으로도 언제인가 동해의 EEZ 구획선을 확정하기 위한 한국·북한·일본·러시아 4국 국가별 본회담이 개최될 터인데, EEZ 기점을 한국은 '울릉도', 일본은 '독도'로 제출하게 만들어서는 절대 안 된다. 이렇게 되면 '독도 포기'를 세계에 인정하는 것이 된다. 한국의 EEZ '독도기점' 채택 선언이 반드시 필요한 것이다. 그래야 독도와 영해를 지킬 수 있다.

[제135문] 그러면 1999년 1월 23일 체결된 '신(제2차)한·일어업협정'에서 '독도'는 어떻게 취급되었는가?

[답] 일본정부는 대한민국이 1997년 12월 3일 IMF 경제관리 아래 들어가는 취약한 상태에 직면하자 이것을 기회로 포착하여 1998년 1월 일방적으로 한·일어업협정을 폐기해 버렸다. 이것은 국제관계에 유례없는 매우 비우호적인 조치였다. 이제는 한·일어업협정의 규정에 따라 1년 후인 1999년 1월부터는 협정 폐기가 효력을 발휘하게 되었다.

한·일 두 나라가 어업협정을 맺고 고기잡이를 하려면 1999년 1월 22일까지는 신한·일어업협정을 체결하거나 그렇지 않으면 그 이후는 일반국제법의 규정 아래에서 고기잡이를 하게 되었다.

일본정부는 '신한·일어업협정' 체결을 촉구하면서 일본정부가 주장하는 한·일 EEZ 구획 제안선인 독도와 울릉도 사이의 어느 선을 좌변으로 하고 한국정부가 주장하는 한·일 EEZ 구획 제안선인 울릉도와 오키도 사이의 어느 선을 우변으로 해서 '독도'가 포함된 수역을 '한·일 공동관리수역'으로 설정할 것을 제안하였다.

한·일 양측 실무자 대표들은 회담 결과 울릉도에서 35해리와 오키도에서 35해리까지를 한·일 양국의 EEZ로 하려는 예비회담이 열렸다. 이 회담에서 한국측은 '울릉도로부터 35해리'를 고수하여 독도영해 12해리와 맞닿게 접속시켜서(울릉도와 독도에서 거리는 47해리, 35 + 12 = 47해리) 울릉도와 독도를 동질적 수역에 넣지 못하고, 또 양보하여 '울릉도로부터 33해리'까지를 한국 EEZ로 하고, '오키도로부터 35해리'까지를 일본 EEZ로 합의해 주었다. 그 결과 수역상 독도는 울릉도에서 분리되어 울릉도(한국 EEZ)와는 다른 이질적 수역(중간수역)으로 분리되어 버리고, 그 중간에 있는 '독도'를 포함한 수역을 '중간수역'으로 설정하였다. 그 결과 '독도'는 '중간수역' 안에 들어가 포함된 것이다.

[제 136 문] 신(제2차)한·일어업협정에서 협정체결에 관련된 한국측

관계자들은 신(제2차)한·일어업협정은 고기잡이에만 관련된 것이지 영토나 EEZ에는 무관한 협정이기 때문에 독도영유권과는 어떠한 관계도 없다고 주장했는데, 사실인가? 또 관계자들은 신(제2차)한·일어업협정은 제15조에서 기존의 한국 독도영유권에 영향을 끼치지 않는다는 조항을 명문으로 기록하여 넣었다는데, 사실인가?

[답] 일반적으로 어업협정은 고기잡이에만 관련되고 영토문제와는 관련이 없다. 그렇게 되기 위해서는 제1조가 "이 협정은 '배타적 어업수역(Exclusive Fishery Zone, EFZ)'에만 적용한다"고 규정해야 한다. 그런데 이번 1999년의 신(제2차)한·일어업협정은 제1조에서 "이 협정은 대한민국의 배타적 경제수역(EEZ)과 일본국의 배타적 경제수역(이하 '협정수역'이라 한다)에 적용한다"고 규정하여 EEZ(배타적 경제수역, Exclusive Economic Zone)와 그를 통한 영토문제에 영향을 끼치게 만들어 놓은 실책을 범하였다. 이번 신(제2차)한·일어업협정을 고기잡이만이 아니라 먼저 EEZ에 적용하도록 규정해 놓았기 때문에, EEZ의 기점·기선(한국의 울릉도기점과 일본의 독도기점) 문제를 통하여 영토문제에 관련되도록 만들어 놓은 데에 매우 큰 문제가 있다. 협정 관계자들은 자기의 실책을 호도하기 위하여 고기잡이에만 국한했다고 거짓설명을 한 것이었다.

신(제2차)한·일어업협정 제15조는 이 협정이 한국의 기존 독도영유권을 침해하지 않는다고 되어 있는 것이 아니라 "이 협정의 어떠한 규정도 어업에 관한 사항 이외의 국제법상 문제에 관한 각 체약국의 <u>입장</u>(밑줄—인용자)을 해하는 것으로 간주되어서는 아니 된다"고 되어 있다. 이것을 '독도'에 적용하면, 일본의 '입장'은 '독도'는 일본영토이고 그 12해리는 일본 영해라는 입장인데, 이 어업협정은 이를 해하지 않는다는 것이 된다. 또한 한국의 입장은 '독도'는 한국영토이고 그 12해리 영해는 한국영해라는 입장인데, 이 어업협정은 이를 해하지 않는다는 것이 된다. 한국 입장은 '진실'이고 일본 입장은 '주장'에 불과했던 것인데, 신(제2차)한·일어업협정이 이를 동격으로 존중했으니, 일본의 입장이 한국과 동등하게 상향되어 일본의 이익이 더 보장된 것임을 간취해야 했는데, 협정체결 한국측 관계자들은 일본의 농간에 넘어간 것으로 보인다.

[제137문] 관련자들은 또 유엔 해양법 제121조 3항에서 무인도는 EEZ 기점이 될 수 없다는 조항이 있는데, '독도'는 무인도이므로 한국 EEZ 기점으로 잡지 않았다고 했는데, 일본은 어떻게 1년이나 앞서 '독도'를 일본 EEZ의 기점으로 잡았는가?

[답] 독도는 원래 신유엔해양법 제121조 3항을 적용해도, 서양 전문학자들(예: 조나단 챠니 교수, 이 분야 최고학자)의 견해에 의거하면, EEZ의 기점이 될 수 있는 '작은 섬'이다.

또한 유엔 신해양법 제121조 3항에서는 "인간이 거주할 수 없거나 독자적인 경제활동을 유지할 수 없는 암석은 배타적 경제수역이나 대륙붕을 가지지 아니한다.(Rocks which cannot sustain human habitation or economic life of their own shall have no exclusive zone or continental shelf.)"라고 규정하였다. 여기서는 동사가 현재형(cannot sustain)이므로 '현재 또는 미래에' 인간이 거주할 수 없거나 독자적 경제활동을 유지할 수 없는 암석이 EEZ 기점이 될 수 없을 뿐이지 '현재 또는 미래에' 인간이 거주할 수 있거나 독자적 경제활동을 할 수 있으면 EEZ 기점이 될 수 있는 것이다. 일본측은 이를 적극적으로 해석하여 태평양 쪽에서는 독도의 10분의 1도 안 되는 작은 암초 위에도 철판을 깔고 일본 EEZ 기점으로 취하여 방대한 일본 EEZ를 설정하였다. 1996년 5월 일본은 동해 쪽으로는 한국영토인 '독도'를 일본영토라고 주장하면서 일본 EEZ의 기점으로 취한다고 발표하였다. 이것은 한국의 독도영유에 대한 중차대한 도전이었다.

한국정부는 한국영토(독도)를 일본이 자기 EEZ의 기점으로 취한 것을 즉각 비판하고, '독도'를 한국 EEZ의 기점으로 취하여 선포하는 것이 당연했으며, 국민과 전문가들은 그렇게 하리라고 기대하였다. 그러나 대한민국 외무부의 일부 관계자는 그렇게 하지 못하고 우물거리더니 그로부터 1년 2개월 후인 1997년 7월 말에 뜻밖에도 울릉도로 후퇴하여 한국 EEZ의 기점을 '울릉도'로 취한다고 발표하였다. 그리하여 한국영토인 '독도'를 일본이 일본 EEZ의 기점으로 취하고, 한국은 '독도'를 취하지 않고 '울릉도'를 한국 EEZ의 기점으로 취한 기이한 현상이 나타나게 되었다. 이것은 대한민국 외부부의 대실책이었다.

한국이 외환위기로 1997년 12월 3일 IMF 경제관리 체제 하에 들어가자 일본정부는 이 시기를 악용하여 1998년 1월 23일 한·일어업협정을 일방적으로 파기하였다. 1년 후에는 파기 효력이 발생하므로, 한국과 일본은 신(제2차)한·일협정을 체결하기 위한 실무회담을 시작하였다. 일본측은 일본 EEZ 획정선 주장(울릉도와 독도 사이)을 서변으로 하고 한국 EEZ 획정선 주장(울릉도와 일본 오키도 사이)을 동변으로 하여 독도를 그 안에 넣은 '한·일공동관리수역'(잠정조치수역)을 제의하였다. 양국 실무회담은 이를 수정하여 해안으로부터 각각 35해리 이내를 각각 EEZ로 간주하여 서변은 동경 131도 40분, 동변은 동경 135도 30분을 구획 기준선으로 하고 '독도'를 그 안에 넣은 '중간수역' 설정을 합의하였다.

한국이 '독도기점'을 택했으면 한국 독도와 일본 오키도 중간선의 경도는 136도가 되었을 것이다.

[제138문] 신(제2차)한·일어업협정에서 '독도'가 '중간수역'에 포함된 것은 한국의 독도영유권을 조금이라도 훼손한 것이 되는가? 관련자들은 '중간수역'을 공해적 성격이라고 해석하고 있는데 일본측도 그렇게 해석하고 있는가?

[답] 신(제2차)한·일어업협정문에는 '중간수역'은 명칭 없이 경도와 위도로 표시되어, 그 안에 포함된 '독도'에는 어떠한 표시도 하지 않았다.

신(제2차)한·일어업협정에서 '독도'를 한국영토 표시 없이 '중간수역'에 넣은 결과는 처음 지적한 바와 같이 ① 독도가 울릉도의 수역에서 분리되어 질적으로 전혀 다른 '중간수역'으로 들어가 버렸고, ② 중간수역 속의 '독도'에 대하여 일본은 자기 EEZ 기점으로 취했는데 한국은 자기 EEZ 기점으로 취하지 않았으며, ③ 불필요한 중간수역을 만들어서 그 좌변인 울릉도와 독도 사이의 선에 합의한 결과 그것이 일본의 EEZ 주장선을 한국이 수용 반영한 것이 아닌가 하는 오해의 소지를 만들었고, ④ 중간수역에 들어가 있는 '독도'에 대하여 아무런 한국영유의 표시도 하지 않아, 일본은 '독도'와 그 영해를 일본 영토·영해라고 주장, 해석하고 한국은 변함없는 한국 영토·영해라고 설명하고 있으며, ⑤ '중간수역'에 대하여 명칭과 수역 성격에 대한 합의도 없이 경도·위도로만 표시한 후 한국 외무부는 국민에게 '중간수역'은 공해(公海)적 성격을 가진 수역이라고 설명하고 있는데, 일본정부는 '한·일공동관리수역' 또는 '잠정조치수역'이라고 설명하고 있는 것이다. '잠정조치수역'이란 주로 분쟁지가 있는 경우에 설정하는 수역이다.

그리하여 이번 신(제2차)한·일어업협정은 한국의 독도영유권을 빼앗기지는 않았지만 크게 훼손당한 위치에 떨어지게 한 실책을 범했다고 관찰된다.

[제 139 문] '독도기점' 채택 선언은 상대방의 동의 없이도 가능하다는데, 왜 한국은 신(제2차)한·일어업협정 체결 이후일지라도 '독도기점'을 채택하지 않는가?

[답] 독도학회와 독도연구보진협회를 다수 비롯한 시민단체들의 강력한 요구 운동과 정부의 동의에 의거하여 대한민국은 2006년 6월 12일 동경에서 개최된 한·일 배타적 경제수역 본협정회담에서 대한민국은 종래의 '울릉도기점'을 폐기하고, '독도기점'을 이 날짜로 채택했음을 일본측에 통고하고 선언하였다.

일본측이 크게 반발했으나 한국은 이를 일축하였다. 그 결과 지금은 한국의 EEZ 기점이 2006년 6월에 '독도기점'으로 수정·채택·선언되었다. 다행스러운 일이다.

문제는 1999년 울릉도 기점에 의거한 신(제2차)한·일어업협정이 존속하여 수정되지 않은 채 남아 있어서 한국측의 취약점으로 작용하고 있다. 신(제2차)한·일어업협정의 수정이 과제로 남아 있다.

제19장
한국의 독도수호정책의 방향과 방안

[제140문] 최근 일본정부는 2005년 이전에도 일본 국민의 호적을 독도에 옮겨 등재해 주었고, 또 육·해·항공 자위대가 이오지마(硫黃島)에서 독도 상륙 접수 연습을 했다는 보도도 있었는데, 이들은 무엇을 의미하는 것인가? 일본은 독도에 대하여 어떠한 정책을 집행하고 있는 것인가?

[답] 국내외 신문의 보도에 의하면, 일본측은 최근 일본인들의 호적을 '독도'에 옮겨주는 행정 조치를 실행하였다. 호적 이전을 신청한 부분까지는 일본 국민 민간인의 행동이지만, 이것을 접수하여 호적을 옮겨 등재시켜 준 행정 행위는 일본정부의 행동으로서, 후에 일본의 독도 행정의 증거 실례에 사용하려고 준비하는 행동으로서, 대한민국의 독도 주권에 대한 중대한 도발 행위이다.

또한 일본 해상자위대가 최근 독도의 접수 훈련을 비밀리에 이오지마에서 실행했었다는 사실을 일본 신문이 특종으로 폭로 보도했는데, 이것은 일본정부의 독도'침탈'에 대한 완강한 의지를 나타내는 것이라고 해석된다.

일본은 최근 10여 년간 한국정부의 독도수호정책이 매우 소극적으로 되어, 한국 외무부의 독도 관련 외교관들과의 접촉 과정에서 독도'침탈'

에 자신감을 갖고, 중장기 전략을 수립하여 단계적으로 이를 일관되게 추진해 나가고 있는 것으로 관측된다.

일본이 재독립한 1952년부터 1964년까지는 일본 어선이 '독도' 주변은 물론이요 평화선을 넘어 한국 어족자원보호수역으로 들어오지도 못했는데, 1965년 한·일기본관계협정 때에 일본측은 평화선 철폐에 성공하였다. 그러나 이때에도 독도'침탈' 작전을 수립할 환경은 되지 못했는데, 1990년대에 들어서자 자신을 갖고 매우 공격적 외교를 전개하면서 독도를 일본영토로 만들기 위한 중장기 전략을 수립하여 단계적으로 완강하게 이를 실행하고 있는 것으로 보인다. 일본은 1996년 5월에는 '독도'를 일본 EEZ의 기점으로 선포하고도 한국 외무부의 단호한 항의와 저항을 받지 않았을 뿐 아니라 1997년 7월에는 한국 외무부로 하여금 울릉도로 후퇴하여 '울릉도'를 한국 EEZ 기점으로 취한다고 공표하는 데 성공하였다.

일본정부는 한국 외무부 일부 관계자의 무능무책에 완전히 자신을 갖고 1998년 1월 23일 일방적으로 (제1차)'한·일어업협정'을 파기 선언하고 모욕을 주었다. 그럼에도 한국 외무부는 신한·일협정 체결을 위한 회담에 즉각 응하여 나가서 일본측 초안에 끌려 다니는 실무회담을 계속했으며, 결국은 일본측이 '한·일공동관리수역', 한국측이 '중간수역'이라고 부르는 수역에 한국영토라는 표시 없이 '독도'를 포함시킨 신(제2차)한·일어업협정을 1998년 12월 2일에 체결 서명하는 데까지 성공하였다. 그리고 1999년 1월 6일 신(제2차)한·일어업협정이 한국 국회에서 날치기로 비준통과되고, 1999년 1월 22일 최종 체결되었다.

일본측이 앞으로 어떠한 공격적 정책을 실행할지 예측하기는 어렵다. 그러나 대한민국이 적절한 독도 수호 대책을 수립실행하지 아니하면, 일본은 절호의 기회가 왔다고 판단될 때 일거에 공격적 전략을 실행하여 '평화적' 방법, 또는 '군사적' 방법, 또는 양 방법의 배합으로 '독도'를 '침탈'하려 노리고 있음은 명백하게 관측된다.

일본측에서 만일 독도에 호적을 옮긴 일본인들을 본적지인 '독도'의 동·서 어느 섬에 상륙시키고, 일본 자위대가 이를 보호한다는 구실 하에 일본인들이 상륙한 '독도'의 한국경찰대가 없는 동·서 어느 섬에 상륙하면, '실효적 점유'도 양분되는 것이다. 한·일 양국이 무력 충돌이라도 하게 되면 두 우호국가의 무력 충돌을 희망하지 않는 미국이 '국제사법재판소'에 가서 판결을 받으라고 압력을 가할 것이고, 국제사법재판소에서는 일본이 만반의 준비를 하고 기다리고 있을 것이다.

일본은 또한 무력 사용의 준비로 지난 1998년에 미·일방위조약 40개 가이드라인에 합의하여 '한반도 유사시'에는 한반도의 동해·남해·서해·동중국해에서 미해군을 도와 일본 해군이 해상경찰권을 가지며, 작전을 할 수 있도록 미국측 동의를 얻었다. 일본은 이때를 '절호의 기회'로 간주하여 '독도'를 무력으로 '접수'(침탈)하려고 준비하고 있는 것으로 관찰된다.

그 이외에도 일본은 그들의 공격외교에 한국 외무부가 후퇴하는 공간은 모두 확보하여 기정사실화해서, 국제사회에 일본의 강력한 '독도영유 국가의지'를 알리고, 한국 외무부의 소극적 대응이나 무능무책을 마치 한국의 독도영유권에 하자가 있어서 대응하지 못하는 것처럼 알려서 일본이 유리한 위치에 서려고 획책하고 있다.

일본정부가 앞으로 '독도'를 침탈하기 위해 어떠한 전략전술을 실행할지 예측할 수는 없는 일이지만, 일본정부가 '독도침탈'을 위한 모종의 전략전술을 수립하여, 대한민국이 '독도' 사수의 적절한 강경대책을 수립 실행하지 않는 한 '독도'를 침탈하려는 정책을 집행할 것임은 불을 보듯이 명확한 것이라고 말할 수 있다.

[제141문] 한국정부와 국민은 제2차 한·일어업협정 체결 이후 '독도' 보전을 위하여 어떠한 일을 하였는가?

[답] 몇 가지 실효적 점유 강화를 위한 일을 시작하였다. 중요한 것만 몇 가지 들면 다음과 같다.

(1) 독도 접안시설 설치

1994년 유엔 신해양법이 발효하고 1996년 1월 1일 한·일 양국이 모두 신해양법을 채택하여 자기 영토를 기점으로 반지름 200해리의 배타적 경제수역(Exclusive Economic Zone, EEZ)을 설정할 수 있게 되었다. 일본정부는 '독도'를 일본의 동해 쪽 EEZ의 기점으로 취하기로 결정하였다.

그림 II-19-1. 대한민국 정부가 독도에 착공한 접안시설

한국정부는 1996년 2월 동도의 남서측(500톤 접안 능력) 및 남측(소형 어선 접안 능력)과 서도(소형 어선 접안 능력)에 접안시설 공사를 시작하였다. 한국정부가 착공한 접안시설은 1년 9개월 후인 1997년 11월 6일 준공되었다.

일본정부는 1996년 2월 9일 "독도는 일본고유영토이고 일본의 동의 없는 독도 접안시설 공사는 일본 주권에 대한 침해로서 즉각 중지를 요구한다."는 항의를 보내왔다. 한국정부는 이를 반박하여 "독도는 한국고유영토이고, 한국이 실질적으로 관리하고 있는 영토이기 때문에 이러한 접안공사는 한국의 정당한 주권행사이므로 일본의 주장을 받아들일 수 없다"고 일축하였다.

(2) 독도 어민 숙소 설치

한국정부는 1997년 6월 서도(경상북도 울릉군 울릉읍 독도리 안용복길 3번지)에 어민 숙소 1동(지하 1층, 지상 2층, 연면적 18.92㎡, 25명 수용)의 건축에 착공하여 1997년 11월 21일 준공하였다.

그림 II-19-2. 서도의 어민 숙소

정부는 어민 숙소의 관리와 유지를 울릉군에 위임하여 운용하고 있다. 독도 어민 숙소의 설치는 독도를 어업전진기지로 발전시키고 유인도화할 수 있는 가능성을 보여주었다.

(3) 독도 발전실 설치

경상북도 울릉군에서 1998년 7월 28일 독도에 발전실 1동(25형)을 설치하였다. 이에 독도에서도 전기를 사용할 수 있게 되었다.

(4) 독도 '천연기념물' 및 '독도천연보호구역' 지정

한국정부는 1982년 11월 4일 독도를 '천연기념물 제336호'로서 '해조류 보호구역'으로 지정하였다. 이때는 독도에 날아오는 바다 새 보호를 통한 독도 천연기념물 보호를 법정하여 독도에의 출입을 자유롭게 보장하였다. 그 후 1999년 12월 10일 문화재청에서 제1999-25호로 '독도천연보호구역'을 지정하여 독도 섬 전체를 천연기념물로 정하였다. 이때부터 독도의 시설물 부착과 독도 출입에 문화재청의 허가 또는 개방 등의 결정이 필요하게 되었다.

(5) '독도리' 신설 조례 의결

울릉군 의회는 '독도 유인도화 국민운동본부'의 독도의 행정 주소를 '독도리'로 변경해 달라는 청원을 수용하여 2000년 3월 20일 '독도리 신설과 관련된 조례안'을 의결하고, 4월 7일 이 조례를 공포하였다. 그 결과 종래의 '울릉군 울릉읍 도동 산 42~76번지'는 '울릉군 울릉읍 독도리 산 1~37번지'로 변경되었다. 정부는 다시 2011년 7월 29일자로 독도 번지를 개편하여 서도를 '독도리 안용복길'로, 동도를 '독도리 이사부길'로 개정하였다.

(6) 독도 인근 '한국방공식별구역'에 접근한 일본 항공기 격퇴

2005년 3월 8일과 9일 일본 아사히신문사 소속 C-56 경비행기와 해상보안청 소속 AC-95 초계기가 독도 인근 '한국방공식별구역(Korea Air Defense Identification Zone, KADIZ)'에 접근해 오자, 한국 공군 전투기가 출격하여 그들의 독도 인근 영공 침범을 격퇴하였다.

(7) 독도를 한국 배타적 경제수역의 기점으로 지정 선언

대한민국 정부는 2006년 6월 12일 일본 동경에서 개최된 제1차 '한·일 배타적 경제수역 경계협정' 회담에서 '독도'를 한국의 동해 쪽 '배타적 경제수역(Exclusive Economic Zone, EEZ)'의 기점(base point)으로 지정 채택했음을 선언하였다. 이로써 한국이 1997년에 배타적 경제수역의 기점을 '울릉도'로 지정했던 것이 폐기되고 '독도'가 기점이 되어 한국의 독도에 대한 실효적 점유가 유엔 신해양법에서도 완전히 합법적인 것으로 되었다.

한국이 1997년의 '울릉도기점'을 폐기하고 2006년 '독도기점'을 채택 공표한 것은 독도 수호를 위해 획기적인 것이었다. 이것은 독도학회를 선두로 하여 다수의 국민과 시민사회단체들의 독도기점 채택의 강인한 요구 활동과 제안을 당시의 국회·여당·정부가 전적으로 수용하여 실천한 획기적인 것이었다.

한국의 '독점'기점 채택에 의하여 '울릉도기점' 때의 허점인 한국의 독도 실효적 점유가 국제법상 불법점거가 아니라 합법적 영유로 10년 만에 다시 회복되었으며, 독도영유권 보전에 국제법상 입은 치명적 상처가 쾌유된 것이었다.

[제 142 문] 최근 일본의 독도침탈정책은 어떻게 나타나고 있는가?

[답] 일본은 2005~2006년경부터 더욱 '장기전' 정비 태세를 강화하고 있는 특징이 보인다.

몇 가지 사례를 들면, 우선 시마네현 의회의 '다케시마의 날' 조례 제정과 중앙정부의 지원을 들 수 있다.

일본 시마네현 의회는 2005년 3월 16일 '다케시마의 날' 조례를 제정 공포하여 즉각 발효시켰는데, 내용은 일본이 독도를 일본영토로 침탈(소위 편입)한 것을 시마네현 지사가 관내 고시한(1905년) '2월 22일'을 '다케시마의 날'로 제정하여 각종 행사를 통하여 독도 재침탈(소위 '탈환')을 다짐한다는 것이다. '다케시마의 날' 제정 시행이 1개 지방현의 행사처럼 보이지만, 뒤에는 중앙정부의 지원이 있었음은 말할 필요도 없다. 이것은 '장기전' 체제의 한 단면이라고 볼 수 있다.

다음은 국제수로기구(IHO) 등 각종 국제해양기구 또는 국제조직에 일본의 독도영유권 주장에 유리하고 한국의 독도영유권을 훼손하는 각종 해양조사·해저탐사·과학실험조사 등을 행하여 자료 축적을 강화하는 것이다. 예컨대 일본 해상보안청은 국제수로기구(IHO)에 2006년 4월 14일부터 6월 30일까지 북위 37도 40분·동경 131도 35분, 북위 39도 30분·동경 132도 37분, 북위 36도 27분·동경 131도 35분, 북위 38도 20분·동경 135도 0분의 좌표 내의 수역에 수로 측량을 실시하겠다고 통보하였다. 이 수역의 한국 쪽 경계선은 일본이 한국영토 독도를 일본영토라고 주장하면서 일본 EEZ의 기점으로 취하여 한국 울릉도와 독도의 중간선을 한·일 EEZ 경계선으로 제안한 선과 정확히 일치하는 것이다.

한국이 EEZ의 '독도기점'을 취하고 '울릉도기점'을 폐기하자 일본은 즉각 2006년 6월에는 이 지역에 들어가 방사능 측정을 하겠다고 제의하기도 하였다. 한국정부의 강력한 반대로 일본측의 실행이 저지되었지만, 만일 반대가 없었다면 일본의 독도영유권 주장을 간접적으로 묵인한 자료를 축적할 뿐하였다.

최근 일본의 도발 가운데서 장기적으로 가장 심각한 것은 일본의 의무교육과정인 초등·중등·고등학교의 교과서와 교사 지도서에서 "독도는 일본고유영토인데 한국이 점거하고 있어서 영유권 문제가 있다"는 식 요지의 서술과 교육을 강제하고 있는 점이다.

일본의 자민당 정부는 '고이즈미' 정권 때 2006년부터 사용된 고등학교 교과서와 교사 해설서에서 독도를 일본고유영토인데 한국이 점거하고 있다고 교육하도록 강제하였고, 이어서 2007년에 중학교 교과서에서 독도를 일본영토인데 한국이 불법점거하고 있다고 교육하도록 강제하였다. 일본의 민주당 '간' 정권은 한 술 더 떠서 초등학교 교과서와 교사 지도서(해설서)에서 역시 "독도(타케시마)는 일본고유영토인데 한국이 점거하고 있다"고 가르치도록 2010년에 또다시 강제하였다.

일본은 고등학교까지 의무교육인데, 2010년부터는 초등학교·중학교·고등학교의 3단계 의무교육과정에서 모두 "독도는 일본의 고유영토인데 한국이 점거하고 있다"고 가르치는 것이다. 이것은 사실상 일본정부가 일본 전 국민에게 독도를 일본고유영토인데 한국이 점거하고 있으므로 이를 소위 '탈환'(침탈)해야 한다고 교육하고 있는 것이다.

그 결과는 어떻게 될까? 이 일본학생들이 청년으로, 성년이 되면 그들은 '독도'에 대해 어떻게 사고하고 행동할까? 일본의 '독도'의무교육이 허위인줄 모르고, 진실인줄 알고, '독도'를 '탈환'하겠다는 이름으로 '독도침탈'의 침략행동을 자행할 개연성이 없겠는가? 이러한 일본 '독도 의무교육'을 받은 일본 청년과 국민들이 시간이 갈수록 누적되어 장기적으로 전체 일본 국민이 "독도는 일본 고유영토인데 한국이 점거하고 있다"는 허위 의무교육을 진실로 믿으면, 장기적으로 어떠한 결과가 초래될까? 반드시 어떠한 형태로든지 독도를 소위 '탈환'(침탈)하겠다고 독도

침략을 감행할 것이다.

왜 일본정부는 한·일 관계에 극악한 영향을 끼칠 이러한 '허위의 독도의무교육'을 강행하는 것일까? 일본정부는 한국정부와 국민들이 지금 정도로만 '독도문제'에 반응한다면 장기적으로 "독도를 일본영토로 만들 수 있고, 반드시 만들겠다"라는 독도침탈정책을 강행하고 있는 것이다. 그렇기에 검인정 교과서 집필자들이 독도에 대하여 거론을 기피하는 경우까지도 교과서들에 강제로 일본 문부과학성의 '독도침탈교육' 지침을 따르도록 강요한 것이다.

최근 일본 자민당 '영토에 관한 특명위원회' 소속 국회의원 3명이 울릉도에 들어가 한국의 독도 실효적 점유 실태를 조사하겠다고 소란을 피운 것은 다 아는 바와 같다.

일본에서 정권이 교체되어도 독도침탈정책이 전혀 변하지 않는 것은 일본의 '국가정책'이 장기적으로 '독도'를 반드시 침탈하여 일본영토로 '편입'시키겠다는 목표와 장기 전략이 있으며, 이를 단계적으로 실행해 나가고 있음을 나타내는 것이라고 볼 수 있다. 이와 함께 '한반도 유사시'에 '독도를 접수'하겠다는 일본 해군의 독도 상륙 도상 훈련이 이미 있었음을 상기할 필요가 있다.

[제 143 문] 그러면 대한민국은 자기의 영토인 '독도'를 지키기 위하여 어떠한 대책을 수립하여 집행해야 하는가? 앞으로 '독도'를 수호 보전하기 위하여 어떠한 방향의 정책을 입안 실행해야 하는가?

[답] 토론과 답변에 책 한 권의 분량이 필요한 중대한 문제이다. 여기서는 간단히 핵심적인 것 몇 가지만 지적하기로 한다.

우선 한국의 EEZ 기점을 '독도'로 바로잡아 선언한 2006년 6월의 '독도기점'을 고수해야 한다. 한국이 독도를 실효적으로 지배하고 있다고 해서 국제법의 보호를 경시하거나 상실해서는 안 된다.

독도는 과거에 우리나라 사람 3가구가 상주한 역사가 있고, 현재와 미래에 얼마든지 사람이 거주할 수 있으며, 독자적 경제생활을 할 수 있는 작은 섬(ilets)이다. 독도는 200해리 배타적 경제수역의 기점이 되기에 충분한 작은 섬이다. 더구나 일본이 한국영토인 '독도'를 일본 EEZ의 기점으로 취하여 1996년 5월에 이를 선포했는데, 한국 외무부가 그 1년 2개월 후인 1997년 7월 말에 '독도'를 무인도 운운하면서 후퇴하여 '울릉도'를 한국 EEZ의 기점으로 취한 것은 천만부당한 잘못된 결정이었다.

다행히 한국정부는 2006년 6월 12일 새로이 한국 EEZ의 기점을 '독도'로 취하여 선포하고, '울릉도' 기점은 폐기하였다. '독도'가 생산하는 200해리 배타적 경제수역의 생산력을 인정하여 '독도'를 수호 보전하는 적극적 정책을 인정한 것이다.

그러나 국제법에는 '금반언(禁反言)의 원칙'이란 것이 있어서, 9년간의 '울릉도기점 채택과 독도기점 포기'는 큰 흉터로 남아서 신체검사와 같은 정밀한 평결에서는 감점 요인이 될 위험이 있다.

앞으로 EEZ 획정을 위한 한국 · 일본 · 북한 · 러시아 등 관계국의 회담이 개최되는 경우에, 대한민국 정부는 '독도'가 한국 EEZ의 기점임을 철칙으로 하여 협상에 임해야 한다.

한국정부는 이미 공인된 국제법상의 독도영유권을 조금이라도 훼손하는 타협이나 협상을 해서는 안 된다. '독도문제'는 영토문제이고 주권문제이므로 어떠한 협상도 국가주권의 일부인 독도영유권을 훼손하는 일이 없도록 진행해야 한다. 국제법상의 독도의 영유권을 한국정부는 조금이라도 손상당해서는 안 된다.

다음, 독도의 실효적 점유를 대폭 강화해야 한다.

독도에 대한 시설 투자를 대폭 확대하고 한국 국민의 독도 활용 각종 활동을 대폭 증진시켜야 한다. 예를 들면 다음과 같은 시설의 투자가 강화되어야 할 것이다.

① 기상관측소 설치
② 수산자원조사센터(독도지소) 설치
③ 해저자원조사센터 설치
④ 지질조사연구센터(독도지소) 설치
⑤ 지진·해일조사연구센터(독도지소) 설치
⑥ 각종 관련조사 연구기관 현지출장소 설치
⑦ 방사능측정·핵폐기물조사센터 설치
⑧ 부두시설의 본격적 설치와 확장(현재의 접안시설은 태부족)
⑨ 태양광 발전시설의 설치와 확장
⑩ 담수 생산시설의 대폭 확충
⑪ 주민 거주시설의 대폭 확장
⑫ 어업기지 시설의 대폭 확충과 강화
⑬ 기타 국민과 정부가 필요하다고 요구하는 모든 시설의 설치

독도 부근에는 89개의 암초가 부속되어 있으므로, 모든 시설을 동도·서도 위에 설치할 것이 아니라 암초의 일부에 철근과 인공 기반을 부착하여 여기에 각종 필요한 시설을 설치하는 것도 고려할 필요가 있을 것이다. (일본은 멀리 태평양 쪽 '미나미 도리시마'라는 1m 여의 작은 암초 위에 큰 철판 시설을 부착하여 태평양 쪽 EEZ 기점으로 활용하고 있음을 참고할 필요가 있다.)

[제144문] 신(제2차)한·일어업협정(1999. 1. 23.)은 수정해야 하는가?

[답] 한국의 독도영유권을 수호하기 위해서는 '신(제2차)한·일어업협정'은 수정되어야 할 것이다.

신(제2차)한·일어업협정(1999. 1. 23.)은 '한국의 울릉도기점'과 '일본의 독도기점' 상태에서 순수한 어업협정이 아니라 'EEZ 잠정협정'을 겸하여 "양국이 합의한 조약이다. 그러므로 국제사회에서는 신(제2차)한·일어업협정에서 일본이 먼저(1996. 2.) '독도기점'을 취했는데, 이를 알면서도 한국이 1년이나 늦게(1997. 7.) '울릉도기점'을 취한 것에 바탕을 두었다는 점을 주목하여 한국은 독도를 포기했고, 일본의 독도영유권 주장이 국제법상 합법적인 것으로 오해받을 소지가 매우 크다.

'신(제2차)한·일어업협정'(1999. 1. 23.)은 국제사회에서 독도영유권을 크게 훼손하고 있으며 위협하고 있으므로, 가능한 한 조속히 수정하거나 종료 통보하여 재협상할 필요가 있다. 특히 주목할 몇 가지 조항을 들면 다음과 같다.

(1) 신(제2차)한·일어업협정(1999. 1. 23.)의 제1조 "이 협정은 대한민국의 배타적 경제수역(EEZ)과 일본국의 배타적 경제수역에 적용한다. 이하 '협정수역'이라고 한다"라는 조항은 "이 협정은 대한민국의 배타적 어업수역(Exclusive Fishery Zone, EFZ)과 일본국의 배타적 어업수역에 적용한다"라고 수정해야 한다.

배타적 경제수역(EEZ)은 반드시 자기 나라 영토에 기점을 취하여 설정하는 것인데, 신(제2차)한·일어업협정은 '배타적 경제수역'을 잠정적으로 겸하도록 해 놓고, 배타적 경제수역(EEZ) 기점을 일본은 '독도기점'을 취하고 한국은 '울릉도기점'을 취한 채 합의해 주었으니, 국제사회의 관점에서 신(제2차)한 · 일어업협정은 한국의 독도영유권을 크게 훼손해 놓은 것이다.

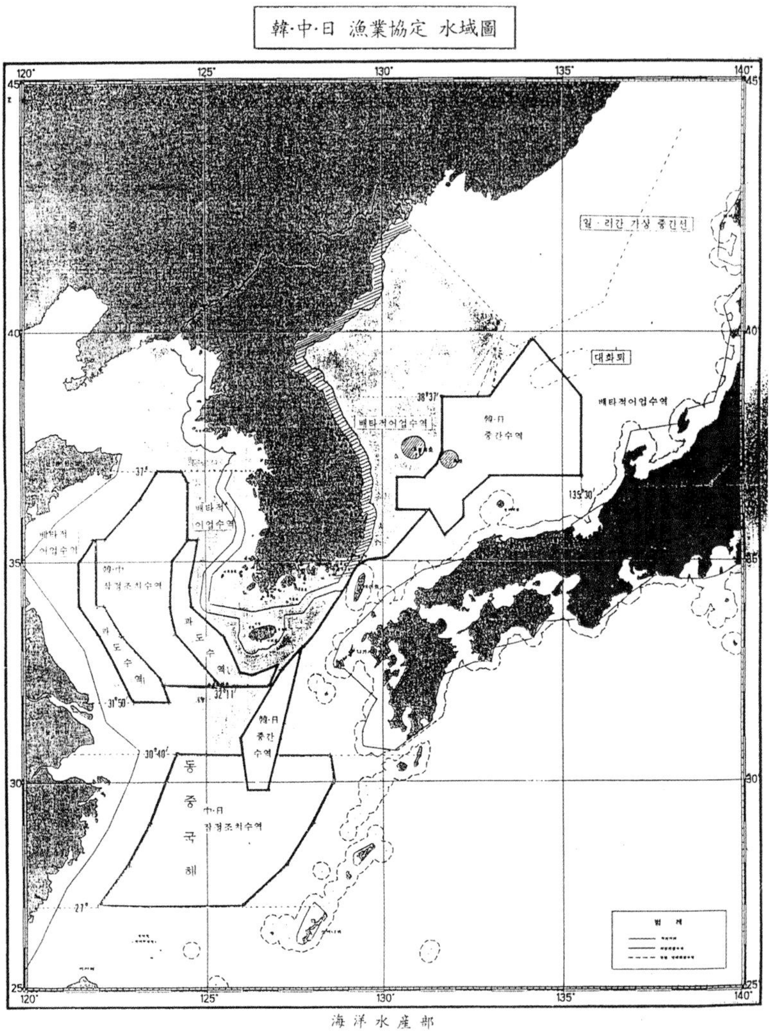

그림 II-19-3. 신(제2차)한 · 일어업협정의 수역도. 독도와 그 영해가 '한 · 일중간수역' 안에 들어가 있다. (자료: 해양수산부)

(2) 소위 '중간수역' 설치 조항을 반드시 폐지해야 한다.

연합국의 샌프란시스코 대(對)일본평화조약(1951. 9. 8.)에서 울릉도 명칭만 있고 '독도' 명칭이 누락되어 있음에도 불구하고 국제사회에서 '독도'를 한국영토로 간주하는 것은 일반국제법의 "무인도(또는 암초)는 모도(母島)영유국가의 영유로 간주한다"는 속도(屬島)조항에 의거하여 독도를 울릉도의 부속도서로 간주하기 때문이다. 그런데 신(제2차)한·일어업협정은 수역에 '중간수역'(한·일공동관리수역, 잠정조치수역)을 설정하여, 울릉도는 수역상 한국 EEZ에 넣고, 독도와 그 수역은 이질적인 '중간수역'에, 오키도는 일본 EEZ에 넣어서, '독도'를 수역상 '울릉도'로부터 분리(分離)시켜 버렸다. 독도를 울릉도의 부속도서로 해석하는 국제법상 속도(屬島)이론의 적용을 배제시켜 버린 것이다.

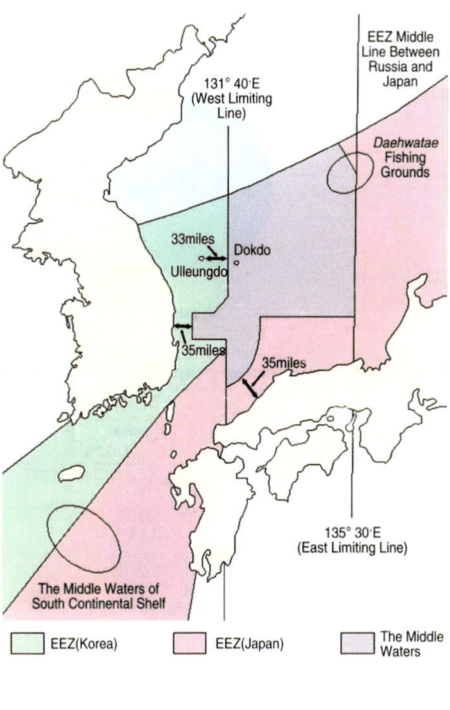

그림 II-19-4.
신(제2차)한·일어업협정의 '중간수역'도. 한·일 양국이 자기 영토의 기점에서 35해리까지를 EEZ선으로 한다고 했는데, 울릉도에서는 33해리까지만 한국 EEZ에 넣고 독도는 '중간수역'에 넣었다. (자료: 외교통상부)

신(제2차)한·일어업협정은 '독도'를 이러한 상태의 '중간수역'에 넣어 놓고서도 한국영토임을 나타내는 어떠한 표시도 없이, 일본측은 "독도(다케시마)와 그 12해리 영해는 일본영토와 일본영해"라고 주장하고 있으며, 한국은 진실대로 "독도와 그 12해리 영해는 한국영토와 한국영해"라고 설명하고 있다. 국제사회와 국제법에서는 독도가 수역상 울릉도에서 분리되어 '부속도서' 이론이 독도에 적용되지 못할 때 독도를 울릉도의 부속도서로 간주해 줄 리가 없다.

日의 獨島주변 공동관리수역案 제의 배경

獨島 한국영유권 훼손 전략

협정파기 시사하며 日·中방식 적용 시도

[徐晶娥기자] 10일부터 이틀간 열리는 제5차 한·일 어업실무자회담은 일본이 또다시 어업협정파기를 시사한 가운데 긴박감 속에서 진행되고 있다.

특히 이번 회의는 지난3일 일본과 중국이 센카쿠(尖閣)열도(중국명 釣魚島)의 영유권분쟁을 보류하고 새어업협정을 체결키로 합의한 직후로, 일본은 이 합의내용을 한국과의 협상에서도 적용하려 한다.

즉 일본은 일·중이 각각 기선에서 52해리까지만을 전관수역으로 하고 대부분을 공동관리수역으로 설정한 내용을 한·일협상에서는 독도를 포함한 주변수역을 공동관리수역으로 설정해야 한다는 의견을 내놓았다.

이에 대해 한국은 독도영유권이 훼손되는 방안은 어떤 것이든 수용하지 않겠다는 입장이다. 여기에 한국어민의 기존 조업권도 최대한 존중돼야 한다고 주장한다.

따라서 정부는 독도주변수역이 포함되는 일본의 공동관리수역은 당연히 거부하지만 독도의 영유권이 한국수역으로 확실히 들어올 경우, 나머지 해역에 대해서는 양국간 공동관리수역을 설정할 여지를 남겨놓고 있다.

그러나 일본이 쉽게 독도의 한국 영유권을 인정하지 않을 것이기 때문에 문제는 복잡해진다. 일본측은 어떤 방법으로든 독도를 공동관리수역에 포함해 독도의 한국영유권문제를 희석시키려 하기 때문이다.

따라서 일각에서는 양측이 이 문제를 처리하기 위해서는 전관수역만 설정해 연안국주의를 채택한뒤, 나머지 해역은 선을 아예 긋지 않고 현상태를 유지하면서 기국주의로 조업활동을 해야 한다는 방안도 제시되고 있다. 그러나 이처럼 독도가 우리 수역에 명백히 들어오는 협정안이 아닐 경우 우리 국민을 설득하지 못할 것이라는 의견이 지배적이다.

그림 II-19-5.
일본측의 한·일 양국이 공동관리하는 '중간수역' 설치를 제안하자 이것은 일본이 한국의 독도영유권을 훼손시키려는 전략이라고 거부했다는 한국 외무부의 견해의 보도 (자료: 『서울신문』, 1997년 9월 11일자)

일부 신(제2차)한·일어업협정 체결 관련자들은 '중간수역' 설치 때 양국 해안선으로부터 35마일을 기준으로 점을 찍어 설정했다고 설명하기도 한다. 그러나 이 설명도 울릉도로부터 독도까지는, 지도에서 볼 수 있는 바와 같이, 33마일로 경계선을 그어서 2마일을 일본에 양보함으로써 2마일이 부족하여 수역상 독도를 울릉도에서 분리시켜 버렸다.

그러므로 소위 '중간수역'은 반드시 폐기해야 독도영유권이 훼손되지 않는 것이다. 원래 '중간수역안'은 독도영유권을 훼손하기 위하여 일본측이 제안한 것을 한국측이 수용한 것이었다.

(3) 소위 '배제 조항'이라고 통칭하는 신(제2차)한·일어업협정의 제15조 "이 협정의 어떠한 규정도 어업에 관한 사항 외의 국제법상 문제에 관한 각 체약국의 입장을 해하는 것으로 간주되어서는 아니 된다"는 조항은 일본의 간계에 속아서 독도에 대한 일본의 주장을 한국과 동격으로 올려놓은 것이다.

이 규정은 대한민국의 독도영유권 소유도 '입장화'하여 해하지 않지만, 동시에 독도는 일본영토이고 그 12해리 영해는 일본영해이며 일본은 독도를 EEZ 기점으로 잡아 울릉도와 독도 사이의 선을 한·일 EEZ 경계선으로 제안했다는 일본측의 입장도 해하지 않는 것으로 된다.

따라서 독도영유권에 대하여 한국과 일본의 국제법상 지위가 종래 100대 0 관계에 있던 것이, 이 조항에 의하여 일본의 입장을 한국정부가 묵인해 주어서 일본의 지위가 격상되어 50대 50의 관계로 되었다고 국제사회에서 오해될 소인이 큰 것이다. 제15조는 일본의 지위를 격상시켜 줌으로써 일본에 보다 유리한 조항으로 되었다. 제15조는 영토문제를 다루지 못하는 '해양법상'의 조항으로 되도록, '국제법상 문제에 관한'을 '해양법상 문제에 관한'으로 반드시 소정되어야 한다.

그 밖에도 신(제2차)한·일어업협정은 한국에 불리한 조항과 내용이 다수 내재되어 있다. 신(제2차)한·일어업협정(1999. 1. 23.)은 2002년 1월 22일로 만기가 되어 그 후에는 언제든지 한국정부가 종료 통보나 폐기 선언을 하여, 제3차 한·일어업협정을 체결할 수 있다.

그러므로 한국이 '독도'를 수호하기 위하여 '신(제2차)한·일어업협정'은 수정하거나 일본이 동의해 오지 않으면, 종료 통보해야 할 것이다.

[제 145 문] 미국 지명위원회(BGN)가 2008년 7월 '독도'를 '주권 미지정 지역'이라고 표기한 것은 혹시 독도를 '분쟁지'로 본 것은 아닌가? 이것은 혹시 일본의 로비에 의한 것은 아닌가?

[답] 이것은 매우 경계해야 할 징후가 나타난 것이라고 보아야 한다. 당시 모든 한국 언론들은 이 변화를 일본 외교의 은밀한 로비 활동으로 인한 것이라고 보도하였다.

원래 미국 국무부 정보조사국이 주관하는 연방기관인 지명위원회(Board on Geographical Names, BGN)는 '독도'의 소유권 국가를 종래 '한국(South Korea)'으로 표기한 것을 2008년 7월 24일 '주권 미지정(Undesignated Sovereignty)'으로 변경하였다. 이것은 '독도'를 '분쟁지'로 간주한 충격적인 것이었다.

한국이 이를 알게 되자 국민과 시민단체들의 비판 여론이 들끓고 모든 언론들이 연속하여 이를 대서특필로 비판했으며, 주미 한국대사관이 적극 항의 활동을 하였다. 후에 주미 한국 대사가 밝힌 바에 의하면, 이 변경은 미국 국무부가 '독도'의 소유권 국가 표기를 '한국'에서 '주권 미지정'으로 변경하도록 지명위원회에 지시한 것이었다.

그러나 한국에서 미국지명위원회의 이 변경에 온 한국 국민이 분노하여 미국 정책을 규탄하기 시작했다는 현지 정보 보고가 들어오고, 다음 달인 8월 5~6일 미국 대통령 부쉬가 한국을 방문할 예정인데 반미운동이 일어날 개연성이 매우 크다고 보고되자, 미국 대통령은 7월 30일(한국 시간 7월 31일) 국무장관에게 원상태로 복구하도록 지시하였다. 그 결과 '독도' 소유권 국가가 '한국'에서 2008년 7월 24일부터 7월 30일까지 일주일 동안 '주권 미지정'으로 '분쟁지'로 표시되었다가, 다시 '한국'으로 복구된 것이었다.

미국 국무성은 이 복구에 임하여 미국의 정책 변경이 아니라 임시조치이며, '독도'문제는 한국과 일본 양국이 (평화적으로) 해결할 것을 희망한다는 (중립적) 입장을 발표하였다. 그러나 언제든지 임시 조치를 폐기하고 다시 '주권 미지정'으로 변경할 수 있는 정책관을 강력히 시사하였다. 그리고 미국의 관련자는 미국의 정책 변경의 배경에는 한국정부의 독도에 대한 주권적 권리 행사에 '정합성'이 부족했기 때문이라고 설명하였다.

여기서 한국정부의 '독도'에 대한 주권적 행사의 '정합성' 부족은 무엇을 가리키는 것인가?

국내에서 국회의원들과 여러 관련 단체들이 임시 세미나를 개최하여 토론 검토한 결과는 대체로 다음과 같은 해석의 결론을 내렸다. 즉, 신(제2차)한·일어업협정에서 '독도'를 '중간수역'(일본측의 호칭, 한·일공동관리수역, 잠정조치수역)에 넣었고, 일본은 독도를 EEZ 기점으로 잡아 독도와 울릉도 사이의 배타적 경제수역 경계를 제안했는데 한국은 울릉도를 EEZ 기점으로 취하여 울릉도와 오키도 중간선을 배타적 경제수역 경계선을 제안했던 사실 등을 가리킨 것이라는 해석이었다. 신(제2차)한·일어업협정의 실책이 큰 오해를 초래한 위험했던 사건이었다.

유엔지명표준회의(UNCSGN) 1967년 제1차 총회에서 종래 '독도', '리앙쿠르 록스', '다케시마' 등 각국이 표준 없이 호칭하던 것을 독도 소유권국인 한국의 요청에 따라 '독도(Tok-do, Tok Island)'로 국제표준지명을 결정하고 전 세계가 이 국제표준지명을 사용하도록 권고하였다. 그 결과 한 시기 전 세계가 대체로 '독도'를 'Tok-do', 'Tok Island'로 표기했었다. 그런데 미국 지명위원회는 일본의 로비를 받았는지 유엔의 표준 지명인 '독도'(당시는 Tok-do)를 1977년 슬그머니 '리앙쿠르 바위섬(Liancourt Rocks)'으로 변경하고, 별명에 '다케시마(Takeshima)'가 먼저 나오고, 다음에 '독도(Tokdo)'를 표기한 변경을 가하였다. 이때는 미국지명위원회의 변경 사실을 몰라서 한국정부의 항의가 없었다.

2008년 7월에는 미국 의회도서관이 장서분류 독도검색 주제어를 '독도(Tok Island)'에서 '리앙쿠르 바위섬(Liancourt Rocks)'으로 변경했다가 이를 발견한 캐나다 토론토 대학 동아시아 도서관 한국학 책임자 김하나 씨와 미국 조지워싱턴 대학 김영기 교수가 급히 대사관에 알려 항의한 결과 변경을 보류시켰다. 그러나 미국 지명위원회는 바로 뒤이어 2008년 7월 독도의 소유국가를 '한국'에서 '주권 미지정'으로 일주일간 변경했던 것은 다시 '한국'으로 복구했으나, '독도' 명칭을 '리앙쿠르 바위섬'으로 1977년에 변경한 것은 '독도'로 변경해 주지 않았다. 미국 지명위원회가 독도의 '분쟁지'화에 동조할 위험성이 남아 있는 것이다.

한국의 독도영유권이 신한·일어업협정으로 위험한 오해를 받고 있음을 주목하고 경계할 필요가 절실하다.

[제 146 문] 독도를 관광단지로 만들자는 주장은 어떠한가? 독도를 '유인도화'하자는 주장이 오래전부터 제기되어 왔는데, 이것은 어떠한가?

[답] '울릉도와 독도'를 하나로 묶어서 '국립공원화'의 특별법을 제정

하여 친환경적 개발을 하고, 한국 국민의 관광단지뿐만 아니라 국제관광단지로 발전시키면 독도 수호에 큰 도움이 될 것이다.

국립공원 설립의 특별법 자체가 실효적 점유와 지배의 매우 중요한 강화 항목과 증거가 될 것이다. 이 위에 관광단지로 개발되어 국내외 관광객이 많이 다녀가면 독도의 실효적 지배의 성과는 더욱 확대될 것이다.

또한 독도의 유인도화(有人島化)는 독도를 지키는 데 매우 효과적 방법이다. 우선 독도에 상주하는 2~5가구 정도의 유인도화는 지금도 어려운 일이 아니라고 본다. (현재의 1가구 상주는 국제사회의 관점에서는 너무 취약하다.) 현재 국제사회와 국제법의 추세는 '사람', '주민'을 가장 중시한다. 독도영유권에 논쟁이 있다고 하면, 국제사회의 질문은 첫째가 그 섬에 어느 나라 사람이 살고 있는가이다. 독도에 한국사람 5가구가 거주하고 있다고 하면, 다른 어떠한 증명보다 앞서서 그 섬은 '한국영토'라고 국제사회는 생각한다.

실효적 점유의 조건에 '평화적', '지속적' 점유가 있으므로, 실효적 점유의 가장 확실한 방법은 독도에 2~5가구 정도의 주민을 상주시켜서 독도를 완벽한 '유인도'로 만들 필요가 절실하다. 그 후 자연스럽게 10여 가구의 상주 해양 마을 또는 해양 도시로 발전하면 막을 이유가 전혀 없다. 독도의 유인도화는 실효적 점유를 종합적으로 완성하는 가장 효율적 방법이다.

독도가 작은 해양마을이 되어, 남성들은 어업에 종사해서 독도가 어업전진기지로 크게 강화되고, 부인들은 관광객을 대상으로 한 기념품 등의 판매협동조합을 편성하여 공동수익을 분배하게 되면, 높은 소득이 창출되어 거주 희망자가 계속 증가할 것이다.

외국이 영유권에 도전하면서 침탈을 책동하는데, '환경오염'을 내세우면서 '유인도화'에 반대하는 것은 적절하지 않다고 본다. 독도와 같이 넓은 바다의 중앙에 있는 섬은 사람이 거주해도 해풍 때문에 오염이 없으며, 얼마든지 친환경적으로 개발하면 오염을 사전 방지할 수 있다.

독도의 동도와 서도 사이의 거리는 약 200m밖에 되지 않으며, 그 거리의 약 3분의 2는 수심이 2m도 되지 않는다. 동도와 서도를 연결하는 철교도 놓고, 동도와 서도 주변에 흩어져 있는 89개 암초를 활용하여 설계하면 아름다운 경관과 함께 그림과 같은 유인도를 발전시킬 수 있을 것이다. 그리고 일본의 침탈 책동을 침묵시킬 수 있을 것이다.

[제 147 문] 독도의 경비를 지금의 경찰경비대로부터 해병대 1개 소대로 교체하는 것은 필요한 일인가?

[답] 필요한 일이다. 일본은 2015년경에 일본 자위대 병력 약 200명을 '센가쿠 열도(조어도)'에 상주시킬 계획이라고 발표한 적이 있다. 일본은 1998년 독도의 소위 '무력접수'를 위한 육상·해상·항공 자위대의 합동 상륙훈련을 극비리에 실시했는데, 그 후 일본 신문이 폭로한 바 있다. 이것은 일본이 독도 '무력침탈'의 시나리오도 갖고 있음을 알려주는 것이다.

원래 '경찰'은 국내 민간인 거주자들의 치안유지를 목적으로 하는 조직이고, '군대'가 외부침략으로부터의 국가와 국토를 방위하는 조직이다. 독도의 동도는 대한민국 영토의 동쪽 맨 끝이므로 국군인 '해병대'의 주둔과 경비가 당연한 것이다.

독도는 한국군이 무력점령하여 침탈한 섬이 아니라, 원래 한국영토인 섬을 일본이 러·일전쟁 수행 목적으로 (무력)침탈한 것을 연합국이 SCAPIN 제677호에 의거해 한국에 반환해서 '평화적'으로 회복한 한국영토이다. 그러므로 독도에의 한국군의 주둔은 국제사회에서 당연한 것으로 공인되는 국경 경비이며, 독도의 한국해병대의 경비는 실효적 점유와 지배의 완성으로 간주될 것이다. (오직 일본만 반대할 것이다.)

또한 해병대가 독도를 지켜야 일본측은 독도침탈이 곧 한·일전쟁 도발이 된다는 것을 제대로 인식하고, 국제여론과 국제법을 의식하여 독도침탈 책동을 궁극적으로 단념하게 될 것이다.

어떤 이는 해병대 파견이 일본의 무력도발을 일으킬지 모른다고 위협하는 경우도 있는데, 기우이다. 독도는 국제법상 한국영토이고, 세계 군사전략에서 이 지역은 미국 7함대가 관장하여 한·일 충돌을 철저히 통제하고 있으므로, 일본의 반발은 외교발언일 것이고, 한국 해병대의 독도국방경비는 결국 일본의 독도침탈을 단념하게 만들 것이다.

일본은 독도의 기습적 무력침탈 전술도 갖고 있음을 한국은 항상 명심해야 한다.

[제 148 문] 일본이 초·중·고등학교 교육에서 독도를 일본영토인데 한국이 불법 점거하고 있다고 교육한다는데, 이에 대해서는 어떻게 대응해야 할 것인가?

[답] 한국도 초·중·고등학교에서 '독도교육'을 반드시 체계적으로 실시해야 한다.

일본정부가 의무교육과정인 초·중·고등학교 교과서에서 "독도는 일본의 고유영토인데 한국이 불법적으로 점거하고 있다"는 식의 내용의 '허위'를 넣어 강제로 교육시키기 시작하였다. 일본 교과서의 이 내용이 아무리 '허위'일지라도 의무교육 과정에서 3단계나 되풀이하여 주입시켜 놓으면, 학생들은 '허위'를 '진실'로 착각하여 확신하게 된다. 이것은 일본정부가 의무교육과정을 통하여 미래 전 일본 국민에게 '독도침탈교육'을 시키는 것이며, 그들이 성인이 되면 '독도는 일본고유영토인데 한국이 불법점거'한 상태를 해제하겠다고 '독도침탈'을 추구하게 될 것임은 불을 보듯이 명료한 것이다.

일본정부의 이러한 '독도침탈교육'은 대한민국의 국력의 급속한 성장으로 독도침탈이 '중장기전'이 될 수밖에 없다고 보고, 다음 세대에서라도 반드시 '독도침탈'을 자행하려고 준비하는 것이며, 일본의 한국 독도 침탈의 강렬한 국가 의지를 나타내는 것이다. 이것은 한국의 국가 주권을 위협하는 것이며, 동아시아 평화와 세계평화를 위협하는 매우 위험한 정책이다.

한국은 독도와 주권을 지키기 위하여 초등·중등·고등학교별로 독도 영유의 '진실'을 체계적으로 교육하기 위한 교과서를 만들어서 독도가 '진실'에서 역사적으로나 국제법상으로나 지리적으로나 한국의 고유영토임을 체계적으로 교육시켜야 한다. 그래야 미래에도 독도를 지킬 수 있을 것이다.

또한 한국 학생들에게 '독도'를 체험학습, 교육도장으로 활용하여 국가와 영토와 영해에 대한 사랑, 애국심을 배양시켜야 할 것이다. 애국심이 독도의 진실을 지키는 정신적인 힘이다.

[제 149 문] 국제사회에서 일본은 '독도'를 일본영토라고 적극적으로 홍보하면서, 세계지도에서도 '다케시마'로 표기하도록 활동하고, '동해' 표기도 반대한다는데, 한국은 어떻게 대응해야 할 것인가?

[답] 한국은 종래의 '침묵', '무대응' 정책을 수정하여, 국제사회에서 적극적인 홍보정책을 채택해야 할 것이다.

일본 외무성은 2008년 12월부터 『다케시마 문제를 이해하기 위한 10포인트』라는 팸플릿을 외무성 홈페이지에 올렸을 뿐만 아니라 한국어, 영어 등 10개국어로 번역하여 전 세계에 "독도는 일본고유영토인데 한국이 불법 점거하고 있다"는 허위를 홍보하고 있다.

일본은 외무성 전체가 대사관·영사관·문화원 등 외국 공관까지 총동원하여 '독도는 일본영토'라고 적극 홍보하고 있으며, '동해' 표기의 병기(竝記)까지도 적극 방해하고 있다. 이러한 상태에서 한국이 '침묵', '무대응'으로 일관하면 국제사회는 일본주장의 '허위'가 진실인줄 오해하여 한국에게 매우 불리하게 될 것이다.

그러므로 한국 외교통상부는 정책을 전환하여 '독도가 한국고유영토'이고, 동해는 원래 '한국해(Sea of Corea)', '동해(East Sea)'인 것을 일본 제국주의가 한국을 침탈했던 시기인 1929년에 '일본해'로 바꾸어 국제수로기구의 회의에 신청했었다는 사실을 적극 홍보하여 국제홍보전에서 밀리지 않아야 한다.

국제홍보를 하는 것은 일본의 '분쟁지화' 전략에 말려드는 것이 아니라 오히려 일본의 '분쟁지화'를 '국제홍보'를 통하여 사전에 방지하는 것이다. 국제사회는 독도가 '분쟁지'가 아니라 '논쟁지'임을 다 알고 있으며, 논쟁에서 '침묵'하고 반박하지 않으면 제3자에게는 '주장'하는 자의 주장이 사실처럼 통하게 되는 것이다.

[제150문] 일본정부가 '독도영유권' 문제를 국제사법재판소에 갖고 가서 심판받자는 제안에 대하여, 한국은 어떻게 대응해야 할 것인가?

[답] 결론적으로 다시 한 번 더 강조하거니와, 한국은 일본정부의 국제사법재판소에 가서 독도영유권을 심판받자는 제안을 단호하게 거부해야 한다.

독도는 국제법상으로 이미 '대한민국의 완벽한 영토'이다. 연합국이 국제법에 의거하여 1946년 1월 29일 SCAPIN 제677호 등으로 독도의 한국영유권을 재확인 공포한 이래, 이를 부정한 어떠한 국제법도 없었다.

한국 외교부는 일본정부가 1954년 9월 25일자로 독도를 국제사법재판소에 가지고 가서 판결받자고 제의해 왔을 때, 변영태 외무장관의 1954년 10월 28일자의 다음과 같은 단호한 거부 답변의 전통을 잘 계승하여야 한다.

> 「분쟁을 국제사법재판소에 제출하자는 일본정부의 제안은 잘못된 주장(false claim)을 법률적 위장(judical disguise)으로 꾸미려는 시도에 불과한 것이다. 한국은 독도에 대하여 처음부터 영유권을 갖고 있으며, 한국은 어떠한 국제법정에서도 그 영유권 증명을 구해야 할 하등의 이유가 없다. 영토분쟁이 존재하지 않는데도 '가짜 영토분쟁(a quasi territorial dispute)'을 꾸며내고 있는 것은 바로 일본이다. 독도문제를 국제사법재판소에 제출하자고 제안함으로써, 일본의 입지를 '소위 독도영토분쟁'과 관련하여 일시적으로라도 한국과 대등한 입지에 두려고 일본은 획책하고 있는 것이다. 그리하여 타협의 여지없이 완전하고 분쟁의 여지없는 한국의 독도영유권에 대하여 일본은 유사(類似)청구권(quasi claims)을 설정하려고 획책하고 있는 것이다.」

일본은 한국의 독도에 대하여 각종 도발과 분쟁을 일으켜서 유엔 안전보장이사회의 권유를 통하여 '독도문제'를 국제사법재판소에 끌고 가서 평화적 침탈을 달성하려는 전략도 갖고 있으므로, 한국정부는 미리 일본의 분쟁 야기의 경우에도 국제사법재판소 행은 거부한다는 사전 배제의 국가 의사를 사전에 국제사법재판소와 안전보장이사회에 제출해 둘 필요가 있다.

독도는 객관적 진실에서 역사적으로나 국제법상으로 지리적으로나 대한민국의 완벽한 고유영토이다. 오늘날의 일본이 독도를 침탈하려고 획책하는 것은 19세기 일본 구제국주의의 한국과 독도 침략정책을 21세기 대한민국에 적용하려는 시대착오적인 황당무계한 침략정책이다.

한국 국민과 정부는 자기의 주권과 영토를 철저히 잘 수호해야 한다. 그리고 일본 국민을 포함한 전 세계 평화와 진실을 애호하는 사람들은 19세기 구 일본 제국주의 침략정책을 21세기의 이웃나라에 적용하려는 오늘날 일본정부의 황당무계한 시대착오적 침략정책을 한국 국민들과 함께 규탄하고, 상호 주권존중의 세계평화를 발전시켜 나가야 할 것이다.

참고문헌

1. 한국어(주요 단행본)

경북대학교 울릉도·독도연구소, 『한국의 자연유산 독도』, 문화재청, 2009.

국토지리원, 『독도측량·지도제작사업 보고』, 1981.

국회도서관, 『독도 한 눈에 보기』, 국회도서관, 2010.

김교식, 『독도수비대』, 선문출판사, 1979.

김명기, 『독도와 국제법』, 화학사, 1987.

———, 『독도 의용수비대와 국제법』, 다물출판사, 1998.

———, 『독도영유권과 국제법』, 투어웨이사, 1999.

———, 『독도 강의』, 독도조사연구학회, 2007.

———, 『독도의 영유권과 신한·일어업협정』, 우리영토, 2007.

———, 『독도의 영유권과 실효적 지배』, 우리영토, 2007.

김명기·이동원, 『일본 외무성 다케시마 문제의 개요 비판·다케시마 10포인트 비판』, 책과사람들, 2010.

김병렬, 『독도냐 다께시마냐』, 다다미디어, 1997.

———, 『독도에 대한 일본사람들의 주장』, 다다미디어, 2001.

———, 『독도가 우리 땅인 이유!』, 다다미디어, 2005.

김병렬·나이토 세이추, 『한일전문가가 본 독도』, 다다미디어, 2006.

김성규, 『해 뜨는 섬 독도』, 울릉문화원, 2006.

김영구, 『한국과 바다의 국제법』, 한국해양전략연구소, 1999.

———, 『독도문제의 진실』, 법영사, 2003.

———, 『독도, 어디로 가려는가?』, 다솜출판사, 2005.

———, 『독도영토주권의 위기』, 다솜출판사, 2006.

김우규, 『동해의 파수꾼 독도』, 시대문학, 1996.

김원식, 『일본의 주장을 반증한 독도논문집』, 남향문화사, 1975.
김탁환, 『독도평전』, 휴머니스트, 2001.
김학준, 『독도는 우리 땅』, 해맞이, 1996.
———, 『독도연구』, 동북아역사재단, 2010.
김화경, 『독도의 역사』, 영남대학교출판부, 2011.
김화홍, 『역사적 실증적으로 본 독도는 한국땅』, 시몬, 1996.
나홍주, 『일본의 '독도'영유권 주장과 국제법상 부당성』, 금광, 1996.
———, 『독도의 영유권에 관한 국제법적 연구』, 법서출판사, 2000.
노계현, 『조선의 영토』, 한국방송대학교출판부, 1997.
노혁진·오강원·김종규, 『울릉도의 고대 유적과 유물』, 동북아역사재단, 2010.
대한공론사 편, 『독도』, 대한공론사, 1965.
대한민국 외교통상부 외교안보연구원, 『한국의 영토, 독도』, 외교안보연구원, 1990.
대한민국 외무부 정무국, 『독도문제 개론』, 외무부, 1955.
독도본부 편, 『바른 한·일어업협정안』, 우리영토, 2007.
독도역사찾기운동본부 편, 『독도영유권 위기 연구』, 백산서당, 2003.
———, 『독도는 한국땅인가?』, 백산서당, 2003.
독도연구보전협회 편, 『독도영유권과 영해와 해양주권』, 독도연구보전협회, 1998.
———, 『독도 인근해역의 환경과 수산자원 보전을 위한 기초연구』, 독도연구보전협회, 1998.
독도학회 편, 『독도의 역사와 국제관계』, 독도연구보전협회, 1997.
———, 『독도영유권 연구논집』, 독도연구보전협회, 2002.
———, 『한국의 독도영유권 연구사』, 독도연구보전협회, 2003.
동북아역사재단 편, 『독도와 한일관계: 법·역사적 접근』, 동북아역사재단, 2009.
박경래, 『독도의 사·법적 연구』, 일요신문사, 1965.
박관숙, 『독도의 법적 지위에 관한 연구』, 연세대학교 대학원, 1969.
박유봉, 『독도영유권 분쟁에 대한 한국의 대응』, 원광대학교 행정대학원, 1997.
박정선, 『독도는 말한다』, 세종출판사, 2001.
배진수, 『세계의 도서분쟁과 독도시나리오』, 한국군사문제연구원, 1997.
백봉흠, 『독도와 배타적 경제수역』, 경세원, 2003.
사월회, 『독도영유권과 한·일어업협정』, 2002.
서대구 제이시, 『독도가 한국을 살린다』, 백산서당, 2004.

서정철·김인환, 『지도 위의 전쟁: 고지도에서 찾은 한·중·일 영토문제의 진실』, 동아일보사, 2010.
선우영준, 『고려와 조선국 시대의 독도』, 학영사, 2007.
송병기, 『울릉도와 독도』, 단국대학교출판부, 1999.
———, 『고쳐 쓴 울릉도와 독도』, 단국대학교출판부, 2005.
———, 『울릉도와 독도, 그 역사적 검증』, 역사공간, 2010.
신동욱, 『독도영유권에 관한 연구』, 어문각, 2008.
신용하, 『독도의 민족영토사 연구』, 지식산업사, 1996.
———, 『독도, 보배로운 한국영토』, 지식산업사, 1996.
———, 『독도영유권에 대한 일본주장 비판』, 서울대학교출판부, 2001.
———, 『독도영유권 자료의 탐구』(전 4권), 독도연구보전협회, 1998~2001.
———, 『한국과 일본의 독도영유권 논쟁』, 한양대학교출판부, 2003.
———, 『신용하 교수의 독도이야기』, 살림출판사, 2004.
———, 『한국의 독도영유권 연구』, 경인문화사, 2006.
———, 『개정증보, 독도영유권에 대한 일본주장 비판』, 서울대학교출판문화원, 2011.
안용복장군기념사업회, 『안용복 장군』, 1967.
양태진, 『한국 변경사 연구』, 법경출판사, 1990.
———, 『한국 영토사 연구』, 법경출판사, 1991.
———, 『한국 독립의 상징 독도』, 백산출판사, 2004.
영남대학교 독도연구소, 『독도영유권 확립을 위한 연구』, 경인문화사, 2011.
유하영 외, 『독도문제의 학제적 연구』, 동북아역사재단, 2009.
육군본부, 『독도문제와 한일관계』, 1977.
이기석 외, 『동해 명칭의 국제적 통용기반 연구』, 국립해양조사원, 2006.
이석우, 『독도분쟁의 국제법적 이해』, 학영사, 2004.
———, 『일본의 영토분쟁과 샌프란시스코 평화조약』, 인하대학교출판부, 2003.
———, 『동아시아의 영토분쟁과 국제법』, 집문당, 2007.
이예균·김성호, 『일본은 죽어도 모르는 독도이야기 88』, 예나루, 2007.
이진명, 『독도, 지리상의 재발견』, 삼인, 1998.
———, 『서양 자료로 본 독도』, 민속분석회, 1998.
———, 『개정판, 독도, 지리상의 재발견』, 삼인, 2005.

이한기, 『한국의 영토』, 서울대학교출판부, 1969.

정병준, 『독도 1947』, 돌베개, 2010.

정해왕, 『우리땅 독도이야기』, 글나루, 1996.

지철근, 『평화선』, 범우사, 1979.

진창수 편, 『동북아영토분쟁과 일본의 외교정책』, 세종연구소, 2008.

천창언, 『독도비사, 일본인이 말하는 독도는 한국땅』, 한국방송인동우회, 1996.

최장근, 『일본의 영토분쟁』, 백산자료원, 2005.

———, 『독도의 영토학』, 대구대학교출판부, 2008.

———, 『일본의 독도·간도침략 구상』, 백산자료원, 2010.

———, 『동아시아 영토분쟁의 패러다임—독도·간도 영토문제의 본질을 찾아서』, 제이앤씨, 2011.

———, 『일본의 독도영유권 조작의 계보』, 제이앤씨, 2011.

최종화, 『현대한일어업관계사』, 세종출판사, 2000.

편부경, 『독도우체국』, 한결, 2004.

한국근대사자료연구협의회, 『독도연구』, 1985.

한국사학회, 『울릉도·독도 학술조사연구』, 1978.

한상복, 『독도와 동해』, 한수당자연환경연구원, 2000.

한일관계사연구회 편, 『독도와 대마도』, 지성의샘, 1996.

호사카 유지, 『일본 고지도에도 독도 없다』, 자음과모음, 2005.

———, 『우리역사 독도: 한일관계사로 본 독도이야기』, BM성안당, 2009.

홍성근, 『독도의 실효적 지배에 관한 국제법적 연구』, 한국외국어대학교 박사논문, 1998.

홍성근·문철영·전영신·이효정, 『독도! 울릉도에서 보인다』, 동북아역사재단, 2010.

홍윤서, 『독도전쟁』(1·2), 명상, 1999.

황상기, 『독도영유권해설』, 근로학생사, 1965.

2. 일본어 (주요 단행본)

高野雄一, 『日本の領土』, 東京大學校出版會, 1962.
芹田健太郎, 『島の領土と經濟水域の境界劃定』, 有信堂, 1999.
金柄烈, (韓誠 譯), 『明治三十八年 竹島編入小史』, インター 出版, 2006.
金學俊, (호사카 유지 譯), 『獨島/竹島, 韓國の論理』, 論創社, 2007.
金子利喜男, 『世界の領土, 境界紛爭と國際裁判』, 明石書店, 2001.
內藤正中, 『竹島 = 獨島問題入門』, 新幹社, 2009.
———, 『竹島(鬱陵島)をめぐる日韓關係史』, 多賀出版, 2000.
內藤正中・朴炳涉, 『竹島 = 獨島論爭』, 新幹社, 2009.
大西俊輝, 『日本海と竹島』, 東洋出版, 2007.
大熊良一, 『竹島史稿』, 原書房, 1968.
島根縣教育會, 『島根縣誌』, 1923.
ローダニエル, 『竹島密約』, 草思社, 2008.
每日新聞社編, 『對日本平和條約』, 1952.
保阪正康, 『歷史てたとる領土問題の眞實』, 朝日新書, 2011.
寺尾五郎・佐藤藤巳, 『日本の漁業と日韓條約』, 日本朝鮮研究所, 1965.
上地龍典, 『尖閣列島と竹島』, 教育社, 1978.
宋炳基, (朴炳涉 譯), 『鬱陵島·獨島(竹島)歷史研究』, 新幹社, 2009.
愼鏞廈, (韓誠 譯), 『史的 解明 獨島(竹島)』, インター 出版, 1997.
———, (曺亨根 譯), 『獨島問題 100問 100答』, 弘益齋出版社, 2007.
奧原碧雲, 『竹島及鬱陵島』, 報光社, 1907.
日本 外務省 條約局, 『竹島の領有』, 1953.
田中豊治, 『隱岐島の歷史地理學的研究』, 古今書院, 1979.
田村清三郎, 『島根縣竹島の新研究』, 島根縣總務課, 1969.
川上健三, 『竹島の歷史地理學的研究』, 古今書院, 1966.
下條正男, 『竹島は日韓どちらのものか』, 文藝春秋, 2004.
玄大松, 『領土ナショナリズムの誕生: '獨島/竹島問題'の政治學』, ミネルヴァ書房, 2006.

3. 영어 (주요 단행본)

Bae, Chin-soo, et al., *Territorial Issues in Europe and East Asia: Colonialism, War Occupation, and Conflict Resolution*, Seoul, Northeast Asian History Foundation, 2009.

Chee, Chung-il, *Legal Status of Dok Island in International Law*, Korean Association of International Law, 1997.

Cheong, Sung-hwa, *The Politics of Anti-Japanese Sentiment in Korea: Japanese-South Korean Relations under American Occupation, 1945~1952*, Greenwood Press, 1991.

Kim, Young-koo, *A Pursuit of Truth in the Dokdo Island Issue*, Seoul, International Cultural Exchange Association, 2005.

The Korea Herald and Park, Hyun-jin eds., *Insight into Dokdo: Historical, Political, and Legal Perspectives on Korea's Sovereignty*, Seoul, Jimoondang, 2009.

Lee, Ki-suk, *East Sea in Old Western Maps*, Society for East Sea, 2002.

Lee, Sang-tae, *Historical Evidence of Korean Sovereignty Over Dokdo*, Seoul, Kyoungsaewon Pubishing Co., 2007.

Market, M., *A Fresh Look at the Dokdo Issue: Japanese Scholars Review Historical Facts*, Dadamedia, 2006.

Park, Byoung-sup and Naito, Seichu, *The Dokdo/Takeshima Controversy: A Study Based on Historical Materials*, Seoul, The National Assembly, Republic of Korea, 2009.

Shin, Yong-ha, *Korea's Territorial Rights to Dokdo: A Historical Study*, Seoul, Dokdo Research Association, 1997.

Song, Byeong-kie, *Historical Verification of Korea's Sovereignty Over Ulleungdo and Dokdo*, National Assembly Library, 2010.

Ulleungdo, Dokdo Research Institute, Kyungpook National University, *Natural Heritage of Korea, Dokdo*, Cultural Heritage Administration of Korea, 2009.

Yoshitsu, Michael M., *Japan and San Fransisco Peace Settlement*, Columbia University Press, 1982.

찾아보기

ㄱ

가스 하이드레이트(Gas Hydrate) 91, 93
가제 99
가지도(可支島) 226
가짜 영토분쟁 376
간부(肝付兼行, 기모츠키 가네유키) 235
갑신정변 202
강경대응론 138
강경대응파 141, 158, 159
강원도관찰사 199, 246, 255
『강원도 울릉도 신입 민호·인구·성명·연세 급 전토기간 수효 성책(江原道鬱陵島 新入 民戸人口姓名年歲及田土起墾 數爻成冊)』 200
강원도 울진현 10, 126
강치(可支) 99, 226
개간 농경지 203
개발 때의 인간적 활동 341
개운환(開運丸) 209, 211
개운회사(開運會社) 209, 211
「개정일본여지로정전도(改正日本輿地路程全圖)」 14, 15
개척사 202
개항 192
개항장 34, 206
개화당 201, 202
개화파 영수 226
경복궁 야습 204
경상북도 의회 319, 320
경제적 생활 341
계절적 고기잡이 334
계절적 이용 341
고등학교 교과서 359, 373
고려(高麗) 227
고려왕조 통치 121
고유영토 231
고종 245
고지도 115
고체천연가스 91, 93
공격적 외교 335
공격적 외교정책 335
공격적 전략 352
공해(公海)적 성격 349
공해상의 자유항행권 102
과학실험조사 358
관광객 371
관백(關白) 136, 143, 144
관백 문서 154

『관보(官報)』 40, 214, 222, 241
광물자원 개발 341
괭이갈매기 81
교과서 374
교사 해설서 359
교육도장 374
국가와 국토 방위 조직 372
국가의지 374
국가최고기관 32
국권회복 256
국내외 관광지 342
국립공원 설립 특별법 371
국립공원화 370
국유지 임야대장 등재 331
국제고시 222
국제공법 222
국제법 301
국제법상 공인 298
국제법상 독도의 영유권 361
국제법상 문제 367
국제법상 속도(屬島)이론 365
국제법상 합법적 기관 271
국제법상 합법적 재확인 273
국제법상 합법적 지배 274
국제법상 효력 271
국제법의 보호 361
국제사법재판소 63, 326, 328, 353, 375
국제수로국 264
국제수로기구(IHO) 264, 358
국제수로기구 임시회의 264
국제조사단 35, 207
국제조사단 편성 207
국제표준지명 370
국제해양기구 358
국제홍보전 375
군사적 방법 353
군함바위 98
『군함신고호행동일지(軍艦新高號行動日誌)』 219
궁숭(弓嵩, 일본 발음, 이소다케) 228
규목(槻木) 208
규장각(奎章閣) 41, 199
귤진중(橘眞重) 137, 142
그 외 1도(송도) 31, 150, 182
근대국가 201
기상관측 73
기상관측소 기지 342, 362
기죽(磯竹, 이소다케)도 140, 227, 228
김길성(金吉成) 153
김대건(金大建) 5, 6, 115, 116
김면수(金冕秀) 207
김부식(金富軾) 3, 108
김성도 · 김신렬 씨 부부 334
김성원(金聲遠) 207
김순립(金順立) 153
김옥균(金玉均) 198, 199, 201, 226
김유립(金柔立) 123
김인우(金麟雨) 7, 110, 124, 162, 224
꽁치 86

ㄴ

나리동(羅里洞) 196
나카이 요사부로(中井養三郎) 39, 229, 233, 257, 321, 322
날조 281
날치기 비준통과 352
남구만(南九萬) 138, 140, 159

남조선 과도정부 278
내무성 241
내무성 공문서 24, 33, 40
내부대신 255
넙덕바위 98
논쟁지 375
뇌헌(雷憲) 153, 155
뉴질랜드 52, 291, 295
늑칭(勒稱) 254

ㄷ

다른 번호의 SCAPIN 274
다른 특정한 SCAPIN 274
다줄레島(Dagelet Island) 230, 231, 281
다케시마(竹島) 39, 44, 374
『다케시마 문제를 이해하기 위한 10포인트』 374
'다케시마의 날' 조례 제정 358
담수 생산시설 362
당빌(J. B. D'Anville) 18, 172
대구보리통(大久保利通) 180
대마도 도주 137, 142, 146
대마해협 233
대만 267, 306
『대(對)일본평화조약』 51, 52, 57, 300
대(對)일본평화조약을 위한 준비작업 문서 289
대(對)일본평화조약의 한국 관련 조항 297
대장성령 제4호 300
대조선 205
대표적 섬 297, 323
『대한매일신보(大韓每日申報)』 41, 250, 251, 253, 255
대한민국 287
대한민국 국기 317
대한민국 국회 319
대한민국 독도영유권 327
대한민국 외무장관의 답변 64
대한민국의 영토 317, 376
대한민국의 완전한(배타적) 영토 47, 50, 290
대한민국 정부 47, 61, 63, 102, 277, 308
대한민국 정부 수립 275
「대한여지도」 206
「대한전도(大韓全圖)」 34, 206
대한제국 34, 205, 222, 245
대한제국 내부대신 248
대한제국 영토 248, 329
대한제국 외부 255
대한제국 정부 205, 212, 214, 217, 243, 286
대한제국 참정대신 249
『대한지지(大韓地誌)』 34
덕천수충(德川秀忠) 144
도감(島監) 203, 209
『도근현지(島根縣誌)』 234
도다리 86
도루묵 86
도장(島長) 197, 203
도쿠가와막부 21, 25, 149, 320
도쿠가와막부 관백과 장군 145
도쿠가와막부 관백의 조선의 울릉도·독도 영유권 재확인 146
도쿠가와막부의 공문서 40
도쿠가와막부 장군의 외교문서 147

도해면허(渡海免許) 20, 129, 131, 134, 145
독도(獨島) 3, 8, 14, 36, 38, 50, 52, 69, 111, 215, 218, 220, 227, 229, 270, 271, 280, 283, 287, 341
독도 강수량 73
독도 개발 342
독도경비대 318, 330
독도 관광단지 370
독도 관광자원 93
독도기점 338, 342-344, 350, 357
독도기점 고수 360
독도기점 채택 350, 357
독도기점 채택 선언 344
독도기점 포기 350, 361
독도 기후 73
독도는 역사적으로 한국고유영토 151
독도는 울릉도의 부속도서 302, 303
독도는 한국영토 234, 241, 299, 301, 308, 309, 315
독도 도해면허 20
독도 동물 80
독도 동해(Dokdonia donghaensis) 85
독도 등대 325
독도 등대 설치 325
독도리 71
독도리 신설 조례 356
독도리 안용복길 356
독도리 이사부길 356
독도 명칭 219, 222, 297
독도 명칭 누락 305
독도 무력침탈 353
독도문제 300, 331
독도문제 회피 298
독도 미생물 84
독도 바다안개 74
독도 발전실 356
독도 번식지 81
독도 수역상 '울릉도'에서 분리 365
독도 실효적 점유 강화 362
독도 실효적 지배 361
독도 어민 숙소 355
독도에 대한 주권적 권리 행사 369
독도에 폭격연습 중지 311
독도연구보전협회 350
독도영유 국가의지 353
독도영유권 63
독도영유권 논쟁 102, 311, 327
독도영유권 분쟁 327
독도 영유권자 47
독도영유권 훼손 361, 367
독도(우산도)와 울릉도 126
독도 우표 325
독도·울릉도 도항금지 경고판 26
독도(우산)·울릉도 안무사 7, 110
독도 위치 69
독도 유인도화 333, 371
독도 유인도화 국민운동본부 356
독도의 곤충류 84
독도의 새 80
독도의 소유권 국가 한국(South Korea) 368, 370
독도의 식물 77
독도의용수비대 105, 201, 317, 318
독도의 울릉도에서의 분리 345
독도의 일본영토에서의 제외 301
독도의 지형 74, 76
독도의 진실 374

독도의 평균 기온 74
독도의 평균 풍속 73
독도의 한국영토 재확인 275
독도 일본영토 편입 39
독도 일본 EEZ 기점 352
독도장님노린재 84
독도 재침탈 358
독도 접안시설 354
독도조사단 278
독도(竹島) 조선 구역 258
독도 조선영토 재확인 결정 144
독도 주민 출현 334
독도 주변 광물자원 90
독도 주변 수산자원 86, 90
독도 주소지 주민등록 334
독도 천연기념물 제336호 356
독도천연보호구역 356
독도 체험학습 374
독도침탈 360
독도침탈교육 360, 373
독도침탈 전략 326
독도침탈 전략전술 353
독도침탈정책 65
독도침탈 중장기전 374
독도침탈 침략행동 359
독도 폭격연습장 사용 312
독도 폭격연습장 해제 315
독도학회 338, 350, 357
독도 한국(Dokdonella koreensis) 85
독도 한국영토 인정 277
독도 해군 망루 233
독도해산 74
독립문바위 94
『독립신문』 203
독섬(돌섬) 36, 215, 218, 227
돌섬 215, 218, 322
『동국문헌비고(東國文獻備考)』 113
『동국여지승람(東國輿地勝覽)』 4, 9, 112, 125, 126, 322
「동국전도(東國全圖)」 11, 12, 127
동남제도개척사겸관포경사(東南諸島開拓使兼管捕鯨事) 198, 201, 226
동도(東島) 69
동도와 서도 거리 73
동도와 서도 연결 철교 372
동도의 해안선 76
동북여진(東北女眞) 122
동아시아 평화 374
동양해(Oriental Sea) 262
동해(東海) 69, 260, 262-265, 375
동해 독도(Donghaeana dokdonensis) 85
동해 명칭 260
동해에서의 한국 EEZ 기점 채택 343
동해 표기 375
두만강·압록강 유역 울릉도 삼림 벌채권 204

ㄹ

라포트(E. Laporte) 35, 36, 207
러시아 204
러·일전쟁 232, 241, 245
루즈벨트(Franklin D. Roosevelt) 266
리앙꼬島(도) 37, 219, 229
「리앙꼬島 영토편입(領土編入) 병(竝) 대하원(貸下願)」 229
리앙꾸르드島(Liancourt Rocks) 36, 219, 229

리앙꾸르岩(Liancourt Rocks) 73, 230, 231, 370
리앙코르드岩(암) 37, 189, 219, 288

ㅁ

마날라이 올리브차암(岩)(Manalai and Olivutsa Rocks) 231
마라도 71
마안도 71
마츠시마(松島) 281
막부 장군과 관백 143
만국공법 222
『만기요람(萬機要覽)』 군정편 4, 109, 112, 224
만리환(萬里丸) 202
만새기 86
만주 267
말똥가리 81
매 81
매국적 모험 330
『매천야록(梅泉野錄)』 42, 254
메이지 유신정권 192
메이지 정부(明治政府) 29, 178
모도(母島) 영유국가의 영유 301, 302, 365
모두(皆) 우산국지(于山國地) 224
목래선(睦來善) 138
무등(武藤平學) 228
무라카와(村川市兵衛) 20, 129
무릉도(武陵島, 울릉도) 109, 226, 230
武陵島(울릉도) 본도(本島) 225
무릉등처안무사(武陵等處按撫使) 224
무변불유(無變不有) 250
무인도 338
무인도 명칭 제외 297
무주지 40, 44, 235, 286
무주지 선점론 40
무척추 수산물 89
무협정 상태 336
물골 77, 99
미공군의 독도 폭격연습사건 105
미공군의 폭격연습 308
미공군의 폭격연습지 61, 276
미국 공군사령관 277
미국 국가이익 285
미국 국무부 정보조사국 368
미국 제1차 초안 52, 283
미국 제2차 초안 283
미국 제5공군 277
미국 지명위원회(BGN) 368, 370
미국 친일파 외교관 283
미국 7함대 관장 373
미국 태평양 공군사령관 60
미군 기상 및 레이더 기지 285
미군정 273, 275
미군정 법령 제33호 296, 297
미극동공군사령부 61, 105, 308, 315
미나미 도리시마 362
미역세 210
미 · 영합동초안 56, 294
미 · 일방위조약 40개 가이드라인 353
미 · 일합동위원회 277, 310, 312, 313
미 · 일행정협정 104
민비(명성황후)시해 만행 204
민비정부 203
민암(閔黯) 138
밀무역 206

ㅂ

바다제비 81
바위섬 218
박어둔(朴於屯) 136
박제순(朴齊純) 249
발전실 356
방사능측정 · 핵폐기물조사센터 362
방어 86
『방위백서』 330
배계주(裵季周) 203, 205, 214
배타적 경제수역(EEZ) 335, 346
배타적 경제수역의 기점 357
배타적 경제수역의 생산력 361
배타적 어업수역(EFZ) 346, 363
백기주(伯耆州) 태수 154, 155
백길(白吉) 121
백춘배(白春培) 202
밴플리트(James A. Van Fleet) 사절단 보고서 52
버지바실루스 독도넨시스 84
법률적 위장 376
벨랭(J. N. Bellin) 174
변영태(卞榮泰) 329
보그스(Samuel Whittemore Boggs) 54, 292
보그스 답변서 55
보수정당 335
보웬(E. Bowen) 19, 175
본느(R. Bonne) 175
볼락 86
부두시설 362
부솔암(Boussole Rock) 230
부채바위 96
분쟁지 368
불개항장 210
불법 도벌 208, 211
불통상 항구 212, 217
붕장어 86
블라디보스토크 함대 233
뿔쇠오리 81

ㅅ

사관(史官) 140
사민(徙民)정책 123
사실 왜곡 날조 281
사이토(齋藤豊仙) 117
사전 배제의 국가 의사 376
사전 준비한 합의서 48
사할린 306
『산음신문(山陰新聞)』 240
『삼국사기(三國史記)』 3, 108
삼국시대 231
『삼국유사(三國遺事)』 4, 108
「삼국접양지도(三國接壤之圖)」 167, 168
『삼국통람도설(三國通覽圖說)』 168
삼림벌채 202
삼봉도(三峰島) 226, 322
삼산무(森山茂) 178
삼형제굴바위 97
상장군바위 98
상호 주권존중 377
샌프란시스코 평화조약 57, 58, 300
서기 512년 224
서도(西島) 69
서도의 정상부 76
서세동점 230
서양 230

서양국제법체계 222
서울 주둔 일본군 255
석도(石島, 돌섬=독섬)=독도(獨島) 35, 36, 38, 215, 218, 220, 227
섬기린초 78
섬초롱꽃 78
성인봉(聖人峰) 111, 223, 228
세계평화 374, 377
세계수로지 189
세종 124, 225
『세종실록(世宗實錄)』 지리지 4, 7, 109, 110, 224, 226, 322
센가쿠 열도 372
소메자키(染崎延房) 6
소황토구미(小黃土邱尾) 194
속도(屬島)조항 365
송도(松島, 마츠시마) 13, 113, 153, 219, 227, 320
송도개척원(松島開拓願) 228
송도도해면허(松島渡海免許) 20, 26, 129, 132, 145, 165
송도도해면허 취소 146
송도순도(松島巡島) 229
송평신태랑광정(松平新太郎光政) 130
쇄환공도정책 20, 124, 129, 131, 135, 161, 192, 197, 226
쇄환정책 162
수산자원조사센터 362
수토(搜討) 192
수토제도 163
수토제도 폐지 203
수토관 192
수토정책 197
숙종 138
『숙종실록(肅宗實錄)』 4, 23, 154, 322
순시 192
순시·수토 제도 163
숫돌바위 95
슴새 81
시대착오적 침략정책 377
시마네현 230, 278
시마네현 고시 제40호 240, 321
시마네현 의회 358
시마네현『현보』 40, 242, 286
시민사회단체 350, 357
시볼드(William J. Sebald) 52, 281, 285, 298, 314
시볼드의 로비 285
신(제2차)한·일어업협정 335, 337, 345, 346, 352, 363, 366, 369
신(제2차)한·일어업협정의 실책 369
신(제2차)한·일어업협정 제1조 346, 363
신(제2차)한·일어업협정 제15조 346, 367
신고호(新高號) 37, 219, 229
신고호 보고 37
신도발견(新島發見) 228
신라(新羅) 3, 107, 226
신라시대 226
신라에의 병합 224
신석기시대 224
신여철(申汝哲) 159
신제국주의적 독도침탈정책 65
『신증동국여지승람(新增東國輿地勝覽)』 4, 9, 112, 125, 126
실제적 경제가치 341
실학자 160

실효적 점유 353
실효적 점유와 지배의 완성 373
실효적 점유 종합 완성 371
실효적 지배 273
심층수 92
심흥택(沈興澤) 37, 41, 217, 219, 243, 245-248
심흥택 보고 253
심흥택의「보고문」 322
심흥택의 보고서 42, 219
심흥택해산 74

ㅇ

아관파천(俄館播遷) 204
아베(阿部豊後) 144
아카츠카(赤塚正助) 35, 207, 211
안용복(安龍福) 21, 33, 136, 143, 152, 153, 155, 158, 181, 185, 186
안용복길 71
안용복 납치 심문 156
안용복의 제1차 도일 152, 158
안용복의 제2차 도일 153, 157, 158
안용복해산 74
안재홍(安在鴻) 278
암창(岩倉具視, 이와쿠라 도모미) 180, 184, 185
애국계몽운동 256
애국심 374
양국 EEZ 구획선 338
양 방법의 배합 353
어민 숙소 355
어업기지 시설 확충 강화 362
어업 생활 터전 342
어업전진기지 371
어업협정 363
어족보호선 102
언론기관 255
얼굴바위 96
에너지 자원 91
에도(江戸) 320
『여지지(輿地志)』 4
역사적 진실 120
연구기관 현지출장소 362
연구실험 기지 342
연합국 266, 270, 287
연합국의 결정 300
「연합국의 구 일본영토 처리에 관한 합의서」 48, 57, 286, 289, 301, 303, 304
연합국의 대(對)일본평화조약 안 282
연합국의 대(對)일본평화조약 제2조 56
연합국의 일본에 대한 평화조약 290, 365
연합국의 준비문서 290
연합국의 평화조약 초안 283
연합국의 합의서 289
연합국 총사령부(GHQ) 270
연합국최고사령관(SCAP) 45, 270, 271, 275, 323
연합국최고사령관지령 314
연합국최고사령관지령(SCAPIN) 제677호 45, 46, 58, 103, 259, 270
연합국최고사령관지령(SCAPIN) 제677호의 부속지도 45
연합국최고사령관지령(SCAPIN) 제1033호 46, 47, 103
연합국최고사령관지령(SCAPIN) 제1778

호 313
영국 52, 291
영국의 제1 · 2 · 3차 초안 55, 293
영국 제3차 초안의 부속지도 56
영국초안 293, 294
영유권 분쟁 327
영토문제 287, 361, 367
영토문제 관련 346
영토수호 320
영토주권 65
오가사하라섬 239
오스트레일리아 52, 291
오징어 86
오키(隱岐)섬 8, 70, 111
오키도(玉岐島) 154
오키도로부터 35해리 345
오타니(大谷甚吉) 20, 129, 130
『오하기문(梧下記聞)』 254
온건대응론 138
온건대응파 139, 158
왕건(王建) 121
왕호장근 78
왜구(倭寇) 124, 129, 161, 163
외교권 41
외교논쟁 325
외교만행 336
외교적 응전 320
외무성 공문서 40
외무성 정무국장 236
외환위기 336, 348
요동반도 306
우도 303
우르마 223
우르메 223
우르뫼 114, 223
우르뫼나라(于山國) 223, 224
우산(于山) 177, 322
우산국(于山國) 3, 4, 5, 107, 224, 226
우산국 영토 113
우산도(于山島, 독도) 4, 5, 36, 108, 109, 113, 153, 194, 195, 198, 218, 223, 153, 226
于山島(독도)는 울릉도 속도(屬島) 225
우산 · 무릉(于山 · 武陵) 225
우산 · 무릉등처(于山 · 武陵等處) 225
우산(독도) · 무릉(울릉) 등처안무사(于山 · 武陵 等處按撫使) 124, 162
우용정(禹用鼎) 35, 207, 211
우용정 조사단 208
운주(雲州) 14, 117
울도군(鬱島郡) 35, 213, 217, 248
울도군수 37, 41, 219, 243, 246, 248, 253, 255, 322
울도군수의 행정관리 222
「울도군절목(鬱島郡節目)」 215, 217
울릉군 의회 356
울릉도(竹島) 3, 8, 14, 70, 109, 111, 195, 198, 223, 230, 271, 281
울릉도가 독도의 모도(母島) 302
『울릉도개척시 선격량미잡물용입가량성책(鬱陵島開拓時 船格糧米雜物容入假量成冊)』 199
울릉도검찰사(鬱陵島檢察使) 193, 197
울릉도관제청의서 209
울릉도기점 342, 343
울릉도기점 채택 361
울릉도기점 폐기 344, 350, 357, 361
울릉도 도감 206

울릉도 도장 202
울릉도(竹島)도해면허 186
울릉도·독도 재개척사업 202
울릉도·독도 조사단 105
울릉도·독도 학술조사단 311, 313
울릉도로부터 33해리 345
울릉도로부터 독도의 거리 38, 221
「울릉도를 울도(鬱島)로 개칭하고 도감(島監)을 군수(郡守)로 개정한 건」 212, 214
울릉도 및 독도 재개척 192
울릉도 시찰위원 207
울릉도 어민 276, 342
울릉도에서 독도 약 200리 221
울릉도에서 200여 리에 있는 석도 221
울릉도 영유권 280
울릉도와 독도 224, 280
울릉도의 부속도서 257
울릉도의 재목 204
울릉도 재개척사업 통계 203
울릉도 주민 215, 323
울릉도 침입 일본인 195
울릉도학술조사대 278
울릉도 한국 EEZ 기점 352, 348, 361
울릉도 해안 230
울릉·우산 양도 감세장(鬱陵·于山兩島監稅將) 154
울릉전도(鬱陵全島) 215
원래의 주인 한국 271
『원록 9 병자년 조선주착안 일권지각서(元祿九丙子年朝鮮舟着岸一卷之覺書)』 23, 157
원양어업 343
월송포(越松浦) 수군만호(水軍萬戶) 203
월후환(越後丸) 202
웨이랜드(Otto P. Weyland) 311
유럽인 281
유봉석(劉奉石) 153
유상운(柳尙運) 159, 163
유엔군 60, 309, 315
유엔 신해양법 335
유엔 신해양법 제121조 3항 338, 339, 347
유엔 신해양법 제121조 3항의 해석 340
유엔 안전보장이사회 376
유엔지명표준회의(UNCSGN) 369
유원진 71
유인도화 370
유일부(劉日夫) 153
유주지(有主地) 40, 43, 286
유집일(兪集一) 138
육지측량부 188
윤지선(尹址善) 159
윤지완(尹址完) 159
은기도(隱岐島, 隱州) 14, 118, 154, 227
은기도사(隱岐島司) 230, 243, 245
은주(隱州) 118, 227
『은주시청합기(隱州視聽合記)』 13, 14, 117, 119, 227
을사5적 249
을사조약 41, 245
이건하(李乾夏) 213
이권(利權) 204
이규경(李圭景) 160
이규원(李奎遠) 193, 197, 215
이사부(異斯夫) 4, 108
이사부길 71
이사부해산 74

이선부(李善溥) 147, 149
이성계(李成桂) 161
이와구라 도모미(岩倉具視) 31
이원구(李元龜) 122
이익(李翼) 159
이인성(李仁成) 153
이주민 자원자 199
이지용(李址鎔) 249
이토 히로부미(伊藤博文) 245
「인접 해양의 주권에 대한 대통령 선언」 102
일·미합동위원회 61
일반국제법 57, 365
일반국제법의 영토조항 302, 303
일본 경찰관 217
일본고유영토 129, 151, 238
일본공사관 209, 211, 212, 218
일본과의 평화조약 305, 328
일본 구제국주의 377
일본 국민 호적 독도 등재 351
일본군 헌병대사령부 250
일본 내각회의 236, 222, 335
일본 내무성 30, 180, 181
일본방공식별구역(JADIZ) 61, 309, 316
『일본 본토 부근의 소도(Miner Islands Adjacent Japan Proper)』 280
『일본수로지』 189, 257
「일본영역도(日本領域圖)」 51, 52, 57, 300, 303
일본영토에서 제외 300, 303
『일본외교문서』 178, 179
일본 외교의 로비 활동 368
일본 외무성의 공작 314
일본 육군참모본부 57, 187, 188, 258
일본으로부터 분리 271
일본의 공격외교 353
일본의 독도기점 342, 363
일본의 독도영유권 주장 358
일본의 독도 영토편입 침탈 249
일본의 독도의무교육 359
일본의 독도 침범 320
일본의 독도침탈 시도 319
일본의 독도침탈에 항의 250
일본의 로비 56, 290, 305, 312
일본의 무조건 항복 270
『일본의 부속소도(附屬小島)』 280
일본의 서북쪽 경계 118
일본의 영토편입 238, 239
일본의 울릉도와 독도 호칭 227
일본의 정의(definition of Japan) 271, 273, 314
일본의 폭력과 탐욕에 의한 약취(掠取) 지역 267
일본의 항복문서 269
일본인 울릉도 불법 침입 192, 203, 204
일본인의 독도 접근 금지 275
일본인의 불법 도벌 217
일본인 잠입 체류자 208
일본인 철수 202, 211
일본 자위대 353, 372
일본정부 103, 273
「일본정부의 견해」(1) 320, 322
「일본정부의 견해」(2) 324
「일본정부의 견해」(3) 324
「일본정부의 견해」(4) 324
일본정부의 독도침탈 전략전술 353
일본 제국주의 265, 328, 375

일본 제국주의 영토 야욕 65
일본 제국주의자 232, 255
일본 제국주의 침략외교 65
일본 총리부령 제24호 58
일본측의 유도 310
일본 태정관 40
일본 패전 266
일본 항공기 357
일본해 260, 264
일본 해군 232
일본 해군성 수로국 188
일본 해군성 수로국장 235
일본 해군성 수로부 257
일본 해상보안청 358
일본 해상보안청 순시선 333
일본 해상자위대의 최근 독도 접수 훈련 351
일본 EEZ 345, 365
일본 EEZ 기점 336, 338, 348
일연(一然) 4, 108
일제 강점기 257
일제의 독도침탈 255, 257
일제 통감부 255
「일 · 지 · 한 항로이정일람도(日支韓航路里程一覽圖)」 36
임연수어 86
임오군란 197
임진왜란 20, 129, 163

ㅈ

자립적 경제생활 가능 암석 340
子山(자산) 177
子山島(자산도) 153, 230
자연자원 341
자위대의 독도 상륙 접수 연습 351
작은가제바위 99
작은 섬의 영유권 302
잘못된 주장 376
잠정조치수역 348, 349, 365, 369
장개석(蔣介石) 266
장구보(長久保赤水) 14
재개척정책 197, 198, 226
재독립 305
재등영(齋藤榮) 178
재등풍선(齋藤豊仙) 13, 227
재한국 일본인의 재산청구권 297
적대국가 336
전라도 방언 215
전라도 출신 어민 215
전석규(全錫奎) 195, 198, 202
전어 86
전화 케이블 설치 334
절호의 기회 353
접안시설 355
정상기(鄭尙驥) 11, 12, 127
정상지역 101
정한론(征韓論) 178, 192, 264
정한외교 264
정합성 부족 369
제1차 미국초안 53, 283, 284
제1차 미 · 영합동초안 294
제1차 세계대전 266, 267
제1차 초안 283
제1차 한 · 일어업협정 335
제1차 한 · 일의정서 232
제2대 울도군수 217
제2차 미 · 영합동초안 296

제2차 세계대전 266, 270
제2차 울릉도·독도 학술조사단 311
제2차 한·일어업협정 354, 363
제3차 미국초안 283
제3차 미·영합동초안 296
제3차 영국초안 295
제3차 한·일어업협정 368
제4차 미국초안 283
제5차 미국초안 52, 54, 283
제6차 미국초안 시안 폐기 291
제6차 미국초안의 시안 52, 291, 284
제8차 미국초안 56
제주도 230, 271
제주도 영유국가 303
조선(造船) 210
『조선국교제시말내탐서(朝鮮國交際始末內探書)』 29, 178, 179
「조선국세견전도(朝鮮國細見全圖)」 6, 115
조선동안(朝鮮東岸) 189
「조선동해안도(朝鮮東海岸圖)」 188
조선산악회 278
조선세(造船稅) 210
『조선수로지』 189, 190
『조선연안수로지』 257
조선영토 132, 151, 234
「조선왕국도(Carte du Royaume de Kau-Li ou Corée)」 19, 174, 175
조선왕국의 영토 해설서 9
「조선왕국전도」 175
「조선왕국전도(Royaume de Corée)」 18, 172
조선왕조 226
조선 울릉도 남면 독도 278
조선의 고유영토 151
「조선전도(朝鮮全圖)」 6, 187
「조선전도(Carte de la Corée)」 5, 115
조선정부 192, 204
조선조정 147
『조선죽도도항시말기(朝鮮竹島渡航始末記)』 26, 165
「조선지팔도(朝鮮之八道)」 문서 23, 24, 157
조선총독부 281
「조선총독부 교통국 공제조합의 본방 내에 있는 재산정리에 관한 총리부령」 300, 303
『조선통교대기(朝鮮通交大紀)』 24, 25, 144
조선해 260, 262, 263, 264, 265
조성 마을 203
「조약의 준비물과 결론의 환경」 304
조약체결권자 245
조어도 372
조·일수호조규 206, 212
조준기 334
종의륜(宗義倫) 137, 143
종의진(宗義眞) 143, 145
종정무(宗貞茂) 161
좌전백모(佐田白茅) 178
주권문제 361
주권 미지정(Undesignated Sovereignty) 368
주권 미지정 지역 368
주민 거주시설 362
주상절리 101
주한 미군정 47
죽도(竹島, 다케시마) 4, 13, 140, 227,

230, 242, 320
죽도근변송도(竹島近邊松島, 울릉도에 가까운 변두리 독도) 133
죽도도해면허 20, 129, 130, 145, 165
죽도도해면허(竹島渡海免許)와 송도도해면허(松島渡海免許) 취소 150
『죽도도해유래기발서공(竹島渡海由來記拔書控)』 23, 156
『죽도도해일건 전(竹島渡海一件 全)』 27, 166
「죽도방각도(竹島方角圖)」 26, 27, 166
죽도 안의 송도(竹島之內松島) 20, 133
「죽도(울릉도)와 송도(독도)가 조선부속(朝鮮附屬)으로 되어 있는 시말」 28, 178
竹島(죽도) 外 1島(松島, 독도) 181, 184
죽변(竹邊) 233
죽서도(竹嶼島) 194, 195, 198, 215, 230
준비문서 290
중간수역 337, 345, 349, 352, 365, 369
중간수역안 367
「중국, 만주 및 한국 지도(Carte de la Taritarie Chinois)」 175
중국의 울릉도·독도 호칭 230
중국의 EEZ 기점 채택 343
중립적 입장 298
중앙『관보』 40, 286
중학교 교과서 359
『증보문헌비고(增補文獻備考)』 109,112, 113, 154
지네바위 98
「지도구역일람도(地圖區域一覽圖)」 57, 188, 258, 259
지령문 248, 250
지명위원회 368
『지봉유설(芝峰類說)』 140
지식인 255
지증왕(智證王) 3, 107
지진·해일조사연구센터 362
지질조사연구센터 362
지하자원 91

ㅊ

참정대신 255
챠니(Jonathan I. Charney) 340
처칠(Winston S. Churchill) 266
천산(千山) 177
천산도(千山島) 230
천성환(天城丸) 229
천수환(天壽丸) 202
천연기념물 81, 356
천장굴 94
청·일전쟁 203, 204, 267, 306
초등학교 교과서와 교사 지도서 359
초종용 78
촛대바위 97
총리부령 제24호 300, 303
「총회도(總繪圖)」 170
최성인(崔聖麟) 214
최종덕 334
최초의 이주민 199
최충헌(崔忠獻) 123
출운국(出雲國) 118
칙령 제41호 35, 222, 227, 232
친일파 249, 314
친일파 미국 외교관 282

친환경적으로 개발 372
침략외교 65

ㅋ

카이로선언 266, 268, 269
카이로회담 266
코끼리바위 98
큰가제바위 99
클라프로트(J. Klaproth) 17, 168

ㅌ

탕건봉 100
태극기 317
태양광 발전시설 362
태정관(총리대신부) 31, 32, 178, 180, 184
태정관 문서 24, 32, 33
태정관 지령문 184, 186
태종(太宗) 124, 161
『태종실록』 163
태평양전쟁 참전 국가 298
탱크바위 95
토두(土豆) 121
통감부 41
통리기무아문 192
통전설호(桶畑雪湖) 257
특호 활자 크기 253

ㅍ

파시드(Charles Cobrington Farsyth) 231
판매협동조합 371
「팔도총도(八道總圖)」 10, 126
팔라다(Pallada)호 231
팽호도 267, 306
페르주(Jean Françios Galaupe de Pérouse) 230
평의진(平義眞) 149
평해(平海) 194
평화선 철폐 352, 332, 333
평화선 102, 331, 332, 352
평화적 방법 353
평화적으로 회복한 한국영토 372
평화적 침탈 376
평화조약 48
평화조약 초안 작성 283
평화회담 286
평화회담 준비문서 286
포경선 231
포츠담선언 268, 269, 270
포츠담선언 규정 성실 수행 269
포츠머스조약 245
폭격연습 276
폭격연습장 105, 308, 311
폭격연습장 사용 즉시 중단 311
폭격연습장에서 제외 310
폭력과 탐욕에 의해 약취한 독도 270, 307
표목(標木) 196, 278
푸차친(Putiatin) 231
프랑스 포경선 231

ㅎ

하나부사(花房義質) 197
하야시 시헤이(林子平) 16, 167

하치 우에몽(八右衛門) 25, 26, 164, 165, 167
학생교육도장 342
한국 고대국가 226
한국고유영토 107, 120, 374
한국 과도정부 278
한국과 일본의 기본관계협정 59
한국 국가 주권 위협 374
한국 독도와 일본 오키도 사이의 중간선 333
한국방공식별구역(韓國防空識別區域, KADIZ) 60, 308, 309, 310, 315, 357
한국산악회 105
한국 소유의 유주지 239
한국어 고유이름 223
한국 어족자원보호수역 352
한국에의 반환 288, 307
한국영토 222
한국의 독도영유권 316
한국의 독도영유권 훼손 342
한국의 울릉도기점 363
『한국의 자연유산 독도』 77
한국의 EEZ 기점 독도 360
한국전쟁 277, 309, 310, 317
한국정부 255, 310
「한국정부의 견해」(1) 320, 321
「한국정부의 견해」(2) 324
「한국정부의 견해」(3) 324
「한국정부의 견해」(4) 324
한국정부의 공인된 국제법상의 독도영유권 361
한국정부의 독도수호정책 351
한국정부의 항의 296
한국통감부 245
한국해(Sea of Corea) 375
한국해병대의 경비 373
한국 EEZ 337, 345, 365
한국 EEZ 기점 336, 338, 339, 341
한국 EEZ의 기점 독도 339
한반도바위 94
한반도 유사시 353
한·일공동관리수역 337, 345, 348, 349, 352, 365, 369
한·일기본관계협정 324, 331, 352
한·일 배타적 경제수역 경계선 333
한·일 배타적 경제수역 경계협정 회담 344, 350, 357
한·일어업협정 331, 336, 348
한·일어업협정 파기 선언 352
한·일어업협정 폐기 345
한·일 EEZ 구획선 342
항론 248, 249, 250
항복문서 269
항복문서 조인 270
항의 지령문 286
항일의병 무장투쟁 256
해군 망루 233
해당 국가 합의 341
해마잡이 234
해병대 372
해병대 파견 373
해산(海山) 74
해상경찰권 353
해상 소왕국 224
해식동 94
해양 도시 371
해양 마을 371
해양법상의 조항 367

해양성 기후 73
해양심층수 92
해양정책 335
해양조사 358
해저광물 91
해저광물자원 개발 93
해서사원조사센터 362
해저전선 233
해저탐사 358
해조류 보호구역 356
「해좌전도(海左全圖)」 127
향목(香木) 208
허위의 독도의무교육 강행 360
헤렌(Thomas W. Herren) 311
『현보(縣報)』 240, 241
현안 영토문제 332
현지조사보고 196
호넷岩(Hornet Rock) 231
호넷(Hornet)호 231
홍경섭(洪景燮) 201
홍순목(洪淳穆) 197
홍순칠(洪淳七) 106, 201, 317
홍중하(洪重夏) 138
환경오염 371
『환영수로지(寰瀛水路誌)』 189
황금어장 89
황당무계한 침략정책 377
『황성신문(皇城新聞)』 41, 250, 252, 253, 255
황현(黃玹) 42, 254
황희(黃喜) 162
휴미코커스 플라비더스 85
흑비둘기 81
희귀식물 78
1島2名 140, 141
17세기 말 일본과의 울릉도·독도 영유권 논쟁 142, 161
21세기 대한민국 377
33해리 337
3대 연합국 268
4대 연합국 269
89개의 암초 69, 362, 372
1696년 1월 28일 도쿠가와막부의 조선의 울릉도·독도 영유권 재확인 142
1696년 1월 28일 143, 156
1876년 개항 226
1894년 1월 1일 기준일 52, 283, 306
1894년 이전의 원래 일본 270
1900년 10월 25일 칙령 제41호 214
1900년 대한제국 칙령 제41호 35, 36, 215, 222
1900년 칙령 제41호의 공포 222
1904년 9월 25일자 보고 219
「1969년 조약법에 관한 비엔나 협정」 49, 290, 301, 304, 305
EEZ 잠정협정 363
IMF 경제관리 체제 336, 345, 348
SCAPIN 273, 314
SCAPIN 제1033호 275
SCAPIN 제1033호 제3조 275
SCAPIN 제1778호 313
SCAPIN 제2160호 61, 309, 310, 314
SCAPIN 제677호 271, 273, 275, 298, 301, 303, 304, 307, 323, 327
SCAPIN 제677호 제5조 273
SCAPIN 제677호 제6조 273
SCAPIN 제677호와 제1033호 46, 275

SCAPIN 제677호의 '수정' 요구 285
SCAPIN 제677호의 영토 규정 314
SCAPIN 제677호의 제3조 270
UN 총회 47

신용하(愼鏞廈)

서울대학교 문리과대학 사회학과 졸업
서울대학교 대학원 경제학석사 · 사회학박사
서울대학교 사회과학대학 사회학과 교수
서울대학교 사회과학대학 학장
한국사회학회 회장
한국사회사학회 회장
독도연구보전협회 회장
한국영토학회 회장
한양대학교 석좌교수
이화여자대학교 이화학술원 석좌교수 역임
현재 서울대학교 명예교수
울산대학교 석좌교수
독도학회 회장

신용하 저작집 제55집

독도영유의 진실 이해

16포인트와 150문답

A Pursuit of the Truth in Dokdo Islet Issue
— 16 points and 150 Q and A

펴낸곳 서울대학교출판문화원
펴낸이 성낙인
지은이 신용하

초판 1쇄 발행 2012년 2월 10일
초판 4쇄 발행 2014년 10월 30일

출판등록 제15-3호
주소 서울특별시 관악구 관악로 1 우편번호 151-742
대표전화 02-880-5252 팩스 02-888-4148
마케팅팀(주문상담) 02-889-4424, 02-880-7995
이메일 snubook@snu.ac.kr
홈페이지 www.snupress.com
영문홈페이지 eng.snupress.com

ⓒ 신용하, 2012

저자와의 협의하에 인지는 생략합니다. 잘못된 책은 바꾸어 드립니다.
이 책의 무단 전재나 복제 행위는 저작권법 제98조에 따라 처벌받게 됩니다.

ISBN 978-89-521-1285-9 93300

2013년 대한민국학술원 우수학술도서